Ça va pas fort à la maison

Dana Castro

Ça va pas fort
à la maison

L'enfant et les soucis des grands

Albin Michel

Collection « Questions de parents »
dirigée par Mahaut-Mathilde Nobécourt

Sommaire

Introduction

Rémy a cinq ans. Ses parents divorcent. Il devient leur « pomme de discorde ». Léa a huit ans. Sa mère sombre dans la dépression. Elle devient « la petite femme de la maison ». Christophe a dix ans. Son père est hyper-anxieux. Il devient « le calmant » de son père.

À l'âge adulte, Rémy, Léa et Christophe sont en quête d'identité et s'interrogent sur le sens de la famille.

Système puissant où se nouent et se dénouent des conflits, celle-ci reste en effet le lieu où chacun se construit et puise les moyens de faire face aux tracas de la vie quotidienne, aux événements imprévus ou aux crises désorganisatrices. L'enfant y acquiert, pas à pas, sa cohérence et son identité. Lorsqu'il y a déséquilibre, lorsque la famille « va mal », il se demande s'il en est responsable, doute de la solidité de repères jusqu'alors incontestables, et cherche activement comment aider ses parents.

Commencent alors des périodes bien difficiles tant pour les parents que pour leurs enfants. Les parents se débattent avec les difficultés à résoudre et le besoin de mettre à l'abri leurs enfants. Les enfants, dès leur plus jeune âge, sont extrêmement sensibles au climat psychologique de la famille. En prise directe, ils s'en imprègnent. C'est pourquoi il est illusoire de croire qu'on peut les tenir complètement à l'écart, qu'ils sont insouciants, ne voient pas, n'entendent pas. Car quand bien même on ne laisserait rien transparaître, ils ont, même tout-petits, une intuition très aiguë des états émotionnels de leurs parents. Et les maintenir dans le silence ou dans le mensonge les angoisse. Au contraire, on les protège en les aidant à comprendre ce qui se passe et à réagir à leur mesure. Et comme les problèmes finissent par se résoudre, l'enfant apprend que, dans la vie, lorsqu'on se bat ensemble, on arrive toujours à sortir des impasses.

Ça va pas fort à la maison traite de quelques situations problématiques telles que la mésentente ou la séparation des parents, leur manque de disponibilité vis-à-vis de l'enfant, la dépression ou l'anxiété démesurée. Ce sont des ingrédients qui se mêlent plus ou moins, selon les cas. Mais nous les avons séparés ici, de manière un peu artificielle, afin de bien les expliquer et d'en décrire les enjeux pour l'enfant et ses parents. En même temps, nous avons choisi de raconter des situations parfois extrêmes (dans la vie on les rencontre à des degrés variables) pour bien montrer comment l'enfant pouvait les traverser et changer sous leur effet.

Ça va pas fort à la maison traite aussi de la fonction de parent, dans ses aspects lumineux et structurants. De la famille contemporaine, de ses modalités d'organisation, ses paradoxes, ses ressources vives et des forces qu'elle transmet à l'enfant. L'ouvrage présente les voies de cette transmission et propose de nombreux « fragments de vie » qui témoignent de la façon dont peut se résoudre, en famille, le malaise.

Ça va pas fort à la maison offre, enfin, quelques pistes de réflexion pour améliorer la communication en cas de problème, en mettant l'accent sur le positif et le constructif.

La vie est faite de joies et de peines. Les joies, on en parle peu, car on les vit pleinement. Les peines, on les raconte pour y trouver des solutions. C'est d'autant plus utile lorsqu'elles sont « contagieuses » pour l'enfant.

1

La naissance de la famille : des joies et des doutes

La famille commence avec... le désir de fonder une famille

La famille a résisté aux évolutions et aux bouleversements des mentalités, car elle reste irremplaçable dans ses fonctions psychologiques et sociales. Elle abrite ses membres contre la solitude, la violence et l'adversité. Elle les socialise en les reliant à un groupe large et organisé, une communauté. Elle étaye et favorise l'éclosion des destinées personnelles. Elle instruit en répercutant, de génération en génération, des valeurs structurantes. C'est une institution créative qui s'adapte, sans cesse, à son milieu, à son histoire et aux personnalités qui la composent. Ses missions clefs sont la protection, le soutien, la communication et la transmission. Celles-ci se sont bien sûr modifiées dans les modalités de leur expression au cours des siècles – de la famille étendue, caractéristique des sociétés rurales traditionnelles, on est passé à la famille nucléaire des sociétés urbaines ; le modèle patriarcal traditionnel a cédé la place à un modèle plus démocratique basé sur l'égalité, la communication et le dialogue ; enfin la conjugalité s'est privatisée en se fondant exclusivement sur l'affectivité. Mais, sur le fond, la famille a toujours les mêmes missions.

Cependant, les mutations de cette famille relationnelle (selon une expression de François de Singly), dans laquelle la logique des sentiments a pris le pas sur la contrainte, n'ont pas été sans effets. La nouvelle norme est celle de l'authenticité et de l'autonomie, exigeant que chaque membre soit considéré dans son individualité : les relations parents/enfants sont ainsi devenues symétriques, avec l'abandon de l'idée de hiérarchie et la disparition partielle du principe d'autorité. Le respect n'a pas disparu, mais il a changé de sens : il marque la prise en compte du droit de chacun à être reconnu comme une personne.

Pour les jeunes couples, construire une famille est devenu paradoxalement plus complexe que par le passé. La coexistence des anciens et des nouveaux modèles familiaux leur donne le choix, ce qui, loin de leur faciliter la vie, les plonge dans le doute, les empêche de se décider, et devient source de conflits – alors même que l'hypothèse du divorce garantit en quelque sorte l'authenticité des sentiments. Comme chaque partenaire revendique de choisir librement en la matière, les négociations sont sensibles quand il s'agit de projeter de construire une famille.

Ensuite, les défis à relever sont plus nombreux. Les jeunes parents doivent non seulement s'accomplir personnellement, affectivement et professionnellement, mais ils sont aussi tenus de lancer dans le monde des enfants résistants, heureux et bien dans leur peau. C'est pourquoi ils veulent tout faire pour leur donner le maximum de chances d'avoir à leur tour une vie d'adulte enrichissante. Mais ils ont tendance à n'imaginer que les côtés faciles de la parentalité, le plaisir qu'elle suppose, sans en envisager avec réalisme les contraintes, ni tenir compte des devoirs qui découlent des changements historiques intervenus dans les conceptions de la famille. On comprend pourquoi certains jeunes couples sont si désemparés dans les débuts de leur vie de parents. Ils s'aperçoivent que leurs territoires respectifs se redessinent constamment et pas toujours à leur avantage. Les hommes comme les femmes ont parfois du mal à retrouver un équilibre personnel et en couple quand ils affrontent seuls les exigences spécifiques de la vie familiale, professionnelle et amoureuse. L'enfant fait l'objet d'un tel investissement que cela suscite chez chacun des parents le sentiment d'une dépendance très forte, souvent en contradiction avec ses aspirations personnelles. La perspective de son éducation suscite chez eux des inquiétudes et des interrogations qu'ils mettent du temps à surmonter.

« Quand ma seconde fille a eu six mois, j'ai eu une révélation. Nous étions en vacances dans la vallée de la Loire, dans un magnifique gîte à l'écart des villages touristiques. Tout incitait au repos et à la tranquillité. J'étais fatiguée et j'espérais beaucoup de ces vacances. Or tous les jours avant que le soleil se lève, sur le coup de six heures moins le quart, Eléonore se mettait à pleurer. Et tous les matins je me réveillais à six heures moins le quart, je la changeais, je lui donnais à manger et je jouais un peu avec elle pour l'apaiser et l'aider à se rendormir. Une fois qu'elle était endormie, c'est Roxane, ma fille aînée, qui ouvrait grand les yeux, fraîche et dispose pour commencer une journée pleine d'aventures palpitantes. Elle avait faim, elle avait soif, elle avait envie d'action. Et tout s'enchaînait dans un éternel recommencement. En suivant ce programme pendant ces vacances inoubliables, j'ai compris que ma vie serait désormais soumise au rythme des besoins de mes enfants, que mes préoccupations passeraient toujours au second plan et que surtout, quelle que soit l'époque, cet état de fait ne s'arrêterait jamais. Quel effet ça m'a fait ? D'abord, un accablement, une sorte d'épuisement par anticipation. Puis, je me suis dit que, le sachant, autant profiter de mes bons moments hors du cadre familial. » (Adrienne, 34 ans, cadre.)

Malgré les discours égalitaires et la volonté des hommes de partager les tâches, ce sont les femmes qui sont le plus souvent réquisitionnées sur le terrain familial. Alors qu'elles travaillent à temps plein, elles ont toujours plus de responsabilités que les hommes. Si bien que nombre d'entre elles sont déchirées entre les conceptions traditionnelles et contemporaines de la famille, entre leurs aspirations personnelles et la réalité familiale.

« Ma mère restait à la maison pour être une mère et ne se posait pas de questions. Parfois elle me racontait ses rêves de jeune fille : elle aurait aimé être médecin ou infirmière ; mais à l'époque, les femmes s'occupaient de leurs enfants... Alors que moi, j'aime mon métier, mais dès que je suis au travail je pense à mes enfants, à ce qu'ils font quand ils ne sont pas avec moi, et surtout à ce que je perds à ne pas être avec eux. Et évidemment, quand je rentre, je n'arrête pas de réfléchir à mes dossiers, aux trucs que je dois encore préparer, aux choses que je n'ai pas faites, aux choses que j'aimerais faire. » (Fabiola, 40 ans, juriste.)

La multiplicité des modèles est stimulante pour certains couples mais angoissante pour d'autres qui, ayant du mal à s'identifier complètement à l'un ou à l'autre, se trouvent renvoyés à leur solitude.

Du côté des enfants, l'époque contemporaine offre le meilleur comme le pire. Le meilleur, puisque, dans la société occidentale, toutes les dispositions sont prises pour que les enfants grandissent harmonieusement. La taille de la famille ayant nettement diminué, les parents peuvent accorder plus d'attention à chacun d'entre eux. Les pères sont supposés avoir des relations plus proches avec leur progéniture et participer plus fréquemment à leurs activités.

Le pire, parce que le très grand individualisme de la société actuelle est à l'origine de conflits entre besoins personnels et besoins de l'autre. Certains parents, par exemple, qui mettent au premier plan la réussite individuelle de leurs enfants font de leurs succès sociaux et scolaires la condition de leur amour. Les enfants sont alors censés devenir autonomes plus tôt, développer des compétences, toutes leurs compétences, et fournir des efforts souvent en décalage avec leur développement.

Ces pressions se conjuguent en permanence avec les étapes attendues et prévisibles qui surviennent dans la famille au cours de sa vie et avec les événements soudains, imprévus et violents qui dérèglent son fonctionnement.

Les étapes de la vie familiale

Au cours de son cycle de vie, la famille traverse sept étapes marquées par des bouleversements internes qui provoquent chez ses membres de substantiels remaniements et qui peuvent susciter de fortes réactions émotionnelles, créer des conflits, ou être à l'origine de malentendus :
– le mariage ou la vie commune, avant la naissance des enfants ;
– la vie avec des enfants d'âge préscolaire ;
– la vie avec des enfants d'âge scolaire ;
– la vie avec des adolescents ;
– le passage des adolescents au stade adulte ;
– la réorganisation du « nid vide » ;
– la retraite des conjoints.
Dans la première étape, les conjoints découvrent la vie commune sans enfants. Leur objectif est d'élaborer ensemble des modèles de communication basés sur la négociation et l'acceptation, et d'atteindre ainsi une relation satisfaisante. Au cours de cette période, émerge le désir d'enfant avec ce qu'il apporte d'espoirs et de promesses.

Dans la deuxième étape, les enfants d'âge préscolaire

17

deviennent le centre exclusif de l'attention. La famille se donne pour objectif de répondre à leurs besoins. Devenus parents, les conjoints s'emploient à bâtir un environnement stable, sécurisant et harmonieux dans lequel, théoriquement, chacun doit pouvoir trouver sa place. C'est une période de fragilisation du couple, car des tensions, qui n'étaient qu'imaginées jusqu'alors, peuvent surgir du fait de l'épuisement de l'énergie de l'un ou de l'autre, ou des deux, et de l'absence d'intimité entre eux.

Au cours de l'étape suivante, la scolarité des enfants, la famille centre ses efforts sur leur éducation et leur socialisation ainsi que sur la transmission des valeurs morales et des priorités familiales. Les tensions dans le couple ont surtout leur source dans la famille : différence de conception de la discipline, disputes des enfants, présence insuffisante du père, augmentation des responsabilités, diminution du sentiment de satisfaction, etc. Des tensions d'origine extra-familiale se font jour également, par exemple du fait de changements professionnels imposés ou pour des questions d'argent s'il s'agit de faire face à des dépenses engagées dans des activités extérieures.

Au moment de l'adolescence, la tâche de la famille consiste à préparer l'adolescent à se détacher du cocon familial et à vivre par lui-même. Les besoins financiers toujours croissants restent source de tensions, mais c'est surtout la relation avec les adolescents qui devient difficile. Parents et enfants vivent dans des mondes différents et ne se comprennent plus tout à fait. Le climat est parfois si orageux que les règles familiales et l'harmonie du lien conjugal peuvent en pâtir.

Quand le nid se vide, les parents redécouvrent leur relation de couple et modifient leurs liens avec leurs enfants ou petits-enfants. Ils demeurent toujours garants de l'harmonie familiale et du maintien des liens familiaux. Leur tâche consiste désormais à soutenir les jeunes qui s'établissent hors de la cellule familiale.

Quelles sont les ressources psychologiques dont dispose une famille pour traverser sereinement ces différentes étapes ? Des chercheurs américains ont montré qu'un fonctionnement familial équilibré repose sur deux principaux types de conduite :

Le premier, appelé scientifiquement cohésion, se réfère à la qualité du lien émotionnel unissant les membres d'une même famille. La cohésion s'exprime au quotidien, à travers des comportements variés tels que l'intérêt authentique porté à autrui, à ses amitiés, à ses passions, etc. Ou bien le soutien réciproque et désintéressé en cas de besoin, et le respect des limites nécessaires à chacun, enfants et adultes.

Le deuxième, désigné par le terme d'adaptabilité, est la capacité du système familial à changer son organisation en réponse aux événements de la vie. L'adaptabilité s'exprime au quotidien par des comportements visant à maintenir, dans la famille, une autorité et une discipline justes en fonction des situations, des rôles stables et facilement identifiables (qui fait quoi et comment) et des règles utiles à la vie en commun.

Dans cette perspective, dans une famille idéalement équilibrée, chacun est satisfait de ses relations avec les autres, le soutien mutuel est de règle, la communication est fluide, tous s'apprécient de manière réaliste et désintéressée.

Tout au long de ce cycle, la cohésion et l'organisation de la famille varient en fonction des événements, mais elle garde ses ressources pour résister aux bouleversements. Car le groupe familial est constamment sollicité pour s'adapter à des changements, certains prévisibles, d'autres non. Un lien familial fort avec des règles bien définies apporte des repères solides et maintient l'équilibre du système en cas de coup dur, d'événements stressants.

Ce stress peut être d'origine familiale : tensions dans le couple, augmentation de la charge de travail domestique, problèmes émotionnels ou difficultés sexuelles. Ou bien être provoqué par des événements auxquels la famille n'était pas préparée et qu'elle perçoit comme débordant ses capacités d'adaptation : problèmes financiers ou professionnels ; survenue d'une maladie grave ou chronique chez un membre de la famille ; expérience d'une perte : décès, divorce, etc. Il entraîne un état de tension qui nécessite la mise en place de nouvelles stratégies, de nouveaux modes d'action. D'où un effort supplémentaire pour chacun. Il est vital de préserver les échanges et une bonne coordination afin d'éviter de se laisser aller à des constats d'impuissance et de se résigner. Une famille fera d'autant mieux face au stress que ses membres accepteront de communiquer en toute confiance pour donner du sens à ce qu'ils vivent, pour réfléchir ensemble afin de mieux contrôler cette situation indésirable et d'y mettre un terme.

Le sentiment d'identité familiale

Que ce soit au quotidien ou dans les situations exceptionnelles, la famille apparaît donc comme une unité compétente et pleine de ressources. Tout en se modifiant, elle maintient un état d'harmonie relative grâce à une bonne distribution des rôles et à sa capacité de résoudre les conflits internes. L'existence d'un sentiment d'identité familiale partagé est pour beaucoup dans cette réussite.

« Je ne sais pas comment nous avons fait pour survivre sans dommages personnels à l'éducation de nos enfants. Dans l'enfance ils étaient tyranniques, à l'adolescence ils étaient moroses et critiques. Il fallait toujours plus et autrement. Enfin, je crois que nous avons compris inconsciemment que, pour les parents, élever des enfants est une question d'endurance, donc nous avons fait bloc et n'avons cédé ni sur les habitudes familiales, réunions de famille, repas communs, horaires de sorties, bref, les choses qui ponctuent la vie quotidienne, ni sur le "devoir" de communication qui à l'adolescence était bien souvent unilatéral. Enfin, on a modulé selon leurs âges. Heureusement qu'on a pu se soutenir mutuellement pour ne pas sombrer dans la rage colérique ou le désintérêt total. Et qu'on a pu profiter de nos routines, éclats de rire, bons dîners ensemble et d'échanges sympathiques. Cela crée des souvenirs qui éclairent notre vie. Aujourd'hui, nos fils sont agréables et proches de nous et n'arrêtent pas de nous "découvrir" avec plaisir. » (Viviane et Victor, médecins, 60 ans.)

Être parent est un travail d'équipe

« Ayons des enfants, soyons les heureux parents de magnifiques bébés, dis oui, maintenant, tout de suite, dis oui, je t'en prie, dis oui ! » disait Thierry à Caroline, transporté par les élans de son cœur, porté par ses rêves romantiques, avide d'un bonheur intense et permanent.
« Ne t'inquiète surtout pas, je t'aiderai en tout et tu verras le bonheur qu'on éprouvera quand je rentrerai, à la maison, le soir, harassé par une journée de travail, je te retrouverai impatiente et parfumée, notre bébé souriant dans tes bras, le dîner, raffiné, sur la table, la lumière tamisée éclairera notre joie. »
Caroline aimait Thierry. Elle l'aimait de tout son cœur. Il était dans ses projets, présents et à venir. Il était dans ses pensées et dans toute sa vie. Elle dit oui, fascinée par la promesse de ce bonheur unique, intense et total, balayant d'un revers les questions matérielles qui, tout de même, l'espace de quelques secondes, s'imposèrent à elle : « Mais le bébé, qui s'en occupera ? Et le dîner raffiné, qui le mettra sur la table ? »
Lorsque leur fille, Charlotte, arriva, le bonheur prit des reflets bien différents.

21

□ Des rêves et des espoirs

Un couple qui attend un enfant a une représentation complètement idéalisée de la parentalité comme d'une aventure passionnante faite de plaisirs et d'émerveillements destinée à rapprocher les partenaires. Convaincus de l'égalité des positions familiales, ils rêvent de manière politiquement correcte à leurs nouveaux rôles, s'engagent à partager en tout point les nouvelles responsabilités et à combattre la routine.

Mais, lorsque l'enfant fait son entrée, il dérange l'ordre établi, et surtout porte un coup inattendu au credo égalitaire des parents. Malgré la rhétorique masculine en faveur de l'égalité des sexes et la libération de la femme, les stéréotypes anciens resurgissent.

Entrer dans la parentalité bouleverse les habitudes. Touché dans son psychisme, dans sa perception du monde, dans sa propre image, chacun des parents peut éprouver des sentiments de bien-être ou au contraire de détresse. Leurs attentes sont différentes, les rôles sont redistribués dans la famille et les modalités de communication changent. La relation de chacun avec ses propres parents s'éclaire d'un jour nouveau, ce qui détermine celle en construction avec son enfant. De même pour les liens avec l'entourage selon qu'amis, employeurs, tantes et cousins représentent un soutien ou un facteur de stress. Une maman raconte que, lorsqu'elle a eu un bébé, ses amies célibataires ont significativement diminué leurs appels et leurs sollicitations, alors que celles qui étaient déjà mères ont resserré les liens en offrant aide, mobilier, vêtements, conseils, etc.

On n'est jamais totalement préparé à ce bouleversement tant dans sa vie propre que dans sa vie de couple. L'âge auquel on devient parent joue tout de même un rôle important. Les plus sensibles sont les jeunes couples (20-25 ans) : ils sont plus nombreux à se sentir incompétents,

ils ressentent plus vivement la pression de la gestion quotidienne du travail, de la famille, de leur relation de couple
et du bébé. En outre, ils n'ont pas eu le temps d'élaborer et
de réaliser des objectifs personnels, ni même simplement
de vraiment s'installer en tant que couple.

Les mères les plus jeunes sont les plus fragiles. Certaines
perdent sérieusement leur estime de soi entre la naissance
et le sixième mois de l'enfant. Mais, si tout se passe de
manière harmonieuse, dans la deuxième année, elles la
retrouvent à son niveau initial, ainsi que l'assurance et le
dynamisme qui vont avec. Les jeunes pères (20-25 ans), eux
aussi insécurisés par l'arrivée du bébé, retrouvent un niveau
satisfaisant de confiance plus tard que leur conjointe, vers
les 18 mois de l'enfant.

Les jeunes parents trentenaires se montrent plus confiants.
Ils ont eu du temps pour s'installer en tant que couple, pour
se préparer à devenir parents, pour réaliser des objectifs
professionnels ou personnels et pour développer des ressources visant à renforcer l'estime de soi. Cependant, ceux
qui ont assez longtemps vécu ensemble sans enfants peuvent se sentir insidieusement menacés par le fait d'avoir à
intégrer un bébé à leur quotidien. Il leur faut en effet assou-
plir leurs habitudes et gérer des rythmes de vie différents.
L'expérience montre que ce sont les couples les plus âgés
qui souffrent le plus de la diminution de leur intimité et ne
se satisfont pas de leur vie de famille.

□ À chacun sa manière de s'investir

Devenus parents, hommes et femmes perçoivent leur environnement de manière radicalement différente. Le fait de
devoir se vivre comme protecteurs et pourvoyeurs modifie
leur représentation de soi. Ils se sentent plus vulnérables.
Ils n'ont pas la même expérience de leur rôle et l'inves-

23

tissent à des degrés variables. Certains s'engagent profondément dans cette nouvelle fonction, laissant peu de place, dans leur vie intérieure, à autre chose qu'à leur enfant ; cela peut leur permettre de conserver une meilleure estime de soi.

Les mères sont plus concernées que les pères parce que, le plus souvent, c'est à elles de mettre de côté, au moins temporairement, leur activité professionnelle et leurs aspirations pour se consacrer aux enfants. Dans les premiers mois du bébé, elles emploient toute leur énergie à s'occuper du nouveau-né et à se remettre de l'accouchement. Matériellement, malgré l'existence d'amies proches ou de bonnes copines, le temps leur manque pour entretenir des relations qui étaient importantes auparavant. Certaines découvrent ainsi un sentiment inattendu et nouveau, celui de la solitude intérieure et de l'isolement, et elles se sentent fragilisées.

Bien moins nombreux sont les pères qui vivent une telle remise en question. Peu d'hommes sont capables de sacrifier leurs objectifs personnels sur l'autel de la « nouvelle équipe » familiale. Leur investissement est différent. Ils mettent toute leur énergie dans leur travail, d'autant que certains sont seuls à subvenir aux besoins de la famille. Mais du fait de la fatigue et des préoccupations familiales qui les rendent peu disponibles ils sont moins soutenus par leurs pairs. Si bien qu'ils ressentent eux aussi un sentiment de solitude ou d'isolement.

Il existe bien sûr de nombreux pères totalement satisfaits par ce rôle. Leur identité parentale se révèle compatible avec d'autres aspects importants de leur vie psychique, ce qui a pour effet de consolider leur estime de soi et de maintenir des relations de couple qui leur conviennent.

La parentalité fait évoluer les relations entre les conjoints. Une distance s'installe nécessairement : ils s'impliquent différemment dans leur rôle de parents, et la division du travail à la maison ou à l'extérieur est modifiée. Des couples qui se partageaient plus ou moins également les tâches s'aperçoivent, après la naissance de leur enfant, que c'est la femme qui en assume maintenant la quasi-totalité puisqu'elle reste à la maison. Et certains hommes sont littéralement sidérés de découvrir que leurs aspirations égalitaires se sont transformées en comportements traditionnels et stéréotypés.

« Avant l'arrivée de Charlotte, je pensais que notre vie ne changerait pas vraiment. J'imaginais quelques peluches éparpillées dans le salon et quelques tours de garde pour les nuits difficiles. Mais je réalise que c'est Caroline qui fait tout à la maison. Elle prend en charge le bébé, se lève la nuit, s'occupe des courses et des repas, gère les médecins, les grands-parents, tout quoi. Moi, je n'arrête pas de travailler car je ne sais pas que faire d'autre. Le soir, je vois à peine le bébé ; elle le met au lit de bonne heure. Caroline est devenue plus irritable, plus distante, moins disponible et surtout plus indifférente à ce qui se passe en dehors de la maison. » (Thierry.)

Un partage des tâches aussi stéréotypé, c'est nouveau dans leur vie. Ils le perçoivent comme un état extérieur, sans réaliser qu'ils l'ont tous deux implicitement choisi. D'où pour eux, mais plus généralement pour les femmes, une déception, un sentiment de frustration qui n'est pas sans effet sur le bien-être de l'enfant.

Fort heureusement, il existe aussi des hommes qui s'investissent à fond dans leur vie de famille, que ce soit dans l'organisation quotidienne de la maison comme dans l'éducation des enfants, avec un bénéfice psychologique indéniable pour le couple. Pour une raison très simple : cette attitude est en accord avec leurs attentes à l'un et à l'autre, et avec leur discours égalitaire d'avant la naissance de l'enfant ; les pères qui se sentent moins coupables sont plus sereins. Par leur participation aux tâches, ils reconnaissent le travail et l'implication de leur conjointe. Ils la rassurent ainsi indirectement dans sa propre estime de soi et la confortent dans sa nouvelle identité maternelle. La relation de couple demeure satisfaisante. Et la famille est perçue comme plus liée. La parentalité, avec les décisions, parfois lourdes de conséquences, est moins stressante.

« Quand je vois Thierry faire des efforts avec Charlotte, j'ai comme l'impression qu'il me dit qu'il m'aime. Je sais bien que ce qu'il fait s'adresse à son enfant, mais je le prends comme ça, comme une déclaration. Alors qu'avant, quand il rentrait tard et regardait à peine son enfant, c'est comme s'il me giflait en pleine figure. Et puis, vous savez, j'apprécie qu'il prenne du temps à écouter mes histoires de bébé, de couches et de médecin. Je lui suis vraiment reconnaissante et je le remercie de son aide. Je me dis aussi, que je ne me suis pas trompée en liant ma vie à la sienne. » (Caroline.)

Tous deux récoltent les bénéfices de cette collaboration. Ils s'encouragent mutuellement, se communiquent de l'énergie pour envisager de nouveaux jeux avec le bébé, réfléchir à un problème professionnel, trouver des stratégies de protection face à une belle-mère intrusive, ou tout simplement organiser une sortie, bien méritée, en amoureux. Collaborer et se soutenir l'un l'autre prépare les parents à leur fonction en les aidant à évoluer et à « grandir » psychologiquement. Le couple, en tant que tel, acquiert plus d'intimité et, en même temps, plus d'autonomie. Il devient une « équipe » qui gère de manière adéquate la complexité quotidienne. Les conjoints retrouvent plus de compétence et... d'humour dans la gestion des nuits blanches et des pleurs incompréhensibles. Ils coordonnent bien également leurs rôles parentaux et professionnels.

26

De nouvelles relations entre les générations

L'arrivée d'un premier enfant ramène en pleine lumière les difficultés que les parents peuvent avoir rencontrées dans leur propre enfance. Des souvenirs ressurgissent, avec leur cohorte de sentiments : gratitude et joie d'avoir été un enfant désiré et aimé, déception et tristesse d'avoir été un enfant anonyme, dans une famille indifférente ou centrée sur des besoins individualistes.

Ravivées, certaines souffrances influent négativement sur le comportement des nouveaux parents. Des partenaires issus de foyers instables et conflictuels risquent de devenir, à leur tour, des parents insécurisants, peu chaleureux et peu engagés. La relation conjugale ne remplit plus sa fonction de soutien ; les conjoints expriment de forts ressentiments l'un envers l'autre, sont irritables et centrés sur la résolution de leurs propres difficultés. Ce qui rejaillit sur le bien-être de leur enfant.

Des études ont montré que des femmes ayant eu une enfance malheureuse, empreinte de souffrance et de déception, remplissent cependant harmonieusement leur rôle maternel si elles bénéficient du support affectif d'un conjoint cohérent et structuré, capable de désamorcer les conflits en offrant à sa conjointe la nourriture affective dont elle a besoin et qu'elle pourra s'approprier.

D'après ces mêmes études, les hommes qui ont eu une enfance problématique ont plus de mal à bénéficier de l'apport positif d'une conjointe aimante, équilibrée et chaleureuse. Parce qu'ils ont appris, pour se protéger, à éviter les conflits et à réprimer ce qu'ils ressentent. Ils arrivent ainsi chargés de lourds bagages dans la vie de couple et de parents, sans savoir comment exprimer une colère rentrée, par exemple, autrement qu'en la laissant exploser brusquement, ce qui est intolérable pour leur partenaire. Pourtant, même ces couples éprouvés peuvent s'employer à devenir ensemble des parents « acceptables ». Certains demandent une aide spécialisée, comme ce jeune père qui nous disait combien il souffrait d'une situation familiale bloquée. Élevé par une mère imprévisible et brutale et un père absent, il s'était habitué, dans son enfance, à s'enfuir dès qu'un conflit pointait à l'horizon. Devenu père à son tour, il se trouvait confronté à des difficultés quotidiennes et « attendues » qu'il gérait par la fuite, au grand regret de son épouse qui à son tour s'enfermait dans des attitudes hostiles.

« J'ai envie de pouvoir communiquer normalement. Ma femme attend qu'on puisse parler ensemble de toutes sortes de choses. Je suis bloqué. Je sais dans ma tête ce que je veux lui dire, mais les mots ne sortent pas. Je me sens culpabilisé et je m'énerve de plus en plus avec les enfants. »

D'autres portent un autre regard sur leurs relations avec leurs propres parents, tel ce futur père qui, apprenant la grossesse de sa compagne, est retourné dans sa famille pour revoir ses parents, comprendre pourquoi il avait souffert, éviter de reproduire les mêmes travers.

« J'ai envie de donner à mes enfants l'attention dont j'ai manqué ; je ne veux pas être comme eux ; je veux assumer mon rôle. Je veux leur dire ce que j'ai sur le cœur, pour m'en débarrasser, pour me libérer et regarder l'avenir autrement que par les mêmes choses que j'ai vécues. »

Certains couples surmontent leurs difficultés en s'appuyant sur leur relation, qu'ils essaient de construire à l'image de leurs besoins infantiles. Ils comprennent ainsi combien comptent la présence et le soutien de l'autre.

28

Par ailleurs, un premier enfant ramène la relation entre les parents et leurs propres parents en pleine lumière. Les nouveaux parents sont très attentifs à ce que leurs propres parents pensent et ressentent ; ils attendent d'eux approbation et amour, en particulier lorsque les liens entre les générations ont été tendus. Mêmes ceux qui ont souffert dans leur enfance, souhaitent rétablir des rapports positifs avec leur famille d'origine. Car l'arrivée d'un enfant resserre les liens des générations, surtout entre mères et filles. Et ce peut être une source importante de soutien et de réconfort.

Il y a des périodes de vulnérabilité

Après les premiers sentiments d'enchantement et de fierté d'avoir mis au monde un nouvel être, fragile et merveilleux, de la naissance aux 6 mois de l'enfant, les parents sont totalement immergés dans l'univers de leur enfant. Cette immersion inévitable et naturelle les fragilise. Ils ont tendance à passer par des états de désespoir et d'apaisement en fonction d'une part des contraintes de la vie quotidienne (repas réguliers et interminables, nuits systématiquement interrompues, etc.), et d'autre part du décalage qu'ils perçoivent entre leurs attentes idéalisées et la réalité concrète.
C'est alors que surviennent toutes sortes de malentendus auxquels ils réagissent vivement et qui, s'ils se prolongent, peuvent devenir catastrophiques pour la réussite de leur couple et le bien-être de l'enfant. Cette sensibilité exacerbée tient au fait que certains ne se reconnaissent plus dans leurs nouvelles fonctions parentales. Ils croient à tort avoir perdu leur identité, leur personnalité antérieure. En effet, qu'il s'agisse de l'homme ou de la femme, devenir parent ne modifie pas en profondeur la personnalité.
Bien sûr, on observe des transformations. Mais ces chan-

29

gements n'affectent que le niveau comportemental, et sont donc transitoires. Le soi profond demeure identique, tout comme la vision personnelle du monde et le style personnel de réaction. En général, six mois environ après l'arrivée de l'enfant, les conjoints retrouvent leurs perceptions, leurs opinions, leurs sentiments et leurs besoins se rétablissent au même niveau qu'avant la naissance. La parentalité est certes une autre étape de la vie, mais il existe une grande continuité au niveau individuel. C'est important à savoir pour les couples qui vivent cette période comme un voyage en avion troublé par de fortes turbulences : le sachant, l'un et l'autre pourraient mieux comprendre pourquoi et en quoi devenir parent touche la représentation qu'ils se font d'eux-mêmes et a des effets sur leur union.

Cette période est également cruciale parce qu'avec l'entrée en parentalité, les conflits internes propres à chacun des deux parents, la capacité à donner un sens aux expériences vécues dans l'enfance, la satisfaction qui vient de la vie de couple, le niveau de stress et de soutien reçus de l'environnement se combinent pour aboutir à l'élaboration de stratégies éducatives et à la définition des fonctions parentales maternelle et paternelle. Au cours de ces six mois en effet la parentalité s'organise, durablement, autour de deux grands axes : l'un fondé sur la cohésion, la chaleur, la disponibilité et la réactivité face aux besoins du bébé ; l'autre sur l'installation d'un cadre solide, de limites justes et de conduites favorisant l'autonomie des enfants.

Quand cette étape est tumultueuse pour les parents, quand il y a trop de conflits, l'enfant qui grandit risque d'avoir des difficultés.

Un travail partagé

Être parent est une fonction qui se construit tout au long de la vie, par le père et par la mère, mais aussi par les deux parents ensemble. C'est un véritable travail d'équipe, dont l'objectif est le bien-être et la réussite de l'enfant. Soutien réciproque, confrontation des points de vue, respect des différences individuelles, et réalisation personnelle de chacun des conjoints se conjuguent. En fonction des étapes de la vie, les parents passent par de nombreux remaniements psychiques, et notamment par des deuils transitoires : celui d'une certaine forme d'intimité maritale, d'une forme aussi de satisfaction personnelle. Mais ce travail amène aussi de nombreuses occasions de progrès et d'évolution tant sur le plan individuel que familial. Les parents y arrivent en puisant dans leurs ressources personnelles et en s'appuyant sur leur réseau de relations. Quand les facteurs de stress sont contrôlés et lorsqu'un équilibre satisfaisant s'installe pour les deux conjoints, la relation à l'enfant peut se développer de manière harmonieuse.

Quand un couple veille à sa qualité de vie, quand ses membres cherchent, avec ou sans une aide extérieure, à améliorer leur communication, avoir un enfant est une façon de se rapprocher, de se connaître et de se dépasser. Satisfaits de leur vie conjugale et professionnelle, ils tissent, surtout pendant la période préscolaire, de meilleures relations avec leurs enfants. De ce fait, ceux-ci s'adapteront mieux aux exigences sociales et scolaires de l'école maternelle. Et quand les enfants grandissent, les parents se découvrent habités par la parentalité, s'étonnent du plaisir qu'ils y trouvent.

Charlotte a aujourd'hui 20 ans. Elle fait des études, et elle aime Julien. Caroline et Thierry la regardent faire ses armes et racontent :

« Oh non, ce n'était pas facile tous les jours ! On a surmonté des tas de contraintes, on a résolu bien des conflits, on s'est beaucoup énervés, mais on a continué notre route ensemble. Nos copains éprouvent la même chose. Nous sommes frappés de constater, lorsqu'on se voit, du temps qu'on passe à parler de nos enfants. Quand nous étions jeunes, on se réunissait pour réciter Shakespeare ou pour refaire le monde. Depuis que Charlotte est née, on a oublié Shakespeare, on refait accessoirement le monde, mais, par contre, on n'arrête pas de parler de nos enfants. C'est plus fort que nous. La discussion s'enchaîne sur des thèmes généraux, et puis, tout d'un coup, elle se fixe sur eux. Elle repart sur d'autres sujets et revient, encore et toujours, sur les enfants. Que veut dire tout cela ? Qu'être parent c'est pour la vie, partout, dans toutes les situations de notre quotidien. Mais ce que cela veut dire, surtout, c'est qu'être parent est un état dont on n'aura jamais assez, que nous aimons par-dessus tout, et aussi que nous prenons plaisir à nous le rappeler. »

2

Quand les malentendus s'installent dans la maison

« J'en ai assez ! Marre ! Assez ! Je me sens coincée par ce bébé, je me sens dépendante de mon mari. Je reste collée à la maison toute la journée, à faire un travail énorme et dérisoire, qui m'épuise et ne m'apporte rien à la fin de la journée. Georges, lui, sort, va à son boulot, fait des choses utiles, il ramène, au moins, un chèque en fin de mois. À la maison, il met les pieds sous la table, car il croit que comme je suis chez moi, je me repose, et ne me raconte que des trucs inintéressants sur son travail et ses responsabilités, et ses responsabilités et son travail. En plus, dans sa façon d'être, il me donne l'impression de ne même pas avoir le droit d'être fatiguée. Tout ça m'énerve et ne me détend pas. » Clarisse a épousé Georges un an avant la naissance de leur fils. Ils sont tous les deux ingénieurs, investis dans leur travail, sportifs, actifs et mondains. Clarisse a arrêté de travailler, pour une durée indéterminée, à la naissance de Clément.

Au cours de la première année de l'enfant, son père et sa mère commencent à fonctionner à des rythmes différents. Le manque de sommeil, l'épuisement, le fait que l'un comme l'autre se sente anxieux ou, par moments, découragé, la gestion des tracas quotidiens, etc. font que tous deux s'éloignent, transitoirement, des rails sur lesquels ils pensaient évoluer ensemble. Par la force des choses, la communication par la parole, la complicité, les relations sexuelles

33

et les échanges intimes déclinent significativement. La distance qui s'installe entre les conjoints peut affecter leur façon de percevoir leur vie commune, leur qualité de vie, la relation entre eux et celle, naissante, avec leur enfant. Les hommes mais surtout les femmes se sentent très insatisfaits. Pendant cette période de vulnérabilité, un conflit conjugal peut s'intensifier et devenir chronique alors qu'il a éclaté à partir d'un simple malentendu. Celui-ci tient généralement au partage des tâches, ou à l'écart entre leurs attentes réciproques ou leurs conceptions des rôles parentaux. Des circonstances extérieures aussi peuvent en être le déclencheur.

Le partage des tâches et les conflits du couple

> Georges : Qu'est-ce que ça veut dire que je ne descends jamais les poubelles ! Tous les jours quand je reviens du travail, je les trouve pleines et malodorantes et je les descends !
> Clarisse : Comment tu peux dire ça ?! Tu le fais peut-être deux-trois fois par semaine, et encore ! Et les couches ! Tu ne les jettes jamais, sauf sur ma demande expresse !

Dans chaque union, il y en a deux : celle de l'homme et celle de la femme. Dans les premières années, pour tous ceux qui essayent d'élever des enfants sains et bien dans leur peau malgré les difficultés d'organisation quotidienne (horaires, travail, etc.), de gestion de la vie personnelle et des imprévus inévitables (maladies, défection des nounous, etc.), la question la plus épineuse pour le couple demeure le partage des tâches. Des arrangements concrets se mettent, certes, en place à l'arrivée de l'enfant (qui fait quoi), mais chacun a sa façon de les ressentir. Et la plus grande spécialisation des rôles familiaux peut les faire percevoir comme plus contraignants, alors même qu'en réalité les responsabilités de chacun ne sont pas fondamentalement modifiées après l'arrivée des enfants.

Malgré tous les beaux discours égalitaires, et une réelle volonté de part et d'autre, de puissantes barrières psychologiques s'opposent à ce que s'implante authentiquement une division satisfaisante du travail domestique. Ce qui a pour effet d'agrandir la distance affective entre certains conjoints. La prise en charge du bébé, des travaux ménagers, des courses, de la lessive, des repas, de la vie sociale, professionnelle, du budget et des amis, sont ainsi des sujets de discussion très « chauds » pour la plupart des couples parentaux.

D'abord, il est difficile d'éradiquer l'idée selon laquelle élever un enfant est un travail de femmes. Derrière l'idéologie égalitaire, se cache une réalité bien plus ancrée. D'une part, la majorité des parents d'aujourd'hui ont été élevés par leurs mères, laissant ainsi aux hommes peu de modèles de référence. D'autre part, les femmes ont bien intériorisé l'idée selon laquelle il leur était interdit d'abdiquer de leur rôle de premier pourvoyeur de leurs enfants. Même chez les couples ouverts aux changements, les mentalités et les contraintes traditionnelles conspirent pour rendre difficile l'implantation effective de nouveaux modèles familiaux.

Ensuite, parce que les hommes ont été élevés par leurs mères, ils attendent des femmes qu'elles soient compétentes dès la naissance du bébé. Si on regarde le fonctionnement des parents fraîchement revenus de la maternité, on est frappé de constater combien, face aux soins à prodiguer dans l'immédiat, les pères adoptent une attitude contemplative. Ils mettent beaucoup de temps avant de décoder et de prendre en charge les besoins de leur enfant. Les femmes, elles, réagissent tout de suite. Se considérant structurellement incompétents pour se consacrer à des enfants petits, les hommes se rassurent donc en laissant les « experts » (les femmes) s'en occuper. Ce qui fait qu'au total c'est la mère qui se charge des repas, des bains, des couches, des sorties, des jeux, du recrutement des baby-sitters et des visites chez le pédiatre... Les arrangements familiaux au quotidien ne sont pas équitables, mais surtout ils ne correspondent pas à ce qu'homme et femme avaient prévu, espéré et attendu.

Enfin, la plupart des mères se débattent avec la question du retour au travail : comment arriver à conjuguer vie professionnelle et vie familiale ? Hormis le constat facilement décourageant que son salaire couvre juste les frais de garde, la réponse que va trouver la femme se joue en termes d'équilibre entre ce qu'elle va faire au travail et ce que son conjoint est disposé à faire à la maison. Certes, les pères actuels participent plus que leurs aînés aux tâches instrumentales (courses, cuisine, ménage, enfants, etc.), mais c'est toujours sur la femme que repose l'écrasante responsabilité d'élever ses enfants tout en pourvoyant aux besoins du foyer. De nombreuses études ont montré que les pères de jeunes enfants effectuent beaucoup moins de travaux ménagers que leur conjointe et ce dès le retour de la maternité. C'est ainsi que les discussions relatives à cette inégalité sabotent subtilement la qualité des relations entre père et mère.

Pour nombre de couples, ce décalage est une surprise. Ils ne s'attendaient pas à ce qu'établir des relations égalitaires demande de tels efforts. Chacun, dans son coin, se retrouve seul avec son problème : lui se sent responsable des aspects financiers du foyer ; elle se demande si elle doit retourner travailler. Sans se rendre compte que l'équilibre de leur vie conjugale est en danger, menacé par le sentiment douloureux que l'un des deux en fait plus que l'autre et que l'autre n'apprécie ou ne reconnaît pas que ce travail quotidien est important et ingrat. Et plus la mère affiche son insatisfaction de manière hostile et revendicative, plus le père désinvestit sa relation à son enfant et au foyer. Ce qui déçoit encore plus la mère qui, préoccupée, devient moins disponible et attentive à son enfant. Une atmosphère pesante s'établit qui ne peut, à court ou moyen terme, qu'ébranler l'union des deux partenaires.

Des attentes réciproques
qui sont la source de conflits conjugaux

Après l'arrivée des enfants, les parents se retrouvent généralement seuls à gérer la complexité du quotidien, privés des contacts réguliers avec la famille étendue, collègues de travail ou amis proches. Ils font moins attention l'un à l'autre, s'éloignent insidieusement. Mais paradoxalement, malgré cette distance affective, chacun s'attend à ce qu'à tout moment l'autre soit là pour résoudre les problèmes, apporter consolation et réconfort, partager les hauts et les bas de la vie. Le conjoint est le seul grand fournisseur de soutien émotionnel. Chacun attend de l'autre qu'il soit chaleureux et disponible.

Un espoir qui paraît raisonnable et légitime, mais tout de même très difficile à réaliser dans une relation intime et fusionnelle grandement fragilisée à cette époque de la vie de l'enfant. Et si quelque chose ne tourne pas comme prévu, chacun rejette bien vite la « faute » sur l'autre. Les besoins personnels de l'un apparaissent comme source de conflits pour l'autre. Les pères bien intentionnés et les mères épuisées et surchargées éprouvent des sentiments de colère et de révolte. L'équipe parentale se défait ; de coéquipiers, les conjoints deviennent adversaires. Alors qu'une simple et franche conversation pourrait permettre de résoudre les problèmes, nombre de parents ne sont pas habitués à un tel dialogue. Ils se renforcent dans l'idée que le problème vient de l'autre et, pour tenter de se calmer, s'évertuent à le persuader de changer. Chacun, dans son for intérieur, se sent incompris et blessé.

Après de longues périodes de doute, Clarisse a repris son travail et tente de jongler avec l'organisation des modes de garde, de préserver son investissement professionnel, de sauvegarder sa disponibilité en tant que mère. Ces objectifs personnels sont, pour elle, de puissantes sources de pression interne. Son mari, Georges, est très fier d'avoir un petit garçon, mais, de son côté, il surinvestit son travail et privilégie la relation amoureuse à sa femme. Il souhaite réellement aider Clarisse à mieux vivre, mais, du fait d'une différence de priorités, il ne comprend pas tout à fait le tourment intérieur de sa femme. Il veut l'aider et, pour cela, il multiplie les propositions de sorties, loisirs et distraction.

Mais ce que Clarisse attend de Georges, c'est une participation active, bienveillante et engagée aux événements de la vie quotidienne. Par exemple, qu'il s'occupe des baby-sitters, qu'il promène Clément le dimanche matin, qu'il l'écoute et la conseille, qu'il lui parle d'elle et de ses mérites en tant que professionnelle, maîtresse de maison et mère. Elle reçoit, donc, négativement les propositions de loisirs et les signes d'intérêt de Georges, d'autant que, pour elle, organiser une sortie relève de tracas supplémentaires. Elle perçoit le comportement de Georges comme déraisonnable, insensible et rejetant. Et se sent de plus en plus accablée et seule.

Clarisse et Georges poursuivent les mêmes objectifs et réfléchissent sur les mêmes difficultés. Leur problème est qu'ils les perçoivent et les vivent de manière très différente.

Georges : Elle n'arrête pas de se plaindre, de m'invectiver, de soupirer et d'exiger ! Ce n'est plus la femme que j'ai épousée. Elle n'arrête pas de dire qu'elle en a assez. Mais de quoi ? Elle a tout ce qu'elle veut : un statut social, un gamin en bonne santé, un boulot qu'elle n'est pas près de perdre. Elle me dit qu'il faut que je l'aide. OK, je suis quelqu'un de responsable. Je bosse comme un malade pour gagner plus d'argent, pour offrir confort et belles vacances à ma famille ; je lui propose de décompresser en sortant avec des amis, ou partir en week-end. Non, ce n'est pas bien, ce n'est pas ça, je ne comprends pas, je fais exprès. Et ça recommence. Pourtant ce gamin est désiré, nous l'avons fait vraiment ensemble, et voilà que depuis qu'il est là, tout est tellement compliqué.

Clarisse : Georges montre enfin son vrai visage. Il est insensible et égoïste. Il s'en fiche de ce que je ressens. Il ne s'intéresse qu'à son petit bien-être, à son boulot, à ses sorties. Il s'extrait de plus en plus de la vie de la maison ; il se met à son ordinateur et y reste des heures et des heures. Ne se demande pas si Clément ou moi avons besoin de lui. Non, c'est lui d'abord, et puis les autres, ils n'ont qu'à se débrouiller. Il est tellement ailleurs que lorsqu'il rentre le soir, il laisse traîner ses affaires au salon, ses chaussures, ses chaussettes plantées comme une rangée d'oignons, puis se met à son ordinateur. De mon côté, j'explose car pour moi ce mépris et cette indifférence sont insupportables. Il me prend pour une bonne qui n'a qu'à ramasser.

Georges : Clarisse, Ce n'est pas vrai ! J'hallucine, où vas-tu chercher tout ça ? Tu ne m'as jamais parlé de mes chaussettes ! Tu ne m'as jamais dit que cela te dérangeait. Comment j'aurais pu savoir ? Avant tu ne disais rien, tu prenais mes affaires, me faisais une réflexion amusante et les déposais dans la penderie ou la corbeille à linge.

Clarisse : C'est exactement ce que je dis ! En me répondant cela, tu prouves ton égoïsme et ton mépris, etc.

De telles séquences sont fréquentes. Elles entretiennent l'incompréhension et les tensions entre conjoints. Plus les mères et les pères sont malheureux, plus ils réagissent en se comportant en rivaux, surtout pendant la période préscolaire de l'enfant. Ils oublient que leurs réactions sont attribuables aux exigences contradictoires de la vie avec des enfants et non pas simplement aux lubies, caprices ou amusements d'un conjoint têtu, égoïste et désabusé. De ce climat hostile, leur relation à l'enfant pâtit de manière significative.

Des divergences en matière d'éducation

Une fois devenus parents, certains couples s'aperçoivent qu'ils ont chacun des idées bien arrêtées sur ce dont a besoin un enfant, par exemple comment mettre au lit un bébé, comment réagir quand il pleure, etc. Et les désaccords surgissent, même quand il faut trouver une solution sur-le-champ. Un enfant qui pleure n'attendra pas patiemment que ses parents soient arrivés à une conclusion commune sur la meilleure façon théorique d'y réagir. Les rituels d'endormissement paraissent particulièrement difficiles à respecter pour certains pères qui travaillent dans la journée et partent le matin avant le réveil de leurs enfants. En étant laxistes sur l'heure d'aller au lit, ils essayent d'éviter des conflits avec l'enfant pendant qu'ils sont à la maison, ce qui a pour effet de déclencher des polémiques interminables avec leur femme qui est sur le pont depuis l'aube. Si une discussion sur le sujet démarre, c'est la goutte qui fait déborder le vase.

> Georges : Je t'avais dit de ne pas coucher Clément avant que j'arrive. Un garçon a besoin de son père, et moi j'ai besoin de le voir. Même s'il s'endort plus tard, ce n'est pas grave, il pourra toujours dormir plus tard le lendemain ! Ça n'a jamais cassé personne que de s'endormir deux heures plus tard.
> Clarisse : Tu n'as qu'à rentrer plus tôt. Un enfant n'a besoin de rien d'autre que de tranquillité et de repos. Il a besoin de la présence de sa mère qui le rassure et d'un bon nombre d'heures de sommeil. De toute façon, ce n'est pas toi qui vas lui raconter des histoires ou lui chanter des berceuses ! Pour toi, quand tu n'as plus envie de le voir, c'est au lit et qu'il se débrouille ! Et ce n'est pas toi qui restes avec lui le lendemain, quand il est agité et couine toute la journée parce qu'il tombe de fatigue.

Ces dissensions ne prennent pas toujours en compte les besoins propres de l'enfant. De surcroît, la relation de chaque parent avec l'enfant influe sur la relation de couple. Certaines mères ne laissent pas une juste place au père par crainte d'être détrônées de leurs spécialités ; elles se sentent menacées si leur partenaire est trop doué, trop actif ou tout simplement présent.

> « Laisser faire Georges ? Jamais ! S'il est au top dans son boulot et avec son gosse, quelle serait alors mon utilité ? Quand il veut, il peut être charmant et donner ainsi une fausse impression à Clément. » (Clarisse.)

C'est d'autant plus difficile à vivre pour certains pères, qu'ils aiment faire des gestes en direction de leurs enfants. S'ils en sont empêchés par la mère, ils en éprouvent dépit et désillusion.

> « Si c'est juste pour nettoyer les pots, jeter les couches, ou calmer un enfant qui hurle en attendant son biberon, je serais aussi bien à mon bureau à travailler pour gagner de l'argent. » (Georges.)

Se sentant éjecté de la relation avec son fils, Georges se sent inutile, car il a l'impression que, quoi qu'il fasse, sa contribution à la vie familiale ne sera jamais perçue par Clarisse comme réellement significative.

Les pressions qui viennent de l'extérieur

Pour un couple qui vient d'avoir un enfant, il existe deux facteurs de stress particuliers parmi ceux qui viennent de l'extérieur : l'entourage amical, d'une part, les grands-parents de l'enfant, d'autre part.

« Qu'est-ce qui vous arrive ? Clarisse, Georges, réveillez-vous ! On ne vous voit plus ; vous ne sortez plus, on ne prend plus de verres ensemble, êtes-vous devenus des croulants, pépères et mémères, capables de ne parler que de pipi caca et couches-culottes ? » (Des amis insistants.)

Voilà un type de remarques très culpabilisantes pour des parents qui luttent pour gérer de front la complexité de leur vie avec leur enfant. Des réflexions fréquentes, mais également cruelles car elles leur renvoient une image négative d'eux-mêmes tout en leur soulignant la perte, transitoire, de toute une série de bénéfices et d'illusions.

L'arrivée de l'enfant modifie de fond en comble les rapports des conjoints avec leur entourage amical. Certains amis célibataires font comme si de rien n'était, et insistent lourdement pour que tout redevienne comme avant. Et quand ces jeunes parents décident de sortir tout de même un peu avec leurs amis, il leur faut mobiliser une énergie colossale : trouver une baby-sitter, prévoir les repas, préparer des instructions écrites, etc. Quand arrive la soirée, la spontanéité et le plaisir qui devait aller avec se sont envolés.

Les grands-parents aussi peuvent exercer une pression par le regard qu'ils portent sur leur enfant devenu parent. Pour peu qu'il soit désapprobateur, cela contribue à l'installation d'un malentendu entre les conjoints.

« Comment se fait-il que c'est toi qui gardes les enfants pendant tout le week-end ? Et ta femme, que fait-elle ? Un homme a autre chose à faire que de s'occuper de bébés, de crèches et de nourrices. »

Des études ont montré que, plus les hommes tentent de s'impliquer autrement dans leur vie de famille, plus ils risquent d'être critiqués par leurs propres parents. De nombreux grands-parents se sentent, en effet, menacés par le partage égalitaire des rôles familiaux dans le jeune couple, cela leur renvoie comme un jugement négatif sur leur propre fonctionnement en tant que parents et sur la manière dont ils ont élevé leur enfant. D'où un surcroît de critiques qui visent inconsciemment à rétablir un système éprouvé et connu. Les nouveaux parents se sentent dévalorisés. Une tension s'installe entre les générations, qui a pour effet de freiner subtilement l'implication effective des pères dans le processus de parentalité et, par conséquent, d'augmenter l'insatisfaction conjugale et familiale de leur partenaire.

Les mécanismes qui entretiennent le malentendu

Être en désaccord, rencontrer des malentendus n'a rien d'extraordinaire. Si les partenaires parviennent à communiquer quand les choses deviennent trop difficiles afin de réduire leurs tensions respectives et d'éviter de se rejeter mutuellement la « faute », le stress diminue et le sentiment d'insatisfaction avec. Grâce à la discussion et/ou le recours à l'humour, les conjoints comprennent que ces malentendus ne sont que temporaires, qu'ils forment une équipe et sont du même bord. Mais quand l'échange n'est pas possible, une série de mécanismes psychologiques entretiennent l'absence de communication et amplifient le malentendu.

□ Les quiproquos :
erreurs de décodage des besoins mutuels

Père et mère ont tendance à interpréter les besoins de l'autre en fonction de ce qu'ils aimeraient que l'on fasse

43

pour eux ; ils s'attribuent l'un à l'autre des aspirations et/ou des besoins qui, en fait, leur sont propres.

> Quand Clarisse est malade, Georges pense qu'elle a besoin de lui en permanence à son chevet. Mais quand elle est malade, Clarisse aime surtout se retrouver seule, et le dit à Georges. Georges pense qu'elle le lui signifie, par pudeur, qu'elle ne souhaite pas représenter une charge trop importante pour lui. Et il augmente sa présence auprès de Clarisse, pour lui faire plaisir et pour lui témoigner son amour. Clarisse est énervée par ce comportement et se montre renfrognée et distante.

Voilà comment, sans que ni l'un ni l'autre l'aient désiré, le conflit naît, perdure et s'amplifie. Georges réagit à ce qu'il espère que Clarisse ferait pour lui, dans un cas similaire. Ce faisant, il ne se met pas à la place de sa femme et ne tient pas compte de ses besoins. Dans cette séquence, les deux conjoints se sentent incompris, blessés, seuls et en manque de reconnaissance.

□ **La généralisation : un événement anodin prend le dessus**

> Georges a eu une journée harassante au travail. Il est accueilli par une Clarisse survoltée qui raconte d'un trait les difficultés du jour, avec leur fils de 5 mois, Clément, avec l'électricien qui a posé un lapin, avec la défection de la femme de ménage. Soulagée de voir arriver son mari, elle lui demande de but en blanc de prendre le relais auprès de Clément, énervé et pleurnichard, pendant qu'elle prépare le repas. Ce qu'il fait en maugréant, sans enthousiasme et sans commentaires sur son propre état d'esprit. Le dîner se déroule dans une ambiance tendue ; Clarisse et Georges passent leur soirée séparément à vaquer à leurs occupations. Plus tard, Clarisse dira, touchée par le manque d'enthousiasme de son mari : « Georges ne fait rien pour nous, il n'est jamais content, il fait la tête à longueur de journée », en oubliant tout de même l'aide apportée ainsi que les moments agréables, de partage et de complicité.

C'est ainsi que se sentir insatisfait par un aspect de la relation déteint sur la manière dont on apprécie globalement l'autre.

□ L'amplification :
une erreur d'appréciation d'un événement

Dans la séquence précédente, Clarisse se montre blessée par le manque d'entrain de Georges. Elle accorde une importance excessive à un état d'esprit ponctuel et réactionnel à une lourde journée de travail et le vit comme un manque de considération, une manifestation durable d'une mauvaise foi, signe de mépris et d'égoïsme.

Clarisse perçoit les choses comme toutes noires ou toutes blanches. Elle est polarisée sur cette interprétation binaire des pensées, des actions ou des réactions de l'autre et n'imagine pas qu'il puisse y avoir des nuances.

Ce mécanisme s'additionne aux précédents et pérennise le conflit.

Hommes et femmes réagissent différemment dans le conflit

D'une manière générale, les hommes discutent pour donner une information. Les femmes parlent pour augmenter l'intimité avec leur partenaire. Les hommes cherchent à garder le contrôle pour cacher leur vulnérabilité. Les femmes cherchent à montrer leur fragilité pour conserver l'attachement de leur partenaire et un niveau constant d'implication dans la relation. Les hommes apprécient leur autonomie et leur liberté d'action. Les femmes recherchent aide et conseils. Face à un problème, les hommes proposent trop vite des solutions, ne laissant pas à leur partenaire le temps de réaliser qu'elle a été comprise. Plus la solution de l'homme arrive rapidement, plus elle véhicule le message suivant : « Oh, ce problème n'est pas compliqué ! Voilà ce que tu vas faire », et la conversation prend un tour dangereux, la femme y lit entre les lignes les signes de son incompétence.

Les hommes et les femmes gèrent très différemment les discussions. Les femmes prennent l'initiative ; les hommes n'abordent jamais des sujets qui peuvent mener au conflit. Si la dispute éclate, les hommes battent en retraite et se replient pour contrôler les émotions désagréables, alors que les femmes se montrent de plus en plus émues, passionnées, voire passionnelles. Certains hommes affichent l'indifférence pour se protéger, ce qui accroît, des deux côtés, les sentiments d'irritabilité et d'hostilité.

La naissance d'un enfant augmente la probabilité de désaccords. Cela donne lieu à des discussions le soir, après la journée de travail. Pour les femmes, c'est souvent le seul moment de tranquillité ; pour les hommes également. Eux aussi veulent se détendre le soir après leur journée, mais pour y arriver, ils nient l'existence de tout problème et en veulent à leur compagne d'aborder des sujets qui fâchent.

Ne pas tenir compte de ces différences de fonctionnement aggrave la mésentente du couple. Quand l'ambiance est chauffée par les tensions ou refroidie par les retraits stratégiques destinés à éviter le conflit, les partenaires cessent de communiquer pour s'installer dans une indifférence (apparente) hostile, éloignés l'un de l'autre, étrangers, adversaires.

Georges : Clarisse, que nous est-il arrivé ?
Clarisse : Georges, cela n'a plus aucune importance. Tu fais ce que tu veux et je fais ce que je veux.

De l'impact des malentendus sur l'enfant

Le climat entre les parents dans les premiers mois de l'enfant s'étend aux années à venir. Leur relation façonne les liens qui les uniront à leurs enfants. Et elle va servir de modèle aux enfants dans leurs propres interactions avec leurs pairs. Quand la relation quotidienne des parents est satisfaisante, les enfants ont tendance à être équilibrés, à l'aise sur le plan social. Quand ils sont de moins en moins contents de leur vie quotidienne, les premiers à en faire les frais sont les enfants.

Les désaccords entre conjoints se répercutent en chaîne sur la relation de couple, et sur la relation à leur enfant. Comment s'occuper de son enfant quand on désire en même temps dans son for intérieur être ailleurs ou avec quelqu'un d'autre ? Pour pouvoir bien répondre aux besoins de l'enfant, il faut être soi-même satisfait. Quand les parents sont tendus, en conflit ou en rivalité, ils sont moins chaleureux, moins disponibles. C'est ainsi que les enfants de parents « adversaires », froids et irritables, rencontrent plus de difficultés de développement, que les enfants de parents « coéquipiers » qui, eux, s'épanouissent mieux tant sur le plan intellectuel que sur le plan social. L'harmonie familiale soutient les apprentissages de deux façons : en donnant à l'enfant un sentiment de sécurité qui favorise son ouverture vers le monde extérieur et la curiosité nécessaire à la découverte de l'environnement ; en offrant un modèle relationnel stable indispensable à l'acquisition de l'autonomie. Les enfants bénéficient des forces que les parents mettent dans leur union et souffrent de leurs faiblesses manifestes.

Avec quelques nuances cependant : la relation du père à son petit garçon se révèle indépendante de l'atmosphère familiale parce qu'elle est plus fortement corrélée à l'image que le père a de lui-même, à son estime de soi. Alors que vis-à-vis de leurs petites filles d'âge préscolaire, les pères insatisfaits dans leur vie de couple ont plus souvent des réactions négatives : ils sont plus distants, emportés et sévères. Leur attitude dépend fortement de la relation qu'ils ont nouée avec leur compagne au cours des premières années de vie commune. Les mères frustrées dans leur union deviennent aussi plus dures avec les filles qui tentent de s'affirmer. Par conséquent, une petite fille dont les parents se déchirent a moins de chances qu'un petit garçon d'avoir au moins un parent disponible et attentif à ses besoins. Il arrive aussi que sa mère l'entraîne dans une coalition contre le père, l'isolant en en faisant la cible du mépris de « ses femmes ».

> Nina, 8 ans, racontait à sa tante lors d'un goûter de famille : « Cet imbécile [son père] est toujours en retard et à cause de lui on ne peut jamais rien faire. » La mère de Nina regarde tendrement sa fille et acquiesce à l'intention de sa sœur : « Tu vois, même Nina s'est rendu compte qu'on ne peut pas compter sur lui. Que veux-tu, on fait des choses de notre côté, sans se préoccuper de l'autre. »

Non seulement, dans l'immédiat, le conflit entre ses parents touche affectivement l'enfant, il en souffre et se sent angoissé. Mais, au niveau des acquisitions globales, il perturbe ses capacités de concentration, d'apprentissage et d'interaction sociale, à moyen terme. Ainsi, à la maternelle, les enseignants trouvent que les enfants vivant dans des foyers conflictuels ont tendance à être distraits, incapables de se concentrer d'une part, mais aussi qu'ils sont soit désobéissants, peu coopérants, prêts à déclencher des conflits avec les autres, soit timides, privilégiant les activités solitaires, peinant à se faire des amis.

Ce conflit peut avoir des effets encore plus pervers lorsque l'enfant s'y trouve mêlé. Certains couples commencent à se déchirer sur des questions le concernant. Ainsi, transférant sur ce petit témoin leurs mécontentements, ils évitent de se pencher sur ce qui relève plus de leurs propres difficultés. Du coup, l'enfant s'inquiète, il croit que c'est à cause de lui que ses parents se disputent. Les plus âgés se sentent coupables de ne pas pouvoir arrêter le conflit.

« Quand ça partait, c'était horrible. Le visage de maman se transformait. Elle devenait toute rouge, avec des yeux brillants et comme méchants. Papa était tout blanc, il commençait par dire quelque chose, mais après il arrêtait et tournait la tête. Ça ne criait pas toujours, mais il y avait une atmosphère qui me glaçait et qui me glace encore quand j'y repense. Les mots claquaient comme des gifles. Des fois, j'allais dans ma chambre parce que j'avais envie de pleurer, d'autres fois, je me ramenais près d'eux avec ma trompette et mon tambour et me mettais à faire du bruit, pour qu'ils cessent. Le plus souvent cela ne servait à rien puisque je me faisais punir et renvoyer dans ma chambre. Ça a marqué ma vie, puisque depuis ce temps je garde une appréhension quand je suis avec des gens, partout, en fac, avec mes copains, même avec ma petite amie. Je me mets en retrait et je me demande à quel moment ça va éclater. Si j'ai la preuve que c'est pour bientôt, je me débrouille toujours pour fuir. » (Clément, 20 ans.)

3

Quand la séparation devient inévitable

« Punaise ! Ils soûlent ces vieux à se gueuler dessus comme ça ! Il faut être ouf pour faire ça aux gosses ! Ils disent : "On divorce, on divorce", mais pour les mômes c'est trop relou ! » (Clémentine, 9 ans.)

Lorsque Clément rencontre Adeline, il est réservé, taciturne et observateur. Il aime rêver, l'informatique et Internet. Elle est bavarde, intransigeante et affirmée. Elle aime bouger, danser et discuter. Ses parents à lui, Georges et Clarisse, sont toujours ensemble, en conflit. Ses parents à elle ont divorcé lorsqu'elle avait 5 ans. Elle ne les voit plus.

Par son comportement, Clément apaise Adeline. Par son exubérance, Adeline fascine Clément. Ils décident de se marier, vite, pour fonder une famille et pour avoir plusieurs enfants. Clémentine naît deux ans après. À sa naissance, Adeline fatigue déjà Clément ; de son côté Clément exaspère, tout le temps, Adeline. Adeline et Clément aiment tendrement Clémentine. Cela n'empêche que huit ans plus tard, après des scènes, des crises, des reproches, des larmes et des réconciliations éphémères leur couple se défait dans la hargne et la démesure.

Se séparer est une lourde décision pour ses parents car l'enfant est la dernière personne qu'ils voudraient blesser. C'est pourquoi, pensant le protéger, certains décident de rester ensemble pour son bien-être, même lorsqu'ils sont chroniquement en conflit. D'autres, malgré d'importants efforts pour faire durer leur cohabitation, ne peuvent éviter la séparation. Dans les deux cas, la question est de savoir comment la situation de rupture affecte le développement de l'enfant, dans une société qui a modifié ses valeurs et qui érige en norme le divorce et la séparation des familles.

Tout enfant est atteint par la séparation de ses parents, par le fait qu'ils ne vivent plus tous ensemble au sein d'une même famille. L'impact de cette rupture dépend de sa durée, de son intensité, de ses répercussions concrètes, de l'âge de l'enfant, du stade de développement personnel et des facteurs génétiques, historiques et biologiques. Contrairement à une idée reçue, elle n'est pas mieux vécue par un adolescent ou un adulte que par un jeune enfant.

« Même à 40 ans on est très malheureux quand les parents se séparent. C'est comme un deuil de l'union familiale, de notre maison à tous, des dîners en famille, des dimanches passés ensemble, des vacances au bord de la mer. C'est surtout difficile parce que, du coup, tous les souvenirs paraissent trompeurs. On se demande si la famille a vraiment été heureuse pendant notre enfance. Est-ce que les périodes heureuses ont été mensongères ? Quand la famille se disloque après quarante-cinq ans d'union, on se pose des questions. Ce qui est dur, également, c'est de se dire que lorsqu'on a envie d'aller à la maison (maison de notre enfance), elle n'existe plus. Ça crée un sentiment d'insécurité, car la maison n'existe plus, du moins, pas comme on l'a gardée dans notre souvenir. Nous éprouvons les mêmes choses que les enfants : tristesse, colère, choc émotionnel. » (Jacques, 40 ans, venu consulter après le divorce récent de ses parents.)

On compte aujourd'hui en France 2 012 000 enfants vivant dans des foyers séparés et 110 000 divorces par an. Les couples qui risquent le plus de se séparer après la naissance d'un enfant sont ceux dont les relations étaient déjà tendues avant même l'arrivée du bébé, et ne disposent pas de ressources personnelles pour gérer des conflits ou communiquer. La fonction parentale a augmenté les sources de dissension et peut conduire à la rupture.

L'enfant réagit à la séparation différemment selon son âge

Quel que soit leur âge, les enfants souffrent de la désunion de leurs parents et d'avoir si peu de contrôle sur ces événements. L'exposition durable aux conflits fait naître chez eux des sentiments d'anxiété, surtout si les disputes ne trouvent jamais de solution positive. L'enfant croit qu'il y est pour quelque chose, et lorsque cette impression se combine à ce qu'il ressent comme une menace inquiétante, il a tendance à s'impliquer encore plus dans le conflit. Pour nombre d'enfants, la séparation des parents n'est pas seulement une question d'adultes. Ils se persuadent qu'ils sont à l'origine du désaccord familial. Ils croient que s'ils avaient été plus sages, s'ils avaient mieux travaillé, été plus coopérants à la maison, la séparation ne serait jamais arrivée. Ils prennent alors à leur compte la responsabilité de la rupture, et la culpabilité qui s'ensuit les mine de l'intérieur en les empêchant de poursuivre harmonieusement leur « travail d'enfants ». Ils se sentent malheureux et méprisables.

L'enfant réagit toujours à la séparation en fonction de ce qu'il a compris de la situation. Son âge et sa maturité déterminent donc directement sa façon de vivre cette crise majeure de son existence. Plus il est jeune, moins il comprend et moins il arrive à exprimer clairement ce qu'il vit.

Jusqu'à 5-6 ans, il manifeste ce qu'il ressent par son comportement : il peut régresser, par exemple recommencer à sucer son pouce, à faire pipi au lit, avoir du mal à s'endormir, ou à se montrer en colère, bougon, agressif, insupportable.

De 6 à 8 ans, il manifeste plus calmement sa peine, même si des manifestations régressives ou agressives perdurent. Il est capable de dire ce qu'il ressent par des mots et il s'efforce d'aider ses parents en cherchant une solution à leur problème.

Entre 9 et 12 ans, on remarque mieux les signes de tristesse, voire de dépression, à travers, par exemple, une baisse des résultats scolaires ou un retrait par rapport aux autres. À cet âge, l'enfant peut se sentir investi d'une responsabilité adulte. Mû par le désir de réparer la relation de ses parents, il a tendance à abandonner sa place d'enfant et faire preuve d'une maturité qui n'est en rapport ni avec son développement physiologique ni avec ses capacités psychologiques.

À l'adolescence, de 13 à 17 ans, la séparation des parents introduit une grande confusion dans le processus de recherche de soi, déjà normalement difficile à gérer à cette période de la vie. L'adolescent manifeste par des comportements provocateurs ou méprisants son inquiétude de voir que les réactions des adultes ne sont pas à la hauteur de ses espérances. On le voit notamment adopter des conduites agressives et/ou auto-agressives : désintérêt des activités scolaires, beuveries, prise de substances toxiques, etc. Les limites clairement définies antérieurement sont brouillées, ce qui le prive de la stabilité qui lui est indispensable.

À tout âge, espérant maintenir unie l'« équipe » dont il a besoin pour se diriger dans sa vie, l'enfant s'attribue symboliquement le rôle du « gardien du couple ». Il souhaite, secrètement, que le couple de ses parents se reforme et, en tout état de cause, perdure.

« Mes parents ont divorcé quand j'avais 10 ans. Eux en avaient 35. Chacun a refait sa vie de son côté mais maintenant ils se retrouvent tous les deux veufs et solitaires. Je me suis surprise à penser que j'aimerais assez qu'ils se remettent ensemble, comme dans mon souvenir, pour finir ce qu'il leur reste à vivre dans l'harmonie de leur premier foyer. J'ai commencé à entreprendre mon père, puis j'attaquerai du côté de ma mère. » (Lydie, 55 ans.)

À tout âge aussi, l'enfant est obligé d'accomplir un travail psychique d'adaptation pour pouvoir conserver les liens à ses deux parents. Il a besoin de savoir qu'il s'inscrit dans une relation spécifique à son père et à sa mère.

Les problèmes posés par la séparation du côté des parents

Les problèmes de couple bouleversent les enfants et perturbent les stratégies éducatives du père et de la mère.

Tendus, anxieux et distraits, préoccupés et fatigués, les parents qui se disputent ne surveillent pas leurs enfants comme il conviendrait : ils ont tendance à mettre peu de limites tout en ayant un seuil de tolérance faible qui leur rend les écarts insupportables. Dans le feu des hostilités, les hommes se mettent plus facilement en retrait que les femmes. Ils prennent de la distance avec leur conjointe, mais aussi avec leurs enfants, et plus particulièrement avec leurs filles, on l'a vu, ce qui fragilise les enfants.

Ceux-ci, habitués à vivre dans une ambiance de discorde, apprennent à leur tour à résoudre les conflits par les cris et les coups. Ils ne sont pas en mesure de s'approprier des méthodes efficaces de régulation de leurs émotions.

« Je viens vous voir car je n'arrive pas à me contrôler. Dès que mon copain dit quelque chose de différent de ce que je pense, je me mets en colère, je crie, je m'énerve et je l'insulte. Je me rends compte que ça ne va pas, et qu'il peut avoir des opinions différentes, mais je le prends pour moi et c'est plus fort que moi. J'ai déjà perdu un petit ami à cause de mon caractère ; celui-là, il est vraiment bien et je n'ai pas envie qu'il me quitte. Je vois bien qu'il commence à ne plus me supporter, à se renfermer sur lui-même et à refuser de me parler. Chez moi, quand j'étais petite, ça braillait tout le temps. Mes parents ont divorcé, mais ça n'a rien arrangé, car avant le divorce, pendant et après, les hurlements, les injures, les coups ça y allait à plein gaz. Quand ils étaient fatigués de s'exciter l'un l'autre, ils s'en prenaient à nous et alors on avait vraiment intérêt à se tenir à carreau. » (Sabrina, 24 ans, consulte pour des difficultés à maîtriser ses émotions.)

Il arrive que, quelque temps après une séparation difficile, certains parents, encore habités par le conflit conjugal mani-festent de l'hostilité vis-à-vis de l'un de leurs enfants. Ils concentrent ainsi inconsciemment sur lui la rancune dirigée en fait contre le conjoint. Par un comportement brusque et injustifié vis-à-vis de l'enfant, ils poursuivent à travers lui la chaîne des hostilités. Ou bien, parce qu'ils n'ont pas réussi à élaborer psychologiquement la séparation, ils déplacent leur tristesse ou leur anxiété sur lui en se désengageant : ils sont « ailleurs », ont du mal à s'impliquer dans la relation avec lui, et l'enfant le sent.

« Quand je rentre et je vois Clémentine assise dans le canapé, en train de zapper sur la télévision, je suis hors de moi, saisie par une rage folle. J'ai l'impression de voir Clément, avec sa désinvol-ture, et son détachement. Parfois je la punis en la renvoyant dans sa chambre ; d'autres fois, je m'assois à côté d'elle et je pleure pendant toute la soirée. » (Adeline.)

Les pères comme les mères ont l'impression que les gar-çons sont plus vulnérables que les filles à la séparation et au divorce. Les mères disent fréquemment qu'elles trouvent difficile d'élever, seules, un garçon. Comme la séparation prive le garçon de la présence permanente de son père, les parents ont plus souvent à cœur de préserver la relation du père à son fils. Les pères essayent toujours de traiter leur fils de manière positive, mais pas toujours leur fille car la relation avec elle est très fortement influencée par la nature de la relation à leur conjointe.

Pour ce qui concerne le père en particulier, compte tenu de la manière dont son rôle est généralement défini, ses liens avec son enfant résistent assez difficilement à la séparation du couple. Quand il se retrouve seul, face à face avec ses enfants, dans une relation directe à laquelle il n'est pas habitué, il est souvent bien embarrassé, ne sachant ni quoi ni comment faire. Dans la majorité des cas, c'est la mère qui prend en charge les activités communes et qui sert de médiateur. C'est elle qui raconte, par exemple, la journée des enfants, leurs récits, leurs joies et leurs peines. Du coup, nombre d'hommes ont une conception strictement économique de leurs rapports à leurs enfants : ils financent la famille mais négligent tant la fonction d'ouverture et de soutien que toute la dimension d'émotion qui fait partie des normes contemporaines de la parentalité. Avant la séparation, ils se voyaient, d'une part, pourvoyeurs principaux de revenus, d'autre part, garants de l'unité familiale. C'est dans cette problématique que certains pères trop individualistes procèdent par substitution : ils distendent les liens avec leurs propres enfants et considèrent ceux de la première union de leur nouvelle compagne comme les leurs. Ils pensent ainsi retrouver une position antérieure, plus familière, avec une famille à nouveau réunie. Ces pères préservent ainsi l'unité de rôles : paternel, parental, marital, l'origine des enfants devenant un élément secondaire dans la construction de ce rôle.

Même un homme qui éprouve des difficultés à s'affirmer

comme père après la séparation peut, dans certaines conditions, accomplir parfaitement sa mission de parent. S'il verse une pension pour prendre sa part de l'entretien de ses enfants et que cette participation est reconnue, il y a plus de chances pour qu'il s'investisse et continue à les voir. S'il leur donne du temps, il a plus de possibilités de renforcer ses liens avec eux. Et s'il s'implique d'une manière ou d'une autre dans des activités, il préserve son rôle et peut exercer une certaine autorité.

Les problèmes posés par la séparation du côté des enfants

Chaque couple a sa manière de manifester ses antagonismes par des propos, des comportements, des émotions, et des terrains de dispute. Mais, en gros, soit le conflit est ouvert et direct, soit il est insidieux, larvé.

Dans le conflit ouvert, l'hostilité se manifeste verbalement ou physiquement, il est visible que les liens entre les parents sont franchement négatifs. Belligérance, mépris, hurlements, vociférations, dévalorisation, insultes, claques, menaces et coups. L'enfant assiste, en direct ou non, à cette forme de dramaturgie et il en est très fortement ému, même s'il ne prend pas parti. Servant de témoin aux déchirures de ses parents, il se moule dans le rôle du tiers régulateur dont la mission est d'alléger temporairement ou durablement la tension. Ou bien, il devient le bouc émissaire de parents qui transfèrent sur lui la tension du couple. C'est ainsi que certains enfants sont l'objet de l'agressivité de leurs parents, assignés à un rôle qui leur est étranger et devant faire face à des demandes démesurées.

Quand le conflit ne s'exprime qu'indirectement, les relations familiales en pâtissent également. Cela n'empêche pas pour autant l'enfant d'y être impliqué. Il est perçu par ses parents surtout en fonction de son utilité dans leurs désaccords. Il y a une manière très subtile de solliciter l'enfant : dénigrer systématiquement son partenaire devant lui, manifester tacitement qu'on l'approuve lorsque, inquiet, il prend parti pour l'un ou l'autre de ses parents. Certains parents soutiennent l'enfant quand il s'implique dans leurs disputes. Le parent dominant l'amène à prendre position en sa faveur, quitte à le rejeter s'il n'entre pas dans le jeu. Il utilise sa loyauté pour faire passer des messages à l'autre ou pour obtenir des informations à son sujet. Certains enfants se voient ainsi forcés de rejeter un de leurs parents et d'établir une alliance guerrière avec l'autre. Les pressions exercées sur eux sont colossales : ils se sentent coupables d'être obligés d'écouter, d'acquiescer quand un parent se plaint de l'autre, et de devoir faire montre d'une hostilité qu'ils ne ressentent pas. Pour garder tout de même le contact avec l'autre parent, ils adoptent des stratégies qui ont pour but le maintien du lien : par exemple, l'enfant choisit une attitude de soumission vis-à-vis du parent le plus fort, il accepte le discours négatif de celui avec lequel il vit et le reprend à son compte, mais sans y adhérer ; ou bien il cherche un compromis : il intègre les interdits et les exigences du parent dominant, mais s'efforce de faire plaisir à la fois à son père et à sa mère en restant loyal aux deux. Il affirme, par exemple, son refus de l'autre parent, mais ne fait rien pour couper le lien. Car avoir à choisir entre son père et sa mère, comme le parent dominant le lui demande implicitement, est très culpabilisant et très douloureux.

Ces stratégies de l'enfant peuvent être mises en échec par le style de fonctionnement du parent dominant. Selon Jean-Luc Viaux (voir bibliographie), on peut distinguer :

– le parent rigide, qui « a toujours raison » et refuse d'examiner en quoi il est pour quelque chose dans la séparation :

tout est le fait de l'autre, qui est par définition un mauvais parent ;

– le parent « possessif » qui ne conçoit pas qu'on puisse être libre de vivre en dehors de lui : il revendique d'avoir l'enfant seul ;

– le parent déprimé qui demande à l'enfant de le soutenir ;

– le parent dépendant qui s'en remet à ses propres parents pour s'occuper de lui et de ses enfants.

Dans tous ces cas, les besoins personnels et légitimes de l'enfant se trouvent en complète opposition avec ceux, contradictoires, de ses parents. Absorbés par leur conflit (quel que soit son mode d'expression), les parents sont moins disponibles pour lui. Qu'ils lui manifestent ainsi moins d'intérêt, même temporairement, le déstabilise. Ils peuvent paraître atteints de cécité jusqu'à ce que l'enfant montre sa détresse par des comportements problématiques qui sont de véritables signes d'appel. Mais alors, surpris, ils ont souvent tendance à ne pas en comprendre le sens et intervenir trop sévèrement

Adeline et Clément sont convoqués au commissariat. Leur fille, Clémentine, 13 ans, a été ramassée en état d'ébriété dans un squat du quartier nord de la ville. Elle a été trouvée en état de choc, vomissant, pleurant et grelottant. Ses parents l'interrogent. Clémentine ne peut expliquer la situation. Ils interrogent un inspecteur de police qui leur apprend qu'elle est bien repérée dans le quartier, qu'elle traîne souvent avec les bandes dominantes du moment. Clément et Adeline interrogent à nouveau Clémentine qui ne veut rien raconter, elle veut juste rentrer à la maison et dormir. Elle regarde tristement ses parents et attend qu'ils aient fini de se disputer :
Adeline : C'est de ta faute ! On ne peut jamais te faire confiance ! Tu es irresponsable, ça, je le savais bien.
Clément : Oh, non, c'est toi qui es toujours ailleurs, toujours à

bouger, à chercher, à fureter, à te préoccuper des autres, de moi, de ma vie, mais jamais de ta fille !

Arrivés à la maison, Clément et Adeline enferment Clémentine dans sa chambre, lui reprochent sa conduite, lui interdisent toute sortie pour les six mois à venir, et lui promettent l'internat pour la « mater », en cas de désobéissance. Des années plus tard, Clémentine se rappelle. « C'était d'une tristesse infinie. Je me sentais si seule, si seule, abandonnée, surtout les week-ends, enfermée dans ma chambre, chez ma mère ou chez mon père, à attendre que le temps passe, que lundi revienne, que la semaine recommence, que la prison ouvre ses portes. Ça a duré cinq ans. Après, ils se sont calmés. Ça allait mieux entre eux, donc ça allait mieux avec moi. »

L'enfant perd beaucoup dans la séparation de ses parents : non seulement il les intéresse moins, mais il se voit mis à une place insupportable sous les feux croisés de leur discorde. Ce n'est qu'avec le temps et la maturité qu'il va comprendre qu'il est, en tant que personne, responsable de sa parole et de son désir.

Gérer au mieux la séparation

Dans la vie quotidienne, une fois la séparation prononcée, l'enfant va devoir se partager entre ses parents pendant les vacances, les week-ends, pour les anniversaires et autres événements familiaux. Il va passer des moments plus ou moins longs avec chacun d'eux. Sur le plan émotionnel, le temps passé avec chaque parent risque d'être source de tension pour l'enfant, s'il se sent manipulé et utilisé comme messager de l'hostilité de l'autre. Cela étant, si ses propres parents ne lui interdisent pas d'adopter les nouveaux conjoints comme des figures parentales possibles, il aura assimilé, au bout de la première année de séparation, qu'il a deux maisons, voire deux papas et deux mamans. Sur le plan pratique aussi, sa vie va être bousculée : à partir de 9 ans, ses propres besoins risquent d'entrer en conflit avec les arrangements qui ont été pris. À cet âge, l'enfant aime avoir du temps à lui, faire des activités, jouer avec les copains sans se sentir toujours obligé de passer du temps avec ses propres parents. C'est ainsi, que ne serait-ce que sous l'angle de l'organisation, cette séparation lui pose problème.

Ce qui complique le plus la vie de l'enfant, c'est *la persistance du conflit*. En tant que tel, le fait que ses parents se séparent n'est pas nécessairement néfaste pour l'enfant. On ne peut pas dire que cela provoque des troubles spécifiques.

En revanche, l'intensité du conflit entre ses parents le perturbe profondément. C'est leur mésentente, avant, pendant et après le divorce, qui est la source principale d'insécurité et non leur séparation physique et psychique.

Les enfants dont les parents séparés continuent à se déchirer risquent de connaître à leur tour une instabilité conjugale à l'âge adulte. La puissance du modèle parental pousse à la répétition. Dans ce climat d'hostilité entre les sexes, *a fortiori* si les parents ne sont même plus capables de se concerter en matière d'éducation, les enfants apprennent qu'ils ne peuvent faire confiance à certains adultes. Ils ont un regard désabusé sur les relations sociales. Comme une cuirasse psychologique, le cynisme les protège contre les émotions négatives que sont l'angoisse ou le découragement. Mais lorsque la cuirasse tombe, ces enfants sont envahis par la peur, la confusion, la colère, voire la dépression.

Selon que la mésentente se limite au cadre du foyer ou qu'elle est portée sur le terrain de la justice, les effets ne sont pas les mêmes. Sur le plan des identifications, c'est beaucoup plus difficile pour un enfant qui, privé du contact avec un parent décrit par l'autre comme terrifiant et dangereux, est menacé de revoir celui-ci par décision du juge. Comment pourrait-il accepter d'entendre sa mère traiter son père d'imbécile, de monstre égoïste qui « nous a laissés dans le besoin » ? Comment supporter qu'un des parents disqualifie, dénigre, interdit tout ce que l'autre représente, ne propose de lui qu'une image méprisable ou toute-puissante ?

Les adultes qui ont été élevés sans leur père, dans un climat de séparation difficile, ont plus fréquemment des relations amoureuses instables. Même si les arrangements post-séparation conviennent aux deux parents, il arrive qu'ayant eux-mêmes assisté, enfants, à des scènes déplaisantes avant la rupture de leurs propres parents, ils aient du mal à se sentir en sécurité dans leur vie familiale ultérieure. Car pour un enfant, être séparé d'un parent à la suite d'un divorce est plus difficile à supporter que si c'était la mort qui le lui avait enlevé.

Sur le plan scolaire également, la séparation peut avoir des répercussions. Certains enfants obtiennent de moins bons résultats. Non pas qu'ils aient besoin de leurs deux parents pour réussir leur scolarité, mais après, dans leur esprit, la réussite scolaire n'a plus la même valeur. Certains, même, persuadés qu'ils doivent aider les parents, quittent plus tôt le système scolaire pour faire des formations moins longues et subvenir ainsi plus vite à leurs besoins.

Ce qui crée la différence entre un enfant qui va bien et un enfant qui va mal est la manière dont les conjoints gèrent leur séparation. Quand, même séparés, ils luttent pour maintenir une entente de qualité, gardant à l'esprit que celle-ci est fondamentale pour le développement de leur enfant, celui-ci ne souffre pas de la séparation. Quand les dissensions se résolvent par le dialogue, l'enfant se sent protégé et en même temps il apprend comment résoudre les conflits. Le couple est un des supports des identifications de l'enfant. Son père et sa mère sont tous deux de solides appuis, en tant qu'homme et femme, en tant qu'êtres sociaux, en tant qu'autorités. Plus facile à proposer qu'à mettre en œuvre pour certains adultes qui, n'acceptant pas l'idée d'avoir été blessés, continuent à réagir contre cette blessure. Des phrases du type : « Pourquoi il m'a fait ça ? Pourquoi ne peut-elle pas m'aimer ? », ne font qu'entretenir les difficultés. Pourtant, accepter de se sentir malheureux et meurtri, comme le font les enfants, permet à la souffrance de s'évacuer : cela fait partie du processus normal du deuil.

Si les deux parents s'accordent pour ne pas entretenir leurs dissensions et servir au mieux les intérêts de leurs enfants, leur séparation aura nettement moins de conséquences négatives. Les raisons des conflits post-divorce sont objectivement mineures, mais elles prennent des proportions démesurées à cause de la mésentente des parents. Les horaires de visite, les calendriers des vacances, les choix des activités extrascolaires ou les options éducatives deviennent des pierres d'achoppement. Ce conflit pourrait-il être réduit ? Assurément, oui : il existe des stratégies qui permettent aux parents d'éviter la confrontation systématique et de préserver l'enfant. Elles dépendent de la capacité des adultes à se protéger, à éviter d'être en situation de ressentir une émotion trop envahissante, d'être submergés par le désir de revanche ou de vengeance. Elles se regroupent en deux grandes catégories : celles qui visent le contrôle de soi et de ce que l'on ressent afin d'améliorer la communication avec l'ex-partenaire ; et celles qui portent sur le comportement quotidien face aux tâches imposées par la séparation.

La communication entre les parents

Quand un parent se sent trop en colère vis-à-vis de l'autre, il peut se défendre contre cette colère en communiquant, dans un premier temps, par écrit, afin de diminuer les occasions de disputes directes.

Pour ceux qui se sentent très déçus par leur conjoint, il vaut mieux qu'ils partagent ce sentiment avec un tiers pour épargner l'enfant. Dans un tel contexte, il faut absolument éviter « de lui ouvrir les yeux, pour qu'il comprenne quel genre de père/mère il a », de faire des commentaires négatifs devant l'enfant. L'enfant est en effet très attentif, et risque de les interpréter à sa manière, et de façon toujours néfaste. Cela ne sert à rien. Au contraire, c'est dangereux. De toute façon, s'il vit avec l'autre parent, ne serait-ce que quelques jours par mois, à un moment ou à un autre, il va bien comprendre son fonctionnement et se fera son opinion lui-même. Ce sera moins culpabilisant car il aura directement observé les faits sur lesquels fonder cette opinion.

> « Maman disait toujours : "Il faut que tu saches que ton père est un irresponsable. Qu'on ne peut pas compter sur lui. Mets-toi ça bien dans la tête. Il nous donne peu d'argent, se fiche de tes besoins éducatifs, et se fiche de ce que l'on va avoir dans notre assiette tous les soirs." Moi, j'avais très peur qu'on devienne des pauvres, réduits à mendier, ce qui fait que tout l'argent de poche que me donnait ma mère ou les sous de mes grands-parents, je les mettais de côté. Je ne dépensais jamais rien, en prévision de la misère qui allait s'abattre sur nous. Je trouvais des combines, je vendais mes affaires, j'avais toujours des plans, avec l'idée qu'on avait besoin de sous. C'est quelque chose qui m'est resté. Mes copines s'achètent des fringues, du maquillage, mais moi, je n'y tiens pas, car il faut que je sache que j'ai des réserves en cas de besoin. » (Clémentine.)

Si un des conjoints se sent humilié par le fait que l'autre a refait sa vie ou a une nouvelle relation amoureuse, il est important qu'il s'abstienne de tout commentaire négatif sur le nouveau partenaire en présence de l'enfant ou d'un tiers.

« Papa a retrouvé une nouvelle femme. Elle n'est pas trop mal et s'appelle Isabelle. Maman ne peut pas l'encadrer et n'arrête pas de l'appeler Isamoche. J'ai peur qu'elle lui dise et qu'elle pense que ça vient de moi. J'en ai marre des histoires et quand je vais chez eux j'ai envie que tout soit cool. En plus, maman n'arrête pas de me soûler avec des questions : Qu'est-ce qu'ils font ? C'est comment chez eux ? Est-ce qu'ils ont des objets de valeur ? Dis-moi bien tout, parce que s'il faut qu'on retourne devant le juge pour la pension, il faut que je sache tout. Moi, je trouve ça bien relou, mais comme maman part au quart de tour, je dis OK et quand je reviens de chez papa, je dis que je ne sais pas. » (Clémentine.)

L'enfant a besoin de respecter son père et sa mère. Une des façons de lui inculquer ce respect, c'est d'être respectueux soi-même. La colère ou l'humiliation poussent certains parents à utiliser leur enfant comme « espion » de ce qui se passe dans la nouvelle famille de l'ex-conjoint. Après la séparation, la vie privée de l'autre devient son affaire intime et ne concerne plus l'ex en rien. S'il s'inquiète quant à ce que pourrait subir l'enfant chez celui-ci, ce n'est pas un interrogatoire de type « policier » qui résoudra le problème, au contraire. La meilleure solution dans ce cas est d'observer attentivement l'enfant et d'en parler ouvertement avec lui. Ou tout simplement d'aborder le sujet franchement avec des tiers, qu'il s'agisse d'amis ou de professionnels.

Dans ce même ordre d'idées, l'enfant n'a pas à servir de messager entre les deux ex-conjoints. Les conversations relatives aux détails pratiques et quotidiens doivent toutes se dérouler directement entre les parents. Demander à l'enfant de faire l'intermédiaire le met dans une situation pénible dont il ne tire aucun réel bénéfice. Au contraire, cela risque de le renforcer dans l'idée que c'est à lui de trouver, coûte que coûte, une solution aux problèmes de ses parents.

« Mes parents n'étaient jamais d'accord sur qui devait m'amener à la danse. Maman me disait toujours de dire à papa que c'était son tour et qu'il avait intérêt à ne pas oublier. Papa me faisait dire à maman qu'il n'avait pas besoin d'une nourrice et qu'il savait ce qu'il avait à faire. La plupart du temps ils se trompaient tous les deux, et parfois c'était Isamoche qui devait m'accompagner. Elle râlait en disant que ce n'était pas à elle de faire le taxi. Alors moi j'ai dit à mes parents que je ne voulais plus faire de la danse parce que la prof était pourrie et comme ça tout le monde était content. Pourtant j'aimais bien et la danse et la prof. » (Clémentine.)

De même, il est déconseillé de demander à l'enfant de garder des secrets. Si celui-ci porte sur l'arrivée d'un nouveau petit ami ou d'une petite amie, sur l'achat d'une nouvelle voiture, d'un voyage, etc., il se trouvera mis en position très difficile. Si l'ex-conjoint ne doit pas être au courant de tel ou tel fait, mieux vaut garder l'information pour soi plutôt que de la partager avec l'enfant en lui demandant de se taire. S'il s'agit d'une décision qui risque d'affecter profondément la vie quotidienne de tout le monde, c'est à l'ex-conjoint d'en faire part lui-même à son ex-partenaire et non pas à l'enfant. Les enfants sont très loyaux vis-à-vis des deux parents. Leur demander de garder un secret revient à leur demander de trahir l'autre parent. C'est comme si pour contenter l'un, ils devaient tromper l'autre.

Clémentine arrive un jour chez son père et raconte tout de go : « Papa, tu dis quoi à quelqu'un qui dit qu'il veut se suicider ? Ma copine Lucie était en pleurs parce qu'elle n'en pouvait plus. Je lui demande ce qu'il y a et elle répond que ses parents sont divorcés. Je lui dis que les miens aussi, comme ceux de la moitié de la classe, et que c'est pas grave, mais elle dit que sa mère n'arrête pas de lui raconter ses histoires, qu'elle a un petit ami, que c'est le médecin généraliste de la famille qui l'a accouchée, qu'au lit avec lui c'est trop top alors que c'était nul avec son père et tout et tout, et que s'il la quitte elle se tue, et tout. Alors Lucie, quand elle essaye de se tirer, sa mère la fait revenir, lui disant qu'elle lui fait confiance et qu'elle a bien de la chance d'avoir plus qu'une mère, mais une copine. Mais Lucie, elle craque, elle m'a dit en venant qu'elle avait envie de se suicider, alors moi qu'est-ce que je fais ? Je peux lui dire de venir dormir chez toi ce soir ? »

Cette petite histoire (vraie) montre combien il est important d'éviter de se confier à l'enfant. En général, c'est au parent et non pas à l'enfant que font du bien les confidences sur le divorce ou la vie de couple. Elles suscitent avant tout de la gêne chez l'enfant. Il est parfois difficile de supporter en silence la déception, la colère ou la tristesse de la séparation, mais il est bon de garder présent à l'esprit que c'est encore plus lourd pour l'enfant de se considérer comme le seul soutien de ses parents.

Faire face aux conséquences concrètes de la séparation

Si un ex-conjoint met de la mauvaise volonté à respecter les arrangements prédéfinis, l'autre parent n'a plus qu'à prendre la relève. Même si les changements de programme sont coûteux en temps et en énergie pour lui, cela protège l'enfant contre la déception, atténue sa peine et lui évite d'avoir trop de pensées pessimistes. Il n'y a rien d'autre à faire qu'être là, pour colmater, consoler, câliner, parler et aussi pour écouter. La déception de l'enfant est ainsi prise en compte, sans que s'y rajoute de l'anxiété du fait de commentaires critiques acerbes.

Pour être prêt à parer à ces imprévus inévitables, le parent qui a la garde de l'enfant a intérêt à ne planifier que des événements qu'il pourrait assumer seul. Autrement dit, dans l'organisation de l'emploi du temps de l'enfant, ne s'engager que pour lui-même afin de ne pas dépendre de la disponibilité de l'autre qui, du coup, n'aura pas l'impression qu'on lui impose une « corvée », devant laquelle il risque de montrer très peu d'enthousiasme s'il ne la refuse pas tout simplement, avec le risque d'un affrontement direct. Ce qui doit aider les parents à tenir, c'est la conviction que ce sont les besoins de l'enfant qui dirigent leurs choix et leurs réactions. Le parent qui assume tout, et qui a l'impression qu'il paye un prix personnel très élevé (ce qui n'est pas faux), se ressource en énergie dans l'idée que s'il n'agissait pas ainsi, son enfant payerait, plus tard, un prix bien plus élevé encore.

Enfin, après une rupture, un autre piège à éviter est celui qui consiste à croire que tout changer, le comportement, la discipline, les habitudes de la maison, aidera l'enfant à surmonter cette épreuve difficile. Souvent, ces changements destinés à « faire du bien » à l'enfant sont plus confortables pour le parent qui les met en œuvre. Le besoin de routine est important chez l'enfant de tout âge. Maintenir au contraire autant que faire se peut les usages quotidiens donne une certaine stabilité dans une période justement marquée par la confusion et l'instabilité. Et ce, indépendamment de ce que l'enfant vit ou dit du foyer de son autre parent. Les enfants s'adaptent facilement et savent très bien ce qu'ils peuvent attendre des uns et des autres.

Rester disponible pour l'enfant

Tous les parents peuvent aider leurs enfants à surmonter une rupture familiale. D'abord, en restant aussi disponibles que possible pour parler à leur enfant. La manière dont celui-ci veut ou ne veut pas discuter d'une séparation dépend d'éléments très personnels qui varient dans le temps. Certains ont besoin de très peu d'informations, alors que d'autres, les plus petits, ont besoin d'aborder plusieurs fois la question et d'envisager les changements possibles dans leur vie quotidienne et leurs habitudes régulières. Pour comprendre le désir de l'enfant, il suffit de l'écouter quand il entame la conversation, par des voies directes ou indirectes. S'il n'en parle pas mais donne l'impression au parent qui l'écoute que la question de la séparation est pour lui un problème, celui-ci peut susciter l'échange, lors d'un moment calme et détendu, avec des phrases du type : « Qu'est-ce que ça te fait de ne plus être avec papa/maman tous les jours, les week-ends, les vacances ? » Puis dire ce qu'il ressent lui-même : « Parce qu'à moi ça me fait de la peine... » S'il ne se montre pas réceptif, il est important de ne pas se décourager et de se dire que ça marchera mieux à un autre moment. L'enfant aura compris que le parent se sent concerné par son bien-être.

À tous les âges, certains enfants se sentent honteux à l'idée de vivre avec un seul de leurs parents. Il est alors nécessaire de leur rappeler que, même dans ce cas, ils ont une famille, car ils auront toujours un père et une mère. Pour aider l'enfant à surmonter sa culpabilité ou sa honte, il est bien de lui montrer le caractère irraisonné de ses sentiments. S'il a l'impression d'avoir été la cause de la séparation, on peut lui demander : « Et comment t'y es-tu pris pour faire divorcer tes parents ? » Ainsi, l'adulte l'aide à réaliser que son sentiment de culpabilité n'a pas de sens. En accompagnant l'enfant dans l'exploration de ses propres pensées, il lui permet de réaliser que celles-ci ne sont ni logiques ni fondées.

Quels sont les signes qui indiquent le malaise de l'enfant ? La réponse paraît simple : ce sont les changements inhabituels de comportement à la maison, à l'école, avec les amis, dans ses activités extrascolaires. Dans certains cas, une conversation franche avec l'enfant peut suffire pour lui faire retrouver ses conduites habituelles. Si ce n'est pas le cas, une visite chez le pédiatre peut se révéler utile, ou une consultation psychologique spécialisée.

La séparation fait partie de la vie d'un grand nombre de personnes. C'est un événement qui a toujours un fort impact sur l'enfant. Mais ses parents peuvent en minimiser les effets, pour peu qu'ils veillent à le laisser à sa place d'enfant, qu'ils redoublent de vigilance pour repérer les éventuels signes de difficultés psychologiques et surtout qu'ils s'efforcent de ne pas dramatiser à outrance cet événement déjà en soi pénible et douloureux.

Après une séparation, nombreux sont les parents qui réalisent qu'ils assument mieux leur fonction parentale. Libérés du stress dévastateur de la relation de couple, ils se découvrent plus détendus et plus disponibles.

« Nous avons mis cinq ans à dépasser la hargne qu'on éprouvait l'un contre l'autre. Clémentine a en sûrement fait les frais, car maintenant elle a d'autres problèmes. Nous, nous avons eu besoin de nous faire aider pour prendre du recul. Clément a refait sa vie. Moi, il n'en est pas question, j'ai déjà donné. Mais enfin, quoi qu'il se passe dans notre vie actuelle, la relation avec Clémentine est maintenant apaisée et positive. Nous sommes libres de l'accompagner dans sa vie et nous l'apprécions pour ce qu'elle est. » (Adeline.)

4

Quand la dépression s'infiltre dans la maison

« La maison était sens dessus dessous. Ça sentait le renfermé, le lit de mes parents défait, la porte du frigo ouverte, les courses par terre dans le couloir, la vaisselle du petit déjeuner sur la table, la télévision allumée et au milieu de tout ce chaos : maman. Debout, appuyée contre la porte de ma chambre, elle fumait, le regard vide, l'esprit ailleurs, l'air perdu, elle regardait autour d'elle, indifférente. Dès que j'arrivais, elle s'énervait en s'agitant dans tous les sens.

« Tu n'es pas à l'école ? Tu es déjà là ? Va dans ta chambre et restes-y ! Ne m'embête pas avec tes histoires de gosse, j'ai déjà assez de soucis comme ça ! »

Tous les jours, c'était la même chose. J'allais dans ma chambre, où elle venait sans cesse me trouver pour me questionner sans attendre la réponse, pour me demander de faire des choses, sans me laisser le temps de les faire, pour me crier dessus parce que si ou parce que ça. J'essayais de m'enfermer dans ma chambre et j'attendais papa. Quand il rentrait, les choses se calmaient un peu. Je n'étais plus seul. Il venait discuter avec moi, on mangeait ensemble, on faisait un jeu sur la console et puis je retournais dans ma chambre dormir. Pendant un an, on a vécu comme ça, en attendant que maman guérisse. Elle était malade, elle avait une dépression. » (Julien.)

Clémentine a beaucoup souffert du divorce de ses parents. Elle a beaucoup lutté pour surmonter ses peurs, pour oublier les moments de crise, pour devenir quelqu'un de différent de ses

73

parents. Elle a travaillé, pataugé, étudié, pour enfin réussir sa formation d'infirmière et s'imposer comme directrice dynamique et attentive d'une crèche municipale. Elle a connu Pierre au cours de sa formation. Contrôleur de gestion, Pierre aimait son travail, le sport, la vie de famille et la fragilité inquiète de Clémentine. Il voulait pour elle un avenir doré, une vie sereine, un foyer chaleureux. Ils se sont mariés un jour de printemps, ont décidé de vivre ensemble, coûte que coûte, pour toujours, pour le meilleur et sans le pire. Ils ont eu Julien, petit garçon robuste, intelligent et drôle, qu'ils entouraient de toute leur affection. Pendant neuf ans, ils ont vécu dans le « meilleur », ensemble et avec leurs familles respectives. Lorsque Julien a eu 9 ans, le pire s'est insinué dans leur foyer. D'abord à petits pas, puis, de manière évidente, puis encore de manière troublante. Car à la suite d'une mutation professionnelle, Clémentine a débuté la pénible traversée d'un état dépressif.

La dépression, c'est quoi au juste ? C'est un alliage spécifique de sentiments d'angoisse et de détresse. La personne déprimée se sent seule, incomprise, inutile, impuissante et fatiguée. Cet état qui modifie sa manière de penser et de réagir lui fait développer des croyances erronées. Elle a des réactions inadaptées et juge l'environnement de manière inappropriée. Ces idées fausses font qu'elle envisage négativement son avenir et ses expériences et qu'elle se considère elle-même de façon inhabituelle.

La réaction dépressive

La réaction dépressive n'est pas forcément pathologique. Elle apparaît parfois lors d'un deuil, c'est-à-dire la perte psychologique d'une relation significative à la suite d'un décès, d'une séparation, ou d'un éloignement. Elle survient également lors de la perte d'une position privilégiée : une rupture professionnelle, par exemple. Le licenciement, le chômage, des difficultés matérielles, des soucis quotidiens et permanents tracassent la personne qui les vit et la confrontent à une sorte d'impasse, à un « tunnel sans fin » d'où il est difficile de se sortir. Cette réalité pénible sape la croyance en un avenir meilleur et pousse, pour un temps, à baisser les bras et à renoncer à se battre.

La réaction dépressive survient aussi quand on pense avoir perdu un attribut personnel vital, à la suite d'un accident, comme dans la découverte d'une maladie chronique, ou lorsqu'on prend conscience du processus du vieillissement.

D'une manière générale, la disparition de tout élément perçu comme indispensable au fonctionnement de la personne est vécue comme un deuil et dans ce deuil, la réaction dépressive fait partie du processus de reconstruction individuel.

La réaction dépressive peut également n'avoir aucune cause manifeste. Elle est plus fréquente chez les femmes que chez les hommes (un quart des femmes du monde occidental souffrent de troubles dépressifs au moins une fois dans leur vie). Mais cette différence s'estompe avec l'âge. Elle s'accompagne parfois d'une anxiété qui pousse à la consommation de substances illicites ou de produits toxiques. On a alors la conjugaison de plusieurs facteurs : des événements de vie stressants qui confrontent l'être humain à l'expérience de la perte (dépression) et au sentiment de menace (anxiété).

La souffrance dépressive

La dépression devient problématique lorsqu'elle se transforme en véritable maladie de l'âme, intense souffrance qui isole la personne qui l'éprouve de ses proches et d'elle-même.

Un premier aspect de la dépression, et le plus douloureux, est le regard négatif que l'on porte sur soi-même. La personne se voit défaillante, pas à sa place, en décalage, malade, démunie et malheureuse. Elle a tendance à attribuer ces expériences déplaisantes à un défaut personnel qu'il soit physique, psychologique ou moral. Elle s'imagine que ce défaut la rend indésirable et inutile. Et pour cela, elle ne peut adresser des reproches qu'à elle-même. À terme, elle est persuadée qu'il lui manque les qualités essentielles pour atteindre le bonheur, se sentir satisfaite ou profiter des plaisirs de la vie quotidienne. Qu'elle ait des idées noires, voire suicidaires, est l'aboutissement logique de l'impression qu'elle a d'être un fardeau superflu.

Le deuxième est une façon systématiquement négative d'interpréter les expériences familières. Le déprimé se sent dépassé et impuissant à faire face aux attentes et aux demandes du monde extérieur qu'il perçoit comme exorbitantes. Toute démarche lui paraît truffée d'obstacles insurmontables. Du coup, il vit la moindre interaction avec l'environnement comme un échec ou une frustration supplémentaire. On reproche souvent à la personne déprimée de « manquer de volonté », d'être dans l'évitement et la fuite. Mais ces conduites découlent directement de sa pensée dépressive, de son sentiment d'impuissance et d'incapacité : parce qu'elle s'attend à un échec, elle va cesser d'entreprendre.

Le troisième point est le fait que la personne déprimée voit l'avenir en noir. Elle croit que ses problèmes actuels et sa souffrance psychique ne finiront jamais. Elle n'attend de l'avenir que frustration, malheur et déboires. Lorsqu'elle anticipe la réalisation d'une tâche dans le futur, elle n'envisage que l'échec. Aucune preuve objective de réussite, aucun événement agréable ne vaut face à son pessimisme tant il s'entretient et se renforce lui-même.

Comment la dépression s'entretient-elle ?

Tout cela joue évidemment sur la manière de la personne de se comporter vis-à-vis de son entourage dont la réponse ne fait que corroborer ses croyances. Par exemple, une mère déprimée qui se pense rejetée par son compagnon réagit par la colère, la tristesse et la frustration et finit par se faire réellement rejeter, ce qui bien sûr confirme et alimente ses pensées négatives, et ainsi de suite. Du fait de la faible estime qu'elle a d'elle-même, elle dépend de plus en plus de l'autre puisqu'elle le considère comme plus compétent et plus apte, donc mieux à même de gérer les soucis quotidiens.

La famille se plaint, le lui reproche, et entretient inconsciemment la souffrance dépressive. En effet, le comportement de chacun influence forcément celui de son entourage. Celui qui est en train de tomber dans la dépression s'isole peu à peu des autres qui réagissent en miroir. Ils le critiquent ou le rejettent, aggravant ainsi sa mauvaise image de soi, accentuant son isolement, ce qui va déclencher, en retour, d'autres reproches, et ainsi de suite.

Qu'elle se limite à un épisode ou qu'elle soit répétitive, la manière dont la dépression interfère avec la vie quotidienne et le fonctionnement social de la personne qui en souffre est très variable. Certains y sont particulièrement vulnérables, car la fragilité dépressive se construit pendant l'enfance et à l'adolescence, du fait notamment des modifications hormonales qui sont propres à cette période. Les expériences précoces de l'enfance favorisent la construction de représentations de soi, du monde environnant et de l'avenir.

Si elles sont négatives, ces représentations contribuent à la constitution d'idées d'allure dépressive qui peuvent demeurer silencieuses pendant de longs moments. Puis, soudain, elles se manifestent dans des circonstances particulières qui rappellent des expériences pénibles vécues préalablement. Ainsi, se séparer de son compagnon peut réactiver l'idée d'une perte irréversible rencontrée très longtemps auparavant, quand le tout-petit ne supportait pas de se séparer de l'un de ses parents. Cette façon négative de voir les choses est transitoire. La plupart du temps, une fois la dépression guérie, l'intéressé retrouve un regard positif sur le monde.

Quoi qu'il en soit, quand il n'y a pas de fond pessimiste antérieur, rencontrer une très grande adversité ne déclenche pas automatiquement une dépression.

Les effets de la dépression des parents sur l'enfant

« Que voulez-vous ! On ne peut tout de même pas le tuer ! Julien ne fait que des problèmes : il est agité, exigeant, bruyant, insupportable. Oh ! il est très difficile. » (Clémentine.)

Les parents déprimés portent un regard très négatif sur leurs enfants. Cela n'a évidemment rien d'objectif. C'est leur perception, personnelle et déformée qu'ils expriment par de la colère, de l'irritation ou qui les amène au rejet pur et simple.

En fait, les parents déprimés sont en conflit avec eux-mêmes, avec leurs conjoints et avec leurs enfants. Ils ont une approche pessimiste du monde environnant, perçoivent l'entourage de manière menaçante et sont agressifs avec le monde extérieur qu'ils tiennent à bonne distance. Pris dans cette agressivité généralisée, l'enfant se voit, lui, isolé et confiné dans un univers troublé, sans réel accès à d'autres

modèles de relation ou à des réseaux sociaux potentiellement porteurs de soutien et d'aide (pairs, adultes sains,
etc.). Absorbé par sa lutte intérieure, le parent est moins
attentif à lui, moins efficace, moins cohérent sur le plan
éducatif. Inconsciemment, il communique à son enfant ses
idées sombres, son pessimisme, son impuissance à changer
le cours des choses. Comme par contagion, le désespoir
gagne l'enfant. Ainsi, inconsciemment et plus ou moins
durablement, la dépression du parent devient un fort stress
pour l'enfant.

□ Quand c'est le père qui est dépressif

Statistiquement, les pères sont moins souvent déprimés
que les mères. Leur dépression trouve parfois son origine
dans l'accès même à la paternité. Pour certains, devenir
parent est un événement traumatique, qui produit des remaniements psychiques exigeants et inattendus en les confron-
tant, de plein fouet, à la représentation inquiétante de leur
propre vieillissement. La dépression paternelle se manifeste
par des états de désespoir, de détresse ou d'effondrement
psychologique. Au quotidien, le père déprimé est irritable
et préoccupé, et il est souvent négatif vis-à-vis de son enfant.

□ Quand la mère est dépressive

La dépression maternelle se manifeste de différentes
façons, mais surtout, dans la relation, par le retrait ou par
l'apparition d'attitudes hostiles.

Lorsque la mère dépressive met en place, dans la vie
quotidienne, des stratégies de retrait pour combattre sa souffrance, elle se désengage de la routine, oublie ses « obligations » (repas, gestes familiers), réagit moins aux pleurs et
aux cris de son nouveau-né et ne prend plus aucun goût
aux loisirs appréciés par le passé. Son visage est moins

expressif, elle parle moins à ses enfants, passe moins de temps à jouer avec eux. Petit à petit, elle s'absente de la relation. Ce qui est incompréhensible pour l'enfant qui exprime comme il peut ses inquiétudes.

> Clémence (9 ans), la petite copine de Julien, raconte les larmes aux yeux à sa maîtresse, que sa maman (déprimée) ne peut l'amener voir les vitrines de Noël. « Maman avait promis qu'on irait voir les vitrines. Je lui ai dit : "Maman, quand est-ce qu'on y va ?" Maman a dit : "Je ne sais pas." Alors moi j'ai dit : "Mais tu as promis, maman." Alors maman a dit : "Oui, mais je ne peux pas." Alors j'ai dit : "Maman, s'il te plaît, s'il te plaît !" Et maman a dit : "Non, je ne peux pas, Clémence, je ne peux pas." Moi j'étais malheureuse et j'ai dit à maman : "Maman, mais tout le monde y va, s'il te plaît, je ferai tout ce que tu veux." Mais maman ne voulait pas, elle disait : "Clémence, comprends, je ne peux pas." Alors je dis : "Mais pourquoi, pourquoi, pourquoi, maman ?" Alors maman a dit : "Laisse-moi, Clémence", et elle est partie dans sa chambre. »

La mère dépressive est plus insensible, moins disponible. Elle exprime moins d'émotions positives. Cela induit, en retour, des comportements chez l'enfant. Les bébés, par exemple, sont plus en retrait, vocalisent moins, bougent moins. Ils se montrent plus tristes ou plus colériques, moins intéressés et moins actifs dans la découverte de leur environnement.

Il n'y a pas que le retrait. La dépression peut rendre le parent agressif. Dans la vie quotidienne, la mère déprimée peut se montrer intrusive, stimuler l'enfant à l'excès de manière inappropriée. Elle chatouille, bouscule, retient son enfant au point de l'empêcher de se mouvoir, est imprévisible et déroutante. Elle se détache de lui pour, soudain, deux secondes plus tard, lui offrir, un jouet qu'elle va reprendre brusquement dans la minute qui suit. C'est particulièrement fréquent chez des mères déprimées qui élèvent des garçons. En retour, ces garçons deviennent le miroir des comportements maternels. Ils réagissant en étant sur leurs gardes de manière agressive ou tentent de timides approches en se montrant craintifs. Vers 10-11 ans, ils redoutent les excès de leur mère, ses frasques imprévisibles. Ils ont peur et, parce qu'ils ont honte d'inviter des amis à la maison, ils se résignent à vivre une vie parallèle à celle de la famille.

Les mères dépressives sont irréalistes en matière d'éducation. Absorbées par leur détresse interne, elles se sentent impuissantes et ne font pas attention aux signaux émis par leurs enfants. Elles créent des rapports ambigus, complexes, très fréquemment marqués par leur besoin de dépendance et leurs attentes démesurées. Les enfants répondent en s'identifiant à leur mère dépressive : ils prennent ses symptômes à leur compte et manifestent des difficultés de séparation. À l'âge scolaire, ils se sentent insécurisés et fragiles. À l'adolescence, lorsque leur besoin légitime d'autonomie s'oppose aux besoins de dépendance des adultes, ils vivent dans le conflit.

Le problème est plus préoccupant encore lorsqu'il s'agit d'un bébé. Si, pendant ses six premiers mois, la mère est absorbée dans la dépression, il y a un risque de retard de développement, réversible toutefois : les mères souffrant du « baby blues », mais qui retrouvent leur forme avant les six mois de leur bébé, s'investissent complètement et durablement dans leur rôle de mère. Le bébé ne présente aucune séquelle et reprend harmonieusement son développement. En revanche, si la dépression maternelle se prolonge au-delà des 12 mois de l'enfant, il existe un risque non négligeable de retard sur plan intellectuel et affectif. Le lien de profonde dépendance qui unit la mère à son bébé explique ce processus de transmission de la dépression maternelle.

Les parents constituent des modèles forts et influents. Ils marquent profondément la manière qu'ont leurs enfants d'aborder la vie. Ils créent, pour eux, un environnement stable, qu'ils maintiennent afin de leur assurer une sécurité affective et des conditions d'équilibre psychologique. Ils guident leurs enfants et les encadrent dans leur entreprise de socialisation. Ils leur apprennent à vivre avec leurs émotions et à les réguler efficacement. Ils médiatisent pour les enfants les informations en provenance du monde extérieur afin de les armer face à des sources inévitables de stress.

Petits avec leurs parents, plus grands, avec des amis, des enseignants et d'autres personnages importants dans leur vie, dans les gestes et les situations de la vie quotidienne, les enfants découvrent les émotions à travers la communication.

Dès les premières années, les parents les y préparent. Par leurs actions, ils leur permettent de reconnaître et de comprendre ce qu'ils ressentent ; ils les « entraînent » à réagir de manière adéquate aux exigences de la vie en société, les aident à faire face aux imprévus, leur donnent la confiance nécessaire à la conquête de leur autonomie. Lorsqu'ils lisent une histoire à leur enfant et lui expliquent ce que ressent le personnage, ils décodent en termes compréhensibles, certains aspects de la vie émotionnelle. Par leur comportement, au jour le jour, ils lui indiquent comment se contrôler et réagir. Une dispute entre ses parents, par exemple, montre à l'enfant la signification de la colère. Ou bien, le récit de ce qu'ils ont éprouvé dans une circonstance imprévue lui montre l'importance des émotions.

Or, engloutis dans la lutte contre la souffrance psychique, les parents déprimés ont du mal à assumer ces fonctions. Dans ce climat, surtout si l'ambiance dépressive y devient chronique, la famille devient un lieu « à risques » pour l'enfant et pour son équilibre futur sur le plan psychosocial.

S'il ne trouve pas, dans le même temps et dans son entourage, un substitut parental suffisamment bon l'enfant se retrouve seul, fragile, obligé de devenir son propre parent, ce qui le dépasse voire l'inquiète. Livré à lui-même sans adulte compétent pour le guider, il lui faut trouver coûte que coûte un équilibre, faire face à ses émotions et se construire sans aide sa propre identité. La dépression parentale influence son développement. Les études contemporaines en psychologie s'accordent pour affirmer que les enfants de parents déprimés risquent d'avoir des difficultés psychologiques à l'adolescence ou à l'âge adulte, en particulier s'il s'agit déjà d'enfants difficiles, un peu en retard. Et les filles sont plus vulnérables que les garçons.

□ Un obstacle dans la gestion des émotions

Dès la toute petite enfance, la dépression maternelle perturbe le comportement et le développement de l'enfant. En effet, dès l'arrivée d'un enfant dans la famille, les parents adoptent spontanément un mode d'expressivité du visage et réagissent à celle de leur bébé. La période allant de la naissance à 6 mois est considérée, par les psychologues de l'enfance comme une période de développement critique et sensible. C'est à ce moment que se mettent en place, par imitation et dans les interactions en face à face, les apprentissages précoces des comportements socio-émotionnels. Or, les bébés de mères dépressives manifestent des réflexes inhabituels, ils sont moins réactifs, plus irritables ou plus en retrait et ont souvent des problèmes de sommeil. Vers 6 mois, le bébé a un comportement plus intentionnel : il utilise le regard pour capter l'attention et maîtriser son environnement, ce qui l'aide à mieux ajuster ses émotions. Si la mère est dépressive, ce comportement est perturbé par le retrait ou son hostilité.

Dès l'âge de 12 mois, l'enfant se sent insécurisé dans sa relation au parent déprimé, il se comporte de manière indécise voire contradictoire. Par exemple, alors qu'il court vers sa mère en souriant, il change brusquement de direction pour l'éviter, ou bien il s'approche de sa mère ou de son père, lui tourne autour en veillant à ne pas l'approcher, puis se jette par terre et reste immobile. Il manifeste ainsi l'anxiété qu'il ressent en présence de ses parents.

À la maternelle, il semble que les enfants de mère dépressive ont plus de mal à se socialiser. Ils sont plus agressifs vis-à-vis de leurs copains ou plus timides et isolés.

Au primaire, ils ont des difficultés à nouer des liens avec leurs camarades, contrôlent moins bien leurs réactions, souvent impulsives, et sont généralement inquiets. Ils ont parfois des problèmes dans leur scolarité, car tout en étant intelligents et doués, ils peinent à fixer leur attention et à s'investir dans une tâche. Ils sont perçus par leurs mères comme difficiles et vulnérables.

Au collège et au lycée, les adolescentes sont plus sensibles à la dépression de leur père, sont souvent anxieuses, et se replient sur elles-mêmes en évitant de manifester leurs émotions. Les adolescents, eux, sont plus sensibles à la dépression de leur mère, ce qu'ils manifestent par des difficultés au niveau du comportement, de la colère ou de l'opposition.

□ Une source de stress

C'est dans l'interaction avec ses parents que l'enfant apprend à autoréguler ses émotions, ce qui va déterminer sa manière de réagir au stress dans la vie.

Or, vivre avec un parent déprimé, en particulier s'il s'agit de la mère, est inquiétant et douloureux. C'est en soi une source permanente de stress. Indifférente ou agressive, la mère est incapable d'aider efficacement l'enfant à faire face à ses émotions. Du coup, il est désemparé parce qu'il a du mal à comprendre ce qui se passe et qu'il ne trouve pas de stabilité affective.

Troublés dans leur vie émotionnelle, vivant un stress qui échappe à leur contrôle, les enfants de parents déprimés s'approprient les idées noires et les sentiments pessimistes des parents. Ils font l'expérience de relations interperson-nelles fragiles qui peuvent les conduire au désespoir.

Enfin, à cause du caractère épisodique de la dépression, l'enfant peut percevoir le comportement maternel comme imprévisible, instable et incontrôlable. La tension que cette situation entraîne est vécue comme une nouvelle source de stress.

□ Un frein à la construction
d'une image positive de soi

Les critères qu'utilisent les enfants pour se forger une représentation d'eux-mêmes sont influencés par leurs rela-tions précoces à leurs parents, et surtout par les paroles qu'ils entendent et les actions qu'ils subissent ou qu'ils observent. Les enfants élevés par des adultes disponibles et réactifs développent une image positive d'eux-mêmes et ont confiance dans les autres personnes de leur entourage. Les enfants élevés par des parents inconsistants sont insécurisés et manifestent très rapidement, dès l'enfance, des sentiments d'abandon, de culpabilité et de dépendance.

Les mères déprimées sont plus négatives, plus impatientes, plus indifférentes ou intrusives, plus critiques, moins réacti-ves, moins communicatives. Elles ont constamment une image négative du monde, des paroles pessimistes et des comportements d'échec. Tout en les aimant profondément, elles ont donc des échanges négatifs avec leurs enfants : de manière directe, par leur discours elles les critiquent ou les culpabilisent constamment sans s'en rendre compte ; et de manière indirecte, par leur comportement : leur indifférence ou leurs punitions injustifiées amènent inconsciemment l'enfant à élaborer une vision négative de lui-même et du monde environnant.

L'hostilité ou le rejet du parent imprègnent ses tâches d'éducation. Comme à travers le processus d'apprentissage, l'enfant adopte les opinions et les attitudes de ses parents. Si leur style éducatif est caractérisé par des remontrances à répétition ou par l'absence de manifestations d'affection, l'enfant tend à devenir très critique et négatif vis-à-vis de lui-même. Les mères qui sont excessivement réactives et/ou rejetantes leur « enseignent » qu'ils n'ont aucune valeur et, de ce fait, qu'ils ne méritent ni amour ni attention. Les enfants croient que l'opinion que des parents froids et blessants ont d'eux est la bonne. Leur estime de soi est profondément minée, ce qui crée un terrain favorable pour des problèmes dépressifs à l'adolescence ou à l'âge adulte. De surcroît, un enfant constamment critiqué, dans un univers froid et pessimiste, se sent responsable des événements malheureux qui surviennent dans sa famille et manifeste une préférence pour les aspects sombres de son environnement. Il est de moins en moins apte à faire face à l'adversité.

Comment réagissent les enfants de parents déprimés ?

□ Détresse et anxiété

Les enfants sont très sensibles aux changements de comportement de leurs parents qu'ils perçoivent comme des problèmes à résoudre et pour lesquels ils cherchent une explication, voire une solution satisfaisante. Ils sont inquiets de les voir irritables, y voient le signe que quelque chose a changé ou ne fonctionne pas comme avant.

Les tout-petits émettent des signaux de détresse. Ils perçoivent leur mère comme « effrayante » lorsqu'elle crie pour un oui ou pour un non et sont déçus lorsqu'elle n'a pas l'énergie nécessaire pour jouer ou s'intéresser à leurs activités.

Les plus grands sont tracassés. Ils ruminent en cherchant à comprendre la transformation psychologique d'un parent qu'ils ne reconnaissent plus ou d'une ambiance familiale qui s'est insidieusement modifiée. Ils peuvent se trouver paralysés devant l'énigme de la réaction parentale. Ils peuvent aussi se la reprocher en l'attribuant à leurs propres « bêtises » et l'interpréter comme une forme de punition bien méritée. Puis, ils tentent d'éviter de penser à la situation, jusqu'à, par exemple, traîner pour rentrer au foyer.

Certains adolescents essayent de vivre comme si de rien n'était. Efficaces pendant un temps, ces stratégies génèrent toutefois de l'anxiété et de la culpabilité et leur donnent à la longue une idée fausse d'eux-mêmes.

Très tôt, dès l'âge de 18 mois, l'enfant de parents déprimés organise ses actions autour d'un objectif bien précis : celui de maîtriser la relation avec ses parents. Il cherche à prendre le contrôle de la relation par des comportements punitifs vis-à-vis des parents lorsque ceux-ci se conduisent envers lui de manière humiliante ou brutale. D'autant plus que c'est souvent en réponse à des demandes de proximité, de contact ou d'affection que le parent dépressif réagit par l'hostilité ou le rejet.

« "Julien je te hais !" Cette phrase m'est sortie comme ça, raconte Clémentine, et une fois dite je m'en suis tellement voulu ! Julien n'arrêtait pas de me solliciter ; il me posait des questions, me demandait tout le temps quelque chose. J'étais perdue dans mes pensées et, avec ses questions, il me dérangeait. Ses sollicitations me mettaient en ébullition et m'énervaient, alors je me suis mise à lui crier dessus, sans pouvoir me contrôler, je lui criais dessus encore et encore. À la suite de cette réflexion, Julien est devenu de plus en plus demandeur et agressif envers moi. Il ne voulait plus m'embrasser, se cachait dans sa penderie quand j'entrais dans sa chambre, me tyrannisait comme pour me faire payer mon impulsivité. »

□ La parentalisation

À d'autres moments, les enfants de tous âges réagissent en essayant de prendre en charge des parents perçus comme incapables, peu motivés ou fatigués. Pratiquement, ils deviennent les parents de leurs parents, par un processus dit de parentalisation : responsabilisés avant l'âge ils sont forcés de prendre à bras-le-corps toutes les tâches de la vie. Ils s'occupent du quotidien, des courses, des affaires de la maison, de leurs frères ou sœurs, de l'autre adulte (désemparé) de la famille, des relations avec les enseignants, les pédiatres, des impôts, des crédits, etc. Ces enfants parentalisés ne peuvent agir autrement, tant le besoin d'être proche du parent déprimé est fort et l'inquiétude du lendemain est vive. Par leur comportement, ils protègent le parent déprimé et préservent une illusion d'équilibre familial.

La parentalisation comporte également un aspect psychologique. Les enfants parents de leurs parents s'obligent à prendre en charge et à traiter les états d'âme de leurs parents. Pour cela, ils mettent en place des stratégies de contrôle attentionné pour tenter d'organiser, de diriger ou d'approuver les conduites des adultes. Ils sont attentifs à leurs besoins, les prévoient et les réalisent. Ils peuvent assumer le rôle d'un petit clown qui cherche à détourner l'attention de ses parents de leurs préoccupations douloureuses.

Clémence, la petite copine de Julien, préparait tous les soirs la tasse à café de sa mère. Dans la journée, dès que celle-ci était à la recherche d'un objet, Clémence, discrètement, silencieusement, volontairement, partait à la découverte de cet objet. Après, lorsqu'il était trouvé, elle racontait son périple sous la forme de saynète introduite par une chanson (« Super Clé-Clé a toujours une idée ! ») qui faisait, seulement de temps en temps, sourire sa mère.

Ou, selon, l'âge, ils se « sacrifient » pour le bien-être de la famille. Les plus grands interrompent leurs études et rentrent dans la vie active, ils renoncent à toute vie personnelle pour s'occuper des plus petits et des parents en difficulté, ils n'agissent et ne pensent qu'en fonction du bien-être de l'entourage, jusqu'à oublier (ou repousser volontairement de leur conscience) toute aspiration, rêve et projet personnel. La parentalisation des enfants est très problématique. Au sommet de la crise, et par la force des choses, ils s'approprient des fonctions et des rôles qui ne leur reviennent pas naturellement et qui entravent, à terme, leur propre construction en tant qu'individus.

« Je ne suis pas qui je suis, dira Clémence à l'âge adulte, je n'ai pas eu d'enfance, je n'ai eu que des responsabilités, lourdes, bien lourdes, pour la petite fille que j'étais. Et maintenant, je pourrai être bien, fonder une famille et m'épanouir, mais j'ai le sentiment de ne pas vivre pour moi, de ne pas profiter des bonnes choses, de ne pas m'enthousiasmer, de ne penser qu'aux autres... en un mot, c'est ça, je ne vis pas ! »

Par ailleurs, lorsque la crise s'achève et que, dans la famille, adultes et enfants doivent reprendre leur place, les enfants parentalisés sont souvent perdus. Car où est maintenant leur place ? Trop responsables pour redevenir juste des enfants ; trop jeunes pour être considérés comme des adultes responsables, ces enfants peinent à s'y retrouver. Des conflits d'autorité, parfois violents, parfois durables, les opposent aux parents qui reprennent tout de go leurs fonctions, sans avoir négocié au préalable une nouvelle relation avec leur enfant qui a assuré, « en bon parent », l'intérim de l'adulte dans la famille.

Les filles sont plus à l'aise dans des comportements attentionnés, plus rapides à se parentaliser, elles ont une plus grande capacité à intérioriser leurs conflits, alors que les garçons les expriment plus souvent dans leurs actes et tentent plus fréquemment de contrôler la situation de manière punitive.

Dans la famille A, les parents se disputent, hurlent, menacent, se dénigrent réciproquement, se frappent mutuellement et s'attaquent avec toutes sortes d'objets. Dès leur plus jeune âge, les enfants assistent à ces scènes et sont souvent pris à partie dans ces violences. Dans la famille B, l'harmonie du couple se détériore graduellement. Le désaccord se manifeste à travers un silence glacé, une froide indifférence et l'absence de l'un des époux. La mère déprimée surinvestit son enfant pour compenser la « perte » de son conjoint. Dans la famille C, la mère est gravement déprimée, elle montre des comportements outranciers, fait honte à la famille qui de ce fait l'isole du contexte social. Son mari est hostile, rejetant et refuse d'assumer les enfants. Pour les enfants, quel que soit le type de famille à laquelle ils appartiennent, les conséquences sont les mêmes. Ils vivent avec une image négative de soi, grandissent anxieux pour leur propre sécurité, craignant l'aspect étouffant et « vampirisant » des relations à autrui. Ils apprennent à être constamment sur leurs gardes par rapport à un contexte perçu comme systématiquement imprévisible.

La dépression parentale affecte l'évolution de l'enfant de manière plus ou moins importante. Certaines personnes font vigoureusement face aux événements de la vie, d'autres s'effondrent, certaines encore se désorganisent dans des circonstances qui sont bénéfiques à d'autres. Toutes les études s'accordent pour montrer qu'il existe une grande variabilité individuelle dans la manière de réagir dans l'adversité.

Le tempérament de l'enfant est un des principaux facteurs qui le protège contre les effets délétères de la dépression parentale. Certains enfants, à forte personnalité, cherchent à comprendre les causes et les effets du problème parental, et sont prêts à se mobiliser pour y faire face. L'intensité de leur stress ou de leur détresse est fonction de leur caractère. La manière dont on se comporte dans la vie quotidienne détermine celle dont on percevra les expériences de la vie, positives ou négatives.

Un autre facteur qui protège l'enfant contre les dégâts de la dépression parentale est l'âge qu'il a au moment où elle survient, ainsi que le moment où il en est dans son développement. Si l'enfant a pu capitaliser des ressources avant le déclenchement de la dépression, il pourra mieux ajuster son vécu émotionnel et trouver le moyen de s'adapter à cette situation pénible.

Comment aider les enfants de parents déprimés

□ En les écoutant et en leur parlant

Quand les enfants vivent avec des parents déprimés, il est évidemment nécessaire de leur apporter une aide psychologique pour développer leurs capacités à faire face à ce qui est véritablement une épreuve. L'enfant qui trouve dans son entourage une ou des personnes susceptibles de lui apporter un soutien inconditionnel sera protégé de la dépression parentale. Un père, une mère, une grand-mère disponibles et attentifs peuvent servir de tampons contre l'adversité.

Cela commence par le fait de les informer de ce qu'est la dépression, de manière bien sûr adaptée à leur âge, ce qui permet à l'enfant de ne plus se remettre en question, de mieux gérer ses émotions et de se protéger, autant que faire se peut. Mais aussi d'être un peu moins atteint par les comportements imprévisibles de son parent déprimé et ce faisant de se déculpabiliser. En comprenant mieux ce qui se passe et en continuant à communiquer vraiment avec le parent concerné.

« Un jour, papa m'a emmené faire du vélo. On a très peu roulé parce qu'on s'est assis sur un banc et on a discuté. Papa m'a dit que maman n'était plus comme avant parce qu'elle était malade et que sa maladie s'appelait la dépression. Il m'a dit qu'elle n'avait pas cessé de m'aimer, mais que si elle paraissait méchante, ce n'était pas de sa faute. Il m'a dit que la dépression est une maladie où la personne est très malheureuse parce qu'elle se fait trop de soucis. On ne sait pas comment elle s'attrape, mais en tout cas, ce n'est pas de la faute de quelqu'un. Il m'a dit que si maman avait eu un autre enfant que moi, elle aurait fait une dépression pareil, parce que ça venait d'elle et non pas de nous. Il m'a dit que la dépression c'est comme une grippe, qui fait qu'on n'a plus de force et qu'on pense à des choses tristes. Mais, comme avec la grippe, quand on se soigne on guérit et tout redevient comme avant. J'ai demandé à papa combien de temps ça durait pour soigner la dépression, mais il n'a pas su me répondre. Il m'a dit qu'il s'occupait de maman pour qu'elle voie de bons médecins, et pour qu'elle prenne de bons médicaments. Il m'a dit aussi que la meilleure façon d'aider maman, c'était de continuer à travailler, à faire du violon, à voir mes copains et à parler avec lui ou avec grand-mère. Et aussi de continuer à l'aimer. » (Julien.)

□ En leur proposant un appui

Aider les enfants de parents déprimés, c'est aussi leur proposer, transitoirement, un substitut maternel ou paternel (père, mère, frère, sœur, grand-mère, tante, amie de la famille, etc.) « suffisamment bon », qui puisse guider harmonieusement leur développement et contribuer à une meilleure adaptation à l'adolescence. Par ce relais, grâce à cette personne qui l'accepte inconditionnellement, l'enfant réussit à restructurer son mode de pensée (troublé par l'atmosphère familiale). Du pessimisme il peut revenir à une attitude réaliste, il conserve son estime de soi ainsi que le sentiment de son efficacité personnelle. Par exemple, dans les familles où les mères sont déprimées, les pères compensent ce manque en s'impliquant plus dans la vie quotidienne que dans les familles où les deux parents sont en bonne santé psychique. Ces pères, tout en soutenant la mère dépressive, proposent à leurs enfants un modèle positif et sont plus attentifs à leurs besoins. Ils atténuent l'effet de la dépression maternelle en expliquant à l'enfant que ce qui bouleverse la famille n'est pas de son fait. Ils le déculpabilisent en lui montrant que, de sa place d'enfant, il ne peut rien faire pour améliorer l'ambiance familiale, si ce n'est continuer son propre « travail » d'enfant.

Les frères et sœurs aussi jouent un rôle efficace de « tampons » contre les effets négatifs du désarroi parental. Dans les familles qui ont en leur sein un parent déprimé, on a souvent remarqué que frères et sœurs s'entraident. Ils se serrent les coudes et se mobilisent pour faire face. Les amis aussi, à tout âge, font du bien et offrent un soutien.

93

En rentrant de l'école, Clémence et Julien ont décidé de se marier pour jouer ensemble et faire tranquillement plein de bêtises. « Tu peux venir chez ma grand-mère, disait Julien à Clémence. Elle est gentille, fait de super-gâteaux au chocolat, ne crie jamais, et connaît plein d'histoires. »

À l'adolescence, des relations proches avec un « meilleur » ami augmentent l'estime de soi. L'amitié protège et constitue une source d'informations positives sur sa propre personne. Ainsi, elle dément les messages, souvent destructeurs, en provenance des parents déprimés.

Lorsque, dans une famille, un parent présente un syndrome dépressif, la question qui se pose est de savoir dans quelle mesure l'enfant a besoin d'un soutien psychologique spécialisé. Cela dépend du comportement de l'enfant. Assurément oui, si l'enfant est habité de sentiments tenaces de culpabilité afin de comprendre ses théories personnelles concernant le comportement souvent imprévisible de son parent. Car ces théories interfèrent, souvent négativement, avec sa construction de soi. Assurément oui aussi quand l'enfant manifeste une détresse durable ou modifie de façon marquée sa vie quotidienne. Cela peut vraiment l'aider à mieux surmonter l'émotion qu'induit cette dépression, et à se dégager de la culpabilité et de l'angoisse inhérentes à la situation. Les interventions psychologiques ont pour objectif ultime de montrer aux enfants de parents déprimés comment s'adapter à la situation, et non comment la changer. Elles peuvent s'envisager à toutes les étapes de leur développement.

□ **En s'occupant de leurs parents**

La dépression d'un adulte dans la famille concerne aussi le conjoint et les enfants présents au foyer. Involontairement, tous renforcent le cycle de la dépression. C'est pourquoi il est important, dans l'intérêt de l'enfant, de s'occuper de l'ensemble de la famille, en l'aidant de différentes manières et à différents niveaux.

Pour l'adulte qui va bien, il est utile d'apporter un minimum d'informations à l'enfant sur la maladie dépressive, ses manifestations et ses effets, afin de lui permettre de se déculpabiliser et de réagir. Pour éviter, aussi, que perdurent des relations qui entretiennent le climat dépressif. Il est nécessaire également de l'inciter à s'appuyer sur d'autres personnes de la famille (père, mère, grands-parents, oncles, tantes) qui constituent tout un réseau de relations aidantes et positives.

Pour ce qui concerne l'adulte déprimé, il est impératif de lui apporter des soins. À commencer par la recherche d'une aide spécialisée. La difficulté est que souvent celui-ci n'est pas conscient de son état et, de ce fait, est assez réticent à consulter. Parallèlement, il est nécessaire de lui dire, sans le culpabiliser, qu'il fait encourir des risques à son enfant. Il est souvent réceptif à ce type d'information et cela se voit à l'attention qu'il portera à celui-ci.

« La dépression est un cauchemar qui n'en finit plus. Je remercie Pierre, surtout Pierre, de m'avoir supportée et d'avoir pris soin de notre enfant. Je ne sais d'ailleurs pas comment il a fait pour être toujours là pour moi, à réaliser tout dont j'étais incapable. J'ai mis un an à m'en sortir. J'ai consulté un psychiatre, j'ai fait une psychothérapie. Je suis sortie différente de cette expérience. Plus calme. Grandie, en quelque sorte. Avec des priorités différentes. Je prends du recul par rapport à mon travail, je profite des moments présents, j'ai compris des choses, je me connais mieux et je sais ce qui me fait du bien. Mais je ne me leurre pas, mon meilleur remède contre la souffrance, c'est eux, Pierre et Julien, ma famille. » (Clémentine.)

« Ce qui m'a aidé à tenir, pendant cette traversée du désert, c'est que je connaissais bien Clémentine. Je savais qu'enfouie sous les couches de sa dépression, se cachait une personne admirable, humaine, aimante et dévouée. C'est sur cette personne-là que j'ai misée. Et j'ai gagné ! » (Pierre.)

5

Quand l'anxiété
envahit la maison

« J'ai peur de maman ; elle n'est pas cool, et nous, on ne peut rien faire. On doit mentir pour sortir, et on craint qu'elle nous punisse. Quand on sort on a peur de sortir parce qu'elle va l'apprendre. Quand on ne sort pas on s'ennuie et on a peur de rester. » (Jérémie, 12 ans.)

Julien était persuadé que les femmes sont des êtres fragiles. Et que son rôle était de les soutenir et de les protéger. Devenu chercheur en biochimie, il s'est épris de la belle Flora, jeune assistante de recherche, inquiète, sensible et délicate. Elle était vulnérable, il se sentait rassurant. Elle craignait le pire, il promettait le meilleur. Elle était tourmentée, il était apaisant. C'est sur ces bases qu'ils ont démarré leur chemin ensemble, unis dans leurs contradictions. Jérémie et Kevin sont nés en temps voulu, et avec leur arrivée l'anxiété de Flora n'a cessé d'augmenter.

Est-il bien nécessaire de présenter encore cet état émotionnel, inconfortable, irritant et pénible, qu'on appelle scientifiquement « anxiété » ? Qui n'a pas éprouvé, au moins une fois dans sa vie, ce sentiment envahissant de panique lorsqu'une menace se profile ? Qui n'a pas tremblé à l'idée d'une confrontation pénible et difficile ? Qui n'a pas senti son cœur battre la chamade devant un groupe ?

Tout être humain, à un moment ou à un autre de sa vie, éprouve de l'anxiété, sentiment impalpable de tension et de peur. Cette sensation est, avant tout, une réaction de défense contre un danger potentiel. L'anxiété est une émotion universelle, considérée par de nombreux philosophes, psychologues ou écrivains comme un signe d'humanité et comme une condition essentielle de l'existence humaine. Elle fait partie intégrante de la vie dans notre société contemporaine. Nombreuses sont les situations qui appellent un sentiment d'anxiété. Et lorsqu'une personne ne réagit pas ou reste indifférente aux défis lancés par le quotidien, c'est plutôt inquiétant.

Qu'est-ce que l'anxiété au juste ? C'est un sentiment subjectif, impalpable et diffus, une inquiétude, l'impression d'une menace qui plane en permanence sur celui qui l'éprouve. C'est une réaction personnelle à un danger futur inconnu. C'est une peur à l'idée de perdre le contrôle dans une situation perçue comme dramatique.

L'anxiété affecte l'ensemble de la personne, tant au plan physique que psychologique. Elle fait s'accélérer le rythme cardiaque, crisper les muscles du corps, dessèche la bouche, donne la nausée. Elle bloque la capacité d'action, freine la capacité d'expression, nuit à la gestion des situations quotidiennes.

C'est un état d'alarme et d'inconfort, plus ou moins intense, mais qui, dans ses formes extrêmes, suscite la peur de devenir fou ou de mourir. Elle n'est pas toujours associée à des événements concrets, mais traduit une vision catastrophique du futur.

C'est une sensation disproportionnée et irréaliste qui s'installe à l'improviste : parfois il suffit d'évoquer une situation particulière pour qu'elle arrive au galop. Et plus on pense à cette situation particulière, plus elle grandit jusqu'à se transformer en panique.

La « mauvaise » anxiété, celle qui pose réellement problème, est plus intense et surtout plus durable. Elle est quasi permanente. Elle pousse la personne qui l'éprouve à des réactions rigides et surtout inefficaces (l'évitement, la fuite ou l'autoritarisme). Elle apparaît à tout âge, chez des adultes comme chez des enfants. Chez l'enfant, elle se polarise sur le travail scolaire, la relation aux parents ou la relation aux amis. Chez l'adulte, elle se fixe sur des thèmes divers tels que la peur de perdre le contrôle, de ne pas savoir faire face aux catastrophes par manque de moyens et de ressources, la peur de l'échec, du rejet ou de l'abandon, la peur de la mort et de la maladie, la peur qu'un danger ou qu'un malheur arrive à un être cher, etc. Toute situation qui est perçue ou interprétée comme potentiellement menaçante augmente l'anxiété.

Lorsqu'un anxieux dit, par exemple, qu'il craint, par-dessus tout, les conversations téléphoniques, ce qui l'effraye en réalité n'est pas, bien sûr, l'appareil en lui-même, mais les possibles conséquences de ce geste. Il s'imagine cette situation comme dangereuse parce qu'il risque d'être blessé moralement. Comment ? En donnant une image négative de lui-même à son interlocuteur qui, en retour, le jugerait stupide, mauvais ou insignifiant.

La crainte anxieuse porte toujours sur la conséquence d'un acte. Elle est ancrée dans la conviction qu'il est impossible d'y remédier ou d'y faire face. L'anxieux souffre de ce qu'il s'imagine devoir se produire dans l'avenir, avenir toujours sombre, lourd d'événements traumatiques, de menaces, de dommages, pertes, humiliations et frustrations.

La réaction anxieuse

Si on demande à une personne de décrire ses pensées au moment où elle ressent de l'anxiété, on s'aperçoit qu'elle est toujours préoccupée par la crainte d'un événement déplaisant. La perspective d'une intervention chirurgicale, l'attente d'une lettre d'embauche, les résultats d'un examen, sont des situations typiquement porteuses d'anxiété parce que leur enjeu est important. L'anxiété est alors une réaction normale car un risque réel et objectif la suscite ; elle se dissipe pour disparaître totalement lorsque le danger est écarté.

Autres cas : la personne doit fournir un effort important dans la réalisation d'un travail difficile ou redoute une rencontre compliquée. L'anxiété apparaît alors naturellement et, le plus souvent, sert de moteur qui mobilise les énergies nécessaires pour réussir.

Dans ses aspects positifs, la « bonne » anxiété met en jeu les sens et la pensée pour contribuer à l'évaluation des risques ; elle protège l'individu en lui permettant de fuir le péril ou de lutter pour sa survie. Freud disait même que l'anxiété agit comme un véritable signal d'alarme contre la menace et le danger.

La souffrance anxieuse

Mais si le sentiment anxieux est disproportionné par rapport à la menace réelle ou à la situation objective, s'il est envahissant et s'il s'installe durablement comme un mode habituel de réaction, il est bien évident qu'il devient problématique, tant pour la personne qui l'éprouve que pour son entourage. Ainsi, par exemple, une femme saisie de panique dès qu'elle reste seule à son domicile (absence de danger objectif) ou un homme en bonne santé terrorisé à l'idée d'attraper des maladies (inquiétude disproportionnée) souffrent d'un véritable état anxieux. Ce qui est difficile à admettre pour l'entourage de l'anxieux, c'est son point de vue. Car l'anxieux perçoit un risque vraisemblable, bien réel, alors que pour l'entourage il est totalement imaginaire. Lorsque l'anxieux ressent une peur panique, il est persuadé, que le danger est proche, extérieur à lui-même. C'est comme s'il se disait : « Si je suis anxieux, c'est que la situation doit vraiment être menaçante. »

Petit à petit, l'anxiété se transforme en souffrance permanente. Les habitudes de pensée de l'anxieux se modifient subrepticement. Il commence à être obnubilé par l'évocation de ses craintes et visualise sans cesse leur réalisation. Puis, il croit de plus en plus à leur vraisemblance, il ne peut plus faire la part des choses, son raisonnement se déforme petit à petit. Il pense devoir se protéger en permanence et pour cela il est sur le qui-vive, vit dans l'analyse minutieuse des signes avant-coureurs du désastre. Il a tendance à voir « le danger partout » et à dramatiser instantanément les situations les plus anodines. Il perd le contrôle de sa volonté et n'arrive plus à s'écarter de cette pensée. Et comme il perçoit quand même cette perte de contrôle comme une façon de perdre la raison, cela augmente encore son anxiété.

L'état anxieux est très inconfortable. C'est une expérience terrifiante (par la menace de dommage personnel qu'elle véhicule) et redoutée (par la tension intense, tant corporelle que psychologique qu'elle suscite). L'anxieux est une personne en grande souffrance.

Pourquoi est-on anxieux ?

Les signes que l'anxieux manifeste paraissent si déraisonnables qu'on a besoin de comprendre pourquoi il réagit ainsi. Les causes peuvent être physiques, héréditaires, ou psychologiques, mais il est important de savoir que même si on ne réussit pas à en démêler les causes, il est toujours possible de retrouver les facteurs qui l'entretiennent et la font monter en puissance.

Parmi les origines psychologiques, on retiendra celles qui sont liées aux expériences enfantines. Pour certains enfants, tout-petits, la séparation d'avec leurs parents est source d'une anxiété totalement démesurée par rapport au contexte. Lorsqu'ils sont devenus adultes, cette anxiété est réactivée chaque fois qu'ils ont à quitter une personne ou un lieu sûr. Ils ont en général des parents anxieux, excessivement préoccupés par les dangers potentiels que pourrait rencontrer leur enfant. Pour le protéger et se protéger, ils ont tendance à tout lui interdire : « Ne sors pas, il fait trop froid, tu vas attraper une pneumonie ; ne regarde pas la télé, elle abîme les yeux ; ne fais pas ci, ne va pas là. » Ils ont tellement peur pour lui qu'ils ont besoin de le savoir toujours près d'eux. Ils vivent dans la crainte depuis la naissance et ne laissent jamais leur enfant seul car ils veulent le protéger en permanence. Mais, ce faisant, ils communiquent à l'enfant une vision terrifiante de l'extérieur, et plus ils le font, plus leur enfant enregistre que le monde est dangereux. Il restreint automatiquement son champ d'exploration, évite toute prise de risque et grandit en développant une tendance à s'inquiéter anormalement.

Parce qu'ils ont souvent des parents perfectionnistes, très exigeants et qui « mettent la barre très haut », les enfants qui deviendront des adultes anxieux finissent par douter de leur valeur et se demander s'ils sont capables de satisfaire de telles exigences. Ils s'y efforcent cependant. À l'âge adulte, ils continuent à toujours vouloir combler les autres, au détriment de leurs propres sentiments ou en renonçant à exprimer une opinion personnelle. Ayant grandi dans le doute, avec un fort sentiment d'insécurité, ils risquent de fuir le devant de la scène pour se mettre à l'abri dans la dépendance à l'égard d'une personne ou d'une situation qui leur paraît rassurante. Ils ont intégré les valeurs de leurs parents, les reproduisent, et deviennent à leur tour perfectionnistes et critiques vis-à-vis des autres.

Pourquoi l'anxiété s'entretient-elle ?

De nombreux facteurs entretiennent l'anxiété. Fuir systématiquement les situations difficiles n'a d'autre effet que de l'augmenter. Sans s'en rendre en compte, l'anxieux se raconte à lui-même des histoires très déplaisantes, se bombarde lui-même la conscience avec des visions terrifiantes. Cela commence toujours par une phrase anodine du type « Et si... » et se poursuit par l'élaboration d'un scénario horrifiant : « Et si ma fille est enlevée sur le chemin de l'école ? » ; « Et si je me plante avec la voiture sur l'autoroute ? » ; « Et si tout le monde se moque de ma prestation ? », etc. Son discours intérieur lui fait toujours imaginer le pire. Plus il est détaillé, plus il paraît possible, et plus l'anxieux le vit comme si c'était la réalité. Inconsciemment, en imaginant des situations catastrophiques, et surtout en se persuadant qu'il n'a pas les moyens d'y réagir ou de s'en sortir, il se fait de plus en plus peur à lui-même.

Les personnes anxieuses ont à leur propre sujet, sur les autres et sur le monde « tel qu'il est » des croyances fausses qui entretiennent leur panique. Par exemple, si une personne est convaincue qu'elle ne peut être en sécurité que lorsqu'elle est accompagnée, elle déroule un monologue intérieur (façon personnelle de se parler à soi-même) qui la persuade de son incapacité à rester seule et du drame qui pourrait se produire si cela lui arrivait : « Si X, Y, Z n'est pas avec moi ce soir, je ne pourrai pas le supporter... »

En outre, l'anxieux a du mal à exprimer des sentiments de colère, de déception ou de frustration : « Et si je me fais rejeter ? » Il est tendu par crainte d'être jugé, méprisé ou dévalorisé, et tente de se mettre à l'abri en évitant les situations qui lui paraissent dangereuses pour lui-même.

Le profond sentiment d'insécurité de l'anxieux s'est probablement installé dans l'enfance. Ne sachant ni comment s'apprécier ni comment se faire du bien, il cherche constamment une approbation et un soutien. S'ils tardent à venir, son monologue intérieur négatif s'enclenche. L'anxieux est constamment en état de veille, il vit dans la nécessité de contrôler tout son environnement. Il n'est rassuré que s'il peut tout prévoir, les actes, les réactions et les situations.

Les effets de l'anxiété parentale sur l'enfant

Le premier objectif de l'éducation est la socialisation harmonieuse de l'enfant. Or, la trop grande anxiété des parents va évidemment à l'encontre de ce but. Réussir la socialisation d'un enfant signifie l'aider à établir une relation durable et adaptée à l'autre, à contrôler ses émotions et à gérer ses impulsions. Les parents disposent en général d'un arsenal de méthodes éducatives fondées sur le soutien psychologique de l'enfant, la surveillance de ses comportements indésirables et le respect de sa personnalité. Ils réagissent, sont sensibles à ses réactions et capables de s'adapter à ses capacités, ses besoins et ses manifestations. Mais, pour cela, il leur faut bien le connaître et l'accepter tel qu'il est. C'est ainsi qu'ils se rendent disponibles pour le prendre en charge. Certains parents ont un vrai travail psychologique à effectuer sur eux-mêmes pour renoncer à l'image de l'enfant idéal et se donner les moyens de s'intéresser à lui, le leur, bien réel.

Favoriser la socialisation et le bien-être de l'enfant signifie aussi lui donner un cadre, des limites et lui enseigner de bonnes manières. C'est ainsi que les parents le responsabilisent et contribuent à son développement moral harmonieux. Très remuants, les enfants peuvent avoir besoin d'un cadre plus strict. Une discipline ferme et juste les fait réfléchir sur eux-mêmes et leur permet de développer les structures psychologiques nécessaires à leur autonomie. Elle les aide à se contrôler et à modérer leurs réactions impulsives.

Quand ils savent observer leurs enfants pour tenir compte de leur caractère et s'adapter à leur personnalité, les parents les suivent efficacement.

« Moi, j'ai eu deux filles. À dix-huit mois d'écart. Ce que j'ai appris avec l'une ne m'a servi en rien avec l'autre. Ce qui marchait avec l'une ne marchait pas avec l'autre. Avec l'aînée, il fallait être ferme et affirmer un point de vue "en béton". Avec la seconde, il fallait parlementer des heures, car elle voulait comprendre le pourquoi du comment. Avec l'aînée la discussion venait après la sanction ; avec la seconde, elle venait avant, et parfois j'avais même l'impression qu'ayant compris, elle daignait, acceptait de se faire punir. Enfin, c'était comme ça. Ça me demandait plus d'effort, mais au moins, je n'avais pas l'impression de me sentir désemparée ni avec l'une ni avec l'autre. » (Adrienne, mère de Louise et de Lucie.)

Avec les changements intellectuels, physiques et affectifs de la pré-adolescence, l'enfant contrôle plus sa vie quotidienne. C'est alors que les parents commencent à lui transférer la tâche de sa propre surveillance, et cela va durer jusqu'aux premières années de sa vie adulte. Les parents qui réussissent à faciliter l'indépendance psychologique de leurs enfants, tout en maintenant, avec affection et respect, une vigilance discrète et attentive, favorisent le passage à l'âge adulte. Ils encouragent leur autonomie en fonction de leurs capacités et de leur rythme de croissance. En même temps, ils renforcent les liens chaleureux entre eux.

Mais s'ils sont trop anxieux, les parents font obstacle au développement harmonieux de leurs enfants. Ayant tendance à vouloir tout contrôler – leurs comportements, leurs émotions et leurs pensées –, ils bloquent leurs possibilités de découverte personnelle, d'autonomisation et de socialisation. La relation à l'enfant se noue sur un mode possessif, dominateur ou fusionnel. Il est obligé de tout dire, ce qu'il fait ou ce qu'il va faire (comment il dépense son argent de poche, combien de biscuits il a mangé, qui il a rencontré, de quoi ils ont parlé, etc.), de demander l'autorisation pour toute démarche, même la plus anodine, de se conformer à la norme idéale de ses parents.

Sous prétexte de le protéger en permanence, ces parents cherchent en fait à atténuer leur propre anxiété, à chasser les craintes qui les envahissent en permanence. Ils ont des exigences démesurées à son égard, attendent de lui une autonomie et une maturité qui ne sont pas en rapport avec son développement. Rigides, critiques, ils punissent alors que cela ne le justifierait pas, et rejettent tout sentiment contraire au leur. Refusant que l'enfant se construise une identité différente de la leur ou de celle qu'ils ont prévue pour lui, ils l'empêchent de s'épanouir.

Les conflits dans le couple aggravent l'anxiété. Le parent anxieux peut essayer de manipuler l'enfant pour se l'attacher ou le retenir. Cherchant à utiliser les besoins de dépendance de celui-ci à son avantage, il induit chez lui un sentiment de honte et de culpabilité. C'est ainsi que se met en place et se maintient la relation fusionnelle avec l'enfant mais aussi une anxiété croissante chez celui-ci.

Les mères sont plus anxieuses que les pères, surtout si elles élèvent seules leurs enfants.

« Il faut tout le temps qu'ils me téléphonent quand ils sont hors de la maison, car je crains toujours qu'il leur arrive quelque chose. Le mieux c'est qu'ils restent avec moi, car avec moi, je suis sûre qu'il ne leur arrivera rien. S'ils ne m'appellent pas, c'est moi qui appelle et s'ils coupent leur portable, je deviens folle. C'est plus fort que moi. Si le téléphone sonne et que ce n'est pas eux, je me dis : "C'est la police, elle va m'annoncer une mauvaise nouvelle." Ça me rappelle le divorce de mes parents. Mon père est parti un jour au travail et on ne l'a jamais revu. Chaque fois que le téléphone sonnait, on pensait : "C'est le SAMU ou la police." » (Flora.)

La mère qui se crée de faux problèmes, qui a des exigences tyranniques déplacées va peut-être fabriquer ainsi un adolescent timide, complexé, incapable de devenir autonome. Sans s'en rendre compte, elle risque de lui créer des difficultés ultérieures.

Flora, maman d'enfants de 12 et 9 ans, exige d'eux une participation scrupuleuse aux tâches ménagères.
« À la maison on a un planning affiché avec les tâches ménagères. Les garçons ne le respectent pas. Ils ne font pas rapidement ce qui est écrit ; ils traînent ; ils disent toujours : "Attends, attends", "tout de suite", et ça vient bien après. Si tout n'est pas fait comme il faut, quand il faut, je ne peux pas dormir. Et puis j'ai tellement d'autres choses à faire ! Il faut que tout soit fait, sinon je me dis : "Et si je n'arrive pas à boucler le tout, comment je vais m'en sortir demain ?" Alors, que voulez-vous, je gueule, je leur dis : "Si c'est comme ça, vous irez en internat", ou "à cause de vous j'irai à l'hôpital, chez les fous." Je sais que ce n'est pas bien, mais je ne peux pas me contrôler. Parfois je leur fais copier cent fois : "J'obéis à maman", mais ça ne marche pas mieux. Parfois je leur explique et je leur dis : "C'est pour votre avenir, pour que vous soyez armés", mais ça ne marche pas. Je pense que tout ça, c'est parce que je ne les frappe pas. Je gueule, mais je ne frappe pas. Ils me disent toujours : "Maman, calme-toi, t'es trop stressée", et ça m'énerve encore plus. »

Les parents anxieux font régner autour de l'enfant un climat inquiétant qui lui donne l'impression qu'on ne l'aime, le reconnaît et l'accepte qu'en fonction de ses comportements. Ce n'est pas calculé. Ils ont juste l'idée fausse que c'est ce qui leur demande le moins d'efforts et que cela n'a pas d'importance pour l'enfant. Mais ces méthodes éducatives ne favorisent ni son épanouissement ni sa santé psychologique. Bien au contraire. Lorsque l'anxiété des parents est le pivot du fonctionnement familial, elle a des conséquences à long terme sur le plan scolaire et social. Vivant constamment dans un climat de stress, l'enfant a du mal à prendre conscience de ses qualités et de ses points forts à lui et à se constituer le « capital » de confiance en soi qui est particulièrement important chez les adolescents. En outre, à travers les apprentissages sociaux, il reproduit facilement ce modèle dans toute sa vie quotidienne, dans ses relations, sur le plan amical et scolaire, et il le fera plus tard, dans le cadre professionnel ou institutionnel.

◻ Trop d'anxiété *rend* coupable

Par ailleurs, les parents anxieux ont souvent tendance, sans le vouloir, à culpabiliser l'enfant. Au moins de trois façons.

Soit en *manifestant leur déception* : « Si maman va à l'hôpital, c'est de ta faute », « Maman veut aller travailler mais ne peut pas parce qu'elle doit s'occuper de toi, papa compte sur toi pour lui tenir compagnie » ; soit en lui faisant honte : « Heureusement que papa n'était pas comme toi ; toi tu ne sais pas te défendre, t'es qu'un petit bout tout mou et nul » ; en essayant de l'isoler de ses autres soutiens (ses amis, par exemple) : « Tes amis ne sont pas intéressants, ils ne font rien de spécial, tu n'as pas besoin de les voir, il vaut mieux que tu restes à la maison ou que tu ailles chez mamie. »

Soit en *le menaçant* de lui retirer l'amour parental. Cela revient à lui signaler que cet amour n'est pas inconditionnel, mais dépend de ses réactions qui doivent être conformes à leurs désirs.

Kevin, 9 ans, demande sans cesse à sa mère : « Maman, est-ce que tu m'aimes ? » Il explique que, lorsqu'il n'obéit pas, « maman n'est pas contente et dit : "Quand tu feras ce que maman dit, maman t'aimera à nouveau." Mais ce que maman dit ça change tout le temps et on se sait plus bien ce qu'elle veut ».

Si la relation est chaleureuse et attentive par ailleurs, cette pratique ne laisse pas de traces sur le développement de l'enfant. Mais si celui-ci grandit avec la croyance fausse que l'amour des autres dépend uniquement de son comportement, il risque de garder à l'âge adulte la crainte de se faire rejeter à tout moment.

L'idée qu'il peut perdre l'amour de ses parents est insupportable pour l'enfant petit. Se sentir ainsi menacé peut le rendre agressif. Il se met alors à s'impliquer émotionnellement avec les autres de façon très particulière – flagrante à l'adolescence : les enfants de parents anxieux, surtout les filles, manipulent la relation aux autres et s'attaquent souvent au bien-être psychologique de leurs amis. Tout comme leurs parents, quand un ami ne les satisfait pas, ne leur obéit pas, ils le menacent de lui retirer leur attention ou leur amitié. En même temps, s'intéressant de plus en plus aux relations sociales, ils attendent de leurs relations amicales qu'elles soient profondes, intimes et exclusives. Ils sont soupçonneux et jaloux, parce qu'ils se sentent facilement rejetés et parce que, comme lorsqu'ils étaient petits, ils ressentent fréquemment une grande solitude, de la tristesse et de la honte d'eux-mêmes.

Soit par la *pratique du chantage affectif*. Il y a aussi des parents très anxieux qui pratiquent le chantage affectif pour obtenir le soutien total de leur enfant. Ils se montrent alors très demandeurs, voire carrément doucereux.

Albert, un père, dit à sa fille de 15 ans, Wanda : « Tu es mon seul espoir, ma lumière, ma vie, mon seul soutien. » Et Wanda renonce systématiquement à ses sorties entre amis pour soutenir son père aimant.

☐ Trop d'anxiété décourage la confiance en soi

Susciter de l'anxiété, c'est, par exemple, renvoyer à l'enfant une image dévalorisante de lui-même, lui présenter le monde extérieur comme très menaçant et l'avenir sous un jour très sombre.

Flora à Kévin : « Ah, mais tu ne te rends pas compte ! Tu n'y penses pas, partir en colonie avec ta classe, c'est trop dangereux. Le train peut s'arrêter des heures, la nourriture est mauvaise et tu peux attraper la grippe du poulet ; les monos s'en fichent et ne s'occupent pas de vous, sans parler des pédophiles qui sont toujours là où on ne les attend pas. En plus, nous serons trop mal à l'idée de te savoir au loin. »
Albert à Wanda : « Ne prends jamais le métro à Paris, je ne tiens pas à ce que tu te retrouves dans les maisons closes d'Istanbul. »

À un tel niveau, l'anxiété mine la confiance en soi de l'enfant. Il n'a aucune liberté, ne peut pas apprendre à compter sur lui-même, ne connaît ni ses points forts ni ses points faibles. Il n'arrive pas à se décider et a du mal à se prendre en charge. Cette insécurité pèse sur toute sa vie quotidienne car il s'épuise à lutter contre sa propre anxiété. Il ne s'épanouit pas comme il le devrait, du coup il ne sait pas se défendre dans l'adversité et manque de maturité sur le plan des relations. Même son orientation scolaire puis professionnelle peut en souffrir.

Certains parents anxieux ont si peur du monde extérieur qu'ils ne préparent pas du tout l'enfant à l'affronter. Ils voudraient tant le mettre à l'abri d'influences qu'ils redoutent qu'il risque d'y être deux fois plus sensible plus tard, le jour où il faudra bien qu'il s'aventure enfin sans protection, car le manque de confiance en soi rend vulnérable.

Agir sur la confiance en soi, c'est aussi canaliser ses pensées éventuellement « rebelles ». C'est pourquoi certains parents ont tendance à limiter les conversations familiales aux sujets qui les intéressent en priorité. D'autres se montrent distraits ou indifférents lorsque l'enfant exprime un point de vue personnel. Dans les deux cas, cela revient à réduire la participation de l'enfant à la vie familiale et neutraliser sa liberté de parole, voire le développement de sa personnalité : car limiter l'expression d'opinions bloque l'enfant dans le travail d'exploration et de découverte de soi. Il reste seul avec ses inquiétudes, ses conflits et ses questionnements. Il ne comprend pas les « politiques familiales », les perçoit comme injustes et ne peut y adhérer. Les parents qui étouffent chez leur enfant toute velléité d'exprimer une opinion différente exercent une forme de tyrannie, tout en lui montrant que le seul univers possible et sûr est le leur.

Cela revient à le priver de son autonomie et de son identité. Et c'est encore plus destructeur à l'adolescence, au moment où les besoins d'indépendance et de séparation sont les plus forts.

Agir sur la confiance en soi, insécuriser, c'est encore infantiliser par des paroles ou des actes. Inquiets à l'idée de perdre l'attachement de l'enfant, inquiets de voir leur enfant grandir et se tourner petit à petit vers d'autres personnes et d'autres milieux, certains parents se conduisent à son égard de manière tout à fait inappropriée, cherchant, inconsciemment, à le maintenir proche, dans un état de dépendance affective.

Lucien, 15 ans, raconte : « C'était la honte de ma vie ! Jamais je me suis affiché autant ! J'étais dans ma chambre avec mes potes, on écoutait du métal et on faisait un jeu. Ma mère est rentrée et s'est ramenée direct dans ma piaule. Elle s'est jetée sur moi pour me faire la bise, les bras ouverts et en hurlant : "Alors, mon poupon rose, on amène ses petits copains de jeux ? C'est bien. Je vais vous faire un petit goûter, un bon chocolat au lait et des z'animaux." Les potes se marraient grave et depuis ils me soûlent en m'appelant poupon rose. »

Ne pas se sentir reconnu dans son âge, sa maturité et ses compétences, questionne l'enfant sur ses capacités et ses acquis et puise dans ses ressources de confiance en soi.

Les enfants fragiles (ceux qui ont un caractère moins marqué, qui sont plus en retrait, qui craignent *a priori* leur environnement) sont les plus vulnérables. À l'âge adulte, ou même dès l'adolescence, ils risquent de se placer sous la coupe d'adultes qu'ils auront perçus comme ultraprotecteurs et de devenir facilement manipulables.

Comment réagissent les enfants de parents anxieux ?

L'idée que les enfants se font de leurs parents, de ce qui les motive et de leurs actes, oriente en grande partie leur comportement à l'adolescence et plus tard. À tout âge, ils perçoivent les stratégies éducatives générées par l'anxiété comme une forme de manipulation qu'ils vivent toujours mal. Les termes qui reviennent le plus quand ils parlent de leurs parents anxieux sont « peu chaleureux, impatients, rigides, exigeants, stricts, contraignants, difficiles, possessifs, surprotecteurs, infantilisants et fusionnels ».

« Je déteste maman, elle crie tout le temps, elle fait jamais de câlin, elle fait jamais rien avec nous, elle m'oblige à faire ce qu'elle veut, elle ne nous aime pas, elle s'en fiche. » (Le fils de Flora, Jérémie, 12 ans.)

« Maman est méchante chaque fois que je ne fais pas comme elle veut ; quand je pleure, maman fait les gros yeux ; maman n'aime pas quand je lui parle, quand je fais une bêtise maman ne me parle plus. » (Kevin, 9 ans, son cadet.)

L'adolescent vit cette anxiété comme une forme d'hostilité à son endroit, un manque de respect à l'égard de sa propre autonomie, qu'il trouve psychologiquement envahissante si cela justifie en outre de lui imposer toutes sortes de contraintes.

Pour échapper à cette pression psychologique, certains se sentent obligés de mentir tout en continuant à avoir peur. D'autres se renferment, deviennent sombres, moroses, solitaires. Ou bien, faisant profil bas, ils rejettent, en apparence, toute influence extérieure. Ils supportent en silence d'entendre le mépris de leurs parents pour leurs copains, et se conforment à ce que les parents attendent d'eux, leur manifestent l'intérêt qu'ils demandent. D'autres encore s'opposent de manière indirecte. Les problèmes scolaires sont fréquents chez les enfants de parents anxieux car ils ne se sentent pas autorisés à être curieux et actifs, craignent de s'impliquer vraiment dans la relation aux enseignants et aux copains, et se placent d'emblée dans une position de retrait ou d'agressivité. Concrètement, leurs notes sont souvent inférieures à leur niveau réel et, en général, même si par ailleurs ils sont intelligents, brillants ou doués dans un domaine ou un autre, ils réussissent moins bien socialement. Mais rester en dessous de ses possibilités, c'est aussi une manière de se rebeller, une forme de résistance passive contre un contrôle psychologique trop prégnant, une manière de « crier » le besoin de liberté et d'autonomie.

Les moins de 6 ans en souffrent encore plus que leurs aînés. Ils n'ont pas encore la capacité intellectuelle de prendre du recul, de nommer cette inquiétude et de l'analyser.

De même, un enfant qui souffre de problèmes graves de santé, nécessitant des traitements quotidiens et lourds, est plus sensible à l'anxiété de ses parents. Il doit mûrir en naviguant entre ses parents et les problèmes que pose sa maladie.

Enfin, les garçons y sont plus sensibles que les filles.

Quel que soit leur devenir, arrivés à l'âge adulte, ils gardent une certaine amertume vis-à-vis de l'enfance qu'ils auraient pu avoir si leurs parents n'avaient pas été si inquiets. Lorsqu'ils regardent en arrière, c'est pour regretter tout ce qu'ils n'ont pas pu réaliser, déplorer les blocages psychologiques dont ils ont été victimes. Ils se révoltent en constatant que l'état psychologique de leurs parents (qu'ils comprennent) les a maintenus dans une position infantile. S'ils pensent avoir réellement manqué d'amour, ils en veulent à leurs parents de ne pas avoir été sincères avec eux. Certains tentent de régler leurs comptes et leur demandent de reconnaître leur responsabilité dans les difficultés qui ont jalonné leur enfance.

Comment aider les enfants de parents anxieux ?

L'anxiété est très contagieuse. En compagnie d'un anxieux, on est facilement inquiet soi-même, on se sent malheureux, on craint le pire. Il la déverse involontairement sur l'autre et le laisse se débrouiller avec ses effets.

Quand il s'agit d'un enfant, elle est source de déception,

de frustration et le rend anxieux lui-même. Dans ce climat constant d'inquiétude et de stress il a besoin d'un soutien efficace. L'aider, c'est lui fournir au quotidien des tuyaux pour lui permettre de se tranquilliser lui-même. Autrement dit, de se détacher du contexte, de prendre du recul et de ne pas s'impliquer personnellement, tout en prenant appui auprès d'un adulte qui compte, équilibré et attentif (père, mère, tante, oncle, grand-père, grand-mère, frère, sœur, etc.).

□ En leur parlant et en les écoutant

Pour aider l'enfant au quotidien, il faut d'abord évaluer la situation, c'est-à-dire l'observer, décoder ses signaux de détresse et aller à sa rencontre pour lui proposer une écoute attentive et un échange authentique et personnalisé. Il est toujours délicat d'aborder avec un enfant des sujets pénibles, mais c'est payant si on parle clairement, avec un vocabulaire à sa portée et si on lui propose des exemples très concrets.

Aider un enfant à faire face à l'anxiété de ses parents, c'est en effet d'abord l'aider à s'exprimer. Selon les cas, ce peut être une intervention quotidienne ou occasionnelle. Le rapprochement par un contact physique avec l'enfant – un gros câlin (s'il est petit), une poignée de main (s'il est ado) – l'aide à se sentir en confiance et à se laisser aller à son émotion. L'adulte met ainsi en place des conditions de sécurité psychologique qui peuvent permettre de parler avec lui de ce qu'il pense ou ressent, du fonctionnement de son parent anxieux, et de lui dire qu'on reconnaît que c'est difficile pour lui.

Avec un enfant jeune, tout en gardant le contact physique, on peut ainsi amorcer le dialogue à peu près dans ces termes :

– Ton père est toujours très inquiet. C'est très difficile d'être tout le temps comme ça. Je sais que ça te fait mal et que tu peux être malheureux. Si ton père est inquiet, ce n'est pas de ta faute. Il se fait du souci, il s'est toujours fait du souci. Il a plein de choses dans sa tête qui l'embêtent et ne sait pas quoi faire avec. Ça vient de lui, et non de toi.

– Mais il ne me laisse rien faire ; il crie tout le temps, il n'est jamais content.

– Oui, c'est vrai, il fait tout ça. Tu te poses des questions et c'est dur pour toi, je sais. Mais c'est parce que dans sa tête il y a plein de soucis et des choses qui l'embêtent.

– Mais quelles choses ?

– Des choses qui lui font peur. En fait, ton père a peur tout le temps et il est lui aussi malheureux. Surtout ne pense pas que c'est à cause de toi. Il a peur pour son travail, il a peur pour ses amis, il a peur pour lui, il pense qu'il ne va pas s'en sortir, etc. Il n'est jamais tranquille. Mais toi, tu n'as pas à t'occuper de ça. Ton « boulot », c'est de t'occuper de toi et de ta vie à toi.

Une fois établie une relation de confiance, il revient à l'adulte d'écouter l'enfant et de le laisser dire, comme il peut, ce qu'il ressent en le reformulant ensuite avec d'autres mots pour l'aider à mieux comprendre ce qu'il pense. Il est très important de l'aider à nommer son émotion : tristesse, colère, honte ou culpabilité, car on ne réagit pas de la même façon lorsqu'on est en colère ou lorsqu'on se sent triste. En colère, on a besoin de s'apaiser d'abord pour pouvoir reprendre la réflexion. Quand on est triste, on a besoin de changer le cours de sa pensée pour s'accrocher à d'autres choses, plus neutres ou plus satisfaisantes, afin d'évacuer le sentiment douloureux.

Poursuivre la discussion ainsi est une façon de reconnaître à l'enfant la souffrance qui est la sienne et lui montrer qu'il a bien été compris. Les enfants, en effet, ont toujours besoin d'être reconnus, entendus et crus dans ce qu'ils ont à exprimer, et ils attendent qu'on leur parle vrai. C'est aussi lui dire l'intérêt inconditionnel qu'on lui porte. Ainsi, il est rassuré et commence à réfléchir à ce qu'il pourrait faire pour vivre les choses autrement. C'est alors qu'on peut commencer à évoquer des « trucs » pour tenir bon dans les moments difficiles, lui pointer les ressources qui sont les siennes, c'est-à-dire la possibilité de développer un propre discours intérieur positif.

– Tu sais, quand papa se met à s'inquiéter, tu te dis dans ta tête : « C'est n'est pas après moi qu'il n'est pas content. Ça va lui passer. » Ou tu te prépares en te disant dans ta tête : « Si papa se met à s'inquiéter, moi je ne m'inquiète pas, car ce n'est pas de ma faute. Ce n'est pas mon problème. » Toi, comment tu pourrais te dire ça dans ta tête ?

Il est parfois utile de « jouer la scène » avec lui, pour être sûr qu'il peut trouver ses propres mots d'apaisement. Cet exercice (qui ne paraît artificiel qu'à l'adulte ; l'enfant est très heureux de s'y prêter) fixe dans l'esprit de l'enfant l'idée qu'il existe toujours un moyen de réagir à l'adversité. Il se sent plus armé, plus fort pour faire face aux flots d'émotions négatives qu'il reçoit en pleine figure. Il comprend qu'il peut réagir, qu'il n'est pas obligé de toujours subir.

Chaque fois que l'adulte décèle un mal-être, et à propos de toute sorte de situations génératrices d'inquiétude, on peut recommencer l'exercice.

L'humour est un instrument utile et précieux dans cette recherche d'apaisement. Taquiner ensemble gentiment l'anxieux dédramatise ses réactions et dégage l'enfant de sa responsabilité. Car l'anxieux devient ainsi un « personnage extérieur » qu'on observe, qu'on reconnaît et qu'on accepte dans ce qu'il est.

– Ton papa va s'inquiéter pour tout, mais ça, on sait. Il ne va pas être content, il va parler vite, il va se faire ses films. On le sait aussi. Il va exploser. Pas de problème, on s'y attend. C'est comme ça qu'il est. Mais ce que l'on sait aussi, c'est que ça va lui passer et que tu le retrouveras comme tu aimes le retrouver.

Donner ainsi à l'enfant les moyens de s'apaiser lui-même, c'est l'armer pour faire face ensuite à d'autres situations, sociales, familiales ou scolaires.

□ **En leur donnant les moyens de se détendre :
un peu de relaxation**

Lorsque le climat est tendu, on peut essayer de tranquilliser l'enfant par des exercices de relaxation. À partir de 8 ans, s'il est très anxieux, c'est une méthode intéressante. Un adulte qui a sa confiance peut la conduire sans problème pour quelques minutes.

Il s'agit d'une technique qui vise à relaxer l'organisme (le corps et le mental) par la tension et le relâchement des muscles. On l'installe confortablement, éventuellement avec son doudou, et on lui dit de tendre un groupe de muscles (ceux du visage, des jambes, des bras, du cou, du dos, etc.) en comptant jusqu'à trois, puis de les relâcher. L'exercice est répété un certain nombre de fois, une à deux fois par jour, de préférence tous les jours. Habituellement, une séquence de relaxation musculaire se déroule dans cet ordre :

– front, yeux, nez, lèvres, langue, mâchoire ;
– cou, poitrine, dos ;
– bras droit, bras gauche ;
– abdomen ;
– jambe droite, jambe gauche.

Pour que l'enfant comprenne ce qu'il doit faire, il est conseillé d'utiliser des expressions faciles qu'il puisse comprendre : « Dis dans ta tête le mot "calme" chaque fois que tu respires », « Imagine que tu deviens aussi calme qu'un petit chat qui dort. »

Une fois que la contraction et la décontraction des muscles sont acquises, il est possible d'apprendre aussi à l'enfant à bien respirer. Il suffit de lui indiquer qu'il doit mettre sa main sur son ventre, inspirer profondément en comptant jusqu'à cinq, puis relâcher l'air par le nez et la bouche. Ce petit exercice peut se répéter un certain nombre de fois, jusqu'à ce que l'enfant se retrouve en état d'apaisement.

Il est bon, pour un enfant très anxieux, de répéter ces exercices jusqu'à ce qu'il apprenne à les effectuer tout seul. Plus grand, il saura s'appliquer cette technique lui-même et gérer ainsi sa propre anxiété. De cette manière, il peut avoir recours à la relaxation chaque fois qu'il en éprouve le besoin.

Une autre forme de relaxation facile à utiliser avec un enfant est celle de la visualisation : on imagine une scène ou une image agréable à laquelle on pense intensément pendant un certain nombre de minutes pour se relaxer, comme par exemple des plages, des feux de cheminée, la mer bleue, le ciel, la boule de glace favorite, etc. On discute d'abord avec l'enfant pour trouver les scènes qui lui plaisent et qu'il vit comme agréables, puis on l'entraîne à les voir dans sa tête.

Commencer par s'asseoir avec l'enfant pour parler de choses agréables : les papillons, le chien sur la plage, etc. L'interroger sur ses dernières vacances et essayer de recréer avec lui cet univers de détente : si elles se sont passées à la plage, évoquer la mer, le ciel bleu... Puis lui demander de penser très fort à la plage pour arriver à ressentir le soleil sur son visage ses bras ou ses jambes.

Le but de la visualisation est de détourner la pensée des idées porteuses d'anxiété de frustration ou de souvenirs désagréables afin de la rendre plus réceptive à des messages positifs.

De cette façon, lorsqu'il ressentira un fort stress, il pourra utiliser la respiration, la décontraction musculaire et ses images pour se relaxer.

La relaxation comme la visualisation sont des méthodes qui permettent d'évacuer le stress. Elles ne remplacent pas le dialogue. Elles permettront cependant à l'enfant de mieux gérer ses émotions, ses relations et... ses propres parents.

☐ En leur proposant d'aller voir un spécialiste pour les aider

Si l'enfant de parents anxieux devient lui-même très anxieux ou présente des signes patents de mal-être : désinvestissement scolaire, peurs paniques, retrait ou, au contraire, trop grande agitation, troubles du sommeil ou de l'alimentation, etc., une consultation auprès d'un pédopsychiatre ou d'un psychologue clinicien s'impose. Un soutien spécialisé est dans ce cas absolument nécessaire pour dénouer l'impasse dans lequel se trouvent l'enfant et sa famille et faire redémarrer le fonctionnement familial sur d'autres bases, plus équilibrées et plus satisfaisantes pour tous.

☐ En s'occupant de leurs parents

Aider un enfant de parents anxieux, c'est bien évidemment aussi aider ses parents.

Si, dans une famille, un des deux parents est toujours excessivement inquiet, son conjoint peut essayer de faire « tampon » entre celui-ci et l'enfant, en protégeant systématiquement ce dernier.

Par ailleurs, il doit se montrer rassurant vis-à-vis de l'anxieux, juste ce qu'il faut : ni trop ni trop peu. Trop de réassurance entretient l'anxiété et renforce la quête de réassurance. Trop peu de réconfort l'augmente. Au conjoint d'essayer d'agir là où c'est possible, là où il a des chances de réussir : dans chaque famille, les marges de manœuvre sont différentes.

Réassurer juste ce qu'il faut signifie aussi faire réfléchir l'anxieux, lui apporter la contradiction, démontrer le caractère improbable de ses craintes en s'appuyant sur trois questions de base qui sont :

– Quels sont les signes ou les preuves que l'événement redouté va se produire ?

– Est-ce qu'il est raisonnablement envisageable que cet événement se produise ?

– Est-ce que cela s'est déjà produit dans le passé ?

Ces questions rationnelles confrontent l'anxieux à sa peur et normalement, au bout d'un certain temps, la font diminuer. L'humour et la patience du conjoint contribuent à l'apaiser. Enfin, le parent anxieux peut s'aider lui-même et faciliter ainsi la vie de son entourage. Comment ? En acceptant d'abord le fait qu'il est anxieux et que cela accable ceux qu'il côtoie. En prenant conscience du fait que la pensée anxieuse amplifie les aspects négatifs dans tous les domaines de la vie quotidienne. En réalisant également les effets que cette pensée produit sur lui-même : la tendance systématique à éviter la confrontation afin de d'éviter les « catastrophes ». Et enfin, du fait que l'anxiété déforme les événements quand il les imagine, il a une manière personnelle et peu objective de les percevoir et de les ressentir.

Le parent anxieux devra alors se retenir de considérer comme une honte ou une faiblesse son petit discours intérieur négatif. Mais plutôt l'envisager comme l'accumulation d'une série de « mauvaises habitudes » de pensée qui peuvent diminuer ou disparaître. S'entraîner à remplacer le « et si » par un « et alors ? » marqué :

« Et si je m'effondre en accompagnant mes enfants au moment du départ en colonie ? Et alors ? C'est normal que je sois émue, mais je vais souffler un bon coup, je vais partir

121

vite et, de retour à la maison, je vais tout de suite leur écrire une lettre. »

« Et si je pleure pendant deux semaines pendant que mes enfants sont en colonie ? Et alors ? Je leur fais suffisamment confiance pour savoir qu'ils vont bien faire attention ; et j'ai des choses à faire absolument : sortir avec mes amis et faire le ménage à fond, partout dans la maison (s'investir dans des activités concrètes est un moyen de détourner son attention) ; et je peux prendre des nouvelles auprès de l'encadrement de la colo. »

Certains anxieux vont jusqu'à se faire des listes de choses à faire, de phrases à se dire ou de pensées à répéter pour s'appuyer sur du concret.

Dès que l'anxiété devient consciente, il importe de se rappeler de ses effets nocifs pour pouvoir tout simplement dire STOP : « Je ne reverrai jamais mes enfants, ils sont tête en l'air et distraits, ils ne vont pas suivre les autres, ils vont se perdre dans la montagne, ils vont être seuls et avoir peur, sans aide ou réconfort ; ils vont pleurer, crier au secours, personne ne les entendra, etc. STOP, ça suffit, qu'es-tu en train d'imaginer ? C'est quoi ce délire, assez ! Ça va comme ça ! Arrête ! Ce n'est pas la peine de te monter la tête ! »

Pour se calmer, le parent anxieux peut lui aussi faire appel à des exercices de relaxation, de décontraction musculaire, de respiration et de visualisation. Mais si l'anxiété est envahissante, si elle invalide la vie quotidienne, si elle trouble l'environnement familial et si elle impose une souffrance permanente à celui ou celle qui l'éprouve, il est impératif de faire appel à des spécialistes, médecins-psychiatres par exemple. Un traitement médicamenteux peut se révéler nécessaire, accompagné ou non d'une prise en charge psychologique qui vise essentiellement à trouver où l'anxiété s'enracine afin d'éliminer les facteurs mentaux qui l'entretiennent.

« C'est magique ! C'est vraiment impressionnant ! J'aurais dû voir ce médecin plus tôt. Il m'a donné des cachets et j'ai l'impression qu'ils font le tri à ma place. Je réagis moins fort, j'arrive à me raisonner plus vite. C'est plus simple au jour le jour et c'est plus tranquille pour tout le monde. Avec le recul, je comprends ce que j'ai fait endurer à Julien et aux enfants ! Maintenant, il faut que j'apprenne à gérer tout ça une fois le traitement fini, parce que je ne vais pas le prendre à vie ! Je parle plus avec Julien, et j'envisage même de rencontrer une psy pour mieux me connaître et comprendre mes réactions. Oui, il m'arrive parfois de me dire : "Et si elle ne peut m'aider ?", ou : "Et si j'ai pas le feeling ?", mais ça passe plus vite et je me dis que personne ne m'obligera à rester et que je peux arrêter quand je veux. » (Flora.)

« Maintenant que Flora a moins peur, on est rentrés dans une phase d'anticyclone. On peut faire plus de choses ensemble, on profite plus des moments libres, on vit mieux. Bon, ce qu'il faut savoir, c'est que Flora est restée Flora, toujours perfectionniste, vive et à surveiller ce qui se passe. Mais somme toute, quand elle est prête à redémarrer ses délires, on la cadre et elle accepte. C'est déjà ça ! » (Julien.)

« Maman crie moins, elle écoute plus et nous, on est plus libres. C'est mieux comme ça. » (Kevin.)

6

Quand l'indifférence pèse dans la maison

« Ils s'en fichaient éperdument. Je comptais pour du beurre. Mes parents n'étaient pas faits pour avoir des enfants. Quand j'étais petit, à table, je posais trois fois la même question, personne ne répondait jamais. Ma mère rangeait tout le temps, mon père ne vivait que pour ses photos de vacances. Ils me laissaient faire ce que je voulais pour que je ne sois pas malheureux, qu'ils disaient, et pour que je sois tranquille. Même après leur divorce. Plus grand, je suis devenu amorphe, ils s'en fichaient. Ils disaient que ça allait me passer. » (Émile, 18 ans.)

Kevin était fonctionnaire de mairie. Il travaillait régulièrement, mais ne vivait que pour sa passion de la photographie. Son mariage avec Adèle s'est fait dans la foulée. Il l'aimait bien pour son caractère indépendant, son esprit d'organisation et sa manière énergique de faire avancer les choses. Pour Adèle, le mariage avec Kevin avait un rapport avec la nécessité. Adèle était assistante de direction et voyait sa vie filer entre ses heures de travail de plus en plus nombreuses. Elle aimait son travail mais n'aspirait qu'à être au calme, dans la solitude ordonnée de la musique et de la lecture. Dans son tourbillon professionnel, elle voulait ardemment « être comme tout le monde », fonder une famille et avoir des enfants. Elle aimait bien Kevin, pour son caractère posé, son indépendance et son talent pour la photographie.

Dans les premières années de vie commune, tranquilles et cordiales, chacun vivait pour soi. Les rencontres quotidiennes étaient faciles, courtoises et brèves. L'arrivée d'Émile et plus tard de Sylvie

125

n'a modifié que très peu ce pacte commun de fonctionnement. Indifférents au reste, hors d'atteinte, Kevin vivait pour ses photos, Adèle pour son calme et sa musique, et leurs enfants pour être en crèche ou chez la « nounou ». Jusqu'au jour où Émile et Sylvie ont clamé leur existence et où Kevin est parti.

L'indifférence, c'est quoi au juste ? C'est une absence insouciante, un détachement, un abandon, un désintérêt des besoins affectifs de l'autre, de son bien-être et de ses préoccupations.

Cette attitude, paraît, toutefois, incompatible avec le culte affiché pour l'enfant dans la famille d'aujourd'hui. On sait combien le comportement des parents compte pour sa formation. Qu'une éducation chaleureuse, responsable et réactive produit des enfants intelligents, altruistes, ouverts à la vie et aux autres. Qu'un style éducatif équilibré et juste permet aux enfants de réussir leur adaptation à n'importe quel type environnement. Que l'établissement de relations sécurisantes avec les parents colore les attaches de l'enfant à ses amis, et, plus tard, à ses relations amoureuses. Que les enfants vivant des relations équilibrées risquent peu de souffrir de problèmes psychologiques à l'âge adulte, même si leurs parents sont séparés ou si leur mère a une activité professionnelle. Partant de tels constats, tous les parents souhaitent, dans l'absolu, élever des enfants heureux, brillants, travailleurs, et solidement installés dans la société.

Sauf que certains, ne se rendant pas compte de l'effet de leurs attitudes, restent dans un monde irréaliste, préoccupés par eux-mêmes et par la réalisation de leurs aspirations.

La réaction d'indifférence

Tout être humain, passe, au cours de sa vie par des périodes d'investissement intense, comme par des phases de détachement et de désintérêt. Les périodes de désinvestissement (qui succèdent le plus souvent à celles de forte mobilisation) correspondent à un besoin immense, qui pousse, coûte que coûte, à ne s'occuper que de soi, n'écouter que soi, n'être qu'avec soi. Ainsi, par exemple, certaines mamans racontent qu'après l'accouchement, et les tout premiers mois passés avec leur bébé, décrits comme des moments de vive implication émotionnelle, et de don total de soi, elles ont décidé de tout quitter, mari, maison et enfant, pour s'octroyer une voire deux semaines de thalasso ou de retour aux sources dans leur famille d'origine. Laissant, ainsi, à leur conjoint la charge des soucis quotidiens, indifférentes à ses éventuelles difficultés de gestion ou velléités d'opposition au projet.

Se détacher de temps en temps du quotidien est une opération salutaire. Elle signe dans la vie de tout un chacun un arrêt nécessaire dans l'enchaînement infernal des rythmes habituels et protège contre le sentiment d'être « dévoré » en permanence par des tâches répétitives, des enfants exigeants ou des conjoints peu présents. Ces moments de détachement permettent, en quelque sorte, de prendre du recul, de réfléchir, de recharger les batteries et de recommencer à s'investir corps et âme dans la vie familiale. Au cours de ces périodes, l'intérêt pour les proches est maintenu à un niveau élevé ; c'est juste son expression qui est, temporairement, mise en veilleuse.

L'indifférence problématique

Seulement, l'indifférence devient problématique lorsque l'indisponibilité pour les proches devient la règle et lorsque les parents confèrent à leur enfant une place issue de leurs rêves intimes, de leurs besoins et de leurs habitudes qui n'a pas grand-chose à voir avec sa personne elle-même.

L'indifférence devient problématique lorsque les parents manquent de considération pour ce qu'est réellement l'enfant. Ce n'est pas une question de présence physique : des parents très présents dans la maison peuvent se trouver très peu concernés par l'enfant, faute d'être ouverts à ce qu'il est réellement. Des parents qui s'investissent énormément dans son éducation, qui cherchent à le conformer à leur modèle idéal, peuvent être parfaitement indifférents à ce qu'est sa personne en devenir. *A contrario*, des parents qui sont peu là physiquement réussissent à établir des liens avec leurs enfants grâce à une présence forte et chaleureuse et à des signes constants d'intérêt. Des parents malades, comme les parents déprimés ou absorbés par un grave souci dans la réalité, ne sont pas disponibles pour l'enfant non parce qu'ils sont indifférents, mais parce qu'ils n'y arrivent pas. Une fois guéris, ils manifestent leur amour et tentent de rattraper le temps perdu.

Or, qu'ils soient présents physiquement mais peu attentionnés ou carrément absents, les parents véritablement indifférents blessent leur enfant en lui prêtant peu ou pas d'attention.

> « Émile était un enfant tellement désordonné. Il mettait plein de bazar partout et tout le temps, et moi j'étais sans arrêt énervée. Dans ma tête, il devait être comme une petite statue d'ange, assis, tranquille, sans parler, sans constamment demander quelque chose, sans se chamailler sans cesse avec sa sœur. Dans ma tête, il devait mener sa vie en silence, sans déranger le cadre tranquille dont j'avais besoin. Il n'était pas une entrave à mon bonheur, non, mais il gênait mon rythme, il prenait sur mon temps, il me demandait trop. » (Adèle.)

Ces parents, centrés sur leur univers intérieur, restent « indifférents » à tout ce qui, dans le quotidien, ne cadre pas avec leur représentation de la vie, du bonheur ou de la famille. Ce ne sont certainement pas de « mauvais parents » ; ils sont tout simplement peu réalistes, peu orientés vers les exigences de la vie. La réalité de l'enfant interrompt ce songe idéal et provoque un réveil brutal et inquiétant.

> « Comment se fait-il que je n'aie rien vu ? Ma fille est en échec partout et à la maison il n'y a que des insultes et des reproches ! » (Adèle.)

Ces parents souhaitent bien sûr créer un univers familial lumineux, affectueux, généreux et stable, qui porte l'enfant vers son avenir de manière légère, sécurisante et sûre. Mais ils manquent d'attention à son égard, préoccupés qu'ils sont par le maintien d'un monde personnel imaginaire et idéalisé.

Aimer, c'est investir

La question de l'intérêt pour l'enfant, largement étudiée en psychologie, recouvre la notion de soin ou d'investissement parental.

L'investissement, au sens large, recouvre l'attention que les parents portent à leur enfant, l'acceptation de sa différence, leur degré d'implication émotionnelle dans la relation, ainsi que le soutien affectif qu'ils sont capables de fournir au quotidien et en cas de besoin particulier. Concrètement, il s'exprime en permanence, dans tous les actes et gestes de la vie quotidienne : dans la disponibilité manifestée à l'enfant, dans le temps passé en sa compagnie, dans l'observation et le décodage de ses besoins, dans l'attention portée à son éducation, à son instruction, à ses conditions de vie et, plus tard, à ses conditions matérielles d'évolution (soutien financier, etc.). La qualité de cet investissement agit directement sur le devenir psychologique de l'enfant et sur tous les domaines de sa vie : sa réussite scolaire, son comportement social, son équilibre émotionnel, etc.

Quel que soit son âge, l'enfant a toujours besoin de savoir qu'il peut « compter sur ses parents », s'appuyer sur des personnes sensibles et véritablement sincères à son égard. Mais il existe, dans sa vie, des moments plus sensibles que d'autres :

– première année : installation de la sécurité affective ;

– deuxième année : mise en place des capacités de penser ;

– troisième année : développement des relations sociales ;

– cinquième année : acquisition des habiletés langagières et de la connaissance de soi ;

– de la sixième à la huitième année : acquisition du contrôle des impulsions (capacité d'attendre la satisfaction des besoins ; de remettre à plus tard l'action ou la réaction ; de réfléchir avant de prendre une décision) ;

– de la sixième à la dixième année : formation des groupes d'amis et consolidation des relations aux pairs.

Ces moments sont importants en soi mais aussi dans l'ajustement des uns par rapport aux autres, car de l'harmonie de l'un dépend la réussite de l'autre. Par exemple, l'installation de la sécurité affective au cours de la première année de sa vie favorise la consolidation des relations aux pairs quand il aura dix ans. C'est pourquoi si des problèmes manifestes se posent à ces étapes clés, cela risque d'infléchir son développement et d'induire, par la suite, de sérieuses difficultés.

La sécurité affective dépend sans conteste de l'attitude des parents et de leur intérêt pour le bien-être de l'enfant. S'ils s'investissent, ils ont dès la naissance la bonne réponse aux besoins de leurs enfants. Si leur bébé crie, ils viennent tout de suite. Ils le prennent dans les bras pour lui montrer leur affection. Ils sont sensibles à ses désirs et à ses préférences. Ils le nourrissent quand il demande et sont attentifs à ses goûts alimentaires. Le bébé comprend ainsi qu'il est capable de communiquer ses besoins puisque ceux-ci sont entendus et pris en compte.

La sécurité affective n'est pas seulement utile au bien-être des enfants et aux étapes ultérieures de leur développement. Les enfants sécurisés quand ils étaient bébés sont plus obéissants, plus ouverts vis-à-vis des étrangers, plus performants dans les tâches de leur âge. Ils entament plus fréquemment des jeux complexes et créatifs, sont plus sensibles aux besoins et aux sentiments des autres pour qui ils sont de meilleurs compagnons. Plus âgés, ils s'affirment dans leurs relations amicales et gèrent mieux les conflits avec leurs pairs, sans avoir recours à la force ou à la fuite. Ils deviennent plus forts dans leurs liens affectifs adultes. Ils sont confiants, se sentent proches d'autrui, nouent aisément des relations intimes, croient en la pérennité de l'amitié et de l'amour.

A contrario, les enfants insécurisés affectivement risquent de devenir des adultes immatures, instables dans leurs relations. Par exemple, certaines femmes insécurisées ont des difficultés à maintenir des relations de couple stables et recherchent dans les relations extraconjugales à combler le vide qui les habite ou à apaiser leur solitude. Les hommes insécurisés ont du mal à s'engager dans des relations amoureuses. De même dans les liens amicaux, les adultes insécurisés ont plus fréquemment des amitiés de courte durée qui se révèlent exclusives et conflictuelles.

Pourquoi est-on indifférent ?

L'indifférence aux besoins d'autrui se constitue au fil de la vie, avec les expériences personnelles et les changements qui surviennent dans la société.

□ Les modifications du « marché du mariage »

> « Quand je l'ai épousé, il y avait des signes qui me laissaient penser qu'il n'était pas le bon, mais je n'ai pas voulu les voir. Il bossait en mairie et quand il ne travaillait pas, il ne vivait que pour sa passion des photos. Il ne s'intéressait pas à ce que j'aimais, en fait nous n'avions aucun point commun. Je voulais tellement me marier, il était grand temps, tout le monde me le rappelait sans cesse, que je me suis dit : "Ce n'est pas grave, avec les enfants et la famille, il va changer et tout se passera bien." C'était une belle erreur. » (Adèle.)

Avec l'évolution démographique dans les sociétés occidentales, le taux de reproduction a baissé. Théoriquement, le fait qu'il y ait moins d'enfants, en moyenne, dans les foyers devrait augmenter l'investissement des parents. D'autant plus que le niveau de vie élevé des sociétés industrialisées permet de bien les nourrir dans de bonnes conditions, avec des systèmes éducatifs et de formation facilitant l'acquisition de rôles professionnels et sociaux. Un tel constat laisserait supposer qu'aujourd'hui le climat est propice aux rapprochements affectifs entre parents et enfants, et à un réel investissement des seconds par les premiers.

Ce n'est pourtant pas toujours le cas. Certains parents, tout en aimant réellement leurs enfants, ne manifestent guère d'intérêt à leur égard.

Cela tient notamment à la relation entre les parents, et plus particulièrement à ce qu'on appelle l'adéquation sociale et psychologique des conjoints. Cette notion clé pour ce qu'il est habituel d'appeler « le marché du mariage » s'analyse à partir de données sociologiques. Ce « marché » se mesure en effet en termes de *sex ratio*, c'est-à-dire à partir du rapport hommes « mariables »/femmes « mariables ». C'est un facteur crucial pour l'investissement parental. La stabilité de la famille dans les années 1950 s'expliquait par le fait que le marché du mariage était favorable aux femmes qui pouvaient choisir leur partenaire pour la vie. Des hommes qui ne réussissaient pas socialement avaient moins de chances d'épouser des femmes désirables. Et, de tout temps, de bonnes opportunités pour les femmes ont produit un meilleur climat familial.

Actuellement, dans certaines sociétés, le rapport s'inverse : parce qu'il y a moins d'hommes pour un nombre croissant de femmes, ce ne sont plus elles, mais les hommes qui contrôlent le marché du mariage. On voit ainsi plus de femmes s'unir à un homme d'un niveau socioculturel inférieur au leur, ce qui fragilise la relation de couple car cela génère à la longue un profond sentiment d'insatisfaction qui les pousse à travailler plus. La frustration modifie les relations familiales et finit par réduire l'investissement sur les enfants. Leur épanouissement intéresse moins les parents car ils sont centrés sur leurs problèmes ou les dérivatifs qu'ils ont trouvés. Ce type de privation affective se rencontre tout particulièrement dans des foyers qui sont économiquement favorisés et intellectuellement enrichissants.

Les enfants grandissent, sensibles, sombres et pessimistes, dans une atmosphère d'indifférence où, livrés à eux-mêmes, ils guettent les signes d'affection. Ils cherchent par tous les moyens à capter l'attention de leurs parents, quitte à être durs, égocentriques ou indisciplinés, comportements qui ne sont que des réactions désespérées à ce manque d'attention.

La focalisation des parents sur leurs besoins personnels

« Après ma journée de travail, j'ai besoin de tranquillité. Tout le monde me parle, tout le monde me demande des trucs, je suis constamment dans le bruit. Quand je quitte, je pense à tout ce qui me reste encore à faire et ça me stresse. Alors quand je rentre chez moi, j'ai besoin de respirer, j'ai besoin de temps pour moi, de voir de l'ordre, un joli cadre et de belles choses. J'ai envie de rêver, de me relâcher, de me pomponner et de penser à ma vie. Eux (Émile et Sylvie) ne comprennent pas ça. Ils veulent me réciter leurs poésies, maman par là, maman par ci, me raconter leur journée, me saouler avec leurs histoires de gosses. Je n'aime pas ça, parce qu'ils s'attaquent à ma tranquillité. » (Adèle.)

Les parents indifférents sont simplement préoccupés par la satisfaction de leurs propres désirs. Ils ont l'impression d'avoir un statut privilégié en se mettant au centre de l'attention familiale. « Moi d'abord ! » est leur priorité. Susceptibles, ils ne supportent que très difficilement la critique qu'ils perçoivent comme un manque d'intérêt, voire comme une blessure. Jaloux de leur bien-être, ils sont intéressés par ce qu'ils vivent eux, leurs expériences, leurs progrès, leurs loisirs et leurs réussites.

Certains sont d'un abord très sympathique, ouvert et bienveillant, mais c'est pour se mettre en avant et recevoir l'attention à laquelle ils aspirent. On rencontre ainsi des mères, qui tout en étant agréables avec leurs (petites) filles, se montrant très proches d'elles, les prennent pour confidentes et racontent leurs aventures, leurs états d'âme et parfois même leurs fantasmes. La petite fille qui écoute est écrasée à terme par ce flot d'informations qu'elle ne peut gérer et qui lui donne un rôle inapproprié. Elle se sent rapidement coupable : en effet, comment pourrait-elle refuser d'écouter sa mère qui « en a tant besoin » sans se sentir une « mauvaise fille » ?

Certains ont un contact plus froid et montrent clairement qu'ils ne se soucient pas des préoccupations de l'autre. La moindre demande a tendance à les agacer, comme s'il s'agissait d'une contrainte insupportable, d'une entrave à leur bien-être personnel. Ils ne supportent pas de devoir renoncer à leurs activités préférées et ils réagissent à la contrariété par le mépris, les cris ou la plus grande indifférence. Au cours de leur enfance, Émile et Adèle ont largement été confrontés à ce type d'attitude. L'agressivité, les conduites à risques ou les échecs scolaires correspondaient pour ces enfants à des tentatives extrêmes pour attirer l'attention parentale.

□ Quand les parents sont absorbés
par une dépendance

Un cas particulier d'indifférence des parents est celui qui est déterminé par leur dépendance à des substances diverses telles que l'alcool ou la drogue. La consommation de ces produits soulage la personne dépendante d'un malaise intérieur de sorte qu'elle cherche constamment cet apaisement. Happée par son produit, elle ne peut résister aux impulsions qui la poussent vers sa consommation. Elle consacre beaucoup de temps à sa recherche, s'imagine le plaisir et le soulagement à venir, et éprouve une sensation de perte de contrôle quand elle est sous son empire. Elle y sacrifie tout, famille, profession, loisirs. Et si elle est empêchée de consommer, elle est énervée et agitée.

Qu'est-ce qui l'a poussée à devenir dépendante ? Selon une explication sociologique, cela tient à l'évolution des mentalités dans les sociétés contemporaines où règne le diktat de la consommation et de la disponibilité des produits. Du point de vue psychologique, on dirait plutôt que certains pensent gérer ainsi leurs émotions déplaisantes, telles que la frustration, l'anxiété, la tristesse, le manque. L'estime de soi est faible, consommer ces produits permet de se sentir meilleur, plus valeureux. Ou de se sentir en sécurité. Ou de combler le vide laissé par des expériences antérieures, infantiles par exemple. D'autres, au contraire, sont à la recherche de sensations extrêmes : toujours plus, toujours plus fort. Consommer des produits leur procure une vision toute-puissante d'eux-mêmes, ces expériences nouvelles exacerbant leurs capacités et leur donnant une sensation de pouvoir.

Ce qu'il faut retenir, c'est que le dépendant étant dépendant, précisément, rien ne lui importe plus que la satisfaction de son besoin. Une fois soulagé, il a un regard critique et se rend compte des dégâts que peuvent occasionner ses conduites dans sa famille ou dans sa vie professionnelle. Mais dès que le manque (du produit ou le malaise personnel) pointe à l'horizon, il perd toute distance et le cercle infernal s'enclenche.

Pour un enfant, vivre avec un parent dépendant est une très rude épreuve.

D'une part la focalisation du parent sur la recherche du produit et sa consommation le confrontent à une position de non-existence. « Je n'existe pas pour eux, donc c'est normal qu'ils ne fassent pas d'efforts pour moi. » « Ma vie, mon bonheur n'ont pas d'importance pour eux, puisqu'ils ne s'occupent pas de moi, mais que de leurs besoins. »

D'autre part, les oscillations des parents entre promesses émouvantes et tonitruantes : « Tu verras, c'est terminé, plus jamais, je ferai tout ce qu'il faut pour m'en sortir », et le fait qu'ils ne tiennent pas ces promesses plongent l'enfant dans la tristesse, la déception et l'obligent à grandir en se méfiant des adultes. La confiance dans l'autre s'érode petit à petit. Le regard de l'enfant sur le monde des adultes change : il les voit insécurisants et fragiles. De même que ses relations à autrui et sa vision de lui-même. Et comme toujours, parce qu'il aime ses parents, l'enfant cherchera désespérément à résoudre leur problème.

☐ Le comportement du bébé vis-à-vis de ses parents

« Ma mère ne m'a jamais appréciée. Elle m'a toujours dit que, bébé, j'étais une petite fille difficile, qui criait tout le temps et qui faisait des problèmes. Toujours des cris, des maladies et des problèmes. Elle disait qu'elle préférait les enfants sages qui ne demandaient jamais rien. Depuis, ça a tout le temps fonctionné comme ça. » (Sylvie.)

Mais le comportement de la mère n'explique pas tout. Il est aussi influencé par le tempérament de son enfant et par le degré de sympathie qu'il suscite.

Les bébés humains peuvent être très frustrants et déroutants pour leurs parents. Totalement dépendants en apparence du bon vouloir de ceux qui s'en occupent, par leurs pleurs, au fond, ils « tiennent » véritablement l'adulte. Le bon côté des cris, c'est que l'adulte est informé de leurs besoins. Mais une fois que toutes les hypothèses quant à leur origine ont été envisagées sans résultat, le parent est décontenancé par cet enfant qui crie souvent et est inconsolable. Selon les théories modernes, cette irritation est une question de tempérament, c'est-à-dire de manière personnelle d'être soi. Ces bébés apparaissent comme très sensibles à toutes sortes d'événements qu'ils vivent de manière déplaisante ou sur un mode anxieux.

Devant les pleurs de leur bébé inconsolable, la plupart du temps, les parents sont désarmés, se sentent coupables. « Je ne comprends pas ce qu'il veut ; je n'assure pas, je ne suis pas une bonne mère (ou père). » Ils finissent par réagir par la fuite et l'indifférence. Ce bébé difficile et très peu valorisant les séduit de moins en moins, leur attention se détourne vers d'autres objets, frères et sœurs plus faciles par exemple, l'indifférence s'installe et risque de durer.

Les effets de l'indifférence parentale
sur le développement de l'enfant

Comme l'attention, l'indifférence parentale se manifeste dans tous les moments de la vie quotidienne, ainsi que dans les méthodes éducatives utilisées par les parents. Pour « avoir la paix », les parents indifférents ont vis-à-vis de leurs enfants des attitudes soit trop laxistes et permissives, soit trop autoritaires et rigides. Une telle éducation prépare mal l'enfant à faire face à la difficulté. Quand les parents ne s'intéressent pas vraiment à la personne qu'est leur enfant, ils sabotent à terme son bien-être. Il est obligé de se débrouiller par lui-même.

□ Trop de laxisme rend agressif

Le laxisme éducatif enseigne qu'il n'existe pas de limites socialement établies, les enfants de parents trop permissifs ont tendance à être égoïstes et tyranniques. Ils ont souvent du mal à contrôler leurs impulsions. Abandonné à lui-même, l'enfant s'accroche au premier modèle qu'il trouve comme point d'ancrage.

Prenons, par exemple, le cas de la télévision et des jeux vidéo.

Regarder la télévision n'est pas mauvais en soi, mais des études récentes ont montré que les enfants sont influencés par le contenu des séries télé, et tentent de les importer dans leur vie quotidienne. Les parents qui laissent trop leurs enfants sans surveillance devant le petit écran jouent avec le feu. Cette attitude revient à leur signaler leur indifférence à ce qu'ils font et leur manque d'intérêt pour eux. En tout cas, c'est ainsi que les enfants décodent ce comportement.

138

Par réaction, ils deviennent exigeants et agressifs, envoyant en retour aux parents un message de reproche et de regret.

> « Ma mère était tout à ses rangements et à sa musique et mon père à ses photos. Je restais plantée devant la télé pendant des heures et des heures. Je m'ennuyais trop et m'énervais trop aussi. Un jour, pour me calmer, j'ai commencé à me taillader les bras. Ma mère m'a vue, et m'a dit : "Sylvie, c'est pas bien, va regarder la télé, ça te fera du bien, ça va te calmer." » (Sylvie.)

Le fait que les parents n'aient pas de cohérence éducative témoigne d'une instabilité émotionnelle chez eux. Par exemple, après avoir dit qu'ils n'étaient pas d'accord, ils permettent, laissent faire, puis punissent. Mais si l'enfant ne peut prévoir à quel moment ses parents vont le punir, pourquoi essaierait-il de leur faire plaisir en leur obéissant ? S'il ne perçoit pas de justice dans leur conduite, il lui faut veiller à se protéger. À l'âge adulte, l'enfant commence à se traiter lui-même comme ses parents l'ont traité. Si le bien-être physique et le confort en général ne comptent pas pour eux, les enfants ne se soucient pas plus de leur santé et leur sécurité. Et en grandissant, cela peut se manifester d'une multitude de façons, par le tabagisme, la conduite automobile à risque, l'alcoolisme, etc.

☐ Trop d'autorité inquiète

A contrario, un style éducatif trop autoritaire, une discipline de fer qui fait marcher la famille comme une division blindée pose également problème. L'enfant le paye très cher. Il obéit au doigt et à l'œil à ses parents, tout en les craignant et en les détestant. Au lieu d'être plaisante, sa vie à la maison est source d'inquiétude et de conflit et, pour se protéger, il évite autant que possible leur compagnie.

Le fait qu'un enfant obéisse aux règles ne veut pas dire

qu'il les intègre comme des repères stables et des principes de vie. En famille, il se soumet à la volonté parentale pour protéger ses intérêts immédiats. Mais à l'extérieur, l'enfant « dressé » par une discipline trop autoritaire se sent vulnérable et il a du mal à contrôler ses impulsions. Il est sans cesse tenté de transgresser les interdits familiaux. Si fumer est défendu en famille, il se rattrapera dehors, même si, au fond, il n'en éprouve ni le besoin ni l'envie.

Les parents exagérément autoritaires donnent à leurs enfants dès le plus jeune âge des modèles d'interaction sociale. Ils leur apprennent, par exemple, que les problèmes relationnels ne peuvent se résoudre que par la force (« C'est lui ou moi »). Si dans une famille l'homme est plus fort que la femme, la petite fille apprend que le masculin doit dominer les relations (« Il a toujours raison et je dois lui obéir »). Ils apprennent aussi que l'univers des adultes est rude, conflictuel, mesquin, et très éprouvant sur le plan émotionnel. Ils en sont convaincus, n'apprécient pas cette perspective mais n'en connaissent pas d'autres. Plus tard, ils peinent à s'intégrer dans un milieu professionnel, à se discipliner et à s'imposer une éthique personnelle.

Or, la capacité à contrôler ses impulsions est structurante pour l'enfant pour deux raisons. D'une part, une fois acquise, cette capacité ne se perd plus. Les enfants qui contrôlent leurs impulsions deviennent des adolescents mieux dans leur peau, plus à l'aise dans les situations sociales, plus performants scolairement. Ils ont une vraie maturité à l'âge adulte.

D'autre part, lorsqu'un enfant contrôle ses impulsions, non par peur d'une sanction mais parce qu'il a compris le sens et l'intérêt des règles établies, il les fait siennes et les transforme en principes moraux qui guideront ses décisions toute sa vie. Quand on dit d'un enfant : « Il [ou elle] a peur de son père [de sa mère] », sous-entendu : « C'est bien, il obéit », ce n'est pas de respect qu'il s'agit, comme celui qui parle le croit, mais véritablement de peur. Cela empêche l'enfant d'établir des relations authentiques avec ses parents, mais également avec les adultes en général, tous ceux qu'il pourrait percevoir comme « plus forts », car il est forcément amené à mentir, à dissimuler pour se protéger.

Ainsi, une éducation extrême, qu'elle pèche par trop de laxisme ou par autoritarisme (à ne pas confondre avec l'autorité), n'œuvre ni pour la construction de la personnalité de l'enfant, ni pour l'acquisition de sa maturité morale, et ni même, en fin de compte, pour la « tranquillité » des parents.

Comment réagissent les enfants de parents indifférents ?

Il est établi aujourd'hui que l'investissement de ses parents est capital pour le devenir de l'enfant, tant pour ce qui concerne son intérêt à l'égard de ses études et sa réussite scolaire que pour sa disponibilité affective vis-à-vis d'autrui. Ainsi que pour la façon dont il va ou non satisfaire les souhaits de ses parents. Quelles soient bruyantes, violentes ou tyranniques, les réactions des enfants sont un appel éloquent à des parents décrits comme « insensibles, cinglants et peu aimants ». Appel qui vise à les atteindre et à les émouvoir afin qu'ils puissent, enfin, remplir leurs missions de parents.

Sur le plan scolaire, le manque d'attention parentale est à l'origine de problèmes qui se manifestent surtout par un sous-rendement, d'où des notes médiocres ou mauvaises, ou bien carrément un échec. Normalement doué, l'enfant manque de motivation et d'intérêt. Il ne perçoit pas l'utilité de ce travail scolaire, mais le voit plutôt comme une contrainte supplémentaire sans signification particulière. Parce qu'ils sont en échec scolaire, ces enfants sont orientés vers des classes spéciales où ils côtoient des enfants souffrant de difficultés différentes, et ils s'y sentent à part, différents des autres. Leur niveau d'aspiration est faible, tout comme leur confiance en leurs capacités.

C'est pourquoi les enfants insécurisés sont moins susceptibles de s'engager dans des études de haut niveau et ont souvent une réussite professionnelle médiocre. Sur le plan de l'intimité, ils vivent des relations plus conflictuelles, souvent intéressées, et ils trouvent peu de satisfactions en amitié. Ce sont là des facteurs de stress dans la vie quotidienne qui aboutissent à l'installation d'un état anxieux ou dépressif auquel, à l'adolescence, l'enfant insécurisé réagit par des conduites cyniques ou imprudentes.

Cela étant dit, ce processus est réversible. Lorsque, alertés par les signaux de détresse que leur envoie leur enfant, les parents acceptent de passer du temps avec lui, de lui parler, sont curieux de ce qui l'intéresse et de ses opinions, il redresse de lui-même la barre et poursuit de manière satisfaisante son développement. Il progresse alors sur le plan scolaire et change de comportement car il se sent exister à leurs yeux.

Car, lorsqu'ils sont attentifs, les parents « fabriquent » des enfants qui se sentent sécurisés. Cette sécurité affective les rend plus aptes à explorer leur environnement et à apprendre. Par leur présence et leurs échanges, les parents stimulent intellectuellement l'enfant qui est incité à parler, à diversifier son vocabulaire, à se connaître lui-même. Ils lui expliquent ses conduites et les valorisent, ce qui lui donne un sentiment de « compétence personnelle ». Ce sentiment, base de la confiance en soi, l'accompagne dans tous les domaines de sa vie et devient pour lui une véritable source de satisfaction. Ces enfants-là apprennent qu'ils peuvent s'épanouir par l'effort et la réussite. De ce fait, ils recherchent l'émulation dans leur vie scolaire et n'appréhendent pas d'avoir à conquérir leur autonomie.

En ce qui concerne la disponibilité affective, le manque d'intérêt de ses parents et l'absence de sécurité affective entravent le processus de socialisation de l'enfant. En quelque sorte laissé pour compte, l'enfant nourrit à leur égard de forts sentiments de révolte et de colère qui, non canalisés ou contrôlés, se transforment à la longue en agressivité. Celle-ci peut se manifester en actes, très tôt, dans l'enfance : par des crises, des caprices violents, des colères, des coups ou des dommages physiques. L'enfant casse ses jouets, les détériore et se fiche de les perdre. Ou en paroles : gros mots, insultes ou menaces. Ou encore elle se traduit par des comportements tyranniques : les parents doivent par exemple décommander des sorties entre amis, offrir tous les jours des cadeaux, etc.

« Ma mère est à mon entière disposition. Elle doit tout faire pour que je sois contente. Quand j'étais petite, elle n'a rien fait, maintenant elle doit m'obéir en tout. Je n'accepterai jamais qu'elle refasse sa vie ; elle m'appartient ; elle n'est là que pour moi. J'ai tous les droits ; elle n'en a aucun, parce que c'est ma mère. » (Sylvie, 14 ans.)

Si les parents cèdent, souvent parce qu'ils se sentent coupables ou parce qu'ils pensent que c'est le prix de leur tranquillité, les enfants apprennent à manipuler la relation pour atteindre leurs objectifs. Ils transfèrent ensuite cette agressivité sur tous leurs contacts sociaux pour essayer d'attirer l'attention.

À l'adolescence, les garçons de parents qui ne s'intéressent pas à eux sont physiquement plus agressifs que les filles. Les adolescentes ont une forme d'agressivité plus subtile, psychologique. Elles tentent soit de se mettre en position dominante dans la relation pour obtenir satisfaction coûte que coûte, soit dans une position de dépendance basée sur le chantage affectif. Pourquoi cette différence ? Pour des raisons culturelles : les filles sont formées pour développer et maintenir des relations duelles, elles apprennent l'interaction ; les garçons sont moins expressifs, ils réagissent plus en fonction de hiérarchies constituées dans le groupe.

Quoi qu'il en soit, inhibés ou agressifs, les enfants de parents indifférents ont besoin d'aide et de soutien.

Comment aider les enfants de parents indifférents ?

« À la maison, il n'y a personne pour moi. Parfois j'ai peur, parfois je me sens seul... j'ai peur qu'ils m'oublient. » (Émile, 10 ans.)

Tout se passe comme si ces enfants n'existaient pas vraiment aux yeux de leurs parents, encore moins s'ils sont inhibés et discrets. Leur problème est qu'ils sont ceux qui ne comptent pas, dont les sentiments n'ont pas d'importance, dont les pensées ne sont jamais prioritaires. Ils ont compris que la seule chose qui vaille est le parent, avec ses émotions, ses pensées et ses besoins.

L'enfant de parents indifférents est donc confronté à une question poignante : « Est-ce mon père ou ma mère m'aiment et se rappellent que j'existe ? Et si non, pourquoi ? » Il a besoin de réponses. En l'absence de signes clairs de la part de ses parents, il s'invente ses propres explications qui, la plupart du temps, le mettent en cause. « Ils ne s'intéressent pas à moi parce que j'ai fait quelque chose de moche, parce que j'ai été méchant, parce que je ne suis pas quelqu'un de bien. »

À partir de ces réponses, certains enfants développent une forte culpabilité. Ils se sentent humiliés, exclus, comme si réellement ils n'existaient pas. Ils se conforment ainsi à ce qu'ils supposent être le désir parental. Ils se renferment sur eux-mêmes. Ou bien se révoltent et sont agités, agressifs ou tyranniques pour imposer à leurs parents leur propre existence.

□ En leur parlant et en les écoutant

Pour aider ces enfants, il faut les déculpabiliser, les rassurer quant à leur valeur afin qu'ils puissent se construire une image positive d'eux-mêmes, et surtout les accompagner avec constance et cohérence pour qu'ils apprennent à agir positivement sur les liens avec leurs parents. Si l'enfant sent qu'on le suit attentivement, qu'on est à son écoute inconditionnellement et qu'on est prêt à échanger avec lui, on peut véritablement pallier l'indifférence des parents. Un adulte significatif, proche de l'enfant, tel que l'autre parent (si seul l'un des deux est indifférent), un grand-parent, un frère, une sœur, une tante, voire un enseignant, peut tout à fait assumer cette tâche d'accompagnement et de prévention.

Il y a deux moments pour amorcer le dialogue avec l'enfant. Le premier lorsque tout simplement l'enfant donne des signes de désarroi : changement de comportement, chute des résultats scolaires, etc. Le deuxième, lorsque l'adulte observe que, le fonctionnement familial reléguant l'enfant à une place secondaire, celui-ci accepte de s'éclipser ou que l'indifférence règne manifestement dans la famille.

On peut amorcer la conversation dans un cadre tranquille, à un moment de détente, en lui posant des questions indirectes : « Comment ça va ? », « Est-ce que tu as des amis ? », etc., avant d'entrer dans le vif du sujet. Si le dialogue a du mal à démarrer, il vaut mieux faire diversion en racontant des anecdotes drôles ou anodines, ou carrément parler de soi. Si l'enfant reste encore réticent, l'adulte peut lui raconter une histoire tirée de sa propre expérience ou en inventer une pour les besoins de la cause, similaire à celle que l'enfant est en train de vivre. L'enfant aura un moment de surprise à l'idée qu'un adulte, proche de surcroît, pourrait ressentir la même chose que lui, et cela contribuera à établir une relation de confiance.

Quelle que soit la réaction de l'enfant, il est important de lui montrer de la sympathie et de la compréhension. S'il est réticent ou gêné, accepter sa gêne tout en lui expliquant qu'il est sûrement difficile d'en parler, mais que si on discute c'est pour se sentir mieux et pour trouver une solution.

Imaginons une discussion entre Émile et sa tante maternelle Éva :
Éva : Est-ce qu'il t'arrive parfois de te sentir malheureux ou d'être triste ?
Émile : Mmm !
Éva : Émile, se sentir triste arrive à tout le monde, même moi, j'ai des moments où j'ai envie de pleurer. Mais moi, quand je me sens triste, j'ai envie que ça s'arrête et, pour que ça cesse, il faut trouver une solution. Alors nous, ensemble, on va trouver une solution à notre tristesse.
Émile : Ma maman est occupée, elle est méchante.

Devant une telle réponse, ce qui compte, c'est de réagir à ce que l'enfant exprime et non à ce que l'on pense qu'il devrait ressentir. Ainsi, il n'y a pas lieu de minimiser : « Ce n'est pas grave ! » ou : « Quelle idée ! » Ce serait renforcer le problème de l'enfant : cela lui confirmerait qu'il a raison de ne pas se sentir important. Au contraire, il faut reformuler les dires de l'enfant pour qu'ils deviennent plus concrets et plus accessibles à son entendement.

> Éva : Tu veux dire quoi ? Que ta maman ne te parle pas souvent, qu'elle ne te regarde pas, qu'elle ne répond pas à tes questions ?
> Émile : Hmm, quelque chose comme ça.
> Éva : Si c'est ce que tu penses, je comprends que c'est difficile et que tu te sentes souvent malheureux à cause de ça. Moi aussi, quand j'avais ton âge, j'ai ressenti la même chose avec mon papa. J'avais même l'impression qu'il ne m'aimait pas et ça me rendait triste. Pour toi, c'est pareil. Penses-tu comme moi à ton âge ?
> Émile : Je ne sais pas. Peut-être oui.

Pour un adulte, dévoiler ses propres expériences à un enfant est une façon de le mettre en confiance, de lui montrer qu'il n'est pas seul à porter le poids de ses soucis, que ce qu'il ressent est partagé par d'autres et, implicitement, que puisque l'adulte a aussi vécu cela, il existe forcément une solution.

Et la solution passe par le « traitement » des sentiments de culpabilité, peur, tristesse et colère que suscite l'attitude indifférente du parent. Revenir à plusieurs reprises sur ce thème permet à l'enfant de s'extraire du fonctionnement familial et d'acquérir ainsi peu à peu son indépendance émotionnelle. L'adulte a intérêt à rechercher avec l'enfant les causes du problème :

> Éva : Émile, penses-tu vraiment que ta maman ne t'aime pas ?
> Émile : Oui.
> Éva : Mais pourquoi elle ne t'aimerait pas : tu es gentil, grand, tu l'aimes, tu joues bien au foot ? (Ces quelques compliments, au passage, visent à rassurer l'enfant et à lui faire entendre un discours positif sur lui-même)
> Émile : Elle dit que je la soûle et qu'elle a autre chose à faire.
> Éva : Par exemple, quel genre de choses ?
> Émile : Elle fait le ménage tout le temps.

Éva : Hmm, ta maman fait le ménage tout le temps parce qu'elle a besoin de le faire. Voyons si on trouve pourquoi elle fait tout le temps le ménage.

Émile : Sinon elle crie.

Éva : Ouais, alors ça veut dire que pour ta maman il est très important que la maison soit propre, pour elle, pour Sylvie, pour papa quand il rentre. Elle a l'impression qu'une maison propre est plus jolie, plus calme, plus accueillante et même plus grande. Si elle pense ça, c'est pas parce que toi tu la soûles, mais c'est parce que c'est comme ça qu'elle a appris avec sa maman, ou même parce qu'elle s'est mis ça en tête, on ne sait pas pourquoi. Et puis si elle crie, c'est qu'elle pense à tellement de choses à la fois, qui se bousculent, qu'à la fin elle ne sait même plus à quoi elle pense. Ça ne vient pas de toi.

Expliquer à l'enfant le fonctionnement du parent permet de rompre le lien qu'il établit entre l'attitude de celui-ci et son propre comportement, de commencer à le dégager de la responsabilité qu'il s'attribue dans ces réactions. C'est lui permettre d'envisager une autre explication et, ce faisant, d'éprouver moins de souffrance.

Une fois ce « décodage » mis en place, il est important de clairement spécifier à l'enfant qu'il n'est ni coupable ni responsable des attitudes de son parent.

Éva : Vraiment, Émile, ce n'est pas de ta faute si elle veut toujours faire le ménage ou si elle crie tout le temps.

Émile : Mais elle dit que je fais trop de bazar et que je ne range pas bien

Éva : Oh, tu fais du bazar, c'est sûr, comme papa, comme Sylvie et comme tous les autres enfants. Mais tu essayes aussi de ranger ton bazar comme tu peux. Tout le monde fait du bazar, les parents et les enfants et les parents et les enfants rangent après. Donc, c'est pas de ta faute si elle crie, c'est qu'elle veut que ça soit trop bien fait, parce que, sinon, elle ne se sent pas bien, elle croit qu'elle n'a pas fait son travail et ça la gêne. Mais alors ce qui est sûr, c'est que tu n'es pour rien dans ce qu'elle pense dans sa tête. Parce que ce qu'on pense dans la tête, c'est nous qui l'inventons.

Si l'enfant argumente, l'adulte doit insister sur le fait que l'origine du problème n'est pas en lui mais chez son parent.

> Émile : Oui, mais maman dit qu'elle s'en fiche.
> Éva : Bon, elle dit qu'elle s'en fiche, mais comment se fait-il qu'elle dise ça ? Moi, je crois que c'est parce que, dans sa vie, elle a eu des soucis. Ces soucis viennent d'ailleurs, de sa vie en dehors de toi, de son travail, de ses amis, etc. Et puis, tu sais, je vais te dire une chose, moi je connais bien ta maman, si elle avait eu un autre enfant que toi, elle aurait été pareille avec lui qu'avec toi. Dans sa tête, il y a beaucoup de choses qui se bousculent, elle ne sait pas très bien quoi faire avec et alors ça sort comme ça, comme du ménage ou des cris.

Aider l'enfant à reconnaître la responsabilité de ses parents dans les difficultés qu'il rencontre ne revient certainement pas à l'inciter à les juger ou à les critiquer. Au contraire, cette prise de conscience l'aide à mieux les connaître, à les accepter tels qu'ils sont, à les aimer avec leurs faiblesses et leurs travers et, dans certains cas, à les aider à modifier leur comportement.

> Éva : Tu sais ce que je pense, Émile, c'est que ta maman t'aime mais ne sait pas comment te le montrer. Elle ne te laisse pas de côté, elle s'occupe à résoudre ses problèmes, d'abord. Maintenant voyons pourquoi je dis que ta maman t'aime.
> Émile : Maman ne m'aime pas.
> Éva : Elle te fait toutes les semaines ton plat préféré, ça montre bien qu'elle pense à toi et qu'elle veut te faire plaisir. Elle t'amène voir les films que tu veux, c'est qu'elle veut te faire plaisir, parce qu'elle t'aime. Sinon, pourquoi on voudrait faire plaisir ? Elle t'amène au MacDo, juste toi et elle, même sans Sylvie, pour être avec toi. Moi, je dis que tout ça montre que ta maman t'aime.

149

L'énumération des signes d'amour a la même fonction que l'explication du comportement de ses parents. Elle vise à rassurer l'enfant à partir d'éléments concrets et à lui apprendre à l'interpréter différemment. De cette façon, il relativise ce qu'il ressent. Il a un point d'accroche à partir duquel il pourra continuer son chemin vers l'autonomie émotionnelle et la construction d'une image acceptable de soi. Il peut ainsi garder un lien avec son parent et avoir aussi de temps en temps chaud au cœur.

Émile : Oui, mais maman veut jamais écouter mes poésies.

Dans ce cas, il est utile de chercher avec l'enfant des moyens réalisables, adaptés à son âge, pour interpeller le parent indifférent. On lui montre ainsi qu'à n'importe quel moment de sa vie il peut réagir autrement qu'en se laissant envahir par la tristesse ou l'amertume. Que même à son âge tendre il est acteur de sa vie et qu'en ce sens il peut agir sur les événements.

Éva : Mais comment on pourrait faire pour qu'elle veuille ?
Émile : Elle veut pas.
Éva : Cherchons ensemble. Parmi les choses que tu fais, quelle est celle qui fait plaisir à ta maman ?
Émile : Elle aime quand je fais des dessins.
Éva : Alors, moi j'ai une idée. Un jour tu lui fais un beau dessin et tu lui donnes. Quand elle te fera un bisou...
Émile : Elle ne fait jamais de bisous.
Éva : Quand elle te fera un bisou pour te remercier de ton beau dessin, tu pourrais lui dire : « Maman tu veux bien m'écouter un petit peu ? J'aimerais tellement te réciter ma poésie. » (L'idée est de montrer à l'enfant qu'il a lui-même des moyens pour signifier au parent indifférent ce qu'il ressent.) Et je suis sûre que ta maman sera d'accord.

Émile : Chais pas.
Éva : Émile, comment toi, tu pourrais dire ça à ta maman, avec tes mots à toi ?
Émile : Chais pas, je pourrais dire à maman : « Juste une fois, maman, juste une fois je te récite ma poésie. »
Éva : Oui, tu as raison. C'est bien.

Bien entendu, la discussion se termine avec un gros bisou pour Émile qui a l'air d'en avoir bien besoin.

Aider l'enfant de parents indifférents, c'est donc lui montrer de l'intérêt, lui apprendre à décoder ses propres sentiments, forger avec lui les moyens qui lui permettent de réagir. Des discussions comme celle-ci peuvent se répéter de nombreuses fois. Le travail d'accompagnement est, lui aussi, un travail d'endurance !

Certains enfants réagissent différemment. Ils ressentent une terrible colère à l'égard du parent inattentif et cherchent par tous les moyens à se rappeler à lui. Par des comportements agités ou agressifs, par une désobéissance systématique ou par une opposition franche et assumée.

Ces enfants peuvent (et doivent) être aidés par un adulte significatif qui les observe, les écoute et dialogue avec eux. Le schéma est le même. L'adulte met l'enfant en confiance, accepte de révéler ses propres sentiments, explique le sens de la colère pour éviter qu'il se laisse déborder, décode pour lui le comportement parental, et cherche avec lui des modalités d'action utiles et efficaces.

Sylvie : Je déteste maman, elle est méchante, elle crie, elle s'en fiche de nous. Je la déteste.
Éva : Sylvie, ce que tu me racontes ressemble à de la colère et à du chagrin. Tu trouves que ce n'est pas juste que maman agisse comme ça avec toi, et je te comprends. Mais tu sais ce que ça veut dire quand on est en colère ?

Sylvie : Je ne sais pas, ce que je sais c'est que j'aime pas maman et que j'ai peur de lui dire ça.

Éva : Sylvie, être en colère, c'est un indice, un signe, un signal qui te dit que quelque chose doit changer dans ton entourage parce que c'est trop dur pour toi.

Sylvie : Oui, c'est vrai, c'est trop dur, mais maman ne comprend pas ça.

Éva : Et tu aimerais que ça change...

Sylvie : Oui, mais je ne vois pas comment parce que maman n'écoute personne.

Éva : D'abord, Sylvie, si ta maman est comme ça, ce n'est pas de ta faute. Et d'un ! Et de deux, personne n'est mauvais parce qu'il est en colère.

Sylvie : Maman dit que si.

Éva : Une personne en colère veut que quelque chose de bien lui arrive et que ça change en bien pour elle. C'est sa façon de montrer qu'elle n'est pas contente. Et de trois, c'est normal que tu ressentes de la colère parce que c'est la réaction qu'on a quand on vit une injustice. Ne te mets pas en tête que maman ne s'occupe pas de toi parce que tu ne le mérites pas. C'est faux.

Sylvie : Chais pas.

Éva : Comment on pourrait faire pour que ça change ?

Sylvie : Chais pas.

Éva : Tu sais, Sylvie, moi, quand je me mets en colère, j'ai envie de tout casser. Mais je ne le fais pas parce que, si je le faisais, je le regretterais trop après et en plus cela ne me servirait à rien. Alors, quand je suis énervée, je repasse ou je fais le ménage ou je range. Bref je m'occupe à autre chose, ce qui fait que je me calme et après je fais un truc qui me fait plaisir. Toi qu'est ce que tu pourrais faire au lieu de tout casser ou de faire « tes caprices » ?

Sylvie : Chais pas, me taillader les bras !

Éva : Oh ! non, Sylvie, ça n'aide pas. D'abord ça se retourne contre toi parce que ça calme pas et ça n'aide pas à penser à quelque chose d'agréable. Cherchons quelque chose de mieux qui puisse te calmer et t'aider à t'intéresser à des choses agréables.

Sylvie : Je pourrais écouter de la musique,

Éva : Comme quoi par exemple ?

Sylvie : Muse ou Placebo ou The Cure.

152

Éva : Ben oui, super ! C'est ça, ou m'appeler pour me raconter ta vie ou celle de ta copine Marie, etc.

Dans cette séquence, l'idée c'est de montrer à l'enfant que la colère est un sentiment qui peut se dominer et se canaliser autrement que par des comportements agressifs ou destructeurs. L'adulte encourage l'enfant à l'exprimer différemment en parlant à des personnes « de confiance ». Une fois la colère évacuée, il montre à l'enfant comment surmonter ses émotions en s'investissant dans d'autres activités – en « s'éclatant » dans son sport préféré ou en dessinant ou en jouant de son instrument préféré, en écoutant des cassettes, en parlant à son animal domestique, en jouant avec ses poupées, etc. – ou bien comment les exprimer. Certains adultes utilisent des critères visuels : ils prennent une règle graduée qu'ils dessinent sur une feuille, et demandent à l'enfant d'évaluer sa colère en mettant une croix au niveau qui correspond selon lui à ce qu'il ressent.

Si on réussit à mettre en place ces dérivatifs, il va gagner en confiance et comprendre qu'il lui est possible, de sa place, d'influer sur certains événements de sa vie.

Ainsi, pour que l'enfant grandisse conscient de sa valeur personnelle, conscient de la place qu'il occupe dans sa famille (qui est autre chose que simplement de l'espace), conscient de son importance et de ce qu'il est en droit d'attendre des autres et de lui-même, l'appui d'un adulte qui valide ses besoins, ses pensées et ses émotions est primordial.

□ En s'occupant de leurs parents

C'est pourquoi les parents indifférents ont également besoin d'aide. Soit de la part d'un adulte significatif, investi et proche, soit de la part de spécialistes, psychologues ou psychiatres. Cela commence par une mise en confiance et par un discours non culpabilisant qui les encourage au contraire dans ce qu'ils font de bien. Il s'agit de leur expliquer ce que ressent l'enfant et d'envisager l'adoption d'attitudes positives à son endroit. Cela conduit les parents à réaliser que certes l'enfant impose des contraintes, mais que c'est un moment inévitable et transitoire. Les tâches consacrées aux enfants ne durent qu'un temps ; ces parents peuvent ensuite retrouver le calme dont ils ont besoin ou les occupations qu'ils affectionnent. Il est utile d'envisager avec eux des aides concrètes au quotidien (pour libérer des plages horaires), ainsi qu'une autre manière de gérer le temps.

Parallèlement, il est utile (et c'est peut-être là le rôle d'un spécialiste) d'offrir à ces parents un espace privilégié, de parole et d'écoute, où ils pourraient questionner, se découvrir autrement et surtout comprendre les enjeux de la parentalité. Car, comme leurs enfants, les parents ont besoin de trouver le sens du bonheur ensemble.

« J'avais très peur d'avoir des enfants. Je me demandais quel genre de mère je serais. Comment ils rentreraient dans mon petit monde à moi. Ce qui m'a décidée à aller voir une psychologue, l'électrochoc, c'est ce qu'ont fait les enfants. En rentrant un soir, perdue dans mes pensées, absente et préoccupée, comme d'habitude quoi, j'ai trouvé une lettre sur mon oreiller. Écrite par Sylvie. J'ai encore les larmes aux yeux en y repensant. Elle écrivait : "Je t'aime maman. Je t'aime beaucoup et j'aimerais bien qu'on s'entende mieux. Je te promets d'être sage, et toi tu me promets de m'écouter un peu. Ta fille Sylvie." » (Adèle.)

Éva : Tu vois Émile, ta maman va discuter avec une psychologue, pour mieux se conduire avec toi, c'est bien un signe qu'elle t'aime, n'est-ce pas !
Émile : Oui, c'est vrai, ça va mieux !

7

Quand c'est l'enfant
qui trouble ses parents

« Nos enfants n'ont pas été faciles. On peut même dire qu'ils étaient des enfants bien difficiles. Chacun, à sa manière, nous a fait passer bien de nuits blanches. » (Sylvie et Laurent.)
Émile est resté célibataire. Sylvie a eu une vie amoureuse mouvementée. Trois mariages et trois divorces avant de rencontrer Laurent, le « bon » mari et père. Le désir d'enfant a été long à émerger mais, lorsqu'il a pointé dans la vie du couple, Sylvie se sentait prête et Laurent croyait dans la force de Sylvie. Ils ont vécu heureux et ont eu trois enfants, Romain, Élodie et Serge. Qui leur en ont fait voir de toutes les couleurs, sans pour autant entamer leur union.

Les parents ne sont pas les seuls responsables du climat familial. Les enfants le sont aussi. Car l'enfant modèle et remodèle son environnement proche. Il n'est pas simplement un récepteur passif qui subit les comportements parentaux. Il joue un rôle dans le bien-être ou le mal-être de ses parents, illuminant ou assombrissant l'univers familial. Il est vrai que, lorsque les parents vont mal, les enfants, pour la plupart, vont mal. Mais l'inverse est vrai aussi.

Dans la famille, l'enfant commence à exercer son influence au moment même où il est conçu.

Les parents entrent en parentalité à un moment significatif de leur propre vie et la naissance de l'enfant donne un sens

155

particulier à leur trajectoire. Ils y entrent avec une valise pleine d'histoires personnelles, de souhaits pour lui et pour eux-mêmes, de représentations sur les rôles parentaux, d'idées sur les méthodes éducatives... Et le nouveau-né arrive, avec son physique, son sexe, son caractère, ses points forts et ses points faibles pour se confronter à leurs *a priori*...

Après avoir fait connaissance, tout ce petit monde commence par s'inventer un style de communication, qu'il soit fondé sur l'échange ou sur l'évitement mutuel. Une relation se construit, proche ou distante, harmonieuse ou conflictuelle, à laquelle les enfants contribuent largement.

Au même titre que les parents influencent leur développement, les enfants agissent sur leur comportement et surtout sur les stratégies éducatives qu'ils mettent en place. Dès la naissance, en effet, les enfants ont des tempéraments bien déterminés, des réactions propres qui suscitent des réponses parentales différentes.

Parce qu'il s'exprime trop !

□ Il pleure tout le temps

Sylvie, Laurent, Romain et Élodie forment une famille heureuse. Les enfants se développent normalement et font la fierté de leurs parents. Un beau jour, arrive dans cette famille Serge, garçon robuste, enfant désiré et attendu. Et voilà que peu de temps après sa naissance, ce bel enfant commence à crier nuit et jour, pour ne plus s'arrêter. Rien ne le calme et rien ne le console. Dans cette situation, ses parents, Laurent et Sylvie, sont bien d'abord inquiets, puis frustrés de se sentir incompétents. Puis ils commencent à s'en vouloir l'un l'autre, Laurent envisage même fugitivement de partir pour retrouver sa tranquillité. Ils sont nerveux et irritables, prêts à reporter leur énervement sur tout le monde, y compris leurs deux autres enfants, par ailleurs sages et obéissants.

« Nous avons deux garçons. Malgré qu'ils aient grandi dans le même climat familial et avec les mêmes parents, nous sommes frappés de constater leur différence de réactions. Romain souriait aux étrangers, Serge faisait les gros yeux. Romain était un bébé placide, Serge était agité et grincheux.

Petit, il hurlait en permanence. Vers 3-4 semaines, il a pleuré sans s'arrêter pendant quatre jours entiers. Les voisins sont venus se plaindre, ma femme de ménage a refusé de travailler dans le vacarme, personne n'a pu dormir et nous étions très inquiets. Dans la journée je le sortais en promenade, mais rien n'y faisait, il continuait à hurler. Les gens dans la rue me regardaient d'un œil noir et critique. C'était horrible. Je déambulais dans les rues, sans pouvoir m'arrêter, sans pouvoir le calmer. Quand Laurent rentrait le soir, il avalait un truc et, désespérés de ne pouvoir calmer Serge, nous partions en voiture, faire le tour des boulevards périphériques, en espérant que le ronronnement de la voiture le berce et le calme. Ça ne marchait pas. En voiture, Laurent me disait : "Mais enfin, Sylvie, qu'est-ce que tu lui fais pour qu'il soit dans cet état ?" Cette remarque m'humiliait, je la prenais mal et j'explosais. C'est comme s'il me disait que c'était de ma faute. Élodie et Romain étaient chez ma mère pour qu'ils puissent dormir. Du jour au lendemain nous nous sommes retrouvés seuls face à nous-mêmes et à un problème insoluble. On a emmené Serge chez le pédiatre qui nous a dit qu'il était un magnifique bébé en pleine forme, qu'il n'avait rien. Donc, il était en colère et c'était de notre faute ! Ça voulait dire qu'il y avait quelque chose à faire que nous ne comprenions pas. Je m'en voulais et je me stressais. En parlant avec des copines, personne n'avait jamais entendu une telle histoire, c'est-à-dire qu'un bébé, "magnifique" et en bonne santé, pleure sans interruption, pendant si longtemps. Puis au bout de quatre jours il a arrêté, sans que l'on comprenne, mais est resté nerveux, irritable et pleurnichard.

Cet épisode m'a marquée à vie. Et je me suis toujours dit : "Sylvie, tu n'es pas capable de gérer ce môme ! Il te domine et te

157

manipule." Pendant longtemps, je n'ai pas été à l'aise avec lui car je craignais constamment ses réactions. » (Sylvie.)

Les parents ne sont pas préparés à s'occuper d'enfants difficiles, et un bébé crieur et pleurnichard se rend rapidement indésirable. Des parents confrontés sans cesse à des pleurs intenses et soutenus ne peuvent pas manquer d'éprouver des sentiments de rejet à l'égard de leur enfant.

Il se peut que ces crises de larmes ne soient que passagères. Un cas typique est celui des bébés souffrant de « coliques » infantiles qu'on entend pleurer trois heures d'affilée, à peu près tous les jours de la semaine. Le problème « coliques » se résout spontanément vers l'âge de 3 mois. Entre-temps, les parents vivent dans une ambiance pesante, polarisés sur le comportement de leur bébé, empêchés par ces problèmes de faire pleinement connaissance avec leur enfant. Mais la plupart du temps, lorsque ce souci est enfin réglé, parents et enfant poursuivent ensemble leur chemin de découverte réciproque. Sans séquelles particulières. Sauf si, pendant cette période de turbulences, le problème a « sapé » la confiance des parents en leurs capacités éducatives. Si tel est le cas, ils risquent de compenser leur incompétence imaginaire par des stratégies éducatives inappropriées qui leur permettront plutôt de se rassurer que de soutenir et de guider leur enfant.

Il est aussi des bébés difficiles qui crient parce que tel est leur tempérament : ils manifestent ainsi leur crainte face à la nouveauté. À partir de 3 mois, âge auquel ils deviennent plus mobiles, ils doivent affronter de nouvelles expériences et, leur angoisse ne faisant que s'accroître, ils sont de plus en plus agités. Ils culpabilisent les parents qui se sentent incapables et incompétents. Si ceux-ci sont isolés, manquent d'un soutien efficace et apaisant, s'ils ont eux-mêmes des relations peu satisfaisantes avec leurs propres parents, la culpabilité se transforme en anxiété, puis en colère, voire en agressivité. Ils ont tendance à moins stimuler leur enfant, par crainte de déclencher son irritabilité. Et leur état de stress, sans qu'ils le veuillent, aggrave encore la situation de crise.

Les bébés crieurs sont de très grands consommateurs de temps et d'énergie parentale. Habituellement, lorsqu'un bébé est apaisé et dort, les parents utilisent ces moments de quiétude pour vaquer à d'autres occupations et assumer d'autres responsabilités.

> « On était sur les rotules ! Je ne sais pas comment on a tenu. J'avais un projet à terminer, mais vu la situation il n'était pas question de m'y mettre. Je rongeais mon frein et en voulais au monde entier. Des fois, je n'avais pas envie de rentrer à la maison. J'allais voir mon frère, prendre l'apéritif chez un collègue, restais avec un stagiaire, tant je craignais les hurlements de Serge, les nerfs de Sylvie et ma propre incapacité. » (Laurent.)

Fatigués, stressés, pris dans la difficulté à gérer un enfant difficile, les parents sont très peu disponibles l'un pour l'autre et la distance entre eux s'accroît. Souvent c'est la mère à qui incombe la charge de s'occuper d'un tel enfant. Quand le père peut prendre le relais, elle a des moments de récupération et peut mieux contrôler ses émotions négatives. Quand cette distribution des tâches est impossible, le caractère imprévisible et inconsolable de l'enfant altère à terme la relation de couple. Le père et la mère se posent des questions quant à leur valeur en tant que parents. Ne trouvant pas de cause objective au caractère difficile de l'enfant, ils risquent de se tenir réciproquement responsables de cette situation. Le conflit est proche.

La réaction ne sera pas toujours la même selon que le bébé est un garçon ou une fille. Lorsqu'un bébé garçon pleure, ses parents, qui ont souvent malgré eux une représentation stéréotypée des sexes, déchiffreront ses cris comme étant de la colère et y verront la marque d'un caractère fort, alors que lorsqu'un bébé fille pleure, ils y reconnaîtront des manifestations de peur et déploreront son caractère sensible. Ces représentations influeront plus tard leur style d'éducation.

Il est bien évident que la façon dont les parents réagissent avec un enfant irritable dépend aussi de leur caractère. Des parents patients, volontaires, soudés et soutenus par des proches arrivent mieux à faire face. Ils se posent des questions, mais « rechargent mieux les batteries ». Alors que des parents fragiles, anxieux, déprimés, isolés, insatisfaits dans leur vie maritale ou obligés de faire face à d'autres exigences, sont plus facilement débordés et cherchent plus volontiers un « bouc émissaire ».

Le regard extérieur agit aussi sur leurs comportements. C'est particulièrement vrai pour les mères qui élèvent seules leur enfant et s'imaginent que leurs proches les critiquent, voire les méprisent. Leur comportement vis-à-vis de leur enfant risque de se modifier en retour.

☐ Il pique des colères redoutables

> « On n'a pas chômé pendant l'enfance de nos enfants. À peine sortis des pleurs de Serge, voilà qu'Élodie commence à devenir à son tour colérique. Dès qu'on lui refusait quelque chose, elle se mettait dans des états épouvantables. Jusqu'à se rendre malade ! » (Sylvie et Laurent.)

En grandissant, autour de l'âge de 2 ans, les enfants se rendent compte du pouvoir qu'ils ont sur l'adulte. Leurs désirs commencent à se heurter à ceux de leurs parents. Ils manifestent leur colère par des scènes épouvantables qu'ils utilisent rapidement comme des armes contre leurs parents.

Le phénomène est facilement observable dans les supermarchés, quand mères et enfants font leurs courses. L'enfant se jette sur une sucrerie que la mère refuse de lui prendre. Dans un premier temps, elle lui parle gentiment, elle lui explique pourquoi elle ne peut la lui acheter. L'enfant ne veut rien entendre, il commence à pleurer, à geindre, à crier et à récriminer. La mère résiste. L'enfant poursuit son offensive, se jette par terre, hurle de plus belle, agite bras et jambes, devient tout rouge et se trouve au bord de l'étouffement. La mère commence à douter du bien-fondé de sa décision et arrive à la conclusion que le prix d'un bonbon ne vaut pas ce tintouin, ni d'attirer de manière si embarrassante le regard d'autrui. Et elle cède. Mais, en cédant, elle signe un pacte avec le diable. Un précédent est créé, l'escalade est possible. Elle en est consciente et désespérée. Elle se sent faible, incompétente, désarmée face à cette arme « fatale » manipulée par son enfant.

Comment rester les parents d'enfants difficiles ?

Le tempérament et le comportement de l'enfant déclenchent toute une gamme d'émotions et de réactions chez les adultes qui croisent sa route (parents, enseignants, surveillants, médecins, amis, etc.). On peut les aider à conserver leur « tonus » et à poursuivre leur rôle éducatif en les incitant à :

– rester unis : l'union fait la force et les parents peuvent surmonter les difficultés grâce à une bonne communication dans leur couple, grâce aussi à des discussions avec des amis ou avec leurs propres parents ;

– accepter l'idée que tout n'est pas de la faute des parents et que, dans certains cas, c'est le tempérament de l'enfant qui est en cause ;

161

– savoir décoder le sens de l'agitation et des cris pour éviter de prêter au bébé des intentions agressives ou malveillantes ;

– continuer, vis-à-vis d'un enfant difficile, à agir dans son intérêt ;

– ne pas céder à ses colères ou à ses exigences démesurées ; ce serait lui attribuer une place qui n'est pas la sienne et préparer, pour plus tard, des problèmes bien plus compliqués et difficiles à gérer ;

– et surtout ne jamais baisser les bras : la fonction de parent demande de l'endurance !

« Comment on s'en est sortis avec Serge ? Voyant que rien ne changeait, on a décidé que quelque chose devait tout de même changer. On a devisé entre nous et on est arrivés à la conclusion que nous étions en train de nous bousiller. Et que donc il fallait absolument que l'on se repose, que l'on se destresse et qu'on se ressource. On s'est dit : "Serge va bien, il est comme ça, tant pis pour nous. Il ne va pas pleurer éternellement. Un jour ou l'autre les choses vont bien reprendre leur cours habituel." On a demandé à la mère de Sylvie de le prendre deux jours, question de nous permettre de voir les choses autrement. On a fait revenir les autres enfants à la maison. On a tous dormi comme des bébés. On s'est rappelé comme il était mignon à sa naissance et on l'a repris le troisième jour. Il ne pleurait plus. Chez la mère de Sylvie, il s'est bien agité une demi-journée, puis il s'est calmé. » (Laurent.)

Il ne s'exprime pas assez !

Nombreux sont les parents qui souffrent d'un manque de communication avec leurs enfants. Ce manque est particulièrement aigu à l'adolescence car cet âge est un défi sur le plan des relations et des émotions, tant pour l'ado que pour ses parents.

Du côté des ados, c'est une étape de grands bouleversements et de prodigieuses découvertes (à commencer par soi-même), d'extraordinaires expériences (le premier amour), de grande excitation, celle de l'indépendance. Pour profiter de ces bouleversements, ils ont besoin d'être seuls, loin de l'univers familial, avec leurs amis. Ils prennent leurs distances avec leur foyer et communiquent *a minima* avec leur entourage familial. Ils décident, s'engagent et entreprennent en dehors de leurs parents. Ce faisant, ils entrent en conflit avec eux qui, justement, à cause de cette phase du développement, considèrent leur bien-être comme une de leurs plus hautes priorités.

Du côté des parents, l'adolescence est une période difficile et stimulante. Difficile par les interrogations et la remise en question qu'elle déclenche immanquablement. Stimulante par le dépassement qu'elle implique et par les défis qu'elle permet de relever.

☐ Il refuse le dialogue

« Moi, je ne sais pas ce qui s'est passé. Quand Élodie est rentrée en seconde, elle est partie au lycée à 8 heures du matin, le jour de la rentrée des classes et à son retour, à 18 heures, j'avais l'impression de me retrouver à la maison avec quelqu'un d'autre. Une fille que je ne connaissais pas, qui ne me plaisait pas et qui m'inquiétait. Un air fermé, l'œil agacé, imperméable, elle ne répondait plus aux questions, ne parlait plus avec nous, snobait ses frères, se drapait dans sa dignité et s'extrayait de notre monde. Rien ne lui faisait plaisir, rien ne la touchait, rien ne l'animait. Sauf quand elle avait besoin d'obtenir des privilèges. » (Sylvie.)

À l'adolescence, les modifications qui interviennent dans les relations parents-enfants sont capitales. L'âge de 15 ans signe un tournant. Les discussions familiales prennent beaucoup moins d'importance par rapport à celles avec les pairs.

L'adolescent devient secret, dévoile moins ses pensées, ses soucis ou ses aspirations. Son comportement change. Il devient bougon, boudeur, impatient, exaspéré qu'il est par le questionnement des parents. Il s'enferre dans un sentiment de toute-puissance et de force tranquille. Il connaît le monde et ses dangers, il garde le contrôle, il mène sa vie et se croit autonome. Il manifeste clairement son opposition au milieu familial.

Les conflits (universels et plutôt fréquents) portent sur ses sorties, ses fréquentations, ses horaires, son travail scolaire, son apparence vestimentaire et ses habitudes alimentaires.

Les remarques quotidiennes les plus anodines, du type « Range ta chambre », suscitent mépris, agressivité et repli : « C'est ma chambre et dedans, je vis comme je veux. »

Les parents ne reconnaissent pas leur enfant et sont de plus en plus inquiets. Car leur tranquillité et leur confiance trouvent leur source dans l'échange sincère avec lui et dans la connaissance de ses activités et de ses fréquentations. Or les adolescents sont de moins en moins désireux d'échanger des informations avec leurs parents, ce qui fait qu'en retour, et pour se rassurer, les parents deviennent de plus en plus demandeurs.

Les parents réalisent alors que leur influence a diminué notablement, que le jeune leur échappe. Il a ses réseaux, ses combines, ses potes et... son portable.

Pour les parents, le fait que l'ado dispose d'un portable change sacrément la donne. Il est en permanence relié avec ses amis, même la nuit, où il passe de longs moments au téléphone, de préférence après 1 heure du matin, moments privilégiés où les ados refont le monde et se racontent leur « life ». Si, pour eux, ces rencontres cellulaires nocturnes sont un ravissement, pour les parents, elles constituent un véritable cauchemar. Car non seulement l'adolescent ne dort pas, donc forcément il y aura des répercussions le lendemain en classe, dans sa journée, etc., mais il discute d'« on ne sait pas trop quoi avec on ne sait qui ».

À longue, son refus de communiquer peut modifier les réactions de ses parents. Quand des échanges tels que : « Ça ne te regarde pas, c'est ma vie », « C'est bon, laisse tomber » deviennent la règle alors qu'ils essayent d'en savoir un peu plus sur ses fréquentations, ses sorties ou ses agissements en dehors du foyer familial, certains parents ont tendance à négliger leur surveillance, se contentant d'« espionner » de loin, d'autres au contraire deviennent envahissants.

Face à ce mur, les parents perdent leur sens critique. Ils essayent de comprendre : « Y a-t-il quelque chose qui cloche ? Mon fils ou ma fille sont-ils heureux ? Ont-ils des problèmes ? Ai-je fait quelque chose qui l'a blessé ou découragé ? » S'ils craignent que leur jeune soit pris dans la spirale de la drogue ou de la dépression, ils deviennent de plus en plus envahissants. Tous sont malheureux et inquiets. Certains, pour se protéger contre l'anxiété, pour éviter de s'exposer à un refus de dialogue, à une critique ou à une explosion d'agressivité, abandonnent et finissent par se retirer, de leur côté, dans le silence. Il en est qui, ce faisant, tolèrent et minimisent des comportements perçus comme indésirables. Le jeune refuse de suivre ses cours, fume des substances toxiques, pique dans les magasins : « Ce n'est pas grave ; faut bien que jeunesse se fasse », etc. Parfois même, les parents sont intimidés par un jeune tendu et agressif. Ils ont alors du mal à interdire de peur d'augmenter la tension au sein du foyer. Ils baissent les bras, n'interviennent plus, ne questionnent plus. Mais le jeune a besoin des questionnements et de la confrontation et attend de ses parents de tels signes pour s'affirmer. Il a besoin de savoir, même s'il n'en tient pas compte apparemment, que le dialogue est toujours possible. À ses conditions.

Pour les parents d'adolescents, la question est de comprendre le manque de communication, de faire la différence entre ce qui relève d'un réel problème, qui nécessite traitement (prise de toxiques, souffrance psychique, tendances dépressives, etc.) et ce qui relève des mutations adolescentes, spécifiques à cette période du développement. On peut leur conseiller :

– d'observer leur jeune sur une bonne période de temps pour avoir une idée claire de son fonctionnement actuel ;

– de discuter avec d'autres parents d'adolescents pour connaître le comportement des autres jeunes du même âge ;

– de réfléchir sur les changements survenus, évaluer le moment de leur apparition, leur durée, leurs conséquences. Si l'ado continue sa vie, assume ses responsabilités, garde ses intérêts et ses passions, le manque de communication est sans doute une manifestation de l'adolescence. Si, au contraire, en même temps qu'il refuse bruyamment ou froidement le dialogue avec ses parents, il s'extrait de la vie quotidienne, s'isole, ne peut plus se concentrer, ne veut plus travailler, renonce à ses amis, ses intérêts ou ses passions, il est fort probable qu'il a un problème autre que l'adolescence qu'il est nécessaire de découvrir et de gérer ;

– de devenir plus autoritaires s'ils estiment que le jeune est en danger : interdire sorties, portable, supprimer achats, cadeaux, argent de poche. Avec l'idée que, même si ce sont des situations très pénibles, c'est dans l'intérêt du jeune qui, à court, moyen ou long terme, saura en tirer profit.

« Ouais, a'c ma mère ç'a été dur pendant une période. Elle me saoulait de questions, mais s'en fichait de ce que je faisais. J'ai un peu fumé, je rentrais tard, je ne dormais pas, j'étais crevée, et à la maison c'était invivable. Maintenant ça va, elle me gère mieux, elle me dit de rentrer à 20 heures et c'est 20 heures sans appel.

Je suis plus reposée, j'ai envie de plus travailler et ça va mieux avec elle. Elle est moins soûlante et plus ferme. » (Élodie.)

□ Il ment

« Nous avons passé de sales moments au cours de l'adolescence de nos garçons. Serge, qui toute son enfance avait été grincheux et très crampon, est devenu un ange à l'entrée en seconde. Il disparaissait dans sa chambre pendant des heures, travaillait sa guitare et écoutait ses groupes de rock. Évidemment, il était constamment au téléphone et n'avait jamais rien à faire au lycée. Le travail scolaire n'était pas son truc. Ce qui l'intéressait, c'était sa guitare, sa musique et ses tchatches. Parfois, on se risquait à lui poser des questions : "As-tu du travail ou des choses à faire ?" Il nous regardait amusé et répondait systématiquement : "J'ai *presque* fini." Le mot presque n'a jamais été clairement défini pas plus que ce qu'il avait à finir. Serge était devenu secret et mentait par omission, car non seulement il n'avait jamais de travail, mais il n'avait non plus jamais de notes. À notre perplexité, il répondait que s'il n'avait pas de notes ce n'était pas de sa faute, et qu'on n'avait qu'à voir avec les « bouffons » (comprendre les profs). On l'a pris au mot et nous avons découvert un livret scolaire catastrophique ; c'est simple, il était dernier de sa classe. J'avais les larmes aux yeux, au point que son professeur principal m'a demandé de me calmer. J'imaginais le pire, le redoublement à répétition, l'échec sur toute la ligne, la stagnation, puis la régression, bref le cauchemar.
Laurent et moi avons décidé de lui parler franchement, de lui faire part de nos inquiétudes, le mettre en garde contre les dérives, de lui montrer les conséquences de ce comportement, bref, nous avions aussi besoin de comprendre. Nous l'avons "convoqué" dans un climat relativement solennel, un dimanche après midi, ce qui déjà interférait avec son programme et pendant une heure, durée de la discussion, il n'a pas ouvert la bouche, regardant tantôt le plafond d'un air profondément ennuyé par le sujet, tantôt le plancher résigné et sûr qu'au bout du compte l'avalanche parentale finirait par s'arrêter. Nous étions épuisés quand nous l'avons relâché. Il s'est enfermé dans sa chambre et quelques secondes après... son portable a sonné et nous avons entendu de la musique.

167

Je ne sais pas comment nous avons réussi à nous calmer après cette confrontation. Je me sentais en colère, humiliée, blessée et déçue ! Je pensais vengeance : ne plus lui parler, plus rien lui acheter, plus l'encourager, lui faire la tête tout le temps, tout le temps, pour qu'il comprenne et voie ce que ça fait !
Mais heureusement, grâce à Laurent, je me suis calmée et on a continué. Autrement. En nous disant (bien que ce soit très difficile de l'accepter et de le croire) qu'il était responsable de cette situation. Et que c'était à lui d'assumer ses actes. Et on le lui a dit. La réponse attendue est bien sûr arrivée : "C'est bon, je sais ce que je fais !"
Et des mois plus tard, j'ai questionné Serge sur son silence au cours de cette confrontation. Là encore la réponse est tombée comme un couperet : "Ben, j'ai rien dit parce que vous saouliez relou, je savais ce que je faisais." » (Sylvie.)

Les parents d'adolescents de 14 à 16 ans réagissent vivement aux comportements distants de leurs ados qu'ils ne reconnaissent plus et vis-à-vis desquels ils ont des sentiments mitigés. Le manque de communication est une véritable souffrance pour eux qui sont toujours à l'affût, obligés à se « faire des films » pour essayer de comprendre. Parmi ces « films », un des plus douloureux est celui du mensonge. Ils découvrent que leur ado pourrait mentir, raconter des bobards, cacher des faits de la plus haute importance. Et cette hypothèse les angoisse. « Et s'il ne me dit pas tout, et s'il mentait », se disent-ils constamment. Et ils sont très secoués s'ils découvrent qu'effectivement il ment de manière utilitaire pour aller vivre ses expériences, systématique pour obtenir des privilèges ou mener « une vie parallèle », ou immature pour cacher ses inquiétudes et ses faiblesses. Ils racontent leur déception souvent avec des sarcasmes et décident de punir vigoureusement. Affolés, ils doutent de leurs compétences éducatives et campent sur des positions rigides. Ou bien, pour se protéger, ils

« mentent » à leur tour au jeune en lui faisant croire qu'ils n'ont rien vu. Contrôler à l'excès tout comme feindre de n'avoir rien vu a l'effet inverse de celui escompté.

☐ Comment rester les parents d'ados peu communicatifs ?

Le mieux pour les parents est d'en reparler. De chercher le sens du mensonge, de dire leurs propres inquiétudes, leur colère, avec humour et persévérance. Même si l'ado ne manifeste aucune réaction, les parents peuvent proposer des hypothèses et parler sans attendre un retour. Ainsi, une fois passée la surprise douloureuse, les parents doivent se mobiliser pour redevenir parents et continuer à :

– croire en leur intuition, car ils sont les mieux placés pour connaître leur enfant ;

– lui parler pour qu'il perçoive les effets de ses mensonges sur leur bien-être : « Je m'inquiète, je me prends la tête, j'ai peur de ne plus te faire confiance » ;

– lui apprendre à négocier : « Je ne hurle plus si tu me dis la vérité » ;

– rester souple et attentif pour réagir autrement : « Je ne te punis plus, mais je vais te "saouler" tous les jours » ;

– le prendre en compte tel qu'il est maintenant, afin de se détacher du souvenir de ce qu'il était petit, ou de l'idée de ce qu'il pourrait être idéalement. Cela aide à comprendre la situation et à y réagir.

– rester persuadés que, quoi qu'il fasse, il est attaché à ses parents, que leur avis compte et qu'il tient à leur approbation.

Au fond, tant pour les parents que pour les jeunes, le grand défi de l'adolescence est de trouver d'autres modes de communication et de se découvrir réciproquement.

« Avec Serge, nous avons mené un long travail de persuasion. Il nous était insupportable de penser qu'il allait nous mentir en toute connaissance de cause. Nous l'avons reconvoqué, tantôt l'un, tantôt l'autre, pour le charrier tendrement, lui expliquer notre inquiétude, lui offrir des moyens de se connaître. Concrètement, voilà ce que nous lui avons dit : "Comment va ton bahut trop cool où on donne jamais de notes ? (Tentative humoristique d'entrée en matière.) M'enfin, Serge, ne prends pas tes parents pour des débiles car, malgré les apparences, ils n'en sont pas. Les notes tôt ou tard se savent, et quand soi-disant il n'y en a pas pendant tout un trimestre, ça devient bien louche. Et quand ça devient bien louche, on comprend que ça ne va pas et que tu es en difficulté. Et nous nous inquiétons, nous nous énervons et ne savons pas comment réagir au mieux pour nous tous (explication d'un stratagème qui ne fonctionne pas et dévoilement d'un ressenti personnel). Maintenant, si tu ne veux pas nous dire parce que tu veux nous ménager, ne t'en fais, même si on n'est pas contents, on supporte. Si tu ne nous dis pas parce que toi tu ne veux pas voir tes mauvais résultats, c'est bête, parce que ce n'est pas en les taisant qu'ils disparaissent, mais par contre en les taisant tu t'empêches de t'améliorer, parce que tu évites de réfléchir et de te connaître (quelques hypothèses sur ses propres mobiles et/ou difficultés avec leurs conséquences). Tout le monde dit que tu es super intelligent et c'est vrai, nous le savons depuis longtemps et nous te faisons confiance pour ça (valorisation et soutien), donc c'est qu'il faut faire autrement : travailler plus.
– Je travaille et vous voulez jamais le reconnaître.
– Alors, travaille autrement, pour que ça soit plus intéressant pour toi (recherche de solutions alternatives).
– Mmmmm ! ouaaiis !"
On a répété et répété les mêmes choses comme un disque rayé. Ça a fini par payer et c'est comme ça que nous avons appris qu'il rencontrait des filles sur Internet, à qui il donnait des rendez-vous dans les jardins publics. Son plan était au point, ils allaient à plusieurs "pour faire gaffe" et ils avisaient une fois sur place. Pour le travail scolaire, les notes ne sont pas franchement meilleures, mais au moins on est au courant. » (Sylvie et Laurent.)

170

Parce qu'ils n'arrêtent pas de se disputer

« Romain a toujours été un enfant calme. Jusqu'à la naissance de Serge. Là, on a découvert son autre visage, celui d'un enfant jaloux, envahissant, jamais content et très demandeur. Un monsieur plus, en quelque sorte. Surtout par rapport à son frère, Serge. Dès que Laurent ou moi, surtout moi, nous approchions de Serge, Romain allongeait son cou comme un radar, cessait toute activité et regardait attentivement ce qui se passait. Et dès qu'on disait quelque chose de gentil à Serge, il se mêlait de la conversation et attirait notre attention sur lui. Il était d'une jalousie féroce ! » (Sylvie.)

« Pourquoi ne pouvez-vous pas être tranquilles cinq minutes ? » Ce cri d'impatience est entendu dans toutes les maisons où vivent plusieurs enfants. Les parents ne savent plus à quels saints se vouer pour les voir cesser ces disputes qui perdurent ou aboutissent à des véritables conflits « armés » entre frères et sœurs. Démoralisés, abattus, inquiets, impuissants et culpabilisés, ils ont l'impression que leurs efforts éducatifs sont battus en brèche par cette agressivité. Ils se demandent ce que signifient ces chamailleries et s'ils y ont une part de responsabilité.

Les disputes entre frères et sœurs traduisent un phénomène universel, connu sous le nom de rivalité fraternelle, un état de fait désolant pour les parents et irritant pour la fratrie, mais inévitable. La rivalité fraternelle s'ancre dans un fort sentiment de jalousie né de la peur qu'a l'enfant de perdre l'intérêt de ses parents. L'arrivée d'un frère ou d'une sœur est perçue comme le risque d'être d'abandonné ; l'enfant craint de se voir relégué à un rôle secondaire dans la famille. Si, en plus, l'écart d'âge entre deux enfants est inférieur à 18 mois, l'arrivée d'un nouveau bébé peut mettre en danger la relation de sécurité que l'aîné a établie avec la mère. D'où un conflit d'intérêts précoce entre le plaisir de se découvrir et de cheminer ensemble et le besoin d'être en « bonne place » dans le cœur des parents. Frères et sœurs luttent pour obtenir la plus grande part de l'amour parental. Ils entrent en compétition les uns avec les autres, se disputent ou créent des problèmes en déclenchant les hostilités.

Dans une famille, les enfants demandent tous aux parents beaucoup d'efforts et de temps, car la quantité d'attention qui aurait été destinée à un seul est distribuée entre plusieurs. Ils comparent sans cesse leurs privilèges et leurs positions respectives vis-à-vis de leurs parents. Ils évaluent sans cesse ce que les uns et les autres reçoivent de leurs parents. Ils réagissent à ce qu'ils pensent que les parents pensent d'eux, tentent d'apparaître sous un meilleur éclairage que les autres enfants de la famille. Cela étant dit, il est clair que le tempérament de chacun joue un rôle sur la nature des liens qu'ils tissent avec les autres membres de la famille

> « Maman n'est-ce pas que je suis le plus intelligent ! Serge ne sait même pas qui était Robespierre ; il pense que c'était une contre-révolutionnaire. Pff, il connaît rien, lui ! » (Romain.)

Parfois, ils essayent de laminer la position des autres en rapportant et en exagérant leurs faits et méfaits.

> « Serge a apporté des boules puantes à l'école et il s'est fait vachement gronder. M. Dupont n'était pas content du tout et lui a dit qu'il va le punir. En plus il fait du racket. Serge m'a dit de ne pas te dire, mais moi je pense que tu aimes bien savoir ce qui se passe. » (Romain.)
> En fait, les boules puantes étaient des billes, et le racket se résumait à l'échange de ces mêmes billes. » (Sylvie.)

Ils se sentent lésés lorsque les parents témoignent leur affection aux autres enfants (« Pourquoi tu lui fais un bisou à lui et pas à moi ? »). Lorsqu'un compliment est fait à l'un des enfants, les autres exigent « spontanément » la même chose.

Les plus jeunes sont impatients, ne veulent pas attendre que les parents pourvoient aux besoins urgents des autres – et ils n'imaginent pas que les parents puissent avoir des besoins propres. En provoquant les grands, les petits pensent pouvoir bénéficier du soutien parental, justement parce qu'ils sont plus petits et donc plus vulnérables. D'une manière générale, ils ont besoin de plus d'attention que les grands – et les grands veulent obtenir toute l'attention.

« Quand Serge était bébé, dès que je commençais à le nourrir, Romain voulait son biberon et pleurnichait s'il ne l'avait pas illico. Il me disait : "Laisse-le, moi aussi j'ai soif." » (Sylvie.)

La rivalité fraternelle est plus forte quand les enfants sont petits et d'âges rapprochés. Ils dépendent plus des soins parentaux que les plus âgés qui trouvent, à terme, des exutoires dans la relation aux pairs. Mais, grands et petits veulent toujours plus d'attention que les parents ne peuvent en donner. Ils revendiquent le dévouement total de leur mère (surtout), et rien d'autre ne peut les satisfaire. Ils protestent vigoureusement si, en leur présence, elle décide de faire quelque chose pour elle-même, comme téléphoner ou lire un livre. Les enfants commencent à se disputer, se bagarrent pour changer les chaînes de télé, ont des conduites dangereuses. Si la mère s'adresse à l'un, l'autre renchérit en faisant du bruit, en posant des questions absurdes ou inutiles. Si la mère s'occupe de l'autre, le premier se met à toucher aux objets qui peuvent casser, tire les fils de la télévision, etc. L'imprudence permet de grappiller un peu plus d'attention parentale. Mais cela énerve les parents et réduit en fait leur disponibilité.

173

De leur côté, les parents traitent différemment leurs enfants, car ils modulent leurs réponses en fonction de leur personnalité et de leurs comportements. Ce faisant, ils comparent leurs enfants pour mieux comprendre leurs particularités et leur fonctionnement. Cette comparaison agit sur la manière dont les frères et sœurs s'évaluent. Le problème, c'est que les frères et sœurs ne comprennent pas la notion de différence et ne l'intègrent pas. Se croyant copie conforme les uns des autres, ils s'attendent au même traitement de la part des parents. Traitement qui varie en fonction de différences objectives, et qui suscite forcément le mécontentement des frères et des sœurs.

La rivalité fraternelle est un facteur de stress pour les parents. Elle leur fait atteindre les limites de leur disponibilité : en pratique comment écouter deux ou trois enfants en même temps ? Le climat de tension peut aller jusqu'à modifier la qualité des relations entre conjoints. D'ailleurs, les frères et sœurs tentent parfois de manipuler clairement ces relations : si Serge cherche l'approbation de son père contre Romain qui, attaqué, tente de rallier sa mère à sa cause, le conflit dans le couple peut s'installer.

La rivalité fraternelle a aussi des conséquences sur le devenir adulte des enfants d'une même fratrie. Dans la lutte pour les privilèges, les aînés ont souvent tendance à s'identifier aux parents. Ils deviennent plus conservateurs et traditionalistes alors que les seconds sont plus indépendants et plus libéraux.

La rivalité fraternelle devient problématique lorsque frères et sœurs s'entre-déchirent et ne sont même plus solidaires quand ils sont hors du cadre familial, dans le monde extérieur sans la protection des parents. En principe, ils s'y serrent les coudes. Si ce n'est pas le cas, cela peut entraîner de vrais soucis.

☐ Comment rester les parents de plusieurs enfants

La rivalité fraternelle est inévitable : les parents doivent en accepter l'idée et demeurer convaincus qu'il est en leur pouvoir d'en diminuer l'impact. À commencer par refuser l'instauration d'un climat « champ de bataille ». La solution à la lutte armée entre les parties doit être imposée par une autorité extérieure, respectée par les enfants. Si les parents réussissent à tenir leur rôle adultes d'éducateurs, les enfants peuvent apprendre à réduire leurs tendances possessives et à mieux s'entendre.

Comment ? En maintenant une autorité ferme et juste, et en rappelant aussi souvent que nécessaire, par des phrases simples et sur un ton approprié aux enfants :

– que ce sont toujours les parents qui font l'éducation des enfants. Frères et sœurs ne doivent donc s'occuper que d'eux-mêmes, n'ont pas à se placer dans un rôle parental vis-à-vis des autres : s'il y a un problème, c'est maman et papa qui font l'éducation, ni le grand frère ni la petite sœur ;

– que l'amour parental est distribué de manière équitable et qu'il est exprimé en fonction des caractéristiques de chacun ;

– que si les comportements ne sont pas les mêmes avec les uns et les autres, cela correspond à une réalité qui tient au caractère de chaque enfant. Les parents s'adaptent à ces différences. Mais différent ne veut nullement dire plus, ou moins bien : « Tu n'es pas pareil que ton frère ou ta sœur. Tu es toi. Alors, maman, papa, quand ils sont avec toi, ils sont avec toi et se conduisent pour toi, pour te faire plaisir. Quand ils sont avec les autres, ils font de même avec eux » ;

– que les querelles et les chamailleries ne représentent en aucun cas une façon utile de capter l'intérêt des parents : « Se disputer ne sert à rien, car vos disputes ne nous inté-

175

ressent pas mais au contraire nous énervent plus qu'autre chose et on a moins envie de vous faire plaisir. Ce que nous aimons, c'est quand vous jouez ensemble, quand vous faites de jolies choses et quand vous venez nous les montrer » ;

– que les comportements des parents changent avec le développement de l'enfant. Ce qui est adapté à un petit ne convient pas à un grand. Le grand est passé par là et a eu les mêmes privilèges et la même attention tendre : « Ce que ta sœur a maintenant, tu l'as eu exactement pareil à son âge. Tu regardes dans l'album et tu verras. Je peux te raconter aussi en détail comment c'était quand tu avais l'âge de ta sœur. Et puis aussi, quand ta sœur aura ton âge, elle aura ce que tu as maintenant. Alors pas de chichis et pas de caprices ! »

– qu'avoir un frère ou une sœur est une ressource dans la vie. Il est donc important de se connaître et de s'apprécier ;

– que les frères et sœurs pourraient avoir une vie bien plus agréable s'ils étaient courtois les uns avec les autres, au lieu de poursuivre à tout prix leurs objectifs égoïstes.

> Serge et Romain ont continué à se disputer un temps. Sylvie et Laurent ont tenu bon et ont renforcé l'entente et le dialogue.
> « Serge, c'est mon p'tit frère. Je l'ai pas trop mal réussi. » (Romain adolescent.) « Romain, c'est mon grand frère. Il se croit un peu, mais je suis là pour lui et il est là pour moi ! » (Serge adolescent.)

8

Quand le désir rebondit
dans la maison

Quand les signes que l'enfant souffre sont si manifestes que les parents ne peuvent plus ne pas les voir, nombre d'entre eux désirent sincèrement lui venir en aide et acceptent de s'interroger, d'essayer de comprendre comment on en est arrivé là, et comment cela pourrait aller mieux pour tout le monde à la maison. Le recours à un tiers est souvent nécessaire. Généralement, il s'agit d'un spécialiste, psychologue ou psychiatre. La solution se trouve du côté des parents. Il ne sert à rien d'emmener l'enfant qui souffre alors que son malaise témoigne des difficultés de ses parents. Mais sous l'effet de la démarche des parents, les enfants peuvent commencer à être soulagés et à aller mieux.

Quand les parents vont chez le psy

« J'ai attendu longtemps avant de prendre contact, parce que je voulais m'en sortir tout seul. Quand j'ai perdu mon emploi, j'avais honte de mon état et ne voyais pas comment en parler à des étrangers. Je discutais avec des amis ou des membres de la famille, mais je ne m'en sortais pas. Il s'est passé presque un an entre le moment où j'ai compris que j'étais déprimé et le moment où j'ai fait la démarche. Ça m'a coûté de la faire, mais j'en avais besoin

177

car il n'y avait pas d'autre solution. J'étais dans une impasse et les enfants risquaient d'en souffrir. » (Laurent.)

S'adresser à un psy n'est en effet pas une démarche facile. Les réticences sont solides, entretenues par de nombreuses idées fausses : « Les psys ne peuvent rien faire ! », « Je sais ce qui ne va pas, alors à quoi bon consulter ? », « Ils changent la personnalité ! », « Ils font divorcer les gens ! », « Ils culpabilisent les parents ! », « Ils font plus de mal que de bien ! », etc.

Il n'est pas toujours évident de parler de soi, de surcroît à des étrangers : honte, malaise, culpabilité, anxiété sont des émotions pénibles qui peuvent alors surgir. Par ailleurs, le travail psychologique comporte une part de mystère : par quel processus est-il possible d'aller mieux en parlant ? La difficulté d'en imaginer les rouages maintient le doute et la prudence.

Pourtant, s'adresser à un psy devient évident lorsque la personne prend conscience qu'elle se trouve dans l'impasse, lorsque sa souffrance dépasse ses capacités d'endurance. Lorsqu'il est urgent de réagir.

□ Pourquoi aller voir un psy ?

Lorsque le travail avec le psy est mené à son terme, il a, chez la personne qui l'effectue, au moins trois effets :

– il lui permet dans un premier temps, en « vidant son sac », de relâcher ses tensions, de se sentir mieux ;

– il lui apprend ensuite à se connaître, à s'accepter et s'apprécier (avec ses qualités et ses faiblesses) et, forte de cet acquis, à affronter avec plus de sérénité les coups durs. Donc, à profiter dans la durée des bienfaits de l'apaisement, à trouver l'équilibre entre soi-même et le monde environnant ;

– à plus long terme, il lui donne l'occasion d'évoluer, de s'enrichir psychologiquement par la connaissance de soi, de « grandir ».

Donc, effectuer un travail psychologique n'a rien en soi d'une tâche pénible. Même si la mise au jour des « nœuds » intérieurs qui bloquent l'épanouissement personnel est parfois douloureuse, assez souvent cette découverte de soi se révèle intéressante, voire passionnante. Elle permet également de s'ouvrir à une autre forme de relation fondée sur l'acceptation inconditionnelle et sur la bienveillance : dans les moments difficiles et/ou bouleversants, le patient n'est plus seul, il est avec son psy et ils collaborent activement à la compréhension et à la résolution des blocages.

En somme, pour résumer les apports du travail avec un psy, on pourrait dire que celui-ci s'efforce d'aider la personne à obtenir ce que Marc-Aurèle, empereur romain du IIe siècle après J.-C., formulait ainsi : « ... la sérénité d'accepter les choses que je ne peux changer, le courage de changer celles que je peux changer, et la sagesse de distinguer les premières des secondes ».

□ Pourquoi ça marche ?

D'abord parce le patient agit. Il ne subit plus, il devient acteur et non spectateur impuissant de son désarroi. Et cela lui donne de l'élan et du courage pour continuer.

Ensuite, parce que, en parlant, en exprimant ses émotions et ses pensées, en exposant les situations difficiles, il les considère déjà différemment. Il les discute et les critique. En les appréhendant globalement, il réalise qu'il est possible d'y faire face, d'envisager des solutions, de sortir de l'impasse. Et cette découverte l'amène à porter un regard différent sur lui-même.

Et puis, parce que, les ressources qu'il a alors su trouver en lui, il apprend à les utiliser, peu à peu, dans d'autres domaines de sa vie. Ce faisant, il se crée un fonds « épargne ressources psychiques » sur lequel il peut désormais s'appuyer pour avancer, en vertu de la constatation : « Si j'ai réussi une fois, pourquoi pas deux ? »

□ Combien de temps faut-il ?

C'est une question que se posent une très grande majorité de personnes, mais à laquelle il est difficile de répondre parce qu'elle dépend de différents facteurs.

D'abord parce qu'il existe plusieurs méthodes de psycho-thérapie et qu'elles ne sont pas censées exiger toutes la même durée.

Mais surtout, en réalité, parce que cela dépend de la personne. De sa façon particulière de s'impliquer et de réflé-chir. Certains sont plus expéditifs et avancent plus prompte-ment, plus motivés et davantage convaincus des bénéfices directs qu'ils vont obtenir de leur démarche psychothérapi-que. D'autres sont plus lents, parce que c'est leur rythme propre, ou qu'ils sont plus réticents et ont besoin, avant de s'investir complètement, de se convaincre du bien-fondé de ces méthodes. D'autres encore ont envie d'aller plus loin, là où quelques-uns s'arrêtent aux premiers résultats.

Quoi qu'il en soit cependant, il est important de noter que, indépendamment de la méthode et du patient, le trai-tement psy apporte rapidement un mieux-être. Donc libère des énergies personnelles qui améliorent, assez vite, la qua-lité de vie.

Ensuite, lorsque la motivation est en place, l'issue est très souvent positive et satisfaisante. À plus ou moins long terme...

☐ Comment se déroulent les entretiens en psychothérapie ?

Il n'y a rien de mystérieux. La personne raconte et le psy reformule, questionne, éclaire au cours d'entretiens réguliers qui durent de trente à quarante-cinq minutes.

Au cours du premier entretien, le patient s'exprime en toute liberté, sachant qu'en aucun cas il ne sera « jugé ». Le psy explique son rôle et trace les grandes lignes du travail commun. Si le courant passe, le travail psychologique commence à s'amorcer. La fréquence des entretiens est alors décidée en commun.

En aucun cas, le psy n'essaye de faire parler le patient. Le travail ne porte que sur ce que celui-ci veut bien dévoiler de lui-même.

☐ Qui sont les psys ?

Ce sont le plus souvent des psychiatres et des psychologues.

Les psychiatres sont des médecins spécialisés, c'est-à-dire qui connaissent les traitements médicamenteux destinés à soigner les troubles psychiques et sont habilités à les prescrire. Certains sont formés à la psychothérapie et la pratiquent, parallèlement à cette activité de prescription.

Les psychologues sont des professionnels qui étudient le comportement humain et qui peuvent apporter des informations utiles sur le fonctionnement psychique et des éclairages personnalisés. Certains sont formés à l'accompagnement psychologique, au conseil et à la psychothérapie qu'ils pratiquent. Les psychologues ne sont pas médecins et donc n'ont aucune compétence dans la prescription de médicaments.

Psychiatres et psychologues travaillent dans l'intérêt de

leurs patients, sont soumis à des codes de déontologie et respectent strictement le secret professionnel.

Leur méthode est la même : ils écoutent, reformulent et renvoient à leurs patients les éléments utiles sur lesquels ils peuvent s'appuyer pour progresser. Aucun d'entre eux ne peut promettre à ses patients l'accès à un bonheur total, à une vie éternelle sans nuage. Mais ils peuvent les aider à mieux analyser les situations difficiles, à réagir moins intensément, émotionnellement, à récupérer plus vite en cas de stress, à ajuster leurs attentes. Bref, à se prendre en charge pour avancer harmonieusement sur leur propre chemin. Ils ne visent pas à « changer » leur personnalité : ils se battent au contraire à leurs côtés pour qu'ils puissent se révéler à eux-mêmes.

□ Quels sont les bénéfices pour les enfants
quand leurs parents vont consulter des psys ?

Dans une famille, joie et tristesse sont contagieuses. La joie est porteuse de vie, le malaise de silence. Le malaise infiltre l'ambiance générale et fige les membres de la famille dans leurs interrogations et leurs doutes. Un enfant qui vit dans le silence et le doute est un enfant malheureux.

Lorsque des parents vont chez des psys, c'est pour réintroduire la vie. Sur les enfants, les retentissements de ces démarches sont spectaculaires.

Le climat familial se modifie et s'apaise. La peur disparaît. Les enfants osent aller spontanément vers leurs parents sans avoir à guetter sur leur visage les signes de leur humeur. Ils se sentent accueillis. L'intérêt et la tendresse reviennent à pas feutrés. Les parents reprennent leur fonction de modèles, les enfants celle d'apprentis.

Quand les parents consultent des psys, ils autorisent tacitement leurs enfants à retrouver leur position d'enfants et des responsabilités en rapport avec leur âge, à vivre librement leur enfance.

Quand des parents consultent des psys, ils enseignent à leurs enfants que même les problèmes graves ont des solutions et qu'on peut et qu'il faut demander de l'aide en cas de coup dur.

Enfin, quand les parents consultent des psys, ils déclarent, par cette démarche, leur amour à leurs enfants. C'est comme s'ils leur disaient : « C'est pour aller bien et t'aimer mieux. »

« J'ai été suivi par un psychiatre et une psychologue. Le psychiatre m'a donné des médicaments qui m'ont permis de dormir et qui m'ont enlevé la lourdeur de la vie quotidienne. La psychologue m'a permis de faire des synthèses, de comprendre et de donner un sens à ce qui se passait. Elle m'a permis de voir d'autres aspects de moi-même et de les utiliser à bon escient. J'ai retrouvé mes enfants et eux, ils ont retrouvé un vrai père. » (Laurent.)

Quand les parents comprennent l'essentiel, ça va bien à la maison

« Nos parents étaient des bâtisseurs. De maisons anciennes, de vies, de tout. Ils ont eu plein de soucis dans leur existence, mais ils s'en sont toujours relevés. Papa a été au chômage et s'est déprimé. Maman a eu son lot avant de connaître papa. À la maison, elle explosait tout le temps ; elle était notre râleuse professionnelle. Mais ils ont résisté à tout et ils ont fait de nous de vrais êtres humains. Ils nous ont appris à rebondir. Quoi qu'il arrive. Et c'est ce que l'on apprécie le plus. Ils ont été de bons modèles et maintenant on les en remercie vraiment. » (Romain, Élodie, Serge.)

En dehors de l'amour qui unit ses membres, la famille est un système complexe composé d'individus uniques. Chacun a des droits, des obligations et des opinions qui convergent ou non avec ceux des autres. Ce qui permet d'avancer, c'est le respect et la prise en compte de tous. Au sein de la famille, hommes et femmes, filles et garçons ont des façons différentes de communiquer et de résoudre les problèmes.

La famille, c'est d'abord des hommes et des femmes

Les femmes aiment les conversations intimes, elles posent des questions pour maintenir le lien et alimenter la conversation. Pour les hommes le questionnement est juste une source d'informations.

Les femmes interprètent la brusquerie ou la froideur de leur interlocuteur comme une forme d'agressivité qui leur est destinée et qui met en danger la relation. Les hommes perçoivent la brusquerie comme une forme de conversation.

Les femmes adorent parler d'expériences intimes et de leurs émotions. Les hommes apprécient moins (parce que moins bons) ces sujets. Ils préfèrent les conversations neutres qui ne portent pas sur des sujets intimes.

Les femmes aiment discuter pour partager une expérience et trouver un réconfort. Les hommes comprennent cette attitude comme une demande de solutions pratiques, ils proposent des réponses tranchées plutôt qu'une oreille attentive.

Les femmes considèrent leur homme comme leur meilleur ami. Les hommes prennent leur femme pour confidente.

Les femmes pensent dissiper les malentendus par le dialogue. Les hommes espèrent dissiper les malentendus par le silence.

Mais hommes et femmes, garçons et filles peuvent s'entendre s'ils acceptent leurs différences et s'ils négocient leur relation. S'ils modulent leurs attentes et s'appuient sur ce qui existe déjà.

Ainsi, éviter de vouloir à tout prix changer l'autre (conjoint, enfant, parents, etc.) simplifie la vie quotidienne. Accepter les membres de la famille comme ils sont permet de tirer le meilleur parti de leurs qualités et de leurs défauts.

La famille avance en créant ses objectifs et ses priorités

C'est pourquoi chacun de ses membres doit faire des compromis avec lui-même. Tout être humain voudrait atteindre un idéal inaccessible, à défaut il faut accepter qu'il est possible de vivre sereinement avec soi-même et les autres en s'arrangeant en fonction des besoins, des priorités, de chacun et du groupe. Par exemple, se fixer des objectifs réalisables tant pour soi que pour ses enfants : « Je ne souhaite pas être l'épouse parfaite, mais une compagne agréable et personnelle » ; ou : « Je ne souhaite pas être la meilleure des mères, mais une mère utile et chaleureuse. »

La famille passe par des moments de crise

Les périodes de crise déstabilisent et inquiètent. Aucun système ni aucune personne n'est totalement préparé à affronter le trouble qu'elles entraînent immanquablement.

Mais la famille reste forte, résiste à la crise et rebondit si, malgré les difficultés, elle s'unit, se réorganise, agit et surmonte. Être fort face à l'adversité, c'est ne pas se laisser coincer dans une impasse. Être fort, c'est décider, lorsque tout semble bloqué, d'essayer autrement. Autrement est le mot clé. Cheminer ensemble avec la conviction que, envers et contre tout, on peut toujours se relever pour continuer.

L'anxiété, l'indifférence, la dépression sont des moments pénibles de l'existence. Personne n'est à l'abri, mais tout le monde peut s'en sortir, éprouvé par l'expérience, mais aussi grandi, assagi et enrichi. Car toute expérience permet de mieux se connaître et révèle des forces cachées jusqu'alors. Individuelle ou collective, toute expérience bénéficie au groupe familial qui se transforme et progresse à son contact.

Les parents vont bien quand ils peuvent changer de point de vue et entreprendre autrement.

Dans la famille, la communication est une clé

La communication est le meilleur garant de l'entente familiale et du bien-être des protagonistes. Elle repose sur un véritable travail d'équipe au sein de la famille, basé sur la coopération, la considération, la négociation et l'équité. Parents et enfants œuvrent pour aller bien ensemble.

D'une manière générale, améliorer la communication, c'est écouter mieux et exprimer plus. Encourager et reconnaître les efforts. Dire son plaisir et sa satisfaction. Manifester à l'autre que sa présence est bénéfique et utile.

Écouter mieux, c'est se placer du point de vue de l'autre, envisager les situations en se mettant à sa place, réfléchir à ce qu'il a à dire. Le système familial gagne ainsi en souplesse et les problèmes s'y négocient mieux. Les malentendus sont plus vite désamorcés, les différences de point de vue examinées dans leur contexte (un point de vue différent n'est pas forcément meilleur ou moins bon qu'un autre). Avec le temps et une bonne communication, tous s'accommodent les uns des autres. Si les premiers deviennent plus tolérants, les seconds finissent par l'être également. Ainsi les sources

186

de conflits s'estompent. Les membres de la famille s'ajustent les uns aux autres, et les malentendus diminuent, ils s'entraident pour rebondir en cas de problème grave.

Exprimer plus, c'est dévoiler sereinement ses pensées, ses désirs et ses attentes. Sur des questions agréables comme sur des sujets désagréables. Quelques règles simples améliorent la communication.

◻ **Pour celui qui parle, qu'il soit adulte ou enfant**

Expliquer ce que l'on ressent, simplement, comme ça vient. Formuler ses demandes avec précision par des phrases simples qui disent l'essentiel au lieu de rester dans le flou. Au lieu de : « J'aimerais que la maison soit plus rangée », dire : « Mets tes affaires dans le placard, s'il te plaît. » Ou, au lieu de : « Je ne suis jamais aidée », dire : « Mardi à quinze heures je souhaite que tu m'aides avec les courses. »

Indiquer à l'autre que sa présence est réconfortante et qu'il peut être utile. Par exemple : « Tu veux parler un peu avec moi ? J'ai besoin de clarifier mes idées, je ne sais pas trop quoi penser. Tu m'aiderais en m'écoutant. » « Peux-tu m'écouter quelques minutes ? J'ai été très remué par ce qui s'est passé aujourd'hui au travail. » Cela renforce la cohésion et favorise le rapprochement. L'autre est ainsi motivé pour être à l'écoute. Car il décode le message comme : « Je suis utile, donc je suis quelqu'un de bien, donc à mon tour, je suis content. »

Accepter de s'excuser si nécessaire.

Quand la discussion se corse et que la communication prend un tour dangereux, il est très important d'éviter certains écueils qui ne font qu'aggraver les choses. Ainsi :

– éviter de poser une étiquette négative : « Tu es mesquin, égoïste, méchant, nul », etc. Ces messages qui provoquent ont pour effet de bloquer le processus de communication, de blesser gratuitement parce qu'ils ne sont pas vrais à cent pour cent, et d'inhiber la réaction de l'autre ;

– éviter de lui prêter des intentions qu'il n'a pas : il/elle ne m'aide pas parce qu'il/elle s'en fiche, me méprise ou le fait exprès. C'est une attitude qui fausse l'échange et déplace le problème sur un terrain glissant de reproches et d'invectives ;

– éviter les insultes, par exemple : « Je suis très en colère parce que tu es un enfant raté. » Au contraire, exprimer clairement les causes de la colère : « Je suis en colère parce que tu n'as pas travaillé tes leçons, tu as menti, tu t'es mal comporté », etc. ;

– éviter d'attaquer l'autre sur ses points sensibles : par exemple, si le conjoint a un problème de poids, ne pas ramener ce problème sur le tapis si ce n'est pas le sujet de discussion. Cela ne fait qu'envenimer les choses et dévier la discussion de son objectif ;

– éviter de se placer d'emblée sur la défensive ou en position de combat ;

– éviter les accusations ou les reproches infondés : « Tu n'es jamais gentil, tu n'aides jamais maman », dire plutôt : « Il y a un problème que nous devons résoudre » ;

– éviter de dramatiser les situations par des expressions en tout ou rien : « Tu ne fais jamais rien, tu es toujours égoïste », etc. Ces expressions sont toujours vécues comme étant imméritées ; elles augmentent le sentiment d'injustice et le besoin de confrontation.

□ Pour celui qui écoute, qu'il soit adulte ou enfant

Écouter attentivement en le faisant savoir par le regard, par des paroles ou des gestes.

Reformuler les paroles de l'interlocuteur pour bien montrer qu'il a été compris.

Accepter en reprenant le point de vue de l'autre : « j'entends que tu es inquiet quand je tarde à rentrer sans prévenir ».

Si la discussion devient tendue et si les reproches se multiplient :

– éviter de donner de l'importance aux manifestations de la colère et à l'expression des critiques pour se focaliser sur les causes de la colère. Se poser régulièrement des questions : « Mais de quoi parlons-nous ? Que veut-il/elle (adulte ou enfant) vraiment me dire ? » Ce questionnement aide à réfléchir et à comprendre le point de vue de l'autre ;

– expliquer sans se justifier ses raisons pour bien les faire entendre à son interlocuteur. Si celui-ci n'est pas convaincu, il faut persévérer et répéter autant de fois que nécessaire. Non pas pour convaincre son partenaire, mais pour lui faire voir les choses d'un autre point de vue ;

– accepter de se tromper de temps en temps. Ce n'est ni une faiblesse ni une honte. C'est juste une preuve d'humanité. S'excuser ou accepter ses torts est une façon d'exprimer le regret d'avoir involontairement heurté l'autre ;

– éviter de se défendre par l'agression. L'attaque n'est pas la meilleure arme de défense, comme l'agressivité n'est jamais payante.

□ **Pour celui qui parle et celui qui écoute**

Essayer de travailler à résoudre le problème et non à l'aggraver, même s'il faut le laisser de côté un temps, pour se calmer, pour envisager d'autres manières de l'aborder ou d'autres paroles qui aident.

Éviter de personnaliser les malentendus. Certains s'imaginent facilement que les actions des autres sont dirigées contre eux-mêmes. Qu'ils ont fait quelque chose de mal ou qu'on leur fait des reproches et qu'ils doivent se défendre.

Éviter de « lire les pensées de l'autre ». C'est un véritable piège ; on lui attribue des intentions négatives (qu'il n'a pas), on réagit à ces supposées intentions, on se monte contre lui et on crée des malentendus. Les « il va me dire et je vais lui dire, et il va me répondre et je vais lui répondre », etc. ne font que créer des *a priori* qui augmentent la tension, nuisent à l'objectivité et bloquent l'entente.

Enfin, prendre toujours un temps de réflexion, quitte à interrompre l'échange si la perte de contrôle est proche.

Quand la communication est bonne, le premier bénéfice concerne la personne qui communique, ne serait-ce que parce qu'elle a agi au lieu de subir : « J'ai réagi, j'ai dit ce que je pensais, je ne me suis pas laissé faire », etc. Elle a plus confiance en elle et a le sentiment d'être efficace. Reconnaître, sans inquiétude, ses points forts et ses points faibles ainsi que ceux des autres permet de se préparer pour l'avenir.

Le deuxième bénéfice est d'avoir dépassé le problème, ce qui évite de ressasser les : « J'aurais dû, j'aurais pu, j'aurais mieux fait... »

Le troisième, c'est d'aboutir aux solutions désirées. Cela permet d'économiser beaucoup d'énergie qui peut s'investir pour le bien de tous les membres de la famille.

Mieux communiquer donne de l'assurance aux parents et enseigne un précieux savoir-faire aux enfants.

La famille gère mieux les émotions négatives

Les situations désagréables sont souvent imprévisibles, suscitent la frustration, la colère, la déception, l'anxiété ou l'irritation, sentiments qui impliquent une forte mobilisation psychologique. Ce qui suppose la mise en œuvre d'actions mentales et physiques afin de rester maître de soi et d'éviter les raisonnements qui mènent à des impasses ou de se tenir des discours intérieurs négatifs.

Cela signifie aussi être capable de rester calme, de ne pas se laisser envahir par des émotions désagréables. C'est une forme de maîtrise de soi qui laisse la possibilité de surmonter rapidement l'adversité. Cela n'implique nullement qu'on ne ressente jamais d'émotion désagréable, mais juste qu'on soit capable de la mettre de côté le temps de réfléchir.

On peut y arriver en commençant par reconnaître ses propres émotions. Dès qu'elles franchissent le seuil de conscience, repérer la frustration, la déception, le cafard et l'inquiétude comme les signaux d'alarme de l'existence de pensées négatives qui sont dangereuses car elles peuvent empêcher de réfléchir et de trouver une solution.

« C'est inadmissible, comment ose-t-il, il fait exprès » (colère), « Ça ne s'arrêtera jamais, je suis prisonnier » (déception), « Je n'y arriverai pas, il n'y a pas de solution » (tristesse et dépression). Ce sont des pensées négatives qui suscitent des émotions déplaisantes et qu'il faut interrompre aussitôt pour les faire disparaître de sa tête. Cela suppose de décider que l'attention doit se porter vers une autre pensée, neutre ou positive. Techniquement, on y arrive en se parlant à soi-même à haute voix : « Arrête ! Ne t'enfonce pas ! Qu'es-tu en train de faire ? », etc. ; ou bien en pratiquant quelques exercices de respiration visant à se calmer et à détourner son attention. Cela permet de dégager un espace de réflexion, de prendre du recul, donc d'envisager les événements avec réalisme, de réduire l'intensité des émotions et d'aboutir ainsi à une solution acceptable.

Si, on n'arrive pas à s'en dégager malgré ces efforts, on peut **tenter** de neutraliser ces pensées négatives autrement. Par exemple, en les défiant : « Est-ce que c'est vraiment plausible qu'il fasse exprès ? Pourquoi au fond je n'y arriverais pas ? Je suis prisonnière pour le moment, mais est-ce que cela va durer éternellement ? », etc. C'est une façon de les mettre à l'épreuve et de découvrir qu'elles ne sont ni vraies ni possibles.

Si cela ne marche pas non plus, continuer à essayer autrement. En se posant des questions simples pour éviter de « noircir » les sentiments négatifs et dédramatiser la situation : « Au fond qu'est-ce qui se passe vraiment ? Pourquoi réagis-tu ainsi ? Qu'est-ce que ça te fait de voir les choses de cette façon ? Est-ce que c'est vraiment grave ? Y aurait-il une autre explication ? »

Si ça ne marche pas encore tout à fait, on peut essayer, par exemple, de s'engager dans une action positive. Certaines personnes se calment et réfléchissent en agissant. Réaliser des tâches qui leur plaisent leur permet de calmer leur émotion, d'arrêter la pensée qui les tourmente et de permettre à la réflexion réaliste de prendre le dessus. Une jeune femme racontait que quand elle se sentait anxieuse et n'arrivait pas à se raisonner, elle faisait du patchwork, des pâtisseries ou des confitures.

Ce travail de reconnaissance et de gestion des pensées et des émotions négatives prend en moyenne une minute. Quand on y arrive, il renforce la confiance en soi et en sa capacité à faire face à l'adversité.

Cependant, comme les pensées et les émotions négatives sont parfois assez difficiles à dominer, il y a intérêt à répéter la série jusqu'à un certain apaisement, en gardant à l'esprit qu'elles sont dangereuses car elles s'opposent aux intérêts propres de la personne tourmentée.

Lorsque le calme est revenu, pour se prémunir contre leur effet désorganisateur le jour où on en rencontrera d'autres, il est bien de se remémorer ce qui a été utile pour soi : « Respirer longuement m'a fait du bien » ; ou de réfléchir à ce qui les a provoquées : « Quand je rentre et que les devoirs ne sont pas faits, ça me met dans tous mes états. » « Se faire des films » est une bonne manière de se familiariser avec la situation redoutée et ne pas être pris au dépourvu : « Si je rentre et que les devoirs ne sont pas faits, je ne m'énerve pas, c'est comme d'habitude, je suis ferme, je ne négocie rien, je dis calmement ce que j'ai à dire, au besoin j'éteins la télé, le walkman... »

Parmi ces émotions, la colère est une « ennemie intérieure » redoutable. Elle déclenche de l'agressivité en boucle, ce qui ne fait qu'enliser la situation. L'enfant réagit, à son tour, par l'agitation, la colère ou la peur. Le conjoint, par l'indifférence, la fuite ou la violence. Dans une famille, la colère ne fait que diviser et empoisonner le climat.

Gérer la colère est essentiel pour le fonctionnement du système familial. Ce n'est pas l'empêcher de se manifester, mais éviter qu'elle paralyse les capacités de réflexion et qu'elle n'aboutisse à un point de non-retour. Et pour cela, il est important de ne pas l'entretenir, voire l'attiser :

– éviter les moqueries, les critiques systématiques, les provocations ou les à-propos assassins ;

– ne pas se jeter à corps perdu dans discussions lorsque le climat est déjà tendu ou que l'un, ou plusieurs, des interlocuteurs est déjà en colère ;

– s'abstenir de jouer les prolongations en espérant arriver à arranger les choses. Cela n'aboutit qu'à renforcer le cercle vicieux. Il est bon de savoir lâcher prise et ne pas faire de l'objet de la colère un enjeu de pouvoir ou d'honneur. Il n'y a rien d'humiliant à arrêter le combat.

En même temps, quand la tension et retombée, il est nécessaire de comprendre ce qui a réellement provoqué cette colère, de faire la part des responsabilités et d'exprimer posément son opinion.

Ainsi quand les parents gèrent mieux leurs émotions, c'est tout bénéfice. Pour eux d'abord, car la vie est plus facile. Les conjoints se retrouvent, s'apprécient et s'entraident. Pour les enfants aussi, car les parents leur donnent un exemple qui les aide à mûrir harmonieusement, à surmonter les difficultés et à rebondir. En somme, ils arment leurs enfants pour l'avenir.

La famille prend du plaisir et s'accorde du temps

Équilibrer les responsabilités et la récréation est essentiel au bien-être de tous. Il est important que les parents sachent profiter des moments agréables et en provoquer, pour eux et pour les autres. Cela suppose de réfléchir à ce qui est possible pour ne pas se sentir « coincés » et seuls, dans une impasse. De se donner des moyens et de prendre du temps. Lorsque la coupe du quotidien déborde, penser à s'arrêter pour... agir autrement, s'occuper un peu de soi et de ce qui fait du bien. Car ce qui est bon pour soi profite directement aux autres. Le bien-être est contagieux. Une mère sereine apporte la joie ; un père comblé transmet la force, un enfant heureux renforce la confiance.

Les parents vont bien – et les enfants aussi – quand ils prennent du temps pour se ressourcer.

> « Nos parents n'ont jamais, vraiment jamais été, un fardeau, pour aucun d'entre nous. Ils nous ont certes saoulés, agacés ou fâchés. Comme tous les parents. Ils nous ont sollicités, poussés, secoués et stimulés. Aujourd'hui en posant un regard adulte sur notre enfance, nous dirons sans l'ombre d'un doute qu'elle fut intéressante, trépidante et surtout heureuse. Nous l'avons vécue pleinement, nous nous sommes construits pas à pas, et nous avons appris à vivre. Nous parlons souvent ensemble de nos expériences familiales et des liens qui nous unissent. Et si les parents, *a posteriori*, comme tous les parents, commencent à se remettre en question nous les interrompons gentiment pour leur dire une seule chose : "Maman, papa, merci pour tout !" » (Romain, Élodie et Serge.)

Conclusion

Tout peut s'arranger

Malgré leurs problèmes, Clément, Clémentine, Julien, Kevin, Émile, Sylvie, Romain, Élodie et Serge, les courageux personnages de notre livre, ont continué leur route et se sont battus. Pour eux-mêmes et pour leurs enfants. Pour eux-mêmes et pour le souvenir de leurs parents.

Aucune crise ne peut abattre une famille. Toute famille peut surmonter un état de crise.

Chacun rencontre des périodes difficiles, plus ou moins intenses, plus ou moins longues. On n'est jamais à l'abri de la tristesse, de la culpabilité ou de la confusion. L'anxiété, la dépression, la mésentente, le stress ou l'incompréhension sont le lot l'être humain. Ce sont des accidents de parcours qui entravent temporairement la capacité à se prendre en charge et à s'occuper des autres. Mais ce ne sont que des accidents, la vie reprend son cours et rend les parents à eux-mêmes, à leurs enfants et à leurs proches.

Dans une famille, bien des choses peuvent toujours et encore s'améliorer, évoluer, et se transformer. Il suffit d'y croire et d'accepter cette évidence. D'abord parce que la crise survient à un moment donné. Auparavant, la famille a construit des liens, accumulé des forces, créé ses règles et ses systèmes de communication. Ces acquis constituent ses ressources vives. Elle y trouve les ressorts qui lui permettront de rebondir et de continuer à construire des liens, accumuler de l'énergie et enrichir la communication.

Ensuite, dans la vie, rien n'est définitif. Tout bien-être est bon à prendre, même après des crises et des larmes. C'est la leçon de la vie ! Les êtres humains changent constamment en fonction des expériences, des rencontres, du regard qu'ils portent sur leur existence. L'enfant comme ses parents.

Quelle que soit la difficulté de la famille, lorsqu'un enfant est aidé, il peut quitter une position passive, de spectateur inquiet, pour une position active, d'acteur déterminé à apporter sa contribution à la restauration de l'équilibre nécessaire à l'ensemble du système. Il est toujours possible de réagir et de changer. En cultivant, coûte que coûte, l'échange et le dialogue. En ayant toujours à cœur de jouer son rôle de conjoint, de parent, d'éducateur ou de confident...

« Il n'y a rien de permanent à part le changement. » (Héraclite.)

Références bibliographiques

Barber, N., *Why Parents Matter ? Parental Investment and Child Outcome*, Wesport, Bergin and Garvey, 2000.

Barber, K.B. (ed.), *Intrusive Parenting*, Washington DC, American Psychological Association, 2002.

Beck, A., *Love Is Never Enough*, New York, Harper and Row Publishers, 1988.

Bourne, E.J., *The Anxiety and Phobia Workbook*, New York, MJF Books, 1995.

Braconnier, A., Chiland, C., Choquet, M., *Les Parents d'aujourd'hui*, Paris, Masson, « Ouvertures psy », 2003.

Cowan-Pape, C., & Cowan, Ph. A., *When Partners Become Parents, The Big Life Changes for Couples*, Londres, Lawrence Erlbaum Associates, 2000.

Crouter, A. & Booth, A., *Children's Influence on Family Dynamics, The Neglected Side of Family Relationships*, Londres, Lawrence Erlbaum Associates, 2003.

Dortier, J.-F. (Ed), *Familles, permanences et métamorphoses*, Auxerre, Éditions Sciences humaines, 2002.

Fauré, C., *Le Couple brisé. De la rupture à la reconstruction de soi*, Paris, Albin Michel, 2002.

Goodman S.H. & Gotlib, I.H. (Eds), *Children of Depressed Parents, Mechanisms of Risk and Implication for Treatment*, Washington, DC, American Psychological Association, 2001.

Greiner, G. (Ed), *Fonctions maternelle et paternelle*, Ramonville-Saint-Ange, Erès, 2002.

Gruère, M. & Jeammet, Ph. (Eds), *Construire un adulte, Pour un partenariat entre parents et professionnels*, Paris, Bayard éditions/École des parents et des éducateurs, 1998.

Hurstel, F, *La Déchirure paternelle*, Paris, PUF, « L'Éducateur », 1996.

Singly, F de, *Le Soi, le Couple et la Famille*, Paris, Nathan, « Essais et recherches », 1996.

Viaux, J.-L., *L'Enfant et le couple en crise*, Paris, Dunod, 2001.

Zaouche-Gaudron, *Le Développement social de l'enfant*, Paris, Dunod/Topos, 2002.

Lectures conseillées

Apfeldorfer G., *Les Relations durables : amoureuses, amicales, professionnelles*, Paris, Odile Jacob, 2004.

Castro D., *La mort pour de vrai et la mort pour de faux*, Paris, Albin Michel, « Questions de parents », 2000.

Delaroche P., *Parents, osez dire non !*, Paris, Albin Michel, « Questions de parents », 1996.

Delaroche P., *Psy ou pas psy, quand et qui consulter*, Paris, Albin Michel, « Questions de parents », 2004.

Eliacheff C., *La Famille dans tous ses états*, Paris, Albin Michel, 2004.

Fauré C., *Vivre ensemble la maladie d'un proche*, Paris, Albin Michel, 1999.

Georges G., *Mon enfant s'oppose. Que dire ? Que faire ?*, Paris, Odile Jacob, 2000.

Naouri A., *Les Pères et les Mères*, Paris, Odile Jacob, 2004.

Table des matières

La mort pour de faux,
et la mort pour de vrai,
Albin Michel, 2000

DANS LA MÊME COLLECTION

Intelligent mais peut mieux faire
Jean-Luc AUBERT

Quels repères donner à nos enfants dans un monde déboussolé ?
Jean-Luc AUBERT

Du berceau à l'école – Les chemins de la réussite
Jean-Luc AUBERT

Mes parents se séparent – Je me sens perdu
Maurice BERGER et Isabelle GRAVILLON

Sectes, gourous, etc. – Éviter aux ados de se laisser piéger
Dominique BITON

Petite terreur ou souffre-douleur – La violence dans la vie de l'enfant
Stéphane BOURCET et Yves TYRODE

Petits tracas et gros soucis de 1 à 7 ans – Quoi dire, quoi faire
Christine BRUNET et Anne-Cécile SARFATI

Une famille, ça s'invente – Les atouts des parents, les atouts des enfants
Hélène BRUNSCHWIG

Papa, Maman, laissez-moi le temps de rêver !
Etty BUZYN

Me débrouiller, oui, mais pas tout seul !
Etty BUZYN

La mort pour de faux et la mort pour de vrai
Dana CASTRO

Il a du mal à l'école – Un peu, beaucoup, trop... comment l'aider
Brigitte CHEVALIER

Séparons-nous... mais protégeons nos enfants
Stéphane CLERGET

Vos enfants ne sont pas des grandes personnes
Béatrice COPPER-ROYER

Peur du loup, peur de tout – Petites peurs, angoisses, phobies de l'enfant et de l'adolescent
Béatrice COPPER-ROYER

Doué, surdoué, précoce – L'enfant prometteur et l'école
Sophie CÔTE

Emmanuelle RIGON

Pourquoi pleurent-ils ? – Comprendre le développement de l'enfant, de la naissance à 1 an
Hetty van de RIJT et Frans X. PLOOIJ

Aidez-moi à trouver mes marques ! – Les repères du tout-petit
Michael ROHR

Toutes les questions que vous vous posez sur l'école maternelle
Nicole du SAUSSOIS

Les Risques de l'adolescence
Gérard SÉVÉRIN

Crèches, nounous et Cie – Modes de garde, mode d'emploi
Anne WAGNER et Jacqueline TARKIEL

Hors collection

Petites histoires pour devenir grand 1 – À lire le soir pour aborder avec l'enfant ses peurs, ses tracas, ses questions
Sophie CARQUAIN

Petites histoires pour devenir grand 2 – Des contes pour leur apprendre à bien s'occuper d'eux
Sophie CARQUAIN

Composition IGS-CP
Impression : Imprimerie Floch, décembre 2004
Éditions Albin Michel
22, rue Huyghens, 75014 Paris
www.albin-michel.fr
ISBN : 2-226-15554-6
ISSN : 1275-4390
N° d'édition : 22971. – N° d'impression : 61691
Dépôt légal : janvier 2005
Imprimé en France

ESSENTIALS OF LOGISTICS
AND MANAGEMENT

ESSENTIALS OF LOGISTICS AND MANAGEMENT

Francis-Luc Perret, Corynne Jaffeux,
Michel Fender and Philippe Wieser, Editors

160401

EPFL Press
A Swiss academic publisher distributed by CRC Press

CRC Press
Taylor & Francis Group

Taylor and Francis Group, LLC
6000 Broken Sound Parkway, NW, Suite 300,
Boca Raton, FL 33487

Distribution and Customer Service
orders@crcpress.com

www.crcpress.com

Library of Congress Cataloging-in-Publication Data
A catalog record for this book is available from the Library of Congress.

is an imprint owned by Presses polytechniques et universitaires romandes, a
Swiss academic publishing company whose main purpose is to publish the
teaching and research works of the Ecole polytechnique fédérale de Lausanne.

Presses polytechniques et universitaires romandes
EPFL – Centre Midi
Post office box 119
CH-1015 Lausanne, Switzerland
E-Mail: ppur@epfl.ch
Phone: 021 / 693 21 30
Fax: 021 / 693 40 27

www.epflpress.org

© 2002, First edition, Presses polytechniques et universitaires romandes
© 2007, New revised edition, EPFL Press
ISBN 978-2-940222-16-2 (EPFL Press)
ISBN 978-1-4200-4619-9 (CRC Press)

Printed in Italy

Contents

Introduction

Francis-Luc Perret

0.1 What is "The Essentials of Logistics and Management"?

The Essentials of Logistics and Management document is a collection of the basic teaching material that lecturers at the international Institute for the Management of Logistics (IML) deliver to the postgraduate program participants studying for their master's degree in Management of Logistics Systems (MSL).

This course is taught each year at the Federal Institute of Technology in Lausanne in English and at the Ecole Nationale des Ponts et Chaussées in Paris in French. It was conceived in 1993 by these two academic institutions working together and in close collaboration with AFT-IFTIM, a professional association promoting high-level education in the field of logistics.

This book deliberately presents a broad spectrum of the knowledge required for a logistician's daily work and for contribution to a company's growth. Logisticians are privileged professionals with the skills to investigate successive operations along the supply chain. They are trained to analyze and where necessary to reengineer the logic of these operations in order to bring better performance, higher quality and increased flexibility leading to added value for the customer.

The challenges logisticians have to face can be summarized as follows:
- To help managers with the integration of the company's internal and external added value operations in order to better serve the end customer;
- To assist planners with the allocation of available resources to the continuous evolution of the exchange process between economic agents;
- To provide methods and tools for designers of information systems to improve the quality of communication across cultural boundaries, at the company as well as at the community level;
- To act in profit as well as in non-profit organizations developing living entities, conscious of their individual contribution to the whole organization and to the environment, of the covert values of explicit and especially of hidden resources.

0.2 New stakes, new challenges for logistics

Historically, logistics was defined as the process of moving and positioning inventory to meet customer requirements at the lowest possible total landed cost. Over the decades, logistics

moved from a very narrow preoccupation focused on transportation or inventory management to a larger vision embracing not only cost but also quality management and service
provision. Large parts of the competitive advantage of an organization are due to the quality
of service and especially to the ability of continuously improving and adapting the quality of
service to specific needs of customers.

Logistics has to move to challenging new frontiers

Logisticians have a seemingly impossible, but achievable responsibility to design, optimize and permanently re-adjust a global utility function, embracing all of the customers'
major interests, of the functional enterprise's components and, more generally, of all the
stakeholders of the institution they work for.

In these tasks, essential antagonistic issues have to be arbitrated:

• the focus on customer satisfaction and value-added service as perceived by the clients, implies a fight against the entrepreneurs' natural tendencies to reduce production and
distribution costs, thus diminishing quality of service;

• the globalization trends which exacerbate international competition and oblige the
firm to develop competitive advantages have to be weighed against local contingencies that
the company has to face in it's daily operations;

• the information technology and communication commodities apparently reduce
direct transaction costs but induce other costly needs in order to master the quantity, the
diversity and the complexity of available information; from B to B, B to C concepts, the company has to move towards K to K concepts (for Key to Knowledge);

• the nature of the relationships between suppliers and customers is changing and
becoming more interactive and collaborative; consequently an enterprise is more extended
and has to interactively redefine its core business and the competencies which should be
developed within its frontiers as opposed those which should be outsourced or captured in
the outside world;

• in a world characterized by accelerating change, the innovation process of production, service or an organizational structure is permanent. However constant change can be
disruptive and result in a loss of momentum; innovation can be realized either by continuous,
incremental phases or by drastic, disruptive steps. The challenge consists in sorting, selecting
and implementing significant changes, conscious of the relationships that must be built in
order to exchange cross-organizational information between partners;

• the organization structure becomes flatter, enlarging the span of control and allowing
more dynamic interactions between the hierarchy's levels and the company's members. This
flatter organization also renders the information exchange system more complex since many
parallel and often simultaneous channels of communication and decision are competing;

• the market has to be constantly appraised, evaluated, interpreted and even courted;
in this quest, similarity and diversity are powerful sources, and both have a significant role
to play. However similarity and diversity are often seen as extremes that compete with each
other; for instance the CRM strategy can take two polarized positions. The first one argues
that since markets are global, the customers' relationships can be standardized and based
upon generic concepts, while the second argues that CRM should be customized according
to the specificity of each market and to particular consumers' habits; the best practice is usually revealed by an eclectic combination of both strategies;

• the mass customization is a broadly developed notion today that emphasizes the
apparent contradiction of being able to simultaneously produce efficiently standardized
products or services in a large quantity; each of these services have to be adapted to the
particular customers' requirements.

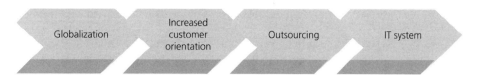

Fig. 0.1 Major issues faced by the global supply chain.

Globalization implies extended lead times, as the end-to-end pipeline time may increase as a result of focused factories, centralized distribution and off-shore sourcing and manufacturing.

Increased customer orientation signifies meeting local requirements, through the ability to customize products and marketing, and to reduce complexity without reducing variety.

The growth of *outsourcing* and the need for value-added information exchange make relationship management critical and increase the need for value chain integration.

Information technology reduces the transaction costs but increases the need for more sophisticated knowledge management.

0.3 Logistics: a holistic approach

The structure of the IML pedagogy is built upon the "Dual Loop Methodology of Logistics." Such a methodology consists of opposing in a mirror Operation and Strategy, Tangibles and Intangibles, Supply Chain Management (SCM) and Management of Information System (MIS) in the same holistic, inquiring approach.

The present book is built upon this conceptual frame, which can be represented by the Dual Loop Methodology picture. All stakes and themes of inbound and outbound logistics should be visualized through a systematic binary combination. It consists in analyzing problems and their solutions from the operational and simultaneously, from the strategic sides, taking into consideration both the optimization of tangible as well as intangible resources, and designing the physical flow in harmony with the informational flow. As in a simplex optimization model, the primal definition of the problem cannot be dissociated from its dual. But both approaches bring essential, complementary information.

A vision defining a company's future has to be projected in successive operational phases. There should be no vision without implementation.

The value of intangible resources can be of paramount importance with respect to tangible resources. These aspects are sometimes forgotten by analysts: the values of "hidden" resources are only discovered once they have disappeared! It is the ambition of this book to provide methodologies and tools that allow the reader to appraise intangible resources with the same ability as tangibles, thus becoming aware that the organizational structure and the human resources forging the organization's culture have a fundamental influence upon the value of the project, that the quality of the network of customers, suppliers, providers, and partners interacting at fuzzy and moving boundaries of the enterprise is more important than the intrinsic value of the company. The hints developed in this book should help the entrepreneur to better sense, track and monitor innovation and launch new projects.

The value of Supply Chain Management (SCM) is directly dependent upon the efficiency of the Management Information System (MIS).

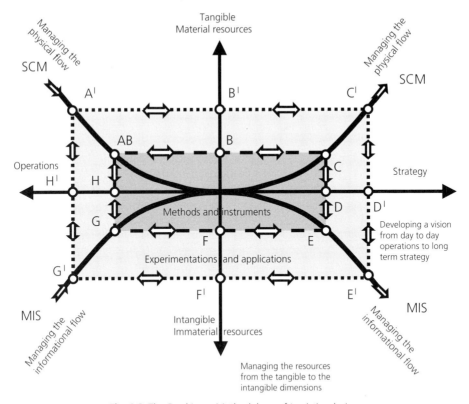

Fig. 0.2 The Dual Loop Methodology of Logistics design.

Both dimensions in the proposed methodology have to be combined in an interactive process:

- methods and instruments which bring an efficient leverage for improving and optimizing the supply chain;
- experimentations and applications which enrich the process through concrete examples and professional references.

As the mathematician Benoit Mandelbrot mentioned once *"The scientists who dare to be nomads are essential to the traditional disciplines."* A logistician by essence is one of these nomads, whose responsibility is to move through the organization in order to make its parts function as an organic entity. To do this he needs adapted tools and instruments, and he has to test these instruments in diversified contexts. Wherever he will be located in the organization, it is important to check that the solution he proposes is not too narrow and that he is not victim of the so called "anchorage bias."

In another words, the material provided in this book should protect the analyst against the danger illustrated by the epistemologist Jean Piaget when describing the behavior of somebody who has lost his keys in the dark. The first place he looks for them is directly below the lamppost, where the information is directly available, although probably insignificant.

The book is designed to help us to investigate the darkness, where valuable resources are frequently hidden. Let's try it.

0.4 Acknowledgements

We would like to thank the 550 graduates of the MSL program whose motivation and quest for knowledge shaped this document and who contributed empirical material through their practical work within companies and organizations. We also thank all the teachers, academic as well as professionals, who developed through the years of their teaching, a curriculum that became the original methodology of the international Institute for the Management of Logistics. Finally we thank Fred Fenter who participated in the final editing of the document reviewing and editing the material. We gratefully acknowledge the assistance of all contributors to this work.

Professor Francis-Luc Perret

Chapter 1

Financial accounting

Alain Siegrist
Marc Chambaz

1.1 Introduction

Why should anyone study financial accounting and understand how to read financial statement? Can it be helpful for success in business? Why do companies improve their communication to **stakeholders**[1] via financial and management reporting? Are financial reports all the same? How are financial statements read? Will your chances of success improve if you better understand financial management and accounting?

Knowing how to work with the numbers of a company's financial statements is an essential skill for investors, management, and lenders. The meaningful interpretation and analysis of balance sheets, income statements and cash-flow statements to discern a company's investment qualities is the basis of smart investment choices. However, the diversity of financial reporting requires familiarity with certain basic characteristics of financial statements before a focus can be made on individual corporate financials.

A balance sheet, also known as a "statement of financial position," reveals a company's assets, liabilities and owners' equity (net worth). The balance sheet, together with the income statement and cash-flow statement, make up the cornerstone of any company's financial statements. If you are a shareholder of a company, it is important that you understand how the balance sheet is structured, how it is analyzed, and how it is read.

Which financial statements should I use?

Financial statements that are used are the balance sheet, the income statement and the cash-flow statement. It is a mistake to just consider the income statement and the balance sheet, thereby relegating cash flow considerations to somewhat of a secondary status; the cash-flow statement contains critically important analytical data.

What's behind the numbers?

The numbers in a company's financials reflect real world events. These numbers and the financial ratios/indicators that are derived from them for investment analysis are easier to understand if you can visualize the underlying realities of this essentially quantitative information.

---

[1] **stakeholders** (lenders, employees, suppliers, customers, benefactors, lawyers, bankers, financial analyst and government or tax offices)

For example, before you start crunching numbers, have an understanding of what the company does, its products and/or services, and the industry in which it operates.

Financial Reporting – no single mold!

Do not expect financial statements to fit into a single mold. The diverse nature of business activities results in a diversity of financial-statement presentations. This is particularly true of the balance sheet.

Do you speak financial jargon?

The lack of any appreciable standardization of financial reporting terminology complicates the understanding of many account entries of financial statements.

Generally accepted accounting principles

The presentation of a company's financial position is influenced by management estimates and judgments. Nevertheless, generally accepted accounting principles are used to prepare financial statements. The total body of these accounting concepts and assumptions is very large. A basic understanding of at least two of these conventions – *historical cost* and *accrual accounting* – is particularly important. Generally, assets are valued at their purchase price (historical cost), which may be significantly different than their current market value. Revenues are recorded when goods or services are delivered and expenses recorded when incurred. Generally, this flow does not coincide with the actual receipt and disbursement of cash, which is why the cash flow becomes so important.

Other crucial information

Information on the state of the economy and industry; competitive considerations, market forces, and technological change; and the quality of management and the workforce are not directly reflected in a company's financial statements. The financial statement perspectives provided in this overview are meant to give readers the big picture. With these considerations in mind, you should be better prepared to cope with learning the analytical details of discerning the financial elements contained in a company's financials statements.

Stakeholder's expectations?

In Table 1.1, the requirements or expectations of each of the stakeholders involved are outlined.

Table 1.1 Main requirements of various stakeholders.

User groups	Main requirements
Customers	Performance and efficiency of services, long term reliability
Employees	Long term performances, enough cash short term, profitable long term
Government and agencies	Follow the fiscal rules, pay taxes, reliability of information
Investors	Cash short term, profitability long term, quality of management, dividends
Lenders	Cash to pay interests short term and reimburse capital back long term
Public	Image, environment, long term
Suppliers & other trade creditors	Cash to pay company debt

Accounting and financial accounting

Accounting is a service provided for those who need information about an organization's financial performance, as well as about its assets and liabilities.

The information collected is:
- restricted to quantifiable information that can be converted into monetary terms;
- limited to the past;
- restricted to the organization's affairs.

Accounting provides information that will help in better decision making, provided that the quality and the reliability of this information can be insured. Accounting is a dynamic discipline; it is often called the "language of business." The information flow involved is summarized in Figure 1.1.

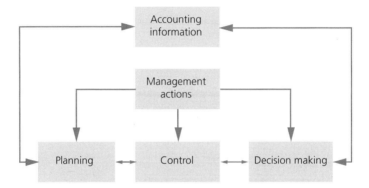

Fig. 1.1 Accounting and information flow.

Financial accounting refers to the **classification** and **recording** of the monetary transactions of an entity in accordance with established concepts, principles, accounting standards and legal requirements, and their presentation, by means of profit and loss accounts, balance sheets and cash-flow statements during and at the end of an accounting period.[2]

Financial statements

The end goal of the accounting process is to create **financial statements** that are useful to both management and stakeholders in evaluating the performance of the business and the financial health of the company. Accountants prepare three main statements for the company's financial report:
- the balance sheet;
- the income statement;
- the statement of cash flow.

---

[2] *CIMA* – The Chartered Institute of Management Accountants – is a leading membership body that offers an internationally recognised professional qualification in management accountancy, which focuses on accounting for business. http://www.cimaglobal.com

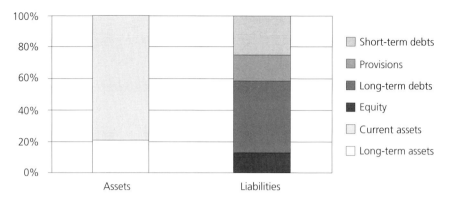

Fig. 1.2 The balance sheet gives a "snapshot" of the company's financial position.

Financial statements are usually stated at historical cost and accompanied by an independent auditors' report, which is why they are called "audited financial statements."[3]

The balance sheet gives a "snapshot" of the company's financial position at a specific point in time-showing what the company owns and what it owes at the report date. The income statement reports whether its operations resulted in a profit or a loss. The cash-flow statement reports on the company's cash movements during the period(s), separating them into operating, investing and financing activities. Over the next three Sections of this Chapter, we look at each of these documents in more detail.

1.2 The balance sheet: current assets

Assets are the possessions and property owned by a company, thus the corresponding section of the balance sheet includes all the goods and property owned by the company, as well as uncollected amounts, called "receivables," that are due to the company from others. In Figure 1.3 below, we present an example of the assets column of a balance sheet, with each of the entries numbered vertically for the sake of reference. In the discussion that follows, we will look at these individually.

---

[3]   *Audit* is a systematic examination of a company's financial statements to determine whether the amounts and disclosures in the reports are fairly stated and follow generally accepted accounting principles. *Auditing* is an examination and assessment of the activities, controls, records and systems that underpin accounting information; *External auditors* are appointed by the owner of the entity (or general assembly) to whom they report. They are independent of the entity and responsible for ensuring that the financial accounts represent what is called "a true & fair view" of the entity's affairs. External auditors may do some detailed checking of its records in order to be able to come to such a view but normally, they are selective. If they are satisfied, they will be able to report their findings to the owners. The external auditor is not responsible to discover whether fraud has taken place. (expectations gap). *Internal auditors* are appointed by the management and are employees of the entity; they have to perform routine tasks and undertake some detailed checking of the entity's accounting procedure. Their task may also go beyond the financial accounts; for example, they may do some checking of the planning & control procedures and conduct "value-for-money" tasks. *Generally Accepted Accounting Principles* are the rules and standards followed in recording transactions and in preparing financial statements.

Assets		N	N-1
1	**Current Assets:**		
2	Cash and cash equivalents	62'300	57'900
3	Marketable securities	141'200	105'400
4	Accounts receivable		
5	net of allowance for doubtful accounts	557'600	454'400
6	Inventories	597'000	625'000
7	Prepaid expenses and other current assets	22'800	20'700
	Total Current Assets	**1'380'900**	**1'263'400**
8	Property, plant and equipment	1'612'000	1'485'300
9	Less accumulated depreciation-	−502'000	−420'300
	Net Property, Plant and Equipment	**1'110'000**	**1'065'000**
10	**Other Assets:**		
11	Deferred charge:	0	0
12	Intangibles (goodwill, patents)		
13	net of accumulated amortization	18'500	22'000
14	Investment securities, at cost	2'000	1'500
	Total Other Assets	**20'500**	**23'500**
	Total Assets	**2'511'400**	**2'351'900**

Fig. 1.3 The current assets column of the balance sheet, prepared with figures for an imaginary company. Figures are given in thousands of dollars.

Current assets (line 1) include cash and other assets that will turn into cash within a year from the balance sheet date. Current assets are "working" assets in the sense that they are liquid – they can, and will, be converted into cash for other business purposes, or be consumed in the business.

Cash and cash equivalents (line 2) can be money on deposit in the bank, cash on hand (petty cash) and securities such as Treasury bills.

Marketable securities[4] (line 3) are short-term securities that usually have quoted prices and can be sold quickly.

Accounts receivable (line 4) correspond to the amount due by customers for goods and services delivered by the company, to be paid according to the sales contract.

Inventories (line 6) are a manufacturing company's quantities of physical products, which fall into one of the three following categories[5]: raw materials, work-in progress, and finished goods. The amount of each of these types of inventory is generally disclosed either on the face of the balance sheet or in the notes. Inventories are valued using the lower of either the cost or market rule[6].

---

[4] *Fair market value* is the amount at which an item could be exchanged between willing unrelated parties, other than in a forced liquidation. It is usually the quoted market price when a market exists for the item.

[5] *Raw materials* are items to be used in making a product (e.g., the fabric used in making a blouse); *Work-in-process* refers to partially completed goods in the process of manufacture; and *finished goods* are completed items ready for their intended use.

[6] *Lower of Cost or Market Rule*: A rule providing that inventories be valued at either their cost or market value, whichever is lower. The intent is to provide a conservative figure in valuing a company's inventories.

Prepaid expenses and other current assets (line 7) correspond to payments made in advance for which the company has not yet received benefits, but for which it will receive benefits within the coming year (e.g., insurance premiums).

Total property, plant and equipment[7] (line 8) were once referred to as *fixed assets*[8]. This line item consists of long-lived assets (i.e., assets with a useful life[9] greater than one year) not intended for sale that are used to manufacture, display, warehouse, and transport the company's products, along with buildings and improvements used in operations (e.g., land, buildings, machinery, equipment, furniture, and automobiles).

Fixed assets = Cost – Accumulated depreciation

Accumulated depreciation (line 9) refers to the practice of charging to the cost of a fixed asset over its estimated useful life.

Other assets (line 10) include principally "intangible" assets (goodwill acquired, patents, etc.) as well as financial assets like long-term investments in securities, and long term loans.

Deferred charges (line 11) are expenditures for items that will benefit future periods more than one year from the balance sheet date. Costs of debt issuance would be one example of a deferred charge[10].

Investment securities, at cost (line 14): Investments in debt securities are carried at amortized cost only when the company has the ability and intent to hold them to maturity.

1.3 The Balance Sheet: Liabilities and shareholder's equity

The liabilities and shareholders' equity section of the balance sheet details *what the company owes to third parties*. This includes obligations to its regular business creditors, banks, individuals, and other corporations; accrued expenses; taxes; and loans and other debt obligations. As in the previous section, the entries below are discussed one by one, with reference to the specific line in Figure 1.4.

Current liabilities (Line 15) are obligations due and payable within 12 months of the date on the balance sheet.

Accounts payable (line 16) refers to the amount the company owes to the regular business creditors from whom it has bought goods and services on open account.

Notes payable (line 17) are money owed to banks, individuals, corporations or other lenders under promissory notes, and due within one year of the balance-sheet date.

Accrued expenses (line 18) are transactions for which no bill has yet been recorded at the date of the balance sheet appear as a total under "accrued expenses." The concepts of prepayments and accruals are shown graphically in Figure 1.5.

---

[7]   The total property, plant and equipment figure displayed does not reflect present market value or replacement cost, because there is generally no intention of selling or replacing these assets in the near term.

[8]   *Fixed Assets* are the property, plant and equipment used in the operation of a business.

[9]   *Estimated Useful Life* is the period of time over which the owner of a physical or intangible asset estimates that that asset will continue to be of productive use or have continuing value.

[10]   *Deferred charges* are similar to prepaid expenses, but are not included in current assets because their benefits will be realized in periods more than one year from the balance sheet date. The cost incurred will be gradually expensed over the asset's future benefit period(s), not fully charged off in the year payment is made.

Liabilitities and Shareholders' Equity	N	N-1
15 Current Liabilities		
16 Accounts payable	280'300	208'300
17 Notes payable	149'000	146'400
18 Accrued expenses	87'200	78'700
19 Current income taxes payable	78'900	68'900
20 Other liabilities	25'000	36'000
21 Current portion of long-term debt	52'600	40'000
Total Current Liabilities	**673'000**	**578'300**
22 Long-Term Liabilities		
Unfunded retiree benefit		
23 obligations	0	0
24 Deferred income taxes	53'500	47'800
25 Long-term debt	780'000	820'000
26 Other long-term debt	0	12'600
Total Liabilities	**833'500**	**880'400**
Total Liabilities	**1'506'500**	**1'458'700**
27 Shareholders' Equity:		
28 Preferred stock	20'000	20'000
29 Common stock	245'000	230'000
30 Additional paid-in capital	70'000	40'000
31 Retained earnings	680'600	620'200
Foreign currency translation		
32 adjustments (net of taxes)	1'000	-5'000
Unrealized gain on available-for-		
33 sale securities (net of taxes)	300	0
34 Less treasury stock at cost	-12'000	-12'000
Total Shareholders' Equity	**1'004'900**	**893'200**
Total Liabilities and Shareholders' Equity	**2'511'400**	**2'351'900**

Fig. 1.4 The column for liabilities and shareholder equity for an imaginary company. Figures are given in thousands of dollars.

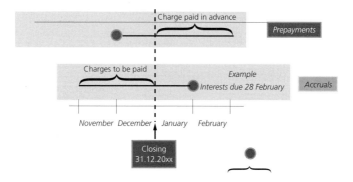

Fig. 1.5 Diagram showing the concept of prepayments versus accruals.

Current income taxes payable (line 19) are amounts due to tax authorities within one year of the date on the balance sheet.

Other liabilities (line 20) refer to those liabilities payable within 12 months of the date of the balance sheet and not included in any other specific categories.

Current portion of long-term debt (line 21) represents that portion of any long-term (longer than 12 months) borrowing arrangement that is due and payable within 12 months of the balance-sheet date.

Long-term liabilities (line 22) are amounts due after 12 months from the date of the balance sheet.

Unfunded retiree benefit obligations (line 23) is defined as the difference between the accumulated benefit obligation of an employer to its retirees and the current fair value of the benefit plan assets.

Deferred income taxes (line 24) are those tax liabilities a company must pay at some future date (*deferred income tax assets* are tax assets a company will receive at some future period).

Other long-term debt (line 26) includes al debt due more than one year from the date of the balance sheet (other than that specifically reported elsewhere on the balance sheet).

Shareholders' equity (lines 27-34) represents the total equity interest that all shareholders have in the corporation and is equivalent to the company's net worth or its assets after subtracting all of its liabilities. For legal and accounting reasons, it is separated into lines 28-34.

Preferred stock (line 28) is an equity – or ownership – security that differs from common stock in a number of ways. Preferred stocks carry many of the same features as bonds. Most preferred issues do not carry the right to vote.

Common stock (line 29) has no limit on dividends payable each year. When earnings are high, dividends may also be high. When earnings drop, so may dividends. In the example, new shares were issued in year N, for a total price of $ 45 000 000. The par value of the shares of stock sold in N is reported as common stock ($ 15 000 000), and the balance is reported as "additional paid-in capital"

Additional paid-in capital (line 30) is the sum of the premium paid by the subscribers of newly issued shares in addition to the shares' par value, as compensation for the dilution of capital carried by the old shareholders. As noted above, the company sold new shares for a total of $ 45 000 000, of which $ 15 000 000 was reported as common stock. The balance ($ 30 000 000) represents the "additional paid-in capital", when added to the prior year-end balance of $ 40 000 000 brings the balance to $ 70 000 000.

Retained earning (line 31) are accumulated profits that the company "retains" – i.e., earns and reinvests in the company. Retained earnings increase by the amount of profits earned, less dividends declared and/or paid to shareholders.

Calculating Accumulated Retained Earnings
(Dollars in Thousands)

	N
Accumulated Retained Earnings at Beginning of Year	620'200
Profit	187'500
Preferred Dividends	-6'700
Common Dividends	-115'000
Accumulated Retained Earnings at End of Year	686'000

Fig. 1.6 Calculating accumulated retained earnings.

Foreign currency translation adjustments (net of taxes) (line 32) This line is included because companies with ownership interests in foreign entities may be required to include those entities' results in the consolidated financial statements. In such cases, the foreign entities' financial statements must be translated into the consolidated entity's currency. The gain or loss resulting from this translation, net of taxes, is reflected as a separate component of shareholders' equity.

Unrealized gain on available-for-sale securities (net of taxes) (line 33) represents the change in value (gain or loss) of "available-for-sale" securities that the company is still holding.

Treasury stock[11] (line 34) refers to that stock which a company has bought back. When this is done, that stock is recorded at cost and reported as "treasury stock" – so called because it is returned to the company's treasury.

1.4 The Income Statement

In Figure 1.7 we present the income statement that corresponds to the example developed in the previous two sections. When analysing this document, it should be kept in mind that the income statement for a single year does not tell a complete story and one should have a look at historical record for a series of years in order to better understand the trends. As in the previous two sections, the anatomy of the income statement is described on a line-by-line basis.

CONSOLIDATED INCOME STATEMENT (in thousands)		
Income statement	**N**	**N-1**
40 Net sales	2'525'200	2'412'000
41 Cost of sales	-1'748'300	-1'703'600
42 **Gross margin**	**776'900**	**708'400**
43 **Operating expenses:**		
44 Depreciation and amortization	-85'200	-82'400
45 Selling, general and administrative expenses	-320'500	-315'000
46 **Operating income**	**371'200**	**311'000**
47 Other income (expense):	0	-800
48 Dividend and interest income	18'600	17'200
49 Interest expense	-52'300	-55'000
50 **Income before income taxes +extraordinary loss**	**337'500**	**272'400**
51 Income tax expense	-135'000	-108'900
52 **Income before extraordinary loss**	**202'500**	**163'500**
53 Extraordinary items, net of tax	-15'000	5'000
54 **Net Income**	**187'500**	**168'500**

Fig. 1.7 The income statement for our imaginary company.

---

[11] *Treasury stock is not an asset,* and is reported as a deduction from shareholders' equity. Gains or losses from the sale of such shares are reported as adjustments to shareholders' equity, and are not included in income.

Net Sales (line 40): A company's primary revenue source usually appears first on the income statement.

Cost of Sales (product costs) (line 41) Commonly known as product costs, the cost of sales are linked to the purchase and conversion of raw materials into the finished products that it sells. Product costs have three basic components:

- Direct materials;
- Direct labour;
- Manufacturing overhead.

Gross margin[12] (line 42) can be defined as "the excess of sales over cost of sales"; it represents the actual direct profit from sales after considering product costs. From this parameter, the gross-margin percentage can be calculated in the manner illustrated in Figure 1.8.

Gross Margin Percentage (Dollars in Thousands)	
Gross margin	776'900
Net sales	2'525'200
Gross margin percentage	30.77%

Fig. 1.8 Calculation of the gross-margin percentage.

Operating income (line 46) is determined by subtracting all operating expenses from the gross margin, i.e., operating income is revenue earned from operations. It does not include other miscellaneous charges or expenses (e.g., equity pickup in unconsolidated subsidiaries, extraordinary charges, restructuring charges and the like) that are not part of the company's day-to-day operations. The presentation of operating income can vary from company to company. An example of a typical presentation, in which an operating margin is calculated, is shown in Figure 1.9.

Depreciation and amortization (line 44) refers to the fact that assets with finite lives lose value each year. This decline in value is accounted for under this line.

Selling, general and administrative expenses (line 45) is a line that includes expenses such as sales agents' salaries and commissions, advertising and promotion, travel and entertainment, executives' salaries, office payroll, and office expenses. This item is kept separate so that analysts and investors can see the extent of sales and administrative costs.

Income before extraordinary loss (line 50) is the amount by which all revenues exceed all expenses for the year, not counting extraordinary gains or losses.

Operating margin (Dollars in Thousands)	
Operating income	371'200
Net sales	2'525'200
Operating margin	14.70%

Fig. 1.9 Calculation of an operating margin from the operating income.

---

12   Analysts and investors compare gross margin trends (in real figures and %) from year to year in assessing companies' financial health.

Dividend and interest income (line 48) is the line that gives the dividends and interest a company receives from its equity investments.

Interest Expense (line 49) is a cost of doing business and represents interest expense paid on debt. This line is sometimes called a "fixed charge" and can includes items such as notes payable, debentures, and other long-term debt. A calculation of the interest expense is shown in Figure 1.10.

Interest Expense

(Dollars in Thousands)	Averaged balance	Interest rate	Interest expense
Notes payable	147'700	4.00%	5'908
Debentures	846'300	5.46%	46'172
Other long-term debts	6'300	3.50%	221
Total			52'300

Fig. 1.10 Calculation of the interest expense.

Income before extraordinary loss (52) is given because each company has to pay tax based on the level and nature of its income.

Net income (the bottom line) (line 54) is the sum of all income and costs, including extraordinary items. If it is negative, the company records a loss for the year. As it depends of a number of different factors (operational, financial, non-recurrent, etc.), the net income is not the best indicator of the company's performance. But it is important for the shareholders as an inidication of the amount available for distribution (dividends).

The economic performance is illustrated by the operating income (46), which should be compared over the years, and with the competitors. At the "income before taxes" level (51), the financing of the company is taken in consideration, as the interests paid are deduced. And over all, remember that absolute figures are not always pertinent, relative analysis should be considered in many case (refer to the "ratio" section below).

1.5 The Statement of Cash Flows

The statement of cash flows is a critical part of the analysis behind any investment decision. As with the income statement, a single year's cash flow statement does not tell the complete story of a company's financial status. Indeed, the historical record for a series of years is more useful than any single year's figures. However, for the purposes of this example, only one year is shown.

For the analysis of cash flow, we break from the method used in the previous sections, in which the document was broken down and commented upon according to the individual lines. For analysis of the cash flow, the discussion focuses on the broader principles; it should be clear to the reader how these concepts relate to the specific line items of the statement. Figure 1.11 presents a cash-flow statement for the imaginary company whose finances are described in this Chapter.

Cash is essential for **solvency** and is crucial to an entity's **survival**. Having ample cash on hand will ensure that creditors, employees and others can be paid on time. If a business or person does not have enough cash to support its operations, it is said to be insolvent, and a likely candidate for bankruptcy should the insolvency continue.

CONSOLIDATED STATEMENT OF CASH FLOWS (Dollars in Thousands)
Year Ended December 31

Cash Flows Provided by (Used for) Operating Activitles:		
Net earnings	187'500	
Adjustments to reconcile net earnings to net cash from operating activitie	93'100	
Net cash flows provided by operating activities		**280'600**
Cash Flows Provided by (Used for) Investing Activitles:		
Securities purchases:		
Trading	-34'700	
Held-to-maturity	-800	
Available-for-sale	-100	
Principal payment received on held-to-maturity securities	100	
Purchase of fixed assets	-127'200	
Net cash flows used for investing activities		**-162'700**
Cash Flows Provided by (Used for) Financing Activitles:		
Net cash flows used for financing activities		**-119'500**
Effect of exchange rate changes on cash flows		6'000
Increase in cash flows		**4'400**
Cash and cash equivalents at beginning of year		57'900
Cash and Cash Equlvalents at the End of Year		**62'300**

Fig. 1.11 Cash-flow statement for the imaginary company whose finances are described in this Chapter.

Cash flows can be define as revenue or expense stream that changes a cash account over a given period. Cash in-flows usually arise from one of three activities: financing, operations or investment, whereas cash out-flows result from expenses or investments.

The statement of cash flows shows the amount of cash generated and used by a company in a given period, calculated by adding non-cash charges (such as depreciation) to net income after taxes. Cash flow can be attributed to a specific project, or to a business as a whole. It can be used as an indication of a company's financial strength. Cash flows are also classified by business activities, including operating, financing and investing.

Operating activities are those activities not classified as related to either financing or investing; they involve the company's primary business activities and reflect the cash effects of transactions, which are included in the determination of net income.

Many items enter into the determination of net income, so the "indirect method" is used to determine the cash provided by, or used for, operating activities. The indirect method requires the adjustment of net income to reconcile it to cash flows from operating activities.

Common examples of cash flows from operating activities include:
- cash collected from customers;
- interest received and paid;
- dividends received;
- salary;
- insurance;
- tax payments.

Finance activities may refer to one or several of the following:
- issuance of debt or equity securities
- repayment of debt
- distribution of dividends

Finally, *investing activities* include:
- activities related to asset acquisition;
- activities related to asset disposal.

The cash flow statement shows the company's past ability to generate cash over the years, and how it manages its financial balance. Does the operating cash flow cover the need in investment? Is the company increasing or decreasing its dependence toward the borrowers?

Nowadays, it is common to consider that cash belongs to the shareholders and not to the company, and in any case not to the company's management. The cash flow statement will inform the financial community about how the company balances its financial needs, and about the shareholders appetite for cash!

1.6 Working Capital

Investors look at certain financial-statement figures, especially the working capital and a series of ratios, for guidance in determining a company's health. Specifically, this provides an efficient way to assess a company's
- ability to pay its debts;
- inventory turnover;
- amount of assets backing corporate securities;
- relative mix of these securities.

The expression used to calculate the working capital is simple:

Working capital = Current assets − Current Liabilities

Working capital thus represents the amount of a company's current assets that would be left if all current liabilities were paid. Working capital often dictates a company's ability to meet obligations, expand volume and take advantage of opportunities. Year-to-year increases in working capital indicate that a company is financially healthy.

1.7 Financial Ratios

In this section, we present many commonly used financial-statement ratios (Tables 1.2 through 1.5), each presented with a mathematical definition, brief explanation, and an example for each. In the next section, a table with some financial accounting information is presented for a series of related industries so that the utility of some of these ratios, and their relationship with some other basic financial parameters, can be put into a more practical context. The ratios are presented in three different tables according to the source of the information used: balance-sheet ratios (Table 1.2), overall efficiency ratios (Table 1.3), income-statement ratios (Table 1.4), and specific efficiency ratios (Table 1.5).

Table 1.2 Balance sheet ratios.

Ratio	Formula	What it Means In Dollars and Cents
Current	$\dfrac{\text{Current assets}}{\text{Current liabilities}}$ $\dfrac{673\,000}{707\,900} =$ **2.05**	**Measures solvency** The number of dollars in current assets for every $1 in current liabilities. *Example* A current ratio of **2.05** means that for every $1 of current liabilities, the company has $2.05 in current assets with which to pay them.
Quick	$\dfrac{\text{Cash + accounts receivable}}{\text{Current liabilities}}$ $\dfrac{761\,100}{673\,000} =$ **1.13**	**Measures liquidity** The number of dollars in cash and accounts receivable for each $1 in current liabilities. *Example:* A quick ratio of **1.13** means that for every $1 of current liabilities, the company has $1.13 in cash and accounts receivable with which to pay them.
Debt-to-Worth	$\dfrac{\text{Total liabilities}}{\text{Equity}}$ $\dfrac{1\,506\,500}{1\,004\,900} =$ **1.50**	**Measures financial risk** The number of dollars of debt owed for every $1 in net worth. *Example:* A debt-to-worth ratio of **1.50** means that for every $1 of net worth that the owners have invested, the company owes $1.50 of debt to its creditors.

Table 1.3 Overall efficiency ratios.

Ratio	Formula	What it Means In Dollars and Cents
Sales-to-assets	$\dfrac{\text{Sales}}{\text{Total assets}}$ $\dfrac{2\,525\,200}{2\,511\,400} =$ **1.01**	**Measures the efficiency of total assets in generating sales** The number of dollars in sales produced for every $1 invested in total assets. *Example:* Sales-to-asset ratio of **1.01** means that for every $1 invested in total assets, the company generates $1.01 in Sales.
Return on assets	$\dfrac{\text{Net profit before tax}}{\text{Total assets}}$ $\dfrac{337\,500}{2\,511\,400} =$ **13.44 %**	**Measures the efficiency of total assets in generating net profit** The number of dollars in net profit produced for every $ 1 invested in total Assets. *Example:* a return on assets ratio of **13.44 %** means that for every $ 1 invested in assets, the company is generating 13.44 cents in net profit before tax.
Return on Investment	$\dfrac{\text{Net profit before tax}}{\text{Net worth}}$ $\dfrac{337\,500}{1\,004\,900} =$ **33.59 %**	**Measures the efficiency of Net Worth in generating Net Profit** The number of dollars in net profit produced for every $ 1 invested in net worth (referred to as "shareholder equity" in Figure 1.4). *Example:* A return on investment ratio of **33.59 %** means that for every $ 1 invested in net worth, the company is generating 33.59 cents in net profit before tax.

Table 1.4 Income-statement ratios.

Ratio	Formula	What it Means In Dollars and Cents
Gross margin	Gross profit / Sales in $	**Measures profitability at the gross profit level** The amount of gross margin produced for every $ 1 of sales.
	$\dfrac{776\ 900}{2\ 525\ 200} =$ **30.77 %**	*Example:* A gross-margin ratio of 30.77 % means that for every $ 1 of sales, the company produces 30.77 cents of gross profit.
Net margin	Net profit before tax / Sales	**Measures profitability at the net-profit level** The number of dollars of net profit produced for every $ 1 of sales.
	$\dfrac{337\ 500}{2\ 525\ 200} =$ **13.37 %**	*Example:* A net-margin ratio of 13.37 % means that for every $ 1 of sales, the company produces 13.37 cents of net profit.

Table 1.5 Specific efficiency ratios.

Ratio	Formula	What it Means In Dollars and Cents
Inventory turnover	Cost of goods sold / Inventory	**Measures the rate at which inventory is being used on an annual basis.**
	$\dfrac{1\ 748\ 300}{611\ 000} =$ **2.86**	*Example:* An inventory-turnover ratio of 2.86 means that the average dollar volume of Inventory is used up almost three times during the fiscal year.
Inventory turn-days	360 / Inventory turnover	**Converts the inventory turnover ratio into an average "days" inventory.**
	$\dfrac{360}{2.86} =$ **126**	*Example:* An Inventory-turnover ratio of 126 means that the company keeps an average ot 126 days of inventory on hand throughout the year.
Accounts receivable turnover	Sales / Accounts receivable	**Measures the rate at which accounts receivable are being collected on an annual basis.**
	$\dfrac{2\ 525\ 200}{506\ 000} =$ **4.99**	*Example:* An accounts receivable turnover ratio of 5.0 means that the average dollar volume of accounts receivable are collected five times during the year.
Average collection period	360 / A/R turnover	**Converts the AR turnover ratio into the average number of days the company must wait for its accounts receivable to be paid.**
	$\dfrac{360}{4.99} =$ **72.14**	*Example:* An account-receivable turnover of 72 means that it takes the company 72 days on average to collect its receivables.
Accounts payable turnover	Cost of goods sold / Accounts payable	**Measures the rate at which accounts payable are being paid on an annual basis.**
	$\dfrac{1\ 748\ 300}{244\ 300} =$ **7.16**	*Example:* An accounts-payable turnover ratio of 7.16 means that the average dollar volume of accounts payable are paid 7 times during the year.
Average payment period	360 / A/P turnover	**Converts the accounts-payable-turnover ratio into the average number of days the company waits to pay its debts to suppliers.**
	$\dfrac{360}{7.16} =$ **50.30**	*Example:* An account-payable-turnover ratio of 50 means that it takes the company 50 days on average to pay its bill.

1.8 Analyzing the Income-Statement ratios

The operating margin, operating-cost ratio and net-profit ratio provide general information about the company and help investors assess its future prospects. These comparisons provide detailed information about a company's operating results. The manner to calculate a few of these ratios is presented in Table 1.6.

Table 1.6 Analyzing income-statement ratios.

Ratio	Formula	What it Means In Dollars and Cents
Operating margin	$\dfrac{\text{Operating income}}{\text{Net sales}}$ $\dfrac{371\ 200}{2\ 525\ 200} =$ **14.70 %**	By comparing operating income to net sales, investors determine the company's operating margin.
Operating -cost ratio	$\dfrac{\text{Operating cost}}{\text{Net sales}}$ $\dfrac{405\ 700}{2\ 525\ 200} =$ **16.07 %**	Cost ratio complements the operating margin and reflects a company's financial health in a similar fashion.
Net-profit ratio	$\dfrac{\text{Net income}}{\text{Sales}}$ $\dfrac{187\ 500}{2\ 525\ 200} =$ **7.43 %**	This ratio gives provide the percent profit for every dollar of goods sold
Financial leverage	$\dfrac{\text{Financial debt}}{\text{Equity}}$ $\dfrac{981\ 600}{1\ 004\ 900} =$ **0.98**	A company with a large proportion of bonds relative to equity is said to be "highly leveraged"[13]. High leverage can work for or against a company, depending on the earnings available to the shareholders.
Earnings per common share	$\dfrac{\text{Earning}}{\text{Nbr of common shares}}$ $\dfrac{187\ 500\ 000}{2\ 450\ 000\ 000} =$ **0.0765**	Companies determine basic earnings by dividing the earnings available to common shareholders for the reporting period by the number of common shares outstanding during that period. The basic earnings per share equation does not include unexercised stock options, convertible securities and contingently issuable shares. Investors are often more interested in a stock's earnings than in its dividends, because earnings usually drive stock market prices.
Return on equity (ROE)	$\dfrac{\text{Net profit}}{\text{Equity}}$ $\dfrac{187\ 500}{1\ 004\ 900} =$ **18.66 %**	Return on equity shows how hard shareholders' equity is working. ROE is a popular measure for investors making individual judgments on how much a certain stock is worth.

---

[13]   Analysts consider highly leveraged companies to be riskier, because moderate declines in earnings can prove devastating for common shareholders and threatens the company's ability to cover interest on its bonds.

Table 1.7 Typical balance sheet values across a series of related industries (source: www.bizstats.com).

Food & related products	Total	General building contractors	Heavy construction contractors	Special trade contractors	Total	Food	Textile Mill Products	Apparel & related products
Current Ratio	1.5	1.4	1.5	1.7	1.1	1.1	2	1.9
Debt to Equity Ratio	1.7	2.6	0.9	1.5	1.7	1.3	1.3	1.8
Cash	13.70%	13.10%	13.40%	14.80%	2.70%	1.80%	3.60%	3.40%
Notes and accounts receivable	31.60%	27.80%	24.80%	40.80%	19.60%	19.90%	19.00%	20.20%
Inventories	11.90%	20.50%	2.00%	6.20%	7.30%	7.20%	19.00%	24.20%
Other current assets	10.70%	13.40%	8.30%	8.70%	8.30%	4.00%	3.90%	5.00%
Loans to stockholders	1.40%	1.30%	0.60%	2.10%	0.60%	0.40%	0.20%	0.40%
Mortgage and real estate loans	1.50%	3.00%	0.20%	0.30%	1.10%	0.20%	0.10%	0.00%
Other in vestments	10.00%	7.50%	25.90%	3.70%	25.00%	35.60%	11.10%	18.00%
Depreciable assets (net)	16.40%	10.80%	21.60%	21.00%	19.00%	16.40%	30.20%	12.40%
Intangible assets (net)	0.80%	0.50%	0.70%	1.40%	6.60%	8.50%	4.50%	4.10%
Other assets	1.80%	2.20%	2.40%	1.00%	9.90%	5.90%	8.40%	12.20%
TOTAL ASSETS	100.00%	100.00%	100.00%	100.00%	100.00%	100.00%	100.00%	100.00%
Accounts payable	21.80%	25.90%	17.40%	19.00%	10.10%	15.20%	9.70%	12.00%
Mortgages, notes & bonds due within 1 yr	9.90%	13.70%	5.00%	7.60%	12.20%	7.00%	4.10%	7.20%
Other current liabilities	14.20%	14.70%	10.60%	15.70%	10.70%	7.50%	8.20%	8.90%
Loans from stockholders	3.10%	3.10%	1.40%	4.00%	1.20%	0.90%	1.60%	1.80%
Mortgages, notes & bonds due beyond 1 yr	11.50%	12.70%	9.50%	11.10%	17.30%	18.90%	28.00%	22.10%
Other liabilities	2.70%	2.20%	4.20%	2.40%	11.80%	6.80%	6.10%	11.70%
Net Equity	36.80%	27.60%	51.90%	40.20%	36.60%	43.70%	42.30%	36.20%
TOTAL DEBT & EQUITY	100.00%	100.00%	100.00%	100.00%	100.00%	100.00%	100.00%	100.00%

1.9 Balance sheet standards by Industry

To illustrate some of the basic quantities and ratios defined in the previous sections, it is interesting to look at a series of typical balance sheet values across a series of related industries. As can be seen in Table 0.2, some intuitive notions concerning business operations are borne out, with, for example, intangible assets being quite high for the apparel and food industry, and rather low in construction and building.

This kind of table helps guide the analysis of a business activity in the specific context of the industrial sector. Such information is provided to the financial analyst by specialists as Bloomberg, Ibbotson, etc. Some comparisons are also freely available on different websites, for example on that of Aswath Damodaran (Stern Business School of the New York University) at www.damodaran.com, as well as at www.bizstats.com.

It is important to keep in mind that the perfect benchmark does not exist, as two companies are never exactly similar. But an "imperfect" point of comparison is better than nothing at all!

1.10 Additional Disclosures and Audit Reports

Notes

Reading the notes to an annual report requires time and attention; notes are complicated and are rarely written in plain English. Yet the notes reveal many critical aspects of a company's financial story. Notes contain a number of important and required disclosures as the financial statements just report the balances in the various accounts and do not contain a complete or adequate discussion of those balances.

Table 1.8 Examples of notes.

Depreciation policy	Description of the company's policies for depreciation, amortization, consolidation, foreign currency translation, earnings per share, etc.
Inventory valuation method	The inventory valuation method indicates which method is used to determine the cost of goods sold on the income statement and on the balance sheet. In addition to average cost, examples of valuation methods include last-in, first-out (LIFO) and first-in, first-out (FIFO). LIFO means that the costs on the income statement reflect the cost of inventories produced or purchased most recently; FIFO reflects the costs of the oldest inventories. This distinction is extremely important: LIFO does not overstate profits during inflationary times, while FIFO does.
Inventory composition	The composition of the inventories by raw materials, work-in-process, finished goods and supplies. Inventory composition is usually not shown on the balance sheet.
Asset impairment	The details about impaired assets or assets to be disposed of.
Investments	Information about debt and equity securities classified as «trading,» «available for sale» or «held to maturity.»
Income tax provisions	The breakdown by current and deferred taxes and its composition into federal, state, local and foreign tax, accompanied by a reconciliation from the statutory income tax rate to the effective tax rate for the company.
Changes in accounting policy	Changes in accounting policy due to new accounting rules.

Nonrecurring items	Details of items such as pension-plan terminations or acquisitions/dispositions of significant business units.
Employment and retirement programs	Details of employment contracts, profit-sharing, pension and retirement plans and other postretirement, post employment benefits.
Stock options	Details of stock options granted to officers and employees.
Long-term leases	Disclosure of lease obligations on assets and facilities on a per-year basis for the next several years, as well as total lease obligations over the remaining lease period.
Long-term debt	Details regarding the issuance and maturities of long-term debt.
Contingent liabilities	Disclosures relating to potential or pending lawsuits that might affect the company
Future contractual commitments	Terms of contracts in force that will affect future periods.
Regulations/ restrictions	Description of regulatory requirements and dividend or other restrictions.
Off-balance-sheet credit and market risks the risks associated with certain investments	Including interest rate swaps, forward and futures contracts, and options contracts. «Off-balance-sheet risk» is defined as the potential for loss over and above the amount recorded on the balance sheet.
Fair value of financial instruments carried at cost	Discloses fair market values of instruments such as long-term debt and off-balance-sheet instruments (e.g., swaps and options), carried at cost.
Segment sales, operating profits and identifiable assets	Information on each industry segment accounting for more than 10 % of the company's sales, operating profits and/or assets. Multinational companies also show sales and identifiable assets for each geographical area where sales or assets exceed 10 % of the related consolidated amounts.

1.11 Conclusion

Financial statements are formal records of a business' financial activities. They provide an overview of a business' profitability and financial condition in both short and long term. In this chapter we looked at the three basic documents: the balance sheet, the income statement, and the cash-flow statement; and, as stressed above, the notes should also be carefully considered.

Although financial statements are often viewed as complex and difficult to understand for non-specialists, we offer you the specific advice to read the extensive set of completing notes to any financial statement. The notes describe each item on the balance sheet, income statement and cash-flow statement in further detail. As mentioned above, the notes are an integral part of the financial statement.

Bringing It All Together

Although this chapter presents each financial statement separately, keep in mind that they are all related. The changes in assets and liabilities that you see on the balance sheet are also reflected in the revenues and expenses that you see on the income statement, which result in the company's gains or losses. Cash flows provide more information about cash assets listed on a balance sheet and are related, but not equivalent, to net income shown on the income statement. No single financial statement tells the complete story. But combined, they provide very powerful information for investors. And information is the investor's best tool when it comes to investing wisely.

Finally, keep in mind that the "snapshot" is not enough, that comparisons must be made. More than just providing a view of the situation at the end of the year, pertinent comparisons will drive you to understand how the firm is developing its business, and how the management is dealing with its financial balance. Comparison should be made with figures from previous years of the firm itself, and, most importantly, with the market and with the competitors (benchmarking).

So remember once and for all: financial statements are to be sniffed, not swallowed!

1.12 Glossary

Accounts Receivable	Accounts receivable represents uncollected revenues the company expects to receive within one year. It is recorded as part of current assets on the balance sheet.
Accounts Payable	Accounts payable represents incurred expenses the company expects to pay within one year. It is recorded as part of current liabilities on the balance sheet.
Accrual Accounting System	Under this system, revenues are recorded when earned and expenses are recorded when incurred. Therefore, earned revenues may include sales on credit for which you have yet to receive cash and expenses may include bills that you have not yet paid. This method is used when preparing the income statement and balance sheet.
Annual Report	A report published yearly by all publicly-held companies that details the financial condition of the company and includes the balance sheet, income statement, cash flow statement, and other relevant information.
Assets	The value of everything a company uses to conduct business, such as cash, equipment, land, inventories, office equipment, and money owed to the company by customers and clients.
Balance Sheet	A financial statement that gives a snapshot of a company's financial situation at a particular point in time and lists its different assets, liabilities, and owners' equity.
Cash Basis of Accounting	A method of accounting where only actual cash inflows and cash outflows are recorded, i.e. when payment is received or made. This method is used when preparing the cash flow statement.
Cash Flow Statement	A financial statement that records a company's actual cash inflows and cash outflows over a defined period of time. It includes three sections: operating cash flow, investing cash flow, and financing cash flow.
Contributed Capital	Money invested in a company by its owners/shareholders. Reported as part of owners' equity on the balance sheet.
Cost of Goods Sold	Also known as Cost of Sales, this represents all the expenses directly related to the making and storing of a company's goods, such as raw materials, warehousing, and direct labor costs. Doesn't exist for service companies.

Cost of Sales	Also known as Cost of Goods Sold, this represents all the expenses directly related to the making and storing of a company's goods, such as raw materials, warehousing, and direct labor costs. Doesn't exist for service companies.
Current Assets	Assets the company plans to convert to cash, sell, or use during the coming year, including cash, accounts receivable, and inventory on hand.
Current Liabilities	The flip side of current assets, this is money the company expects to pay within one year and includes accounts payable and short-term borrowings.
Depreciation	A method used to account for the diminishing value of an asset over the time it is used and to match profit with the expenses it took to generate that profit. Registered as a non-cash expense.
Direct Method	A method of arriving at net operating cash flow by adjusting each item on the income statement from the accrual basis of accounting to the cash basis of accounting.
EBIT (Earnings Before Interest and Taxes)	Amount calculated by subtracting cost of goods sold and operating expenses from revenue on the income statement. Also called operating earnings.
Expenses	Different costs, such as cost of goods sold, operating expenses, and interest expense, incurred during the normal operation of a business.
Financing Cash Flow	Cash received or paid from borrowing money or paying back investors, creditors, and shareholders. The third part of calculating net cash flow on the cash flow statement.
Fixed Assets	Assets that the company does not plan to turn into cash within one year or that would take longer than one year to convert, including property, plants, machinery, and patents.
Gross Profit	An item included on the income statement of production companies, calculated by deducting cost of goods sold from revenues/sales generated from those goods. It is used as a rough estimate of the company's profitability.
Income Statement	A financial statement that specifies the financial results of a business over a defined period of time and lists the revenue, expenses, and net income of the business. Also referred to as the profit-and-loss statement, or P&L statement.
Income Tax	Tax levied by the government for income and part of the expenses deducted from revenues when arriving at net income on the income statement.
Indirect Method	A method of arriving at net operating cash flow by adjusting the net income on the income statement for non-cash revenues and expenses. Also called the reconciliation method.
Interest Expense	Represents all interest paid by the company for loans it incurred and is part of the expenses deducted from revenues in the process of arriving at net income on the income statement.
Investing Cash Flow	Cash used for investing in long-term assets, such as equipment or equity securities, and cash received from the sale of such investments. The second part of calculating net cash flow on the cash flow statement.
Investor Relations	The section on a company's website under which you can find the company's financial statements.
Liabilities	Debts a company owes to its creditors and lenders.

Long-Term Liabilities — The flip side of fixed assets, this represents money the company needs to pay back in one or more years. It includes long-term bank loans, mortgages, and bonds.

Net Loss — The bottom line of the income statement. The negative profit (loss) left after all expenses have been deducted from revenues. If expenses are smaller than revenues than we will refer to it as net profit.

Net Profit — The bottom line of the income statement. The profit left after all expenses have been deducted from revenues. If expenses are larger than revenues, then we refer to it as net loss.

Operating Cash Flow — The first section of the cash flow statement, which includes cash generated by and required for the daily operations of a business.

Operating Earnings — Earnings left after subtracting the cost of goods sold and operating expenses from a company's revenues on the income statement. Also called EBIT (Earnings Before Interest and Taxes).

Operating Expenses — All costs incurred in operating the business that are not directly related to the production and storage of a company's goods. They include administrative salaries, research and development expenses, rents, and marketing costs. These cost are included in the expense section of the income statement.

Owners' Equity — Owners' equity equals all assets minus all liabilities and represents the part of the company owned by its shareholders. It generally includes contributed capital and retained earnings.

P&L Statement — A financial statement that specifies the financial results of a business over a defined period of time and lists the revenue, expenses, and net income of the business. Also referred to as the income statement or the profit-and-loss statement.

Profit-and-Loss Statement — A financial statement that specifies the financial results of a business over a defined period of time and lists the revenue, expenses, and net income of the business. Also referred to as the income statement or the P&L statement.

Profit Margin — An indicator of profitability. It is calculated by dividing the company's net income by its revenue for the same period. The higher the margin the more profitable a company is.

Retained Earnings — Money reinvested into the company after all dividends are paid. Reported as part of owners' equity on the balance sheet.

Revenues — Money generated by the company by selling its products or services to customers, before deducting any expenses. It includes only revenues associated with the company's main operations and is sometimes referred to as sales.

1.13 Bibliography

The Merril Lynch Guide to Understanding Financial Report, Merril Lynch/Addison, downloadable on http://www.ml.com/philanthropy/ipo/resources/understandingreports.html
J.R. Dyson, *Accounting for Non-Accounting Students*, FT Prentice Hall (2004).
Robert A. Cooke, *Finance for Nonfinancial Managers*, McGraw-Hill (2003).
Jamie Pratt, *Financial Accounting in an Economic Context*, John Wiley & Sons Inc. (2005).

1.14 The authors

Alain Siegrist is a Swiss chartered accountant and Swiss expert in finance and controlling. Formerly auditor and advisor in a big audit and consulting firm, and CFO of a middle-size Swiss group, today he works as an independent consultant in financial management, and lecturer in various graduate schools and for students in advanced professional programs.

Marc Chambaz has degrees in economics (HEC-IMD) and is a Swiss certified expert in finance and controlling. He has worked on the direction of numerous projects link to business processes and information systems (ERP) in the fields of purchasing, planning, finance and control, and project management. His areas of expertise include risk management, process analysis and internal controls in the field of financial controlling. In addition, he has many years of teaching experience at business and professional schools. He is currently Head of Corporate Controlling at the Swiss Federal Institute of Technology in Lausanne (EPFL).

Chapter 2

Logistical strategy and globalization

Michel Fender

2.1 Organization and competition in a globalized economy

Supply Chain Management and Logistics now play an increasingly important role in corporate strategy and competition. This increase in the impact of the logistic function may be explained by three interrelated factors:

- There is a rapidly increasing internationalization of the economy and of companies, not only in their structures, but also in their industrial operations.
- New organization has been implemented by internationalized companies with respect to their supplier and distributor networks, so as to reconcile globalization necessities and the requirements of adjustment to specific national and local conditions.
- There are new micro-economic bases to competitiveness, now more and more the result of the quality and relevance of the relationships constructed among the actors in a value chain; that is, there are organizational effects that outweigh traditional forms of "productivity on the job".

In this introduction, we shall briefly examine these three aspects.

2.1.1 The passage from a mosaic of national economies to a trans-national economy

In the first decades of the 20th century and until the 1970s, the organization in most business branches was dominated by the formation of *national* oligopolies, in contrast to the markedly more internationalized economic situation (relatively speaking) that predominated until just before the First World War.[1] The production, consumption and financing base all coincided, essentially, with the national framework. National oligopolies were characterized by exploitation of strong economies of scale and built on strategies of vertical integration. Of course certain companies (mostly American) installed production units outside of their national territory, especially in Europe, to take advantage of high local growth rates and in order to win

---

[1]   P. Hirst, G. Thompson, *Globalisation in Question*, Cambridge, Polity, 1996.

market shares in certain weakly concentrated structures. But these multinational companies, as well as the domestic ones, were subjected to the same constraints in their activities, namely the national environment.

The important break that occurred, quietly at first in the middle of the 1970s, and then more vigorously during the 1990s, was the passage from a mosaic of national economies to the emergence of globalized oligopolies that were much more open and unstable. This passage was the result of a double movement of internationalization of markets, of companies and of production, a dynamic that was reinforced bilaterally. In order to increase market share more rapidly (and speed played an essential role here), companies were led to move production into the zones of consumption, often through external growth. Even Japan and more recently Germany, which had structures resembling exporting machines based in their national territory, have undergone this same evolution. The volume and structure of foreign direct investments (FDI) is proof of this transformation. Flow has gone from approximately $50 thousand million dollars annually (before 1985) to $211 thousand million in 1990, $360 thousand million in 1995 and $660 thousand million in 1998. If we add to these flows, the local reinvestments of profits in the implantation country, the figures would have to be multiplied by 3 or 4 in order to correctly estimate outside investments of companies. FDI has grown more rapidly than international commerce, which has become more and more an intra-branch, or even an intra-company commerce. It has been estimated that about one third of all "commercial" exchanges are in fact flows between units of the same company. Flow geography is becoming multipolar, with the United States moving from a largely dominant position of the emitting country to a very significant situation of receiving country. Europe in general, and Great Britain and France in particular, are among the countries that are both emitters and receivers. Contrary to generally accepted ideas concerning "massive de-localization" towards countries with low salaries, and which concern only certain intensive labor sectors (such as the clothing industry), these flows have been reentered for the most part on the countries of the Triad (i.e. Europe, North America and East Asia) and on a few of the Asian and South American countries that are considered as "developing".

Large companies are thus progressively engaged in multiple national or "regional" markets, not only for trade, but also for production and research. Companies now simultaneously find their competitors in all these competitive arenas.

Three major phenomena result from the globalization of oligopolies:

• The idea that market shares were stable and that national boundaries could keep prices protected and rigid no longer holds true. Large companies are obliged to enter into price-based competition; this sometimes degenerates into a price war. However, *simultaneously*, the competitive advantage obtained by costs and prices has shown itself to be totally insufficient. The assets of *differentiation,* by means of quality, services linked to products, diversity, reactivity, the capacity for anticipation and innovation have become non-elective performance criteria; in particular in the most developed markets and for companies whose national production units are characterized by high labor costs.

• This juxtaposition-imbrication of multiple forms of competition that are not usually compatible, has imposed deep organizational changes since traditional "Taylorist" organizations have proven to be counter-productive in this new environment.

• The spaces of production, consumption and financing have progressively been dissociated. Outside investments destined for production, or even for research and development are not, in general, intended to be used just in the one country of implantation but rather in much larger areas, or even worldwide. As for financing, this has rapidly become internationalized, especially with the strong entrance of Anglo-Saxon pension and mutual funds into the capital of companies listed on the stock market. In certain countries, the dissociation between the "territory" of large corporations and the national space has become spectacular. Great Britain is a good example. The top 100 British companies have combined results equal to more than 80% of the GDP, but they employ only 17% of the active working population on British territory![2]

Overall, more and more companies define themselves as "global companies". The term "global" itself is polysemic and designates a series of ruptures with the strategies and organization of the multi-national, or multi-domestic, era that went before. Depending on the case, emphasis is placed on:

- the desire to be present throughout the world in a manner more or less proportional to the size of the markets;
- the will to conceive and manage all activities, wherever they are located, in the most "synergetic" manner, by combining the effects of learning resulting from diverse local situations (technological, commercial, cultural) on the scale of the entire group.

2.1.2 New organisations: more networked and customer-oriented

Today's large diversity of strategic and organizational trajectories may be observed, according to the sectors, the specific past history of each company, and the management options. Some companies approach the "globalization" phase by reinforcing centralization, and the homogenization of procedures and of technical or industrial standards, while many more prefer decentralization. In spite of this, certain common tendencies stand out.

A The search for compromise solutions between economies of size and the adjustment to differentiated geographical conditions

A monolithic production organization is incompatible with the extreme diversity of local conditions in which "globalized" companies now find themselves implicated. Such organization can exist in the case of relatively simple production, in which the competitive advantage itself rests on standardization (e.g. McDonald's). However the more one approaches complex production sectors intended for a broader customer base, the more the diversity of local conditions (types of labor markets, consumption structures, national regulations, and distribution structures) becomes apparent. The challenge is to arrive at a high level of production rationalization. Such a level is, in general, difficult to attain, because globalization frequently results from external growth and gives rise to the constitution of groups made up of a variegated patchwork that has grown from a succession of mergers and affiliations. Moreover it is desirable to maintain enough flexibility to adjust, as the need arises, to local conditions, particularly concerning labor force, salaries, and the relationship with end-product consumers.

B The search for a balance between transversality and modularity of organisations

Globalization has significantly augmented the internal complexity of organizations. It also calls for a wider and more efficient sharing of knowledge and experience. At the same time, such sharing is becoming ever more difficult due to the size attained by companies.

One solution to the dilemma thus created can be found in a (variable) combination of policies of modularization with policies of transversalization. This means on the one hand,

---

[2] Ranking in the *Financial Times*, 1998.

the creation of focused units of a limited size, and on the other, structures of transversal exchange. For example, Thomson CSF recently divided up its activities into 120 "focused" units, each the size of a small business. This division was compensated by the creation of "horizontal exchange tools", which in this case were networks called "Common Efficiency Teams" grouping together persons from different operational units in order to work out methods and capitalize on experience in a given domain (for example, technical documentation, purchasing, procurement policies and so on).

C   The increasing predominance of downstream structures (markets, applications)

In a general context of passage from supplier markets to buyer markets, the dynamics of the "customer-king" have become progressively predominant, even in companies in sectors structured since their beginnings around technological processes, and that have been functioning for a long time according to the principles of "technology push" rather than "market pull". Almost all companies today have restructured their organizations by giving more importance to the downstream sector (market structures and segments along with application areas) to the detriment of the upstream sector (basic technologies). For example, the chemical industry used to be structured around a few basic or semi-basic products; today it is reorganizing in function to downstream applications and eventual buyers' markets.

D   Control of the value chain as the central strategic objective

The simple, powerful image of the "value chain" today constitutes a common reference. This refers to three ideas:

* In the context of complex competition through differentiation, the important thing is not to reduce costs systematically, but rather to eliminate activities that do not produce value. The difficulty here is that although costs are known, "value" must be anticipated.

* The natural strategic framework is no longer activity in the classical sense, but the chain of activities that converges towards a given customer and usage value.

* What is important is not to own the chain, but to *control* it. It is frequently more profitable to control without possessing than to control through ownership. Thinking in terms of "value chain" thus contributes to the growing *externalization* of non-strategic activities and/ or standardized activities related to traditional price-based competition. This externalization also possessed the very great merit, in the eyes of many groups, of spreading the risk factors, of increasing reactivity and of reducing management complexity. It is often simpler and less costly to manage an activity in terms of commercial contracts for services, than to manage internalized organizational regulations from within. At the opposite end of this concept, one finds the "hollow corporation" such as Nike, which controls only the design and marketing of the product.

An orientation toward "value chains" naturally increases the importance given to logistic processes and the connections between production, marketing and distribution. A striking illustration of this is the evolution of the clothing industry in France, which has been entirely restructured under the predominance of the distributors, in particular new specialized retailers (Kiabi, Camaieu, Promod and so on).

E   A process of innovation based on partnerships

The globalized corporations have a large concentration capacity in terms of research and marketing. They perform well when it is a question of rapidly deploying incremental innovations, as for example in the fine-tuning of complex industrial processes or in circulating tested and proven know-how. They are oriented towards the diversification of existing products, leading very often to the creation of artificial (but nonetheless costly) diversity. However, innovation in the most basic sense of the term (the creation of new, innovative products) is a difficult challenge for these companies, and for a variety of reasons:

- a new product destabilizes not only the competitors, but also the producing company itself;
- the dominating orientation of management towards short-term flexibility (reactivity) burdens the company's capacity for anticipatory flexibility (innovation);
- in some sectors, such as pharmacy, the development of new products becomes too costly, in investments and in time, to be supported by one company alone;
- closer links between scientific knowledge upstream and innovation result in a paradox that is difficult to manage; an innovation far removed from its point of origin ("de-contextualized") must be "re-contextualized" in order to penetrate new markets according to unpredictable utilization schemas. This paradox is particularly noticeable in the high-tech sector.

One may also observe risks of blockage in innovation. Traditional supply strategies, in which products are launched onto the market and are subjected to "Darwinian" selection, have now become too risky. Only cooperative frameworks common to suppliers and consumers alike make it possible to unblock innovation, by testing it and by putting into place progressive processes of co-development. This holds true not only for "mass" consumer markets, where such tests have become widespread on a large scale, but even more so for the professional market. One example is the French steel producer Arcelor, which on the one hand built a strategy of differentiation by selling, not a product (steel) but rather "steel-solutions" for particular problems or customers; and on the other hand, tested and elaborated these solutions step by step in direct contact with the end-users (for instance, the automotive industry).

F   The emergence of a cellular networked model

The various evolutions that we have just examined all converge towards the development of network forms of organization, which combine with the traditional hierarchical forms by "hybridizing" them with forms that are contractual, pseudo-market or truly market. Under extremely diversified forms, and we insist, may be outlined a "model of cells in a network" as a tendency, that is characterized by two major principles:

- the base units are multi-functional and multi-job units endowed with relative operational autonomy; they are simultaneously subjected to procedures that are more and more often standardized.
- the modes of coordination and control, through the contractual fixing of objectives, are gaining ground to the detriment of traditional modes, which relied on ex-ante prescription of procedures and means.

The large corporation, properly speaking, thus appears more and more as the kernel of a constellation of peripheral units of production, design and trade, connected through more or less long-term contracts. The corporation is not just an element of the value chain constituted by means of this constellation (whose geometry is variable), it is the conductor, and it provides a whole panoply of services and support to the network in terms of purchasing, industrial methods, logistics, etc. For example, IKEA handles 1800 suppliers in fifty countries and has at its disposal a centralized data base that helps suppliers to find raw materials for the best price and the best quality, to select commercial partners, and so on.

Naturally, the development of such organizations in a network is related to the development of information and communications technologies, which have made it possible to function, and increasingly constitute an essential stimulant for the development of this "distributed" structure.

2.1.3 New micro-economic bases of competitiveness; the passage from productivity of operations to competitiveness through organisation and interface

Globalization is reflected, not only by transformation of a company's macro-structure, but also in a new micro-economic performance base.

It is the efficiency of the combination of production factors, in other words, organizational efficiency, which explains the performance in the current technological and market conditions, much more than costs or even the quality of these factors taken separately. Performance is systemic. K. Sugita and J. Magaud, have very closely compared two television assembly line units, one in France and one in Japan. They observed that the "on-the-job productivity" of French assemblers was equal or superior to that of the Japanese. Nonetheless, the overall productivity of the Japanese units was 30% higher![3] The fundamental explanation is that productivity no longer results from adding up individual productive operations, but from the *systemic productivity of relationships.*

Two phenomena characterize the evolution of forms of competition:
- the expectations concerning performance are more complex, and possess multiple facets that are difficult to bring into mutual compatibility;
- they all depend on the density and relevance of relationships set up among the actors on the productive line, between the "functions" of the company (R & D, marketing, sales, production), between companies, their suppliers and their customers, between companies and their entire technical and social environment.

The entire Taylorist model is obviously in question here. In the Taylorist system, cooperation between agents is only sequential (linear) and part of a routine.[4]

A   More complex competition

One of the characteristics of globalized competition is the accelerated erosion of the distinction between cost-based competition and differentiation-based competition. Of course, the market for luxury automobiles will always be different from the market of lower-price automobiles. Of course, there are numerous highly specialized technological "niches" in which price and cost are not really that important. But the basic tendency observable in practically every sector is the increasing imbrication of various forms of competition. In general, what is happening is *not* the substitution of non-cost competition for competition by means of pricing; it is rather an accumulation of the two forms. In demand economies, the consumer does

---

3   J. Magaud, K. Sugita, Un produit, deux façons de faire, *Dossiers de recherche du Centre d'Etudes de l'Emploi*, Noisy-le-Grand, CEE, 1992; see also Hirata H. (ed), *Autour du modèle japonais*, Paris, L'Harmattan, 1992.
4   Veltz P., Zarifian P., Vers de nouveaux modèles d'organisation, *Sociologie du travail*, No. 1, 1993; Veltz P., *Le nouveau monde industriel*, Paris, Gallimard, 2000.

not want to have to choose between price and quality – the consumer wants the best quality for the best (lowest) price.

How are we to characterize the aspects of differentiation? By definition, they are extremely variable. On can nonetheless sum them up in a few key words that concern all sectors, to some extent at least. These key words are: quality, diversity, reactivity and innovation (the last three terms are variations of what is often put under the catchword, "flexibility").

- Quality is a difficult concept to grasp, theoretically speaking. In the mass-consumption market, the demand for quality corresponds above all to the demand for goods that are all identical and very reliable. The well-known compromise "quality-price" has been heavily modified. The customer will accept having fewer services for a lower price, but he will not accept more surprises, more uncertainty, and more breakdowns. This has radically modified certain markets, such as automobiles. Quality has become, not one more criterion of competition among others, but the sine qua non condition of survival in a market. Within the enterprise, we have gone from traditional concepts, such as statistical quality control from the period between the two world wars and widely developed during the 1950s and 1960s[5], to much more general "philosophies" such as Total Quality Management. "Total" here does not mean that 100% quality is the goal; rather, that all of the functions of the company must be oriented a priori towards quality and, cooperate together in working toward it., In fact, "Overall quality" would be a more appropriate term. The two pillars of overall quality are the establishment of "customer-supplier relations" between the actors of the company, and continuous incremental progress (the Japanese word is *kaizen*). It must be added that today, the quality of the product is only one of the elements making up quality per se. Increasingly, the quality of services accompanying the delivery of the product (or service) has become a determining factor, and some companies have based their entire competitive advantage upon this.

- The second classical aspect of strategies of differentiation is the search for increasing *variety* in products, or else the multiplication of variations for a given product. This strategy is not new. Sloan, the director of General Motors, defined it in the 1920s when the company decided to depart from Ford's single-model strategy. But the explosion in the number of references in commercial catalogues observed during the past twenty years is something entirely different from the macro-variety invented by Sloan. The predominant tendency can be identified as "custom-made for mass markets". However this is still a difficult challenge for industry in spite of the increasing flexibility of production systems.

- *Reactivity* is the third crucial dimension in modern performance. Competition by means of variety corresponds to a form of flexibility that may be termed "static". Now this is increasingly combined with a requirement for "dynamic flexibility" that expresses the capacity to respond more or less rapidly to unforeseen variations in the environment. It expresses the rise of *time-based competition* that is the essential form of today's competition[6], and that is particularly obvious in the "new economy". Cohendet and Llerena have singled out a "variety system" and a "reactivity system" in recent evolutions in production systems.[7] The observation shows that these two systems are now superimposed on each other.

---

5   In Japan, the well-known "quality circles" were initially developed as a tool to popularize the statistical techniques of basic quality control with operators.

6   G. Stalk, T. Hout, *Vaincre le temps*, Dunod, 1992.

7   Cohendet P., Llerena P., Mutel B., Flexibilités et mise en cohérence des données de production, in P. Dubois, G. Terssac (de) (ed), *Les nouvelles rationalisations de la production*, Toulouse, Cepadues-Editions, 1992.

At this stage, it is possible to define three types of flexibility:
- First, there is manufacturing flexibility, which is an answer to the increasing level of product variety. This challenge highlights a key trade-off between the set-up and inventory costs as a result of the batch size in production.
- The flexibility in volume, otherwise known as elasticity, has to manage the matching process between the load of work–generally based on the forecasted demand–and the production capacity. The seasonal features of many industries lead managers to consider a number of solutions, for example by subcontracting, by smoothing the demand by use of commercial promotion, or by hiring temporary workers if, because of the Board's directives, the production capacity is not matched to the top level of the demand, which is a common approach in Japanese companies.
- The ability to continuously redesign the production and the supply-chain network based on infrastructure and facilities. This rebalancing is imposed by the very fast evolution of the competition, in particular in terms of the price of raw materials and labor costs. Companies have to be highly reactive to compete in their markets with the right cost levers; and they also need to be very imaginative. For instance, Schneider Electric has mounted machines on rollers in order to be able to put them in containers and to ship them to the specific countries based on local labor conditions. Michelin, which had a very bad experience in South Korea some years ago from where it was obliged to withdraw its investment, decided to invest in a machine able to produce short runs. The size of this machine enables the business managers to ship it by container, thus allowing them to be installed in warehouses in those countries whose managers desire to test the market before implementing hard investments. If the test is positive, they will likely decide to design and build fixed production capacity; but if the market test is not convincing, there is no hesitation to ship the machines back home.

Time-based competition concerns not only short-term adjustments to market fluctuations. It also concerns the deadlines for development and industrialization of products, or the "project cycle", as opposed or parallel to the "customer cycle". Due to the general reduction of product life cycles, the "time to market", that is the amount of time that elapses between the initial marketing concept and the real selling of the product or service, would appear to be an increasingly decisive element in competition. Reducing this amount of time thus makes it possible to win on several fronts; more total volume sold, better price margins. The fact of being ahead of competitors increases the power to set the price and confers a durable advantage in terms of cost by means of a learning economy. Finally, a reduction of risks, since the product is conceived close to the time when it is actually marketed and used.

• The capacity for *innovation* constitutes a fourth fundamental element in competition. One could also consider it as a form of flexibility. It is a matter here of flexibility in anticipation and action on the environment, and not simply of adjustment to a given external environment. Innovation is not easy to reconcile with a capacity for reactivity.

Cost, quality, variety, reactivity and innovation are thus the essential criteria of competition. The only problem for a company, is that it is very difficult incorporate all of them! For example, increase in terms of variety and reactivity tends to raise costs. Quality and variety are not easily compatible.

At least all this holds true in the traditional conditions of mass production according to Taylor. And it is precisely the necessity of making what are a priori divergent criteria compatible, or at least limiting the divergence, that has made it necessary to profoundly rethink organization. For example, the quest for quality raises costs, in the first analysis. It requires more controls and more highly skilled labor. If on the other hand, the organization is capable of obtaining quality at source ("get it right from the start"), to provide reliable human and machine operations, and to integrate quality into the very concept of products and processes, then the cost-quality disparity vanishes.

The only way to trade-off such antagonist objectives, such as productivity, quality, flexibility and time, is to fragment the value chain into segments, and then to design focused production and supply-chain solutions for each segment in order to maximize the value delivered. Depending on the outcome of a strategic analysis, these segments can be kept either inhouse, or they can be outsourced. But therefore—and this is the key point—new interfaces appear between the segments, and, at the least, coordination is required of those interfaces at the three levels (strategic, tactic and operational) in order to find the best global trade-off.

B   Productivity of the organisation and interfaces

In the context that we have just described, the heart of competitiveness is not enclosed in this or that magic managerial formula. Rather, the following observation would sum up competition; new forms of performance rely on open relational processes, on modes of cooperation that break entirely with the static, rigid modes of cooperation in Taylorist models. Efficiency is now less a result of productivity of the elementary operations than of the quality of coordination among operations, which itself relies on the quality of the coordination among all actors in the production cycle. The ideal situation of zero-communication among actors under Taylor's model has now shown itself to be counter-productive. The importance of logistics results from the fact that it is one of the best ways to make such coordination and cooperation possible.

Many examples could be provided to support this general observation; we shall here limit ourselves to the following three:

•   In research units and engineering centers, it is crucial to reduce the total amount of time spent on new product development. Comparisons of performance between companies, in terms of time to market, express far more the capacity to organize interactions efficiently than the differences in "local productivity" of designers and engineers. On the other hand, innovation itself is a result of the cross-fertilization of various cultures (a variety of technical cultures, or marketing cultures).

•   In sectors that produce complex technical objects (airplanes, large electronic or computing systems), generally in the organizational form of a large constellation of specialized sub-contractors orbiting around a central assembly company, it is easy to observe the central role of capacity for coordination and synchronization. Global efficiency, measured in terms of deadlines and quality as well as in cost, depends above all on the quality of flow management, of the precision of meetings and the capacity to continually reconfigure schedules and flows (and this management must be rigorous without being rigid, or else the risks of catastrophically increasing any inevitable local drift will be augmented).

•   Another striking illustration is in quality control of the reliability of large computerized, integrated technical tools. The high degree of integration of these tools (for example, a robotized automotive plant or an automated transportation network) renders them extremely vulnerable to local breakdown. Very high degrees of reliability of the basic tools and of components are thus necessary. The price for non-reliability is very high in economic terms, because it directly affects the level of investments for a given capacity. Nowadays, such high levels of reliability follow directly from the skills of the operators and designers, and especially from the quality of communications established within the network of workers and technicians in order to detect, analyze and correct flaws and deficiencies. This is what explains the recognized efficacy of Japanese methodologies like Total Productive Maintenance.[8]

2.2 Global logistics

2.2.1 A historical perspective on logistics

A   Quantitative approach to logistics: economical optimisation of operations

Historically, the function of logistics was perceived less for flow management than for solving the more or less complex operational problems of specific functions. These generally included: the optimization of delivery or collection networks related to physical distribution activities or a purchasing and procurement activity; problems related to production planning (manufacturing activity); allocation of orders to a depot in order to optimize economic distribution functions. From this point of view, the main features of logistics were as follows:

- Logistics dealt with isolated functions or activities that were not inter-related in more global processes. This was, so to speak, an era of fragmented logistics.
- The crucial objective at this stage was to allocate resources to each operation in order to optimize the use of resources specifically for an anticipated economic output. These "atomized" operations were purely physical such as transportation, storage, warehousing, handling, order processing and the like.
- The quantitative dimension was predominant. This means that cost reduction was the key purpose of logistics. Logistical activities were considered only as economical activities implying that costs and the values produced were not identified and recognized as such.
- There was no specific competence for logistics in terms of skills and organizations. Consequently, the responsibilities concerning the different logistical infrastructures were operational and decentralized.
- Logistics was limited in its application to within the one company itself, without considering the supply chain as a whole.
- Finally, at this stage, the purpose of logistics was more to set up means than to achieve results that could be measured using performance indicators.

The content of this type of logistics, focused on physical operations management, was coherent within a specific economic context and in terms of implemented corporate strategies. Demand was high and business consisted of providing new products that could meet the basic needs of the end-users in the market place. Consequently, models based on economies of scale were an appropriate response for anticipation and follow-up in expanding markets, where the goal was to concentrate production and logistics operations in bigger and more optimized facilities.

B   Logistics as management of flow within companies

During the 1970s and early 1980s, evolutions in the market, and pressure developed by competitors in each industry, caused the logistics model to change. This period of time was characterized by the development of marketing, the function responsible for the various expecta-

---

[8]   Y. Pimor, La maintenance productive, Paris, Masson, 1991.

tions of the customers (i.e. distributors and retailers and end-users). The consequence was a micro-segmentation of each market, with a huge increase of specific supply, based not only on a wider range of finished goods but also on the offer of services added to the products. Here, a two-fold method was applied to make products available to end-users:

- The logistics system had to anticipate demand because delivery lead-time became a key factor in selling products. The end-users were sensitive to this delivery lead-time, since it was the first component of services that they were purchasing with a product, not only in terms of speed (ever greater), but also in terms of reliability. Therefore, production here was still managed as a "push system" based on the sales volume forecast.
- Delivery to end-users had to be organized to meet increasingly differentiated require-ments. This order delivery cycle was managed to order through a pull approach.

At this stage, the logistics approach was no longer merely limited to the application of operations research tools, but became the function regulating flow management within the company. For logistics, flow concerns raw materials, components and physical distribution, eventually including spare parts. The objective of this type of logistics was to co-ordinate all resources, not as optimized, sequential and independent operations, but as flow through the entire company. The problem was to ensure that all resources would be used properly in a fluid process. The logistics function was the activity responsible for managing inter-opera-tions. Consequently it became possible to identify and manage issues that covered more than one sector, such as lead-times. The following graph shows the relation between inter-opera-tions, flow and lead-time by tracing the flows of materials within a production facility in the aircraft industry several years ago. It shows that real production lead time, during which value is added through operations, represents only 1.5% of the overall flow lead time, and that if a reduction of global delivery lead time is required, the productivity of the inter-operation has to be improved through a logistical approach, thereby increasing flow.

By concentrating on flow, logistical organizations manage issues located at the inter-face between two sequenced operations, particularly the interface between "push-and-pull"

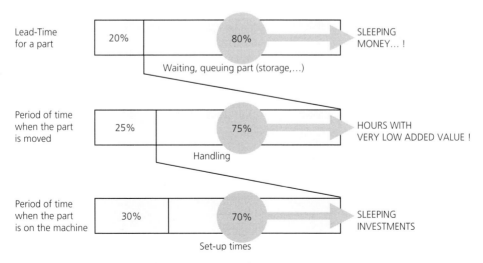

Fig. 2.1 Production lead-time and inter-operations management.

activities. Poor management of this interface means lack of availability of finished goods and thus shortages of products for end-users. This new factor is the second major component of customer-oriented service, and the consequence for companies of non-implementation may be loss of market share. Thus logistics progressively becomes a function supporting marketing and sales strategies. In order to properly manage this new kind of problem, logistics must extend to other activities such as those upstream (procurement and production) or those downstream (warehousing and transportation), organized in terms of flow.

This stage of logistics is characterized by:

- A shift from operations concepts to flow concepts. This means focusing energy and skills on inter-operations management. Coordinating operations through interface management has now become the role of logistics.
- Management of the "decoupling point", that is, the push/pull interface.
- The beginnings of customer service considerations, with logistics in charge of delivery, lead time and availability.
- The development of specific skills in logistics and the creation of logistical departments within companies.

C   An integrated approach to logistics: the concept of a logistics channel

This third stage in the history of logistics is dominated by the emergence and rapid development of logistical organizations implemented by retailers. This in turn, caused everyone involved in the process to consider the marketing channel as a complete entity. Retailers encouraged the evolution of this policy for the following reasons:

- Since competition in the retail business is based on price levels, it was essential for retailers to concentrate on purchases (eventually speculating by storing products in their warehouses over more or less lengthy periods of time), thus controlling ever more massive flows of product. In other words, a policy of economies of scale was applied so as to lower procurement costs.

- When producers manage the distribution of their products, physical distribution costs are included in the purchase price; retailers cannot control this cost. By organizing their own logistics, the cost is isolated and can be analyzed and calculated, thus rendering the cost of logistics transparent.

- Some retailers decided to increase competition between multinational producers and local producers on the supply side, typically characterized by concentration through mergers and acquisitions. In fact, it was also important to maintain a range of products consisting of well-known international and local brands. Marketing in the retail industry is complex, because it must combine mass marketing principles with local marketing strategies (products priced for specific local markets). By developing their own logistics facilities, retailers made it possible for small local producers to supply their own outlets. This stimulation of competition was augmented by the emergence of private labels, one key component of retail marketing strategy being to develop the image of the retailer's own brand along with customer loyalty to it.

- Increasing the availability of on-the-shelf products and reducing out-of-stock situations are additional challenges for retailers, keeping in mind that these retailers manage only 1.5 to 2% as net profit after tax per year. For some international brands in France, such as Coca-Cola or P&G, average shortage rates of 8% are frequent on the shelves, and it can reach twice that rate on Saturday afternoon during the period with the highest attendance of the consumers in the outlet, although the level of inventories along the logistics chain from the factories to the outlets at the European level can represent more than 40 days. Controlling logistics in order to improve the quality of service and maximizing the productivity of outlets was a means for retailers to improve sales performance by shortening delivery lead time, keeping products in the right conditions of freshness and by correctly sizing inventories along the downstream chain.

In addition to retailers' take-over of logistics, demand became characterized by uncertainty and by subsequent difficulties in estimating demand. Several factors explain this uncertainty, such as a shorter product life cycle (for example, 4 to 6 months in the computer industry or the mobile phone business; 60% of the product catalogue for L'Oréal is renewed annually); an increasing number of items are now proposed by producers and retailers themselves under private labels; the increasing role played by sale promotions organized by producers for retailers and consumers, along with promotions organized by retailers for consumers. The new complexity implied by uncertainty related to demand has been reinforced, as we mentioned in the first part of this chapter, by production strategies implemented by the producers and characterized by factory specialization. In addition, delocalizing certain manufacturing facilities to countries with low levels of hourly wages and splitting production processes into parts has enabled companies to add the highest value at the latest possible moment through postponed differentiation (i.e. globalization of production activities).

Given the evolution in the corporate environment, logistics went far beyond the limits of the company itself, as marketing channels involving producers and retailers began to be taken into consideration. Inbound and outbound logistics are now completely integrated, with the following objectives in common:

A logistics function must organize all the operations within a company and along the supply chain in order to properly manage delivery lead-time.

The logistics function has now identified services delivered to the consumer as the key driver for designing and organizing the logistics chain. The availability of a given product on the shelf in a given outlet depends on how the producer and retailer manage logistical infrastructures. Customer satisfaction when expected services are provided, and optimization of the total cost of this service reveal the interdependency of all the actors along the chain.

Consequently, logistics is organized in departments under the control of the marketing and sales division; under the business units if the company has chosen decentralized logistics organizations; or as a corporate function supporting all the businesses within the company. In addition to this organization, logistics as a recognized function started to measure performance, which had not been done before. Demand fulfillment rate, inventory level, speed and reliability of delivery lead-time and flexibility in responding to specific demands from customers all became quantifiable entities.

In revealing interrelations among different actors, logistics identifies areas lacking in communication, and thus emphasizes the role played by information systems that facilitate integration of the chain. Here, integration refers not to vertical integration (capitalistic systems), but to electronic relations based on ever more sophisticated information systems. To efficiently manage inventory levels so as to ensure availability of finished goods that meet consumers' deadlines requires co-operation between the producers and the retailers. First, their own organizations' logistics information systems (demand forecasting, production planning, delivery planning, inventory management…) must be implemented, and second, communication systems to improve the reactivity of the overall system to the evolution of the demand (order processing system, development of shared data base for the items, management of promotions…) must be established.

By developing as a chain, logistics is now more a question of information flows using accurate data together with paperless systems enabling greater reactivity. It is clear that new information technologies reinforce this situation.

2.2.2 A model of global logistics

As we explained in the first part of this chapter, recent factors have facilitated the evolution of an integrated logistics framework in a more global way. The globalization of the economy and businesses, opportunities offered by the development of new technologies related both to physical (cross-docking, setting up hubs) and informational flows (ERP – Enterprise Resource Planning; APS – Advanced Planning and Scheduling Systems; CRM – Customer Relation Management, Internet) enable the design of global logistics frameworks. This approach recognizes the key fact that the logistics performance is not only based on the logistics professionals and experts but highly depends on the contribution of all the functions interacting with the logistics. Such frameworks are based on co-operation and include three poles of integration, as shown in the following graph:

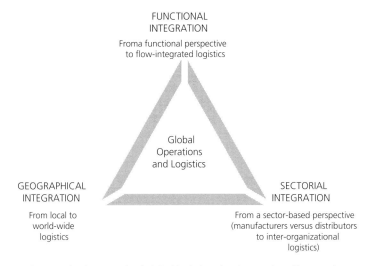

Fig. 2.2 The framework of global logistics: the three poles of integration.

A Functional integration

Effective operations and logistics management are not only dependent on good co-ordination of physical flows generated by the various operational functions (manufacturing, physical distribution, after-sales service...). Improvement also results from better flow management when functions such as research and development or marketing are involved, and enables products, manufacturing processes and the logistics chains to be co-designed using multi-skilled teams. The launching of new products, withdrawal of obsolete products, promotional campaigns and obviously packaging or the choice of a marketing channel, hold significant development potential if marketing, logistics and manufacturing operations can identify common activities which would benefit from co-operation.

The first step in understanding functional integration is to see how logistical factors are taken into account by the other functions.

• ***Research and Development:*** the reduction of time to market concerning the design of new products is a key factor for success, considering the brevity of product life cycles in many industries today. The involvement of logistics in the R&D stage makes it possible to anticipate logistics issues and cut costs related to the distribution of these new products as this graph shows:

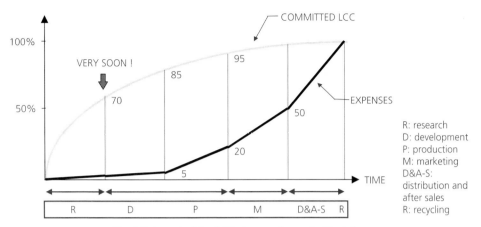

Fig. 2.3 Impact of the R&D stage on the cost of logistics.

The black curve represents cumulative expenses in sequenced operations from research, development, manufacturing, distribution, after-sales services and recycling operations. The closer to the market, the higher the expenditure. The gray curve shows the committed life cycle cost (LCC), which means that even if research expenditures are only 3% or 4% of total product value, decisions made at this stage by the design engineers will imply constraints for later stages, such as production and logistics. This is essentially why, the experts of production and logistics have to be involved in the earliest stages of the new product design, in order to anticipate the impact of decisions or to input factors to optimize the entire value chain within the company, not only through sequenced operations along the value chain.

• **_Marketing function:_** the marketing policy of producers is structured around the basic concept of a "marketing mix", which consists of analyzing the market and splitting it into segments characterized by four variables: product, price, promotion and place. Logistics affects all these variables, as the following diagram shows:

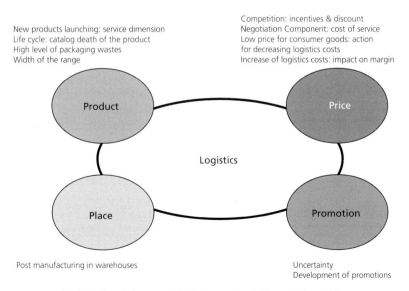

Fig. 2.4 Graph: Impact of logistics on "marketing mix" variables.

The second approach to functional integration is to consider how the logistics function integrates the objectives and constraints of the other functions that have an impact on flow design and management. As we have already discussed here, logistics is the function that stimulates co-operation within companies so as to provide anticipated service levels to customers. Marketing is the key function providing a detailed list of components of the service marketed to customers and implemented by logistics. A delivery lead-time of 24 hours implies different constraints for designing a physical and informational distribution network than a delivery lead-time of one week.

Under the pressure of the following factors:
- evolutions related to product features (weight, value per kilo);
- number of delivery points (in the year 2006, Yoplait delivered to fewer than 250 delivery points in France, compared to 70,000 in Italy; twenty years ago this was the number required in France for a similar market penetration due a difference in terms of retail industry maturity in France versus in Italy);
- deregulation of the transportation industry, organization of marketing channels; and
- re-allocation of value along the chain.

Logistics has had to continuously re-engineer the supply chain. This continuous process has reinforced the benefits of functionally integrating the skills associated with the supply chain.

The last point we would like to discuss concerning functional integration concerns organizational evolution. Co-operation among companies relies on information systems and dedicated organization based on a process concept. Logistics appears as a fundamental process in itself and as a process supporting other processes, such as customer satisfaction by means of tailor-made products and services. From this point of view, it can be said that expertise is "smooth" and is capable of achieving success in the main processes.

B   Sectorial integration

In traditional supply chains, vendors, manufacturers, retailers and customers independently optimize their own logistics and operations. They act individually, dealing with their own segment of the flow system. As a result, they inadvertently create problems and inefficiencies for other players in the stream, all of which adds to the cost of the whole system in the final analysis. Leading companies, taking the impact of lack of co-ordination and communications into account, have begun to extend their views beyond corporate boundaries and work co-operatively with all parties so as to optimize the entire system. Both producers and retailers have defined directions for cooperation in order to implement solutions pulled by the demand of customers, rather than pushed by supply of product. In the fast-moving consumer goods sector, ECR (Efficient Consumer Response) projects are an initial attempt to cross the co-operation boundary of what we have called sectorial integration, with the following features:
- optimization of flows of goods and of stock replenishment; streamlining of the distribution of goods from the assembly line to the retail shelf.
- efficient new product launches; reduction of time to market and of cost to introduce new products.
- assortment: optimization of store assortment and space allocation to increase both category sales per square foot and inventory turnover.
- promotions: effective co-ordination, reduction of trade cost and consumer promotion.
- adequate fit between product range and demand.

Producers and distributors have jointly defined areas of co-operation, and have developed solutions that are derived from the supply perspective, rather than driven by the products themselves. For the producer, selling the product to a distributor is not the ultimate objective. Rather, the retailer is the channel through which the producer reaches the final customer. Functional integration from both the producers and the retailers is a prerequisite for sectorial integration to enable proper establishment of supply chain organizations. Consequently, new skills must be developed, such as that of product brand manager, who is in charge of designing appropriate logistics solutions for selling and promoting specific products to each retailer. Priorities are changing as automated information and communication systems are implemented between producers and retailers, In consequence the brand manager can focus more attention on services delivered to retailers, as shown in the following graph:

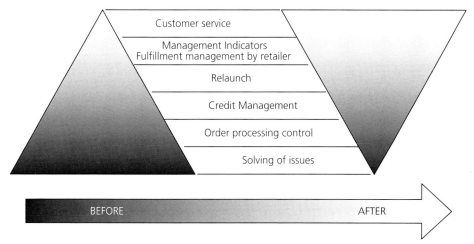

Fig. 2.5 Organizational impact of sectorial integration within supply chains.

Another key actor in sectorial integration is "third-party logistics" (3PL), which supports and stimulates co-operation between producers and retailers in all industries (not just in frozen or fresh products, where the cost of maintaining low temperatures implies co-operation). 70% of the top 500 *Fortune*-ranked companies in the United States have sub-contracted their logistics activities, and in Europe, deregulation of public transport is already inducing this implementation.

The 3PL industry is undergoing a plethora of alliances, mergers and acquisitions among the traditional carriers, post offices. Only in 2005, big mergers took place involving the takeover of Exel Logistics (around 8 billion euros of income) by Deutsche Post (which itself had already merged a few years earlier with DHL); ACR (previously named Hays Logistics) was taken over by Kuhne & Nagel; and TNT Logistics France merged with ND Logistics. In each case, the motivation was to provide the right solution to producers and retailers by proposing a complete portfolio of services.

Beyond this traditional 3PL approach, consisting of outsourcing physical operations and occasionally the optimization of the product flows (for example, within a pan-European network), new solutions were designed in 2000 and have since been implemented, essentially in high-tech industries. Those new solutions can been analyzed through two levels of maturity:

• The LLP (Lead Logistics Provider) offers a producer or a retailer a fully integrated supply-chain solution using both its both operational (warehousing, cross-docking, trucking,…) and functional (Information Systems solutions) bricks. By proposing this solution, the LLP gets a better view of its clients' supply-chain organization and is thus in a better position to push its assets.

• The 4PL (Fourth Party Logistics) is by definition a non-asset company which has a very good knowledge of its clients' industry. The purpose of this fourth intermediate is to design and to implement the best supply-chain solution for its client by selection of the most appropriate 3PL and information systems. This short-contract provider justifies its role within the value chain by providing savings and a better fulfillment rate to its clients.

It is clear that, today, logistics providers are fully involved in the sectorial integration of supply chains because of their role in improving coordination of logistics interfaces.

C   Geographical integration

The global environment that characterizes today's business world has revealed the importance of developing strategies that go beyond the geographical boundaries of one country. It is not uncommon today to see a company developing a new product in the US, manufacturing it in Asia and selling it in Europe. Wage-rate differentials, expansion of foreign markets and improved transportation are breaking down the time/space barriers between countries, forcing logistics functions to take on a global dimension. Global logistics is the response to the increasing integration of international markets as companies strive to remain competitive. Here again, 3PL plays an incentive role by providing physical solutions such as planes, hubs, collection systems, final deliveries and informational solutions, to trace and track flow from start to finish. 3PL allows companies to send items over long distances in the shortest time possible, and at a lower inventory carrying cost. Producers and retailers can thus trade off the total logistic cost of their worldwide activities.

Retailers participate fully in this geographical integration by developing worldwide organizations. In the year 2006, Carrefour, the second leading company in the retail industry behind Wal-Mart, is managing 9,000 outlets including hypermarkets, supermarkets, cash & carry and e-commerce in twenty-three countries. Outlet procurement is organized through owned or sub-contracted logistics, using the same information systems and the same operational processes in order to standardize operations, reduce costs and negotiate supply contracts with multinational producers.

Not many countries have currently reached the stage of global logistics. The choice of integration pole depends on what is driving competition in a given business: functional integration shortens the time to market for short product-life-cycles, as in the computer industry. Sectorial integration works in fast-moving consumer goods, and geographical integration functions for multinational companies managing worldwide supply and delivery networks. Very few companies have achieved the global logistics organization of a company like Michelin for the tyre industry:

• Multi-skilled teams involving R&D, marketing, production and logistics experts, work together in order to co-design new products, the production processes and the supply chain. They have also developed integrated information systems to properly manage the link between sales organizations, production sites and logistics facilities.

• Co-operation with Michelin's commercial network, Euromaster, which manages more than 1,500 outlets in Europe, has required sectorial integration through the development of connected information systems sharing data (particularly marketing information and demand forecasts) and the implementation of mutual physical systems for storing and delivering finished goods.

• Finally, management of inbound and outbound logistics between vendors, factories and national sales organizations has been achieved through geographical integration which has made possible a world-wide tracing system matching the supply side with demand at the world-wide level and using highly standardized physical methods.

2.2.3 The different levels of maturity

A complementary approach to the global logistics framework is the analysis of the maturity of logistics within the value chains. It is possible to define four different levels of maturity using the following framework:

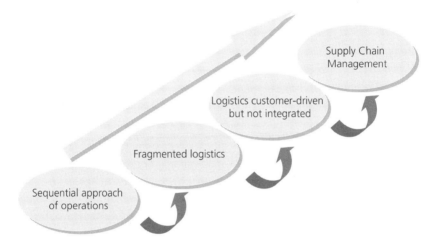

Each of these maturity levels can be characterized by four criteria:
• *the degree of integration*: from level 1 through level 4, integration is largely based on cooperation as explained in the previous sub-chapter;
• *the level of extended optimization*: the scope of optimization is very narrow at level 1 and then increasing and becoming more global;
• *the business vision* is fully absent at the level 1; it is limited to the fulfillment rate at the level 2; and it expands to include customer service at the level 3. And then at level 4 the word "logistics" disappears and is replaced by "supply-chain management" as this business process aims not only to fulfill the traditional objectives of logistics but also to design new business models creating new value;
• *the complexity level* increases due to the number of actors involved, the scope of the optimization, and the number of business factors that should be covered.

The main features of each maturity level are listed as follows:

Maturity 1: Sequential approach of operations
We do not use the word "logistics" to describe this level, which is mainly focused on transportation. Its main objective is economic optimisation based on the operation research, and its key target is productivity. Logistics is perceived as cost-added. There is no logistics function, no expertise, and no sector of logistics; the scope is limited to in-house activity, mainly organized on a push logic.

Maturity 2: Fragmented logistics

The objectives are focused on cost reduction related to order processing, to holding inventory, as well as to improving the customer service. The scope of logistics is limited to flows management in the company and in the distribution channels. Retailers are highly implicated in the logistics business and subcontract most of logistics. The logistics process is dedicated to the management of the interface between the push flow and the pull flow (decoupling point), and the company at this maturity level establishes dedicated functions and expertise development.

Maturity 3: The logistics becomes customer-driven but not fully integrated

The customer service is the central concept of logistics; therefore logistics attains a more postitive value-added status (rather than cost-added). The company fully recognizes the interdependency of the various functions, i.e., the importance of cross-functionality. This transversal feature is supported by the information flow at the three levels: operational, tactical (flows monitoring) and strategic.

Maturity 4: Supply-chain management

Once logistics becomes more driven by the optimization of resources, it is replaced by supply-chain management, which is considered as a business process within the firm oriented to the creation of value for the customer. Service fulfilment is properly completed by the profit leverage of the invested assets, in order to gain further benefits beyond level 3. Supply-chain management is clearly an area ideal for the implementing of new IT solutions. Through the supply-chain management approach, it is possible to:
- trade-off between the centralisation of some logistics activities (monitoring, planning, operating) and the decentralisation of some others (continental logistics, local-customer service management);
- share or to specialize the logistic resources depending on (a) the synergies between the businesse and (b) the logistic profiles of each local business unit.

At this maturity level, the current and the future state of the strategic maturity of a company in its logistics activities can be assessed, thus enabling the identification of the right projects to implement to increase its performance.

2.2.4 The logistics strategy

In the past, upper management in companies considered most operations and logistics functions as technical specialties relegated to a traditional reactive/tactical role. They viewed operations and logistics as tactical in nature, or as design strategy without input, and limited them to a cost-minimizing role. Today however, as a result of the evolution in logistics, the trade-offs cannot be analyzed in isolation, but must be viewed in the context of overall performance objectives. The main purpose of optimizing any logistics system is to maximize profitability. It is clear that logistics challenges are discussed at the Board level due to the stakes they represent. The interaction among the three poles of integration makes it possible to attain a strategic level. Three basic types of orientation can be identified:

- Resource-oriented logistics is the management of the different resources (capital, materials, people) required in the manufacturing of products to be delivered to final customers. Resource-oriented logistics focuses on the relationship between the functional and the geographical dimensions. By looking at the world as a supply of resources and a market for customers, we see how the functional dimension can benefit from the geographical dimension. Here logistics is oriented toward optimizing resources in cost strategies.

• Information-oriented logistics concerns the management of information as a source of competitive advantages. Companies that segment their customers into many markets and offer a great variety of options for their products are interested in changes in customer tastes. Information-oriented logistics is related to the relationship between the sectorial and the geographical dimensions. Suppliers may offer information on the latest developments for a component, while the 3PL allows access to new markets and 4PL uses new information technologies to enable their clients to better compete in their market.

• User-oriented logistics focuses on the final customer. The concept of Supply Chain Management (SCM) was introduced late in 1996 at the same time as the development of companies like I2 Technologies or Manugistics, which provide integrated information solutions for an entire supply chain involving all the actors. The use of the word "supply" means that the entire logistics chain must be organized in order to supply the end-user, located at the far end of the chain. Chain design depends on the needs of this end-user; this has been dynamically reinforced by the rapid growth of e-commerce and 'BtoC' business. By maintaining a user-oriented focus, logistics systems acquire more flexibility in responding to the customers needs. Flexibility results by combining the different companies involved through proper co-ordination.

Through the interactions among the three poles of the global logistics framework, logistics actively participates in defining and achieving the goals of corporate strategy. In addition to financial indicators, a logistical perspective provides a broader understanding of the complex challenges facing a company:

• Reduction of production and logistics costs through increased productivity.

• Development of a strategy of differentiation based on specific quality. Top quality means not only good products, but also high quality service for customers. Designing the right service policy consists in identifying and defining the service components expected by customers, classifying these components in terms of priority and defining indicators for each component. It is then possible for the company to compare performance by means of a benchmarking process, to fill in gaps and to improve its competitive position.

• Flexibility in variety is the answer to diversity strategies developed by many companies. This means offering a wide range of items and adapting marketing policy to the particular features of each local market. The logistics systems that are so designed must foresee highly standardized solutions and infrastructures for as long as possible along the chain, and then differentiate resources to adapt those solutions to the expectations of local customers, hence facilitating the introduction of new products.

• Flexibility in volume must deal with the seasonal aspects of sales volume. A trade-off must be analyzed and resolved between investing money in higher production capacity or putting it into seasonal inventory.

• Many industries are characterized by time-based competition. Optimized logistics participates in this new form of competition by shortening and/or mastering the reliability of at least three components: manufacturing lead-time, delivery lead-time and, time to market. A quicker response of logistics to market evolution can be attained by platforming the three following pillars, enabling the establishment of a concurrent design approach:
  – the product features mostly based on modules;
  – the production-process features concurrently based on focused production facilities;

- the supply chain and logistics solutions that enable the management of end-to-end flows of goods

Recently, logistics and supply chains have been viewed as a business process that supports business development and business performance by:
- fulfilling the customer demand;
- designing solutions which deliver the expected service level;
- optimizing the overall cost.

The most advanced supply chains differentiate their offer based on a segmentation of customers. The following triple trade-off has to be a full part of a logistics strategy: service vs. cost, standard vs. custom, global vs. local. Information technology can support the supply-chain process by implementing collaborative solutions among functions within SE. Trust is a pre-requisite. The continuous improvement of supply-chain performance is based on the logistics managers ability to design ready-to-implement solutions and to market them. Finally, we have to keep in mind that communication quality of the achieved results is crucial, as is training (inventory management, transportation plan, warehouse process, logistic offer,…).

By recognizing the strategic level of logistics, the company upper management takes on the responsibility of resolving challenges that are often antagonistic, and of designing global solutions that respect local market features. Logistics expertise is thus a key component in the dynamics of mass customization.

2.3 Bibliography

BOWERSOX D. J. and CLOSS D. J. *Logistical Management: The Integrated Supply Chain Process*. McGraw Hill College, 1996. 752 p.

CHRISTOPHER M. *Logistics and Supply Chain Management: Strategies for Reducing Cost and Improving Service*. Financial Times Management, 1999. 294 p.

CHRISTOPHER M. *Logistics and Supply Chain Management: Creating Value-Added Networks,* Financial Times Management/Prentis Hall, Cranfield, 2005.

COHEN S., ROUSSEL J., *Strategic Supply Chain Management,* McGraw-Hill, 2004.

DORNIER Ph.-P., ERNST R., FENDER M., KOUVELIS P. *Global Operations and Logistics*. John Wiley & Sons, 1998.

FRAZELLE. E., *Supply Chain Strategy,* McGraw-Hill, 2002.

HESKETT J., SHAPIRO R., *Logistics strategies: cases and concept,* West Publishing, St Paul, Mn. 1985.

LAMBERT D.M. *et al. Fundamentals of Logistics Management*. The Irwin/McGraw-Hill Series in Marketing, 1997. 624 p.

POIRIER C. C. *Advanced Supply Chain Management: How to Build a Sustained Competitive Advantage*. Berrett-Koehler, 1999. 300 p.

BALLOU R. H. *Business Logistics Management*. 1999. 681 p.

2.4 The author

Michel Fender obtained his diploma of engineering at the Institut National d'Agronomie (Paris-Grignon), and continued his studies at the Institut Supérieur des Affaires (HEC-ISA), where he received a MBA. He holds a Ph.D. in the logistic organization of supply chains from the Ecole Nationale des Ponts et Chaussées (1996).

From 1987, he began his consulting activities first in a consultancy, then as independent. In 1998. he co-founded Newton Vaureal Consulting which is specialized in Logistics and Supply Chain Management. Over the last 20 years he has been involved in many projects in various industries such as such as in fast moving consumer goods (Electrolux and Valentine (ICI Group), Kaysersberg (body health care, such Lotus and Vania), Perrier, Virgin France, Berger (sirops and alcools), Lexmark, Altadis, Morocco Tobacco, France Telecom), in Distribution (Euromarché, Barbotteau, Prodirest-Carrefour, Butagaz), third party logistics (Delquignies, Norbert Dentressangle), pharmaceutical products (OCP, Zeneca, Leo, Diagnostica Stago), publishing (Book and publisher syndicate, Ouest France), aircraft (MOD, EADS, Eurocopter, Royal Air Maroc, Hurel Hispano), building materials (Holcim, Point P, Pinault Distribution), automotive (Michelin Europe, Michelin Asia), recycling (Veolia Propreté, Recylum), miscellaneous (Saint-Gobain Abrasives, Alcan Cebal, Prim), national agencies (Tanger Med, SANEF)

From 1992, he was professor, then international Dean in many associates programs, among which we mention: ENPC-MBA Casablanca (Morocco), ENPC-MBA Tokyo (Japan), at the Universitdad de Belgrano, Buenos Aires (Argentina), Kochi in India, SIMBA in Shanghaï (China) and KMPG in Central and Eastern Europe. In parallel, he occupied functions of director and pedagogical responsible of the Institut des Hautes Etudes Logistiques within the ESSEC Group.

He currently is President of the Manufacturing Management Department at ENPC, Co-Director of IML Paris and Professor of Logistics at Ecole Nationale des Ponts et Chaussées.

Chapter 3

Customer Service Management

Hervé Mathe

3.1 Introduction

As competition increases and technological advances accelerate the renewal of tangible products, companies face mounting pressure to develop even more innovative customer service strategies. For the last ten years and more, customer service has already proved to be a significant source of competitive advantage for manufacturing companies, as well as for retailing firms and service companies. While successful manufacturing companies have built on their core capabilities, they have moved beyond the factory gate to tap into the valuable economic activity that occurs throughout the entire product life cycle[1]. Furthermore, in many regular "service organizations"– such as logistics service providers and transportation; financial services; hospitality and tourism; intellectual services and so on– attention to customers or clients has dramatically increased, enabling leaders to remain ahead of the pack or to provide the added thrust to allow a challenger to attack and overtake the leader. Finally, the expansion of services may be looked as the most significant business trend of the past three decades. Western economies continuously add new positions in services but regularly shed jobs in manufacturing. In a study carried out primarily in North-America, the consultancy Bain has reveled that from 1995 to 2002, the leading two hundred service companies increased in market capitalization by fifty per cent more per year than the top two hundred so-called "product" companies, in both rising and failing markets[2].

Innovative service strategies are now established on the basis of structured approaches. The articulation of the role of customer service must take place during the formulation of business unit strategy. Defining the mix of services to be provided requires the understanding of customer needs throughout the entire lifecycle of the customer/supplier relationship. To be successful in providing those services, management must recognize that service is a corporate-wide activity, mobilizing enabling technologies and requiring careful cross-functional coordination[3]. Every functional division has a critical role to play. Inadequate balance between

---

[1] Wise R., Baumgartner P., "Go Downstream: The New Profit Imperative in Manufacturing," *Harvard Business Review*, September-October 1999.

[2] Sarabjit Singh Baveja, Jim Gilbert, and Dianne Ledingham, "From Products to Services: Why it's not so simple," *Harvard Management Update*, April 2004.

[3] Mathe H., Shapiro R., *Integrating Service Strategy in the Manufacturing Company,* Chapman & Hall, London, 1993.

service function "integration" relating to coordination, and "separation" relating to speciali-zation, creates conflicts among the different parties involved in the "service-value chain", i.e. marketing, sales, research and development, production, distribution, and after sales support. Product companies that are expanding their offerings toward more services do not always meaningfully outperform their "pure play" product counterparts in terms of revenue growth, stock performance, profit margins, and return on equity[4].

Providing conceptual frameworks and sets of implementation guidelines to manage the different dimensions of the "value proposition" were fashionable topics in business literature during the mid-nineties. Currently, service is definitely strengthening its preeminence as a key activity for manufacturing companies operating in economically advanced countries, and new and successful service firms are flourishing everywhere. Also, technology, and especially the Internet Protocol system, finally provides service organizations the resources for elaborating radically different way to engage customers, generating the multiplication of emerging busi-ness models[5]. Companies have been using some sort of networks for decades[6], but today's networks are offering dramatically new opportunities to service businesses. A new connected world has formed from fundamental changes in the information and communication tech-nology (ICT) industry. Whereas once businesses operated separate networks for voice and data, those networks, along with video, are now converging in a way that eases obstacles to competition and provides opportunities for a wealth of new services[7].

As a consequence, service organizations are also using relatively new approaches to manage their operations. These include the following: 1) relocation of back-office activities, as well as outsourcing of support functions[8]; 2) outsourcing of knowledge-based services and activities, such as strategic project management; 3) international distribution of services via the internet, even more often with the mobilization of "intelligent agent" technologies; 4) exploitation of the customer-service support potential of suppliers and sub-suppliers, in terms of the intangible, yet highly valuable, content of the services they offer. In the context of the present discussion, we are focusing on issues regarding the relationships between the new management of service operations and the strengthening of innovative capability in service firms.

This paper primarily reviews the notions attached to customer service strategy and inves-tigates the robustness of the "value proposition" approach when implemented and the new role played by technologies in services. Given the trends in customer service and the man-agement of service organizations, we then extend the subject to the analysis of significant innovative moves experienced in numerous service organizations. In particular, we explore how organizational structures, workplace architecture, and fast emerging service off-shoring can be designed to enhance the ability of service firms to permanently innovate, and then strengthen, their overall economic performance.

---

4   Sarabjit Singh Baveja, et al., 2004, op. cit.

5   Karmakar U., "Will You Survive the Service Revolution?" *Harvard Business Review*, June 2004.

6   Manuel Castells. *The Rise of the Network Society*. Oxford, Blackwell Publihers Ltg;, 1996, revised edition 2000.

7   Gustafson P., and Koff W., *Connected World: Redefining the geography of business and how we work and play*. Leading Edge Forum CSC, El Segundo, 2006.

8   Engardio P., "The Future of Outsourcing: how it's transforming whole industries and changing the way we work. Special Report," *BusinessWeek*, January 30, 2006.

3.2 Attaining total customer satisfaction and harnessing technology in services

As an evidence of the growing importance of customer service, BusinessWeek introduced in March 2007 its first-ever ranking of client-pleasing brands. Focusing mainly on the American market, the list of outstanding customer service provider includes: auto and home insurance company USAA only open to military; luxury hotel chain Four Seasons; auto maker Cadillac; retailing firm Nordstrom; UPS; Starbucks, Southwest Airlines; Porsche; and Apple, among others[9]. Examples of best practices include the 100-year-old insurance company Amica Insurance that does treat customers like family: When serious weather such as a tornado strikes, Amica proactively calls each customer it hasn't yet heard from. Three realities have intensified the importance of customer service in the past ten years:

• The rapidity of technological change and the resultant decrease in product life cycles creates a difficult task for delivery service and after-sales support organizations. Uncertainty in the demand at launch time, frequent changes in spare parts, in the technological skills and training required, in processing orders, installing, operating, and maintaining equipment are all a reality. It also makes it more difficult to adequately forecast customer behavior and consumption of parts as well as the needs for updated subsystems.

• It is increasingly difficult to satisfy the needs of specific and often quite different customers such as for instance, in the medical equipment industry, a modern hospital in Zurich and a developing country emergency health center, or an individual professional in Boston as well as the British army medical corps. This requires not only a range of dissimilar tangible products, but also the definition and delivery of a variety of different services – often based on idiosyncratic relationships with these customers. Customization of companies' responses is currently expanding in all type of manufacturing or service companies.

• The management of service activities in the international arena multiplies the interfaces to be managed, the different service and quality level requirements, as well as the variety of economic and competitive situations.

In addition to responding to these challenges, services may represent significant sources of income. Direct payment for express delivery or technical support operations have the potential to create considerable revenue, either for logistics service providers, or for companies that manufacture complex tangible products. The average level of profitability for these service activities can even exceed that obtained by the sale of the equipment itself. Services linked to the delivery and after-sales support of durable household consumer goods are also a source through which companies earn additional revenue. Whereas the multiyear guarantee has been a widespread practice in the US automotive sector, causing much of the regular maintenance costs to be included in the equipment's sales price, the newer practice of a longer-term, but fixed-price, maintenance contract ensures firms with steady income throughout the life of the customer-supplier relationship.

More importantly, services can contribute to increased demand for a tangible product and, as a result, to higher market share for the firm. Support services, including delivery, influence purchasing behavior at the initial acquisition, and again later when the customer, needing to replace the equipment, decides to reinvest in the company's product. Nevertheless, it is worth noting that in most advanced markets, the more primitive concept of "technical support service" has increasingly been overshadowed by customers' expectations for a

---

9   Customer Service Champs: A Special Report. J. McGregor, BusinessWeek, March 5, 2007.

"product's" availability both in time and space, its functions operational when and where needed, and at a guaranteed cost. Hence, in the eyes of the final customer, acquisition cost remains the determining factor for the attractiveness of both packaged consumer goods and most simple industrial equipment. However the services offered by the manufacturer can subsequently add considerable value for the distributor or retailer. For medium and heavy equipment, greater range and quality of services become the more dominant discriminating factors, with the customer's dual objective being to maximize the operational availability of the equipment, and to guarantee its adaptability over time to changes in use. Delivery and support service that is deemed to be insufficient, whether or not provided by the manufacturer, may open the door to new competitors who are evaluated, above and beyond the price and performance characteristics of their product, on the quality and range of before, and after-sales services provided.

Thus, customer service is a lever for differentiating a product, and can ensure the continuity of a relationship between user and manufacturer throughout the period from equipment purchase to its renewal. As part of the general context of changing consumer expectations, service support operations provide an avenue for establishing an ongoing relationship through which the two parties combine their abilities in order to jointly ensure that a product fully attains its intended usefulness. The customer, therefore, consumes a "service" and pays the "service-manufacturing" supplier in a variety of ways. This relationship helps maintain feedback from the field to the design and production system about the evolution of customers' needs, and the reliability of the product. To do this, effective manufacturing and retailing firms tend to reinforce their support networks to create, when possible, the conditions for individualized customer follow-up. In short, service policies can represent a way for the manufacturing or retailing company to increase its competitiveness, often considerably. After identifying the impact that the service mix has on the intensity of rivalry between competitors, using overall product performance measurements or a coherent combination of tangible goods and service operations, the impact of service can be ascertained as it relates to the industry for the tangible product, as well as relative to stand-alone service competitors. Support of the physical "product" plays a profitable role in the effort to build barriers to the entry of new competitors by increasing switching costs. The development of substitutes to the manufacturer's after-sales support, such as do-it yourself maintenance or the expansion of networks that specialize by physical subcomponents, tends to markedly modify the rules for competition through service, in some industries.

So, the use of metrics to measure performance and drive process improvement is a necessary basic tenet of logistics and service organizations, yet the average manufacturing or retailing company works with only one or two metrics, most commonly, delivery-cycle times and direct distribution cost. For instance, of the clinical supply companies recently sampled by the consulting firm PRTM, 70% concede that they don't measure enough metrics to give a full picture of their performance[10]. The same observations can be made in many industries. Customer service performance is definitely one of the major outputs of any logistics system. After all, the logistics function usually only carries out service operations such as transportation, warehousing, maintenance, order processing, planning and information management, among others[11].

The set of existing tools likely to be used, often only by service personnel, in formulating the service offer to enhance the tangible product value, are often inadequate to the task. Usually, service managers worry only about maintenance and spare parts. Significant progress

---

[10]   Singh M., Stesney M., Goff M., "When On-Time Delivery is Critical," *PRTM's Insight*, Winter 1999.
[11]   Tixier D., Mathe H., Colin J., *La Logistique au Service de l'Entreprise,* Dunod, Paris, 1996.

has been made in the fields of forecasting equipment lifetimes, mean time to failure, and the creation of analytic methods for determining the lifecycle cost of heavy equipment. For example, results of a life-cycle-cost analysis done by a large US manufacturer of electronic testing systems show that, in aggregate form, the total cost of ownership – the total expenditures, over the lifetime of the equipment, made, in conjunction with the use of that equipment, by the industrial purchaser of the electronic test system- usually reaches a 50% to 70% figure. To the surprise of many of the people in the service department of a major medical equipment manufacturing company, maintenance costs, including the cost of spare parts, comprised on average, only 4 per cent of the total ownership cost. Sales people were surprised to learn that the purchase price comprised only 17 per cent of the total cost of use. The biggest cost elements were the costs of programming (and reprogramming) the equipment, of operating the equipment (including training and direct labor costs), and the costs of errors (including downtime). This was particularly valuable information for the design engineers, thinking about the next generation of products. This kind of analysis requires the close co-operation of functions, such as marketing, sales, design, and service.

"Service response logistics", on the other hand, can be defined as the coordination of an organization's activities in order to produce a service. As defined in several studies achieved in the early nineties, Service response logistics focuses on the following three major objectives:
- minimizing wait times by reducing order cycle times;
- managing service capacity;
- providing delivery through distribution channels[12].

Service response logistics occur in both goods and service producing organizations. Field support organizations generally consider service response logistics more important than companies in more traditional service sectors, largely because parts purchasing, storage, and distribution are highly visible and a relatively large part of overall costs. Also, and especially in high-tech manufacturing industries, field service organizations often have multi-echelon structures for their parts warehousing and distribution, that are more sophisticated than those found for materials management in goods-producing organizations. Speed, reliability, and availability of resources appear to be three key performance indicators in service response logistics. Life cycle cost, a notion explained above, and other financial criteria have also emerged among the most important dimension. Therefore a comprehensive quantitative and qualitative assessment of all functional areas involved in the delivery and technical support of goods should be conducted. It should measure service as well as cost performances across a balanced set of indicators[13]. Comparison of current service performance against industry benchmarks establishes the gap between the organization's performance and best-in-class performance standards, providing a baseline for possible improvement in customer satisfaction.

Importance of service strategy and inter-functional coordination might paradoxically be enhanced by the very fact that the necessity of a relationship – transactional environment to delivered services – is now questioned by the development of new technologies. Charles Giancarlo, Chief Development Officer at Cisco, has said: "The Internet and new networking requirements are enough of a disruptor for us to enter a new market."[14] Companies are crossing over into new industries and businesses, clashing as well as cooperating in staking

---

12   Arthur D.Little Inc, The Pennsylvania State University, *Logistics in Service Industries*, Council of Logistics Management, Oak Brook, 1991.
13   Blanchard B., Fabrycky W., *Systems Engineering and Analysis*, Prentice-Hall, Englewood Cliffs, 1990.
14   "Cisco Coming to a Store Near You?" *The Financial Times*, January, 16, 2006.

out their digital turf[15]. This crossover initially envisioned in the nineties by Gordon Bell and now called the "triple way" is definitely becoming a reality[16]. And "triple way" is often extended to the quadruple play when mobility is added. As a matter of fact: 1) Telephone companies offer TV (e.g., Swisscom, Verizon, AT&T); 2) computing firms are getting into the telecommunication business and TV (such as Microsoft with MCI and its own desktop phones and videoconferencing devices); 3) TV, music and computer media companies target mobile phones as the next entertainment platform (see MTV with Warner Music Group or MTV with Sprint); 4) technology and entertainment groups team up such as Pixar with Disney, Google and CBS, Microsoft and MTG; 5) Internet companies move into telecommunications and TV (see Google and Wireless, eBay and Spype, and Yahoo and TiVo); and finally, 6) telecommunications firms add VoIP (voice on Internet protocol) service (e.g., AT&T, MCI, and Verizon).

The crossover of Swisscom illustrates well the power of the Internet as a common platform for creating and managing services. Switzerland's 154-year-old telephone company has ventured into television, using an IPTV platform (Internet protocol TV) from Microsoft to deliver a host of new features to its customers, not to mention rankling the country's largest cable operator, Cablecom GmbH. The company's new features include an improved program guide, picture-in-picture capability that shows three pictures: the original show, the program guide and a thumbnail of another selected channel, as well as the ability to store programs for later viewing via an integrated personal video recorder. IEEE Spectrum emphasized the importance of the Swisscom initiative as a bold move into a new market exploiting the opportunities of Internet from a staid carrier in an staid country: "Swisscom's trial is the most serious test anywhere of a phone company's ability to deliver video and win customers from cable. In other words, only in the land of civility are customers being told to choose between a cable provider and a phone carrier for what is the most revenue-intensive mode of communications we have: television. Hanging in the balance is the future direction of the telecommunications industry and that of a big chunk of the entertainment world as well."[17]

Also, because of Google's long-standing focus on Internet content, its initiative to provide free Wi-Fi service to the city of San Francisco made headline as a credible threat to the telecommunications industry. Finally, eBay's acquisition of VoIP Skype in September 2005 for $2.6 billion certainly causes a buzz. Obviously, owning the voice piece makes easier for eBay users to talk to other eBay users; so in June 2006, eBay announced that sellers could add a link to their listings that allows potential buyers to call the seller via Skype.

As early as in year 2000, education that has traditionally been provided in classroom has benefiting from dramatic improvement due to the Internet. Schools and universities, considered as service providers, mobilize significant facilities which very often constitute major urban landmarks. While education seems to become a dramatically growing for-profit service activity, e-learning is exploding, fueling the development of organizations offering distance learning. With 175000 salespeople and service agents at more than 7500 dealerships, General Motors Corp. has in the past, spent a fortune bringing employees to hotel rooms and classrooms for training. Using interactive distance learning (IDL) technology now being installed at every dealership, employees are able to view live courses broadcast by satellite and return questions to the instructor, without leaving their workplace[18]. Even the US Army has jumped on this bandwagon by offering SmartForce in the early 2000's, more than 1000 different information technology courses available over the internet. Neither is e-learning limited to

[15]   Gustafson P., and Koff W., 2006. Op. Cit.
[16]   "The Telecom Industry Rings Up a revolution," *The Wall Street Journal Online*, January 5, 2005.
[17]   "Battle for Broadband," *IEEE Spectrum*, January 2005.
[18]   Symonds W., "Education," *Business Week*, January 10, 2000.

technical training. Shoney's chain of restaurants has begun training waiters, cooks, and other employees using a novel satellite-delivered computer program to teach recruits such basics as how to clock in for work or to take orders[19].

However, it is not anticipated that classroom-based courses will vanish, but rather that institutions and training firms that rely on mediocre facilities while still focusing on traditional classroom-type services will see their market shrinking. The more exceptional customer exposure to service facilities is, the more critical it becomes. Indeed, development of telecommunication and internet services generates a multiplication of new retail shops[20]. NTT DoCoMo has had to implement a very dense network of hundreds of outlets across Japan to distribute mobile phones and subscriptions. US based Lycos Web portal announced in the end of 1999 a joint venture with Singapore Telecommunications to set up customized versions of Lycos in 10 Asian cities. As a tangible result of this alliance, Lycos Asia's physical artifacts are already popping up in the streets of Singapore, becoming a remarkable component of the urban landscape.

To be successful in providing value-added services, leading manufacturing and retailing companies, as well as service firms, recognize that effective implementation of appropriate technologies is becoming a key component of the value proposition. Information technology constitutes the primary resource upon which a decentralized and fully integrated service system can be based. It enables the service organization to maintain permanent communication links amongst different locations, especially valuable for the multinational service provider. As an historical example, Europcar for instance, was decentralized and uncoordinated before a new CEO took over the management in 1993. Computer systems did not communicate and country managers were not held accountable to headquarters. Fleet and service rates differed across the continent. The group acted like a loose federation of independent firms[21]. Top management acknowledged that organizational changes were necessary to reduce costs but also to create an integrated entity. Fifty-five separate information systems were replaced by a single system provided by Perot Systems Corporation in Dallas on a 10-year contract. About two hundred Europcar employees were transferred to the information system provider. The centralized information system now enables the company's headquarters to check the number of cars available and their real time stage of preparedness at any branch. Subsequently, the system has been permanently upgraded and improved.

Nevertheless, the assumption that technology will serve the same enabling functions both locally and internationally does not hold under all circumstances[22]. Technology alone cannot be expected to lead to successful and efficient operations. It must be integrated coherently and synergistically into a broader operational plan whose tactics and strategies support the service vision. While addressed at the global level, this operational plan has to adhere to three rules: 1) Provide an "exportable" front-line delivery process; 2) provide a feasible strategy for disaggregating the service production process; and 3) assure that any technological applications on which it depends are adaptable to local conditions.

Technology is not *per se* a solution to improve performance in customer service. It must be appropriate to the problem at hand, integrated into the domain of feasible options, compatible with the organizational structure of the firm and consistent with the dominant thrust of an overall business strategy while being maintainable. If the introduction of technology

---

19   Enhorn B., Yang C., "Portal Combat," *Business Week*, January 17, 2000.
20   Kunii I., Baker S., "Amazing DoCoMo," *Business Week*, January 17, 2000.
21   Guyon J., "Competitive drive: as Europcar's experience attests, cross-border business can be a thorny as cross-border politics," *The Wall Street Journal,* September 30, 1994.
22   Mathe H., *Le Service Global*, Maxima, Paris 1997.

into the service organization is meant to accomplish a particular goal, both the introduction of the technology and the accomplishment of the goal must be individually targeted. The choice of appropriate technology requires a very careful assessment of the extent to which vital confidential aspects of the company might be compromised through outsourcing and what the costs would be of acquiring the technology in-house. The limiting factor in its application is almost always the degree to which it can be integrated into front and back office operations.

But technology may have some drawbacks. Employees unaccustomed to technology may perceive a threat to their security. They may be right since service organizations have been slow at embracing new technologies in the past. It is important to deal with the human aspect of technological operations as part of the overall strategy of the firm. In addition, obsolescence is inevitable. The real danger is not so much that a firm will be left behind as its technology ages, but rather that it will miss opportunities to expand because of technological limitations. The solution to this problem lies not in acquiring the latest technology uncritically, but rather in developing or acquiring the capacity to assess the needs of the service firm together with the potential of the application and to reconcile them. It may often be useful to regard the acquisition of new technology as an enabling option. Whether or not the option ought to be exercised does not depend on the strategic value of the technology, but rather on the strategic value of what it ultimately enables.

Since the mid-eighty's, a worldwide change in concept has been observed, in an effort to obtain competitive advantage based on a wider view of customer service. Faced with declining margins in many industries, it has proved essential to find new ways of reconstituting profits by providing a new concept of customer service in addition to the sale of tangible product. A tangible product, the intangible services associated with it, and the relationship of the two over time, as customers' needs and the environment in which the product is used change, constitute the three dimensions that together fully define the complete "enhanced value proposition" of the company. To be successful in this endeavor, the company's management should understand that service is a corporate-wide activity that requires inter-functional coordination in both life cycle analysis and in carrying out the myriad of necessary activities. Defining service strategy requires the integration of the service dimension as a component of the company's offer to the market in each life cycle stage of the user/supplier relationship. Finally, technology provides the resources needed to actually put the "enhanced value proposition" concept into practice.

3.3 Developing cross-functional coordination in Services

The conceptualization of service performance takes place during the process of formulating strategies. At this stage of the discussion and in order to be able to look more in depth at the notion of service strategy, it is time to identify the characteristics of service operations as well as to suggest an operating definition of customer service. Product delivery and support constitute a significant component of the broad range of services provided to companies, as well as to end consumers. Understanding critical issues emerging from a strategic analysis of customer service requires consideration of this function as part of the broadly defined service sector. In general terms, service operations are defined as those which provide value through information, time savings, desired psychological states or experiences or changes in the physical attributes or property. Services are produced by 1) the producer acting for the recipient;

2) the recipient providing part of the labour; and/or 3) the recipient and the producer creating the service in interaction[23].

Services are often referred to as the reciprocal of manufacturing because of the importance of labor in the total cost of most of service outputs, as opposed to that of materials in tangible goods. Service activities account for roughly 75% of total employment in the U.S.A., the Netherlands, the United Kingdom and Sweden; the situation in France reaches 70% while Japan, Germany, Italy and Spain are closer to 60 to 65%[24]. Demand for services shows no sign of slowing growth. Intellectual services, such as consulting, health care or legal, are still dramatically expanding in Europe, if not at the same rate today in North America. Transportation and warehousing services are restructuring themselves with the creation of huge multi-purpose global logistics providers such as UPS, Deutsche Post, PNG, among others[25]. Direct support activities to the home also constitute a fascinating segment of the growing service business. Merry Maids started in Denmark in 1995 providing maid services to Scandinavian households, as a subsidiary of the Chicago based "Service Masters Co.", a company that employs 30 000 people and attained almost five billions US dollars of sales in 1999. The Canadian firm Molly Maids runs a 6000 employees operation for serving Montreal alone. Similar companies are rapidly expanding all over Europe. For instance, examples of successful such firms in Geneva, Switzerland, include Ewi hairdresser, Sitex home hospital, or Qualipet home meals for pets[26]. In France, INSEE, a government organization in charge of employment statistics, claims that 800'000 jobs have been created in this sector during the last ten years.

However, productivity certainly did not improve in the service sector at the rate it did in manufacturing throughout the twentieth century. In fact, many economists argue that productivity in service has stagnated for years, especially in banking and insurance. Investment in high technology and the development of increasingly open international competition are starting to have some effect on service sector productivity. These effects are visible in traditional service activities as well as in product related customer services. On the other hand, the separation between manufacturing and the service sector is currently closing. Manufacturing seems increasingly to follow the lead of the service sector: customer service is getting more important every day and products are often tailored to the needs of customers, through "mass customization" or "late differentiation" production systems. On the other side, direct contact between provider and customer may be unnecessary in many service activities; and some services can actually be held as inventories and traded internationally. Service response logistics, as a part of the customer service function, involves all of the activities in taking and recording customer orders, scheduling personnel and equipment to make service calls, and executing service calls in an efficient way[27]. Sophisticated information and communications systems are often used to assist in these processes. Service excellence is typically a large component of the marketing mix with commensurate focus placed on it by management, either in manufacturing or in typical service companies.

As Heskett, Sasser, and Schleshinger point out, "many services occur, are marketed and produced, at the point of contact with the customer. Thus, the service "encounters" between customers and frontline service providers or electronic media are central and critical to successful results. It is entirely appropriate that a great deal of attention be drawn to the

---

23   Riddle D., *Service-led Growth,* Praeger, New York 1986.
24   Gardey J., "Critique du paradigme industrialiste," in: *L'Innovation dans les Services*, ANRT-Economica, Paris, 1999.
25   Mathe H., *Logistics across borders. Building and managing the transnational service provider*, Conference proceedings, The Logistics Institute, National University of Singapore, July 1999.
26   Scaramiglia V., Zutter P., "Les services se lancent chez le particulier," *PME Magazine*, March 1999.
27   Arthur D. Little and Co., op.cit.

challenge of producing successful service encounters. But too much research, including some of our own, tends to confine service to the front line, neglecting the broader strategies of which the encounter and its design are a part. It overlooks the fact that frontline services are products of fundamentally strategic issues, issues that have to be understood and addressed by top management."[28] Front-line operations focus on the interface between the service producer and the customer, or service receiver. In many service industries, however, the advent of technological advances and of devices, such as automatic teller machines in banking, allow a large part of the front-line transactions to be automated. Back office operations deal with the hidden preparations necessary to provide many services. They can be as diverse as cooking dishes in a restaurant, or tracking airline luggage. Many of them are customized to support particular front office operations, irrespective of whether or not the front office procedures and routines are themselves customized.

To produce maximum value, the service organization must exert control over the entire delivery chain, which extends from supplier to customer[29]. As service organizations grow, the number of delivery outlets multiplies. Each outlet becomes more or less a clone and tends to assume all the functions of a complete delivery system. Headquarters concentrate on functions such as corporate finance and strategic planning, corporate marketing and executive training. Hotel groups, banking corporations, restaurant chains and some after-sales support organizations typically expand through cloning. Expansion through cloning is however not necessarily efficient. In response to market pressures and competition, most multi-sited service organizations have sought to rationalize their activities through the integration and reorganization of back office operations.

This strategy facilitates economies of scale, at least in theory, and frees front-line representatives and managers from the burdens of on-site support functions. Thus, the fast food industry has increasingly begun to pre-cook food in a central location for quick delivery to peripheral restaurants. In banking, individual branches have begun to use specialized regional centers for clearing checks and carrying out credit ratings. Moreover, it is sometimes possible to move mass operations – or non-customized operations such as data processing and accounting – away from front office site(s) to areas with lower labor or real estate costs. This type of structure includes multiple front office sites with centralized back office functions. Headquarters still control productivity and quality at all levels of the network, and some clones may retain more autonomy than others because of location, history, specific market or product profiles or other factors.

Distribution and support service functions, aimed at reinforcing customer loyalty and profitability in durable goods industries, are supposed to accomplish many tasks:
- Deliver and implement the product? Certainly, but not only.
- Fix equipment efficiently? Yes, but not only.
- Provide appropriate parts at the right place and in an appropriate amount of time? Yes, but not only.
- Train the customer to most effectively use the product and to perform self-maintenance? Yes, but not only.
- Design the product in order to guarantee a low life-cycle cost in terms of both acquisition and usage, but also to facilitate recycling of materials and components? Yes, but not only.

---

28   Heskett J., Sasser E., Schlesinger L., *The Service Profit Chain*, The Free Press, New York, 1997.
29   Mathe H., Dagi T., "Managing technology for the globalization of service operations," *International Journal of Technology Management*, Vol.12, N°5/6, 1996.

The "Strategic Service Mix" methodology, as a way to provide value to the customer, may be defined as the correct balance of different individual services produced before, during, and after the sale of any product, to meet user needs over the lifetime of the customer/provider relationship. Product "design to cost" requires defining the characteristics and individual costs of all major functions: production, physical distribution, maintenance, and development, over the total life of its use. But, in addition, the primary objective of the Service Mix Plan is to determine and then to ensure the various activities required during the following three stages:

• ***"Preparation for usage"*** includes all the activities which allow the customer to obtain the tangible product (e.g. physical distribution), its adaptation to the workplace (e.g. installation), and then its start-up. Less visible but perhaps more important, prior to these activities that occur just before usage begins, are the myriad of preparatory activities undertaken much earlier. These activities accompany design so as to ensure that the tangible product really meets customer need throughout the period of usage.

• ***"Information and training"*** represents the vital function of collecting and circulating technical and economic data, including designing and distributing technical manuals for instruction and maintenance. Services such as demonstrations and on-site training play a major role among these activities. Customers are always looking for more information about the handling of their orders. That is particularly true for the express transportation sector where providers are largely competing on the capabilities of their information systems[30].

• ***"Maintenance of durable equipment"*** refers to a number of activities that take place after installation: repair, reconditioning and re-manufacturing. Too often however, these tasks are not always carried out effectively because they are not coordinated with other functional activities. Material recycling is also becoming a significant activity which prolongs the process of managing the tangible product throughout its useful life.

Service policies should be formulated in parallel with design and development of the tangible product. Anticipating the "service needs" of the product leads to consideration of how the physical characteristics and parameters of the product match service objectives and constraints, just as designing the object itself leads to expressing specific needs in terms of technical considerations. Consequently, managing the product during its lifetime, in terms of service needs, is impossible to untangle from managing the lifetime of the tangible product. Coherent management of the interactions between these different product development aspects considers three dimensions of the "value proposition" or real "product" in simple terms: the "tangibles", as expressed in physical/technological terms; the "intangibles", as expressed in terms of market service needs; and the match between both these and the customer needs over time. The third product dimension refers to the customer's use of the "product".

A number of relationships must be established between the different activities that occur during the product's lifetime. Consider the three dimensions as if they were orthogonal. Each edge of the virtual cube represents a set of activities of the firm:
• The design of the tangible product and its manufacturing process: research and development and production activities, narrowly defined;
• The recognition and articulation of current customer needs defined in term of service offer: customer service and marketing activities, narrowly defined.

---

30   Mainbourg G., "Vendre de l'information: un axe stratégique," *Les Echos*, Nov.26, 1999.

If these two sets of activities are performed simultaneously but separately, there will, in general, be some lack of coherence between the 'endpoints' of these endeavors. Instead, there must be some "redesign" that matches tangible with intangible, leading to the third point. Arriving at the third point also involves the myriad of activities that ensure the product can be manufactured to specification, can be delivered to the customer's premises and/or installed so as to be ready for use, and that the customer will be trained in its use.

In a traditional firm, the lack of inter-functional co-ordination leads to the two separate paths resulting in separate designs, with the subsequent iterative, inefficient, and time consuming realignment of the physical dimension and the service dimension into the definition of a consistent "package" combining tangible features and appropriate sets of services. The firm that recognizes the fundamentally cross-functional nature of product/service design, and can reduce the usual organizational conflicts, is more likely to take the direct (although rarely linear) path from the launch of the new product to the design of the coherent package submitted to the market. There is little new in the above discussion. However, it ignores the fact that product characteristics, as well as customer needs, may change over the course of the product's lifetime. Hence the time axis may also change. Consider, now, the following activities:

• Managing the "physical" component of the "product" over time: the technological description of repair, maintenance, reconditioning, or re-manufacture of the product over time, and/or the specification of future upgrades or add-ons and/or decisions as to the compatibility of the product with other products, present and future.

• Managing the "service" component of the "product" over time: the anticipation of how the customer's use of the product evolves with time, including the customer's changing needs from the product in conjunction with other available products.

Again, aggravated by insufficient inter-functional communication or co-ordination, these activities may happen independently, leading to the problem of a lack of coherence of the end result. Furthermore to be effective, the process must match product properties over the course of its lifetime, with changing customer needs, in order to arrive at an ultimate definition of the company's "value proposition." This process will also lead to the planning of a variety of ancillary activities: field service, parts inventories, etc. As we discussed above, the iterative "matching" that occurs as "physical component managed over time" and "service component managed over time" gradually coalescing into the "ultimate value proposition", is a spectre of the inter-functional conflicts that exist in most firms. Firms that recognize the need to bring a multi-functional team to the design process are able to move along a direct path to the end result.

The very compartmentalization of activities along the three suggested axes shows how ineffective (and how dangerous) is the functional compartmentalization typical in so many of today's corporations: R&D deals only with its narrowly defined tasks, as does marketing, as does fieldservice, and so forth. It then becomes difficult, if not impossible, to develop products that will satisfy customers over the product lifetime. From such a perspective one might propose a categorization of the major strategic decisions that must be made in defining a Service Mix policy. This is only a very succinct guide.

First Step: design the physical product so that it is adapted to service objectives and constraints:

• Determine the technical parameters of the tangible product while taking into account not only its performance when new, but also serviceability and maintainability;
• Factor in decisions about reliability and durability;

- Make decisions about modular design and compatibility with other equipment;
- Make decisions about the integration into the product of internal diagnosis and/or remote maintenance systems;
- Determine whether or not the object should be designed to be repaired or remanufactured either once or several times during its life.

Second step: design the service package, and determine the range and performance level of services to go along with the tangible product:

- Determine the range of services to be offered, e.g., the balance of Service Mix components;
- Segment the Service Offer after identifying the significant segmentation criteria and analyzing the relative profitability of different segments of the Service Mix activity;
- Propose support for competitors' equipment after analyzing the opportunity to increase market share by providing this kind of support;
- Determine the level of performance for each component of the Service Mix offer;
- Allocate the appropriate level of investment into each service activity.

Third step: manage the product/service throughout its lifetime, taking into account some of the following economic and organizational issues:

- Profitability objectives and the timing of payments and expenditures;
- Strategic alliances with other firms for the delivery of some of the services;
- The appropriate organizational structure for the service function.
- Human resource management within the service function.

These steps are not meant to be sequential. In a very real sense, these decisions must be made simultaneously; their interactions may be of great impact.

Often, the practical means used to translate service performance objectives into concrete terms, lead firms to simultaneously pull in opposite directions; more integration of the after-sales function with other functions of the firm; simultaneously more separation, and often, the transformation of the after-sales function into a relatively independent profit center, or even into an outside subcontracted service. In some industries, allowing after-sales activities to not only be managed, but also planned, outside the firm is tantamount to giving away a source of competitive advantage. In a depressed or highly competitive market, the outcome of an inadequate balance between service function integration and separation brings about conflicting objectives between the different parties involved in the "service chain": marketing, sales, R&D, production, supply, after-sales, etc. This may lead to internal conflicts which progressively intensify, thus reducing the effectiveness, and the profitability, of direct and indirect after-sales support activities. Furthermore, the allocation of resources for, and within, the service function becomes more and more difficult.

The remaining question deals with organizational structure. Considering that some functional separation is necessary for developing the professionalism and the quality of the work carried out, but also considering integration to be a condition for ensuring coherence in managing the product throughout its lifetime, as well as for controlling the total cost of its development and its consumption, attention was concentrated on the identification, the categorization and the establishment of integrative units in the service organization. The concepts of integration and separation, permanently linked together, are richer than the pair centralization/decentralization, even though the latter form the basis for delegation of functional responsibilities within the service organization. Co-ordination is required in virtually every activity that comprises the service function. Thus, as an example, modifying a replacement part should lead, theoretically, to adapting the documentation identifying it, to modifying the kits and updating stock, to transmitting to the replacement logistics function the anticipated rate of availability, as well as to managing the circulation of these parts and rebuilding the former models to replace them, etc. For most after-sales managers that we have interviewed in a general survey, such serially-connected actions prove to be very difficult to carry out because of the absence, within their organizations, of integrative units explicitly responsible for guaranteeing this sequence of activities.

After some empirical analysis carried out in several companies, we were able to identify a series of elementary tasks that could constitute the mission for an integrative organizational unit undertaking Service Mix activities. There are, of course, many ways to group these elements within such a unit. Our proposal is based on a view of Service Mix activities as a value chain which accompanies the concepts of before-sale, during-sale, and after-sale time periods. Activities can be grouped into four clusters:

- Design is the firm's answer (on paper) to the needs of its customers over time, i.e., the conceptualization and planning of all tangible products and components as well as all support services that accompany those tangible items throughout the product lifetime;
- Preparation for use brings together all activities that allow the customer to obtain the physical product, together with all services that accompany it, at the customer's premises;
- Information activities encompass all those that, on one hand, gather and encapsulate knowledge of customers' needs and how they use the product and, on the other hand, transmit data describing the characteristics of a product or directions for its proper and most effective usage;
- Upkeep is the set of activities more typically associated with a company's service department and includes maintenance, reconditioning, equipment loans, etc.

Our attempt to implement this concept within high-tech equipment companies takes into account those tasks to be performed within the service department that contribute to each of these four categories of activities. This is a matrix structure of sorts, with each individual responsible for both a group of products and one category of activities. The need for strong cross-functional links should be clear. Personnel concerned with the planning functions that we have grouped under design must cultivate strong ties with marketing, R&D, and finance. Those concerned with preparation need to interact frequently with manufacturing and physical distribution. Those concerned with information must not only deal directly with customers, but also with sales, in addition to other function groups. Those concerned with upkeep, on the surface the activity requiring least inter-functional co-ordination, must in point of fact, deal with virtually every internal function. Correct maintenance, on the customer's premises, requires understanding usage needs (sales), manufacturing methods, recent engineering changes, etc. This, of course, leads to a great increase in the complexity of co-ordination, in our view, necessary for success in this competitive marketplace.

In general terms, decisions regarding the evolution of any organizational structures must contribute to increasing a company's abilities to constantly innovate. However, innovations are very difficult to plan; often they result from a combination of luck and of necessity, necessity as it is felt by the consumers. Therefore given the current and future challenges that service companies have to meet, the capacity of the organizational structure to foster innovation is becoming critical. Constructing a propitious working environment, including an appropriate organizational structure, necessitates several activities among which we commend the following:

- Developing structures which give the opportunity to every employee, and to customers, to express themselves in the best possible way;
- Elaborating instrumentation aimed at precisely measuring individual as well as collective performances in order to reinforce empowerment and accountability;
- Designing work spaces in such way that they encourage creative interactions among, and enfranchisement of the employees.

3.4 Innovative architecture, service capability and customer loyalty

At the beginning of the eighty's, McDonald's introduced games and play space for children. Since then, the 30,000 restaurants strong fast food group that serves more than 40 millions guest a day has not significantly modified the physical aspect of its outlets. By mid 2006, after two years of creative work involving the design firm Lippincott Mercer selected as early as in 2004, McDonald's unveils a radically renewed architectural design for its restaurants. A space organization in three areas appears with: living room type with large and comfortable armchairs and Wi-Fi connection, open bar entitled "garb and go" for time saving individual consumers, and very colourful room for families with pictures on the walls and flat screens TV sets. Different music programs are broadcasted in function of the area and pieces of contemporary art are located in corners of theses bricks and wood buildings. Plastic and crude red and yellow items have disappeared[31]. Franchises that are running the units have to heavily invest in order to cope with these new architectural requirements; and many are questioning the relevance of such a drastic image transformation. For the corporation, however, objectives are clear: more than half of the American sites will have to deploy the new architectural and design concept by the end of 2007. Just as McDonald's is doing, numerous service firms are experimenting ways to build tangible economic value on innovative visual representation and creative architecture. In 2002, a series of Nissan dealerships have been entirely restructure on the visual side. Theses have benefited from a revenue growth of up to 57% in the following year versus 33% on average for the other sites with facilities not yet being redesigned. Quite often, rebuilding a service transaction environment offers opportunities to introduce radically new transaction processes, to redefine service mission and more ergonomic workplace, and more. The customer service experience may then be rethought about insisting on dramatic effects. The Ritz-Carlton Hotel Co., for instance, decided they needed a "scenographer" who could help them direct "scenes" for the customer, but through customized service. Tapping on the Californian design firm IDEO, Len Wolin, senior director of program management for Ritz-Carlton said: "We wanted to bring a little something extra out of each hotel that helps to make the experience personal, unique, and memorable"[32]. Here is a form of demonstration of innovation in services, among others, truly a very perceptive one indeed.

Organizational structures are certainly of great importance in order to determine employees' behavior and performance. On the other hand, physical structures also significantly influence the way staff and customers view the company and interact with it. More than ever in service activities companies are mainly competing through the deployment of innovations in products, processes, and management styles. Innovative approaches frequently materialize in the design of service facilities. Service providers are in a position to significantly improve

---

31   P. Gogoi. "Fast Food: Mickey D's Mcmakeover," *BusinessWeek*, May 15, 2006.
32   "Customer Service Champs: A Special Report," J. McGregor, *BusinessWeek*, March 5, 2007.

convenience and productivity by careful workspace design and appropriate layout configuration. Facility layout can be addressed with attention to traffic flow, space planning, and the need to avoid unnecessary travel. This pattern also includes identification of the meanings, characterization of size and qualification of the process by which any service facility delivers its message.

In several surveys conducted during the early nineties, customers' perceptions of the two leading American retailers show significant differences. Shoppers viewed Wal-Mart, and actually still do, with higher esteem than K-Mart, while neither merchandise nor prices differentiate the two. Close analysis unveils differences in store decor and layout. At Wal-Mart the main aisles are wider than those at K-Mart. Fluorescent lighting is recessed into the ceiling, creating a softer impression than the glare from the exposed fixtures at K-Mart. The apparel departments are carpeted in a warm, autumnal orange, while K-Mart's are tiled in off-white. Together, such features signal consumers that Wal-Mart is more upscale and that it carries merchandise of slightly better quality than K-Mart's. Wal-Mart's attention to facility design details has helped shape shopper's attitudes by striking that delicate balance needed to convince customers that its prices are low without making people feel cheap. Wal-Mart has successfully used facility design, to differentiate itself from its competitors[33]. Using facility design as part of a differentiation strategy is now very common.

Service operations can be directly affected by the facility design. A restaurant with inadequate ventilation for non-smoking diners may discourage many customers. A physical fitness center that has easy wheelchair access may be able to enlarge its services to include a new clientele. Design and layout represent the supporting facility component of the service package[34]. Together they influence how a service facility is used and, sometimes, if it is used at all. Consider the dramatically successful Canadian Shouldice Hospital. A good portion of its success in repairing internal hernias results from thoughtful design and layout. For example, the operating rooms are grouped together so that surgeons may easily consult with each other during procedures. Because early walking promotes faster healing, the hospital is designed to provide ample pleasant places to walk and even to climb a few steps. Meals are served only in community dining rooms rather than in patient rooms. This requires more walking and as an added benefit, allows patients to get together and compare notes.

In Europe, investigations unveil significant differences regarding the amount of energy that service companies are allocated in this architectural field[35]. The most advanced ones view space design and management as strategic resources, while many others still seem to feel uncomfortable at taking advantage of the available possibilities. However, sophisticated methods and tools have been developed and could be easily mobilized. For instance, the concept of process flow analysis used by industrial engineers may be adapted in order to appraise layout of service facilities. Also, the analysis of settlement layouts, using the generative syntax method allows for establishing a description of spatial order[36]. The main objective is to better understand two kinds of relations: those amongst the inhabitants of the systems: customer, service providers, etc. and those between inhabitants and "strangers." Very few service companies have tried to use this powerful tool developed by the Barlett School of Architecture of the University of London, even if it has proved its value for solving complex issues in urban planning and office building development.

[33]   Schwadel F., "Little touches spur Wal-Mart's rise," *The Wall Street Journal*, Sept. 22, 1989.
[34]   Fitzsimmons J., Fitzsimmons M., *Service Management for Competitive Advantage*, McGraw Hill, New York, 1994.
[35]   Dubosson-Torbay M., *Gestion des Espaces de Transaction de Service et Avantage Compétitif*, research report, University of Lausanne, January 2000.
[36]   Hillier B., Hanson J., *The Social Logic of Space*, Cambridge University Press, Cambridge, 1984.

In addition to influencing productivity and convenience, buildings convey messages. In providing emotion, and because of people's sensibility to their environment, space certainly means, or at least evokes, multiple feelings. When space is the result of an effort by an architect, it probably has to mean something positive. This is the opinion of Sir Herbert Read when he affirms, "when there is no symbol and, therefore, no discourse, there is no art". Architecture certainly carries messages about itself; the creative process adopted as well as the cultural influence recorded. It may also carry external messages as a main purpose, and in a more or less aesthetically valuable way. The question we must immediately raise after accepting this proposition is as follows, what does space mean to people? If we consider just the basic categories of observers, customers and employees using a building, architects, critics, and owner or developer, there is a serious probability that the meaning of a given space would appear differently to each particular group. Another question might be posed: How long does such a 'space' exist?

Designed in 1979 by Norman Foster, the dramatic Hong Kong & Shanghai Bank tower on Victoria Island certainly symbolized the economic success of this small colony based on free-market dynamics and true managerial attitudes[37]. Foster's achievement reigned supreme on the skyline above the whole City until the Bank of the People's Republic of China built an even taller building immediately behind it. By competing for the tallest building in Hong Kong, during the late eighties, two different power groups, conveying two opposite political ideologies, worked very hard to give out strong messages to the local population as well as to foreign observers. Beyond the competition for the most prominent position, the towers themselves were designed in order to communicate different messages; the completely open space of the Hong Kong & Shanghai versus an enclosed one for the Bank of China; an external and visible bright iron structure for the first compared to a traditional structure hidden behind brown facing for the second; an exuberant but balanced shape on the one hand and solemnity and dissymmetry on the other. These pieces of corporate architecture give visitors and users messages about what the two successful financial service companies believe in, what and how they achieve their work. In order to communicate their view, both buildings use size, but differently due to the chronological order of their construction as well as the field space available at the time, and also formality, but at two very distinct levels.

Hillier asserts that a theory of architecture does not say what should be done, that being to some extent a moral and political issue, but rather how to do it. Following his assertion, the validity of the messages that company management wants to communicate do not have to be evaluated here. The fact is that influencing customers, investors, and employees' behavior is basically what management is all about. Starting with the hypothesis that architecture encourages and/or discourages certain behavior, especially in service activities given the intangibility of most of service products, the relevant question is rather in which direction do corporate leaders try to take advantage of this resource when they do so.

Among others, it seems that perhaps the most significant trends lie in the following:

• ***The strengthening of ideology***. Therefore, design expresses the necessity of faith. For instance, the Battersea power plant, built in London in 1929, strongly communicates the faith in the new scientific and technological dynamic which inspired all the work carried out under the notion of progress during the major part of the 20th Century.

• ***The strengthening of individual or an organizations position***. Design displays success and power earned. Kevin Roche, designer of the controversial General Food's headquarters in New York's Westchester County, was chosen to conceive Challenger, the headquarters of the Bouygue Group in France near Paris. The brochure later produced to publicize

---

37   Jodidio P., *Sir Norman Foster*, Taschen, Köln, 1997.

this modern palace, started as follows: "Francis Bouygue, founder and chief executive of the Bouygue Group, leader of the international construction industry, sought to unite all branches of the Group's activity at Challenger, a head office on a scale unprecedented in Europe".

• ***The strengthening of social rules***. Thus design invites people to follow conventions and given practices. The carefully designed layout at any Ikea commercial facility allows customers to gradually discover the Swedish retailer's products through a series of exhibition stages before naturally finding themselves in the warehouse where the products can be collected, purchased and easily transported to their cars. Most Club Med villages have also been designed in order to convey a sense of community and to foster a certain kind of behavior. The layout invites people to converge to the center of the facility where food is served and entertainment organized.

A very strong body of ideology dramatically affected society all over the world during at least two thirds of this period. Socialism, democratization of a nations' power as well as egalitarian and non-discriminative practices are all addressed. Characterized by uniformity and repetition of very pure and basic elements and using raw materials for facings, the so-called rigid "International Style" communication through design did not necessarily match the requirement of corporate leaders who were traditionally comfortable with the rich and pontifical bourgeois turn of the century architecture. Meyer, Mies Van De Rohe, Melnikov and later Le Corbusier or Niemeyer amongst others imposed the messages of International Style the world over, facing much less resistance in Continental Europe than in the UK and the US where they had to take more account of the client's requirements and wishes. In New York both the Seagram Tower designed by Mies Van der Rohe in 1954 and the Pan Am Building by Gropius and TAC in 1958, illustrate the start of a transition period offering new opportunities for company management to communicate messages regarding corporate "ideology" or, more simply, system values. Even the basic skyscraper shape symbolizes a very strong statement to employees; reach the top! Seiler proposes the following statement: "Management can set out to create environments that augment strategies both structurally and aesthetically. Indeed, to fail to do so is to waste a valuable organizational resource." Are size and formality to be used in such an effort?

In 1922, the board of directors of the Chicago Tribune called upon architects to submit plans for the "greatest building in the world," no less. Five years later, Van Allen had to invest in creative solutions to raise the height of the Chrysler Building in New York as much as he could, because the latest city projects were for construction of yet higher skyscrapers, such as the Empire State Building and the Rockefeller Center, which seriously affected the mood of his own client. These examples, among many others, show that size is used to communicate messages when it comes to buildings. It is particularly evident when both the CEO and the architects collaborate in order to create publicity thanks to the building. Regarding space, Abercrombie writes that sub-consciously, "we judge the object's size, using our own size as the measure. Is it smaller than we are, or bigger? If bigger, how much bigger? Beyond this primary reflection, an important point has to be made, "greater means more" should not be understood as, "greater means better." Twenty million cars obstructing the streets of London are certainly not better than two million. Following Abercrombie, we should admit that "part of becoming a civilized adult, after all, is learning the lesson that quality is independent of quantity, and even that quantity may conflict with quality."[38]

One could question how prominent landmarks affect the balance and harmony of the surrounding environment. Sometimes the repetition in a sequence of strategic locations of

---

[38]   Abercrombie S., *Architecture as Art,* Harper & Row, New York, 1984.

a relatively small, but very characteristic space, may also provide a feeling close to the emotions stirred by huge pieces of architecture. On the other hand, great space could sometimes result from the accumulation of additions to an initially modest building. For instance, this is the case in the historical and dramatic manufacturing site of the Renault Automotive Group which occupied the whole island of "Ile Seguin" in Boulogne-sur-Seine for decades.

A great space could also be required simply to satisfy functional needs even if the company does not want to impose its presence in a given environment through a drastic modification of the initial harmony. In such a case, messages conveyed are probably different from those displayed by the General Food or Challenger concepts. However clients may call upon the same architect to perform a completely different design. Corning Glass asked Kevin Roche to design a building "consistent with the foot print of Main Street," Corning, New York. Its new centrally located headquarters parallel the nearby three-story structures as well as echoing their materials, so that it fits into the block like an "old shoe." Hence the way a space is handled, and the level of formality desired, partly determines the message communicated.

"Within any building size, what a myriad of shapes are possible!" explains Abercrombie. "The design of those shapes is a more subtle and a much more complicated way of affecting our response to architecture." Formality may be requested to include space in order to communicate messages linked with ideology, position or social rules. Traditionally in fact, formality was used in architecture, education, religious or military rituals, etc, to express the views and expectations of the authorities. Formality also reassures people of the reliability of the relationship established with these authorities. The complex processes of communication and influence may be divided into different types of distinct, but potentially convergent, basic processes. Among others, three such processes are easily identifiable; the selective, the learning and the mobilizing process. The selective process results in the differentiation of people and the manifestation of social scale. The learning process allows people to increase their own knowledge and abilities as well as the social organization involved. The mobilizing process tends to focus the energy of each individual on the improvement of group performance.

Serious works have been achieved over the past twenty years, especially in the service sector, to design corporate buildings that emphasize both well-being and a casual relationship rather than rigidity and solemnity. This is even being applied to really large spaces. In many fields of business activity, success factors change as do communication requirements. What might have been good yesterday to improve attractiveness and productivity may no longer apply, so creative solutions have to be elaborated. As huge pieces of a common and very particular space, the Disneyland and Disneyworld parks are created to communicate special feelings but certainly not formality. The Californian retailing chain Best is now well known for its series of extraordinary shapes, designed by SITE and Wines, which since 1977 have emphasized humor by shaped, completely unbalanced structures and unexpected elements. In ordering the design of the BCV support center in Prilly, near Lausanne, or the new SNCF freight headquarters in the rue Mouchotte in Paris, management shows that it pays attention to restoration of a certain area of comfort and of a cozy atmosphere in administrative buildings by using green space as a focal point. The emergence of campus-type corporate buildings seems to come from this same consideration coupled with a respect for the environment. Describing the Becton, Dickinson headquarters in New Jersey, designed by Kallman McKinnell & Wood, *Architectural Record* reported that, "the client wanted a corporate office building that looked as though it could have been built any time in the last one thousand years."

Buildings communicate their messages regardless of the intentions of their owners or users. Building greater space means enlarging the size of the conveyed messages; that could eventually lead to increasing their influence on social behavior. Architectural historian, Christian Norberg-Schulz asserts that human life is largely conditioned by the quality of its "existential space", which itself affects the image of the environmental structure. As major social entities and fundamental elements of the environment, companies belong to such a structure. As such they must fully assume the responsibility related to their spatial integration in the milieu. The responsibility of the architect might be to teach corporate management how to do it[39].

3.5 Off Shoring Services for Competitive Advantage

Outsourcing service operations to overseas destinations has finally been perceived as an opportunity to reduce operating costs, while also compensating for high employee turnover and labour shortfalls at certain skill levels. Call centres, business process management units, and the like have multiply in India, The Philippines, North-Africa, etc. thanks to the relocation of service operations from the US, Britain, and, most recently, Continental Europe. No analysis of emerging trends in customer service and the management of service organizations would be complete without attention given to this quite significant phenomenon.

American companies have led the world in off-shoring business services to low labour-cost countries. Now many European companies, especially British ones, are engaging in services off-shoring, but will they experience the same benefits? Labour stands as only one aspect of the total cost of off-shoring. Overall savings might prove to be significantly lower than what salary differentials suggest. Gains will not be necessarily evenly distributed, and workers and communities that lose jobs may suffer considerable pain[40]. Apart from labour skills and availability, firms should also consider the effects on financial structures and business environments. The current shift to off-shoring sometimes goes beyond the rational. "Too often, there is precious little thought behind what ought to be a strategic decision"[41]. This phenomenon has already generated some important literature and appears to have been a major issue during the 2004 presidential campaign in the United States[42]. The effects of globalization in sectors such as financial service and insurance, telecommunication services, and information technology services have dramatically increased the intensity of outsourcing in recent years. While innovative capabilities are perceived as one of the main determinants of service firms' long-term competitiveness, firms need to keep innovating in all aspects of their operations in order to transform outdated business processes[43]. In the last part of this paper, questions regarding the impact of service off-shoring on innovative capabilities emerge as crucially important. The discussion aims at contributing to a better understanding of the relationships between: 1) outsourcing operations overseas, 2) stimulating innovation in service organizations, and 3) the building of long-standing competitive advantage in service companies.

Outsourcing segments of the service production system, especially those that can be electronically transmitted, is not really a new phenomenon. Research in the early nineties has already addressed the potential benefits and risks of outsourcing of information processing services[44], pointing out that many jobs were already suitable for global relocation. Already

---

[39]   Walton T., *Architecture and the Corporation: The Creative Intersection,* New York, MacMillan, 1988.

[40]   D'Andrea Tyson, L., "Offshoring: The Pros and Cons for Europe," *BusinessWeek*, Dec. 6 2004.

[41]   DiRomualdo, A., "Offshoring: cheaper, faster, better or a cheap, fast bet?" *CSC World*, June-August 2004.

[42]   Roberts, D., "Services on the assembly line: new technology brings the methods of Henry Ford to offices around the globe," *The Financial Times*, April 15, 2004.

[43]   Hof, R., "Now more than ever, Innovation is the Answer," *BusinessWeek*. March 2004.

[44]   Kleeper, R., and C. Hartog, "Some determinants of MIS outsourcing behaviour," Working Paper, MIS Department, Southern Illinois University, Edwardsville, IL 62026, 1991.

some researchers have pointed out that, sometimes, outsourcing can undermine competitiveness. Outsourcing often forces firms to confront a category of issues aside from profit and cost. These include flexibility, customer service and, ultimately, core competencies that relate to long-run competitiveness[45]. Data entry was probably the earliest task to be outsourced from overseas, while North American companies were first to experiment with this option[46]. Pacific Data Services has been contracting data entry services from China since 1961, guaranteeing 99 percent accuracy rate for entry tasks even with the added difficulty that the Chinese had with the English language[47]. The trend toward global outsourcing then started affecting local semi-skilled jobs. New York Life Insurance and Cigna Corporation, for instance, established claims processing operations in Ireland during the mid-eighties[48]. Finally high-skilled back office work ended up being equally performed overseas. The Quarterdeck Office Systems' technical support staff handling technical queries from around the world was relocated to Ireland in the early nineties[49]. Many more American companies, such as Hewlett-Packard, Texas Instrument, Digital Equipment Corporation, and IBM, have established service operations centres in India, such as Bangalore and Mumbai. To overcome telecommunication problems during these early ages, several companies like TI and DEC acquired dedicated satellite links[50]. Since then, a greater number of service production relocations out of North America have occurred, often associated with complete business processes being outsourced[51].

Simultaneous to this movement in North America, a small, yet growing trend was also observed in Europe and Japan. While the language barrier for service companies originating in non-English-speaking countries might have limited the development of global outsourcing, these difficulties have not been enough to stall the relocating trend. In July 1991, Swissair announced its decision to relocate its accounting department to Mumbai, India, as part of a broader plan to improve the company's profitability by CHF 300 million a year[52]. Ticket bookings had already been successfully handled there for several years. A new firm, Airlines Financial Support Services, controlled by Swissair, was created to run the 170 employee-team in India. Unfortunately, the ambitious plan did not provide enough resources to guarantee the future of the company. At the same time, another airline outsourced its human resource in order to address its labour cost issues. Japan Airlines ceased hiring Japanese flight attendants in 1992 for a long period of time, in order to cut its costly domestic workforce. Its full-time Japanese workforce was reduced by 20 percent by 1998, replacing these with foreign contract workers[53]. Aircraft overhaul contracts in Singapore were shifted to Xiamen, China, where labour costs were about one-quarter those of Singapore and one-tenth those in Japan. In recruiting low-cost foreigners despite Japan being renowned for homogeneity, JAL has

---

[45]   Davis, E., "Global outsourcing: Have U.S. managers thrown the baby out with the bath water?" *Business Horizons*, July-August 1992, pp. 58-65.

[46]   Apte, U., "Global outsourcing of information systems and processing services," *The Information Society*, Volume 7, 287-303 1991.

[47]   Noble, K. "America's service economy begins to blossom – overseas," *New York Times*, Dec. 14. 1986.

[48]   Lohr, S., "The growth of the global office," *New York Times*, Oct. 18 1988.

[49]   Wysocki, B., "Overseas calling," *The Wall Street Journal,* Aug. 14, 1991.

[50]   Apte, U. and R. Mason, "Global outsourcing of information processing services," Working Paper, Cox School of Business, *Southern Methodist University*, Dallas, 1992.

[51]   Stein, T., "Inside out: businesses look to outsourcing for more and more business processes," *Optimize Executive Report*, Issue 20, 2003.

[52]   Leroy, C. "Swissair délocalise sa comptabilité," *Le Monde*, February 24.

[53]   Reitman, V. and J. Sapsford, "Uncharted course: JAL and its international crews illuminate problems roiling Japanese businesses," *The Wall Street Journal*, Aug. 9, 1994.

followed the trends initiated in its shipping industry. Since the mid-nineties, less than 2 percent of Japanese merchant ships are manned solely by Japanese.

Since the early nineties In Europe, software designers, even small firms, started to co-locate product design. For example, the PACT Group, headquartered in Lyons with 35 employees, launched a development centre in Manila employing 200[54]. Further, DMI, an offshore British software development company based in Geneva, followed an innovative direction. The company managed data processing centres as well as development units in Beyrouth, Lebanon and Cyprus for some years. Initially aiming at slowing the emigration of qualified Lebanese technicians, the concept became a valid orientation for growth in international markets[55]. However, concerns regarding the negative potential consequences on unemployment in the Western world quickly emerged. For example, when Cesia, a French government agency for development in information technology (IT), announced in 1993 its willingness to establish and run a dedicated high speed telecommunication network linking European and Indian firms for joint software development, there were objections to this initiative made by those like the managing director of Cap Gemini Sogeti (one of the largest IT service company in Europe) who expressed his strong reservations regarding this initiative, as well as all form of government support, to relocation overseas, The argument given was that the depressed labour situation in France justified more protectionist measures instead[56]. However, objections like these did not slow the expansion of outsourcing in these regions.

The current tendency is that French service organisations are somewhat reticent in announcing relocation achievements[57]. Firstly, possible confrontation with trade unions is feared. Firms also wish to minimize the risks of negative reaction by their local customers, as well as imitation of this practice by their direct competitors. On the other hand, the French government has established new tax incentives for companies for relocating call centres and other service producing facilities in other parts of the country where there is high unemployment. Consequently, there has been an increase of call centres created in France – reaching 3000 units by the end of 2003 – with the employment record of 191000 people, a 4.5 percent increase compared to the previous year[58].

Opinions regarding the risks and rewards in outsourcing are still diverging, even if there is no definite directions in reality. According to Forrester, analysts argue that about 3.3 million white-collar American jobs will shift offshore by 2015[59]. Morgan Stanley Chief Economist Stephen Roach claims that the "new and powerful global labour arbitrage" is adding to the bias toward jobless recoveries in western economies. Tyson states that "the outsourcing of high-skill American jobs may yield economic benefits for the nation. But there may be a sizeable number of losers as well."[60] Several American States, such as New-Jersey and Indiana, have moved local regulation to halt this so-called "labour arbitrage."[61] However, the McKinsey Global Institute defends "off-shoring" benefits both the countries involved in it

---

54   Quérel, M., "Conception à Lyon et développement à Manille," *Les Echos*, Feb. 24, 1993.
55   Chasport, D., "DMI mise sur le partenariat avec les SSII européennes," *Les Echos*, Feb. 24, 1993.
56   Arnould, J. "Les délocalisations sont dangereuses," *Les Echos*, Feb. 24, 1993.
57   Nora, D. "Délocalisation: après les usines, les services?" *Le Nouvel Observateur*, Feb. 5, 2004.
58   "Débat sur les délocalisations: les centres d'appels créent encore de l'emploi en France," *Les Echos*, Oct. 20, 2003
59   Gonsalves, A., "Study Confirms IT Service Providers' Fears About Offshore Competitors," *TechWeb News*, Feb. 4, 2003.
60   D'Andrea Tyson, L., "Ousourcing: Who's Safe Anymore? " *BusinessWeek*, Feb. 23, 2004.
61   "Special report: Offshoring," *The Economist*, Dec. 13, 2003.

and define the phenomenon as a win-win formula[62]. It has been found that the majority of the service jobs relocated no longer require highly qualified skills. They include mainly paper-based back-office tasks that can be digitised and telecommunicated anywhere around the world, plus more routine telephone inquiries that are increasingly being bundled together into call centres[63]. American industry leads in this activity with an estimated 70 percent of all off-shoring business, and immediately followed by the United Kingdom. In October 2003, HSBC, one of the largest financial companies, announced the transfer of 4,000 jobs from the Britain to India[64], while in December 2003, Aviva, the largest insurance group in the UK, disclosed its intention to transfer 2350 jobs – 7.5 percent of its total employment – also to India[65]. In a their 2004 study, Deloitte Research estimated by 2008, 730,000 financials services jobs would migrate from Western Europe, followed by 100,000 other jobs in the telecommunication service sector.[66]

Despite multiple attempts in this activity by French, German and Japanese firms, "off-shoring" service operations have tended to be confined to mainly the English-speaking countries, i.e., North America and the U.K. which also have relatively liberal employment laws, and are more accepting of shift of business overseas. This is set to give English-speaking countries a significant competitive advantage. This situation is gradually changing over time. A few Japanese companies have shifted operations to Northeast China where Japanese is spoken. Bain & Co. forecasts that the market for offshoring activities in Russia and India will grow by 45 percent and 57 percent by 2006 respectively.[67] Increasingly, people skills and availability are not the primary factors that influence off-shoring decisions. A country's financial structure and business climate are important considerations. The attractiveness of a country can be influenced by compensation costs, infrastructure costs, taxes and regulatory considerations. Firms may also seek a friendly business environment that encourages investment. Even if cost savings continues to be the dominant motivation for the transition to global sourcing models, other important factors are emerging, such as improved quality and increased flexibility.

Research drawn from London School of Business and Capco Institute[68] explores the experiences and sourcing strategies revealed by 62 executive respondents from the world's top financial services organizations. The findings dispel many of the myths surrounding out-sourcing and off-shoring in the financial services industry. It was found that financial services companies, like manufacturing firms before them, are outsourcing and off-shoring to reach beyond geographical and organisational boundaries in search of efficient operations. The Global Sourcing Model is well established amongst the world's leading financial services organizations even for "vertical business processes" often assumed to be too difficult to outsource or even offshore. In fact, 58 percent of survey respondents who outsource business processes already use alternative sourcing strategies for these vertical processes. These companies use a combination of resources locally, offshore, in-house and outsourced. The most significant management challenges in global services sourcing are often at the operational level. Good project management capabilities are the single most important ingredient to a successful global sourcing capability. Financial services firms are finally adopting what can be described

---

62 Agrawal, V., Farrell, D., Remes, J., "Offshoring and Beyond: Cheap labor is the beginning, not the end," *The McKinsey Quarterly*, No. 4 Global directions, 2003.
63 "Relocating the back office," *The Economist*, Dec. 13, 2003.
64 "HSBC veut transférer 4000 emplois du Royaume-Uni vers l'Asie," *Les Echos*, Oct. 20, 2003.
65 "Aviva delocalise 2500 emplois britanniques en Inde." *Yahoo! Finance Website*, Dec. 2, 2003.
66 Matlack, Kripalani, Fairlamb, Reed, Edmonson, and Reinhardt, "Job Exports: Europe's Turn." *BusinessWeek*, April 19, 2004.
67 "Relocating the back office," *The Economist*, Dec. 13, 2003.
68 *Business Wire* May 22, 2006.

as a true Global Services Sourcing Model. This is best summed by the observation made by Dr Suresh Gupta, Head of Sourcing at Capco, "Despite the myths and media headlines surrounding off-shoring, the leading financial services organisations are already far along the path of implementing sophisticated Global Sourcing Models. It is no longer a question of whether to outsource or offshore a generic process like IT maintenance; instead they are already moving complex, business-specific processes offshore".[69] It has been observed that companies in the global software off-shoring industry, for instance, are becoming increasingly dependent on off-shoring, seeing it as an integral part of their business strategy.[70] Most software companies are off-shoring critical but non-core support and testing functions such as QA, feature development, bug testing, maintenance and test suite operations. In addition, many software vendors are now off-shoring work previously considered too risky, such as non-core product development and high-level strategic work.

However, relocating and outsourcing service operations, especially development projects, can turn sour for a variety of reasons:

- loss of control over the outsourced processes;
- non-protection of intellectual property;
- negative impact on customer relations;
- cultural differences and language barriers;
- political instability, corruption, and crime;
- regulatory changes; and
- inflation of service costs.

In addition, innovative capabilities do not necessarily benefit from outsourcing. A 2002 study by Gartner Research[71] offered the following explanations:

- Many ideas, supposedly new innovative concepts and methods, seem to emerge from predetermined views of both parties;
- Many so-called innovative projects fail to deliver the expected value that both parties defined at the early stage of the relationship;
- While working on a regular basis, organizations inappropriately tend to manage the innovation process like routine procurement;
- Some service providers shape proposals to support their own agenda instead of focusing on the customer's business objectives; and,
- Outsourcing contracts are naturally managed by people who focus on operational excellence rather than on innovation.

The potential for off-shoring is not unlimited. For many services, proximity to markets, interaction with customers, trust and confidence outweigh the possible benefits of off-shoring. Further, some technological limits remain, as it is not possible to digitise and outsource all service-related activities. Regulations and legal requirements may raise transaction costs, and hence limit off-shoring. Some services, like banking and insurance, are required by law in some countries to be provided by companies established locally. The lack of international recognition of professional qualifications is another obstacle, as is the lack of globally agreed privacy rules. Moreover, different corporations have different perceptions of the risks and benefits of off-shoring services and some would be reluctant to take this path.

---

69   *Business Wire*, 2006, op. Cit.
70   "Sand Hill and Persistent Systems," *The Economic Times*, Apr. 27, 2006.
71   Cox, R., "Research Note COM-15-7168," *Gartner Research,* Apr. 9, 2002.

Based on these considerations, the key question that emerges is how to make innovation work in international service networks. Research suggests the following propositions:

- Service organizations cannot afford not to establish specific processes enabling them and their global service providers to work together in order to innovate. Innovation, as a contractual objective, should be handled through dedicated agreements. Figure 3.1 introduces the basis for a four-step generic approach aimed at defining and implementing a collaborative innovation process.
- Organizations must recognize the innovative and strategic roles associated with each of their international service operations regardless of location or legal form (see developments below).
- Organizations may well be willing to establish virtuous paths for the units to follow on in order to reach higher strategic roles in the service international network; incentive mechanisms should then be defined in order to facilitate units' evolution over time.
- Key decisions such as: where to relocate service production, outsourcing versus in-house relocated production, terms of agreement with overseas service providers, among others, must be aligned with the objectives and principles of the company's "service strategic vision" and its associated operations planning.

Research in operations strategy has showed that if managers do not consider manufacturing to be a source of competitive advantage, they are likely to establish foreign factories with a narrow strategic scope; they then provide those factories with limited resources. In contrast, if managers regard manufacturing as a major source of competitive advantage, they generally expect their factories abroad to be highly productive and innovative, on top of achieving low costs[72]. In the service sector, the notion of building strong competitive advantage based on the production process is still new. Multiple analysis report that productivity growth has stalled in the service sector, at least until the mid-nineties. The ineffectiveness of many managers at improving productivity and the inherent complexity of the service sector itself seem to be among the most commonly mentioned reasons[73]. Many observers argue that service companies still operate below their potential and increasingly fail to take advantage of the widely available skills, machines, and technologies[74]. However, creative managers are

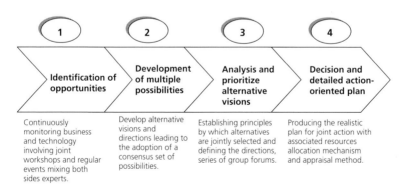

Fig. 3.1 Defining and implementing a collaborative innovation process in Services.

[72] Ferdows, K., "Making the most of foreign factories," *Harvard Business Review*, March-April 1997, pp. 73-88.
[73] Heskett, J., E. Sasser, and L. Schlesinger. *The Service Profit Chain*, New York: The Free Press, 1997.
[74] Van Biema, M. and Greenwald, B., "Managing our way to higher service-sector productivity," *Harvard Business Review*, July-August 1997, pp. 87-95.

currently discovering the virtue of applying lean production and operations automation to service activities[75]. Some of them already work at establishing sets of strategic objectives for their service production sites. While currently working toward massive relocation of large parts of service production systems, firms now have the responsibility to clearly define the role of the new sites they are opening or outsourcing overseas.

In the manufacturing environment, six individual profiles have been identified as strategic roles in foreign factories. These include the following: the "Offshore factory" established to produce specific items at a low cost; the "Source factory" still focusing on low cost production but with a broader strategic role; the "Server factory" supplying specific national markets; the "Contributor factory" also serving specific market, but with responsibilities extending to product and process design; the "Outpost factory", placed in an area where advanced customers, competitor, or research laboratories are located, and primarily collecting information; and finally, the "Lead factory" creating new processes, products, and technologies for the entire company[76]. Analyses show that comparable strategic roles might be assigned to service production sites relocated out of the firm's original country. Refer to Table 3.1 for the definition of the strategic role of international service units, and Table 3.2 for examples of production units in existing service networks.

Table 3.1 Strategic Role of Production Units in International Service Networks

Type of service production unit	Characteristics and expected benefits	Requirements regarding its location
Offshore service facility	Producing specific service operations at low cost, Investment and managerial resources kept at the minimum level, International coordination is simple and beyond the control of the site.	Qualified workforce at low cost, Decent infrastructure, Possible language skills
Source service facility	Still low cost production, but with broader authority over service design, supply and sub-contractors, Ability to produce a service as the best site in the firm's global network.	Low cost service producing environment, Infrastructure relatively developed, Well qualified workforce available with ability to develop skills over time
Server service unit	Serving specific regional market, Way to overcome distance barrier, Authority and competence over service and process design still limited.	Significant regional market opportunity
Contributor service unit	Also serving specific market, but with broader responsibility over design, development and choice of sub-contractors, The unit may complete with home site to be the testing ground for new service/process.	Active and demanding regional market
Lead service center	Creating new services, processes and developing technologies for the entire company, Collects data and transform knowledge into innovative service solutions.	Stimulating market and research environment

---

[75]   Swank, C., "The Lean Service Machine," *Harvard Business Review*, Oct. 2003, pp. 123-129.
[76]   Ferdows, 1997. op. cit.

Table 3.2 Examples of Production Units in Existing Global Service Network.

Type of service production unit	Example of companies	Example of offshored functions
Offshore service facility	HSBC Wanadoo Lufthansa British Airways AOL	Call centers in India, China, etc. Call center in Tunisia Accounting center for Europe in Poland Mumbai, reservation and processing E-mail management in Philippines
Source service facility	Delta Airlines GE Capital (first step in 1997) McKinsey American Express DHL	From Call center, to RH management, to accounting in India 270 different service operations in India Analysts in India Relocated software development in India Cy's European IT overseeing in Prague
Server service unit	Citigroup (first step in 1998) PACT	Call center for Indian domestic market Development center in Manila for Asia
Contributor service unit	Citigroup (second step in 2002) Cap Gemini EY	Call center in Mumbai for overseas Business processes in Guangzhou, China

Several factors could upset off-shoring operations. The high demand for these services offshore could result in the erosion of price advantage and therefore increasing costs. Another is the lack of awareness of off-shoring brands among software off-shorers. Remote management and the execution of a global development model still remains a difficulty for many software companies. Other concerns have been difficult office space acquisition, intellectual property theft, communication and some dissatisfaction with the offshore vendor's performance (e.g., the lack of initiative, risk taking and training). Defining and estimating the risks associated with global outsourcing also deserve more attention. For example, Delta halted plans for a call centre in the Philippines because of safety concerns[77]. There were also a number concerns or even significant losses being attributed to unsuccessful relocation experiences. In general terms, service organizations, just like manufacturing companies, are confronted with a series of risks associated with the launching of any new service product or with the implementation of a new delivery processes. These could be referred to as "generic risks". Generic risks most frequently mentioned include the following

- Commercial risk: not reaching markets nor commanding the expected market share;
- Financial risk: not generating the expected return on investment in time;
- Industrial risk: not delivering the service in a reliable and cost-effective way;
- Technological risk: not developing service on time, or with unreliable features.

Any new potential location for the firm's activity will also carry out an additional set of specific risks that have to be carefully addressed before organizing for the move. These could be referred to as "location risks," and the most commonly identified are the following: 1) risk of miscommunication and the possible negative impact of cultural diversity; 2) risk of underdeveloped infrastructure, insufficient effort in education as well as unsufficient stimulation of innovation; 3) economical risk possibly leading to the reduction of local commercial, industrial, and institutional activities; and 4) political and social risk.

Despite these factors there is a general optimism about the future with increased adoption and sophistication in off-shoring, some of the trends that companies see an added benefit include the following: leveraging and expanding offshore capabilities; emergence

---

[77]   McDougall, P., "Opportunity on the line," *InformationWeek*, Oct. 20, 2003.

of regional centres of expertise; increasing importance of domain expertise; and the rise of multi-lateral business and global sourcing. Workforce flexibility, faster time-to-market and gaining additional skills have also become common reasons for leveraging overseas service units. There is also the maturing of the vendor selection process. Talented resources, scalability, flexible costs, ready infrastructure, and development experience are still counted as the benefits and relevant domain expertise than they were in the earlier years. At the same time, the importance of vendors having the lowest costs and parent company presence have declined significantly with maturing off-shoring set-ups becoming a source of innovation.

3.6 Concluding remarks

In the "old days", service organizations did not really need to innovate consistently. The intensity of the competition was not necessary as strong as it is today and a single innovation could often reap rewards for ten to twenty years. Since the mid-nineties however, in almost every service industry, hyper-competition is imposing itself and the ability to continually innovate has become a competitive qualifier and no longer a competitive winner. For many observers, it seems that companies who are truly innovative have at least two cardinal traits in common[78]: an almost fanatical desire to get out front and stay there, and a determination that, if anybody is going to render their service obsolete, it will be themselves. The market conditions are changing more and more rapidly and the only effective response to this is to develop the capacity to move at ultra-high speed oneself. While no company could realistically expect to move as rapidly as the market conditions, the goal is to be the one that will come closest, hence ensuring the best survival position. In services as well as in manufacturing activities, the best alternative of all is to be the one who is driving most of the industry changes in the first place.

3.7 Bibliography

R. Metters, K. King-Metters, and M. Pullman, *Successful Services Operations Management*. Mason,Thomson South-West, 2003.

L. Heracleous, J. Wirtz, N. Pangarkar, *Flying High in a Competitive Industry: Cost-Effective Service Excellence at Singapore Airlines,* Singapore, McGraw-Hill, 2006.

J. Heskett, E. Sasser, and L. Schlesinger, *The Service Profit Chain,* New-York, Free Press, 1997.

D. H. Maister, *Managing the Professional Service Firm*, New-York, Free Press, 1997.

H. Mathe eds., *L'innovation, au cœur de la compétition dans les services*, ESSEC-ISIS, Cergy Pontoise, 2006.

H. Mathe, *Le Service Global, innovations et stratégies internationales de développement dans les services,* Paris, Maxima, 1997.

H. Mathe and R.D. Shapiro, *Integrating Service Strategy in the Manufacturing Company,* London, Chapman & Hall, 1993.

R. C. Blattberg, G. Getz, and J. S. Thomas, *Customer Equity,* Boston, Harvard Business School Press, 2001.

R. Rust, V. Zeithaml, and K. Lemon, *Driving Customer Equity,* New York, Free Press, 2000.

T. Kellet, J. Littman, *The Ten Faces of Innovation,* New-York, Doubleday, 2005.

B. Andersen, *Technological Change and the Evolution of Corporate Innovation*, Cheltenham, Edward Elgar, 2001.

---

[78]   Kiernan M., *Get innovative or get dead*, Pitman, London, 1995.

G. von Krogh, I. Nonaka, and T. Nishiguchi eds., *Knowledge Creation: A Source of Value*, New York: St. Martin's Press, 2000.
P. Lasserre, *Global Strategic Management*, New York, Palgrave MacMillan, 2003.
M.-T. Flaherty, *Global Operations Management*, New-York, McGraw-Hill, 1996.

3.8 The author

Professor Hervé Mathe is on the permanent faculty at the ESSEC business school in Paris since 1981, and has served in parallel at the University of Lausanne in Switzerland for nine years. Currently responsible for the development of the Institute for Service Innovation and Strategy and head of Strategic Planning at ESSEC, he has been in charge of the division for continuing and executive programs of the group, and previously of the postgraduate programs division. On leave from Europe for some time, Prof. Mathe has launched the Logistics Institute Asia Pacific at the National University of Singapore, also affiliated with the Georgia Institute of Technology in Atlanta, in year 2000; and the Arthur D. Little Center for Service Excellence in Boston, in 1995. As a visiting professor, he has taught at the Harvard Business School in Boston, the Wharton School in Philadelphia, Cranfield University in the UK, and the SDA Bocconi in Italy. He is a consultant to major organizations in both the public and private sectors worldwide, and has published extensively in the areas of logistics and service management. He holds a Ph.D. in technology management from Cranfield, U.K., and a Doctorate in management science from the University of Paris Dauphine, as well as a Doctorate from the Institut d'Etudes Politiques in Paris.

Chapter 4

The structure and the operations of logistics systems

Francis-Luc Perret

4.1 Introduction

"Why should we kill the bear, if we have not yet sold the fur?"

The purpose of logistics is to create value for the customer. Logistics is often described as the dynamics of the useful product or service that the supplier wishes to sell to its customer. A recent and fundamental expectation of logistics is the ability not only to adapt the organization to its environment but also to modify this environment in order to create value for the customer.

Without value to the customer, a company wouldn't exist. For industrial and service oriented companies, for public and private institutions, the competitive advantage is defined with respect to customer value.

How can logistics contribute to create customer value?

- By creating customer satisfaction; this implies high flexibility and reactivity to the customers' desires.
- By anticipating customers' needs; which means tracking customers' desires and styles of consumption.
- By driving changes in customers' desires and habits of consumption.

The above considerations show the narrow link between the information flow and the material flow. To create value, to anticipate needs and to drive change, a reactive information system must be developed. Supply Chain Management links the material flow with the information flow. The value of the first depends upon the availability and the accuracy of the second. The efficiency of the physical flow depends upon the ability to track and trace resources.

Logistics is therefore facing a permanent challenge: the search for equilibrium and dynamic coordination between tangible and intangible flows.

The Supply Chain embraces all phases separating the act of designing the product or service from the instant at which this product or service becomes available to the customer. The logistician operates on the duration of these phases either by reducing the time to market, or by making it acceptable to the customer. Parts of the activities related to the Supply Chain are developed within the company's limits, parts are outsourced and belong to the decision-making process of companies interacting within a partnership network. The whole economic activity along the Supply Chain is therefore based upon micro, meso and macro interactions between clients and suppliers, both defined at individual or collective levels.

The expected qualities of a logistician are broad and rely simultaneously upon human, communication, technical and managerial skills.

In order to optimize the flows and the allocation of human, economic and financial resources to these flows, the logistician should be able to master a large spectrum of decision-making methodologies and tools covering expertise from marketing to research and development.

4.2 Forms and strategies of design

"We couldn't have invented electricity by gradually improving the performance of a candle!"

Designing requires a permanent reconsideration of given assumptions in order to innovate and invent new concepts and paradigms improving the Supply Chain and its influence upon the creation of customer values.

4.2.1 Cost of non-quality

In the creation process, the designer faces many traps. Among those, the anchoring bias is particularly pernicious.

Anchoring bias means that the previously available information conditions the innovation process. The designer, working in a closed environment, is unconsciously trapped within a subset of potential solutions and cannot get rid of *a priori* assumptions.

In this chapter, various tools will be provided to the designer seeking to avoid being caught within the anchoring bias phenomenon.

Two contrasting attitudes towards innovation can be considered.

• The first attitude (Figure 4.1) is typical of an individual or of a company for whom the cost of being out of the target has no severe consequences. On the horizontal axis, the slack with respect to a given objective is represented, measured by excess or by default around a target. On the vertical axis, the cost of the non-quality is estimated according to various functional relationships. In the figure, being out of range a little more than expected doesn't induce additional cost to the individual or to the company. It means that the marginal value of the objective function is decreasing.

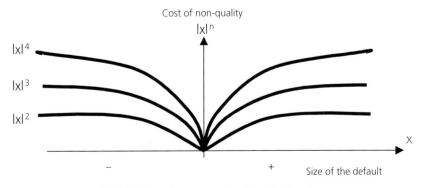

Fig. 4.1 Measuring non-quality with a flat function.

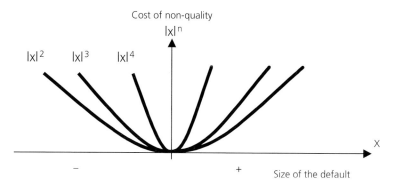

Fig. 4.2 Measuring non-quality with a steep function.

Such a characteristic curve is frequent for companies used to operate within a monopolistic environment. The pressure for improvement is weak and the objective function underestimates the cost of an additional slack with respect to a given objective, of a level of service for instance. Being trapped in such a configuration leads to actions that are timid and not innovative.

  • The second attitude towards innovation (Figure 4.2) characterizes enterprises that are very sensitive to the value of the service provided to the customer. A small additional slack away from the "zero default" has drastic and even dramatic consequences. In this case, the stimulation for improvement is very strong and the objective function has a positive marginal rate with respect to the size of the default. Companies of this type develop their activities in a very competitive environment. They practice Total Quality Management inbound and Customer Relationship Management outbound.

4.2.2 Kaizen and Business Process Re-engineering

Improvement can be obtained with a smooth process of innovation moving step by step as illustrated in the figure 4.3 or by larger increments through drastic changes.

S. Shingo calls the continuous improvement strategy "Kai-zen" which means "revolution through continuity". It is the usual strategy adopted by conventional management

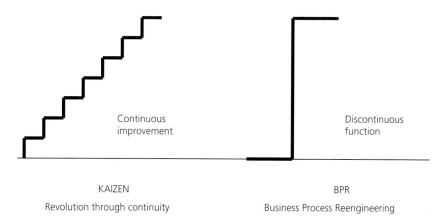

Fig. 4.3 Two opposite improvement processe.

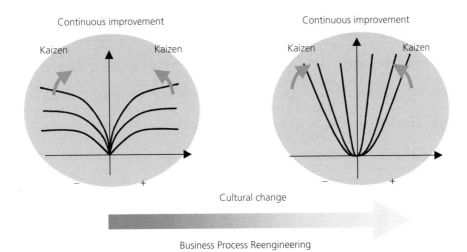

Fig. 4.4 Combining BPR and Kaizen for a more efficient design process.

operating at a discrete and progressive pace. By contrast, the discontinuous function, entitled by M. Hammer "Business Process Reengineering" (BPR), is characterized by a more drastic approach described in the literature as the "leg breaking approach". The implementation of such a strategy implies the full support of management at the highest level of leadership.

These two processes can be applied in parallel and are not mutually exclusive.

The methodologies, developed further in the Chapter (Figure 4.4) combine both Kaizen and BPR approaches. The combination of both approaches provides a useful eclectic contribution along the project's life cycle: the Kaizen is well designed for optimizing operational decisions and the BPR for conceptualizing the more structural aspects.

4.3 Discovery of stochastic lags and oversized inventories

From push to pull

In order to illustrate the danger of working with deterministic data when designing a logistic process, let us refer to the simplified Wilson formula for estimating the value of the optimal quantity in inventory.

Assume a routine reorder after a fixed period of time, a regular demand for a homogeneous product and a fixed lag for reordering. Assume moreover that L, d, D, C, H are deterministic values, where:

L = set up cost of launching an order
d = demand rate per unit od time
D = demand cumulated over the reference period
C = production cost per unit
H = holding cost per unit time or cost of the capital tied up in the inventory
$f(C, H)$ = functional relationship defining the combined cost of production respectively of holding
Q = quantity ordered
CT = total cost

The objective function, which has to be minimized, can be defined as the sum of the ordering and of the holding costs. Then:

Ordering cost	$Co = (D/Q) \times L$
Holding cost	$Ch = (Q/2)\, f(C,H)$
Objective function	$CT = Co+Ch$

The optimal ordering quantity Q^* is given by the first partial derivative of CT with respect to Q, enforced to 0.

$$Q^*_{most\ likely} = (2DL/f(C,H))^{-1/2}$$

The Figure 4.5 shows the implication of potential variations in the lag time (l) and in the demand rate (d) assuming both variables vary by a given quantity (Δl), respectively (Δd). The new total result for the ordering quantity Q^*_{max} necessary to cover the additional needs for potential variations in the demand and in the lag time is paramount compared to the reference ordering quantity $Q^*_{most\ likely}$.

When the above phenomenon is reproduced along the Supply Chain, the cumulative effect is spectacular. (Figure 4.6). At each step, the uncertainty in the lag time and the demand fluctuations provokes a fuzzy amplification. The Q^*_{max} phenomenon described above can be extended at the company or at the network level. It induces a large inventory completely oversized with respect to the real degree of uncertainty in the demand. When the same reasoning is extended to the other variables such as L, H, C… the amplification of Q^*_{max} is even worse.

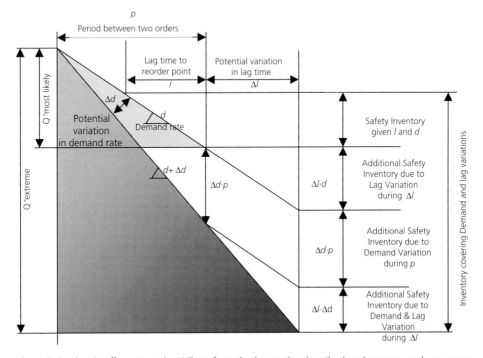

Fig. 4.5 Stochastic effect upon the Wilson formula due to the described endogenous and exogenous variables.

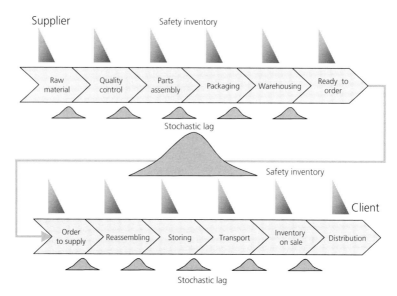

Fig. 4.6 Safety inventory and cumulative lag along the supply chain.

In order to neutralize this amplification effect, a very efficient strategy, known as the reverse Order Penetration Point, can break the volatile mechanism. It consists in shifting upwards the information from the client to the supplier along the Supply Chain. Such a strategy reduces the stochastic reorder quantity and hence the size of the inventory (Fig. 4.7).

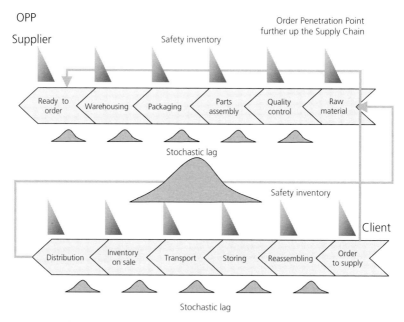

Fig. 4.7 Reducing safety inventory and cumulative lag along the supply chain using OPP strategy and postponed differentiation.

Companies pushing the reorder point up the supply channel develop new collaborative schemes with the suppliers and discover important gains compared with non-collaborative behavior. Combined with the strategy of postponing the physical differentiation of products and services down the supply channel, logistics has a "wetware" effect since it fluidizes material and informational thus generating large economies.

4.4 Designing the logistics project's life cycle

4.4.1 Description of all the potential participants, partners and stakeholders

Designing the life cycle of a logistics project requires the ability to imagine and describe all potential participants, partners, stakeholders and eventually enemies who might directly or indirectly influence the project at any period of time from its birth to its death.

Using as a reference the general accounting scheme proposed by C. W. Churchman in the Design of the Inquiring System, Figure 4.8 shows five major categories of actors: the clients, the suppliers, the investors, the institutional partners, and the entrepreneurs of the project itself.

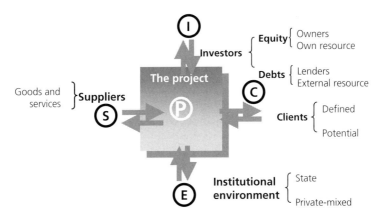

Fig. 4.8 Stakeholders management: surveying all participants and partners.

4.4.2 Anticipation as a key to success

As in a dynamic programming approach, the significant steps and states defined along the supply chain's life cycle have to be anticipated. Milestones corresponding to major modifications in the behavior of the stakeholders are flagged along the route (Figure 4.9).

Ad hoc versus chaotic procedures are used to be sure that all potential scenarios have been taken into consideration. The quality of the business plan is sculptured at this stage.

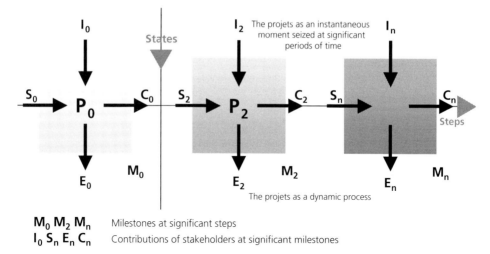

M_0 M_2 M_n Milestones at significant steps
I_0 S_n E_n C_n Contributions of stakeholders at significant milestones

Fig. 4.9 Supply chain milestoning: anticipating all significant events likely to modify the dynamics of a project.

4.4.3 Limit definitions

In order to formalize the input-output of the project and the degree of its interactions with the outside world, Churchman proposes that the borders should be moved until the project no longer influences its environment. It is a way of ensuring that significant aspects potentially influencing the cash flow are not forgotten (Fig. 4.10).

Two major domains of investigation can be considered:
- the first implies an intensive analysis embracing the point of view of the owner or of the project's operator and privileging direct impacts as well as potential costs and revenues;
- the second implies an extensive analysis including the socio-economic aspects induced by the project with respect to its environment.

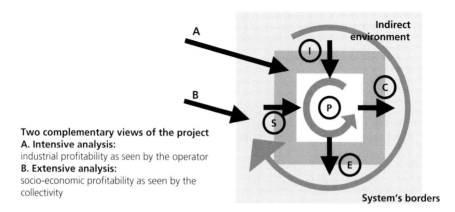

Two complementary views of the project
A. Intensive analysis:
industrial profitability as seen by the operator
B. Extensive analysis:
socio-economic profitability as seen by the collectivity

Fig. 4.10 Systemic management: study of the interactions between the project and its environment.

A classical criterion used to summarize all events of the project's life cycle is the Net Present Value of the discounted cash flows generated by the project. The NPV represents the remuneration the entrepreneur will require to assume the risk induced by the project. This result will be compared to the situation provided by a perfectly reliable financial institution able to guarantee a fixed remuneration from a nominal investment during the life cycle of the project. This indicator (Fig. 4.11) is represented here in a simplified form to illustrate the MODEC three-step procedure developed by the author in collaboration with Dr. Philippe Wieser.

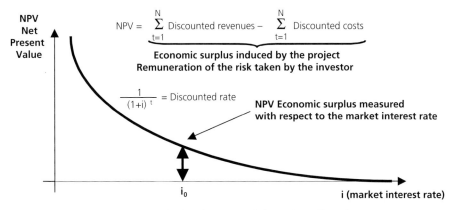

$$NPV = \sum_{t=1}^{N} \text{Discounted revenues} - \sum_{t=1}^{N} \text{Discounted costs}$$

Economic surplus induced by the project
Remuneration of the risk taken by the investor

$$\frac{1}{(1+i)^t} = \text{Discounted rate}$$

NPV Economic surplus measured with respect to the market interest rate

Fig. 4.11 Anticipating the events of the project's life cycle.

4.4.5 Risk appraisal

The subjective aspects and the attitude towards risks can be modeled using, for instance, the efficient empirical methodology proposed by P. Fischburn. Combining the expected value of the project's Net Present Value (NPV) with the standard deviation of the same NPV, an indifference curve called the efficient border can be drawn with a line separating "good" from "bad" projects. Referring to this indifferent curve, two types of attitudes can be then formalized:
- The risk-taker or max-max strategist (maximizing the maximum potential gain) with a characteristic curve showing an increasing marginal rate (Fig. 4.12).
- The risk averse or min-max player (minimizing the maximum potential loss) with a characteristic curve showing a decreasing marginal rate (Fig. 4.13).

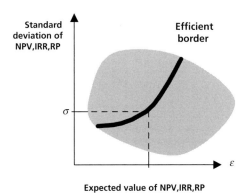

Fig. 4.12 Attitude towards the risk: the risk taker, marginal increasing function.

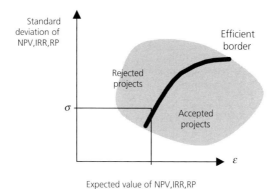

Fig. 4.13 Attitude towards the risk: the risk avoider, marginal decreasing function.

4.4.6 Valuation model using three interactive phases

MODEC is an integrated software which models the project's life cycle in three complementary phases: the deterministic, the sensitivity and the simulation of the risk profile (Fig. 4.14):

The **deterministic phase** assumes all the variables are given "for sure" with respect to size and time. The schedule of the milestones for each I_t (Investments), R_t (Revenue), D_t (Operating Expenses) variable is graphically represented on a time horizon N. This latter represents a parameter subject to sensitivity analysis (figure 4.15).

The **sensitivity phase** relaxes all the above deterministic hypotheses and proceeds to a systematic investigation of the relative sensitivity of each individual variable with respect to the total potential variation of the economic indicator (NPV, IRR-Internal Rate of Return, RP-

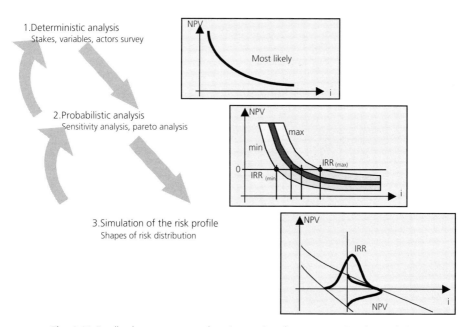

Fig. 4.14 Feedback management: three interactive phases structuring the analysis.

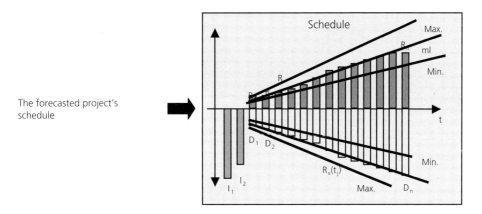

The forecasted project's schedule

Interactions between *static* and *dynamic* variables

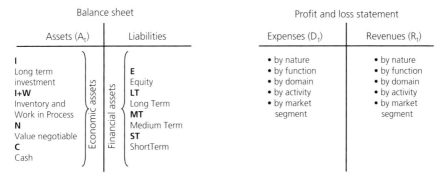

Fig. 4.15 Modeling the deterministic phase.

Recovery Period…). The variables are then ranked using a Pareto classification. The ranking is made according to the decreasing variability of the resulting criterion. This step allows us to filter sensitive aspects of the project. Only class A Pareto criteria are retained for a deeper investigation. As in an object-oriented model, the explaining variables can be subdivided into subsequent independent or dependent variables. After subdivision, the sensitivity analysis starts again in order to check the ranking position of the new specified variables. (Fig. 4.16).

The Monte Carlo **simulation of the risk profile** consists in modeling the global risk of the project according to the behavior of major sensitive variables combined together. Various scenaros can be developed where the analyst assumes contrasted hypotheses:

- variables can be considered largely independent of each other;
- or they can be shaped in order to be intimately intertwined;
- or any combination of partial or total interdependency can be modeled to test the stability of the project with respect to the behavior of its constituting variables.

The probabilistic phase relaxes all the above hypotheses and proceeds to a systematic investigation of the sensitivity of each individual variable to the total potential spread of the economic indicator (NPV,IRR,RP). The variables are then ranked according to the decreasing variability along a Pareto ordering. The most sensitive aspects of the project can be retained on this basis for deeper investigation.

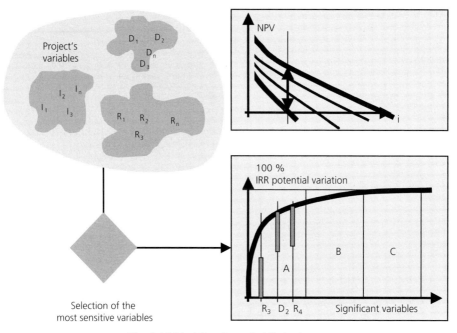

Fig. 4.16 Modeling the probabilistic phase.

Using a Monte Carlo simulation, the project's risk profile can be modeled (see Fig. 4.17). The shape of the resulting variable explains the risk in terms of IRR, NPV or any economic indicator.

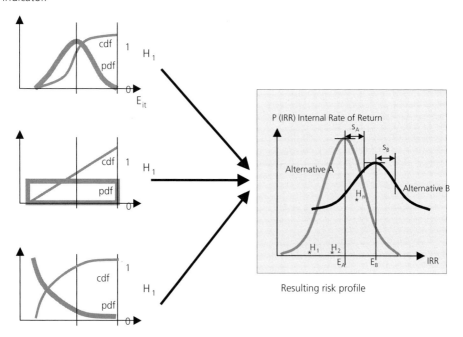

Fig. 4.17 Simulating the risk profile with IRR, the design, the significance.

4.5 Measuring the risk

In the seventies, the nuclear physicist Rasmussen proposed an interesting formula for expressing and measuring risk (see Figure 4.18). This formula combines two independent factors to which people are particularly sensitive:
- the potential event; and
- its probability of occurrence.

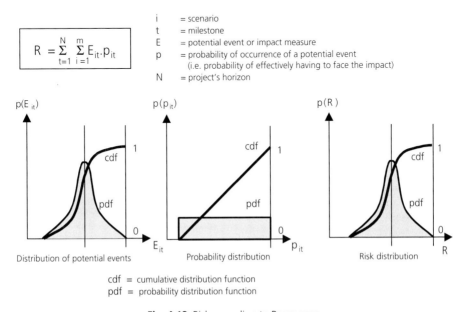

$$R = \sum_{t=1}^{N} \sum_{i=1}^{m} E_{it} \cdot p_{it}$$

i = scenario
t = milestone
E = potential event or impact measure
p = probability of occurrence of a potential event
   (i.e. probability of effectively having to face the impact)
N = project's horizon

cdf = cumulative distribution function
pdf = probability distribution function

Fig. 4.18 Risk according to Rasmussen.

Both factors are summed along the project's life cycle. This apparently simple expression allows very detailed deconstruction of the various variables that potentially explain the project risk. In collaboration with The Battelle Pacific Northwest laboratory, the author used Rasmussen's risk model to estimate various strategies for storing and disposing of high-level radioactive waste. The method can be combined with Monte Carlo simulation techniques in order to represent the probability distribution function of the risk.

This function is expressed as a resulting variable including all potential events and their corresponding probability distributions.

Various measures can be appraised throughout this procedure in order to reduce the gravity of the potential event or the probability of occurrence. The results are then incorporated in the MODEC methodology to measure the discounted net cash flow according to the risk profile analysis. In an iterative manner the various stakeholders can weigh their individual or collective preferences.

Figure 4.19 goes a step further and illustrates the interdependency between the expected value of the risk and the probability of occurrence for a given type of impact.

The Rasmussen relationship expresses levels of iso-risks trading probability of occurrence with potential events. For a given project, the objective consists in minimizing the iso-risk. To reach such an objective, the designer has to work simultaneously on three fundamental dimensions:

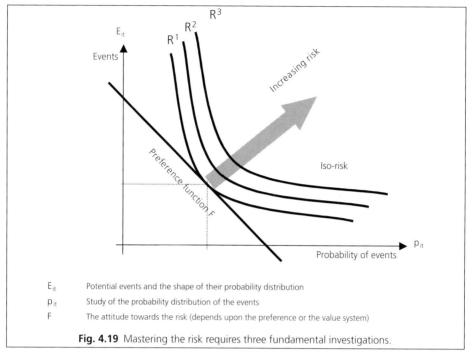

E_{it} Potential events and the shape of their probability distribution
p_{it} Study of the probability distribution of the events
F   The attitude towards the risk (depends upon the preference or the value system)

Fig. 4.19 Mastering the risk requires three fundamental investigations.

- the exhaustive list of the potential events;
- the representation of the probability distribution function of each potential event and finally;
- the subjective attitude the decision-maker has towards the risk.

Risk analysts refer to tables specifying the types of risks through which a given project could be scrutinized. The typology proposed in Figure 4.20 is based upon three major categories of risks: the operational, the economic and the exogenous risk. Each category can be subdivided into more detailed sub-classes, according to the desired precision.

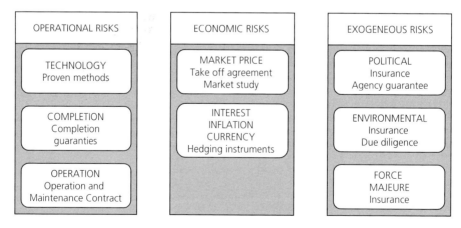

Fig. 4.20 Risk typology and characterization.

The typology exemplified in the previous figure provides a guide helping the analyst to ensure that no major risk has been forgotten. The content of such figure can be completed with a SWOT (Strengths, Weaknesses, Opportunities, and Threats) analysis. To avoid the anchoring bias in establishing such a list, a Delphi type of approach can be implemented. Each type of risk considered significant is then analyzed through the MODEC model in order to define the cash flow, which might affect the project's life cycle.

The revealed potential risks can be covered by specific measures, as illustrated in figure 4.21. Each measure has a cost, which can be traded against the global risk of the project. The MODEC risk profile simulation shows whether or not introducing an additional insurance to cover a given risk is economically worthwhile.

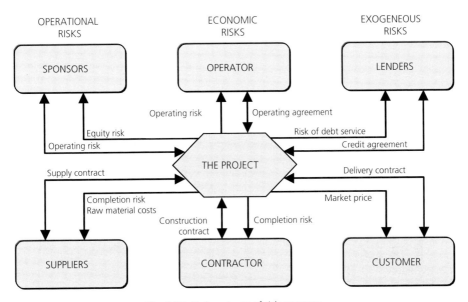

Fig. 4.21 Various types of risk coverage.

4.6 Simulating the risk profile of the logistics project

MODEC is designed to dialogue with the project's stakeholders in order to interactively assess the value of the project (Fig. 4.22):

- In the deterministic approach, to specify the basic variables influencing the design of the project, assuming that each data of the future cash flow can be accurately identified, with respect to size and time (Fig. 4.23);
- In the second phase, to specify the range of uncertainty characterizing each data (figure 4.24); this step focuses on the critical elements of the project; empirical values show that up to 80% of the activities are non-critical or could be delegated without decreasing reliability of delays, costs, or quality;
- In the third phase, the analyst has a large choice of criteria, among NPV, IRR, RP… He can proceed with Monte Carlo simulation of the risk profile in order to negotiate the various facets of the risk with the project's partners (Figure 4.21 above).

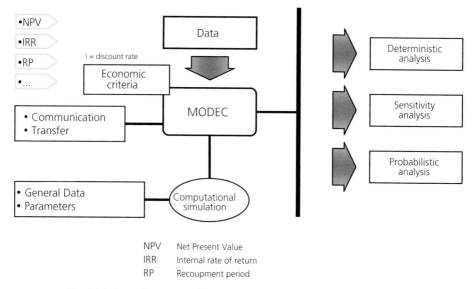

Fig. 4.22 General structure of the economic appraisal of the project's design.

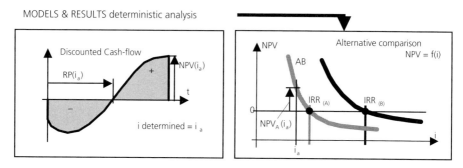

Fig. 4.23 Alternative project appraisal.

Modec in practice through the Swissmetro example

Imagine a new public transportation system called Swissmetro designed to link the major cities of a small country at a very high speed (Table 4.1), combining the following technologies:

- a network built completely underground, composed of two one-way tunnels with a diameter of approximately five meters and allowing two hundred passengers trains to run with a headway of four to fifteen minutes according to the time of the day and the demand level;

- a partial vacuum of approximately 7000 Pascal's in the tunnel in order to decrease the resistance due to air pressure and consequently the energy consumption, when the train is moving at 400 km per hour;

- a propulsion system using a linear induction engine with a low embarked weight since the stator and the rotor are split between the fixed infrastructure and the moving vehicle;

- a magnetic levitation and guidance system with no rolling parts, reducing friction, heat generation and energetic losses, thus diminishing noise and vibrations, hence operation and maintenance expenses.

DATA STRUCTURE

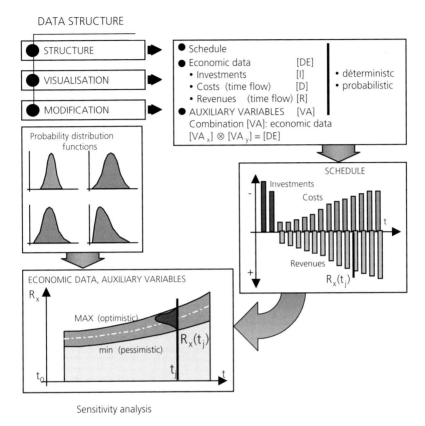

Sensitivity analysis

Fig. 4.24 Project appraisal through sensitivity analysis.

Swissmetro is a transportation concept offering the advantages of the speed of an airplane, of the high frequency of a subway and of providing the intimate comfort of a private car. Unfortunately the technology cannot be directly compared to any existing means of transportation since this combination of technologies has never previously been assessed. The clients' behavior facing such a high reduction in traveling time (factor 4) is uncertain. The investment and the operating costs are dependant on a very large number of technical, economic and political uncertainties.

The designer of logistics systems frequently faces such situations:
- is the project feasible from a technical-economic point of view?
- what are the strengths, the weaknesses, the opportunities and the threats of the project?
- should the project be encouraged or should it be abandoned?
- how could the project be improved in order to make it more attractive?
- will the project destabilize existing operating companies or could it be combined in a win-win strategy with other means of transportation?

MODEC allows for even a very complex project to combine all the inter-dependant variables described in the Table 4.1. The Swissmetro variables are related to the general design (lines, station conception, depots, number of stops, frequency, size of vehicles), the technology involved (vacuum level, mechanical devices, electrical equipment, civil engineering options) and the relations with other policies (construction and operation program, tariffs, commercial agreements, subsidies…). Modification of any one of these variables has an induced impact upon most of the other variables. For instance modifying the level of vacuum in the tunnel modifies the operating energy consumption, the safety dispositions within the vehicles and the stations, the time necessary to evacuate the passengers in station. Therefore, a fairly sophisticated tool summarizing all potential combined effects between variables has to be built.

Table 4.1 Swissmetro, interactions between project's specifications.

General design			Relationships with other public policies		
Insertion of Swissmetro within the transport system	Optimization of Swissmetro components	Strategies for system development	National policies	Economics	Other impacts
• Network • Estimate cost • Comparative study • Induced effects	• Network • Infrastructure • Stations • Operation • Vehicle stock • Safety • Passenger service§		• Land use • Transport policy • Impact assessment • Energy • Economic and industrial development	• Demand analysis • Assessment of cost and return on investment	

Technology			
Infrastructure	Electro-mechanics	Mechanics	Security
• Construction of a pilot line System Tunnel Construction Internal structure and materials • Swissmetro network Stations Infrastructure for intermediate access	• Propulsion • Sustentation • Guiding • Energy distribution • Peripheral system of energy distribution – Swissmetro station • Energy transmission to vehicle • Prototypes and small scale models	• Aerodynamics • Vehicle • Vacuum • Internal vehicle components • SAS	

The combined result appears synthetically in Figure 4.25. The respective envelope of maximum and minimum potential cash flows indicates the size of spread between the best and the worst cases. It is interesting to see that even when all potential worst cases are combined, the Swissmetro technology itself appears to be economically sustainable even if the amortization and the operating expenses of the infrastructures are only supported by the project. Most of the transportation systems throughout the world do not cover their full costs. Therefore the above results, compared to other means of transportation, were contested at first glance. It gave an impulse for a more detailed feasibility study sponsored by the Swiss government. The figure provides an interesting indication of the sensitivity of the tariff variable with respect to the NPV. A 35 % variation in tariffs has a very sensitive impact upon the economic viability of the project, while the same order of variation of the construction cost has practically no effect upon the NPV. These results indicate the necessity of seeking a collaboration with other transportation means, which could combine the new, very high-level of service technology with more conventional market segments.

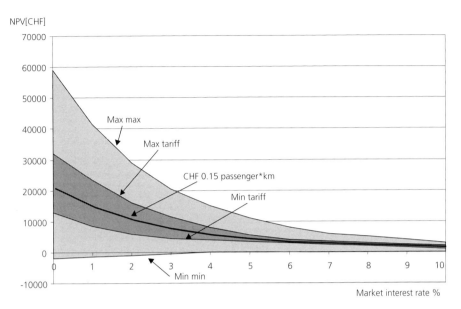

Fig. 4.25 Sensitivity of the Swissmetro: net present value, sensitivity analysis. Influence of a 35% variation in the tariff.

4.7 Designing with multicriteria decision-making tools

Multicriteria decision-making is a key design methodology that invites an iterative review procedure played-out by the project's stakeholders, who can progressively enrich their set of hypotheses and confront their contrasted point of views by directly analyzing the results induced by given hypotheses.

The interesting contribution of the methodology, described below, relies on the dialogue that takes place between partners, who can be closely associated during the design process in a proactive and trans-disciplinary manner. This aspect is an essential success factor since the solution will not be implemented unless the various stakeholders accept it.

A large part of the future logistics research will be devoted to the development of design methods involving active participation of the various interests along the Supply Chain. Among many methods available today, the concept developed by Bernard Roy of the Lamsade Institute at the Dauphine University of Paris is proposed. The so-called Electre methodology (Elimination et Choix Traduisant la Réalité) consists in partition (such as Electre I) as well as ranking (such as Electre II) methods. Sensitivity analysis is conducted according to the set of criteria, to the relative weights between criteria, and to the preference values given to the various solutions within each criterion.

More than a method of selection between various alternative solutions, Electre is a powerful tool for managing the design process and for avoiding the anchoring bias.

The Figure 4.26 illustrates, with an example, the principle of the methodology (Tables 4.2 to 4.4). Starting from a matrix of alternative exclusive solutions with exhaustive as well as mutually independent criteria, the first step consists in respectively computing an Agreement matrix (concordance), and a Disagreement matrix (discordance). The algorithm can be compared to the Pareto principle of optimality, which searches for solutions not violating other solutions in any part of the multi-dimensional comparison (see J-L Guigou, *Analyse multidimensionnelle*, Dunod 1975).

Table 4.2 Electre I Partition method, data.

Alternatives	Criteria				
	1	**2**	**3**	**4**	**5**
x1	n	t	p	n	t
x2	m	p	p	t	n
x3	m	n	m	t	p
x4	t	p	n	n	n
x5	t	n	b	n	b
x6	t	n	t	b	b
Weights	3	2	3	1	1

t = very good   b = good   n = neutral   p = acceptable   b = bad

Table 4.3 Electre I Partition method, matrix of concordance.

	x1	**x2**	**x3**	**x4**	**x5**	**x6**
x1		0.4	0.1	0.7	0.7	0.7
x2	0.9		0.6	0.9	0.9	0.9
x3	0.9	0.8		0.7	0.9	0.9
x4	0.4	0.4	0.3		1	1
x5	0.4	0.1	0.3	0.4		1
x6	0.3	0.1	0.3	0.3	0.6	

Table 4.4 Electre I Partition method, matrix of discordance.

	x1	**x2**	**x3**	**x4**	**x5**	**x6**
x1		0.75	0.5	0.75	0.5	0.5
x2	0.3			0.3	0.3	0.15
x3	0.3	0.25		0.3	0.3	0.15
x4	0.5	1	1		0	0
x5	0.5	1	1	0.25		0
x6	0.75	1	1	0.5	0.25	

By combining thresholds on agreement and disagreement, the two matrices of concordance and discordance are filtered on binary conditions defining the level of requirement necessary to prefer a given solution. A synthetic graph combines the preference values within each criterion with the inter-criteria weights, and plots the resulting dominance relationships (Figure 4.26). Figure 4.26 shows the final graph for an agreement threshold of 0,9 and a disagreement threshold of 0,3.

The B. Roy methodology is a valuable contribution to the interactive decision-making process. Taking a further step, a sensitivity analysis can be undertaken with respect to:
- the set of criteria;
- their relative weights;
- the scales used to evaluate the solutions with respect to the various criteria; and
- the threshold values (Fig. 4.27).

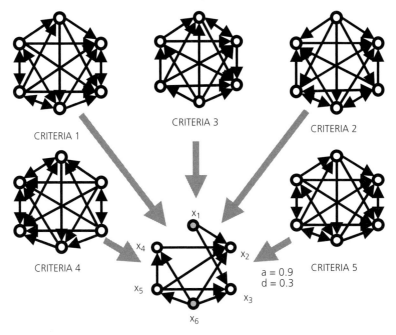

Fig. 4.26 Constructing the Electre resulting graph.

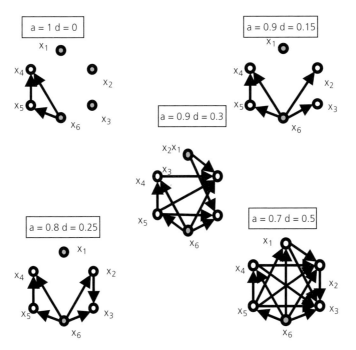

Fig. 4.27 Sensitivity analysis in multicriteria design.

The interesting property of the final graph is its non-transitivity, meaning that the algorithm precisely respects the feeling the analyst expressed in terms of revealed preferences.

A computer program called LINAM has been developed at IML by Dr. Philippe Wieser. This tool is designed to help the analyst to structure the design phase in an iterative and interactive manner using a graphical representation of all developed hypotheses. The explicit definition of all the assumptions included in the analysis allows the stakeholders to question the value parameters and to modify the set of assumptions. Little by little the model reveals itself as a tool facilitating dialogue and the research of consensus. The graphical visualization of raw data uses the linear or the polar diagram to represent the domains of relative dominance between solutions. The Electre algorithms are designed to aggregate the n vectors of preferences (n representing the number of criteria involved in the analysis) in a combined graph without defining a common scale of aggregation between the data.

LINAM includes a large spectrum of methods and principles: Electre I (partition), Electre II (ranking), and Electre III (ranking using fuzzy logic and progressive distillation), as well as Prométhée. According to the choice of the method, the analyst is invited to proceed to sensitivity analysis on each of the above-defined hypotheses. The objective of the sensitivity analysis is to test the stability of solutions when variations around the initial hypotheses happen.

Two possible contrasting approaches are available to define the relative weights between criteria:

- the first is a consensual approach which tends to define, in one shot, a collective weighted estimate of the criteria;
- the second, based upon the Delphi methodology, is a multiple step procedure that starts by iterations, where people are asked to revise their estimates until a consensus is reached.

The above logic and tools have been applied in complex decision-making process in hospital management for the design of optimal logistics strategy (see "Planification hospitalière des hôpitaux de la Riviera: Montreux, Samaritain, Mottex," F.-L. Perret, 1998). The constructive dialogue, which took place between surgical and medical specialists, each defending very strong and opposite strategies, proved the efficiency of the approach.

Other domains such as the transportation field did propose a grid of indicators formalizing a benchmarking approach to compare solutions compatible with sustainable criteria. The facility offered by the Electre methodology, summarizes the multi-dimensional evaluation of contrasted solutions (before-after, with-without, initial-final comparisons). This eases the definition of standardized criteria recognized by official governmental institutions that require for instance to evaluate new technologies of transportation systems or new forms of governance of transportation or telecommunication technologies.

In conclusion, the instruments available today, to the analyst who wants to design complex logistics system are highly diversified. The effort required to learn these methods and exercise their implementation on real cases is relatively light with regard to the benefits. Most of these methods encourage the analyst to anticipate the potential events characterizing the logistics projects life cycle and to include, early in the design phase, the dimensions brought by the future clients and recipients.

4.8 Bibliography

Alan B. Pritsker, Jean J. O'Reilly, David K. LaVal, *Simulation with Visual SLAM and AweSim*, John Wiley & Sons , New York 1997

Henry Mintzberg, *Inside our Strange World of Organizations*, The Free Press, New York, 1989

Donald J. Bowersox, David J. Closs, Theodore P. Stank, *21st Century Logistics: Making Supply Chain a Reality*, Council of Logistics Management,1999

Dirk Bösenberg, Heinz Metzen, *Lean Management, Vorsprung durch schlanke Konzepte*, Verlag Moderne Industrie, 1992

Rex V. Brown, Andrew S. Kahr, Cameron Peterson, *Decision Analysis for the Manager*, Holt Rinehart, Winston, New York, 1974

Robert H. Hayes & Steven C. Wheelwright, *Restoring our Competitive Edge, Competing through Manufacturing*, John Wiley & Sons, 1984

Otto Kalthoff et al., *The Light and the Shadow: How Breakthrough Innovation is Shaping European Business,* Roland Berger Foundation, 1997

Helmut Maucher, *Leadership in Action: Tough Minded Strategies from the Global Giant,* Mc Graw Hill Inc., 1994

C. West Churchman, *The Design of the Inquiring System: Concepts of Systems and Organization,* Basic Books, 1971

Martin V. Deise, Conrad Nowikow, Patrick King, Amy Wright, *Executive's guide to e-business: from tactics to strategy,* John Wiley & Sons, 2000

Peter L Bernstein, *Against the God: the remarkable story of risk,* John Wiley & Sons, 1996

Peter M. Senge, *The Fifth Discipline,* Bantam Doubleday Dell Publishing Group, Inc., 1990

F.-L. Perret et al., *Le Programme transport et environnement: interactions Suisse- Europe, révélateur de nouveaux paradigmes en transport et mobilité,* FNRS, Berne 2000.

4.9 The author

Francis-Luc Perret holds a Ph. D. and MBA from the University of California at Berkeley in Systems and Operations Management, MS in Civil Engineering from EPFL, and is an HEC graduate from the University of Lausanne.

He is currently Vice-president of the Ecole Polytechnique Fédérale de Lausanne (EPFL), in charge of Planning and Logistics. He is Professor of Logistics and Management of Technology at EPFL, founder and director of the international Institute for the Management of Technology (IML), created in 1990 in Lausanne. He developed with professor D. Abell, the Technology based Alliance IMD-ETHZ and EPFL, and a course for top executives entitled "Leading the Technology Enterprise". He taught Management Science at the Economic Institute of the World Bank and at INSEAD from 1975 to 1980. He is also in charge of the DEA course "Designing and Operating Transportation Systems" at the Ecole Nationale des Ponts et Chaussées in Paris.

He was the former president of the Swiss National Science Foundation Project "Transportation and the Environment, interactions Switzerland - Europe".

His research focuses on logistics of technological systems, PPP strategies in large scale projects, hospital and care management as well as knowledge and project management within high-tech environments.

Chapter 5

Transport management as a key logistics issue

Michel Savy

5.1 Introduction

The role and significance of transport within the **broad classification** of logistics, is somewhat controversial. One frequently observes lorries passing on a highway, advertising that they provide "logistics", which appears today, to be a euphemism for "transport". On the other hand, some logistics theoreticians do not even consider transport in their work, which they devote entirely to more generic reflections on management.

We shall see however, that within the framework of this vast and diversified field, transport is a key topic for logistics management, and that in spite of its ancient character, it raises some of the essential issues that modern logistics has to deal with.

5.2 Production, logistics and transport

The nature of the transport process has to be thoroughly understood before considering operational issues. Restating some fundamental definitions and characteristics of logistics and transport is therefore useful.

5.2.1 Definitions of logistics

The state of the art shows that several meanings of logistics are commonly used, such as:
- the moving and quartering of troops;
- physical treatment of goods, apart from manufacturing (flows in space and time): transport, handling, warehousing, plus operations related to these activities (packaging) and derived from them (inventory control, supply, distribution), and sometimes extended up to manufacturing (postponed finishing, customization of products, maintenance and after-sales services, etc.);
- methodology for modeling and optimizing of flows (applied mathematics);
- management of flows of goods and information (operational);

- management through flow control (strategic);
- third party supply of logistics services.

"Logistics" appears thence to be another word having multiple definitions, all of which are relevant, while none is good enough to include and replace all others. Approaching logistics implies its study from several points of view, corresponding to different professional and economical positions. Some address logistics as a **physical treatment of goods**, others designate it as a **management technique** with associated **methodological tools**. There are specific skills common to all approaches to logistics and which should be incorporated in a training program or textbook; one must both consider the viewpoint of demand (the shipper's needs as regards flows of goods) and the viewpoint of supply (the carrier's and the provider's organization and services). However the focus here will be **demand** (supply will be analyzed according to demand requirements), in reference to the global option of the IML program, where logistics is principally considered as a major part of production management, and less as a particular service industry.

5.2.2 Transport in logistics

A   Realms of logistics

A recent European survey (ELA 1997) gives the significance of different functions included under the general heading of logistics. The functions considered are (in declining order of occurrence, Figure 5.1): warehousing, transport (external), materials and stock management, shipment processing, distribution, transport (between works), order processing, transport (in works), packaging, production planning, warehousing (work in progress goods), purchasing, procurement, customer service, I & C systems, production control, quality control.

One can see that functions most generally considered as belonging to the logistics fields deal with the position of goods in space and time: *warehousing, transport, stock management* and related activities. The survey indicates that the logistics character of operations declines as one gets closer to manufacturing; information and communication services, production control and quality control either are too generic to be exclusively tied to logistics or tend to belong to another field, touching the core industrial process.

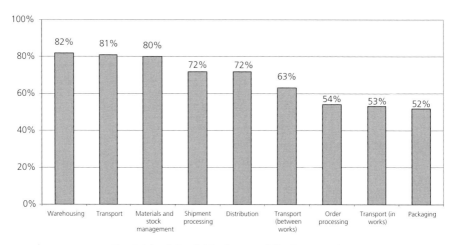

Fig. 5.1 Logistics: fields of responsibility (ELA 1997).

B   Logistics cost

Starting from a list of "logistics activities" and relying on a company's analytical accounting, various surveys have tried to estimate the logistics activity as a percentage of the whole production value. An order of magnitude often quoted is between 12 and 20% of the final retail price of current consumer goods. Within the production value field, one can evaluate the cost of logistics activities. An enquiry based on a sample of French companies gives the cost percentage of the main production functions as shown in Figure 5.2.

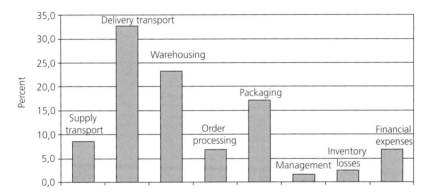

Fig. 5.2 Logistics costs comparison (Dornier and Fender, 2001).

Transport is, by far, the most expensive part of logistics operations (Figure 5.2), with *41% of the total cost* (8% for supply transport and 33% for distribution transport). Inventory cost, including its financial burden, represents 23% of the total. Logistics upstream represent 28% of the total, whereas downstream this figure increases to 63% while production only accounts for 17% of the total costs. Hence transport is in fact the main target market for logisticians as well as for logistics services.

C   Logistics employment

An original appraisal, achieved within the framework of a European Commission study (project TRILOG), has estimated that today there are about *5.2 million jobs directly involved in freight transport in the European Union*, and about *11.6 million jobs in logistics* (including transport, handling, warehousing and related activities). It is noticeable that transport jobs represent some 45% of direct logistics employment, coherent with the previous cost comparison.

These jobs have different locations; transport jobs tend to be given out by shippers to specialized providers, whereas handling and warehousing remain predominantly inside industrial and commercial companies. However, a tendency to outsource these latter services to third party logistics providers (TPL) will gradually change this division of labor in the coming years.

If one broadens the scope of analysis to the whole production channel of logistics (taking into account logistics consumption for infrastructure, energy, vehicle manufacture and maintenance, insurance and other services), the total employment is about 18 million jobs in the EU, i.e. *12% of total employment*. This figure is compatible with other estimates made on the basis of cost analysis.

D   Transport and logistics in production management

Transport, the main component of logistics, plays a part in all major management decisions within a company, from strategic choices to everyday operations.

The choice of number, size, location and specialization of production units in an industrial company is noticeably a transport issue. A trade-off has to be reached between the advantages of concentration (economies of scale in manufacturing) and the disadvantages of greater transport distances (for supply, production and distribution) together with their consequences (in terms of transport costs, but also of lead-time, reliability and quality of service). Such choices involve long term consequences.

The choice of distribution channel is a marketing function but also involves transport. The number, size and location of depots, results from a trade-off between concentration (economies of scale in inventory holding) and dissemination (so as to limit the disadvantages of longer haulage distances). According to the usual pay back period taken into consideration, such decisions involve medium range planning.

Day to day management necessarily relies on transport, all the more so as "just in time" methods have become the standard for both production and distribution.

The importance of transport is therefore under-estimated if one only considers its *cost*. Transport performance is a crucial element, maintaining the *availability* of goods through the flexibility and reliability of its operation. The importance of transport is never more obvious than when it fails to function.

It is clear therefore that logistics management necessarily includes transport, its flow, planning and operation, and that logistics services suppliers are widely involved in transport, which remains their core business.

5.2.3 Transport as a manufacturing process and as a service

A   Physical process

Fundamentally, the spatial division of activities (production as well as consumption) determines transport. In order to reduce their production costs, companies try to minimize the sum of manufacturing costs and transport costs. The trend towards a decline of transport costs that can be observed in the long term strengthens the polarization of activities, with bigger, less numerous production and distribution plants, serving broader market areas.

> **Organizational and Spatial Polarization of Production and Distribution Networks**
> Concentration of manufacturing and storage at a small number of sites allows substantial economies of scale. Adversely, it makes distances and transit times longer and pushes transport costs up. Comparing situations with only one, or two, three, $\rightarrow n$ sites in order to produce and distribute a given product, the optimal solution n^* corresponds to the minimum production cost, adding up manufacturing and transport costs (Figure 5.3).

From a physical and technical point of view, transport is a **material transformation process** that modifies characteristics that are intrinsically attached to the object it is applied to: its position in space and time.

Transport operations are frequently integrated into the organization of the company owning transported objects and are part of its direct activity. This design is called "own account" transport, and the corresponding human and material means are mixed with those devoted to manufacturing, handling and warehousing inside the company.

Another part of transport is contracted out to specialized companies, third party freight carriers. In this case, transport is a *service*, i.e. its achievement requires the *asymmetrical co-ordination* of two different economic agents; the shipper, who owns the goods, decides

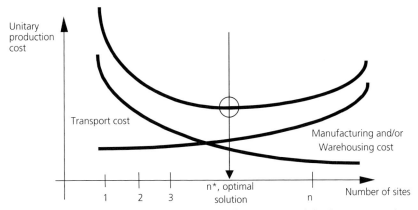

Fig. 5.3 Organizational and spatial polarization of production and distribution networks.

on their transport but does not operate it; and the carrier, who accomplishes the process but does not own the goods it is applied to. A carrier is a manufacturer that sells a production, not a product. He is therefore a service supplier.

B   Service relationship

The service relationship links the provider and the customer, through their respective interventions upon the object, and can be represented through a triangular diagram. The customer (the shipper) controls the object, makes decision about its transport, handling, warehousing and conditioning. The provider (the carrier, or more generally the third party logistics company) transforms the object according to the customer's mandate (Figure 5.4).

Such a service relationship implies both parties, not only according to a *commercial* contract, as in any trade transaction, but also according to an immediate *technical* co-operation. The compatibility of the cargo and of the vehicle involves both the shipper and the carrier (in terms of size, weight, and conditioning). Transport is a production, not a product. It cannot be stored, being consumed at the very moment and at the very place where and when it is produced. Therefore, shipper and carrier must also strictly co-ordinate their respective activities. They *co-produce* the transport and at large, the logistics treatment of the goods. This implies

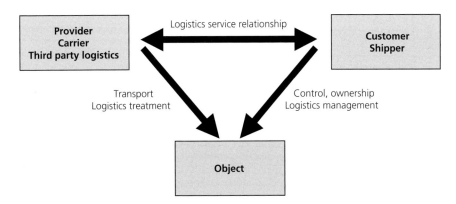

Fig. 5.4 Transport and logistics service relationship diagram. (Source: adapted from Gadrey J., *Socio-économie des services*, Paris, La Découverte, 2003).

that, even if the transport operation is outsourced, a certain competence in its planning and scheduling should remain within the shipper's organization.

C Macroeconomic and political issues

Being produced and consumed at the same time, transport is a complex production related to a natural balance between supply and demand in the market. This complexity has several major consequences.

The organization of the market cannot properly work without the intervention of specific economic agents, in charge of arranging a match between supply and demand of transport. *Freight-forwarders* are not only auxiliary actors; they often play a major part in transport chain conception, trade and control.

At the same time, two opposite risks threaten economic development; under-capacity of transport is a bottle neck to growth, whereas over-capacity allows a fluent circulation of goods but gives shippers too much bargaining power, prompting carriers not to respect social and technical regulations so as to survive in an excessively competitive context. The State therefore intervenes, through limitation of access to the profession, prohibition of occasional transport service by own account carriers, control of law implementation, etc. Fiscal issues, including taxes on energy, and infrastructure pricing are other political topics, the importance of which is enhanced by a growing concern for "external impacts" of transport (safety, environment, accessibility, etc.). There is a minister of transport in every government. Microeconomic management of transport takes place in a partly state-administered framework, necessarily so as transport mostly takes place in the public domain. In the long term, private management must take into account the possible influences of national and European *transport policy*.

5.3 Logistical management of transport

From the viewpoint of a company's *logistics manager* who organizes and controls transport while not necessarily producing it, one must first consider the transport requirements corresponding to the shipper's activity. Subsequently one can decide how to implement these by choosing among the available means of transport and possibly by combining them. A strong knowledge of the transport industry segmentation, structure and organization is therefore necessary. Reciprocally, the transport supply contributes to the formulation of flow requirements and hence the service relationship between shipper and carrier becomes closer, reflecting the greater significance of transport in the company's core logistics management process.

5.3.1 Transport requirements

Transport takes place when the *match between cargo and vehicle* is properly made; the cargo must be available and properly packed in the place and at the time agreed on by the shipper and the carrier. Reciprocally, the vehicle must be available, in good condition, with the proper capacity and equipment due to the type of goods to be transported (liquid or solid bulk, general cargo, etc.). In any event, an empty lorry does not transport anything. Transport being a process, it is not a final product but an intermediate consumption for other industries and its value is embedded in the cost of the final product. Transport flows are determined by the requirements of shippers, considering the location of their manufacturing and warehousing sites, as well as the location of their providers and of their customers, while taking into account technical and economical performances of the transport system supply.

Transport is necessary for each *manufacturing and distribution* activity. One usually differentiates the transport and logistics for supply, production and distribution. To these fields, one must frequently add after-sales logistics (for maintenance of durable goods) and, to a growing extent, "recycling" logistics, to complete an ecological loop. Global (comprehensive) logistics, integrating all flows into a single coherent scheme, is still a theoretical approach, although seldom observed in actual practice. Notwithstanding, elements of complementarity must always be sought, e.g. between supply and distribution transport organizations in order to reduce the movement of empty vehicles.

Each of these flow categories must be translated into transport requirements (Figure 5.5), with the same accuracy as sales or production volumes and with the same complementary

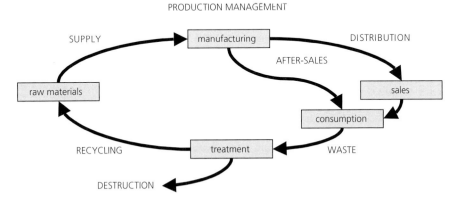

Fig. 5.5 Transport and logistics requirements.

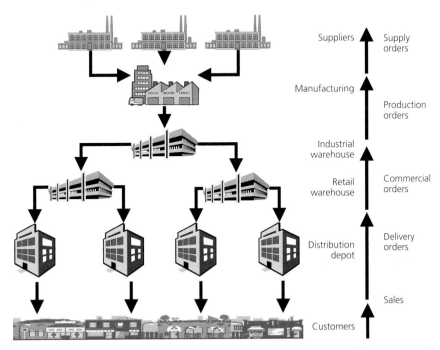

Fig. 5.6 Logistics: Information transmission and goods transport. Information and data are transmitted upstream as goods are transported downstream. Each flow must be precisely estimated in terms of quantity, space, time, and means of achievement.

approaches; long run forecasting to assess necessary capacities, medium range prediction in order to mobilize operational supply, short range programming for effective achievement of goods transfer. The problem is clearly a *spatial problem*, as transport is established by the *locations* of manufacturing and distribution plants, of suppliers and of customers (Figure 5.6).

Whereas transport *volumes* depend on the volume of activity, technology largely governing the input quantity for a given output, *distances* depend on the spatial organization of the company, of its suppliers and customers. Land transport is being much more expensive than maritime transport, bulk and low value materials are, as much as possible, produced on a regional scale and transported over short distances, whereas high value products can bear costly long haulage, given that it is balanced by a greater benefit on manufacturing or warehousing costs.

A   Transport flows

Statistics offices in all European countries observe transport flows, which contribute to an aggregated European estimate. Several units, physical or economic, can be used to measure flows, none of which is fully satisfying. The quantity of goods can be measured in tons, but gives no idea of the transport distance. Ton-kilometer is the most usual unit, which combines quantity of goods and distances. This physical measure covers both own account and third party transport, and gives therefore a combined assessment of goods mobility while ignoring the value of transport service. Therefore, the production of the transport industry (global turnover of transport companies) would respond to a more usual way of economic measurement. Moreover it ignores own account transport, the value of which is sunk within the industry it is attached to. Transport flows are not converted into traffic data (in vehicle-kilometers) which would take into account the organization and productivity of haulage operations. This is a major political concern, related to infrastructure provisions, energy consumption, and the environment.

In Figure 5.7, we use the latest data available on a European scale, which only exist in ton-kilometres. They deal with domestic traffic in each country, international transport being badly measured and likely to be counted several times, in several countries. More detailed data exist, but only on a national scale. As a whole, transport increased in all Western Europe countries (including European Union plus Norway and Switzerland). On the basis of an index of 100 in 1970, transport was at index 220, 34 years later, in 2004. Economic growth implies

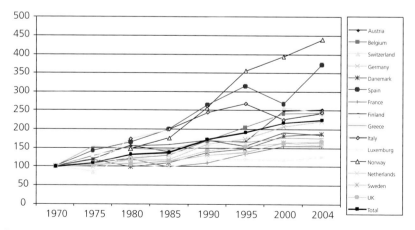

Fig. 5.7 Transport Growth in Western Europe (t-km, 1970-2004, 1970 = 100) (Source: ECMT).

transport growth, particularly for trans-border traffic. As an order of magnitude, Germany represents about 24% of European land transport, France 14%, Spain 12%, Italy 11% and United Kingdom 10%: these five countries represent 71% of the total amount.

B   Transport distance distribution

In spite of a national and international division of labor, the major part of transport is over short distances (Fig. 5.8): for example, for European domestic flows, more than half of freight tonnage is transported over less than 50 kilometers! This massive part of local traffic is almost exclusively handled by road transport, as will be the case in the future. On the other hand, in terms of ton-kilometers, transport beyond 500 km represents a third (35%) of total transport and is, therefore, likely to be carried by a various modes.

For each origin–destination transport of goods, the nature and the quantity of the freight has to be set, together with the forms of packaging, the frequency and consequently the size and number of consignments, the quality of service attached to each operation (lead time, reliability, etc.), the logistics added services, etc. As a whole, the average size of a consignment and the distance of transport depend on the density of value (price per ton) of the commodity: high value commodities are usually transported in smaller quantities and over longer distances than low value ones. This is shown in Figure 5.9.

In each case, an *optimal level of service* has to be chosen, corresponding to a particular type of transport: small and frequent consignments allow better product availability, but are more costly, and hence a proper trade-off must be established.

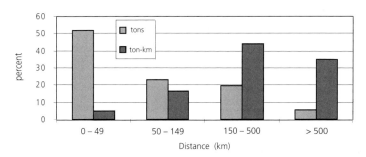

Fig. 5.8 Percentage of transport by category of distance. Source: *EU Energy and transport in figures*, statistical pocketbook 2003, European Commission 2003.

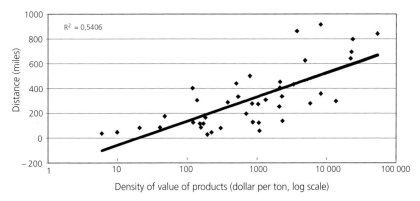

Fig. 5.9 Density of Value of Goods and Transport Distance. Source: U.S. Department of Transportation, 1997 Commodity Flow Survey.

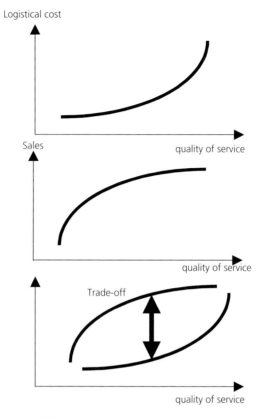

Fig. 5.10 Transport quality optimum.

Transport Quality Optimum
The target is neither to reduce transport cost nor total logistics cost to a minimum, but to determine the correct level of service. The frequency of service can be improved, but at a rising cost (deliveries can be weekly, daily or hourly). The sales increase, but their growth tends to slow down after a certain level is reached. The optimum corresponds to the largest gap between the two curves (Figure 5.10).

The nature, volume and geography of transport flows is rapidly changing, together with the organization of production and trade. "*Lean production*" notably relies on cheap, fast, reliable transport. The reduction, if not the disappearance, of inventory, along the production and distribution channel, following "just in time" methods, has strong consequences on transport requirements. Consignments are made smaller, more numerous and must be delivered quicker, but also in a less predictable way than before. Transport must be made flexible and reliable enough. Full loads are less frequently attained, and bulking devices (through containers, pallets, and parcels) are more regularly used. Single haulage lines make way for integrated complex networks, sometimes structured according to the "hub and spokes" scheme.

Internationalization of production and commerce needs equivalent transport supply. The geographic broadening of supply and of sales markets lengthens average transport distances;

national flows grow faster than local ones, and international flows, faster than domestic ones. Transport organizations must cover a larger territory, with a higher standard of service. In the framework of *"**globalization**"*, i.e. the development of a single worldwide market, Europe appears as an increasingly integrated region. European transport networks are developing rapidly.

C   Freight Transport and Globalization

After World War II, international trade has steadily grown at a rate faster than global production. As seen in Figure 5.11, from 1950 to 2003, world production increased by a factor of 7 (in constant value without inflation). Within this general growth, agriculture grew by a factor of 3.5, mining by 4 and manufacturing by 11. During this same period, world trade increased by a factor of 23 (3 times the rate of production increase, due to the continual opening of economies), i.e., by a factor of 6 for agricultural products; by 9 for mining products; and by 46 for manufactured goods! Freight transport is a requisite support of trade, and it therefore grew at an equivilent rate. The constant decline of transport cost and price is an obvious part of the explanation of globalization.

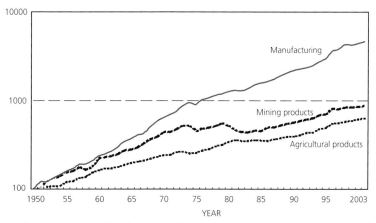

Fig. 5.11 Volume indices as a function of year for three sectors (note that the vertical scale is logarithmic). Source: WTO.

In order to control more complex transport flows, integrated into a coherent logistics device, information technology is intensively implemented; for relationships between transport partners, through EDI or Internet exchanges, for transport production control and management within the carrier's organization through tracking and tracing of consignments.

5.3.2 Transport supply

Once the shipper's transport requirements are defined, the logistics manager must seek proper ways to satisfy them. Consequently he must have a good knowledge of the transport and logistics service system and its various possibilities.

A   Transport modes

Transport is still structured according to a traditional division into various transport modes, i.e. transport *technologies*. Rail, road, inland waterway, pipeline, air and sea transports are not only differentiated by the type of infrastructure they use (which determines different rolling stock and operation management) but belong to different professional sectors. Most transport companies are specialized in one of these techniques; only few operators are able to operate them in a complementary, and possibly combined way.

The performance of each mode must be specified, in terms of weight and size of accepted shipments, territorial cover, speed, reliability and price of service. Air and sea transport are the only solutions for intercontinental traffic, and the choice between them depends on the quantity and value of products to be transported; considering that the direct cost of air transport is several times higher than that of sea transport. For continental traffic, more solutions are available: road, rail, inland waterway, pipelines or even air and coastal shipping. Price and quality of service are the choice criterion. In reality, land transport modes are strongly specialized. Rail and waterway are adequate for massive, long distance traffic. Road is versatile and efficient for shorter distances. Only a limited amount of flow can profit from real competition between several modes.

Combined transport can associate different modes in multi-link chains, where each mode is used according to its main specific advantages. Road is usually used for short distance pick-up and delivery while rail or waterway offers a cheap, safe and environmentally friendly long haulage option. For these reasons, transport combinations can reduce road traffic and receive deliberate support from European authorities. Unfortunately, the volume remains limited due to its complexity and high price compared to simple all-road transport.

Rail and Road

The production cost structures of rail and road transport are different. They differ in the amount of fixed costs, independent of distance, as well as in the variable costs, related to distance. Road transport is easier to implement, particularly for small shipments, but its variable cost is higher than that of railroad. These differences in costs are necessarily reflected in prices, and therefore, road is cheaper for short distances, whereas railroad is only competitive for long distances (Figure 5.12).

Other variables intervene in the modal split and explain why not all long distance transport is given to rail. These deal with accessibility of origin and destination sites, packaging and handling constraints, quality of service, logistics management, etc. Lean production and just in time methods generally support road transport, due to its qualities of flexibility and speed.

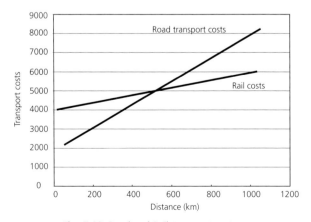

Fig. 5.12 Road and Rail transport costs.

For land transport, road haulage is, by far, the dominant mode in Europe, as can be seen in Figure 5.13, where the growth of each inland transport mode from 1970 to 2004 is shown. Index value for the year 1970 is set to 100. Whereas inland transport, as a whole, more than doubled during the period, inland waterway and rail show a stagnant volume of activity, pipeline transport shows irregular evolution, and road transport more than tripled its volume. This is not the case in North America, where rail and inland waterway play an important role, nor in Japan where a large share of shipments are given over to coastal shipping. The dominance of road is explained by the shortness of many transport distances in Europe (75 km is an average for domestic traffic inside European Union member-States) and by the lack of connection and "interoperability" of railways.

The modal share (the assignment of traffic among modes) steadily evolves, and shows the growing role of road haulage, in spite of political efforts to reduce nuisance and accidents and therefore to support waterway and rail (plus short sea shipping) as substitutes (Figure 5.14).

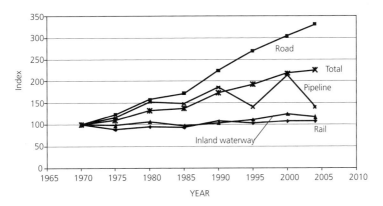

Fig. 5.13 Transport Growth by Mode in Western Europe. Source ECMT.

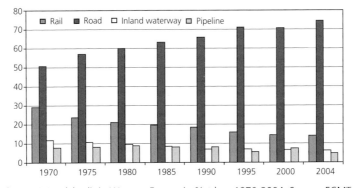

Fig. 5.14 Modal split in Western Europe in % t-km, 1970-2004. Source: ECMT.

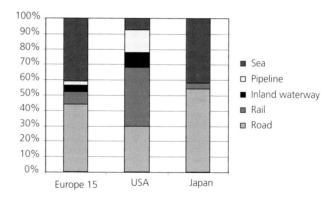

Fig. 5.15 Modal Split in the European Union, USA and Japan, 1999.

One must be aware that, under other circumstances of organisation or geography, the modal split will be different in different parts of the world. A large country such as the USA makes massive use of rail transport, whereas Japan takes more advantage of coastal shipping, as shown in Figure 5.15.

B   Transport networks

For full load haulage, transport consists in a single movement from point A to point B (1). But the decrease of average consignment sizes makes necessary another organization of flows, so as to aggregate numerous small shipments and hence preserve productivity. Long distance haulage is the central link of a chain, the first being a separate pick up circuit, the last being the delivery circuit (2). Pick up and delivery loops are achieved with small vehicles, while transfer with bigger long distance vehicles takes place to terminals and sorting facilities;

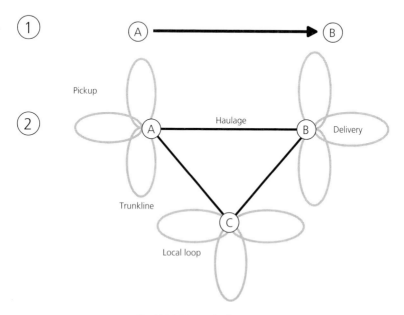

Fig. 5.16 Network diagrams.

this organization scheme is typical for mail, courier or parcel services. The coverage of a large territory requires numerous fixed locations, included in a vast integrated organization. Information technology is then not only a management tool as in every industry (for accounting and commercial purposes) but also a production support (tracking and tracing enable a real time control of every object through the network), gradually integrated into comprehensive production management software (Figure 5.16).

According to the type of product (and particularly to the size and value of average consignments), networks have different shapes. Some of them are tightly connected, with many direct links between nodes. Others are more polarized around main nodes, each of them serving several secondary destinations. The most polarized scheme is the "hub and spokes" system.

Hub and spokes

The **hub and spokes** system consists in making all consignments go through a single sorting facility. Compared with a decentralized pattern, this organization enables a substantial reduction of the number of arcs in the network, through transshipment at the central node (Figure 5.17). A larger number of destinations, which could not justify a direct link with others, can thus be served. The necessary number of vehicles is smaller; their occupancy rate is more easily sufficient.

In order to directly link n nodes, $n \times (n - 1)$ arcs are necessary. Through a hub, only $2n$ arcs are required. Hence if $n = 20$, a hub will require only 40 vehicles for a daily connection, instead of 380!

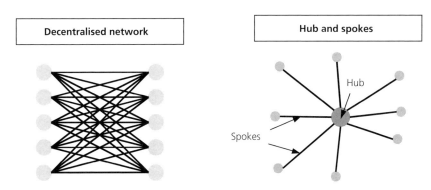

Fig. 5.17 Decentralized network vs. hub and spokes.

C Road transport industry structures

Due to the great diversity of products to be transported, links to operate and service quality to achieve, the road transport industry is both highly diversified and segmented. In France, national statistics register its production according to a 7-sector taxonomy, setting apart: short distance haulage, long distance, house moving, vehicle renting (with driver), parcel and courier service, chartering and finally international freight forwarding. More sub-divisions exist, e.g. according to the type of product to be transported inside the full load haulage sector: liquid and solid bulks, controlled temperature, cars, pallets, etc. This division is multiplied with a spatial division, local, national or international service (from a few nearby countries to pan-European or even global scales), for limited areas, along specific lines or with a broader network type of operation. The structure of the industry is characterized by strong fragmentation (in Northern Europe, the average staff level of road haulage companies is lower than 10 employees and even smaller in Southern Europe). But large groups tend to concentrate organization and sales business.

Road Transport Structures (in %)
The most fragmented sector appears to be short distance haulage, with nearly 60% of the total number of companies, only 25% of staff and 16% of turnover. The Parcel service represents 20% of turnover, for 18% of staff and 10% of investments. Chartering and freight-forwarding partially appear as non-asset activities (Figure 5.18).

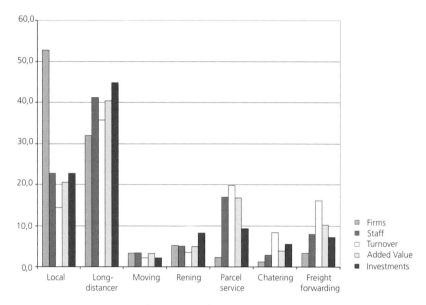

Fig. 5.18 Road transport sturcture.

In fact, these segments, and the corresponding companies, are not independent. For example, a parcel service company can operate local depots, sorting facilities, and some road haulage with its own means, and outsource other operations to sub-contractors who are generally small, local and little diversified. The functioning of the transport system is not that of a "dual" organization, setting apart large and small companies, but a "bi-polarized" one, where small and large companies are closely tied, inside an uneven subcontracting relationship.

Sub-contracting among Transport Companies
The categories of carrier, parcel service provider, charterer, and freight-forwarder are not strictly separate. Companies mix, in variable proportions, a direct transport activity and an indirect chartering activity, consisting in conceiving and selling a service but in giving out its achievement, or the achievement of some of its components, to other companies. In general, the part of subcontracting in the total turnover of the company gets bigger as its size augments. Big companies tend to concentrate their staff and investments on key activities (commercial and organizational control of the network, operation of sorting facilities, information technology and information system) and to give out mere haulage to smaller dependent agents (Figure 5.19).

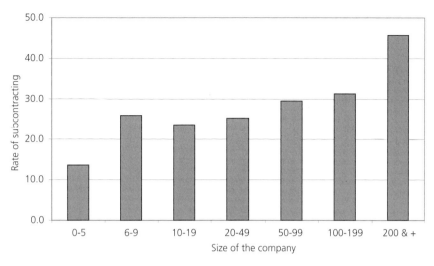

Fig. 5.19 Sub-contracting among transport firms.

D Transport groups

A strong restructuring move is currently on its way. Mergers and acquisitions tend to create bigger complexes, covering a larger territory and offering a broader range of services. Economies of scale and scope are both sought after. The evolution of shipper's requirements creates a call for larger networks, organized on an international or even global scale. Every company or group of companies, starting from its original position, develops a specific strategy. Some focus on a few "niches", developing technology and know-how to escape banal competition. Others try to offer a wide, if not complete, set of services. Sea transport, air transport and railroad still remain quite distinct sectors, although links develop with land transport groups. Four sectors seem to form the portfolio of to-day's biggest groups: full-load road haulage, parcel and courier service, international freight forwarding and logistics service provision. Concentration takes place both vertically (warehousing is added to mere transport) and horizontally (parcel services merge, to create larger networks). Alliances are another form of concentration, which implies a variable degree of partnership among their members. These moves will continue, adding more stable situations, including links or agreements between operators located in different continents.

The transport industry is, therefore, both fragmented and concentrated. From a statistical point of view, small business dominates road transport (the leading land mode). From an organizational point of view, freight forwarders and transport groups co-ordinate and integrate isolated transport companies into larger chains and networks. A shipper is then in position of choosing the appropriate carrier among a vast range of possibilities. He can choose a specialized company, according to the type of product, level of service, geographical coverage, transport mode, etc. In that case, a large number of companies could be simultaneously mobilized, so as to separately treat different types of flow. Demand can be preferentially concentrated on a small number of more versatile and powerful providers. Some of these are no longer limited to transport, or even still involved in it, and rather supply other logistics services. Among third party logistics providers, some have little or no proper equipment (non-assets companies) and only operate the information, marketing and control systems while giving all physical operations to outside subcontractors.

Deutsche Post AG, Biggest European Carrier

In a period when liberalization is the main political direction supported by the European Commission, public groups, or general interest service monopolies, recently took the most powerful positions regarding the transport market. The Dutch Post (KPN) was first to take a major step, when it took control of the "integrator" TNT. The German Post Office then replied with a series of quick buyouts, covering:

- Securicor (UK);
- DHL;
- Ducros (France);
- Trans-O-Flex (Germany);
- Danzas (Switzerland);
- Nedloyd (the Netherlands)
- ASG (Sweden);
- Air Express International (USA),
- Airborne (USA inland);
- Excel (after this firm took control of Tibbett and Britten);
- Many regional firms.

The Deutsche Post decided to put all its activities, apart from its German mail service, under a single brand name: DHL. Thus a number of old and well-recognized brands such as Danzas were abandoned. Even before the rationalization of this huge agglomerate had been carried out, a unified parcel service was launched called Euro Express. The integration of the group, in terms of economies of scale and scope, tends to provide an exceptionally wide range of services (in particular after the acquisition of Excel, until then the world-wide leader for logistics services). Altogether, the group now has 500000 employees and a turnover of 55 billion Euros.

5.3.3 Shipper-carrier relationship

The relationship between shipper and carrier, concerning transport management, results from demand and supply interaction, considering the type and amount of flow to operate, the different available technical solutions and satisfaction of the trade-off between price and quality of service. A few main steps in the decision-making process can be listed; the order of them can be modified in some cases, or can enter a more iterative process. The choice of the most appropriate *technology* (under economical constraints) is a principal step, and deals with the size and packaging of the commodity, in relationship with the transport mode and type of vehicle used. These issues have been examined previously. But the shipper, who decides the transport organization, benefits from more room for initiative. He can select *in-house* or *outside* production of transport (according to a "make or buy" arbitrage) particularly for road transport where the barrier to entry (volume of investment, know-how, availability of manpower) is low. Through long time contracts, some shippers also organize air or sea transport for their own means. In fact, a big shipper will use several transport means, so as to treat a vast, heterogeneous and changing flow volume, combining them into a larger system. The choice of *operator* is another main step, which can sometimes lead to re-examination of the previous points. In the long term, relationships between shippers and carriers are congruous with a wider evolution among service economics, tightening links along the *"supply chain"* and enhancing *opposition* and *partnership* at the same time.

A   Make or buy

Before coming into contact with a carrier, a shipper will first decide whether or not he will operate transport with his own means. Private (*own account*) transport still represents a high percentage of traffic, mostly by road. An order of magnitude for domestic traffic in European countries is *half of lifted tons* and *one third of ton-kilometers*. When compared with *third party* transport, private transport is more deeply imbedded within the shipper's organization. Vehicles are usually smaller, used on short distances in shuttle services between two sites of the same enterprise or in delivery circuits for customers. With a trend towards better, more diversified and flexible public transport supply and a decline in prices, shippers tend to diminish their own transport means and to outsource a greater part of their flows.

This *outsourcing* tendency is also true for other *logistics services*, but to a much lesser extent. Industrial and commercial companies are still reluctant to depend on outside services for warehousing and distribution, and comprehensive global contracts with third party providers are still the exception rather than the rule. On the contrary, diversification towards logistics enables carriers to escape price competition and focus on more profitable activities, even to withdraw from mere transport and simply organize it as an intermediate charter activity.

Fields and Degree of Outsourcing in Logistics
Calculated among a sample of firms belonging to 4 industries (food, commerce, automobile and chemistry), rates of outsourcing range from 85% for transport and 30% for warehousing to even much lower rates for other operations (Figure 5.20).

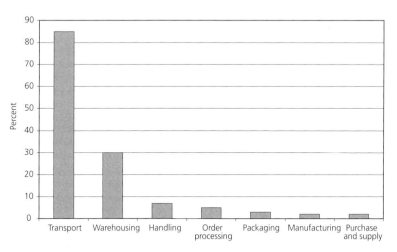

Fig. 5.20 Fields and degree of outsourcing in logistics. Source: AFT IFTIM 2000.

B   Combination of solutions

In the case of a large manufacturing company, such as an automobile constructor, several solutions will be simultaneously developed, as shown in the following diagram. If one considers that transport requirements vary in time (as well as in space), one of the major problems facing a shipper consists in meeting this perpetual change. The solution to this *flexibility* constraint consists in adding several devices (Figure 5.21):

- A stable, permanent part of its traffic (zone # 1 of the diagram) can be achieved with in-house means, by entirely own-account (part of the company's capital and manpower) or acquired through long term renting.

- Another, substantial part of the traffic (zone # 2 of the diagram) corresponds to permanent needs, but can be marked with unbalances (e.g., traffic is not even on both directions of the same axis, due to the location of plants and markets). In that case, the manufacturer can find it advantageous to constitute a transport subsidiary. Being, from a legal point of view, an independent third party carrier, the subsidiary will be able, at the same time, to carry goods of its mother company, according to its locations and scheduling needs (as an own account service division would do), and to carry extra goods (zone # 2') received from outside shippers/customers. This enables better filling of vehicles and warehouses, better productivity for the entire network, plus extra resources and profit.

- More variable requirements (zone # 3 of the diagram) call for more external and flexible services provided by outside independent carriers. The important and recurrent volume of this traffic enables a real partnership to be achieved, with long time contracts setting volumes, services and prices on a stable basis. The third party carrier has other customers (zone # 3') and can therefore find back haulage cargoes better than a dedicated service provider can, while being able to return a part of the corresponding productivity gains through lower pricing.

- Finally, occasional flows (zone # 4 of the diagram) are treated on a spot-contract basis, with occasional suppliers.

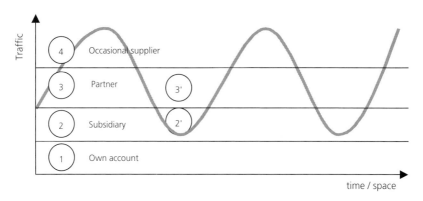

Fig. 5.21 Combination of transport solutions.

C   Contracting mechanism

The choice of a supplier is a key issue for a buyer. In the case of transport, due to fundamental characteristics of this process, the relationship between the shipper and the carrier has two dimensions, *technical* as well as *commercial*, and must fulfill both requirements; on the one hand, adequacy of transport service to the commodity (and vice versa) and co-ordination of activity schedules of both partners; on the other hand, agreement on prices and payment conditions, etc.

The following list of items, to be taken into account when selecting a suitable carrier, is not representative of the average situation. It is actually implemented by an industrial shipper, in charge of after-sales spare parts delivery for electrical appliances, in the West European market. This shipper is therefore particularly aware of the quality of service and reliability of the suppliers. But this approach, if particularly demanding, illustrates the high level of professionalism that characterises transport buying and selling today.

• **Served territory**: is the carrier able to serve, with its own means or through close partners, the territory corresponding to the shipper's market? Europe, or at least Western Europe, is becoming to-day's everyday market for many manufacturing and marketing companies. Transport suppliers have to adapt to this need.

• **Speciality**: within transport and logistics many specialities exist. What are those of a given carrier, considering the shipper will forward packets, pallets, full truckloads, containers, etc.? Within the parcel-delivery service, one distinguishes single packet networks, standard service, express service, etc.

• **Weight category**: what range of consignment weights and sizes is the carrier likely to deal with?

• **Pick up conditions**: who decides on the hour of departure of consignments? Will the carrier settle a member of his staff in the shipper's plant, so as to facilitate expeditions?

• **Delivery conditions**: is delivery organized according to a scheduled program? Does the lead-time include delivery time? In every case or just in metropolitan areas?

• **Information technical support**: delivery can no longer take place without information technology. What is the media? With what capacity? According to which standard? Is it generic or specific and compatible with the shipper's system? Is it able to establish automatic pricing? Is there a particular bar code for tracing? Is there a service in charge of supporting the customers with IT matters? What is the back up device? These are key issues for future services.

• **Relationship with the customer**: is a single person in charge of a customer, whatever the problems to address (litigious, commercial, technical, etc.)? Is there co-ordination between operations and invoices?

• **Quality control**: is the company certified according to a standard? Is a quality handbook available? Who manages quality indicators, what are the admitted rates of defaults, the corresponding penalties and bonuses?

• **Price level**, (in comparison with competitors): what are the pricing principles (by weight, volume, and number of consignments)? What do prices include (file administration costs)? How long will the proposition be valid, when will it be re-negotiated?

• **Future of the company**: is it independent or does it belong to a group? Is there a synergy (enabling a diversified supply of services)? Has the group a strong financial position? What are its industrial relations? What are its strategy and scope?

One notices that large shippers no longer select isolated carriers, except for limited missions. Their requirements are numerous and demanding. The links of co-ordination between shipper and carrier are particularly tight, and concern all aspects (technical, legal, commercial, financial, etc.). Price is not neglected, but appears as the ninth out of ten steps! This shows that, before having competitive pricing, a carrier must fulfill a number of previous conditions.

Table 5.3 Evolution of transport management. Source: the four first columns are from Gadrey (1997).

Period Service generic definition	Main economic tendency	Technology	Service relationship (in general)	Transport-service relationship
50's Traditional, pre-industrial service.			Traditional service, relying on personal relationship and on rudimentary technical tools.	Transport service is mere haulage. Speed is not a criterion. Railway is a heavy industry, relying on economies of scale. Small companies, in close relationship provide road haulage with the shippers.
60's -70's Quasi-industrialization and mass production of "product-services".	Economies of scale; Productivity; Passive, little segmented customers.		Industrialization and mass production of standard services, with the form of quasi-products, on the basis of heavy and centralized technological device.	Transport capacity (for infrastructure and rolling stock) is a key issue, to support economic growth. Development of traffic and transport networks, for a massive and cheap service.
80's Design of quasi-products with the marketing and sales divisions.	Economies of scale and economies of scope; Segmented customers.		Providing "product-services" is no longer sufficient. One must sell them and get in touch with customers, in a competitive context. The sales function is present at local level; the organization is decentralized. Demand for high level of service is increased.	From a "seller's" to a "purchaser's" market. Carriers must differentiate their service and adapt it to diversified customers. Big companies focus on designing and selling services, and sub-contract part of the technical achievement of them to smaller ones (long distance haulage, local pick-up and delivery).
90's -... Focus on "added value" services; Demanding and active customers.	Provide services, sell results, advise, find solutions, reduce uncertainty.	Automation of the simple part of the service (for transport: hub and spokes, automation of sorting facilities; massive use of IT, links with emerging e-commerce).	Selling quasi-products is no longer sufficient; one must propose services and customized solutions, relying on a wide range of quasi-products, which become part of the service. From standardization to methodology and problem solving approach.	More differentiated services, higher quality of services. Logistics services complement transport, in a wider range of services up to supply chain management. Large groups have a consulting division, to elaborate complex solutions with the customers.

D   Service evolution

Being an industrial process managed as a service, transport is part of a vast change in business organization. In the Table 5.3, the first four (left hand) columns are quoted from a textbook on service economics. They are supposed to deal with any type of professional services. The last column is added and unique to goods transport. One can see that transport changes are congruous with the general evolution of services. Nonetheless, this viewpoint is exclusively micro-economic and does not consider external effects, or corresponding public policies and interventions that strongly affect transport. These are examined in the conclusions.

5.4 Conclusions

The role of logistics in production and distribution, and of transport in logistics, is bigger than ever. Transport evolution answers changing needs, and at the same time helps generate new needs. For example, the appearance of express courier services gave birth to a vast demand for fast delivery goods transport that could not previously be satisfied and hence, was not explicitly asked for.

5.4.1 Organisational matters

Logistics and transport management, with the tendency to outsource all that does not belong to the "core business" of the company, is more than ever divided between two actors: the *supplier* (carrier) and the *customer* (shipper). Both require a high level of competence and both have to be logistics specialists. However, although they closely work together, they do not resemble each other. The shipper only needs organization and expertise competence, if implementation of the logistics solution is given out to a subcontractor. The carrier, or more generally the logistics supplier, needs organization and expertise, but also immediate production capacity, that can be measured in manpower, vehicles, warehouses, handling equipment, information technology hardware and software, etc. Thus, the number of logistics jobs at the shipper tend to decrease and to focus on white-collar highly trained staff, whereas jobs at the logistics provider include many blue-collar positions. Among these workers, some are members of the staff (for picking, handling, and packaging), and flexibility is obtained through time limited working contracts. Others (mainly drivers) can be hired by outside companies, working principally for the logistics provider, where flexibility results from subcontracting. An inquiry among four industries (food, commerce, chemistry and automobile) deals with their recent recruitment to logistics functions and assesses these evolutions (Fig. 5.22).

Recruitment in Logistics Functions
The inquiry made among four industries (food, commerce, chemistry, and automobile, i.e., industries that require shipping) makes a double division: between job status (worker, clerk, executive) and between logistics functions (strategy and organization, manufacturing, transport, warehousing, purchasing, handling, supply). The results are clear; the higher the status, the more strategy oriented the job, as shown in Figure 5.22. Workers and clerks are mainly involved in technical functions, while the executive staff is hugely specialized in strategy and organization. Outsourcing of logistics services therefore transfers workers to third party providers, whereas executives and clerks are shared between the logistics department in the shipper's organization and the management at the supplier's, co-operating according to the logistics service relationship.

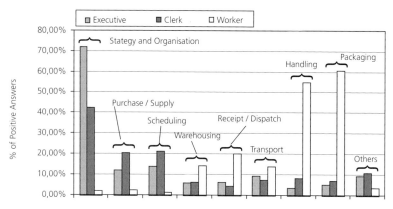

Fig. 5.22 Recruitment in logistics functions. Source: AFT-IFTIM 2006.

Logistics, in an industrial or commercial company, is a transversal *function*, connecting all others, and its place in *organizational charts* varies from one company to another. An enquiry among the members of a logisticians' association showed that logistics was considered as mainly functional in 17% of cases, operational and functional in 57%, and mainly operational in only 24% of cases. According to the same source, logistics is a specific division or service in 45% of cases, but is attached to another general management division in 42% of cases.

Consequently, logistics is part of strategic decision making in only 36% of cases, whereas strategic decisions are made upstream of it in 44% and even ignore it in 17%. Probably because it no longer relies on a physical operations responsibility, as was the case when most companies had a *"transport division"*, logistics does not seem to find a permanent place in organizations; it is difficult to transform a cross-sector function into a dedicated division. This difficulty is often solved by outsourcing it, even for demand (and not supply) matters, to consultants who can give proper logistics advice but do not interfere in the distribution of responsibilities within the company.

5.4.2 Macro-economic assessment of logistics influence on transport

A recent European project, REDEFINE (RElationship between DEmand for Freight-transport and Industrial Effects), draws a link between the evolution of *economic production* and *road traffic*. Indirectly, its results show the impact of logistics on transport management and on its environment.

A study achieved by the SES (Statistics and Economic Studies) Service of the French Ministry of Public Works and Transport has compared the evolution of basic data dealing with goods transport in France, in relationship to macroeconomic activity from 1980 to 1995. It shows that production (in terms of value) has risen by 99% but, due to the even sharper rise in the value density of goods (+ 172%), the physical volume of production has declined by 27%. In spite of the fact that goods are transported more often then before (+ 15%), the tonnage of goods to be transported has diminished by 10%, whatever the transport mode chosen. Among the modes, road transport has increased its share of the global traffic by 10%, so that the final tonnage of goods to be shipped by road is nearly the same in 1995 as in 1980 (– 1%). However, in the meanwhile, the average distance of transport has greatly increased, by 51%, so that road transport haulage, measured in ton-kilometers, has augmented by 43%. If transport organization had not changed, the result would have been an equivalent augmentation of traffic in terms of vehicle-kilometers. But lorries have become bigger (+ 20%), they are better filled

(+ 6%) and they do not run empty as often as before. To meet with 43% more ton-kilometers, only 3% more vehicle-kilometers have been necessary!

To reach such results, several means of change have been employed; technological progress in vehicle capacity; outsourcing own-account transport to professional for-hire transport; intense commercial action, to make a closer supply and demand match; increased return loads and reduced empty back-hauls; introduction of information technology for vehicle routing, etc. Parallel studies dealing with other European countries have shown different figures, but altogether similar qualitative conclusions. The strong bargaining position of shippers and freight forwarders and the competitive strain among carriers have resulted in intense productivity progress, a decline in prices, as well as pressure on working conditions in the transport industry and with respect to labor and technical regulations. They did not result in an increase in road traffic. Unfortunately, it would not be sensible to prolong these trends: once the greatest inefficiencies have been eliminated, further progress becomes progressively more difficult.

5.4.3 Political matters

Whatever definition of "logistics" one chooses, it includes many more items than only transport activities. Transport is currently the most significant component of logistics costs. But those also include handling, warehousing, stock management, and other costs, such as the financial burden of inventories, a part of information systems or of sales expenses, etc. In any event, some conclude that transport is a small part of the field embraced by logistics, and not necessarily the most interesting one to study or to manage. In logistics training programs, transport is sometimes reduced to a few items within the entire curriculum.

However this view is all the more open to criticism as it is narrowly limited to private economics. It considers only activities assumed inside companies and exchanged between them. Many important elements of transport systems depend on public authorities that provide most infrastructures and are responsible for the law and regulatory framework inside which private entities behave according to their own criteria. External effects of transport are particularly strong and public opinions are increasingly concerned about safety, the environment, territorial organization, etc. **Sustainable development** is now a buzz word, and transport is strongly involved in correlated political debates. Those concerns underlie the public policies that strongly influence the transport market.

Transport and Local Pollution

In Europe, reduction of local pollution relies on technological progress and is implemented through public regulation, setting up growingly demanding compulsory technical standards. Concerning diesel engines, in 20 years only – from 1988 to 2008 – emission rates will have been divided by 7 for NO_x and CO, by 10 for fuel and by 18 for particles. As the fleet is progressively renewed, and in spite of traffic growth, the quality of air is improving, even if citizens believe it changes in the opposite direction!

European Standards for Diesel Engines Emissions

Standard (emissions, g/kWh)	Euro 0 1988-1992	Euro 1 1993-1996	Euro 2 1996	Euro 3 2000	Euro 4 2005-2006	Euro 5 2008-2009
NOx	14,4	8	7	5	3,5	2
CO	11,2	4,5	4	2,1	1,5	1,5
Fuel	2,4	1,1	1,1	0,66	0,46	0,25
Particles	–	0,36	0,15	0,1	0,02	0,02

Transport and Green House Effect
Among the various activities that contribute to green house effects gas emissions, primarily carbon dioxide, transport has a substantial share. Whereas the production of energy is by far the biggest emitter (with 38% of total emissions in the world), manufacturing industries account for 25%, other activities such as agriculture, services and housing for 13% and transport for 24%. Transport's share tends to augment (it was only 6% in 1960), given it is probably easier to reduce energy consumption and gas emissions in other sectors. Road transport represents 80% of total transport emissions, air transport 12% and maritime transport 8%. Growing pressure will probably be put onto transport in the future, so as to reduce, or at least stabilise, its emissions. This will require drastic technological and organisational changes. Source: http://www.effet-de-serre.gouv.fr

One could then consider that logistics include a far greater field than transport alone, if limited to private activities, but that, on the contrary, transport embraces a large field of *public interest* beyond *market economics*. Logistics managers now have to take these elements into account, even if they are not under their immediate control. The evolution of regulation is one of the key issues of their future.

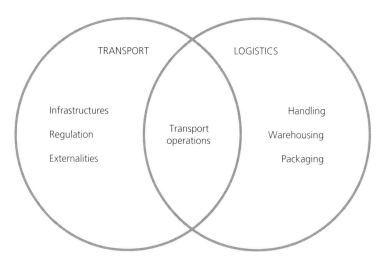

Fig. 5.23 Interactions between transport and logistics.

This Figure 5.23 shows that, if logistics is among the major concerns of a company, some strategic elements to consider belong to a wider environment, beyond the company and its direct customers, providers and competitors. Logistics, originally emanating from mechanical engineering, is part of internal strategy, whereas transport, originally emanating from civil engineering, belongs both to internal and external strategy. The management of external elements, such as the legal framework or the political environment, is part of a company's strategy.

5.4.4 Logistics as a key management tool

Logistics undoubtedly belongs to the modern range of management tools. The results of its implementation on transport effectiveness and on the quick response to market changes are remarkable. Nonetheless, logistics does not monopolize the top central position some specialists or consultants would wish; its position in a companies organization is extremely uneven and not necessarily the leading one regarding finance, marketing, manufacturing or other functions. The implementation of logistics is in the middle of a learning process and outsourcing to third party suppliers is still limited to mere transport and, to a certain extent, warehousing. Global logistics moreover, remains a theoretical concept rather than an actual practice.

At the same time transport issues are benefiting from growing importance. Environment, safety, congestion and working conditions are of growing political concern. The search for sustainable mobility, of a more effective and balanced regulation of the market, taking external effects into account, induce new national, European and even worldwide policies. These policies will influence logistics and its long-range perspectives. Logisticians, if they wish to function as strategic decision-makers, should not ignore transport!

5.5 References

BLAUWENS, Gust, DE BAERE, Peter, VAN DE VOORDE, Eddy, *Transport Economics*, Antwerpen, De Boeck, 2006.
QUINET, Émile, *Principes d'économie des transports*, Paris, Economica, 1998.
SAVY, Michel, *Le transport de marchandises*, Paris, Les Éditions d'organisation, 2006.
SAVY, Michel, *Logistique et territoire*, Paris, La Documentation française, 2006.
STEVENS, Handley, *Transport Policy in the European Union*, Basinstoke, Palgrave Macmillan, 2004.
SUSSMAN, Joseph, *Introduction to Transportation Systems*, Artech House, 2000.
Transport/Europe, bulletin of the Observatory of Transport Strategies and Policies in Europe, in English and in French, freely downloadable from www.cnt.fr.

5.6 The author

Engineer of the Central School in Paris, Michel Savy also holds a Ph.D. in economics. In 1971, he began his career as a consultant at the OTAM and at Prospective and Amenagement. From 1978, he was representative of the DATAR (French Agency for Regional Development) and then member of its scientific committee, reporter for the National Plan. Economic adviser of the Director of Economics and Financial Affairs in the Ministry of Transport from 1982 to 1985, he then became a searcher and a lecturer in the Ecole Nationale des Ponts et Chaussées. He was responsible within the national research project on transport PREDIT, president of European action COST 314, partner of European research projects TRILOG, RECORDIT, PORTAL.

He currently is member of the scientific committee of INRETS (National Institute for Transport Research), president of the AFITL (French Association of Transport and Logistics Institutes), member of the National Transport Council, associate member of the Conseil Général des Ponts et Chaussées for regional affairs, belongs to redaction committee of some journals (Revue d'économie régionale et urbaine, Transport logistics and Cahiers scientifiques du transport). Since 1999, he is the director of the OPSTE (Observatory of Transport Policies and Strategies in Europe), scientific director of the IHEDAT (Institute of Advanced Studies for Regional Planning and Development) and professor at the University of Paris Val-de-Marne and at the ENPC.

Chapter 6

Logistics of international trade

Jan Hoffmann
Maxence Orthlieb

6.1 Introduction

This chapter provides industrial decision-makers with insights into some of the most basic and relevant issues they might face in the organization of logistics operations in the context of international trade.

As explained in Chapter 2 of this book, with the on-going liberalization of trade in goods and services, the production of such goods and services has become globalized. New trade patterns have emerged leading to the internationalization of markets and to increased competition among goods and service providers.

Industrial processes are increasingly integrated into international trade transactions either in the sourcing of industrial inputs and/or in the delivery of products to their intermediate or final consumers. The structure and the operations of logistics systems, as described in Chapter 4 of this book, now have to incorporate foreign trade transactions. Therefore, a clear understanding of the mechanism of trade transactions, and of the issues that arise when such transactions become international, is key.

The transport dimension referred to in the present chapter is complementary to that analyzed in Chapter 5 on transport management. It highlights the main operational problems inherent to the provision of international uni-modal and multi-modal transport services. Commercial strategies of global carriers are now embracing complete, door-to-door logistics services taking advantage of the availability of timely information across borders.

International logistics creates a trading opportunity by providing the right product, at the right place, at the right time and at the right price. This includes consumer goods as well as producer goods, and it is independent of whether the seller is the producer (e.g. a manufacturer, a farmer, or a mining company) or an intermediary (e.g. a trader or an importer). To create a trading opportunity, four basic functions must be adequately performed:
- provision of, or access to, the goods through production or trading;
- storage;
- transport; and
- marketing the goods.

The production determines the "right product"; transport determines the "right place", storage determines the "right time"; and the simultaneous decision of production, storage, transport and marketing together determines the "right price". The production, storage, and transport of goods may each take place in more than one different country, and the decisions of when, where and how to produce, store or transport are key to any international logistics operation.

6.2 Key logistics options

6.2.1 Trade-offs between production, transport and inventory holding

Transport and distribution-related activities are now an integrated part of a process that starts with the collection of raw materials and ends with the distribution of the final product to the consumer.

International trade is increasingly part of the global production process. Trade within companies today accounts for approximately one third of global trade, and this share is growing. A company that engages in global production processes depends on reliable trade rules and procedures. Furthermore, there is growing trade in components and unfinished products, which in the case of the former amounts to about 30% of global trade in manufactured goods. Deliveries of components that are purchased abroad to be used in global production processes depend on reliable and secure international logistics services.

This trend is not only relevant for industrialized countries, but developing countries, too, are increasingly participating in the globalized production processes. To date, manufactured goods account for 80% of developing countries' exports, up from just 20% of two decades ago. Trade in manufactured goods tends to be more time-sensitive than trade in raw materials, which used to dominate most developing countries' exports in the past.

Customs duties used to be among the main factors affecting companies' decisions pertaining to the location of their manufacturing facilities. Many markets were heavily protected by high tariffs, meaning that producing locally was the cheapest way to gain access to customers. With the steady lowering of duties and transport costs, outsourcing trends have created a globally fragmented production line. Today, products are increasingly designed to delay as much as possible the point of conversion from parts to finished products so that they can be configured, up to the last minute, anywhere in the world to the customer's specifications. This trend is intensifying the movement of parts, assemblies and sub-assemblies across the globe. In such a fast and internationalised environment an efficient cross-border process has reduced inventory levels. Industries search for economies of scale in production processes and take advantage of the potential for a global division of labour. Production is increasingly fragmented into highly specialized but complementary units, sometimes quite distant from each other. Multiple-site manufacturing and assembly, working on reduced inventories and spanning countries and continents, is a common practice. As a consequence, shipments are becoming smaller but more frequent, and require efficient, speedy and flexible distribution systems.

Under the prevailing conditions, manufacturing companies will identify the most adequate trade logistics option as a trade-off between production methods, inventory policies and transport requirements. For example, a manufacturing company might decide to reduce the financial cost of any unnecessary raw material inventory as well as that of finished products. It might therefore attempt to buy (and obtain) its raw material as late as possible, so-called "Just-In-Time" (JIT), and to sell its manufactured product as soon as possible (ideally, by selling goods before their production has commenced). Based on good information systems and reliable transport, this strategy will produce goods "to order", reducing the inventory size

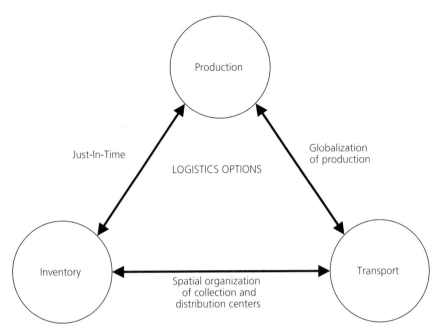

Fig. 6.1 Trade-off between production, inventory and transport.

and, hence, storage needs and costs. However, it will increase the frequency of movement of goods and, therefore, raise transport-related expenditures.

Figure 6.1 highlights some of the basic logistics options faced by industry:

- Trade-off between reduced inventory holding based on production to order and just-in-time deliveries;
- Trade-off between inventory and transport through appropriate spatial organization of collection and distribution centers;
- Trade-off between new production methods and locations on the one hand and the need to arrange for transport on the other.

By way of example, in the United States, over the last 25 years, there has been a continuous trend towards a higher share of expenditures on transport versus a lower share of expenditure on inventory holdings within in the total national expenditures on logistics (Figure 6.2).

While in 1980 the United States was spending more on inventory holding than on transport, 25 years later expenditures on transport were almost 90% higher. This does not necessarily mean that transport has become more expensive, but rather that companies choose to spend more on faster, more frequent, and more secure transport, so as to reduce inventory holding costs. Although exact data for global logistics expenditures is not available, the same trend also holds true for international trade.

Developed countries tend to spend a lower proportion of their GDP on logistics than developing countries, reflecting more efficient transport operations and less costly inventory holdings. Similarly, due to economic and technological developments, most countries are experiencing a gradual decline of the proportion of the GDP that is spent on logistics and transport. Figure 6.3 illustrates the case of the United States.

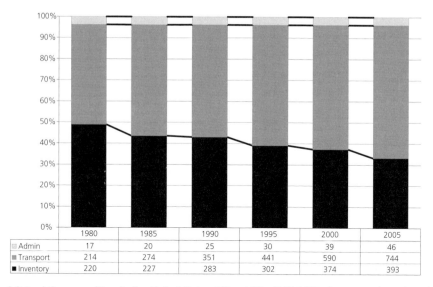

Fig. 6.2 Logistics expenditure in the United States, Billion USD, 1980-2005. Source: Authors, based on "Status of Logistics Report", Cass Information Systems, various issues, and "Logistics Management", 1 July 2006.

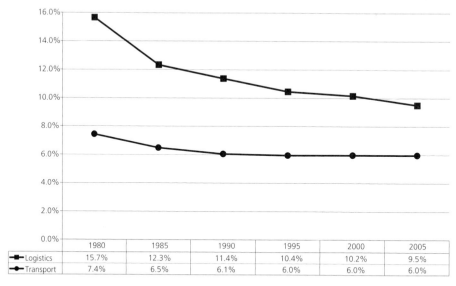

Fig. 6.3 Logistics and transport expenditure in the United States, in percent of the Gross Domestic Product (GDP), 1980-2005. Source: Authors, based on "Status of Logistics Report", Cass Information Systems, various issues, and "Logistics Management", 1 July 2006.

Whereas in 1980, the United States expenditures on logistics amounted to 15.7%, this proportion has decreased to 9.5% in 2005, a decline of almost 40%. On the other hand, transport-related expenditures on transport declined by less then 20%, from 7.4% to 6% of GDP.

6.2.2 From domestic trade to international trade

Most trade transactions take place within countries (domestic trade). The remaining transactions take place between countries and make up international trade. Production costs and natural and man-made difficulties affect domestic and international trade differently. Indeed, unlike domestic trade, international trade is subject to different laws, customs, cultures and languages. Frictions, costs and uncertainties associated with transactions across national borders, together with differences in regulations and customs, create barriers and act to some degree to inhibit trade flows. The main barriers to trade are a) natural barriers, and b) non-natural ("man-made") barriers.

Natural barriers refer to all the non-policy reasons why the same goods can sell at different prices in different locations. They fall primarily into two categories: transport costs, and a variety of factors such as geographical barriers which result in increased costs to deliver goods, commercial practices which result in less-than-optimum use of available transport options, as well as lack of information (sometimes called "rational ignorance") on the part of buyers and sellers. Rational ignorance occurs when a buyer or seller remains uninformed of the full range of market opportunities because the expected cost of becoming informed exceeds the expected benefit. Transportation costs include all direct and indirect costs related to transport, storage and handling operations; and the remaining variety of factors reflects, among other things, the impact of communications costs and the fact that different countries have different customs and regulations.

Man-made barriers encompass all policies that create or add to price differences. They include policies such as import restrictions, special incentives or restrictions on exports, foreign exchange policies, departures from national treatment, and, of course, customs duties. Other artificial barriers include policies that act to increase the costs imposed by natural barriers, such as regulations in the transportation and communications areas that keep prices of these services high.

By way of example, in some Latin American countries, the road carriage industry is composed of private companies with a limited number of heavy trucks and many owner-operators whose equipment can generally transport no more than eight to ten tons. Marine containers are generally loaded with 11-24 tons, so the majority of such units must be emptied at ports before goods can be transported to their ultimate destinations. A similar situation exists in some central African countries, where the national road pavement cannot withstand the heavy trucks arriving from neighbouring countries. Here, too, containers have to be emptied at specially assigned depots.

6.2.3 Costs of international trade transactions

Some cost elements of an international trade transaction are directly related to services provided (direct costs). In general, they are based on published tariffs which reflect the local market conditions, the quality of the service, or the management capacity of the service provider. These considerations depend on the state of the local infrastructure and equipment, and on the local infrastructure/equipment maintenance policy to provide reasonable transport services. They also depend on the local capacity to plan human resources development to assist managers in making the best use of existing infrastructure and equipment.

Other cost elements are a consequence of the services provided (indirect costs). They build up as financial costs resulting from poor operations (e.g. example low speed or unexpected delays) or as additional costs (e.g. increased insurance premiums). They reflect the efficiency of the services, the level of risks involved, and the capacity of service providers to cope with administrative and operational problems.

Uncertainty in quantifying (direct as well as indirect) costs is a critical issue faced by traders and might disadvantage an exporter. For example, on a CIF sale transaction, the additional cost resulting from any undue storage at the port of loading might absorb much of the tiny profit margin expected from the transaction, since the seller has to cover all transport (and storage) costs up to the port of unloading.

In most industrial sectors, relatively few goods are made at the direct order of the consumer or for the producer's own consumption. Most goods are therefore produced in the expectation that they will be sold in domestic and international markets to other manufacturers, traders or final consumers. This expectation might be tempered by the production cost of the goods and by possible natural and artificial obstacles.

6.2.4 Time in international trade transactions

The competitiveness of internationally traded products is greatly influenced by a number of factors that comprise the overall transaction costs. The main factors include: (1) overall transit time required for moving goods from origin to destination; (2) time reliability in delivering goods; (3) safety of goods; (4) costs associated with transport operations and; (5) uncertainties regarding overall transport costs.

Shipping time is an important element as goods in transit cost money (inventory costs). For example, a container carrying 800 car doors, weighting 15 kg each, enough to equip 200 cars, might have a value of approximately USD 60,000. The daily inventory cost of the 800 doors (based on a 10% interest rate) is approximately USD 16.

To reduce the financial cost of their inventories, producers increasingly favour arrangements that supply the required input goods JIT, that is, within a short time span before the anticipated use in production or sale. Under these conditions, time reliability is very important. In the previous example, if the container does not arrive as scheduled, the 200 cars (at a price of, say, USD 10,000 each) cannot be assembled and delivered on time. Therefore, the container has a "value" of 200 times USD 10,000 (USD 2 million), and the daily capital costs of such a stranded container can be valued at approximately USD 550. An industry operating under tightly scheduled operations cannot afford such delivery delays. As explained in Chapter 4 of this book, uncertainty will increase costs and can lead to a need for excessive inventory holdings, and international trade procedures and border crossings lead to additional uncertainty.

The example shows that the value of time in international logistics operations goes far beyond the pure interest payments. Based on the observed willingness-to-pay for time savings in shipping, Hummels (2001) estimates that each day saved in shipping time is worth 0.8% of the value of traded manufactured goods.[1] Apart from the capital costs of the goods, this high percentage is due to very high depreciation costs for perishable goods and for goods with a high technology component, especially if they are used as components within production processes. In extreme cases, a one day delay can render a good practically useless, for example if it was required for a specific date such as a trade fair. The time goods spend on ships, trucks or railways, or also in transshipment centres, ports or warehouses and waiting at border crossing also takes up costly capacities on those vehicles or storage areas.

Customs duties and transport costs on their own are not enough to explain why there is so much more trade within countries than between countries. Anderson (1999) explains "why do nations trade so little", and the effects of international borders on delivery times

---

[1]   "Time as a trade barrier", David Hummels, Purdue University, 2001, www.mgmt.purdue.edu/faculty/hummelsd/research/time3b.pdf.

and reliability are among the reasons provided.[2] International shipping time can be improved by increasing transport speed while cargo is being moved by any particular mode, and/or by reducing idle time while cargo is waiting at some interface point for its next movement. The excessive burden of administrative and documentary requirements at border crossings, ports or airports might destroy any effort or investment in increasing transport speed.

6.3 Major aspects of an international trade transaction

There is no universally applicable law governing international sales-purchase contracts. The obligation of the importer or exporter may be governed by the domestic law of the buyer's or seller's country or by legal standards derived from international convention such as the United Nations Convention on Contracts for the International Sale of Goods, and Incoterms of the International Chamber of Commerce (ICC) or by prevailing commercial practices and customs. The parties are free to choose the applicable law, in so far as it relates to the private law aspect (law of contract, company law, laws of agency, etc.) of their agreement. They do not have any choice but to follow the regulatory provisions of the laws of the country of the buyer or seller, for example, the exchange control regulations, licensing requirements or market/commodity restrictions for export/import.

When negotiating a sales contract, buyer and seller have to agree, among other things, on the terms and conditions of transport of the traded goods, of the payment and the transfer of ownership, as well as of the insurance covering the risks of loss or damage to the goods while in transit.

Regarding **transport**, the commercial parties will have to decide on how to share the responsibilities between each party for arranging the movement of the goods, the apportionment/sharing of specific costs associated with this movement, and the cut-off point where risk of damage or loss is transferred from the seller to the buyer. Reference to a specific Incoterm trade term in a sales contract, is a shorthand way of affirming the respective responsibilities of the two parties. It serves two purposes: (1) it obviates the need for listing all the obligations of the two parties to the contract and the incidence of associated costs; and (2) it removes the possibility that the parties to the contract may interpret the terms differently.

The **transfer of ownership** must be clearly defined in the contract, as the legal rules concerning such a transfer are different in the different countries. In some countries (such as France), this transfer is made when agreement is reached on the goods being traded and their price, even if the goods have not yet been delivered nor the price paid. In other countries (such as Germany), the goods do not become the property of the buyer until the price has been paid in full.

The terms relating to **payment for the goods** exported constitute another very important part of the sales contract. The very purpose of the trade transaction will be frustrated if payment for the goods sold is not received. That is why great care must be taken to select the correct terms of payment and to specify clearly in the sales contract when, where and how the payment will be made.

It is therefore highly important that the seller and the buyer reach final agreement on the **insurance of the goods** pending payment of the full, agreed price. Such insurance (against fire, water damage, third party risks) is normally, unless otherwise stipulated, the responsibility of the seller so long as he retains ownership of the goods, in other words, pending payment in full.

---

[2]   "Why do nations trade so little?", James E. Anderson, Boston College, 1999, http://fmwww. bc.edu/ec-p/wp428.pdf

6.3.1 Incoterms

A   International commercial terms

Long before an international shipment leaves the shipper's premises, and even before a contract is signed or a purchase order issued, a fundamental decision to be made in terms of the sales transaction is that of deciding on the Incoterms (INternational COmmercial TERMS). The term agreed upon by the buyer and seller determines which party bears the cost, responsibilities and risks involved with an international transaction. Errors made at this stage can easily turn a tidy profit into a big loss. Choosing the wrong trade term could even result in a total loss of the value of the goods, plus the sales price and all shipment costs, taxes and other charges.

For more than 50 years, the ICC has standardized these trade terms to simplify foreign transactions and avoid costly misunderstandings between buyers and sellers. Known as Incoterms, these trade terms have constantly been revised by the ICC to reflect the most current trade practices, methods of transportation and documentation requirements.

Incoterms have been developed as a means of international standardization of commercial practice; they are for voluntary use by the commercial parties. Each trade has its own customary practices. Buyers and sellers must negotiate the terms of trade for each transaction with local practices in mind. The final term agreed upon, whether or not it is a standard Incoterm, will have to determine all rights, obligations and risks of the two trading partners.

Incoterms define the seller's and the buyer's mutual obligations regarding the transport of the traded goods as a result of an international contract of sale. Trade terms are key elements of international contracts of sale, since they tell the parties what to do with respect to: (1) the carriage of the goods from seller to buyer and, (2) export and import clearance. They also explain the division of costs and risks between the parties. The revised edition of the Incoterms 2000[3] uses a new format that allows seller and buyer to follow a step-by-step process to determine their respective obligations. A new layout makes the document easier to use.

The ICC insists that traders use the abbreviations that have been internationally accepted by the ICC. These acronyms use English as the reference language; French, German, Spanish versions are only translations. Traders all over the world understand these abbreviations, whereas they might not agree when their translation is locally used (e.g. the French term "CAF").

B   Shipment contracts and arrival contracts

In order to grasp the meaning of an Incoterm, it is essential to distinguish between a "shipment contract" and an "arrival contract". This difference concerns only the notion of risk insofar as it determines the critical point at which the seller has performed his delivery obligation.

In a shipment contract, goods are carried on the main transport mode at the buyer's risk. In an arrival contract, goods are carried on the main transport mode at the seller's risk. The main transport mode refers to the mode performing the international transport operation. It might be sea, air transport, or overland transport when a border is crossed.

C   Functions of Incoterms

Incoterms make it possible to avoid costly misunderstandings between sellers and buyers. Each Incoterm provides three essential pieces of information:

- **The transfer of risk**: It specifies at which place the risks of cargo loss and damage are transferred from the seller to the buyer, during the transport operation. Such risks include:

---

3   Incoterms 2000, ICC Publication No. 560, Paris, 1999.

stolen goods, loss, humidity, frost, damage caused by other goods, breakage, or specific accidents: shipwreck, collision, fire, derailment, etc.

- **The division of costs**: Seller and buyer must know not only who does what but also how the resultant costs should be divided between them. The main principle is that the seller has to pay costs necessary for the goods to reach the agreed point of delivery and the buyer has to pay any further costs after that point. There are four main categories of costs: (a) dispatch, carriage and delivery; (b) Customs clearance for export and import; (c) service or assistance rendered by one party to the other; and (d) insurance.

- **The documents or equivalent electronic messages** to be provided by the seller to the buyer, such as proof of delivery, transport document, or any other (certificate of authenticity, phytosanitary certificate, etc.).

By jointly agreeing on a given Incoterm, the seller and the buyer are implicitly making reference to an established list of their obligations that do not need to be mentioned again in their contract of sale. They have only to specify the agreed Incoterm and include a mention that their contract is *"ruled by the ICC publication #619, Incoterms 2000"*.

D   Groups of Incoterms

Of the 13 Incoterms included in the current edition, eight refer to shipment contracts under which the seller fulfils the delivery obligation in his own country, either by making the goods available to the buyer at his premises (EXW), or by delivering the goods to the carrier for shipment (FCA, FAS, FOB, CFR, CIF, CPT and CIP). These Incoterms are sometimes grouped as "F-terms" and "C-terms".

Four Incoterms refer to arrival contracts under which the seller's delivery obligation is extended to the country of destination (DES, DEQ, DDU and DDP). The "Delivered at Frontier" (DAF) Incoterm is an exception. Seller and buyer respectively bear the risks corresponding to the portion of transport under their responsibility: the seller bears the risks all the way to the border stated in the contract, and thereafter the buyer bears the risks from this border onwards. These five last Incoterms are sometimes grouped under the name of D-terms (delivered-terms).

It follows that the parties must always observe the fundamental difference between the C-terms and the D-terms. Having sold goods under D-terms, a seller should carefully consider the need for protection against breach of contract, and non-fulfilment risks, by adequate *force majeure* or other relief clauses in the contract of sale.

In order to avoid confusion in the proper use of its Incoterms, the ICC decided to divide them into four groups:

Group E has only one Incoterm: EXW (Ex-Works, ex-factory). The seller has a minimum obligation, to make the goods available to the buyer in his warehouse before they have been loaded on to the vehicle provided by the buyer.

Group F (for "Free") includes three Incoterms to be used in shipment contracts. The seller bears neither risk nor main transport costs. These Incoterms are the F-terms: FCA, FAS and FOB.

Group C (for "Cost"/"Carriage") includes four Incoterms (C-terms): CFR, CIF, CPT and CIP. Main transport costs are borne by the seller, but not the risk.

Group D (for "Delivered") includes DAF and the four Incoterms to be used in arrival contracts: DES, DEQ, DDU and DDP. These are the D-terms. For the last four, the seller bears costs and risk on the main transport. The last Incoterm (DDP) assigns to the seller the maximum obligation of placing the goods in the buyer's warehouse after discharge from the carrying vehicle. It is the opposite of the EXW Incoterm.

Table 6.1 The four groups of Incoterms.

GRP	ABBREVIATION	DESCRIPTION	MODE	CONTRACT
E	EXW	Ex-Works	All modes	Shipment
F	FCA	Free-Carrier	All modes	Shipment
	FAS	Free Along Ship	Only sea	Shipment
	FOB	Free On Board	Only sea	Shipment
	CFR	Cost & Freight	Only sea	Shipment
C	CIF	Cost, Insurance & Freight	Only sea	Shipment
	CPT	Carriage Paid To	All modes	Shipment
	CIP	Carriage, Insurance Paid to	All modes	Shipment
	DAF	Delivered At Frontier	Land	--
D	DES	Delivered Ex-Ship	Only sea	Arrival
	DEQ	Delivered Ex-Quay	Only sea	Arrival
	DDU	Delivered Duty Unpaid	All modes	Arrival

E   Mode of transport

The ICC strongly recommends traders to choose an Incoterm appropriate to the main transport mode being used. The ICC makes the distinction and effectively separates, traditional transport modes based on lake, river and sea, from transport modes using modern technologies and which take advantage of containerization: air, road, rail and multimodal transport. In the first case, transport is generally performed with conventional ships and handling gear; cargo might have to be consolidated and deconsolidated at each transfer point. In the second case, containerized goods might use different transport modes without having to be consolidated or deconsolidated at each transfer point: containerized operations, roll-on and roll-off operations, etc.

It follows that the seller should avoid trade terms such as FOB and CIF when the act of handing over the goods to the carrier does not take place at the ship's side, but rather at some other point. There is almost always another point in mutimodal transport operations or in cases when the goods are unitized in trucks, railway wagons, containers, igloos (containers for air transport) or on pallets (so-called "cargo unitization").

As regards the mode of transport, the Incoterms can therefore be grouped as follows:
- six Incoterms to be used exclusively in the case of sea, lake or river transport operations: FAS, FOB, CFR, CIF, DES, and DEQ;
- six Incoterms to be used with any combination of transport modes (including multimodal transport): EXW, FCA, CPT, CIP, DDU, DDP and;
- one Incoterm to be used essentially with land transport operations: DAF.

F   The use of Incoterms

When using a particular Incoterm, the buyer and the seller must define precisely:
- the geographical point to which it applies;
- the transport mode intended to be used and;
- the handling conditions at origin and destination.

Carefully choosing the appropriate Incoterm is essential but carefully specifying how it applies is also very important. The dots that can be found after the abbreviation of each Incoterm serve as a reminder of the need to complete it with the appropriate information.

Incoterms state clearly that, "the fact that the buyer does not use his right of indicating the desired geographical point may give to the seller the right to choose a point for his own convenience". This is an interesting feature for the exporter. However, the final objective of a sale contract is generally to secure additional sale contracts. This can only happen if the buyer is satisfied.

Note that C-terms are not equivalent to D-terms. In the case of a shipment between London and New York, under a C-term New York, the seller fulfils his obligation by shipping the goods from London. Under a D-term New York, his obligation is fulfilled only when the goods are delivered in New York. Remember also that, under an F-term, there is only one critical point, the point of shipment. Under a C-term, there are two such critical points. One is the point of shipment and the other is the point up to which the seller would have to pay for carriage and insurance.

6.3.2 Multimodal transport

A Transport options

Once the commercial parties have selected an Incoterm, the seller and the buyer will have to proceed to arrange their corresponding portion of the transport operations. The following Box presents some commonly used definitions.

Definitions	
Unimodal Transport	The transport of goods by one mode of transport by one or more carriers. If there is only one carrier, he issues his own transport document, e.g. a bill of lading, an air waybill, a consignment note, etc. If there is more than one carrier, for example, carriage from one port via another port to a third port with transshipment at the intermediate port, one of the carriers may issue a through bill of lading covering the entire transport. Depending on the back clauses of this through bill of lading, the issuing carrier may be responsible for the entire port-to-port transport or only for that part which is performed by him..
Intermodal Transport	The transport of goods by several modes of transport where one of the carriers organizes the whole transport from one point or port of origin via one or more interface points to a final port or point. Depending on how the responsibility for the entire transport is shared, different types of transport documents are issued:
Segmented Transport	If the carrier that organizes the transport takes responsibility only for the portion he performs himself, he may issue an intermodal or combined transport bill of lading.
Combined Transport	The transport of goods in one and the same loading unit or vehicle by a combination of road, rail and inland waterway modes.
Multimodal Transport	If the carrier organizing the transport takes responsibility for the entire transport, he issues an MT document.

When a commercial party selects an intermodal transport option, he must keep in mind that transport services providers have several ways in which they can operate, the two main ones being:
- as a **principal**, one who accepts responsibility for a specific transportation task;
- as an **agent**, one engaged to act on behalf of somebody else.

Many freight forwarders consider themselves as providing multimodal transport services. However, very often they are not acting on their own behalf, but on behalf of another party and are paid agency commissions or fees for these services. They are agents. In this case, they conclude various contracts relevant to the transport task, but these contracts are always negotiated strictly within the boundaries of the respective agency mandate as set out by their principal (the seller or the buyer of the transport service). The principal determines the range and the scope of services they provide. In other words, they are not providing transport services, but are (only) assisting their principal with the organization of such transport. They do not accept any responsibility as "a carrier" for such transport.

B The multimodal transport operator

Some transport services providers will act as multimodal transport operators. According to the definition in the Multimodal Transport Convention, a multimodal transport operator (MTO) is:

"...any person who on his own behalf or through another person acting on his behalf concludes a multimodal transport contract and who acts as a principal, not as an agent or on behalf of the consignor or of the carriers participating in the multimodal transport operations, and who assumes responsibility for the performance of the contract."

Such a transport operator, who can be a vessel-operating MTO (VO-MTO) or a non-vessel-operating MTO (NVO-MTO):

- acts as a principal, not as an agent;
- may or may not provide cargo consolidation services;
- issues a transport document which evidences a door-to-door transport contract, the taking in charge of the goods, and an undertaking by him to deliver the goods in accordance with the terms of the transport contract and;
- makes his own contractual arrangements with his sub-contractors of individual modal services (including the ocean carrier where appropriate).

When the traded goods physically move from the seller's to the buyer's premises, the responsibility for this movement might be left to one of the trading partners or it might be shared between both. In general, neither the seller nor the buyer will perform the transport operation. They will look for a third party to carry out the operation. This third party might be engaged for the operation (or part of it) as a principal and will respond for the goods under his custody (within certain limits of liability established by any applicable law). Alternatively, the third party might be engaged as an agent with the only responsibility to provide the necessary means of transport. This agent does not agree to transport the cargo in his custody; he only organizes the transport operation and therefore, cannot be held responsible for any loss or damage to the goods during the transport.

If the goods are lost or damaged during the transport operation, the principal will be held responsible while the agent will not. It will be the principal's major task to localize the cause of loss or damage and to make the necessary arrangements to compensate the cargo owner, his partner in the transport contract. Once he has identified the transport operator who lost or damaged the goods, he will have to trigger a claim process between the operator's liability insurance, his own liability insurance and the cargo insurance. When loss or damage is not localized, the claim process will only involve the principal's liability insurance and the cargo insurance.

Under the same circumstances, the agent might assist his client in the claim process to the cargo insurance company, which might have difficulties in localizing the cause of loss or damage. The cargo insurance company will compensate the cargo owner. Because the agent cannot be held responsible for loss or damage to the goods, the cargo insurance company will have a higher loss exposure when dealing with an agent than when dealing with a principal. Such a higher loss exposure will result in a higher insurance premium.

The MTO concludes a contract with the shipper in his own name; he is the principal and assumes responsibility for the whole transport operation as indicated in the transport contract. The MTO is a "common carrier", since he directly undertakes to perform, or to procure the performance of, international MT operations and accepts responsibility for any damage or loss that the goods may suffer during the transit. There are several types of MTOs. They can be divided in "ocean based" MTOs and those not operating ships.

C   Vessel Operating Multimodal Transport Operators – VO-MTOs

Traditionally, shipowners were content to carry the cargo from port to port, thus limiting their responsibility for the cargo to the time when the goods were on board their ship. Shipowners have now extended their services to also include carriage over land and even by air. Such a combination of modes of transport qualifies vessel operating companies as so-called "vessel-operating" MTOs or VO-MTOs. They may or may not own other means of transport of goods by road, rail or air. If they do not, they arrange for these types of transport by subcontracting with such carriers. In addition to the unimodal subcarriers, they would usually subcontract inland stevedoring and warehousing services as well as a number of other ancillary services. The VO-MTOs are the largest MTOs in existence, at least when one uses assets as a measurement.

D   Non-Vessel Operating Multimodal Transport Operators – NVO-MTOs

Transport operators other than ocean carriers may also arrange door-to-door transport of cargo employing more than one transport mode. Instead of subcontracting the inland or air legs of the transport they may instead subcontract the ocean voyage, i.e. they will not themselves own or operate the vessels which perform the ocean voyage. For this reason they are known as "non-vessel operating MTOs" (NVO-MTOs) or as "non-vessel operating common carriers" (NVOCCs).

These companies issue their own transport documents and accept carrier liability. They publish their own freight tariffs but do not operate any vessels. They buy their space wholesale from ocean shipping lines (as well as from other carriers) then sell it at retail price to shippers. NVO-MTOs make their profit on the difference between those prices. For less than container load shipments (LCL), NVO-MTOs can consolidate cargo to get better per-unit rates than those obtained directly from carriers. By using the services of NVO-MTOs, smaller shippers may get price advantages on shipments that they could not get on their own.

NVO-MTOs often own only one type of transport means, e.g. trucks, or less often, airplanes and railways. It must be noted, however, that in most cases these transport means would only be owned at one end of the route, for example, a trucker in Europe would rarely own or control a complementary trucking company on another continent.

Another type of MTOs refers to those who do not own any means of transport. This category includes freight forwarders, customs brokers or even, in rare cases, warehouse operators or stevedoring companies. They issue their own transport document and accept carrier liability for the goods (i.e., they are principals). This type of MTO may have to subcontract for all modes of transport. Since they do not own any vessels they are also considered to be NVO-MTOs. Some of the leading freight forwarders have a turnover as large as the biggest VO-MTOs, however not all their activities fall under the "multimodal transport" label.

A final type of MTO, which in appearance closely resemble the previous category, are those companies which have been established with the exclusive aim of providing multimodal transport services. Since they neither own vessels they are also called NVO-MTOs.

This latter type of MTO may in the future become the ones able to challenge the dominant position of VO-MTOs. They may also be the ones to offer developing countries, and countries in transition, the best scope for participation in multimodal transport. By avoiding investments in various types of transport means, except perhaps for short-distance haulage, they can at any moment choose the optimum mode or combination of transport modes, providing economy and efficiency and thus meeting the customers' needs. The MTO would thus avoid favouring its own investments and commitments, freeing it to concentrate on the customers needs. This requires an efficient organization and reliable partners with whom they may co-operate. The MTO would need to control a sufficient volume of cargo to be able to subcontract on competitive terms for sea, road, rail or air transport, as well as for stevedoring and warehousing services.

6.3.3 Uniform customs and practices on documentary credits

Documentary credits have become a standard means of settling payment for imports and exports throughout the world. For many years, virtually all documentary credit operations have been carried out in accordance with the "Uniform Customs and Practice for Documentary Credits" published by the ICC.[4]

International trade demands a flow of goods from seller to buyer and of payment from buyer to seller. The goods movement may be evidenced by appropriate documents. However, payment is influenced by trust between the commercial parties, their need for finance and, possibly, by governmental trade and exchange control regulations. Consequently, documentary credit is frequently the method of payment. The buyer's bank pays the seller against presentation of documents and compliance with conditions stipulated by the buyer.

A worldwide use, with immense daily turnover in transactions and value, necessitates a universal standard of practices. The ICC provides this with its "Uniform Customs and Practice for Documentary Credits", but their effectiveness is reduced unless the commercial parties and the banks involved understand the basics of the operations.

A documentary credit is a written undertaking by a bank (issuing bank) given to a seller (beneficiary) at the request, and on the instructions, of the buyer (applicant) to pay at sight or at a determinable future date, up to a stated sum of money, within a prescribed time limit and against stipulated documents. These stipulated documents are likely to include those required for commercial, regulatory, insurance, or transport purposes, such as commercial invoice, certificate of origin, insurance policy or certificate, and a transport document of a type appropriate to the mode(s) of transport used. Documentary credits offer both parties to a transaction a degree of security, combined with a possibility, for a creditworthy party, of securing financial assistance more easily.

Because the documentary credit is a conditional undertaking, payment is of course made on behalf of the buyer against documents which may represent the goods and give him rights in them. However, according to arrangements made between him and the bank, and in some cases by reason of local laws or regulations, he may have to make an advance deposit at the time of requesting the issuance of the credit, or he may be required to provide the issuing

---

[4]   The following paragraphs are based on "Guide to documentary credit operations", ICC, Paris, N°515, 1994.

bank with the funds at the time documents are presented to the overseas banking correspondent of the issuing bank.

Because the documentary credit is a bank undertaking, the seller can look to the bank for payment, instead of relying upon the ability or willingness of the buyer to pay. However, because the undertaking is conditional, the seller only has the right to demand payment if he meets all the requirements of the credit. It is, therefore, unwise for the seller to proceed with shipment until he is aware of these requirements – and is satisfied that he can meet them.

Documentary credits therefore

- are an arrangement by banks for settling international commercial transactions;
- provide a form of security for the parties involved;
- ensure payment provided that the terms and conditions of the credit have been fulfilled and;
- imply that payment by such means is based on documents only, and not on merchandise or services involved. The buyer should, therefore, check on the standing of a previously unknown seller before dealing with him.

Worldwide adherence to the ICC's Uniform Customs and Practice for Documentary Credits, 1993 Revision, (UCP) and the increasing use of ICC standard credit forms, assist towards a uniform documentary credit practice.

6.3.4 Risks and insurance

Risks are inherent in all types of business. Goods in transit are exposed to the risk of damage, pilferage or total loss. It is the possibility (not certainty) of a financial loss that creates insecurity and the need for insurance. Parties to an international transaction must protect themselves against loss or damage. Furthermore, the carriers must protect themselves against liability claims from the cargo owner. There are consequently two basic types of insurance, cargo insurance and liability insurance. Cargo owners must take out cargo insurance and carriers must take out liability insurance.

A   Cargo insurance

Cargo insurance covers accidental losses resulting from damage to the insured's cargo. When the insured experiences a loss, he deals directly with the insurance company in the settlement process. *Ocean marine insurance* (also called marine cargo insurance), one of the oldest forms of insurance, covers ships and cargo against the "perils of the seas". Marine cargo insurance indemnifies such losses and provides insurance protection for exported goods in transit. It also offers protection for the storage of goods, provided such storage is incidental to transportation. Although the term "marine" relates to sea transportation, marine cargo insurance in international trade is used to cover transportation of goods, singly or jointly, by any mode of transport be it by sea, air, road, land or inland waterway. The importance of marine cargo insurance is gradually increasing with the increase in the movement of goods from one country to another. The protection provided by marine cargo insurance prevents losses and consequential disasters, not only to trade and commerce, but also to the banking system that accepts marine policies as security.

Although the carrier has a certain liability to protect the cargo in his care, there are often various exemptions, particularly in ocean transport, which may mean that even though the cargo might have been damaged while in the care of the carrier, the carrier is not liable. Even in cases when the carrier is liable, the limits of liability are often so low that they fail to compensate the cargo owner for his loss. For this reason it is also necessary for the cargo owner to take out suitable insurance cover. In the event of a loss, the policy holder turns to the cargo insurer and, provided damage or loss can be proven, the insurer will pay up to the agreed limit.

Several types of coverage can be obtained on the insurance market, beginning with the very minimum, e.g. the "Institute Cargo Clauses" whose lowest level is known as the "I clauses". Slightly better protection is obtained through the "B clauses" while the best cover follows from the "A clauses". But even the "A clauses" (the old "All risk" cover) does not insure against all risks. War risk and labour strikes are, for example, not covered under the "A clauses" although they can he covered through separate clauses, which then cost extra.

With the UNCTAD Model Clauses on Marine Hull and Cargo Insurance, it is possible for insurance markets in developing countries to prepare their own standard clauses, taking account of local underwriting practices and domestic law, while using the UNCTAD model clauses as a basis. See "UNCTAD Model Clauses on Marine Hull and Cargo Insurance", TD/B/C.4/ISL/50/Rev.1, Geneva, 1989.[5]

B   Carrier liability insurance

Liability insurance, unlike property insurance, can involve three parties: the insured, the insurance company, and someone who is injured or whose property is damaged by the insured. The insurance company pays the claimant on behalf of the insured if the insured is legally liable for injury or damage due to negligence. Examples of liability insurance include auto liability, general liability, personal liability, and professional liability. *Auto liability insurance* covers losses due to the insured's liability for bodily injury to others or damage to property of others caused by an auto accident. *General liability insurance* covers liability for bodily injury and property damage arising from accidents on premises, business operations in progress, products manufactured or sold, and completed operations.

When being moved on a particular mode of transport, goods are subject to loss exposure. The cargo owner (also called cargo interests) will usually transfer this loss exposure to an insurance company through a property insurance contract in exchange of an insurance premium. He might wish to retain a portion of the loss exposure (see "retention" above) and transfer to the insurance company the rest of the risk. This will lower his insurance premium. The carrier, by issuing a transport document, might be subject to a financial loss if cargo is damaged, once it is proven that he is responsible for such damage. He might transfer this potential loss exposure to carrier liability insurance or share the costs of losses with other carriers (this is the case of Protection & Indemnity Clubs in ocean transport). The potential financial loss is determined by the liability limits established in the contractual transport document or in the applicable national law or international convention.

C   Liability limits in the transport of goods

Liability limits regarding the transport of goods are usually referred to in the transport document issued (as a contract) by the transport operator. These limits can be established on a commercially agreed basis as long as they are not inferior to the limits established by the national law or a locally applicable international convention. Note that, although the international convention might not be locally applicable, the national law might be almost identical to the same international convention.

The very same mode might be subject to different liability regimes, some applicable in one place, others applicable in others. Therefore, the carrier's liability will be subject to different limits according to the place where the transport contract has been signed. This is typically the case

---

[5]   http://r0.unctad.org/ttl/ttl-docs-legal.htm

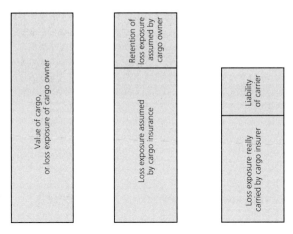

Fig. 6.4 Distribution of risks.

of ocean transport. If cargo is damaged, the cargo owner will make a claim to his cargo insurance company. This company will compensate the cargo owner according to the terms of the cargo insurance contract and may take recourse action against the liable carrier. If the insurance company can prove that the carrier is responsible for the damage, the carrier will pass the claim to its liability insurance company or P & I Club to compensate the cargo insurance company with an amount up to the liability limits agreed in the transport document or determined by any applicable national law or international convention. The cargo insurance company will therefore be left with a loss exposure equivalent to the insured value of the cargo (that is the value of the cargo *minus* possible retention of risks by the cargo owner) *minus* compensation received from the carrier liability insurance or P & I Club. Figure 6.4 describes this case.

This figure shows that a high carrier liability reduces the loss exposure of the cargo insurance company and, consequently, the insurance premium paid by the cargo owner. This is why, for example, insurance premiums for cargo moved by air transport (which holds high liability limits according to the Warsaw Convention) are much lower than those for the same cargo moving by ocean transport.

This situation becomes more complex when various consecutive transport modes are involved. If cargo is damaged, it is not always easy to localize the mode where damage has occurred. As a consequence, damage is often non-localized. The cargo insurance company might therefore have difficulties in obtaining proper compensation for its loss exposure and its insurance premium will have to reflect these difficulties.

Land-based carriers use "normal" insurance companies to obtain their liability cover. Ocean carriers, on the other hand, have traditionally obtained their cover from the protection and indemnity associations mentioned earlier. Liability cover protects the carrier against claims from cargo owners (or third parties) for losses suffered by them because of an error by the carrier, and in some cases, his servants or agents.

When the cargo owner, because of an error of the carrier, suffers a loss, the cargo owner claims against his cargo insurer and the insurer pays the cargo owner. However, the cargo insurer then turns against the carrier and his liability insurer. Here, the situation becomes more problematic. Liability insurers are not primarily there to pay claims, but to avoid paying them. In the case of P & I clubs, the premiums that the ocean carrier pays his P & I club (the so-called "calls") fluctuate with the number and size of the carrier's losses. It is thus in both the carrier's and the club's interest to try to avoid paying the claims. A number of devices serving as delaying tactics are employed. If a claim becomes time barred, even though it might have been legitimate, it can be rejected. For this reason neither the cargo owner nor his cargo insurer can depend on the carrier's liability in order to obtain compensation for losses suffered.

Transport carrier liability varies widely by mode and by country. It is generally higher on land, and particularly in the air, than at sea. In some countries for example, railways are 100% liable, while in others they are not liable at all. For road carriage there may be cases where the carrier is a one-truck company carrying the cargo owner's expensive container cargo. If the truck turns over and both the truck and its cargo become a total loss, it may be impossible for the cargo owner to obtain any compensation from the carrier, who might have even been the truck driver who died in the accident, or who might otherwise declare bankruptcy rather than pay the claim. Adequate cargo insurance is therefore an absolute necessity for protection.

6.4 The international movement of goods

As a result of a trade transaction, goods are physically transferred from the seller's premises to the buyer's. Transport systems comprise the different transport modes available to move the goods, together with their associated interfaces. While transport systems were presented in Chapter 5 of this book, we will now look into the context of an international transfer of goods. Different countries have different (and not necessarily compatible) transport systems, in terms of, *inter alia,* infrastructure design, vehicles and unit loads, as well as methods of operating transport modes or providing transport services. The following sections will highlight how the nature of the goods might impact on the modal choice, and review the most basic characteristics of transport modes.

6.4.1 The role of transport in international logistics

Transport logistics, that is, the integration of transport with other services (including stock management, packing and labelling of products, insurance and banking operations related to the movement of goods, border formalities in the case of international transport, etc.) result in improved levels of service to customers. Such improvements lead to better quality delivered products and may be used to increase market shares (or to justify price increases), and thereby generate additional revenues.

Transport logistics depend on transport services of high standard, which maintain control over worldwide flows of components and products, whilst simultaneously allowing enough flexibility to react to rapid shifts in market demand. Factors such as flexibility, speed and reliability are of primary importance:

- *Flexibility* because transport logistics must be capable of adapting to variations in consumer demands and to unforeseen circumstances;
- *Speed* because the speed at which transport operations are carried out can reduce the time during which products and therefore capital, are tied up and;
- *Reliability* because it reduces the risk of a breakdown in the supply or distribution of goods, and thereby slims down the need for safety/buffer stocks.

There are many options available to carriers to improve their transport operations, among which can be mentioned economies of scale and network size, and the economies of traffic density.

Economies of scale and network size are obtained by producing larger quantities of services with more economical methods. These economies offer the opportunity to expand services on existing networks at a lower cost than expanding services to new destinations, as well as to integrate vertically complementary services. As examples, such economies could lead to the use of "hub and spoke" systems in air and ocean transportation, to the development of inland clearance depots, to the organization of landbridge operations, or to the combination of sea-air services.

An example of a landbridge is the rail network that connects ports on the United States West Coast to the more densely populated East and North East of the country. For Asian exports, there are three main maritime transport options: (a) the east-west all-water route via the Suez Canal, (b) the west-east all-water route via the Panama Canal, and (c) the land-bridge option, where containers are unloaded for example in Los Angeles, and from there continue their journey to the final destination by long-distance double-stack train. The all water routes are less costly, but take longer than the landbridge option, which has gained market share over the last years.

The increased use of "hub and spoke" systems is closely linked to the growing rate of containerization, which facilitates intermodal linkages and transshipment. Figure 6.5 illustrates how the introduction of transshipment operations in container shipping increases the number of port moves.

Without transshipment, i.e. with the "mother" vessel delivering all containers directly, will require 200 port moves in Port A and 800 moves in Port B. If, on the other hand, all containers are preciously transshipped in Port C, this leads to 2000 additional port moves, because each transshipment implies two moves: one for unloading the container from the mother vessel, and one for loading the container on the "feeder" vessel. Hence, delivering a total of 1000 containers to the two destination ports A and B may require up to 3000 port moves. In fact, to these moves, one has to add at least another 1000 port moves in the ports of departure, with which we will end up with 4000 or more port moves for a maritime traffic of just 1000 containers.

In 2005, container ports world-wide handled a total of some 399 million TEU (transport equivalent units).[6] Total maritime containerized trade is estimated at around 88 million TEU.[7] From this, it can be deducted that on average, a maritime trade transaction will require 4.5 port moves, including transshipments and the movement of empty containers.

The increased use of transshipment in international container shipping has important implications for shippers and service providers. Shippers will usually benefit from higher frequencies, economies of scale, and more transport options because through hub global liner

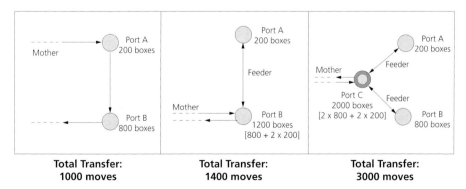

Total Transfer:	Total Transfer:	Total Transfer:
1000 moves	1400 moves	3000 moves

Fig. 6.5 Transshipment multiplier. Based on an illustration by Asaf Ashar, NPWI, USA.

---

6   "Annual Review of Global Container Terminal Operators 2006", Drewry Shipping Consultants, London, 2006.
7   Data provided by Global Insight, USA.

shipping networks they are effectively connected to a far larger number of potential destinations for their exports. As regards the costs of the additional port moves, these may often be offset by the cost reductions gained through economies of scale and more competition between shipping lines. For transport services providers, the question of whether or not, and where, to transship is increasingly becoming part of their day-to-day business.

Economies of traffic density are obtained by increasing the use of a system in order to spread system costs among more users. Such economies are usually combined with economies of scale and network size. Economies of traffic density would make greater use of vehicle size, i.e. container vessels, wagons, or trucks. Typical examples are the use of large container ships or the development of double-stack train operations. Such economies result in greater use of available infrastructure capacity, higher profitability of capital utilization, and lead to various forms of horizontal service integration, such as co-loading agreements and consortia.

With the availability of efficient transport operators, manufacturing industries have set-up their production logistics systems according to their own needs, taking into account the characteristics of their products, the places where supplies are bought and goods marketed, and their customers' requirements. Accordingly, they demand tailor-made transport logistics services from creative and innovative transport partners who will share risks and rewards, and offer total co-operation in order to obtain the objectives of safe product transport, economy, forward planning, incorporation of new technologies and facilities, and expanded use of communication systems.

Such a co-operation in the provision of comprehensive services that cross conventional lines of transportation, warehousing and inventory management can result in cost reductions of commercial transactions between manufacturing industries and transport logistics providers, in terms of

- a better understanding of each party's needs and limitations, thereby reducing the *level of uncertainties in the transaction* or the probability of non-performance of the contract: quality of the goods, packaging issues, reliability of transport and ancillary services, stability of transport rates, etc.;
- preferential treatment according to the *frequency of transactions*. Recurring transactions allow the establishment of particular treatments which cannot be set-up for one-time or irregular operations;
- long-term commitments that offer the opportunity to take into account the *idiosyncrasy of transactions* requiring specific investment, for example special handling facilities and equipment, local electronic data interchange (EDI) standard, etc.

This co-operation between manufacturers and service providers will have short-term effects on the cost of transport, insurance premiums and banking charges. Longer-term effects can also be expected since both commercial parties are in a market characterized by uncertainties, frequent operations and the need for at least some investment in transaction-specific ("idiosyncratic") equipment or facilities. Hence, there is a tendency to form long-term contractual alliances.

6.4.2 Transport modes

Goods can be moved by one or a combination of transport modes. Each mode has its respective features and operations, including infrastructure, vehicles, and modal operators. The different features often vary from country to country.

A   Infrastructure

Each transport mode is characterized by its network. The network is composed of the physical infrastructure for axes (routes, lines) and nodes (intra- and inter-modal) supported by non-material elements such as services (e.g. management systems). Modal interfaces are places where goods can be transferred from one mode to another, facilitating intermodal transport operations.

The infrastructures are the roads, railways, waterways, ports, airports, intermodal platforms and product pipelines. Infrastructures are designed, built and maintained according to local physical norms, laws and regulations that may be aligned to international standards. They are often run under "land-lord" schemes, i.e. publicly owned and privately operated. The public services that ensure the functioning of these infrastructures include traffic management and control systems for the different modes, facilitating their individual and integrated operations.

B   Vehicles
Each transport mode is additionally characterized by the vehicles that operate within its infrastructure. They are also designed, built and maintained according to local physical norms, laws and regulations that are eventually aligned to international standards.

C   Modal operators
The movement of goods by vehicles within an infrastructure is performed either by the owner of the goods (own-transport) or by third parties (commercial services). In both cases, the movement is subject to local laws and regulations that are eventually aligned to international standards. Table 6.2 gives a subjective characterization of various transport modes.

Table 6.2 Characteristics of transport modes.

Mode	Land		Maritime	Air
Item	Railway	Truck		
Coverage	Domestic & international (continental)	Domestic & international (continental)	International & domestic	International & domestic
Freight	Large & heavy	Small & medium-sized	Large & heavy	Small & high value
Transport distance	Medium & long	Short & medium	Long	Long
Transport charge	Suitable for middle distance, fixed rate	Short distance, most elastic	Cheap over long distance	Most expensive & fastest
Weather	All-weather	Influenced by abnormal weather	Much influenced	Influenced by abnormal weather
Safety	High	Comparatively low	Dependent on weather conditions	Can depend on weather conditions
Sensitivity to cargo weight	Insensitive	Very sensitive	Insensitive	Sensitive
Delivery of freight	Inconvenient	Most convenient	Very inconvenient	Very inconvenient
Time	Long	Comparatively short	Very long	Short
Packing	Comparatively cheap	Comparatively cheap, almost none	Most expensive	Expensive
Loading/ unloading costs	Comparatively cheap	Comparatively cheap, almost none	Most expensive	Comparatively expensive
Availability	Not punctual with respect to allocation time	Always possible, even for small consignment	Not easy to allocate ship	Not always to optimal airport. Depends on airport

Table 6.3 gives a subjective appreciation of the various transport modes based on the quality criteria of their respective services: cost, delay in delivery, security of cargo and reliability of services.

Table 6.3 Subjective appreciation of transport modes.

Mode Quality criteria	Land		Maritime	Air	Multimodal Transport
	Rail	Truck			
Low cost	+ +	− −	+ +	− −	+ −
Speed	− −	+	− −	+ +	+
Security	− −	+	−	+ +	+ +
Reliability	− −	+ +	−	+ +	+ +

The complexity in organizing transport operations varies according to the type of country where transport services are required, as outlined in Table 6.4.

Table 6.4 Complexity level of transport operations.

Mode Type of country	Land		Maritime	Air	Multimodal Transport
	Rail	Truck	Shipping	Aircraft	
Coastal	EASY	EASY	EASY	EASY	EASY
Landlocked	EASY	EASY	N.A.	V.EASY	DIFF
Island	N.A.	EASY	EASY	V.EASY	EASY
Archipelago	N.A.	EASY	V.DIFF	DIFF	V. DIFF

Notes:
EASY   = Service easy to provide
V.EASY = Service very easily provided
DIFF   = Service difficult to provide
V.DIFF   = Service very difficult to provide
N.A.   = Service usually not available

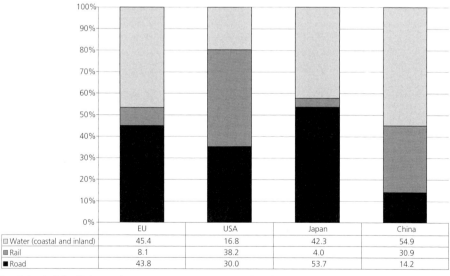

	EU	USA	Japan	China
Water (coastal and inland)	45.4	16.8	42.3	54.9
Rail	8.1	38.2	4.0	30.9
Road	43.8	30.0	53.7	14.2

Fig. 6.6 Modal split in ton-km, 2000. Sources: Jean-Paul Rodrigue et al, The Geography of Transport Systems, New York; and UNCTAD, Review of Maritime Transport 2004, Geneva.

D   The modal split

As a consequence of the different characteristics of different modes of transport, the modal split used for different geographic regions also varies. Figure 6.6 illustrates how the model split for national transport in terms of ton-km varies between different countries. Due to its geography, within the USA, far more cargo is moved by rail than within Japan. Of the four countries in the chart, China has the lowest share of transport by truck and the highest share of waterborne transport.

6.4.3 Types of goods

Goods have their own characteristics that affect the modal choice. Table 6.5 below shows the extent to which the different types of goods can best be handled by the various types of transport services. Table 6.6 shows how cargo weight can influence modal choice.

Table 6.5 Types of goods and the most suitable types of transport.

Mode	Land		Maritime		Air		Multimodal Transport	
	Rail	Truck	Liner	Charter	Individual	Consolid.	FCL	LCL
Operation								
Type of goods:								
Bulk	Y	N	P	Y	N	N	P	N
Heavy	Y	P	Y	Y	P	P	Y	N
Expensive	P	Y	P	P	Y	N	Y	Y
Perishable	P	Y	Y	Y	Y	Y	Y	P
Dangerous	Y	Y	Y	Y	N	N	Y	N
Urgent	N	Y	N	N	Y	Y	N	N
Light	N	Y	N	N	Y	Y	N	Y
Fragile	N	Y	Y	N	Y	N	Y	Y

Table 6.6 Influence of the cargo weight on the modal choice.

Mode	Land		Maritime		Air			Multimodal Transport	
	Rail	Truck	Shipping		Aircraft				
Operation			Cons.	Chart.	Indiv	Cons.	Chart.	FCL	LCL
Weight range:									
< 20kg	N	P	N	N	P	Y	N	N	N
20<...< 250kg	P	Y	N	N	P	Y	N	N	P
250kg <...< 1t	P	Y	P	N	Y	Y	N	N	Y
1t <... < 3t	Y	Y	Y	N	Y	P	N	N	Y
3t <...< 5t	Y	Y	Y	N	P	N	P	N	Y
5t <...< 25t	Y	Y	Y	N	N	N	P	Y	P
25t <...< 100t	Y	P	Y	N	N	N	Y	Y	N
> 100t	Y	N	Y	Y	N	N	Y	Y	N

Y	=	Yes	Indiv.	=	Individual shipment
N	=	No	Cons.	=	Consolidated shipments
P	=	Possibly	FCL	=	Full Container Load
Chart.	=	Charter services	LCL	=	Less than Container Load

As a consequence of the influence of cargo weight on the modal choice, different modes of transport tend to be used for different types of commodities in terms of unit values (USD per ton of cargo). Figure 6.7 illustrates the modal split for foreign trade between Canada, México and the United States. Goods that move by waterborne transport or through pipelines tend to have far lower unit values, i.e. USD per ton, than goods that are moved by truck or air.

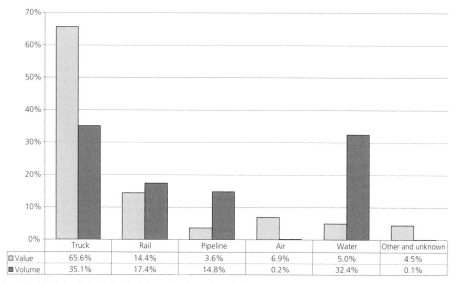

	Truck	Rail	Pipeline	Air	Water	Other and unknown
▫ Value	65.6%	14.4%	3.6%	6.9%	5.0%	4.5%
▪ Volume	35.1%	17.4%	14.8%	0.2%	32.4%	0.1%

Fig. 6.7 Modal split in Value (USD) and Volume (tons) of international trade between Canada, USA and Mexico, 2000. Source: US Bureau of Transportation Statistics.

6.4.4 Containerization

Containerization has completely changed the patterns of international trade. The use of containers has increased enormously. Their use has had repercussions on the designs of ships, on port operations, on rail and road haulage and on warehousing. It has necessitated new attitudes from both management and labour. It has led to the development of integrated transport systems offering door-to-door services on worldwide routes for both refrigerated and general cargo. Transshipments and inter-modal connectivity greatly benefit from standardized boxes. Table 6.7 shows the dimension of the ISO standard containers.

Table 6.7 Series I Containers (ISO 668).

Designation	Year of Introduction	Length m	Width m	Height m	Rating kg
1AAA	1992	12 (40')	2,438 (8')	2,9 (9'6")	30480
1AA	1969	12 (40')	2,438 (8')	2,6 (8'6")	30480
1A	1964	12 (40')	2,438 (8')	2,4 (8'0")	30480
1AX	1979	12 (40')	2,438 (8')	<8'0"	30480
1BBB	1992	9 (30')	2,438 (8')	2,9 (9'6")	25400
1BB	1974	9 (30')	2,438 (8')	2,6 (8'6")	25400
1B	1964	9 (30')	2,438 (8')	2,4 (8'0")	25400
1BX	1979	9 (30')	2,438 (8')	<8'0"	25400
1CC	1974	6 (20')	2,438 (8')	2,6 (8'6")	24000
1C	1964	6 (20')	2,438 (8')	2,4 (8'0")	24000
1CX	1979	6 (20')	2,438 (8')	<8'00"	24000
1D	1964	3 (10')	2,438 (8')	8'0"	10160
1DX	1979	3 (10')	2,438 (8')	<8'0"	10160

The introduction of container transport systems has considerably improved the quality of transport operations, not only for ocean but also for inland transport. The following table provides an assessment of container transport by different (non-ocean) modes of transport.

Table 6.8 Qualitative assessment of container transport by different (non-ocean) modes of transport.

Quality criteria	Road	Rail (wagon load)	Rail (unit train)	Inland waterway
Speed	Very high	Low	High	Low
Door-to-door potential	Very high	Low	Very low	Very low
Reliability	Very high	High	Very high	High
Security	Very high	High	Very high	High
Safety	High	Very high	Very high	Very high
Flexibility	Very high	Low	Low	Low
Availability	Very high	Low	Low	Very low
Ecological friendly	Very poor	High	High	Very good
Energy efficiency	Very low	High	High	Very high

The table highlights the qualitative superiority of road transport, except when it comes to its ecological impact. Among the inland transport options, road transport generally offers the shortest transit times and the highest flexibility. However, for most of the containerized cargo transported inland, transit times achieved by train or inland waterway vessel are sufficiently fast. It will be ultimately up to the MTO to decide what level of transport quality he requires and how high a premium in terms of freight his customers are willing to pay for these qualities.

6.4.5 Seaports and international shipping

Most international trade is moved by seaborne transport, which for long distances is the least costly mode of transport. Sea-ports are the most important nodes in international trade as they connect international shipping services with each other through transshipment, and they link shipping services to other transport modes.

A   Types of cargo

Maritime cargo tends to be grouped into three main types: (a) liquid bulk, i.e. tanker cargo, (b) dry bulk cargo, and (c) general cargo, which is increasingly containerized. Each type of cargo is usually transported by specialized vessel types, and transferred in specialized types of seaports. Between 1970 and 2005, the share of liquid bulk in seaborne trade (tonnes) has declined from 56% to 34%, while the share of other dry cargo (mostly general and containerized) has gone up from 26% to 42% (see Fig. 6.8).

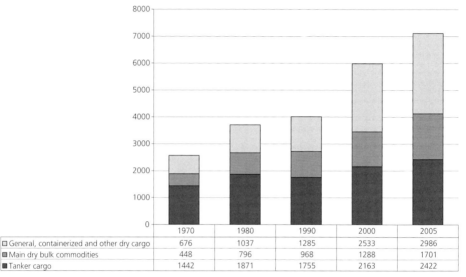

	1970	1980	1990	2000	2005
☐ General, containerized and other dry cargo	676	1037	1285	2533	2986
▨ Main dry bulk commodities	448	796	968	1288	1701
■ Tanker cargo	1442	1871	1755	2163	2422

Fig. 6.8 Tons of seaborne trade, 1970 – 2005. Source: UNCTAD, Review of Maritime Transport 2006, Geneva.

B   Types of vessels, ports and services

Liquid bulk cargo, such as oil, is mostly moved by tankers. The largest existing ships are tankers, reaching a cargo carrying capacity of up to half a million tons. Oil tankers usually call at dedicated terminals, where the ship is connected to pipes through which the liquid cargo is loaded or unloaded. Ports for liquid bulk are characterized by large storage tanks.

Dry bulk cargo, such as iron ore, coal, bauxite or grains, are mostly moved by specialized dry bulk carriers. Highly mechanized loading and un-loading equipments are often combined with conveyer belts. Ports tend to need large storage areas or silos for bulk cargo.

Liquid and dry bulk cargo is usually moved by chartered vessels, where the entire shipload belongs to one single shipment.

Manufactured goods are usually moved either in containers or as so-called "break bulk" cargo on general cargo vessels. Container ships may be "geared", i.e. with their own cranes to load and unload the containers, or "gearless", i.e. without cranes. The larger containerships are all gearless and require the use of the ports' ship-to-shore container cranes. "Panamax" container ships are those that are just about small enough to go through the Panama Canal; they can carry up to around 4500 twenty foot containers (TEU). "Post-Panamax" ships are those that are too large to transit the Panama Canal. The first Post-Panamax ships were introduced in the 1990; the largest containerships introduced towards the end of 2006 have a container carrying capacity of over 11,000 TEU.

Containerized and general cargo is usually moved by "liner shipping" services, where shipping companies offer regular services on a fixed route. The cargo on board a single ship belongs to literally thousands of different shippers.

Table 6.9 shows the development of the world fleet between 2004 and 2006, with percents given below each figure in italic. The changes in the fleet reflect the changes in types of cargo; container ships have experienced the highest growth, whereas tankers and general cargo ships have grown at lower rates.

Table 6.9 World fleet size by principal types of vessel, 2004-2006.

Principal types	2004	2005	2006	Percentage change 2005/2006
Oil tankers	316 759	336 156	354 219	5.4
	37.0	*37.5*	*36.9*	
Bulk carriers	307 661	320 584	345 924	7.9
	35.9	*35.8*	*36.0*	
Ore/bulk/oil	12 110	9695	7817	−19.4
	1.4	*1.1*	*0.8*	
Ore/bulk	295 551	310 889	338 107	8.8
	34.5	*34.7*	*35.2*	
General cargo ships	94 768	92 048	96 218	4.5
	11.1	*10.3*	*10.0*	
Containerships	90 462	98 064	111 095	13.3
	10.6	*10.9*	*11.6*	
Other types of ships	47 324	48 991	52 508	7.2
	5.5	*5.5*	*5.5*	
Liquefied gas carriers	20 947	22 546	24 226	7.5
	2.4	*2.5*	*2.5*	
Chemical tankers	8004	8290	8919	7.6
	0.9	*0.9*	*0.9*	
Miscellaneous tankers	947	1001	1261	26.0
	0.1	*0.1*	*0.1*	
Ferries and passenger ships	5561	5589	5649	1.1
	0.6	*0.6*	*0.6*	
Other	11 865	11 565	12 453	7.7
	1.4	*1.3*	*1.1*	
World total	856 974	895 843	959 964	7.2
	100.0	*100.0*	*100.0*	

Source: UNCTAD, Review of Maritime Transport, Geneva, 2006. Beginning of year data.

C   Liner shipping freight rates

Freight rates for container transport vary significantly over time. Changes depend on changes in global demand, i.e. containerized trade, and supply, i.e. ships with container carrying capacity.

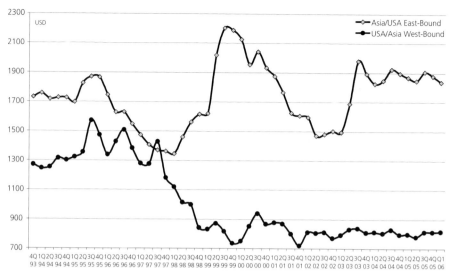

Fig. 6.9 Freight rates between Asia and the United States, 1993 to 2006. Source: Containerization International Online.

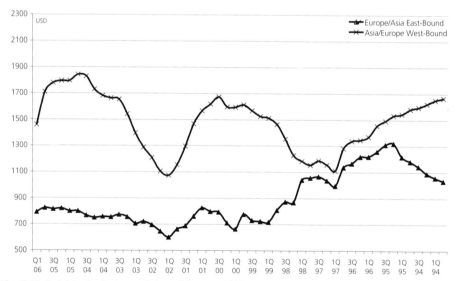

Fig. 6.10 Freight rates between Asia and Europe, 1993 to 2006. Source: Containerization International Online.

Differences on a given route depend on numerous factors, including distance, economies of scale, competition, port efficiency, and also trade balances. Figures 6.9 and 6.10 show how freight rates differ on the same route. During the last years, moving a container from Asia to North America has been two to three times more expensive than from North America to Asia. An Asian exporter not only has to pay for the movement of his container from, say, Shanghai to Los Angeles, but in practice he also has to pay for getting the empty container and the half-empty ship back to China.

The absolute value of the freight rate needs to be seen in the context of the good's value, which may also fluctuate over time. Figure 6.11 illustrates how the incidence of the shipping costs on the goods' costs at the destination port varies over time and is not the same for different commodities. When freight rates are low, and the commodities expensive, the international shipping costs can be quite low. This was for example the case with cocoa beans exports from Ghana to Europe in 1970, when the freight was as low as 2.4% of the goods' value. If however freight rates are high and the commodities have a low value per ton of cargo, the transport costs can become a serious obstacle to trade competitiveness. In 2000, the freight costs as a percentage of the value of jute exports from Bangladesh to Europe reached 37%.

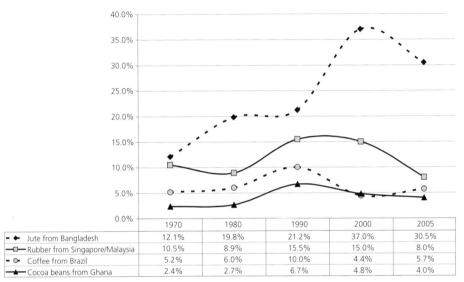

	1970	1980	1990	2000	2005
Jute from Bangladesh	12.1%	19.8%	21.2%	37.0%	30.5%
Rubber from Singapore/Malaysia	10.5%	8.9%	15.5%	15.0%	8.0%
Coffee from Brazil	5.2%	6.0%	10.0%	4.4%	5.7%
Cocoa beans from Ghana	2.4%	2.7%	6.7%	4.8%	4.0%

Fig. 6.11 Liner freight rates as a percentage of prices of selected commodities exported to Northern Europe. Source: UNCTAD, Review of Maritime Transport, Geneva, various issues.

6.4.6 Regulations in international transport

A   Areas of regulation

All transport modes are subject to a range of regulations, with variations that generally reflect national political attitudes (including military aspects) and tradition, rather than any logical approach related to basic differences in operational character or requirements.

Technical regulations show least variation between modes in both principle and detail, except for the effects of applying different approaches to safety, which in turn reflect varying levels of risk acceptance (for reasons which are probably political and economic). Further, technical regulations change in a continuous manner as experience, knowledge and understanding increase. This process results in improved rigor and severity.

Environmental regulations also show little variation in principle between modes, but considerable differences in detail (even within single modes), particularly in permitted nuisance limits, such as noise and pollution. To some extent, these limits are those considered technically achievable without substantial performance or cost penalties, either to the owners or operators of the vehicles that cause the nuisances, or to the communities that suffer from them. Again, there is a steady move towards improved severity, reflecting both technical progress and public pressures, and towards standards common to all modes.

Social regulations appear to show few differences of principle between modes. The range and nature of regulations about working conditions and terms of employment are similar, with variations which tend to reflect special modal operating conditions and traditions (particularly trade union organization). Thus, social regulations are probably more detailed and far reaching in rail transport, the oldest and most "compact" organized mode, than in road haulage, with its dispersed and rapidly changing structure and operational patterns.

Economic regulations show significant differences between and within modes, and may also vary appreciably over time within. Some of the main modal features are presented below.

B   Rail transport

Railway administrations are "integral" transport enterprises that both own and operate their fixed infrastructure and their rolling stock (locomotives, shunting machines, coaches, wagons, etc.). Some even generate part of the energy they consume. Further, they are now almost all public service bodies, with the pressures and constraints characteristic of such organizations. These features, their special social and economic role, and their present financial difficulties, coupled with serious and growing competition from other modes, have been the justification for increasing government intervention during recent years.

However, rail transport in almost all countries has been subject to close economic control by government (either directly or indirectly) for most of the past century. Financial and fiscal measures, regulations on fares and freight rates, and service requirements and obligations are the principal techniques of economic regulation. Governments now often force rail administrations to fix tariffs by imposing limits on subsidies to meet operating deficits, and constrain investment in infrastructure and equipment by limiting grants or loans. The ways in which these mechanisms are applied have been changed radically several times for almost every national railway system.

C   Road transport

The provision and maintenance of highways have long been closely regulated by governments, primarily through controls on location and alignment, on detail design, and on expenditure (including tolls). Usage (particularly by private cars) has been partly regulated by vehicle and fuel taxes.

Considerable differences exist between countries (and over time in some countries) in the extent of economic regulation, except for operational limitations (particularly in vehicle weights and dimensions), where steady "convergence" has been occurring. Regulations on capacity and on freight rates, widely introduced about 50 years ago in Europe and North America, have been recently relaxed or withdrawn in some countries, though retained in others. International transport in Europe has recently seen significant changes, particularly in market access. Since the abolition of the EU quota system (1992), there have been moves towards harmonization of national fiscal (e.g. fuel taxes) and technical policies. The extension of these procedures to former Eastern European countries is progressing slowly because of their different economic and fiscal policies.

D   Air transport

For about 50 years, almost from its earliest stages of development, air transport has been subject to close economic regulation. "Severe" licensing systems were then widely introduced. These capacity restrictions were then followed, by controls or agreements on fares, on service levels, and by traffic sharing or pooling arrangements on some international services. State ownership of international airlines, common in the past, is being reduced.

The de-regulation of domestic airline prices and capacity (entry-exit controls) in developed countries and main trading blocks of countries has led to similar relaxations on some international routes (by government bilateral agreement) and on some domestic routes within such trading blocks.

Landing rights have also been strictly controlled since the principle of national air sovereignty, as opposed to that of "freedom of the skies", was established by international convention in 1928 and endorsed by the Chicago Convention in 1944. All Governments continue to regard airports as major infrastructure elements, generally imposing direct control on development and investment.

E   Inland waterways

There are often considerable differences in the extent and nature of controls over rates and capacity between domestic and international inland navigation. Some major rivers (such as Rhine, Danube, Mekong), which carry significant amounts of both domestic and international traffic, have a multi-national River Commission (e.g. Central Commission for the Rhine), which considers tariffs for international traffic and may institute freight-sharing arrangements, leaving rates for domestic traffic to the individual riparian states. This can lead to national differences and gaps in government intervention in domestic inland shipping.

F   Sea transport

Sea transport, even more than air transport, is dominated by international traffic. It is relatively free from explicit economic regulation. Since the English Navigation Acts of 1651, sea transport has had a history of cyclical fluctuation between regulation and unrestricted free operation, although it is now moving out of a relatively uncontrolled period. Most governments have imposed few restrictions recently on either investment or capacity in shipping, and to a great extent, most shipping now appears to operate in classical free market conditions without controls on capacity, service requirements or operational limitations (e.g. there has been non-discriminatory access to all seaports since the 1924 Ports Convention).

However, there are arrangements between groups of shipping companies in several liner trades to share cargoes (and sometimes also for common tariffs and pooling of incomes). These non-governmental, voluntary "Shipping Conferences" ostensibly aim to prevent excessive and wasteful fluctuations in freight rates, but are sometimes described as cartels designed to maintain or increase profits. In 2006, the European Commission effectively discontinued the anti-trust immunity that had been the basis for legal price fixing regimes in liner shipping.

G   National versus international transport regulations

Almost all transport regulations (apart from some local traffic rules) are national in application. Most are also national in origin, though some are national versions or ratifications of international conventions or agreements. National regulations are considered sufficient for those modes that are dominated by domestic traffic (this is generally the case for rail and road transport).

The national character of most transport regulations inevitably results in some differences between countries. These are least marked in technical regulations and most apparent in economic measures. Western European countries have very similar technical rules, and even their social regulations for transport do not differ greatly, reflecting their commitment to European Union (EU) policies. However, even between EU member states, there are considerable variations in economic regulations, particularly for road and rail transport (e.g. finance, licensing).

There are far fewer regulations applicable to international transport, than national regulations for domestic transport. Those that do exist cover all the four main categories, but their range and content vary considerably between modes. However, they share some characteristics that distinguish them from national regulations. They generally have clearly limited objectives, content, and duration, and sometimes, restricted geographical range of application. Their formulation involves long negotiations, and they appear to be fewer than necessary. Overall, the regulation of international transport seems to be without coherence and to have serious gaps.

For most of the developed countries, there are three sources of international regulations; national states, inter-governmental organizations (IGOs), and private international non-governmental organizations (NGOs). National regulations for most key technical features (including those with significant economic aspects, like road signs, and weights and dimensions of containers and of freight vehicles) generally provide sufficient "harmonization", if not "standardization", to avoid serious impediment to international traffic. This is not equally true for social regulations, where national differences can cause difficulties.

International conventions or agreements, mostly those adopted by UN organizations or agencies are the main source of regulations for those modes (primarily air and sea transport) that are dominated by international traffic. Such conventions may either define measures in considerable detail, requiring only ratification or acceptance by contracting States, or establish a framework or 'umbrella' for subsequent detail interpretation at national level.

For example, in air transport, regulations of the UN International Civil Aviation Organization (ICAO) provide a worldwide technical and operational "umbrella", while the International Air Transport Association (IATA), a "private" (i.e., neither UN nor inter-governmental) organization, is a forum for many airlines to co-operate on critical tariffs, schedules and interline ticketing arrangements (though the approval of government is required for such agreements). International routes are generally decided in bilateral (or multilateral) negotiations between governments, and embodied in Air Service Agreements.

In the case of sea transport, International Maritime Organization (IMO) conventions provide an umbrella for regulations concerning safety at sea, and those of the International Labour Organization (ILO) provide a framework for social measures for seafarers. Structural standards for most ships are defined by Ship Classification Societies that are essentially autonomous semi-private organizations. The leading societies are grouped in the International Association of Classification Societies (IACS) that attempts to ensure comparable classification standards. Certificates issued by these Societies are recognized by national governments.

6.5 Border crossing issues

When crossing borders, goods packed into unit loads on vehicles, might face delay due to discrepancies of those unit loads, and/or vehicles, and/or modal infrastructure used on each side of the borders. These discrepancies emerge from different physical standards (e.g. railway gauges) or different traffic or transport regulations (e.g. axle-weight limitations or regulations on transport services). A key counterpart of shippers and transport services providers at a border crossing are customs administration, and a key tool to facilitate trade at border crossings are information and communication technologies (ICTs). Below, we provide a brief account of border crossing issues relating to standards, Customs, and ICTs.

6.5.1 Standards

Diverging standards are a major concern in international trade. Shippers and carriers from both Europe and the United States recognize that standardization of loading units can increase efficiency and productivity. But the domestic situations in both regions are very different. At present, the European countries use a wide variety of "swap-body" containers and pallet sizes. The variety of loading units is cumbersome and both government and private interests believe that the system would work better with increased standardization.

The existing variety of units stems partly from customer needs (like cargo dimensions and shipment volume) and partly from infrastructure conditions, like portions of the rail network with tunnels too low to permit double-stacking, and highway geometries that preclude the use of large containers on roads. As the European Union moves from a set of separate national regulations and configurations toward a harmonized, trans-European approach, it seeks greater standardization of loading units.

The United States shares a common interest in the efficiency and productivity of standards, but faces different customer needs and infrastructure constraints. An aspect of competition in the U.S. transportation industry has been the ability to anticipate technological and market needs, and respond with new services. These opportunities continue to arise, and continued innovation requires sufficient flexibility to avoid stifling innovation and to avoid distorting the competitive structure. In domestic U.S. transportation, the standardization of loading units has mostly been left to the marketplace, while that approach may not be appropriate for Europe, where national carriers have adopted different equipment that must now be integrated into a unified system.

While the rules of transport within Europe and North America continue to be dealt with inside their respective regions, the two sets of rules increasingly impinge as intercontinental haulage increases. They also face increasing common issues as infrastructure improvements are made, as surface transportation vehicles evolve, and as larger ocean vessels are introduced.

6.5.2 Customs

An international trade transaction implies that the traded goods will have to cross national borders. In addition to the potential problems discussed above regarding the physical movement of these goods on different national transport networks, the goods will have to fulfil official administrative requirements in any transit countries and in the country of destination.

The most important set of requirements are those related to customs. Customs functions, performed effectively, play a key role in assisting governments to achieve their national and international policy aims. Countries are faced with, an increase in the volume and speed of international trade, advanced technology, rapidly changing national and world economies, as well as the ever present threat from the illegal traffic in prohibited and restricted goods. For most countries with an established market economy, no other single government body fulfils the essential role of collecting and protecting revenue while assisting with finance, trade and foreign policy and at the same time, protecting society by combating smuggling and fraud.

Customs administrations play a vital role in the growth of international trade and development of the global marketplace. The efficiency and effectiveness of customs procedures can significantly influence the economic competitiveness of nations. In a highly competitive global environment, international trade and investment will flow toward efficient, supportive and facilitative locations. At the same time it will rapidly flow away from locations that are perceived by business as bureaucratic and synonymous with high costs. Customs systems and processes must therefore not be allowed to serve, or be perceived as, a barrier to international trade and growth.

Customs administrations are therefore faced with the expectation of their governments to undertake more complex roles, accommodate ever-increasing transaction levels and do so in an environment of frozen or decreasing resources. Traditional values, systems and procedures, must therefore be re-examined to reduce the costs of customs interventions in the transactions of trade, industry and the public. Customs administrations must examine the need to reform and modernize so as to strike the right balance between the need to control and the ability to provide a service.

6.5.3 Information and communication technologies

Information and communication technologies (ICTs) enable safer, secure, smooth and reliable transport and trade through efficient management of information flows. They also allow for tighter control and enforcement of regulations and increased productivity of equipment and infrastructure. The importance of ICTs for transport and trade grew with the advent of globalization and international trade expansion for which the flow of information is key. International trade and transport involve multiple players and numerous and complex transactions which result in a constant need to obtain, analyse and exchange data. The various players issue, transfer and interchange a large number of documents and extensive information as part of contractual arrangements, such as contracts of sale, contracts of carriage, letters of credit, and in relation to customs.

ICT applications to trade and transport are bound to grow and become ever more important with globalization and the emergence of global supply chains and processes.

A number of international developments contribute to raising the profile of ICT and driving the demand for their use and application in trade and transport. Among the main factors that amplify the need for ICTs are the globalization of trade and production processes; the worldwide trend towards privatization; liberalization and deregulation in the telecommunications industry; the growing importance of ICTs for supply chain security as evidenced by the recent adoption of the World Customs Organization (WCO) Framework of Standards to Secure and Facilitate Global Trade (SAFE Framework); and the significant ICT content of trade facilitation measures that may be adopted at the conclusion of the current World Trade Organization (WTO) negotiations on trade facilitation.

An important element of the emerging transport-related security initiatives is the incorporation of ICTs as a means of fulfilling the various security-related functions affecting global supply chains. Therefore, compliance with international security requirements depends heavily on the ability to implement specified ICT solutions. The most recent international development that integrates a requirement for the use of ICTs is the WCO Framework of Standards to Secure and Facilitate Global Trade (SAFE Framework). The Framework was adopted in June 2005 and rests on two pillars, namely Customs-to-Customs Network arrangements and Customs-to-Business partnerships

In the absence of a uniform enabling legal framework, several contractual approaches (e.g. Bolero Program, the SeaDocs Registry and the @GlobalTrade Secure Payment and Trade Management System), supported by voluntary rules binding on the parties, have been developed to emulate the document of title aspect of the bill of lading in an electronic environment. However, no viable electronic alternative to the negotiable bill of lading has yet been developed for widespread commercial use.

Digital signatures, or public key infrastructure (PKI) arrangements, are an attempt to ensure a secure electronic exchange of information. An integrated Customs control chain includes the possibility that traders can submit in advance both their import and export declarations to customs administrations. Mutual recognition of digital certificates allows the economic operator to sign all electronic messages to those customs administrations having accepted to recognize this certificate. This cross-border recognition of digital certificates can help increase security and, at the same time, provide significant facilitation and simplification for the trade operator.

EDI is used in the transport sector to manage the flow of goods and information involved in a trade transaction using structured data. Computers that receive the tagged data elements are able to interpret the information and thus initiate appropriate administrative or other transactions automatically. It is used to transmit documents such as purchase orders booking instructions, bills of lading and manifests, container loading plans and customs declarations. It is also used to transfer funds and transmit information to track and trace cargo and containers. A number of companies provide EDI solutions, which can be implemented by installing the software. The international standard for EDI is UNEDIFACT, developed and maintained by the United Nations. Although EDIFACT is recognized as "the" international standard, there are many other national and industry data standards. New standards are being developed such as the Extensible Markup Language (XML). XML together with Internet has drastically helped reduce start up and transaction costs as compared to traditional EDI systems. Based on XML and web technology, a variety of standards emerged on a more general or sectoral basis aiming at ensuring automated recognition of supported business transactions, negotiation, contracting and processing, creating online dispute resolution mechanisms, signing and encrypting contents transmitted using the Web, and more general issues such as Internet governance.

Cargo and vehicle tracking systems improve accountability, enable enhanced risk management assessment and minimize opportunities for loss. These systems ensure that goods reach their destination in their intended condition which is appealing both to governments and to private companies striving to improve the integrity and efficiency of international supply chains. This ability to trace goods, containers and means of transport including, ships from the point of origin to their destination is increasingly associated with information transfer using communication tools such as global positioning systems (GPS), radio frequency identification devices (RFID) or bar code scanning.

The use of satellite positioning systems to monitor the situation or location of equipment in the terminal is gaining ground. Terminals which already have these systems include: HHLA Hamburg, the Dubai Port Authority, the Port of Kotka (Finland), Patrick in Australia and BLG Bremerhaven. Another equipment tracking technology is the RFID device which is comprised of low cost tags that assist in the tracking of goods and vehicles. These devices are placed on individual items and can either be active, i.e. constantly emit a radio frequency signal, or passive, only emitting a signal when queried by an outside source. In order to track goods, readers (either hand-held or fixed devices) can track and record the numbers from the RFID devices affixed to each product or container. These readers, however, entail additional costs which would be borne by the shipper or passed along to the consumer/end user.

6.6 Recommended readings

Duphil, François and Denis Chevalier, *Le Transport*, Foucher, revised edition, February 2005.
Muller, G., *Intermodal Freight Transportation*, 4th edition, Eno Transportation Foundation, Inc., 1999.
Ruibal Handabaka, Alberto, *Distribution Physique Internationale*, CELSE, Paris, 1997.
UNCTAD, *Legal Aspects of International Trade*, UNCTAD/SDTE/BFB/2, Geneva, 1999.
UNCTAD, *Review of Maritime Transport*, Geneva, published annually.

UNCTAD, *Multimodal Transport Handbook for Officials and Practitioners*, UNCTAD/SDD/MT/Misc.1/
    Rev.1, Geneva, 1996.
UNCTAD, *Transport Newsletter*, Geneva, published quarterly, www.unctad.org/transportnews.

6.7 The authors

Dr. Jan Hoffmann has worked for the Trade Facilitation Section of the United Nations Conference on Trade and Development (UNCTAD) in Geneva since 2003. Before joining UNCTAD, he worked during six years for the United Nations Economic Commission for Latin America and the Caribbean in Santiago de Chile, and during two years for the International Maritime Organization (IMO), in London and in Santiago. Prior to this, he held part time positions as assistant professor, import-export agent, translator, consultant and seafarer for a tramp shipping company. Jan has studied in Germany, United Kingdom and Spain, and holds a doctorate degree in Economics from the University of Hamburg. He specializes in trade facilitation, freight costs, port reforms and liner shipping. His work has resulted in numerous articles, lectures and technical missions, as well as the Internet-based "Maritime Profile", the "International Transport Data Base", and various electronic newsletters.

   Dr. Maxence Orthlieb is chief of the Trade Facilitation Section at the United Nations Conference on Trade and Development (UNCTAD) in Geneva. Holder of an engineering diploma in Computer Sciences, he obtained a master of sciences and a Ph.D. in Transportation Planning at the University of California (Berkeley). From 1975 to 1984, he was a transport adviser to the Venezuelan Ministries of Transport and Planning, respectively within the framework of the French Bilateral Cooperation and of a major UN technical assistance project. He joined UNCTAD in 1985 and specializes in international freight transport (e.g. multimodal transport and logistics) and the facilitation of international trade. Furthermore, he is involved in research on multimodal transport and logistics, supervises technical assistance projects and delivers seminars and conferences in these fields, with a view to improving international trade transactions, particularly in developing countries.

Chapter 7

Designing the supply chain

Fabrizio Tellarini
Stefano Pellandini
Luigi Battezzati
Gianpaolo Fascina
Claudio Ferrozzi

7.1 Supply chain management

7.1.1 Introduction

A   What does supply chain management mean?

The question *"But what exactly does Supply Chain Management mean?"* comes up so often when dealing with the topic that it might be a good idea to provide an answer before continuing.

The subject is so broad-ranging, interesting, and complex that responding with a single sentence would be reductive. We have therefore decided to answer the question using a "potpourri" of elements that, taken together, provide a helpful conceptual framework of supply chain management. At that point we will move on to a more detailed examination of its many facets throughout the remainder of the chapter.

Supply Chain Management is:

- *generically speaking*, the management of goods and services, starting with the purchase of raw materials and ending with the sale of finished products to consumers;
- *put simply, an upstream flow* of information from the point of sale to raw material suppliers and a *downstream flow* of goods from supplier to retailers and to final consumers (Figure 7.1);

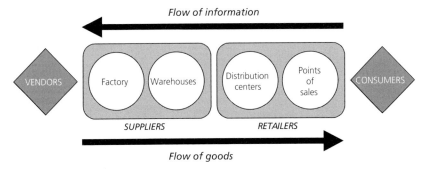

Fig. 7.1 Distribution of goods and information flows.

Strategically speaking, the design, planning, management and coordination of a complex system that involves the key issues revolving around four main areas/processes, as follows: operations (production, purchasing, distribution, etc.); customer service/planning; distribution & retail; and product development and launch (Figure 7.2).

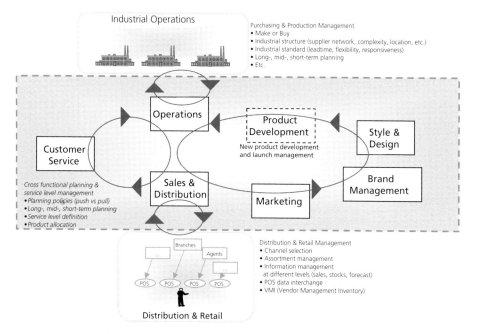

Fig. 7.2 Management and coordination of a complex system.

B   Focus and objectives

The main purpose of this chapter is:
- to furnish a vision of the ways industrial companies and distributors can work together in order to improve both effectiveness (i.e. achieving competitive advantages) and efficiency (i.e. improving productivity, cost per unit) of the supply chain;
- to look at and understand the supply chain as an integrated view of the dynamics among its key activities: procurement, manufacturing, distribution and retail, together with economics, sales and marketing related issues;
- to depict the various types of supply chain management (i.e. efficient vs. responsive) and the different variables affecting decisions regarding the definition, structure, and management of the chain;
- to demonstrate how the types of management and performance of the supply chain are influenced by the following elements: delivery lead time among the various levels, re-order frequency, chain structure (number of levels and types of actors), type of coordination among the different levels/actors, exchange of information along the channel, type of articles being handled, customer service (size of product portfolio, delivery time, product availability, price), frequency with which the product portfolio is renewed, sector (consumer goods, durable goods, luxury goods), and so on;
- to show the impact of IT on supply chain management.

Purchasing, production planning, forecasting, distribution, warehousing, transportation, order processing, etc, are all elements inherent to the supply chain, and understanding them in-depth is a prerequisite for being able to talk about and study the supply chain. However, we will not be focusing in-depth on the separate elements or building blocks that constitute the supply chain, i.e., the individual functions, processes and operational activities at each level/actor within the chain. We assume that our readers are already familiar with these basic elements.

C   Structure

Section 1 – Some Supply Chain Basics will analyze the impact of several basic variables on the performance of the supply chain: lead-times, the number of levels/actors, the level of coordination, and the integration of information.

Section 2 – Designing the Right Supply Chain will deal with the definition (design) and choice of supply chain with regard to the type of product to be managed. We will look at how this choice is influenced by different variables, variables that are often directly linked to the type of product or sector in question (fashion versus fast-moving consumer goods), the demand profile, margin of contribution, the service objective in terms of product portfolio range, speed of delivery, product availability and so forth. Today we are faced with an unprecedented quantity and variety of products, from apparel to watches, jewellery to food products, cosmetics, automobiles, computers, and so forth. These products, all competing in the market place, are distributed using different models, including specialized chains (the so-called "category killers") and, in some cases, even a single retail chain that has an amazingly wide and diverse product range. Despite the unquestionable advantage that such a broad offer represents for the consumer in terms of the increased value provided, there is no doubt that the increase in variety is making the activities of manufacturers and distributors more and more difficult. It is increasingly hard to make sales forecasts, and related activities are becoming increasingly critical.

Section 3 – Managing Variety deals directly with these issues.

Section 4 – The Supply Chain in the Digital Era analyses the impact of the information technology (IT) revolution on supply chain management, including B2B and B2C business models, disintermediation, re-intermediation, e-procurement, and so forth.

Finally, **Section 5 – Supply Chain Management and Strategy** calls into question the traditional model of channel management, putting forth alternative strategies for collaboration, coordination and partnership among the various actors along the supply chain.

7.1.2 Some supply chain basics

Supply chain performance, intended here as the function of cost and service, is mainly dependent on:
- the type of coordination/information management within the supply chain;
- the amount of lead-time (long or short);
- the number of levels/actors present within the supply chain.

A group of values related to these three characteristics defines the profile of the cost/service curve (Figure 7.3). Once the three characteristics have been decided, the only "freedom" that remains is that of moving along the cost/service curve in such a way as to increase service and to create greater safety inventory and thus to be faced with higher costs.

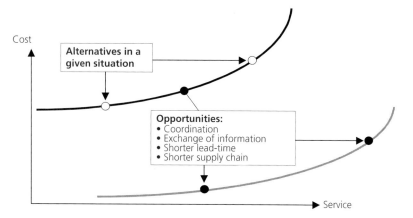

Fig. 7.3 Cost/service curve.

Note: costs are those related to the inventory management along the channel; service is intended in terms of product availability. Costs related to stock out (lost sales and relative lost margins) are not considered.

While choosing the ideal position along the curve is important, the real challenge in supply chain management is trying to succeed in transforming the curve by improving activities along the three main parameters given above. For example: cutting down on production lead times (island production, procedural modifications, etc.), shortening the channel by bypassing various levels, integrating sales data between the distributor and the manufacturer, etc. By tracing the curve, one creates a potential that can be transformed into improved service without increasing costs, or into reduced costs without diminishing the level of service.

A   Type of coordination/information management within the supply chain
In conceptual terms, there are three different models (Figure 7.4):
- Model 1 – independent management;
- Model 2 – centralized management;
- Model 3 – independent management with information exchange.

Model 1, that of independent management, is probably still the most widespread. This management model is characterized by increased variability in demand, i.e., orders between each level as we move upstream along the supply chain (the Forrester effect), even when the final customer demand remains stable. These disturbances make it difficult to maintain high levels of efficiency for each operative activity along the chain (raw material production, finished product production, transport, warehousing, etc.), and impact heavily in terms of total channel costs.

Model 2 is surely the most "ideal" in terms of overall supply chain efficiency. In fact, the exchange of information and the central decision-making process facilitate the efficient planning of each activity along the chain. Model 2 is used in several cases: for example, in VMI (Barilla's Vendor Management Inventory) and in management trends such as ECR (Efficient Consumer Response), which is another name for SRC (Supplier/Retailer Collaboration), which is in turn another name for SCR (Supply Chain Re-engineering). What it really means is an attempt to improve both the effectiveness (i.e. time) and the efficiency (i.e. savings) of the

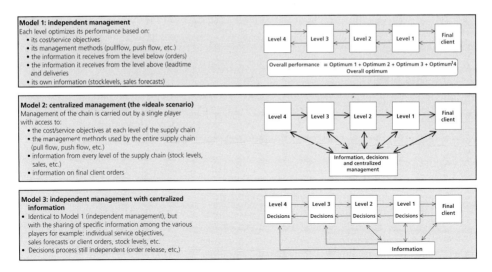

Fig. 7.4 The three models and their underlying operative logic.

chain by working together to meet the final consumer's demand in the best possible way. The main pillars of this type of "re-engineering" are shown in the Figure 7.5.

However, **Model 2** entails a radical, often painful, redefinition of responsibilities and tasks both among the individual functions of each company operating along the channel (Sales, Purchasing, Logistics, Planning) and the various actors along the supply chain. While it is true that total supply chain costs are lower that those of Model 1, then, it is also true that the consequent benefits and investments are often unevenly distributed among the various actors. Frequently, investments are made upstream in order to achieve benefits downstream. It therefore becomes crucial to find ways of redistributing the benefits among the various actors along the channel.

The above-mentioned issues, along with the "classic" resistance to change, are elements that even now often restrain the development of this model. In this sense, **Model 3**

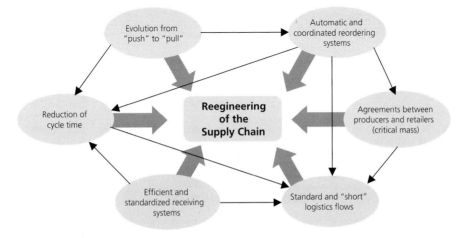

Fig. 7.5 Reengineering the supply chain: main pillars.

represents a kind of midway step, in that it leaves the decision-making process to each individual level and is thus "politically" less disagreeable, necessitating only minor changes to the roles within the supply chain.

B   The lead time

The amount of lead-time, long or short, at each level of the supply chain defines:
- the chain's ability to respond to sharp, unpredictable variations in demand;
- difficulties in making sales forecasts, since the lead-time associated with reordering frequency directly determines the required forecasting horizon.

The amount of lead-time is therefore an important variable within the cost/service function of a supply chain. Indeed, it has a dual effect:
- an upstream effect: the longer the upstream lead time is (i.e., the response time of the upstream chain), the more important the safety stock (cost) becomes in order to guarantee a specific service level (Figure 7.6);
- the quantity of lead time downstream in the channel (long or short) influences how far the Forrester effect will spread along the entire supply chain (Figure 7.7).

Once a target service level has been set, the lead time (long or short) and which influences demand variability along the supply chain, defines the form of the cost/service curve, hence also the required average stock level (Figure 7.7).

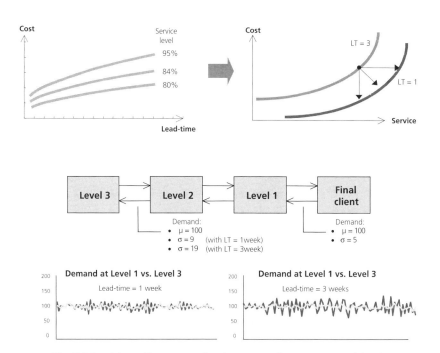

Fig. 7.6 Lead-time effects on cost/service curve and on average stock level.

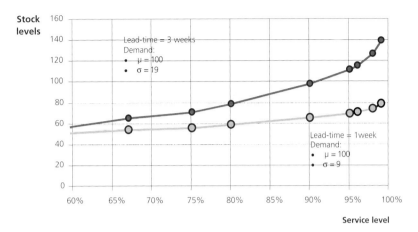

Fig. 7.7 Cost/service curve – Level 3.

C   The number of levels/players within a supply chain

In the case of independent management at each level (Model 1/Figure 7.4), the number of levels:

- extends the Forrester effect along the supply chain (it is amplified at each level);
- reduces the supply chain's ability to respond when faced with changes in demand (the sum of the reaction times at each single level).

The numbers of levels, but even more importantly the number of players, present in the supply chain are two important restraining factors to the development and implementation of coordinated supply chain management (Models 2 and 3). The more fragmented the supply chain is, the more difficult will the development of such management models be. For example, a watch manufacturer will surely find it easier to develop a partnership (exchange of inventory and sales information for the retail structure) within the UK retail structure, where three retailers account for some 60-70% of the market, than in Italy, where retail is made up of hundreds, even thousands of independent figures.

7.1.3 Designing the right supply chain

A   Definition

Frequently the subject of supply chain management is treated like a kind of one-size-fits-all or "passe partout" capable of responding to each and every reality or context. In reality, there are innumerable variables influencing the choice of ideal supply chain structure, and an in-depth understanding of each of these variables is required before we can design and build the "right" supply chain.

In 1997 Prof. Marshall L. Fisher wrote an excellent article on the topic entitled "What is the Right Supply Chain for Your Product". The article develops the concept of how to choose the right supply chain based on the type of product that is to be managed, presenting a simple framework for tackling the issue and identifying the answer to the question.

Supply chains may follow two main orientations/strategic missions: physically-efficient versus market-responsive.

The choice of supply chain orientation (efficient vs. responsive) must be driven by the type of product in question: functional or innovative (i.e. predictable or unpredictable demand) (Figure 7.8).

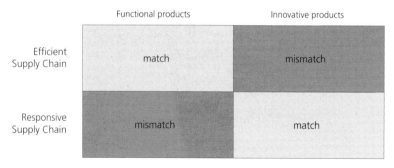

Fig. 7.8 Synthesis of Fisher's theory.

Below are the tables proposed by Fisher's article. They describe the principal characteristics of the two types of product (Table 7.1) and the two types of supply chain as opposed to their matches (Table 7.2).

Table 7.1 Principal characteristics of the two types of products.

	Functional (predictable demand)	Innovative (unpredictable demand)
Demand predictability	High	Low
Product life cycle	More than 2 years	3 months to 1 year
Contribution margin	5%-20%	20%-60%
Product variety	Low (10 to 20 variants per category)	High (often millions of variants per category)
Average error in the forecast at the time production is committed	10%	40%-100%
Average stockout rate	2%	10%-40%
Average forecast end-of-season markdown as percentage of full price	0%	10%-25%

Table 7.2 Two types of supply chain as opposed to their matches.

	Physically efficient process	Market-responsive process
Primary process	Supply predictable demand efficiently	Respond quickly to unpredictable demand in order to minimize stockouts, forced markdowns, and obsolete inventory
Manufacturing purpose	Maintain high average utilization rate	Deploy excess buffer capacity
Inventory strategy	Generate high turns and minimize inventory throughout the chain	Deploy significant buffer stocks of parts or finished goods
Lead-time focus	Shorten lead time as long as it doesn't increase cost	Invest aggressively in ways to reduce lead time
Approach to choosing suppliers	Select primarily for cost and quality	Select primarily for speed, flexibility, and quality
Product-design strategy	Minimize performance and minimize costs	Use modular design in order to postpone product differentiation for as long as possible

An efficient supply chain orientation attempts to minimize the overall costs of the chain, with focus on the system's speed/timeliness being of secondary importance. A typical example of the efficient supply chain is that of fast-moving consumer food products (dry pasta, soft drinks, tinned goods, toiletries, and so forth). In this sector, margins are low and the direct costs of operations and of interface along the supply chain represent a very significant share of the function of the total cost (Figure 7.9). It is therefore of key importance to orient the entire chain towards an efficient model with the objective of achieving top savings on overall operations in the quest for minimum costs. VMI, ECR, SCR and Continuous Replenishment are all models based on the efficient management of the supply chain.

Fig. 7.9 Example: food product distribution (efficient Supply Chain).

A **responsive supply chain orientation**, on the other hand, focuses on the speed, responsiveness and flexibility of the supply chain. Transforming the chain to a responsive one often requires significant investments in terms of both time and money. Here the margins of contribution are very high (up to 85% for certain luxury products) and the costs of operations (inventory, warehousing, transport, order processing, etc.) are, proportionally speaking, quite low, sometimes even laughably so. The key issue here is that of matching supply and demand under uncertain conditions. In such a scenario the supply chain must be reactive, able to respond to unpredictable demand variability "*in order to minimize stockouts, forced markdowns, and obsolete inventory*". Some examples of the responsive approach are Quick Response, manufacturing and distribution postponement, and so forth (more on this in section 7.2 – Managing Variety).

Below we will examine some of the variables that guide both product classification (functional vs. innovative – i.e., predictable or unpredictable demand) and the orientation to be followed in creating the supply chain. We will also take a look at how companies can improve their forecasts and contemporaneously redesign their planning processes in order to minimize the impact of inaccurate forecasts. Thus both forecasts and the supply chain can be worked on to ensure that the chosen supply chain orientation is coherent with the characteristics of the product.

B   Product life-cycle
The length of the life-cycle of a product or category undoubtedly indicates, first and foremost, its degree of demand predictability. Generally speaking, a product with a long life-cycle (for example, pasta) has a high degree of predictability. These are the products that generally

cover the basic needs of consumers. On the other hand, products with a short life-cycle (for example, seasonal apparel collections) present low demand predictability.

However, we believe that it is important to investigate this topic further in relation to (Figure 7.10):

- The degree of innovativeness of the article (replacement product or innovative product): for example, while demand for a collection of sportswear or even formal apparel is generally rather unpredictable, seasonal demand for a formal article of clothing in gray cloth, put on a classic-type model, can be forecast without running much risk.
- The life-cycle phase that the product is in and, for "mature" products, the sales class (ABC). In any event, managing the launch of a typical functional product requires a responsive supply chain management so as to handle the uncertainties related to demand for the product.

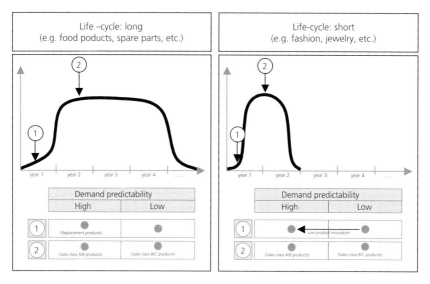

Fig. 7.10 Product life-cycle and demand predictability.

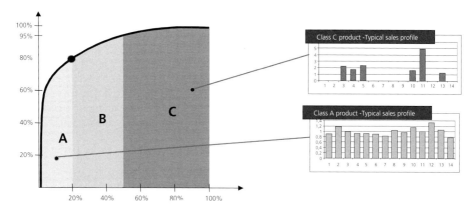

Fig. 7.11 Different class products and sales profiles.

The increasingly frequent rate of product renewal and launch continues to reduce the life-cycles of products, increasing uncertainty in terms of forecasts and increasingly necessitating the development of responsive supply chain concepts. For example, the computer industry, which ten years ago could perhaps have been managed using an efficient model, with current life-cycles even shorter than 6 months, presents all the requisites for "trendy"-style or responsive management.

C Breadth of product range

The breadth of the product portfolio is a determining factor in the degree of demand predictability. It is evident that the greater is the number of finished products, within a top-down forecast framework, the more laborious and uncertain is the budget breakdown for individual codes. The variety of raw materials used to create the range of finished products is also critical, the greater the modularity and the less variance in raw materials/components, the greater are the opportunities for delayed differentiation (manufacturing postponement) and the less are the forecast errors at the level of manufacturing and raw materials/components purchasing. For example, Dell Computers directly differentiates its final product, with an extended product range, based on customer orders and by way of a speedy assembly process using standard, modular elements that are stocked and purchased based on forecast.

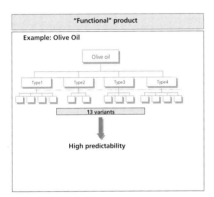 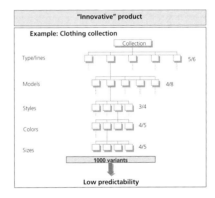

Fig. 7.12 The breadth of the product portfolio is a determining factor in the degree of demand predictability.

D The service objective with regard to operative time

In addition to the above-mentioned variables, life-cycle, breadth of product range, and so forth, the amount of forecast error at the moment of the start-up of operational activities depends on:

- the degree of customer service, meaning the waiting time from order to delivery;
- and the time required (lead time) for each operation along the supply chain.

Based on these two variables we can define the section of the supply chain that is **"in the light"**, in other words, all the operative activities than can be directly launched based on the client's order, as they do not require forecasts, and the section of the supply chain that is **"in the dark"**, in other words, all the operative activities that are launched based on forecasts (Figure 7.13).

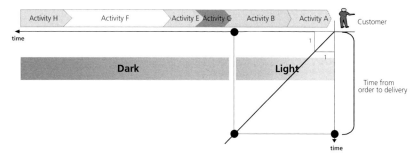

Fig. 7.13 "In the light" and "in the dark" sections.

As we move downstream along the supply chain, the **_granularity_** of forecasts becomes increasingly fine and thus more difficult to read. The concept of granularity can be developed along the following three lines:
- **_product_**, i.e. the level of product aggregation upon which forecasts must be carried out; raw materials or components versus finished products. Here we are dealing with differentiation during the manufacturing and assembly processes.
- **_location_**, i.e. the level of geographic aggregation upon which forecasts must be carried out. The increased complexity is linked to separate manufacturing processes for different markets, with the geographic differentiation taking place during the process of finished product distribution.
- **_time bucket_**, i.e. detail level (day, week, etc.).

For example, it is easier to forecast the number of Fiat Punto cars that will be sold in Europe during a given period, without specifying the variants of engine and accessories, than the number of white Fiat Punto with 1400 cm^3 engines and a specific set of accessories that will be sold by the Paris distributor during the same time period.

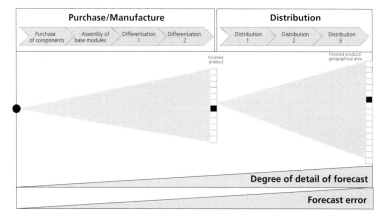

Fig. 7.14 As we move downstream along the supply chain, the granularity of forecasts becomes increasingly fine and thus more difficult to read.

The overlap of the concept of "dark" and "light" with that of increasing granularity as we move down along the supply chain together with the degree of complexity and of uncertainty in planning operations, underlines the importance of:

- the appropriate management of the two main strategic levers: service and operative time. Both must be seen as variables to adjust in order to improve supply chain performance, not static parameters to be passively undergone.

- the concept of modularity during the product development phase. Modularity makes it possible to cut down significantly on differentiation in the initial phases of the product manufacturing process, leaving open the possibility of delayed differentiation, possibly based on customer orders, and thus reduces the number of items to forecast, increases forecast quality, and minimizes the cost-risks associated with lost margins, obsolescence and stockouts.

The definition of **customer service**, intended as time of delivery to the customer, surely touches on aspects of a strategic nature. In making this choice it is of key importance to understand the benefits or additional costs of overall chain management. The service policy can also easily be adapted or modified based on the products or seasonal period; it may make sense to ask for a bit more time for delivery during the product launch phase or for class C sales products.

Reducing the timing of the operation brings benefits by moving a greater number of activities "into the light", i.e. managed based on customer orders. This reduction can be achieved in various ways:

- **Capacity management**: in many industries (for example, the textiles and apparel sector), sales of products for which demand is unpredictable tend to be concentrated in a single time period. This means that a manufacturer would need an unjustifiably wide capacity in order to be able to respond in a timely manner to peaks in demand. In such a scenario, it is important to first look for all possible ways to achieve productive flexibility during the peak periods. This means trying to cover part of the peak by using over-time and temporary workers with a tendency of structural overcapacity. The rest of the demand should thus be generated ahead of time based on the difficult sales forecasts. Here, in order to try to minimize the risk-costs (lost margins or markdowns), it is crucial to develop an intelligent allocation of manufacturing capacity according to the range's product type. The products with the lowest degree of forecast unpredictability will be manufactured ahead of time, thus freeing up reactive manufacturing capacity, i.e., that which is available at the moment of sales, for those products that instead present a higher degree of forecast uncertainty.

- **Process revision** with the aim of cutting down on both the times for physical operations (i.e. manufacturing, transport, assembly, etc.) and the times for administrative activities (i.e. order processing), for example: island production, the SMED technique, planning with priority management, and so on.

E   Information management

At times forecast uncertainty is due more to the type of information available than to the purchasing behavior of the market. In other words, just by managing the flow of information in an ideal manner makes it possible to achieve a considerable improvement in the forecast process. The key areas upon which to work in order to improve the quality of information are the following:

- Market information (sales, orders) must be furnished in real time. This way, each actor along the supply chain is able to base his/her forecast based on actual market data, not on "polluted" data deriving from decisions made at lower levels along the chain (canceling the

Forrester effect). Each actor along the channel can observe and respond in real time to altered sales trends.

   • In terms of new product launch, it is essential to have access to initial sales data in order to update as quickly as possible the initial sales forecasts. It is even better to try to obtain information prior to the start of sales by way of market tests on a small sample of consumers or clients. Often, with 10-20% of the information (read: client sample, first few weeks of sales, etc.), it is possible to make considerable improvements to the accuracy of the forecasts.

F   In conclusion

The supply chain can be molded in order to make it primarily either efficient, or responsive. There are numerous parameters that should be considered when deciding which orientation to take. The industrial sector certainly gives a strong indication of which type of supply chain needs to be developed. Even so, trying to adapt a company to a single monolithic supply chain model is surely incorrect. In contrast, each company/supply chain should have the ability to develop a series of different supply chains, according to the type of product/situation that needs to be managed.

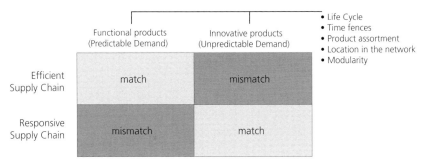

Fig. 7.15 Each supply chain should have the ability to develop a series of different supply chains, according to the type of situation that needs to be managed.

   Positioning on the matrix is highly dependent on the industry in question, but it is crucial to manage it for each product category based on:
   • length of the product life-cycle, sales/product class (ABC), etc.;
   • the time framework (life-cycle phase), etc.;
   • the modularity of its components, etc.;
   • customer service expectations.

7.2 Managing variety

7.2.1 Product variety is growing vertiginously

Market structure evolution in the industrialized countries has been characterized since the 1970's by increased purchasing power on the part of consumers and a relative decrease in the prices of both industrial and agricultural products.

   However, no longer satisfied with products that merely met elementary needs, this new type of consumer began to seek out increasingly sophisticated and complex products. In fact, while consumers in the post-WWII reconstruction era required the availability of "basic" products above all else, subsequently needs began to emerge both for products with "immaterial" use functions. This was a reflection of the consumer's desire to belong to determinate "tribes", each with its own well-defined lifestyle (standardization based on status symbols), and for highly customized products (differentiation from "the masses").

The need to belong to a specific group has increased the importance of the social role played by the most significant industrial brands, which already represent reliability and durability for consumers. These brands have consequently become synonymous with the lifestyles of specific social groups, each with its own rules, hierarchies, and values. The new unifying role played by the brand has led to growing demand for it to be expanded to other realms of experience, a phenomenon whose end-effect has been to extend the range of products and services befitting the culture of the respective reference group.

There are numerous examples of this evolution, which has occurred in several industrial sectors:

• **Marlboro:** from mere tobacco manufacturer, Marlboro has become a licensee of casual clothing, travel books, and trip and vacation proposals for a public that likes to view itself as "adventure-lovers".

• **Porsche:** no longer confining itself to being the trademark name for luxury sports-cars, Porsche now offers eyewear, watches and many other products for a public that sees itself as being refined, well-off, technologically-oriented and, lovers of sporty driving.

The sector that has undergone this role transformation most spectacularly is, of course, the fashion industry. The current trend in this sector is for product ranges to be expanded, in terms of both product families and products, all under the same "umbrella" brand trademark:

• **Gucci** is no longer just a "designer label" for moccasins and high-quality hand-bags; it now offers clothing, watches, jewellery, perfume and numerous other objects for daily living, targeting individuals who wish to identify themselves with "Hollywood luxury". In fact, many Gucci "testimonials" are star-system actresses, such as Madonna and Gwyneth Paltrow.

• **Giorgio Armani**'s signature is found not only on clothing but also on numerous other products that can be worn or used for personal healthcare and beauty. The reference group for this lifestyle prefers to have an understated appearance, in sharp contrast to its determined behavior and independent, individualistic judgment.

The sign of belonging generated by differential status applies to everything that is known and appreciated, and that produces a conviction in the consumer that he/she is well regarded by others. The maximum status impact is generated by luxury brands, which represent the idea of a brand's extreme value; everyone is familiar with Ferrari sports cars, but only a select few can afford to buy them (and everyone knows it).

While on the one hand, brand names with strong "historical" identities have become increasingly good at providing all-encompassing responses in terms of consumers' emotional/appearance needs, on the other hand, consumers have the habit of seeking out products and services that can increasingly match their own personal requirements, as opposed to accepting the idea of purchasing standardized proposals targeted at mass markets. This has meant that suppliers of products who handle the "planning and doing" side of the business have been able to acquire a serious edge over their competitors by offering highly-personalized products and services.

There are numerous success stories of this new type of supplier business, groups that often become "brands" themselves:

• **Dell Computers** offers "built-to-order" products that clients can configure directly via the Internet, with delivery within 48 hours at competitive prices. Disintermediating the channel and putting the client in direct contact with the supplier, initially by telephone, and then by Internet, has proven to be a winning solution to the growing demand for customized products and one that has generated an incredible increase in the items demanded by the market as well as an extraordinarily brief lifecycle for the PC.

• **Andersen Corporation (USA)** offers window fixtures to order for the American market, where, following growing requests for personalized products in the 1985-1995 period, the product range increased from 10,000 to 188,000 options. A new multimedia system ("Window of Knowledge") has been developed to handle the new complexity. This system enables the company's distributors to configure windows to their clients' specifications (from a catalogue that includes 50,000 different components). The windows are then built to order and delivered to the distributor within one day after the order is sent.

• **Motorola** (USA) is the world leader in communication systems, including pagers. The USA pager market varies greatly, both in terms of quantity and mix. There are tens of thousands of possible product combinations for sale. *In order to handle the consequent complexity of management, Motorola decided to develop an assembly-to-order manufacturing system that allows it to postpone 100% of the final manufacture phase until receipt of the order, yet guarantees delivery within 24 hours.*

• **Snaidero** (Italy) is one of the leading Italian kitchen furniture and components manufacturers. Because the company has seen an exponential growth in the number of items demanded by the market (there are currently around 250,000), and must personalize some 30% of its kitchen components to meet specific client requirements, it has organized its entire manufacturing process around the concept of postponement. The full product range, a combination of various formats, finishings and colors, is produced by drawing from a stock of semi-finished products that are then customized, assembled, packaged and sent to the final destination, based on single client orders. Purchasing is undertaken using special company software situated at the company's retailers, via a simulation of the arrangement of the components and solutions for the kitchen area. Delivery is guaranteed two weeks after the order has been placed.

These examples from the world of demand-customization, and the previous examples from the world of status symbols, are a clear demonstration of the heavy pressure to move from a *mass production economy* to a *mass customization economy*, one that is characterized by increasing variety, short product-lifecycles, and high service levels at unchanging price levels: in short, *more variety and more service at the same cost*.

This major change in demand is having a violent impact on planning paradigms and on the working processes of the entire industrial and distribution system These have traditionally been based on the hypothesis of economy of scale. The strong growth in variety, accompanied by excellent service levels and low costs, is radically changing underlying assumptions: production batches are increasingly small, product modifications increasingly frequent, and response times increasingly short. Distribution systems must be more and more frequent, and handle ever-smaller quantities.

But it is demand variability, more than anything else, and the risk of product obsolescence, that are growing most significantly. Companies are moving further and further into an era in which they are *unable to forecast sales, and must therefore live in uncertainty.*

In such a competitive scenario, the ability to conceive and implement not just one, but numerous different supply chains, is becoming the real strategic advantage for a company.

To resolve the problem, a company needs to start out with all the necessary "equipment": i.e., new planning paradigms and supply chain working processes that transcend the old economy of scale-based logic.

The imperative is to *start off by understanding the new needs of our clients, and rethink the supply chain based on what we've learned.*

7.2.2 The new paradigms

The new type of consumer demand immediately brought the traditional distribution structure to a state of crisis, since it always had based its functioning on the ability to provide customers with the variety they desired by drawing from a stock of finished products.

But is it really necessary to keep a finished-product stock near to the customer?

The dramatic increase in variety has endangered the economic equilibrium of this paradigm. On the one hand, the risk of product unavailability has to be covered by maintaining an increasingly large and costly finished-product stock that makes it possible to manage the growing variability in sales. On the other hand, the risk of unsold slow-moving products (obsolescence) increases rapidly due to the much shorter lifecycle of the product portfolio.

Therefore, the increase in overall costs suggests that local stock be reduced as far as possible, keeping in mind the following constraints:

- maintenance of a local finished-product stock is obligatory if the market requires immediate order-fulfillment;
- stock size is determined based on demand variability and on the response times of the logistic and manufacturing system.

Local stock may be decreased by reducing the number of items and their variability and by moving the place where the variety is generated (i.e. the point that it passes from the manufacturer/distributor to the consumer):

- post-sales (downstream), by having the consumer customize the product in its generic state, e.g. when users themselves configure Microsoft's software programs, or Ikea shoppers assemble their furniture purchases in their own homes;
- pre-sales (upstream), through the delayed differentiation of finished product manufacture, e.g. when Dell makes PCs to order for its customers, or "naked" bottles of pickled foods are labeled with the *Conserve Italiane* private label.

In both cases, the company waits to customize the product until it is certain of the order: *delayed differentiation of product variety.*

7.2.3 Delayed differentiation cuts down on risk

The objective of the strategy of differentiating products as late as possible (i.e., **postpone-ment**) is to carry out as many "risky" activities as possible based on client orders alone, as opposed to sales forecasts.

Risk can be reduced by delaying for as long as possible the time at which the decision must be taken to make a specific product available in a specific place. This delay can occur principally in three ways: time, place and form.

Time delay (**time postponement**), involves getting the finished product to the cus-tomer after receiving the order: the longest time postponement is direct delivery from the factory to the client.

Place delay (**place postponement**), involves bringing finished-product stock upstream: "extreme" place postponement is represented by a single centralized warehouse.

Form delay (**form postponement**), requires that the manufacturing process and/or final assembly of finished products be postponed: the most advanced form of postponement is represented by the assembly-to-order of all the parts that differentiate the basic product.

Time and place postponement can be used for all types of products, while form post-ponement can be used only for products that possess one or more of the following charac-teristics:

- modular structure;
- customization through packaging or labeling;
- manufacturing processes that take less time than the order-response time.

The combination of these three generic types of delay gives rise to numerous types of supply chain structures able to generate delayed differentiation. The two most important types are:

- **Logistics postponement:** time delay combined with place delay generate delayed logistics differentiation. One example is a distribution system revolving around a reduced number of warehouses (European or national) from which customer orders are either direct-delivered or sent via cross-docking consolidation platform in order to optimize transport (Figure 7.16).

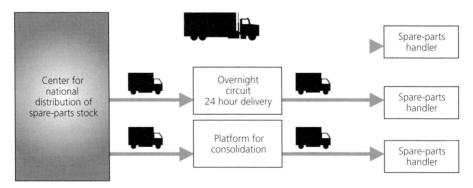

Fig. 7.16 Different transport channels.

The availability of transport channels with different delivery times and differentiated costs makes it possible to design a logistics system able to meet the needs of clients:

- direct shipping groups the bulky products and products handled at the reorder-point;
- overnight delivery (delivery within 24 hours throughout Italy) is used for urgent products and for Class C products (slow-moving);
- consolidated shipping is used for non-urgent deliveries and overall volumes that do not justify direct shipping.

An analysis of the distribution costs for Italian retail products in fast-moving consumer goods supply chains clearly demonstrates the relationship between distribution channel structure, stock levels, and overall costs (Figure 7.17):

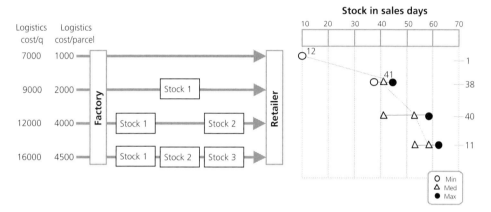

Fig. 7.17 Relationship between distribution channel structure, stock levels, and overall costs Source: Supply Chain Grocery in Italy ECR 1996.

- **Manufacturing postponement**: product manufacture is delayed until the order has been received from the customer, and is carried out in a centralized manufacturing unit that assembles the finished product, with all its specific characteristics, drawing from a stock of shared basic parts and specific components. The product differentiation area necessitates that a safety stock of shared basic parts and specific components be defined and quantified. The value of this semi-finished stock is always less than the value of the corresponding finished-product safety stock. Bringing the stock upstream makes it possible to take advantage of the

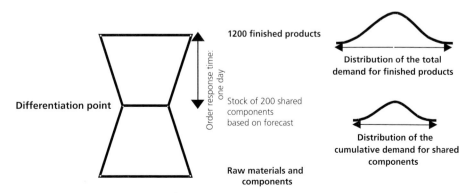

Fig. 7.18 Bill of material of electric switchers.

existence of the shared components that are used for various finished products. An example of manufacturing postponement is the system for the final assembly of modular products used by electric switch manufacturers such as Bticino (Legrand Group) and ABB Group (Figure 7.18). Though service levels are higher than 95%, total stock (including the WIP) is reduced from 30% to 50%.

In the same way, management of the HP Deskjet printer family has demonstrated how moving customization activities from the factory in Singapore, to local distribution platforms (in Europe, the Stuttgart platform), has enabled total costs to be cut by 25%.

7.2.4 Outsourcing the supply chain

Postponement is an excellent way to meet the market's demand for service and variety. But it is not always possible to guarantee that it will be inexpensive for single companies.

Because volumes are not always large enough to create internal economies of scale, total costs cannot always be cut by reducing production batch and transport volumes. Thus it becomes necessary to turn to the world of logistics and manufacturing service providers, who are able to combine economies of scale with a "menu" of industrial services.

One interesting example is provided by the European distribution of laptop computers for Toshiba, which has decided to split its logistics flow into two parts:

- Large quantities of basically configured laptop computers are manufactured in the Far East, at highly competitive costs and using stable, high-quality processes on external supplier premises (service providers);
- The "nationalization" and customization of the product for the European market is handed over to DHL (logistics service provider), which has created a final assembly and packaging center of PCs-to-order. This unit is situated in Belgium at DHL's European hub, from which all DHL's delivery services can be implemented (including the overnight service, which guarantees delivery in 24 hours or less from the time of the order).

Toshiba has thus become a company that coordinates flows of goods and information, flows that are then operatively managed by third parties capable of obtaining economies of scale due to the fact that they are suppliers to numerous other clients as well.

This new sort of "virtual" company is characteristic of many industrial sectors, including the personal computer, and car industry.

Both sectors have been able to take advantage of the supply chain evolution, which has moved from heavily integrated companies (e.g. Ford and IBM) to a *network* of companies that are specialized by activity (Intel for processors, Microsoft for operating systems, Philips for CRTs, and so forth) and able to obtain economies of scale due to the size of the market.

However, the breaking up of integrated companies into network-linked companies (deverticalisation of the supply chain) is not problem-free:

- it increases the transaction costs for finding suppliers, stipulating contracts, and managing relations, as shown by studies carried out by Coase and Williamsonn;
- it diminishes competitive advantages deriving from technological supremacy.

Generally speaking though, the economies of scale are greater than the costs, and thus make it possible to reduce total supply chain costs for final clients.

7.2.5 What is the impact of supply chain deverticalization?

The new structure of networked manufacturers is the result of the trade-off between the transaction costs of the expanded service industries and the new economies of scale. This upstream transformation of manufacturers, from integrated system to outsourced system, has been accompanied by a similar downstream phenomenon: the disintermediation of the distribution system.

The new distribution system enables manufacturers, who have always sought one-to-one relationships with their customers, to make a dream come true. The direct relationship with customers makes it possible to manufacture only what will actually be used, yet it also makes it possible to offer personalized products, and thus to increase overall product variety.

This new deverticalisation focuses the business spotlight on brands, which can become managers and optimizers of the flows of information and goods between consumers and manufacturers. We are not talking about either manufacturers or retailers here; we're talking about a brand new type of company that incorporates the functions of both; **_virtual companies_**.

Virtual companies immediately understand market needs, in terms of both variety and quantity, and are able to coordinate a group of suppliers who handle the manufacturing and delivery aspects of the products. Companies of this type already exist: e.g., Cisco, Dell, Nike, and Benetton.

In the next paragraph we will develop the reference models for this new digital economy.

7.3 The supply chain in the digital era

7.3.1 Digital strategy at the service of company competitiveness

Digitalization is one of the principal forces underlying the changes taking place in today's markets, in terms of both dynamics and range/value.

All of a sudden, new electronic markets are appearing on company radars, simultaneously provoking astonishment, enthusiasm and fear. For most companies, these new digitalization technologies are altering at the very root relationships with customers, distribution systems, competitor behavior, and economies of scale. They are conferring immense power to customers, suppliers and new market entrants, to the detriment of years of intense cultivation of competitive advantages that are themselves often based on by-now obsolete technologies. They are bypassing business models that until now have been considered unassailable, rapidly transforming them into monuments to the past. They are feeding the macro-trends of deregulation and market globalization.

Until now, the resources used as the ingredients in our strategies came from the physical world (physical assets), with information playing just a supporting role.

But today, as J. Rayport and J. Sviokla have pointed out, it has become possible to create value through information. This means that companies can now impact on business formulas using a mix of resources: some from the virtual world and others from the physical world.

Negroponte has spoken of bits and atoms. Bits are weightless, colorless, without shape or size, and they travel at the speed of light. The marginal cost for producing more of them is zero. There's no need for a warehouse. You can keep them and sell them at the same time. Originals and copies are identical. They don't have to stop at Customs. The world's governments can't figure out where they are. It is unclear who has jurisdiction over them. They are the same for big companies and for small ones.

Thus IT makes it possible to create new business models revolving around new paradigms: disintermediation, reintermediation via customization, and the transfer of power towards consumers, thanks to the transparency of information.

Future scenarios will be characterized by the following developments:

• The entrance of new players who will build up their competitive advantage through asset-free systems: we will see editors without printing presses, insurers without agencies, retailers without supermarkets. These new players will have no physical assets. In the new digital economy, things that once represented advantages will become disadvantages. The collapse of the physical barrier will enable these new digital competitors to enter the market much more quickly, with very low start-up costs.

• Existing companies will evolve through the use of information assets (contact with customers, experience, brand, and so forth). Those able to recognize and take advantage of their own virtual assets will succeed in developing much more efficient and flexible business models; those unable to do so will risk losing out in this far more competitive contest.

• Alliances and partnerships will develop between companies that may be different and unrelated in Marketplace, yet complementary and synergetic in Marketspace. For example, a commodities manufacturer might succeed in renewing its competitive advantage by generating loyalty among customers through new third-party products and services.

Companies, as we know them today are not going to disappear; but they will become smaller, and heavily integrated with external business partners: customers, suppliers, shareholders, employees, competitors, and so forth. The digital economy will substitute large, generic companies with smaller, specialized companies that are linked to one another. For many, the new frontier will be brand management.

To develop these new business models, a new approach to business strategy has become necessary: digital strategy. This approach is destabilizing by its very nature, since it is based upon the principles of value chain destruction, market cannibalization, expanded consumer servicing, and the management of assets as if they were liabilities. It leads to "killer applications", i.e. applications capable of using IT to render obsolete older business models and replace them with new ones. Its operative model is "get started well, small, and right away".

7.3.2 The impact of supply chain digitalization

The digitalization of the economy, and more specifically the spread of PCs and Internet, has made it possible for companies to link up directly with commercial partners and consumers. This momentous change has had two important consequences: the first, the move from a linear distribution model to a circular one, the second, the birth of the concept of virtual integration (Figure 7.19).

A   The circular model

Until now, relationships in the supply chain have been monopolized by a linear model, one that is characterized by a one-way, fixed flow of goods and information. This model is now

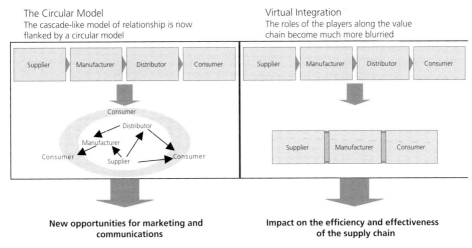

The Circular Model
The cascade-like model of relationship is now flanked by a circular model

Virtual Integration
The roles of the players along the value chain become much more blurried

New opportunities for marketing and communications

Impact on the efficiency and effectiveness of the supply chain

Fig. 7.19 What is the impact of the current revolution?

giving way to a more diversified system of relationships among the various players, supported by the free exchange of information.

Since both manufacturers and distributors can now interact with millions of consumers, their respective roles are growing increasingly multifaceted and complex.

Thus on one hand, manufacturers can develop brand equity through direct interaction with consumers, and sometimes through direct sales (though at the moment this is limited to just a few cases); on the other hand, new intermediaries are asserting themselves, building their competitive advantage upon the use of virtual assets rather than physical ones. Lastly, physical distributors themselves are creating new channels of dialogue and sales with consumers.

These models, which are summed up in Figure 7.20, go under the name "Business to Consumer":

- **Communication with consumers**

This model is based on the establishment of a direct connection with consumers for the promotion of a company's brands, products and services. Sometimes traffic is even generated at predefined sales points through the provision of incentives and coupons.

- **Consumer intimacy**

This model has the added feature of interactivity with consumers, which makes it possible to better identify their needs and to implement initiatives aimed at satisfying these needs on an individual basis. It is a preamble to marketing one to one.

- **Disintermediation**

In this model the manufacturer sells directly, thereby skipping the distribution phase.

- **Reintermediation**

This model is based on the entrance of new players who basically replace traditional distributors with a more efficient model. They can be physical intermediaries (in the sense that they physically distribute the product) or information intermediaries in the sense that their role and economic *raison d'être* is to spread information on products and prices.

- **Loyalization**

Traditional distributors can in turn develop new distribution models based on the new technologies in order to defend the relationships they have established with clients.

- **Partnership**

In this case, several manufacturers, sometimes from entirely different sectors, can form alliances for selling and distributing packages of products and services that are of particular appeal to consumers (Figure 7.20).

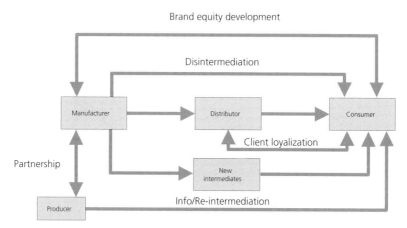

Fig. 7.20 The B to C models.

B   Virtual integration

The second important impact that the new information technologies are having on business models has to do with the changing roles and competencies of the players along the supply chain.

Dell Computers is a good example. Michael Dell founded his company based on a simple idea; skip the dealers and sell directly to consumers, manufacturing computers to order rather than through stock. Thus, with a single blow Dell found a way to eliminate both reseller markup costs and the costs and risks associated with managing high stock levels of a finished product that rapidly grows obsolete. This formula, which quickly gained renown as the "direct business model", has given Dell an important competitive advantage.

But what is even more interesting is the fact that this model has ended up giving Dell even more benefits than those it initially foresaw. In a recent interview, Michael Dell affirmed *"our direct relationship with consumers generates a considerable wealth of information, helping us to improve relationships with our suppliers as well…"*. In fact, Dell has used information technologies to revolutionize the original value chain boundaries among suppliers, manufacturers, and consumers, developing a new concept that could be defined as "virtual integration". The ingredients of this concept are the same as before (customer focus, supplier partnership, mass customization, just in time manufacturing); but Dell has hit upon a highly innovative way of mixing them.

Information technologies are making possible a greater degree of coordination, resulting in new, exceptional levels of efficiency and effectiveness, as well as a considerable increase in company value.

Virtual integration provides the benefits of the well-coordinated supply chain typical of the vertical integration model, yet at the same time, it makes it possible to take advantage of the focus and specialization typical of virtual companies.

Unlike its competitors, which are heavily integrated, Dell concentrates on manufacturing (made to order), marketing (segmentation and value proposition) and sales (Dell direct), relying on parts-suppliers and specialized partners for direct delivery and post-sales service. Consumers themselves are integrated into the supply chain; made responsible for a considerable package of activities such as product configuration, order management, and a part of customer service (Figure 7.21).

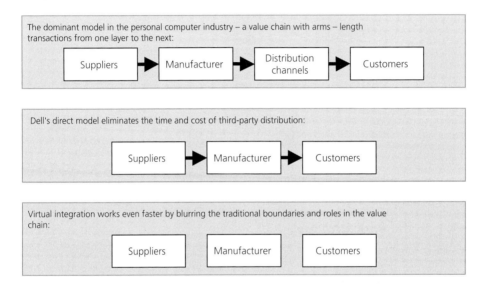

Fig. 7.21 Virtual integration of the customers in the supply chain.

C   E-procurement

The revolution of roles and blurred boundaries among players in this virtual integration arena is generating a new purchasing business model called ***e-procurement***.

Along with traditional EDI, which is being transformed into the more accessible Web EDI, two other model types are evolving:

- **The one-to-many model:**
  These models are usually promoted by purchasers (e.g., General Electric or Microsoft) or by sellers (e.g., Dow Chemical or Shell) that develop link-up systems with their counterparts based on catalogues, offers, or auctions.
- **The many-to-many model:**
  There is no main player here; instead, a third party (a new intermediary) develops this model by bringing together suppliers and purchasers in a virtual market. There are already hundreds of companies of this kind (e.g., Commerce-one and Freemarkets).

In this case, too, we are dealing with vertical integration towards external specialized partners who make it possible to significantly improve company performance.

Table 7.3 New purchase models have evolved alongside traditional EDI.

Trade Model		E-commerce application	Examples
One to One		EDI	Many
	Buyer-Push	Catalogs Offers Auctions	Bayer General Electric Henkel
	Seller-Push	Corporate Websites Extranets	Dow Shell and many others…
Many to many	Marketplace	Internet marketplaces	Freezmarket BIZ Buyer

Note: Companies using e-procurement are saving around 15%-20% of the value of purchases. De-manualization is around 50% and times improved by about 60-70%

7.4 Supply chain management and strategy

7.4.1 In the end: strategy

To tell the truth, we might easily have covered this topic at the beginning, given its importance. But we preferred to save it for the end. First of all, because people setting out to examine the strategic aspects of the supply chain may already have in-depth knowledge of all the other issues related to it. And also (as is well known) because the things saved for last are those that the mind retains best; and it really is very important to remember the topics discussed in this chapter.

To talk about strategy, and this is also a well known fact, means to delve into the mechanisms that a company uses to be competitive. In other words, those with which it tries to beat the competition in the race to success.

A brief, but excellent (and renowned), analysis by Porter shows that when dealing with strategy you have to keep in mind the fact that each company operating in a specific market is subject to certain pressures, pressures that can also be read as threats to achieving success. There are five such threats, as shown in Figure 7.22.

In terms of "supply chain", we need to highlight two of these pressures; suppliers and customers. The reason that these two groups represent a threat to the company is pretty clear: *customers*, because they want to obtain the best possible value (or benefit) from the company that supplies them, *suppliers*, because they want the same thing, which means giving their customer (the company) the least possible value (or benefit).

Therefore, it seems evident that even if they are able to work together in an operative sense, there is a serious structural conflict of a strategic nature built into the relationship between the company, its customers and its suppliers.

But in another way, the company might find all the mechanisms I need to be able to work with my customers and/or suppliers, but in the end, at a strategic level, *my* personal objectives may very well be in serious contrast with *their* objectives.

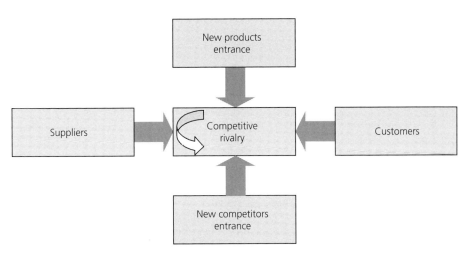

Fig. 7.22 The five forces threatening the success of a company (Porter's strategic analysis diagram).

7.4.2 The new paradox: can you really collaborate with the enemy?

To clarify this paradox, we need to take a step backwards to understand that we tend to discuss the supply chain in an imprecise manner. This approximation helps to distort the ways in which the opportunities that the chain presents can be used to improve the function of the supply chain.

Let's go back to Just In Time, which can be taken as the precursor of all the considerations having to do with supply chain management.

With JIT, Toyota created strong relationships with its suppliers, thereby obtaining significant chain benefits. Basically, there were two fundamental pre-requisites underlying the success of JIT (i.e., operating without stock):

- the possibility of accessing information as quickly as possible (providing sufficient time to manufacture based on orders, not on stock);
- the ability to work without producing even slight defects.

JIT also needs to be supported by various systems: for data/information communication, transport of materials, lay-out decisions, and so forth.

Getting back to the topic of strategy in supply chain management, the question we need to ask ourselves is the following: *Is JIT a technique (or a tool, a methodology) for working without stock, or is it (also) a strategic decision by Toyota?*

The first, most obvious answer to this question is that JIT is a broad-based system for management of flows. With such an answer, we fall right back into a superficial perception of supply chain management; we've found a clever device for introducing savings along the chain.

But the reality of the matter is something completely different. We have to remember that when Toyota decided to establish such a close relationship with its suppliers that it would transfer to them its work plans, its manpower, its tool machines, and its technology, it took this decision in order to compete against General Motors with a completely different operating system. Toyota didn't decide simply to reduce costs or cut back on stock. So its choice was definitely of a strategic nature.

That's why when we talk about supply chain management we have to keep in mind the *strategic* aspects of decisions, and not limit ourselves to commending, and getting excited about, the very first ideas for integration that come to mind.

The topic is certainly a complex one, so much so that it's been analyzed and studied by numerous academics and practitioners. To find a solution to the problem, we need first of all to keep in mind the fact that supply chains are complex structures, almost always different from each other, and in any case always difficult to classify. Each supply chain is structurally unique, and therefore collaboration among the parties involved in specific cases is often highly varied.

A   The four types of supply chain

Simplifying things to an extreme, we can pinpoint four supply chain *fundamentals*. The use of the word "*fundamental*" means two things. Firstly, there are in reality numerous variants on the basic model, and secondly, that different chains can be characterized, in terms of the relationships between suppliers, company and customers, by more than one model at a time. Our first suggestion, therefore, is to avoid trying at all costs to identify your company with one of the models discussed here; apart from some obvious exceptions, most companies contain elements of more than one single model.

So the objective of our diagram is merely to understand which model is most similar to our own company, and to reflect on the strategic and operative choices that should be made (or categorically avoided) based on the fact that it belongs to this particular model.

We can identify the first of the four models as the **basic model**, to be taken as **stage zero** in the evolution of supply chain management. This model is a "historical" one, in the sense that it has always existed in the relationships between companies. Thus we can label it the **"traditional"** model (Figure 7.23).

This model centers on the classic relationship existing between the manufacturer of a product and the party that must then merchandise it, or in any case get it to the final client (customer).

The imperative in the relationships among the parties along this type of chain is to keep costs down. In other words, every choice and decision made along the supply chain is the result of an assessment, of a balance between costs and benefits. Usually this decision is taken relatively quickly.

The final objective, and the point around which the consensus of suppliers and customers may be reached, is a substantial reduction in costs. This means that the relationships between suppliers and customers are characterized by the classic strategies used to "battle"

Manufacturer   Intermediary   Customer

Fig. 7.23 The classic (traditional) supply chain, where each component considers itself of equal ranking to the next, and "struggles" to get the best value. The main objective of each party is to achieve the lowest supply costs possible.

against one another. For example, there is "vendor rating", based principally on wrenching the lowest possible prices from suppliers. Not forgetting negotiations: conducted in arm-wrestling style, centralized purchases, where the company seeks to gain the upper hand over its supplier, the decision to use a large number of suppliers in order to keep them competing against each other. Other such mechanisms, all distinguished by a basic underlying philosophy: that *any* partner can be replaced by another at *any* time.

The **second model** represents a further stage in the evolution of the supply chain, and can be labeled the model of **"intelligent relationships"**. This model is shown in Figure 7.24.

The two strong players shown in Figure 7.24 pursue their respective objectives with great determination. Still, because they are very familiar with the mechanisms through which chain relationships function, they both aim to eliminate waste. We can therefore call this model the model of "intelligent relationships".

In this chain, both the manufacturer and the intermediary (generally a distributor) are strong, independent companies with clearly defined growth and market domination objectives. The manufacturer makes investments in order to achieve brand leadership (brand loyalty). The distributor does the same thing, in the quest for retailer, product, or market leadership (store loyalty).

Since they are strong figures, both entities can afford to make investments in order to improve their knowledge of the relationship mechanisms along the chain. They understand the weak points in the chain, and know how to take advantage of the opportunities it offers.

Manufacturer   Intermediary   Customer

Fig. 7.24 This chain is characterized by the presence of two strong "players".

The principal objective (of *both* players), therefore, is to cut down on waste, to reduce interface costs, for example: the cost of stock, of quality controls, the costs incurred by stock-out.

In order to achieve this goal (cutting down on waste) these players are ready and willing to exchange information, but only to a certain degree. This "threshold" is delineated by, only that information that is essential for obtaining the desired objective. So the two companies basically remain highly independent from one another. A few well-known examples of such relationships between large retailers and large manufacturers come to mind: e.g., Wal Mart and Procter and Gamble; HE Butt and Campbell Soup; Sainsbury's and Purina; Migros and Nestlé; Barilla and Conad; and so forth.

We can label the kind of relationship usually established by this type of company **"coordination"**. This term denotes a substantial degree of autonomy of action and decision-making, yet also points up how coordination of the various players' actions can help to reduce waste.

The **third model** taken into consideration represents a stage in the evolution of the traditional chain that has by now become relatively widespread. This model can be defined the **"dominant company"** model. It represents a supply chain characterized by a company (almost always located in the middle) that leads, or dominates, the entire chain, as shown in Figure 7.25.

To illustrate the characteristics of this type of supply chain let's take a concrete example, one that is famous throughout the world; Benetton.

Manufacturer	Intermediary	Customer

Fig. 7.25 The "dominant company" chain model. A single company chooses and dictates the rules for the various players along the chain. This company is also responsible for investing to guarantee that the chain functions optimally, with constant innovation.

The company at the center of this type of chain works together with its suppliers, addressing itself to a market that obeys it without question. In other words, it imposes its operative model both upstream and downstream, deciding for everyone else both *what* needs to be done and *how*. The presence of such a "dominant player" within the chain keeps possible conflicts to an absolute minimum. The objective of the management of this kind of chain is to find the right balance between strategic innovation (which always entails high costs) and high volumes (which make it possible to keep costs low).

It works by linking operations with its suppliers using every possible means, especially those offered by the IT and communications evolution. This is the chain where we can find clones of JIT, Quick Response, the various forms of EDI, Internet, and so on. In the dominant company chain model, just one party expends energies and makes investments to make the whole cycle work.

Aside from the example of Benetton, many automobile manufacturers are also characterized by a tendency to lead the chain according to their own specific style and choices.

The relationships between suppliers and customers in this model are characterized not only by dominance, but also by close cooperation. The term for defining the type of relationship that is created between companies along such a chain can be found in the dictionary: "collaboration". This, according to the Italian language dictionary Zingarelli, means *to work together to achieve a single, clear objective*.

And then there is one last model, representing the most evolved stage in the supply chain. Shown in Figure 7.26, this model can be called the **"partnership model"**.

In this model, the company doesn't dominate its suppliers; it doesn't decide how distribution should be carried out or how innovation should be worked out. The company works because it has other companies, real and true *partners* that are looking to achieve success along with it.

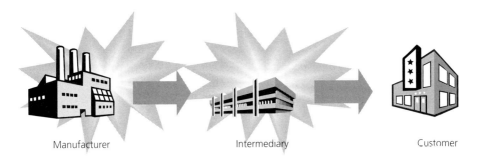

Manufacturer   Intermediary   Customer

Fig. 7.26 The term *partner* means "an entity that pairs with another entity". And this chain model involves two parties that "pair" in order to achieve the success of both. Success, in this case, that is often linked to gaining market share.

A magazine article states, "The success of Boeing is owed to the partners that make up its supply chain. The main objective of these partners is victory in the battle against Airbus and the chain of its European partners".

This sentence probably tells us more than any other explanation can; partners stick together to create a supply chain able to compete against another supply chain to gain market share.

In this case then, working together as partners means that the exchange of information isn't limited to production plans, or to stock dates. Together with your suppliers, you innovate; you exchange information regarding future development plans, on research and development, on the evolution of technology. In other words, you try to build up a unique, non-traditional vision of the future.

As a result, success in this model, and here we're talking about the success of the entire chain, not of single players, is necessarily linked to the weakest partner in the chain. Just as a chain (in this example, an iron chain), when pulled too hard, will break at its weakest link. Therefore, it is in the interest of all the partners along the supply chain to ensure that each party remains strong.

The kind of relationship linking the chain's components must therefore be a true partnership.

7.4.3 It's not always clear that there is collaboration along the supply chain

At this point, in making strategic considerations about the supply chain, we can draw some conclusions, comparing the different types of supply chain models discussed above.

The four models can be placed within a matrix (Figure 7.27) whose axes are the *strategic importance* of having an efficient supply chain in order to compete (high, low) and the *operative importance* of knowing how to manage a relatively complex chain (high, low).

Looking at this matrix, we can put forth a few considerations:
- A company's management of non-strategic matters of only moderate complexity causes the supply chain to revert to more traditional relationships. In other words, there will be a low degree of collaboration between suppliers and customers. Each party has its own strategy, objectives clash, and each struggles against the next. The lower left quadrant: traditional.

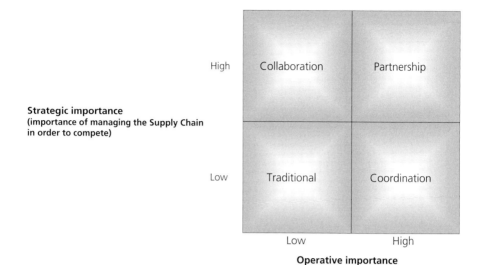

Strategic importance
(importance of managing the Supply Chain
in order to compete)

Fig. 7.27 By intersecting strategic and operative aspects, we come up with the four ways in which companies might interface within the supply chain.

- In contrast, matters that allow companies strategic freedom, but whose management is difficult, will tend to lead towards coordination. This helps to cut down on the waste that complex chain management (for example, the range of products in a supermarket) tends to generate. Lower right quadrant: coordination.
- When operating along the chain becomes a strategic factor (i.e., you beat your supply chain competitors through a high degree of coordination) and the working environment is a simple one, collaboration becomes the winning strategy. In reality, this means that you work in such a way that all the deadlines along the chain are met. Upper left quadrant, "collaboration".
- Finally, there is the upper right quadrant: that of partnership. This quadrant represents the only way that complex matters can be managed in a scenario where supply chain management has great strategic significance.

Having examined this scenario, we can now come to a *conclusion* regarding the problems that can arise when you have to guarantee the functioning of the different types of coordination within various supply chains.

- When strategic implications within the chain are very high, working alone can make life a lot easier. In such cases, in fact, any kind of coordination will prove difficult, since it requires interfacing one's own strategic needs with the degree of freedom of other parties. And frequently these two elements clash.
- If in contrast, operative needs are of greater importance, there can be significant advantages to resorting to some kind of coordination. In many sectors, such a move can generate economies of scale and synergies (also in terms of defining the product range).
- Thus, we can also look at the matrix in another light (Figure 7.28).

In this matrix we can see that the overlapping of needs related to strategic issues and those related to operative issues are located in the areas labeled *coordination* and *collaboration*.

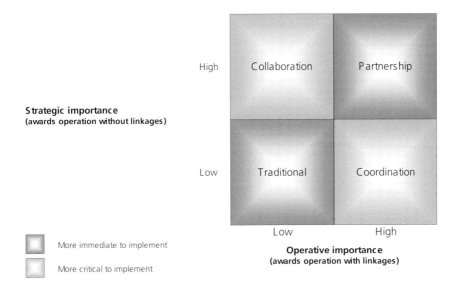

Fig. 7.28 Not all supply chain models are the same, with the same degree of difficulty in terms of the time required to build them up. The most immediate models are those that entail the need to operate alone, or to operate together, for both strategic reasons and management complexity.

These areas are defined as being more immediately realizable, since there are no incompatibilities between the needs dictated by strategy and the benefits linked to operativity.

In contrast, conflicts can arise when strategic and operative aspects implicate opposing needs. In other words, in situations in which strategic choices are favored by autonomy, but operative factors require coordination. In such cases, serious structural conflicts can arise (and need to be resolved).

The two remaining areas in the matrix involve this type of situation. Firstly, the *partnership* quadrant, whose difficulties immediately become clear upon trying to put it into practice. Secondly, the *traditional* quadrant, which at first glance seems problem-free, since it involves a way of working that has been in use for hundreds of years. In reality though, it can entail enormous difficulties since this is the very area that has tried to improve itself based on the new supply chain theories.

7.5 The authors

This chapter was written under the coordination of Fabrizio Tellarini, Partner of GEA, and with the collaboration of:
- Stefano Pellandini for the part "Supply Chain Management";
- Luigi Battezzati for the part "Managing Variety";
- Gianpaolo Fascina for the part "The Supply Chain Management in the Digital Era";
- Claudio Ferrozzi for the part "The Supply Chain Management and Strategy".

GEA is a strategic consulting firm, with offices in Milano, Boston, Geneva, with strong competences in the domains of logistics, supply chain management and operating processes.

Chapter 8

Marketing & purchasing management

Ghislaine Cestre
Frank Azimont
Luigi Battezzati
Bernard Calisti
Bernard Cova
Robert Salle

8.1 Introduction

Over the past twenty years, business practices have considerably evolved in many areas. Markets have changed, as have business relationships. Customer sophistication and expectations continue to grow, competitive activity accelerates, product life cycles become shorter, innovation rates are increasing and information flow intensifies, all of which contribute to the pressing necessity for a company to develop and strengthen its competitive advantages. Marketing, both as a corporate function and communication process, is greatly affected by this evolution, being at the heart of supplier – customer relationships.

While traditionally based on a general approach to the market with few large homogeneous segments to target with fairly stable marketing programs (or mixes), the marketing function is being redefined today as a one-to-one communication, a constant customization effort, particularly in a business to business (B to B) marketing context, when both supplier and buyer are companies or organizations.

All new developments pertaining to relationship marketing, customer equity, providing solutions to customer problems, customer caring, building partnerships, … are driven by the need to build a strong relationship with each individual client. As a consequence, a company can no longer be successful by reverting to an undifferentiated marketing program: marketing approaches need to be highly customized given the growing variety of situations in which a client company or a consumer may find itself.

The purpose of this article is to present a few approaches to the market, which are specific to business marketing, prior to which a point is made about the scope of marketing and the recent evolution leading to the current customer focus.

8.2 Marketing evolution: widening scope and customer focus

8.2.1 A widening scope

Marketing is still often seen as some promotion activity targeted towards consumers of commercial products from profit-oriented companies. Within such a frame, marketing is considered as a tool to get consumers to learn about a product, want it and buy it. While the above scenario still largely fits reality, marketing, as an exchange process, encompasses a much more complex and far-reaching activity.

The scope of marketing can be defined along 5 axes:

- **The nature of the function performed**: product development and management, promotion, pricing and distribution, with support activities such as grading, warehousing, transporting, financing, …
- **The nature of the product being marketed**: product or service (services can be either product-based such as air travel, or person-based such as tax consulting) or a combination of both, bundles and packages, but also ideas (politics, religion).
- **The kind of company**: profit-oriented businesses but also not-for-profit organizations, institutions, foundations and associations.
- **The supplier or buyer focus**: the market-orientation, as will be seen below, was primarily developed downstream (supplier-to-buyer). It is now also being applied upstream (buyer-to-supplier).
- **The marketing target**: intermediary (manufacturer, assembler, distributor) or end-buyer (business customer or consumer).

Any five-factor combination being possible, marketing focus and activity has diversified far more than was conceivable twenty years ago. Non-profit organizations, for example, have been developing marketing approaches to gain support. Commercial companies are also developing not-for-profit activities to improve their image and capture potential customer interest. They seek new ways to secure greater supplier and distributor commitment.

Services companies (banks, airlines, hotels, sports-centers…) are looking for new approaches to develop customer loyalty. Industrial marketers consider adapted transfers of such marketing approaches, and vice versa (in the case of building customer-focus, for example), allowing cross-fertilization to take place. Such a bustling, multi-faceted, marketing activity has prompted companies to develop closer links with their business partners, downstream and upstream, moving from a transaction focus to building long-term relationships.

8.2.2 Customer focus

Product-orientation, which consists of "selling what we can make", was the leading view in marketing for many years. Companies were manufacturing products that their technicians knew how to make. Finding the market came later. Over the years, many companies have moved towards a more market-focused approach, closer to "making what we can sell".

While some, with a small client base, had a natural bent towards listening to and working with individual customers, many adopted an undifferentiated market-driven approach. The market, a uniform segment of potential customers, was a main indicator, more so, a determining factor, in the choice of product to develop.

As competition grew and customers became more demanding and sophisticated in their choice patterns, companies understood that to differentiate their offerings, they would need to develop a supplier – buyer partnership, building together more than short-term sales. Today, companies are widening their offerings to include customized bundles of services, providing solutions to problems, aiming at their customers' "well-being" (care concept). In fact, customer-orientation as a major trend started about fifteen years ago, stimulating an ever-growing number of companies. The customer is at the center of the business, permeating several, if not most, corporate functions, to the extent that some companies today no longer have a separate marketing department.

Customer-orientation is sometimes misunderstood. Many companies have gone about "listening to market needs" by precisely doing just that: waiting for the market, the end customer or distributor, to define what the company should do, and acting along the answer provided. The short-sightedness of such an approach has put some companies at a considerable disadvantage, leading them to become reactors rather than proactors, counting on the market's ability to foresee future needs, often bringing forth only incremental changes to well-known products and lacking the necessary vision to generate truly new products/services or processes. Customer-orientation must be more than listening to the market and reacting. It requires building relations through which future developments are conceived with both the customer's usage experience and needs and the supplier's ideas and innovativeness in mind.

8.3 Understanding market dynamics – relationships and networks of actors

A company's customer-orientation will develop along the following four paths, presented in the usual, progressive order:

First, adopting customer-orientation contributes to the company's performance. This idea is accepted by most managers, even though the efforts made to change a company's corporate culture in that direction do not always translate into coherent customer-capital building; the know-how is still often missing.

Second, the company needs to understand market dynamics, the role of external marketing actors as well as that of the company itself. This dimension considers the market in its diversity, as composed of subsets, each with its own characteristics and rules. Viewing the market as homogeneous, unique, undifferentiated, is no longer realistic for most industries. Clearly, a good understanding of market dynamics also requires having global vision and applying general concepts and models. But this prior approach must be complemented with focused insights about the particular competitive environment, company resource availability and partner networks, for any given situation commanding action.

Third, the company must implement methods of management which are in line with a customer-orientation and coherent with multiple-market dynamics. This means adopting a market-oriented management style and organization structure: new resource allocation system, new reporting system, new information system based on relational databases, etc.

Fourth, the company must activate the appropriate action levers to realize customer-orientation in daily business. This requires the company to firmly engage in a change of culture, ensure regular use of tools and systems put into place, empower employees and instill a customer-oriented mindset throughout all levels in the company. These initiatives contribute to improved internal communication as well as to more personalized customer contact with longer-term vision. Moving from understanding to action represents a considerable task.

The four dimensions are more fully described below.

8.3.1 First dimension: reaching consensus within the company on the legitimacy of customer-orientation

As mentioned above, this main idea doesn't seem to be a problem. It is readily admitted that there exists a relation between customer-orientation and the company's performance (sales, profitability, customer loyalty through repeat purchasing, etc.), as confirmed by studies on service quality and customer satisfaction in the service sector.

Many industrial companies have put programs into place that build their employees' customer focus. Such programs may be related to the marketing function or the quality function, in any case with the support of top management.

Recently, a French petroleum group has developed a program called "Energie Client", in order to make employees and partners aware of the growing importance of customer orientation. It consisted at first in getting non-business employees in contact with people from customer companies to understand their problems first hand. The question being asked here is, "What is the relation between a company's customer-orientation and its performance?"

8.3.2 Second dimension: global vision and understanding of market dynamics

The way a company sees its markets and its own role determines action. We propose a multifaceted look at the company-market-environment dynamics:

A   The company in its environment: resource – based performance

The company is not an island and its performance is linked to the relationships it has with a number of actors (businesses, institutions, people). It needs resources (competencies, technologies, products and services, financial means,) that it will either try to develop internally, or acquire from an external contact: customer, supplier, partner, which will lead to relationship building. The company is seen as an open system rather than a "bunker" in the middle of a hostile environment where the company would have to develop its own resources to ensure its survival.

B   Market dynamics: transactional vs relational approach

Classical and neo-classical economics-based marketing approaches focus on transactions that take place between companies (suppliers and demanders who make up the market) at a given time, on the basis of a product-for-money type exchange. There is no before or after, and the relationship is out-of-time. We know the consequences of this vision: the focus being put on the production function of the company, and particularly on cost reduction, prices favor competitiveness, profitability builds up through market share. Basic assumptions are that the actors involved have perfect information and that supply and demand are two opposite functions.

By contrast, the relationship approach brings together a supplier and a buyer who develop exchanges through time, leading to some degree of interdependence. Each transaction fits in a history of contacts between supplier and buyer. The relationship approach is based on continuity more than on change. By no means does it imply a static stage since change may well be present throughout an evolving relationship. This approach brings about the concepts of trust, cooperation, and partnership.

Interdependence and long-term supplier-buyer relationships however are not necessarily monolithic. Relations can be:
- **Continuous**: transaction frequency is high. Such is the case in industrial marketing.
- **Discontinuous**: transaction frequency is low. Suppliers attempt to build continuity through a number of different means. Such is the case in project marketing.

C   The market as a network of actors

The market is viewed as a network of actors. Each company takes part in a variety of exchanges (products, services, information, financing, social exchanges…) with other business or nonbusiness actors (for example, Green Peace, the Nuclear industry…). Within this network, the company holds a position that reflects a certain level of negotiating power or general influence, as well as a particular role to play in society.

This view of the world is particularly appropriate in the area of project marketing. This kind of networking is considered as a closed environment, geographically bounded, with its own operation rules and dynamics.

D   The company's competitiveness

As seen above, the company's resource-based performance as well as the development of its competencies is linked to the interaction between the company and other organizations. It is indeed widely observed that the company's effectiveness and competitiveness rely heavily on the existence of relations with a few actors: customers, suppliers and partners, requiring particular skills in managing such relations.

We must also consider that more generally, the company's competitiveness depends on that of the network to which it belongs. Several examples from different industrial sectors (Oyonnax in plasturgy, Cluses in décolletage, Saint Sygolène in polyethylen transformation, the Benetton system in northern Italy, the Silicon Valley in California…) show that companies try to balance out competition/cooperation and that a whole infrastructure (technical centers, financial institutions, …), enters into play and impacts on each actor's competitiveness, as will be seen below.

In summary, we can say that a company's competitiveness results from a combination of:
- the use it makes of its own resources and competencies;
- its ability to choose and manage relations with the "right" partners;
- the overall performance of the network to which it belongs.

E   Customer relationship as a means to create value

Through experience, by linking with innovative and strong image customers, the company creates value both for the customer and for itself. Such value can later serve other purposes, be used in other relationships.

Two concepts are useful to understand value creation: Michael E. Porter's (1985) Value Chain, and that of Value Delivery System by Kotler (1997). The company must consider the cost and performance of each of its value-creating activities, primary activities such as logistics, operations, marketing or service, and support activities such as the company's infrastructure, technology development, human resource management and procurement. The company's success is naturally linked to the way in which each of these resources is managed, but also to the way in which they interact. Such interaction builds synergies within the company, and by extension, across business partners (suppliers, distributors, customers), resulting in a value delivery network of actors.

To conclude, it appears clearly that customer-orientation, in the general sense, has become a key issue in marketing and a major factor in value creation.

8.3.3 Third dimension: methods for developing and sustaining a customer orientation

The company must use the appropriate tools and methods. If the company believes that customers behave in an opportunistic manner by making decisions solely on the basis of price and that entry and exit barriers are inexistent, then it is clear that the tools and methods to be used will be different from those needed in the case of relationships based on long-term partnerships and cooperation. For example, in the area of customer portfolio management, we must focus on resource allocation and on business practices:
- in the first case, the company will seek to increase its presence through frequent, short visits, with a particular focus on prospecting, due to high portfolio turnover;

- in the second case, visits will aim at the resolution of problems, focus on key clients and on a limited number of promising prospects.

A   The information system: a key success factor

Given the complexity of business relationships, it is clear that a company cannot rely on simplistic information about what the client uses the product for. It is necessary to have more detailed information about customers and markets.

Such knowledge must be physically stored using well-managed databases, but also stored in the minds of people. Indeed, some information cannot be transcribed because of the complex manner in which individuals give it a specific meaning by integrating several pieces of information, based on their experience and expertise.

With respect to customer information, it is important to understand what is at stake for the customer, that is:

- Where does our own product stand as part of our customer's product?
- In what way does it provide an added value?
- How does our product fit with our customer's activity?
- What does it represent in the end product, to our customer's customer?
- How does it fit in the socio-economic system to which our customer belongs?

On this last point, project marketing provides many examples, such as the construction or maintenance of nuclear plants or factories and its impact on the environment.

It is important to understand the decision processes that can extend beyond the customer's decision maker's own involvement, as in the case of project-related transactions in which other internal or external players intervene (engineers, experts, bankers…).

It is also important to consider the customer in a broader sense. It helps the company to understand the role it can play as a supplier and partner, not only through the provision of goods and services to meet specific customer needs, but also by finding, together with the customer, solutions to problems related to the operation of the network to which both supplier and customer belong.

B   Extending the offer and considering the consequences

Considering the extended market bears consequences in several respects and particularly on supply and all upstream production- or provision-related factors, such as production technology and external provision of componential goods and services.

Today, companies provide extended products/services, combining peripheral, adaptable features with a core product/service, the specifications and applications of which are well known. The link with technology becomes obvious, as adaptation and customization of the extended product (bundled offer) requires great flexibility and often outsourcing.

Indeed, given the growing variety of customer situations, companies need to increase their adaptability. They do so by extending their offer of peripheral, customized services, linked to the product itself, but also to the customer's own activity.

We refer here to the example of a major French electricity provider. Since deregulation, this company is trying to move away from basic electricity supply with a related cost optimization structure, to an energy-focused supply (rather than strictly electricity) with additional services linked to specific customer needs. Such developments set the grounds for greater closeness between supplier and buyer, and a new access to valuable customer information.

However, let us not forget that when the supplier takes charge of some operation or activity outsourced by the customer, he extends his offer and by consequence his responsibility.

Thus, the company goes from taking into account more of the customer's needs, to extending its product/service offer, to realizing the necessity to adopt new approaches.

C   Selectively allocating resources among different entities (market segments, customers, projects)

Disparities among customers should lead a company to implement methods of customer portfolio management. What then becomes important is appropriate targeting, given the customers' differential attractiveness and the competitors' position. Cost-benefit analysis, taking account of opportunity costs and defining a time frame for returns, will need to be undertaken.

D   Tracking the evolution of customer relationship

The company must put into place methods to track and measure customer satisfaction. There is no need for sophisticated barometers or techniques, the results of which may be difficult to interpret. The volume of customer complaints is usually a good indication of the need for improvement. These can result from customer initiatives, calling a customer service number, or from some kind of monitoring system by which the company requests feedback from customers on a regular basis. In the latter case, the company will want to match such feedback with input from its own front-office. Close monitoring is generally advised to allow for quick and appropriate adjustment.

When the company is involved in project management, debriefing should take place on successful and unsuccessful projects, using diagnostic grids to help identify positive and negative points in the relationship. The difficulty lies in relating outcomes with the people involved, clearly identifying the reasons of success or failure.

The process takes time and may lead to the acknowledgement of shared responsibilities, going beyond a possible first impulse reaction of linking success to the company representative's know-how, and failure to the customer's misjudgment, lack of knowledge or inexperience. More professionally, a large French car equipment supplier uses three indicators of customer satisfaction: direct customers (car manufacturers), car dealers and, end users of cars, allowing for a more complete view of the prevailing situation. Despite the additional cost involved, a company is advised to undertake cross-monitoring whenever possible.

8.3.4   Fourth dimension: beyond understanding and determining methods – how to implement a customer orientation within the company

It is the most difficult to put into place. Indeed, it requires a change in corporate culture, often also in organizational structure, to move beyond the numerous mental and structural barriers to change. We describe below some of the major changes required by a customer orientation.

A   Corporate functions vs cross-sectional processes: a necessary evolution of business practices

The complexity of supply, the greater need to adapt to customer demands, market dynamics, faster technological, commercial, cultural and social changes, both internal and external, directly impact on the company's capacity to perform. Such complexity in a fast evolving environment requires constantly re-activated knowledge and competences as well as restructuring approaches to problem solving related to customer needs.

Having become more sophisticated and less loyal, customers expect companies to provide flexible, customized solutions to their evolving needs. Providing customized solutions as they are needed requires an unprecedented convergence of efforts linking different corporate functions (traditionally marketing, sales, finance, accounting, production, human resources...), by way of cross-sectional processes.

Lorino (1999) summarizes well the classical view of business practice:

"The underlying principle of traditional business practice is competency *per se*: one's excellence in a given professional occupation. Work and knowledge have traditionally been organized, structured, along the lines of well-delineated functions, within a well-established labor framework. Each professional activity had its own standards and rules. Knowledge related to the tasks confined to that activity, which was most often undertaken without reference to the activity's "external" outcomes (customer, service provided, market). Outcomes referred to professional practice and knowledge of the trade. Network enable professional contacts, were developed within a particular profession. Professional communities emerged from specific technical know-how, the primary objective being the development and defense of a specialized technical competency."

The problem for modern companies lies in this classical view's self-centered approach and the necessity to break away from it. A move toward process-based thinking requires the company to think differently:

- the company must become outward-looking and system-oriented: each actor is both upper-stream and lower-stream in relation to other actors, thus being simultaneously supplier and customer, having to manage supplier-buyer relationships in both directions;
- the focus is no longer on the business practice itself, but on the purpose of the process: product, customer, project.

This approach meets with great resistance in professional sectors where history and a strong tradition have shaped practices. Opening up the business practice to focus on the customer is a revolution that is hard to accomplish.

B   Traditional coordination modes to be revised

From a professional activity point of view, coordination problems have been dealt with by way of activity-specific norms, professional specifications setting constraints within which professional practice was to take place. Such formalization was satisfactory in the past, due to the repetitive nature of encountered situations.

With today's market reality, it is difficult to set coordination rules in advance, given customers' unpredictable and multiple demands. As reminded and illustrated by Lorino (1999), companies are required to put into place coordination processes rather than specific rules, the latter being developed as a second step, to fit specific situations as they emerge.

Companies are evolving from practices based on general, activity-determined norms to situation-based coordination plans. The way to run the business is not the same. A company needs to establish and sustain continuous dialogue between the company and its business partners and customers, adapting coordination networks and information systems to fit new situations. Inter-activity communication is a complex but necessary undertaking.

C   Organization structure for a customer – oriented company

In a customer-oriented company, organization structure must facilitate customer interaction. Thus, coordination functions such as that of Key Account Manager or Project Manager have emerged. Such developments reflect process-oriented practices. Both types of managers have a major role to play as coordinators. In the case of project management, the Director of a retained project has significant hierarchical power over team members.

This is not the case for a key account Manager. Despite the key role the manager has to play in the company's customer orientation, he does not have hierarchical power over other functions that need to be coordinated for a quality management of such accounts. Given this situation, natural leadership will be sought in designating account managers, with special focus on prior experience, legitimacy, age, etc. (Pardo, 1995). The key-account-manager function is particularly complex in that it requires coordinating and mobilizing both an internal supplier network and an external network including business partners and the customer.

D   Questioning management indicators

For Michel Berry (1983), internal management indicators can be seen as an "invisible technology" which influences the business actors' behavior. The set of indicators used by a company: productivity, effectiveness, collective and individual performance (objectives and results, penalties and rewards), etc., constitutes a reference set to give some direction to future action, sometimes with a surprising outcome. Remembering well-known anecdotes about the ex-USSR (planning Lenin busts in volume will lead to the production of many plaster-type, low quality busts, whereas planning in weight will lead to producing few but extremely heavy statues), today's manager should be careful to use the right measurement tools.

This brings a question to mind. Given the customer orientation many companies are adopting today, should the tools developed in the context of earlier organizational structures and business practices, remain the same? If not, how should they evolve?

Several examples will help understand the potential difficulties.

First example – A French company, specialized in glass packaging, used to provide a technical support service to help its sales force with customer contacts. This service was placed under the authority of the Sales Manager. It was composed of two engineers highly competent in the bottling operation and in the filling process. This service was put in place to meet the specific needs of type A clients (in an A, B, C classification), representing less than 100 customers.

Account managers called upon the service as the need arose while managing A-type accounts, billing or not billing the customer for the service provided. This service was considered as a company resource, the benefit of which had a repercussion on customer relationship. It was seen as an investment providing a return in sales volume, profitability, relationship sustainability and customer satisfaction.

Second example – Through its lubricants subsidiary, an oil company used to provide a great variety of products (400 references), as well as diagnostic services to check on the stability of the lubricants' original characteristics, and other diagnostic services to check on the standing order of equipment by analyzing the lubricant being used. These analyses were conducted by the company's highly experienced subsidiary, organized as a profit center. Thus, salespeople had to conduct cross-selling operations: the sale of the basic products and services required by the customer, and the sale of the additional service consisting of analyzing the lubricant's quality. While the company tried to differentiate itself by extending its portfolio to services linked to customer activity, its salespeople were more interested in finalizing sales by negotiating the price rather than trying to sell the idea of an added customer service.

To conclude, it is important to be particularly attentive to indicators. Since the implementation of customer orientation requires a lot of effort, indicators must be encouraging, motivating factors, pointing at the kind of customer relationship desired by management.

8.3.5 A summary of characteristics held by market oriented companies

Although a customer orientation is not easy to implement on a daily basis, because of contradictory stands and points of view within the company, it remains management's responsibility to try to stimulate needed changes in the company's market approach.

Based on observations conducted over twenty years, the B-to-B Marketing Group of IRE (EM-Lyon) has come up with six major characteristics of market-oriented business companies, which are thought to explain their overall success and relatively strong competitiveness:

• **Market responsiveness**. The market-oriented company continuously adapts to market dynamics and contributes to set the rules by which relationships are developed. It is sensitive to its partners' needs and seeks a better understanding of market trends.

• **Behavior-based segmentation**. The company segments its market on the basis of a detailed analysis of buyer behavior, and adapts its offerings accordingly. It aims at a better understanding of customer behavior through the acquisition of market-related information.

• **Image building**. The company invests significantly in establishing a corporate image in line with its corporate strategy. In the B-to-B area, branding is gaining momentum as a major communication instrument, reflecting the company's interest in building a strong image.

• **Target focus**. The company makes a reasoned choice of target markets and customers, designing resource allocation programs and weighing foreseeable consequences of such choices. The question of selection and focus is considered crucial for the company's success.

• **Long term commitment**. The company makes long term investments to establish or strengthen its market position through the improvement of products, services and processes: product and service quality, customer service, human resource management, quality of interpersonal relations, information systems, training and networking, etc.

• **Internal cooperation**. The company puts into place an organizational structure conducive to greater cooperation among departments and hierarchical levels: improving internal cooperation, developing team spirit, contributing to the empowerment of employees.

8.3.6 What setting for market-oriented companies?

A market-oriented company evolves in a particular setting, within a particular network of business partners, but often simultaneously dealing with several delineations of the seller-buyer relationship. To some extent, the company must fit into previously established networks (distribution networks, for example), but it can also develop parallel systems, establishing its own, unique combination of market links, through multiple layers of collaborations. Thus, a computer manufacturer can build B to B relationships with a number of industrial end customers, and develop, as a parallel network, trade relations with independent distributors, while also managing a proprietary dealership at the retail end. Adding direct sales to individual consumers, through the Internet for example, allows the company to take even fuller advantage of the great versatility of marketing networks.

To this world of mainly bilateral business relationships, we must add a newer, more complex form of marketing relationship, developed around a project. In the latter case, partners come together for a short-, rather than long-term exchange that they agree to build together.

One can say that trade marketing (manufacturer – distributor relationships) and project marketing are particular cases of B-to-B marketing in that relationships are developed between businesses in all cases. However, the dynamics differ from one type of business relationship to another. Managers must understand the specificities of the different relationships in which they engage to fully benefit from their individual as well as complementary potentials. In the following pages, we present and discuss these different levels of marketing relationships.

8.4 Trade marketing, ECR and category management

8.4.1 Concentration in retail

As in many other industries, the consumer goods sector is characterized by a concentration of the key players. The manufacturers started this move early in the second half of the 20th century, but the tendency has tremendously increased in the 80's. Corporations such as Procter and Gamble, Unilever, Nestlé, Danone and L'Oreal are huge worldwide companies today. They lead their markets and allocate considerable budgets to the promotion of their brands and innovations. In dealing with retail groups, they had a dominant role to play in the past. Negotiations were taking place to their advantage. Full product lines were referenced on demand, due to the companies' strong innovation record but also to marketing structures and budgets that gave producers a leadership in marketing their goods.

The balance of power shifted in the 90's. Retailers dramatically improved their negotiation power through the same process that manufacturers had engaged in before; concentration allows distributors to be the big players today. Across most retail outlet types (hypermarkets, department stores, cash and carry, mail order, etc.), but also in most product sectors (food, do it yourself, hygiene and drugs, etc.), 6 retail chains, among which we find companies such as Carrefour, Metro or Walmart, today represent 95% of a manufacturer's turnover, when they made only up to 50% a decade ago. And the concentration trend continues (for example, the recent Carrefour-Promodès merger).

As a consequence, these chains have increased their demands to suppliers, thanks to strategies designed by improved marketing structures, but also due to their direct access to information on consumers, collected at the retail outlets' checkouts. This premium information provides them with a substantive competitive advantage. Because they can check any claim from suppliers, and because they have improved their ability to propose distinct strategies for every market segment. Retailers tend, in turn, to behave as the dominant player, as reflected in the rebates, advertising budgets or financial "benefits" they demand from suppliers for being listed in their shops and for having products displayed on their shelves.

This power shift brought about a situation where both suppliers and retailers must now work together, although their objectives and strategies may diverge, and must avoid major destructive confrontations. The nature of the relationship balances between conflict and cooperation. A win/win situation can only be achieved if they become partners in the creation of value through the development of markets.

From the suppliers' point of view, a mainly consumer-focused (end-user) marketing approach is no longer satisfactory to develop a competitive advantage. It is obviously necessary to integrate a customer approach, where retailer-customers are considered as real business partners, and no longer as intermediaries, expected only to implement decisions made at the manufacturer's level.

8.4.2 Trade marketing as a customer–oriented management tool

Trade marketing can be defined as the suppliers' marketing approach, designed to deal long term with retailers, at a profitable level, and that helps to build differentiation from competitors. It has its methods, and tools which have become formalized year after year.

Trade marketing is process-oriented. It uses the concepts of operations management, applied to a multi-actor distribution channel. It aims at eliminating or, at least, reducing all activities that have no added value. It also aims at creating value for consumers in providing them with better products at a better cost. Such a methodology is known under the acronym ECR (Efficient Consumer Response).

In the past, the administrative tasks, such as ordering, delivering, billing, etc., were both time and cost consuming, as they were operated manually. With the implementation of Electronic Data Interchange (EDI), a single electronic message can be conveyed along the distribution channel with no additional work. Efficient Administration helps to reduce costs, which can become a consumer benefit.

Because data processing systems are connected with the checkout counters, any item that is registered will inform the inventory level. As soon as a specified stock threshold level is reached, an automatic order is proposed to the department manager at the store level. When confirmed, a message is sent to the distribution platform, and, if necessary, to the supplier. Thanks to this process, Efficient Replenishment allows a better service rate.

The management of promotions is complex. New product references are regularly launched to enhance demand. As a consequence, new code bars with new prices have to be registered in every store, so that every cash register can correctly recognize a promotional item. This process can hardly be implemented if not assisted by the EDI system. Efficient Promotion is a way to manage promotional offers in a cost effective manner.

At an early stage, trade marketing was closely focusing on logistics and operations management. The implementation of real chain management, supported by an appropriate information system was sufficient to generate a differentiation for the most innovative trade supplier/retailer. Multinational manufacturers had a real know-how in these techniques, as they often already had implemented them with their own suppliers. In a way, those producers able to manage such systems again took the lead in the distribution channel. After a few years, all major players had developed the ability to implement such tools. Hence the necessity to take better advantage of all information collected at the store level.

8.4.3 The development of category management

Until recently, stores were organized according to industrial sectors: food products were in one department, textile, electronic or paper-ware were in others. The products classification scheme (taxonomy) was based on the projections that industrialists had proposed for over a century. As all retail chains were organized the same way, no differentiation was possible among them any more.

With the use and better understanding of EDI's implementation and connection to the cash registers, retailers started becoming information-system experts as they learned how to manage date warehouses. At first stocking information with no immediate use, they slowly developed knowledge in datamining, mainly to analyze and understand consumer loyalty. The information gathered on sales tickets allows one to track consumers in their purchasing habits over long periods of time. It also helps to calculate correlation of purchase between product categories. Cluster analysis can be conducted in order to provide marketers with customer typologies where behaviors are the key entry criteria. Similarly, it is possible to extract product types that appear to have strong links, either because they are substitutes or because they are complementary for any reason.

Category management starts by attempting to find new product taxonomies that can be explained with relevant consumer behavior. It is the desire to better address consumer expectations that leads retailers to re-organize their in-store departments.

However, a category designed with statistic and marketing analysis is not entirely satisfactory. It is still necessary to be cost effective when managing the departments. Product families that would not be consequent enough to represent more than a few percentages of a department's turnover would be difficult to analyze and manage. A constraint is therefore applied to the measurement of a product type; it has to be significant enough to be a manageable unit.

From a logistic perspective, not all product categories can follow the same routes to market: some require direct delivery to stores more than twice a day, others need to be delivered through cross docking platforms, while others are stored for some time in distribution centers.

One should not forget that a strong strategic principle in marketing is segmentation. The appropriate market segmentation will provide a company with a competitive advantage, while others will be at a disadvantage. Consequently, retailers try to find categories that strengthen their private labels, and that weaken those producers felt to be too powerful. There is no given category that could be objectively calculated and that would be a reality given by the market. Categories are constructed, even though they reflect a reality.

To sum up this process, the construction of categories is the optimization of consumer behaviors under logistic and strategic constraints. These categories will, of course, impact the process of listing suppliers and merchandising goods at store level, but also that of implementing logistic support.

The management of a category, designed at the retail central office level, subsequently requires a manager who is supported by a multi-functional team, including marketers, purchasers, merchandisers, IT specialists, operations and finance managers. The Category is therefore a profit center.

8.4.4 Retailing companies as learning organizations

Retailers, in their attempt to differentiate themselves, have learned IT from their suppliers. Conversely, producers have learned from retailers that consumers can have expectations they did not account for in the past. Out of this confrontation, some retailers have succeeded in becoming leaders in the way to design and structure a market. Retailing chains can no longer be considered as mere intermediaries, as they are strong organizations, often rated on the stock exchange, mostly international and with strategic intent. In some cases, they can now qualify their suppliers as industrial subcontractors. Private labels should not be considered as menial brands. Very interestingly, some are now in a position to build strong brand image that consumers value as much as manufacturer brands.

After the challenge of product taxonomies, strategists, managers and researchers may have to reconsider the meaning of two core categories: manufacturer, and retailer.

8.5 B to B marketing – building relations for long-term partnership

In the more general context of B-to-B marketing, the interests at stake are generally similar to those in trade marketing. However, the B-to-B marketing environment provides a much greater variety of situations, often requiring the use of a large array of marketing approaches.

8.5.1 Developing perennial business relationships

A major point to be made is the importance for a company to realize the full potential of its business networks in order to succeed in the implementation of value-creating marketing strategies. Such "winning" strategies are based on:

The existence of a logic in coordinating industrial activities among businesses, i.e., on the existence of a strong interdependence resulting from the companies' respective characteristics and their complementarity;

The development of perennial relations between companies, contributing to value creation. Such development in turn results from:

- the decision to maintain a long term relationship with an industrial partner whose competences and resources represent more value for the company than would those of potential successive transaction-based partners;
- the frequency of transactions taking place between companies, a greater frequency leading to a greater stability of the relationship.

From a relationship point of view, the interdependence/frequency model above is seen as a major contributor to the structuring and stabilization of business networks. This model applies well to sectors such as the automotive industry, the chemicals industry or electronics. From an organizational point of view, the need for better decision support systems is increasing. Indeed, in industrial-focused businesses, the marketing people have to manage, either on their own or in collaboration with other departments of the company, the position of the company in the value chain, provision portfolios (products, prices, delivery dates), customer portfolios (the main asset for the company), the company's competitive position and all means of marketing action (for investment in commercial action). To help the company make sensible choices, the marketing manager may require the assistance of an appropriate decision support system. As an example, we present below the Multistrat model (Michel, Salle & Valla, 1996).

8.5.2 Multistrat model

The Multistrat model is neither a mechanical nor a mathematical model. It provides the user with a system that can stimulate thought, clarify the different dimensions of strategic decision within an organization, and search for coherence that is essential for the effectiveness of the process.

The model is composed of two parts, the dimensions of the industrial company's marketing strategy (the top part), and the marketing means required for the preparation and implementation of decisions. With respect to the double arrow on the left, we believe that first dealing with strategic decisions and then implementing the decisions is wrong. With a system as complex as a company, such a unidirectional process is bound to fail. The effectiveness and coherence of marketing in a company is as much a condition for the production of "right" decisions, as it is a condition for the effective implementation of the decisions. Marketing process must be adapted to both these conditions.

A critical analysis of business operations shows that a frequent problem arises. The marketing system may be adapted to provide the required information for strategic decision, but the organization of the system is not adapted for the implementation of the decisions taken (particularly concerning the sales force when there is too big a gap between functional marketing and an operational commercial direction). Alternatively the system is efficient and adaptable, but the information system does not provide the required information to enable rapid and appropriate decisions. In practice, for business-to-business marketing, the desired

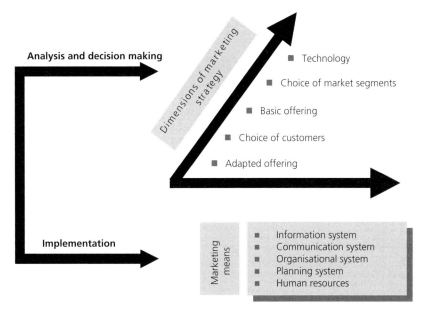

Fig. 8.1 The Multistrat model: A guide for marketing strategy.

balance between these two aspects and the efficiency of the marketing system is rarely present. In this area, progress can certainly be made. We shall now look at the different elements of the model and their internal logic.

A   The dimensions of marketing strategy

This part of the model presents the link between key marketing decisions that the company must make, and offers decision logic based on the technology-market-customer link. The technologies that the company masters (production technologies, technologies incorporated into the products or services provided) define the accessible market through their applications. The technological variable of the Multistrat model is one of the major vectors of a coherent relation between corporate strategy and marketing strategy. In other words, the technologies within a company, which have to be promoted as much as possible, make up the "hub" of relations between these two strategic processes, corporate (global) and marketing.

As for the accessible market (made up of technology/application combinations), an initial segmentation process must be applied to create homogeneous groups in terms of crucial factors for the success of marketing. One must then determine which of these targeted groups will receive priority. This means making decisions concerning the basic offering the company wishes to promote for each specific market segment. The level of definition of the offer is "the segment-related basic offering" and involves decisions concerning the four following elements: product, price, delivery and services. These decisions are made according to customer demands from each segment, the state of competition and the distinctive advantages the company wishes to promote. They determine the position the company wishes to have in each segment.

As mentioned above, in business-to-business marketing exchanges, the company must go beyond the transaction stage and integrate an "individual customer" perspective in its strategic reasoning by taking into consideration at least some of the stakes that customers represent. The final part of the Multistrat model means that inside each market segment, the company takes into consideration the characteristics of each individual customer in view of a customization of its basic offer. It can then invest in a supplier-customer relationship that is oriented toward close and complex co-operation. This means large investments to become an integral part of marketing strategy which can only be accepted in specific cases. This process of allocating resources means selecting target customers for whom an adaptation of the offer could be considered profitable, and subsequently negotiated. Such choices take place when engaging in customer portfolio management.

This process depends on the company's competitive situation and aims at establishing strong points of differentiation. The basic question remains; by what means can a company become well known, and beat the competition at acquiring and retaining customers?

B   Strategic means

The preparation of a marketing strategy and its efficient implementation requires specific means and involves investing in commercial action (building a company image, organizing a distribution and logistics system, for example). The marketing resources required (the bottom part of the Multistrat model) are of several kinds:

- The first and most important are the **human resources**, people who are skilled in industrial marketing and who understand the processes, methods and tools.
- The second is the **marketing information system**, powerful marketing is not possible without defining, gathering and interpreting information required for decision making.
- The third is the **communication system** of the company, allowing it to build and manage its image, to control the perception customers (current or future) and influencers have of it, as well as to transmit information concerning the goods it provides.
- The fourth is the **organization** of the global marketing function, including decisions concerning the organization of services, sales centers (thus the sales force), distribution through intermediaries, the management of internal interfaces and the management of company position in the influence systems or networks.
- The fifth is the development and implementation of **plans and budgets**.

The Multistrat model has been used in many companies. It has shown that it can be an efficient framework for decision making to help a company in its strategic marketing process.

8.5.3 Disintermediation through internet

The emergence of the Internet is changing the way business approaches information search, selling and buying. This new vector of direct exchange is expanding at an increasing pace, with US companies taking the lead. Currently, it is estimated that electronic transactions could reach 1.5 trillion dollars in 2002, of which B-to-B will take up more than two-thirds, mainly in the sectors of computing and electronics, motor vehicles, petrochemicals, utilities and food & agriculture. The forecasted sales progression between 1998 and 2002 goes from a lower 6-fold in retail trade to an upper 30-fold in B-to-B trade (The Economist, The World in 2000). Despite the small percentage of total sales that e-business still represents today, the progression over only a few years tends to indicate that the Internet will become a major exchange vector in the next decade.

The Internet can be seen as yet another direct marketing channel. More specifically, it is bringing about major changes in the way companies access market information, promote their activities, and engage in real time exchanges, with either a transactional or relational focus. The following two characteristics are most often listed:

• **Customized marketing**. Datamining on the Internet brings about a better knowledge of the market by tracking individual customers, their needs and wants, allowing for the development of one-to-one marketing. This does not only apply to end-buyers of consumer goods, but also to industrial goods, typically sold through industrial distributors, such as car fleets, collective insurance, company PCs or office supplies, etc. While information access, order taking and transmission, are being largely facilitated, the main problem becomes one of logistics. Indeed, as Peter Drucker recently stated (The Economist, The World in 2000), with the advent of e-commerce, *delivery* is becoming a major competitive factor that could "make or break" a company.

• **Price transparency**. Internet brings us closer to the "perfect information" assumption made by economists. Competition is thus reinforced through a marketer's or customer's worldwide consideration of selling/buying opportunities. However, price transparency is only truly applicable in the case of standardized products with no or little service attached.

Disintermediation takes place with the activation of more direct supplier – end customer relationships. However, direct linkage requires the use of some transmission vector (the web) to which gateways and search engines, provide access. This is analogous to the way one needs to go to a newsstand (gateway) to buy a newspaper (vector) in which companies advertise their products, and without which buyers could not have access to sellers and vice versa. While disintermediation does take place to a large extent (most transactions on the web are carried out directly between seller and end-buyer, rather than through distributors established on the web) in the sense that no intermediary takes title to the product being sold, the gateway may still represent a constraining factor.

The use of the Internet affects business in several respects. It certainly has an impact on the behavior of a company as it seeks information about a business partner before formulating a business proposition. For example, an equipment supplier may access a car manufacturer's site to obtain detailed and updated information on the latter's portfolio of products and corresponding specifications, allowing the supplier to make adapted offers. The manufacturer may end up with a series of offers from geographically dispersed potential suppliers, pre-select a few of these and establish personalized contacts with the retained companies.

While a standard bidding process is most often limited in scope and initiated by the manufacturer-buyer, the use of the Internet leads to opening up the process of search and proposal. A good example is the emergence of "market places" where companies use a gateway to call for and enter a bidding process. Such developments are supported by continuous advancements in information technology: ERP for intranet, CRM for relationships with clients, SCM for relationships with suppliers, … One may wonder how companies will cope in the future with such fast evolving technology, given the central role played by information in supply chain management.

8.6 Project marketing – selling customized networks

The main body of research on industrial marketing over the last 20 years has concentrated on giving a relational framework to an activity that had previously been understood to be essentially transactional. Therefore, the management of "business" relationships is today considered as a critical task on which a company's very existence depends. However, there is a whole area of industrial marketing for which the relationships cannot be limited to the business context; this is the area of project marketing or system selling.

To circumscribe the nature of project marketing, we can define a project as a complex transaction involving products and services that must be integrated through work to deliver a facility or an enhanced organizational capability of some description. Its purpose is to enable a customer to obtain certain business benefits within the constraints of time, cost, and quality, which are deemed to justify the investment. Examples might include: a building, an operational production facility, a power station, a defense system, a limited series of aircraft landing gear assemblies, an IT system or, the development and implementation of management procedures to control complex distribution networks, etc.

Due to the dispersed structure of the buying and selling centers in project activities, integrating other actors than just the customer and the supplier (consultants, financial backers, agents, engineering companies, sub-contractors… but also "non business" actors such as governments, unions, local lobbies…), companies try to indirectly anticipate and influence customers' projects through links with actors within the socio-economic environment concerned.

In fact, many of the actors are integrated in local networks and even contribute in some cases to a local socio-economic system in which the project only appears as a disturbance, an event or an episode, within all relationships existing between the various actors of the system. Project marketing then focuses on the company's relational investment in a so-called "milieu" outside of a given project opportunity. In this approach, the relational logic is paramount; exchanges are more of a social nature than of a technico-economic nature and are, as we said, concerned with other than just business actors, but rather so-called "institutional actors". Organizations such as ABB, Alcatel, Bouygues, Bechtel, Siemens and GEC are attuned to managing these networks of actors to ensure continued growth through the profitable deployment of organizational resources and expertise.

8.6.1 Characteristics of project marketing

Project marketing has three major characteristics: uniqueness, complexity and discontinuity. Each is explained below.

A   Uniqueness

Projects are conceived with the intention of disrupting the status quo within the customer organization, with the aim of delivering beneficial, one-off transformational changes, which cannot be achieved through improvements in the efficiency of existing operations. Each project is unique by dimension, type of customer, type of organization required, type of financing, the way in which the supplier orchestrates the project, the level of involvement of each concerned participant, etc.. The corresponding uniqueness of each transaction is therefore a principal characteristic associated with project business.

B   Complexity

External expertise in the form of consultants, suppliers etc., which would ordinarily be too costly for any single organization to maintain in-house, together with additional stakeholders such as government departments, trade unions, shareholders, action groups and regulatory bodies may be involved in the definition and implementation of a project. Bringing together the necessary skills and resources from within both the customer's and the supplier's network of external partners and functional specialists, inevitably adds to the complexity and risk associated with each transaction. This may be further complicated in the case of international projects where due consideration must be given to language and cultural differences.

The supplier, in particular, must also take account of the high cost and time involved in winning and implementing many projects. While it may require many months of speculative effort to develop and negotiate a contract (often including a complex trade finance package), subsequent implementation may represent a commitment spanning several years and an exposure to certain economic and political risks which may not have been readily apparent at the time an agreement was signed.

C   Discontinuity

A third characteristic of project marketing is the high level of discontinuity in economic relations between customers and their suppliers. It is rare, in a project context, for buyer/supplier relations to be strengthened over time through frequent transactions, in comparison to repeated purchases of standard goods and services leading to increased inter-dependence.

Despite the increasing interest in partnering philosophies as a means of achieving better value for money, income stability and reduced confrontation, power stations, production facilities, laboratories, consulting services, IT systems, office buildings etc. are unlikely to be purchased by individual organizations on a sufficiently frequent basis to enable such long term, co-operative relationships to develop. Suppliers are therefore faced with the problem of maintaining purposeful contacts with potential customers during extended periods of economic inactivity with the aim of being called in for discussions if and when a future business opportunity materializes.

8.6.2 Understanding project dynamics

Given its unique characteristics, each project might be regarded as an isolated market for goods and services, providing a framework for competition between suppliers against a specific hierarchy of customer demands. This makes the task of undertaking market research, in the traditional sense, to predict or, 'anticipate', opportunities and customer requirements virtually impossible.

There inevitably remains a good deal of uncertainty surrounding the following factors:
- Who are the potential customers?
- What are the customers' requirements?
- When will the project be launched, when will it be over?
- How will goods and services be provided?
- Who are the competitors? What networks do they have?
- What are the rules of the game?

A   The deterministic and constructivistic approaches

Faced with the above uncertainties, suppliers have developed marketing practices designed to position the company in the demand environment and enable them to react effectively to project opportunities well in advance of any invitation to tender by:

- anticipating the competitive arena and the rules of the game (deterministic approach), or by
- becoming actively involved in shaping the competitive arena and the rules of the game (constructivistic approach).

By combining these two approaches, suppliers will aim at avoiding, whenever possible, being required to respond to tender invitations which they have neither been able to anticipate nor influence to some extent.

The **deterministic** approach is based on the principle that the project will be defined entirely by the future customer, together with any advisors, and that every effort must be made to anticipate such a requirement in order to better identify and prepare to win the business. The effectiveness of this approach is very much dependent upon the supplier's ability to gather, consolidate and disseminate intelligence since, as Roland Berthélémé, former Marketing Director of Alsthom, puts it: "a company stands little chance of securing a contract if it only becomes aware of the opportunity at the time when invitations to tender are issued".

The **constructivistic** approach, on the other hand, is based on the assumption that the customer and various stakeholders in the project should work together to define the optimal solution and that the supplier is one of the key players in this process. In that respect, Robert Galvin, President of Motorola, states that "the first step in any defined strategy is writing the rules of the game...We have incidentally found that in many quarters of the world, our offer to constructively define the rules is reasonably welcomed".

B   Key stages of project development

Research undertaken on project marketing issues during the past decade has shown that project marketing (Figure 8.2) extends well beyond the tactical considerations associated with competitive bidding strategies, to an activity which might be illustrated in terms of the strategy options available to a supplier at three key stages of project development:

- **Outside any project opportunity**. When a specific requirement has yet to be firmly established, requiring the supplier to anticipate and/or create the competitive arena in conjunction with other potential participants. At this stage, the supplier tries to develop a relational position in the network ("milieu") made up of relations between business and non-business actors who are potential stakeholders in coming projects.

- **Upstream of the project (Pre-bid)**. When the supplier aims at anticipating and/or building the expected value of the project in conjunction with the customer and other influential actors. At this stage, the supplier tries to secure its relational position in the network of actors around the coming project ("project network").

- **Inside the project (Bid preparation)**. When the supplier accepts the established value or seeks to have this re-built in order to compete on more favorable terms. At this stage, the supplier tries to mobilize all its relations in the network of actors inside and around the buyer ("buying network").

It is said that in project marketing, it is as important to have a good "linkage mix" as it is to have a good "package mix". This linkage mix corresponds to a relational position in the network of both business and non-business actors forming the social context at each stage of the marketing process. The package mix corresponds to the capability to design a solution, which creates a specific and differentiated value for the client and the members of its network.

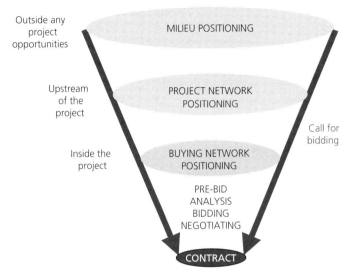

Fig. 8.2 The project marketing process.

C Analyzing the network

The company needs to understand clearly what the network consists, or should, consist of. It needs to know about the actors, their situation in the network, the nature of the links between the company and these actors:

- **Actors within the network**. Who are they? What are their characteristics (size, product portfolio, competencies and experiences, relationship with other actors, customers, suppliers, competitors), as potential partners in a project? What is the nature of identified relationships (political, economical, technical…)?
- **Actors' position in the network**. What is each actor's relative position? What role, what power or influence do they have? What constraints or limits does the network impose on the company (links with other customers, distributors, suppliers)?
- **Links between company and network members**. What are current links between the company and network members? Direct or indirect links? What is the use of having those links? How can we capitalize on them?

Based on a better understanding of the network, the company can make sensible decisions pertaining to its relational investment. The objective for the company is to use the network to learn about any project likely to take place, to anticipate future collaboration needs and prepare network members for a joint undertaking.

8.7 Conclusion

Today, companies in all sectors of activity, seem to follow two different and apparently contradictory directions. For one, they tend to outsource more and more activities lying outside their core business. On the other hand, they take stronger customer orientations, placing the client at the center of their preoccupations. As a supplier, a company must therefore respond to a greater variety of, and more pressing, demands from individual customers. However it relies to a greater extent on external providers to satisfy those demands, in an attempt to provide the best service, and in real time whenever possible.

The question is whether the company can cope with such a variety of demands through the provision of adapted offers, in shortened times, based on extended networks of partnerships under reduced direct control by the company. To succeed, the company must integrate three dimensions:

- **Technological dimension**. For example, improvement of the company's responsiveness through flexible production processes, lagged differentiation, modular assembling processes, …

- **Organizational dimension**. Customer service has become a strong differentiating factor. The service is provided by people who are in direct contact with the customer but who also require close technical support from other actors. In that respect, the quality of the service depends significantly on the company's organizational structure and operation. For example, nowadays, suppliers of capital goods work at improving the availability of their goods by engaging in complex supply operations.

- **Network dimension**. Short term (projects) or long term (alliances) partnerships allow the company to extend its offer beyond its own competencies. It requires quality management to be extended, beyond goods and services provided, onto partner relationships.

The adoption of customer orientation by industrial companies has had a considerable impact on the marketing and sales function. Indeed, the customer interface has been extended throughout the different activities of the company, with a pressing necessity to establish some overall coordination. Such extension of the customer interface has had several consequences:

- the emergence of the key account management function, to deal with the company's major clients;
- the "dilution" or transfer of the marketing function from the marketing department or service to the other departments of the company, contributing to the emergence of truly market-minded businesses hosting multiple "part-time" marketers.

With respect to this last point, a company's marketing department may indeed redirect some of its efforts to internally promoting customer focus, and coordinating efforts to implement a full-scale cross-functional market orientation. Indeed, while marketing departments are still largely mandated to develop strategy and implement outbound actions, they could become more of an orchestrating unit, a dynamic stimulator, a promoter of best fit between the company as a whole and the market.

This more diffuse and all-encompassing stand of marketing in the company reflects the very nature of marketing as an exchange process rather than a mere corporate function. It also contributes to expand the concept of **between-companies-network** to that of a **within-company-network**, perhaps a necessary transformation for the successful implementation of competitive one-to-one marketing operations. Such a transformation may indeed become a powerful generator of added value.

8.8 Bibliography

Erin ANDERSON, George S. DAY, V.Kasturi RANGAN, "Strategic channel design", *Sloan Management Review*, Summer 1997, pp. 59-68.
Peter L. BERNSTEIN, "Are networks driving the new economy?", *Harvard Business Review*, Nov.-Dec. 1998, pp. 159-166.
Michel BERRY, "Une technologie invisible? L'impact des instruments de gestion sur l'évolution des systèmes humains", *Rapport du CRG*, Ecole polytechnique, 1983.
Ghislaine CESTRE, "Importance stratégique de l'information", *Die Unternehmung*, 3, 1996, pp. 163-171.
Daniel COHEN, *Richesse du monde, pauvreté des nations*, Flammarion, 1998.
Bernard COVA, Robert SALLE, *Le marketing d'affaires*, Dunod, 1999.
Olivier FURRER, *Services autour des produits: Enjeux et stratégies*, Economica, 1999.
Yvon GAUCHET, *Achat industriel, stratégie et marketing*, Publi-Union, 1996.
Philip KOTLER, *Marketing Management* (International Edition), Prentice-Hall, 2000.
Nirmalya KUMAR, "The power of trust in manufacturer-retailer relationships", *Harvard Business Review*, Nov.-Dec. 1996, pp. 92-106.
Philippe LORINO, "Le décloisonnement des métiers dans l'entreprise. Une nouvelle articulation entre savoirs et action", in: D. Foray et J. Mairesse, Eds, *Innovations et performances. Approches interdisciplinaires*, Ecole des Hautes Etudes en Sciences Sociales, Paris, 1999.
Daniel MICHEL, Robert SALLE, Jean Paul VALLA, *Marketing industriel: stratégies et mise en œuvre*, Economica, 2000.
Catherine PARDO, "Le gestionnaire de comptes clés en milieu industriel: entre logique économique et logique symbolique", *Les Cahiers Lyonnais de Recherche en Gestion*, 1995, pp. 191-225.
Michael E. PORTER, *Competitive Advantage: Creating and Sustaining Superior Performance*, Free Press, 1985.

8.9 The authors

Ghislaine CESTRE, professor, HEC – University of Lausanne, Director of Institute of International Management;
Frank AZIMONT, Lecturer-Consultant, Ecole de Management de Lyon;
Bernard CALISTI, Associate-Director, TESYS Consulting, Lyon;
Bernard COVA, professor, Ecole Supérieure de Commerce de Paris – Ecoles Européenne des Affaires, Paris;
Robert SALLE, professor, Ecole de Management de Lyon.

Chapter 9

Production systems

Hugues Molet

9.1 The Just in Time approach, of misleading simplicity

Before beginning, we must pay attention to terminology, over which, we have to admit, there is a lack of real consensus. People have talked about "Japanese Production", then about "Just in Time Production", "Pulled Flow" or "Zero-stock Production"; now the word is "Lean Production", "Just Sufficient Production" or "Waste-free Production". People have also talked of "Olympic Zeroes" (failure, defect, delay, inventory and paper), of inventory-less or "just sufficient" inventory production... In parallel the concepts of Total Quality and Total Maintenance were introduced and, encompassing similar notions either totally or in part. What is the link between these various admonitions, all directed toward the same goal of efficient production, that is maximum productivity at lowest cost? That in itself is also a fuzzy notion, which can only be approached through performance indices and evaluated with respect to competitive situations.

As we have already pointed out, most of these notions arise from the Japanese model during the years 1975-1980 and in particular that of Toyota. This does not mean that the basic concepts were unknown to our businesses before this model was introduced: Colbert in 1664 appealed to French manufacturers to emphasize quality. "If our factories can deliver on the manufacture of our quality products, money will flow into the Kingdom". W.E. Deming and J.-M. Juran have been credited with the major contributions to Total Quality, which these two specialists have taught in Japan since 1946. Before the war, a patent for a quick change of tool on presses had been filed with the Conservatoire National des Arts et Metiers, but H. Ford in 1926 had already tackled this problem, as well as those of component standardization and even delayed differentiation!

These concepts have come back to us with the impact observed today because of competitive pressures that have led to an unavoidable search for productivity in its broadest acceptation; also because these same concepts once adopted by the Japanese industry have demonstrated their efficiency not merely through theory but above all through concrete realizations, the effects of which have been directly felt by our companies.

Another aspect is characteristic of these new approaches; the apparent simplicity of these concepts or tools. This simplicity is only apparent, since applying them requires deep changes in organization, coordination between participants, training programs, and collective learning – and above all the collective desire to succeed. These are all factors with which our businesses were little familiar before 1980. The approach to production up to the last few years was more "procedural"; the designers analyzed the needs and translated them into technical means or computer systems that the operators must use. Introducing new organizational, hierarchical, structural schemes amounts to an industrial revolution for which we were not always prepared, as witnessed by most reporting structures and university programs in this field, which still keep the technical and managerial roles well apart. In addition, in France today still, industrial management and logistics are not considered as academic disciplines. To conduct research in this field, a student must select a course of study such as "Management Sciences" or "Organizational Science."

Let us move to a more precise definition of the JIT approach, most of the principles of which have come to us via the Japanese model and in particular from the leaders of Toyota. Very many definitions have been put forward under the appellation JIT. To mention "Just in Time" is to define some sort of productivity ideal characterized by "the delivery of the right product, at the right time, to the right customer", to which it is important to add, *at minimum cost.*

Were we not to add this last requirement, the goal of "Just in Time" would not present any particular problems. Indeed, given large inventories of raw materials and work in process, and above all of diversified finished products in very large numbers, it would almost always be possible to "deliver the right product, at the right time for the customer and to the right customer", but the existence of inventories during the whole production process would of course lead to a major increase in cost and thus is truly wasteful.

This explains why very often when authors write about "Just in Time" they as a matter of course imply "with a global reduction in cost". This reduction, in an industrial system, can come from various sources, for example at the level of equipment design, investment choices, commercial policy of product selection, outsourcing, etc. However, if one focuses on production management only, this reduction comes mainly in the guise of inventory decrease, this being viewed in the short term as a cost parameter on which one can act, everything else remaining unchanged. We can therefore better understand why **"Minimal Inventory Just in Time"** is often used to qualify the achievement of this quest for productivity in terms of flow management. Thus, in terms of production, **"Minimal Cost Just in Time"** amounts and is restricted to *"Minimal Inventory Just in Time"*. It is obvious that stock reduction contributes to the more general goal of cost reduction.

But this search for a minimal inventory finds another justification of great importance with respect to productivity. For inventory, apart from its cost aspect, is a factor that can hide problems, a makeshift for dysfunctions. For example, if a supplier is unreliable, a buffer inventory will hide the expected shortages. Here is another example: unexpected events in production quality must be smoothed over by overproduction. In this way, intermediate accumulated stock between machines will allow the flow of components to continue even if one of the machines breaks down. In other words, in most instances, any production perturbation or dysfunction can be covered up by an inventory build-up. The quest for Just in Time with minimal inventory becomes therefore doubly interesting; beyond the economic aspect, this approach leads to a progress dynamic linked to a progressive search for dysfunctions hidden beneath these inventories. Within the framework of this efficient management leading to a *Minimal Cost Just in Time* solution, it is necessary to investigate and resolve all these types of dysfunction that lead to stock build-up. In conclusion, the elimination of any dysfunctional mechanism brings a process closer to Just in Time (indeed, the dysfunction is the shift between the projected and actual values), but in addition, the resolution of the dysfunction will allow the elimination of those excess stocks that have been created to compensate for the dysfunction.

At this level, we must still watch out for terminology. People have associated this notion of Just in Time with "Zero-Stock Production" or "pulled flows". We must once again clarify these notions.

Nothing *a priori* prevents Just in Time coexisting with flows pushed by forecasts, provided these forecasts are correct and there are no hazards! Similarly, we can very well encounter flows pulled by demand without being Minimal Inventory Just in Time.

Demand can indeed trigger production upstream in spite of very high intermediate inventory.

Take an inventory management policy by minimal threshold. Upstream production is triggered once the threshold is reached: we do indeed have a pulled flow management. But if the threshold level is very high, the system keeps a high inventory level even though we are in a pulled flow situation. The triggered flow is an upstream policy of order initiation; this policy is in fact independent of the intermediate stock. Stock management with a threshold is a triggered flow policy regardless of the value of the threshold.

On the other hand, reducing inventory progressively "tightens" flows, be they pushed or pulled. This is why we often hear of "Zero-Stock Production Just in Time" to illustrate these ideas all focused on the same objective: ***minimal cost Just in Time in production***. We should actually talk about a flow "tightening" policy to insist on this permanent improvement approach.

An important remark at this level is the notion of coherence; all these steps deriving from differing policies (quality, reliability, delay, inventory, economic quantity...) concur in the search for maximum efficiency. None can be isolated; a "just in time" approach forms a coherent and indivisible whole. This will explain in part the failure of isolated policies originating from a single function attempting for example to launch a Total Quality policy in an environment where reliability is not under control, security questionable and upper echelon support uncertain.

Minimal Cost Just in Time constitutes therefore a global approach, even an industrial strategy. We have seen the twin role of inventory with on the one hand the economic role, since it weighs on the production costs and is a source of inefficiency. On the other hand, its role as a corrective factor aiming first at managing dysfunctions (some authors refer to this type of inventory as an "unavoidable evil") but ultimately donning a palliative character leading one to forget and cope with this inventory dysfunction without attacking its roots.

All the techniques, approaches or methods of Minimal Cost Just in Time will therefore attempt to locate the sources of dysfunctions generating inventory and to rein them in. What are the main ones?

- The dysfunctions already mentioned and particularly breakdowns and defects, but more generally any other unforeseen event: breakdown in the supply chain, random absenteeism, job related accidents, etc.;
- Variations in demand which constitute a particular type of hazard;
- The size of so-called "economical" order quantity: we refer here to Wilson type models. We shall see that an economical order quantity higher than the needs can also be construed as a dysfunction.

Breakdowns do indeed generate inventory upstream of the stopped machine or lead to the establishment of a security inventory downstream to avoid a complete stoppage of the machines downstream in the production sequence.

Defaults generate inventory as soon as one starts manufacturing a quantity higher than that really needed to supply final demand. This surplus, in spite of the added value produced, will be scrapped or cause additional expenses for touch-ups.

As for the economical quantity, it represents a compromise between storage and re-ordering costs and therefore leads to an inventory unrelated to real short-term demand. To avoid having to manage such a compromise, we shall try to eliminate costs due to a change in production. We will see how below.

The change in demand data is of course external to the system and hence not really reliable in the short term. One of the objectives of a Kanban type system will be to supply information as quickly and reliably as possible, on all the downstream requirements and in particular, on final demand. It is a reactive method that allows a more rapid reaction to changes in demand. We could thus show that most hazards lead directly or indirectly to inventory creation.

Knowing the reasons behind inefficient inventory, it will suffice (to reach the "just sufficient" inventory) to attempt to eliminate them in order to arrive at what is nowadays referred to as "lean production", i.e., production without waste or redundancy.

These steps, whatever they may be, will all rely on several simple principles that we will summarize hereafter:

- Never accept a dysfunction without studying the underlying reasons;
- Analyzing these reasons calls for the competence of all agents concerned by this dysfunction;
- Quantify the processes in question in order to improve them;
- Never accept a seemingly satisfactory situation without trying to constantly improve on it.

Such rules are simple to understand and draw on common sense. If we referred at the beginning of this chapter to a misleading simplicity, it is because implementing such rules requires reviewing, sometimes at depth, the traditional operating principles, the organization and reporting structure and even the use of accounting standards within business.

Indeed, the first rule implies a choice in favor of a definitive long-term improvement no matter what the short-term consequences may be. Yet we know that accounting standards often favor short term performance, therefore according to what new criteria should the various agents and functions then be evaluated?

The second rule leads us to reconsider the classical splits between design and operation, conception and production but also maintenance, quality, production and logistics; the idea

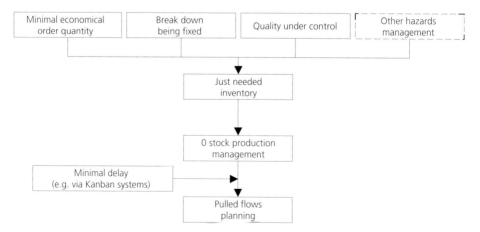

Fig. 9.1 Steps toward Efficient Just in Time.

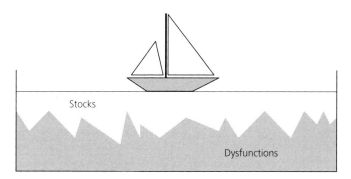

Fig. 9.2 A schematic representation of continuous progress according to T. Ohno.

being that the long term solution to a problem (and not short term corrective measures), must call on all the agents or actors because of their specific knowledge and competence to manage this problem, and also, for implicating them in the final solution.

The third rule calls for a set of performance indicators, even simple ones, to analysis the situation and to assess progress. To improve an industrial situation, it is necessary to have a benchmark of the initial situation.

The last rule is a permanent call to question constraints and to look for a global optimum (and not to meet budgetized indicators). To illustrate this notion of continuous progress, here is a process conjured up by T. Ohno, Toyota General Director. It involves a small boat floating on a spread of water, the bottom of which is filled with rocks (Figure 9.2). The latter stand for the dysfunctions, the former for the palliative inventory.

T. Ohno considers inventory as a palliative factor covering up the dysfunctions. By empting the water (search for dysfunctions), we hit the first one which must be taken care of; then we keep on emptying water until we reach the second, and so on, in a process of permanent progress.

We can easily conceive that these apparently simplistic rules so shatter the essence of classical structures and behaviors that they constitute a total industrial revolution.

The path toward JIT is now drawn: it is all about handling dysfunctions and managing the resulting new industrial situations in a tight flow environment, e.g. zero stock production.

The toolbox of methods is very rich and heterogeneous. Some methods will be generic in the sense that they apply to any dysfunction, some will be more specific of certain types of dysfunctions: quality, reliability, economical runs, flow diagrams, etc. We shall describe below the principles of several significant methods through a few examples.

9.1.1 The generic approaches to dysfunction analysis

To be efficient, these methods require several conditions. First, the implication of higher management and hierarchical superiors, because their commitment, even their real implication, brings credibility to the action for those concerned but also allows for a faster implementation of the suggested solutions, especially when they require an investment. Another condition is to turn responsibility for the action considered over to someone (a project leader) who will be in charge of organizing work sessions, of spearheading complementary analyses between these sessions, of restituting the collective work, and above all of planning the project organization over time and analyzing the drifts. The term project is broadly defined in this context to include many aspects (quality implementation, quick change of tools…).

Particular attention must be paid to the physical or economic indicators of the problem being addressed and through which progress will be identified. Numerous such procedures have only met with partial success or even failure through lack of motivation. The role of management and pilot are overwhelming in the success of such actions.

A   The simplest of analytical tools: the causes, consequence or Ishikawa diagrams

The goal is to look collectively for the reasons (main and secondary) for a dysfunction through a particularly simple graphical representation. The main interest is to pull together agents coming from different functions for a global analysis of the problem. Let us pick an example related to maintenance: the analysis of an oil leak (Figure 9.3).

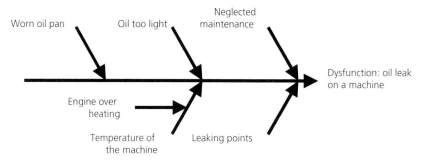

Fig. 9.3 Analysis of an oil leak.

This simple tool can be used for any kind of analysis: absenteeism of the personnel, lack of motivation, failure of a quality circle…

How can causes be properly regrouped, an efficient typology o these causes found?

Several authors recommend regrouping the "fishbones" according to themes. For example, Ishikawa suggests the following method:

- Materials;
- Machines and tools;
- Methods of work;
- Methods of measurement.

Other authors offer regroupings. There are no rules in this domain, and the right regrouping will probably be the one chosen by the agents of the company as a whole, for the given problem.

The second step, recommended in this approach, consists in quantifying the relative importance of each of the causes in the dysfunction under study. The importance is considered in terms of frequency: how many times the cause has appeared in the dysfunction. We build what is called a Pareto diagram (Figure 9.4).

A measurement campaign is necessary for this purpose. It leads to classifying causes by decreasing order of importance; these measurements lead to the cumulative diagram of Figure 9.5.

We thus obtain another representation of the Pareto diagram. In general, it highlights the fact that only a few of the causes account for a large part of the dysfunction. Pareto thus showed that 20% of the Italian population held 80% of the national wealth.

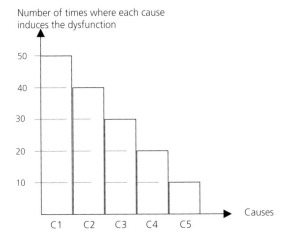

Fig. 9.4 An example of a Pareto diagram.

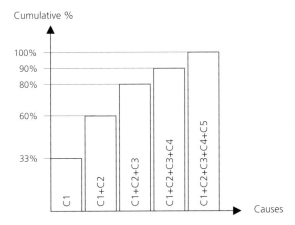

Fig. 9.5 Cumulative diagram of causes.

One might also point out that these analyses have very general applications. A few percent of causes or elements represent 80% to 90% of the studied phenomena. For example, in the composition of a given stock, 20% of the items will represent 80% of the value of the stock or of the rate of consumption of these items.

Other similar representations can be defined, such as for example A,B,C or 80-20 curves where the same phenomenon occurs: a small percentage of elements explains most of the variable under study.

What can be said of this type of analyses?

Most businesses have already experimented with the first stage, i.e. the use of cause-consequence diagrams, especially for quality. It is an efficient pedagogical method, which because of its simplicity, facilitates the implication of the people involved. In particular, it provides everyone with an enriched vision of the problem, since each partner throws light upon it, specific to his function and complementary to the others.

The second stage, that of quantification, is more problematic. There is no doubt that set-ting-up a quantification plan (What should be quantified? How should the measurement be obtained? How pertinent is it?) constitutes yet another important learning phase. That said, two questions arise at this level:

- Is it always appropriate to only favor from the start the "frequency" criterion for causes?
- Is the methodology always possible to apply?

The answer to the first question must be balanced. We could of course bring forth other criteria to select the prior actions to be undertaken: security, cost of corrective action... but also (and foremost?) the ease of immediate implementation of one corrective action in order to bring credibility to the approach and hence set forth a leveraging, and more implicative action. The FMECA (Failure Mode Effect and Criticality Analysis) method introduces other criteria such as security, for example.

The second question is more theoretical: one of the basic assumptions for building a Pareto diagram is independence of the causes underlying the dysfunction. At this level, the justification for this independence is often hard to verify, if not downright impossible. For example, in the case of equipment break-down, the cause may be a combination of related factors, i.e., the independence of causes is far from being justifiable.

We must indeed check the contribution of a cause among many others to the dysfunc-tion under analysis (i.e., a back-up but fortunately infrequent mode). Statistical justification should be carried out on the basis of a complete experimentation plan. In the general case, this justification is impossible for the experimentation plan necessary for a correct statistical validation would take months, even years.

These last remarks lie behind the Taguchi approaches, which offer standard experimen-tation plans as a function of the number of variables and the discrete values of each one. These should allow us to quickly isolate the variables explaining the dysfunction without exploring all the experimentation plans on the basis of a variance analysis. Let us note that the Taguchi methods do not apply only to experimentation plans. They also take into account the notion of cost related to quality objectives.

Let us present another method used to analyze a flow and highlight dysfunctions, the **flow mapping method**.

This method is frequently used in workshops to highlight dysfunctions or to simplify or rationalize physical flows. It consists in representing visually the manufacturing flows (Figure 9.6). This last point was the object of many applications: it can lead to the implementation of production resources: instead of setting up workshops by machine type or by the similarity of the operation, the flow can be organized by product families using the same resources. Such analyses generally lead to two types of improvements: a simplification of the scheduling constraints and of the circulation of flows.

B   A more sophisticated method: FMECA (Failure Mode Effect and Criticality Analysis)

This is once again a collective analysis method applicable not only to handling dysfunctions (quality, maintenance...) but also during the design of a new product or process (FMECA design).

The goal of an FMECA is twofold: on the one hand, to document real (or foreseeable in the case of design) dysfunctions of a system or product, on the other, to identify priority remedial actions. Complementary applications (determination of failure trees) can be carried out from the database so gathered.

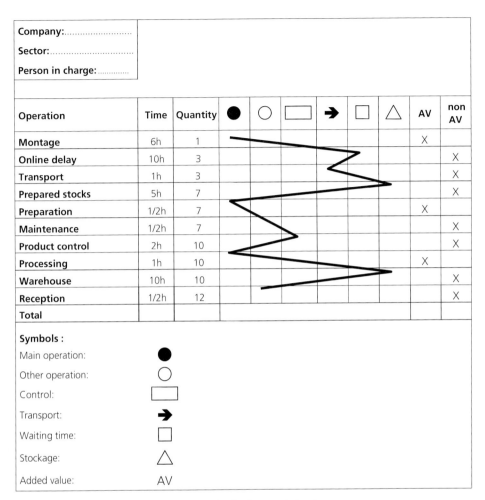

Operation	Time	Quantity	●	○	▭	→	□	△	AV	non AV
Montage	6h	1							X	
Online delay	10h	3								X
Transport	1h	3								X
Prepared stocks	5h	7								X
Preparation	1/2h	7							X	
Maintenance	1/2h	7								X
Product control	2h	10								X
Processing	1h	10							X	
Warehouse	10h	10								X
Reception	1/2h	12								X
Total										

Symbols :
Main operation: ●
Other operation: ○
Control: ▭
Transport: →
Waiting time: □
Stockage: △
Added value: AV

Fig. 9.6 Example of a flow analysis scheme.

Let us revert to some of the elements in this database:
- Definition of the system under study and consequences of a dysfunction on the equipment. To document such a base, it is necessary to have first carried out a functional analysis: equipment → systems → subsystems. It is not only a simple nomenclature, but also an analysis led according to functional relations linked to the chain of perturbations caused by the failures of the system under FMECA.
- Frequency of each failure. In the absence of any historical data (or during a design phase), it is unknown. In such a case, we shall be satisfied with a subjective definition of frequency classes e.g.: very frequent, frequent, rare, very rare.
- Gravity Index. At this level, the concept of gravity must be defined. Is that which the collective analysis deems to be so, considered serious. This can mean serious with respect to the risk of production line stoppage, personnel safety, failure induced cost, brand image (in the case of FMECA quality)… The definition of the indicator and its evaluation are based on the group's appreciation.

This system documentation phase is the most complex. It leads the participants of the FMECA group to lead detailed analyses on the system under study.

The next step is to identify priorities for action. The previous data lead to a table (the FMECA matrix) where the incidents are gathered as a function of two selected indicators (table 9.1).

Table 9.1 An example of an FMECA matrix.

Gravity \ Frequency	Very rare	Rare	Frequent	Very frequent
Not important				
Important				
Critical				
Highly critical				

This table brings out areas where high-risk events (e.g., very frequent and highly critical incidents) or unimportant events (upper left zone) gather.

On the basis of such documentation, measures must be taken, favoring of course, the frequent and high-risk events.

Quantitative FMECA indicators have been suggested. Grades have to be assigned to frequency and gravity: for example, in the preceding table, the following grades could be assigned according to seriousness:

- Unimportant event: 1
- Important event: 2
- Serious event: 3
- Very serious event: 4

and similarly for frequencies. The FMECA criticality index will then be:

I = gravity grade x frequency grade

An "event detectability" index can also be introduced. The global FMECA index will then be:

Criticality I = frequency grade x gravity grade x detectability grade

We can now classify dysfunctions by decreasing FMECA indices and, via an iterative improvement method, take care of all incidents above a given threshold.

To day this method is increasingly used. Car companies force their equipment suppliers to supply an FMECA with their equipment. They also frequently use the FMECA design to evaluate the consequences on criticality of potential product modifications (a very similar approach to that of value analysis).

FMECA documentation can lead to other applications and other methods; let us mention for example the drawing of failure trees, or of maintenance trees. It can be linked with CAMM (Computer Aided Maintenance Management) and, more recently, RCM (Reliability Centered Maintenance), which is more safety oriented.

C   A very participatory method: TPM (Total Productivity Maintenance)

In spite of its name, TPM is not related only to maintenance management; through the performance analysis of equipment or of a system, it will search for the causes behind a lack of performance.

The basic idea behind the analytical phase is to define a global performance index for a given equipment covering various causes for the "productivity losses". This model is interesting because it evaluates the relative contribution of each loss to the global result as measured by this index, called the Overall Efficiency Effectiveness ratio (OEE).

The analytical phase

This consists in starting from a reference situation in which the production means operate optimally during the required opening time.

With respect to this ideal situation, TPM will attempt to identify six major loss causes that limit this ideal performance. They are identified as follows:

- losses due to stoppages: breakdowns
                                 adjustments, waiting time, set-up time…
- losses due to slow-downs: micro stoppages, running empty…
                                 slow-downs, back-up modes…
- losses due to defects: defects due to the production means
                                 defects due to the transient modes: restart, set-up…

This typology of productivity losses in the TPM model is clear. It is of course not unique, and a business can define its own TPM model according to other typologies for productivity losses. The advantage of this analytical phase is to quantify each of the 3 loss pairings through individual indices. Figure 9.7 makes this approach explicit.

The advantage of this global index is to clearly bring forth the contribution of each loss pairing.

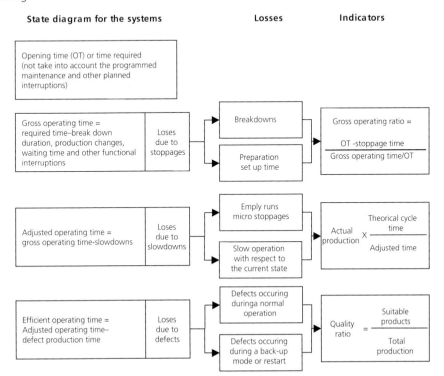

Fig. 9.7 An example of an analytical phase following the TPM model.

So the Overall Efficiency Effectiveness ratio (OEE) is obtained as the product of the 3 loss pairings (which can be expressed in various ways):

The synthetic performance ratio clearly emphasizes the multifunctional aspect (nominal operation), maintenance, operation, quality, scheduling…

OEE = (Gross operating ratio) x (Adjusted operating ratio) x (Quality ratio)

Globally, it can also be defined as:

OEE = Number of suitable products x Theoretical cycle time/Opening time

The improvement phase

This first audit phase leading to the determination of the OEE must be succeeded by a phase of improvements on each of the performance limiting losses.

We shall once more come across the classical principles already mentioned; a collective task using tools (cause-consequence diagram, for example) carried out according to a program defined in time by the section head and with Management support.

In the TPM model, this improvement phase rests upon notions of self-maintenance and self-checking, i.e., on the definition of the tasks which must be assigned to the operation. This is built of course on new dialogue and close collaboration with the maintenance department and, in general, a preliminary training of the personnel.

S. Nakajima, the author of this method, also emphasizes the need for the global coherence of the factors influencing the operation of equipment, which he calls the rule of the 5S which translates from Japanese as: tidiness, order and method, inspection and control, cleanliness and discipline.

In many companies the 5S rule actually constitutes a real blueprint for progress. The idea underlying rigor, tidiness and cleanliness is the following; along with inventory, which hides dysfunctions, the lack of cleanliness or the lack of rigor hide dysfunctions and productivity losses. A dirty machine prevents the detection of oil leaks, an untidy post masks the absence of tools or parts… In addition, it is a sign of the lack of interest of the personnel in the actions that should lead to progress.

What impact does TPM have in business today? Due to its simplicity, this method has spread a lot while adapting to industrial specificities. For example, in the case of Topo-Maintenance developed by the ARCELOR group, the emphasis has been placed on an equipment reconfiguration phase, designed to restore their initial performance and safeguard them through preventive maintenance activities created out of a restructuring of tasks between maintenance and production.

Besides, the breakdown of the three groups of performance losses must be context dependent. For example, EDF uses TPM in a very special type of production that can of course never be interrupted, or the use of TPM for office tasks as developed by several consultants where the analysis of productivity losses must of course be suitable.

9.1.2 More specific approaches to dysfunction analysis

We will give three examples taken from different domains.

A   Management of quality and maintenance

The methods linked with this approach are numerous, sometimes complex and require major developments. For quality management, one can mention SPC (Statistical Process Control),

TQM (Total Quality Management) and especially QA (Quality Assurance) and the various associated ISO norms.

For maintenance management and staying with preventive and predictive maintenance
tools, one can mention CAMM (Computer Aided Maintenance Management) and more generally CAMT (Computer Aided Maintenance Technologies). Another important group of tools
concerns the Expert Systems for maintenance assistance and particularly the systems for diagnostic assistance that are considerably expanding today.

Let us note however that in parallel with the development of technical and computerized tools we are witnessing, in terms of quality and maintenance management, known
organizational orientations:
- the permanent emphasis on prevention;
- the increased importance given to the operator responsibility in detection and handling (self-check and self-maintenance);
- the organizational structure associated with progress oriented actions (quality groups,
  TPM, problem solving groups, experience feed-back for the Engineering and Design
  Departments).

All progress policies in these areas require the involvement of the personnel (self maintenance, self quality, autonomous groups, etc.). They are based on project-management procedures: pilot projects, planning, performance indicators, etc.

B   Economical quantity management: the SMED

The problem can be simply stated. We look for the optimal quantity to order from a supplier.
We assume only that the global cost is made up of a fixed cost independent of the quantity
and of a variable cost proportional to the quantity and time. The search for "optimal" quantity rests on the following economic considerations: assume that one can define a storage
cost proportional to the amount stored and the duration, and a re-assortment cost independent of quantity. If one admits several secondary assumptions regarding the regularity of consumption for instance, one can determine an "optimal economical quantity".

The formula for determining this quantity assigned to R.H. Wilson (1934) was in fact
introduced in 1915 by E.F. Harris of Westinghouse. We can easily understand that this economic model, expressed as a function of fixed cost and a cost proportional to quantity, yields
an optimum defined as:

$$Q = (2CC_1/C_S)^{1/2}$$

Where:
Q: optimal quantity
C: fixed demand during the period considered (by unit time)
C_1: ordering or re-assortment cost (fixed)
C_S: unit storage cost during the period (proportional to time)

This model was initially used for re-assortment (the "optimal" quantity to order from the
supplier). The analogy with the economical production quantity (the size of the viable production run) is easy to establish: the storage cost plays an identical role, the fixed ordering cost is
replaced with the cost due to switching from one product to another on the same production
resource. Here however, the fixed cost mostly involves non-productive time caused by set-up,
adjustment and technical delays independent of the quantity to be produced.

Analyses undertaken over the last few years have had the objective making this model
redundant by reducing the fixed time hence the fixed cost toward a minimum value, which

amounts to decreasing the quantity to be produced to as small a value as possible, or at least as close as possible to what is really needed downstream in the short term. If the fixed time is close to zero, then we produce only what we need: this leads to a significant reduction in stocks.

How can one reduce this fixed time for production change?

A large amount of literature has been written on the SMED technique (Single Minute Exchange of Die), the aim of which is to carry out a change in production in a delay not exceeding 10 minutes. There is also the OTED method (One Touch Exchange of Die) that concerns a change in production initiated with a single gesture and which is an extension of SMED.

To achieve this time reduction, one can view the problem of production change delay as a dysfunction in the same way as breakdowns and rejects, i.e., initiate a collective handling of the problem, the solutions resting on the competence of the agents from production, methods, maintenance…

The analyses recommended by the specialists in these methods and in particular by S. Shingo, who developed this approach at Toyota in 1970, lead to differentiation between two kinds of time related to a change in production: those which are external to the "physical" change operation and which, once analyzed, should become hidden times and those which are directly linked to this physical operation but which should also be considerably reduced.

The reduction of external times, generally estimated at 70% of total time by the experts, is often a matter of organizing the work post: waiting for the machine adjustment personnel, the handling means, searching for a template or the tools necessary for the change, tidying up the work station… A detailed analysis of these times (via a Pareto diagram for example) should lead to their reduction through the use of systematic procedures, a suitable organization (involving the workers close to the machine concerned, planning the work of the machine adjustment personnel), even a few investments (placing the tool rack as close as possible to the machine for example).

The internal or technical times (30%) linked to the physical operation can also be considerably reduced. For example, one could avoid the set screws only used to lock-up at the end of the screwing operation, fixations and tools could be standardized, operations synchronized, the last part from a previous run might function as the set-up template… Efforts should be made to change internal operations into external ones can be implemented in hidden time.

Realizations leading to reductions in tool change times of one in ten, or even one in a hundred are often quoted.

To make this approach convincing, several consulting firms have recommended the use of video cameras to film all the phases in a production change sequence: the replay in front of the agents concerned will often make them aware of the potential gains related to these analyses by seeing the numerous wasted moments to which they were oblivious.

The SMED is a "local" approach but remains a potential source for major progress. It constitutes a good analytical tool (recalling the analytical methods recommended by F.W. Taylor in another context and with different agents) but in a local improvement framework.

C   Improving management of demand pulled flows: the Kanban procedure

Kanban is an extremely simple scheduling procedure decentralized to each work post and consisting in the transmission of information: the downstream post (customer), as soon as he has used a product, notifies the upstream post (supplier) of his consumption so that he can be re-supplied. This information is key data for the production plan upstream. The Kanban system is the information system enabling upstream to know that, downstream having consumed,

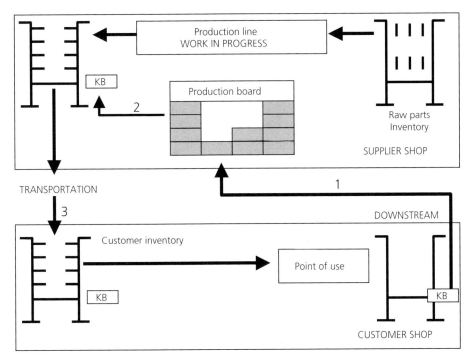

Fig. 9.8 Kanban system procedure.

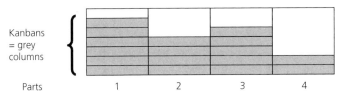

Fig. 9.9 Position of the Kanbans.

it can produce again. It consists in a simple transmission of labels. Figure 9.8 summarizes this procedure.

Stage 1   the use of the container (customer shop on the right) frees the Kanban (label), which is transmitted upstream (above) on the production board;

Stage 2   the producer (supplier shop), when it fills a container, pulls a Kanban off the board and places it on the full container;

Stage 3   the container and its Kanban are then transported downstream.

Should the upstream post supply several kinds of parts for various customers, his board will look shown in Figure 9.9.

When a column is full, the producer will have to manufacture the corresponding part as fast as possible to avoid interruptions: he takes the Kanbans and places them in the containers corresponding to the parts made. When a column is empty, he can wait since he knows that, in his system, numerous containers are circulating with their Kanban, and hence are full.

This system is therefore, in principle, excessively simple. It offers, in theory, a solution to scheduling; it presents the advantage of being decentralized hence motivating for the operators and requires only a very limited informational support (quasi-zero paper!). By use of the table, it is very easy to determine stock levels: whenever a kanban is outside the table, it is with a full container. The stock level for each component are therefore exactly equal to the number of the kanbans outside the table.

This apparently simple system contains in fact numerous sources of complexity, such as for example priority handling in case of conflict of choice on the board or the determination of the number of kanbans (of course directly related to the inventory size).

This last point is of interest. The theoretical approach is as follows:

The evaluation is naturally linked to the average downstream demand, which we shall denote by D. It is also tied to the maximum delay for a Kanban to complete its cycle: upstream manufacturing delay, container transportation time, possibly incompressible downstream wait time, return time for the Kanban. We shall call this maximum delay d. If the size of the container is t, and calling s a security factor related to the mastery of the system, the minimum number of Kanbans is then:

$N = (Dd + s)/t$

The pragmatic approach consists in "translating" the existing inventory in Kanbans ("kanbanizing" the system). This insures a realistic operation. The next step, where the Kanban really becomes a powerful tool for progress, consists in progressively diminishing the number of kanbans. If the reduction by one (or several) kanbans does not create any problem, it means that the system was over-inventoried; otherwise, the reasons for the problem will need to be analyzed, in order to resolve it and then continue with the approach. The Kanban procedure is therefore a good example of a kaizen approach (constant improvements).

Let us revert in conclusion to the conditions necessary for total efficiency of the Kanban approach. One notes first of all that it requires a certain stability of demand. Otherwise (in the case of seasonal fluctuation for example), we run the risk of adopting a maximum demand position, and therefore of having limited efficiency or of being obliged to have very large flexibility in the means of production, both in terms of personnel and of equipment. This flexibility is limited in general by the capacity of the machines but above all by the commitment of personnel whose activity cannot follow the variations of demand on a day-to-day basis. One can obtain a certain amount of flexibility in case of increase in demand (extra-time, interim employees, sub-contracting) but in case of a decrease in demand (lack of kanbans on the board), the situation becomes more problematic and this flexibility is quickly limited by the personnel hired. The matching of demand and capacity can also present problems when production is stopped (annual vacations, holidays…) and, in this case, the Kanban computation has to be readjusted to adapt to such situations (by for example progressively introducing extra kanbans corresponding to a fictitious demand, that which will occur during days off).

Besides, as we already pointed out, if the whole production cycle from the initial supplier to the ultimate consumer does not operate with Kanban, inventory downsized in one place will reappear in another: this is why fairly often suppliers have to store the raw supplies of their customer when they are not able to operate according to the Kanban procedure. In this case, the advantage is that the inventory is located more upstream (which is an inventory with less value added). However it is only a "local optimization", satisfactory results on the client side inducing new cost factors for the supplier who, one way or the other will ultimately recoup them. These new client-supplier relations have been the subject of numerous analyses: they are a new kind of "industrial partnerships".

Another limitation in the global client-supplier system is the allotment size; the further one moves up the logistic chain, the more this effect of the allotment size is important (economies of scale). If we take the example of steel production, the size of an allotment can correspond to, for example, the quantity of metal produced in a blast furnace; this quantity might correspond to several days, or even weeks, of client consumption.

Another important aspect related to the introduction of a Kanban procedure is the production evaluation indices. They are generally directly or indirectly linked with the amount produced by an individual post or over a period. The introduction of Kanban must modify these indices. Indeed, the objective is to only produce that which is requested and therefore machines or personnel resources may remain inactive (there is no more Kanban, hence no work). This can lead one to reconsider traditional productivity indices such as machine productivity ratios or production bonuses, even working hours.

Finally, such a system is rendered fragile by any unforeseen perturbing event: a major transportation hazard or an operator strike at one of the links (supplier, client or sub-contractor) for example.

The above procedure is now commonplace; it has been retained under suitable forms by all the major companies (particularly in the automotive industry) for it constitutes a powerful tool for progress. That being said, it remains a local tool and cannot function without a more global and coherent approach to all the data in the company, from forecasting to distribution. Expressed differently, the system of local planning must be integrated into a more global system that provides visibility on the middle and long terms. It is up to MRP to supply such an approach.

9.2 Computerized approach to production management: MRP (Manufacturing Resources Planning)

The spreading of MRP-style packages (i.e. ready-to-use computer programs) dates back to years 1975-80. In the last years, these computer tools have multiplied and the quite recent availability of most of these packages for personal computers has eased their introduction in small businesses. As of today, there are more than two hundred different packages of this type based on identical principles.

The current evolution is mainly aimed at integrating such software within more complete sets (ERP or Enterprise Resources Planning).

Most of these packages have the same functionalities, being to manage a set of databases in order to satisfy the two following major functionalities:

- According to the definition of a production prevision plan of manufactured products, what are the quantities to be produced and the start dates for production of each component engaged in the composition of these products, as well as the quantities and times of provision of raw materials needed for their production?
- Are the planning of production and provisioning, as defined by the previous planning, compatible with the available resources? Is there a coherency between loads and capacities of production resources?

9.2.1 Internal logic of MRP

In order to meet the two main functionalities, it is easy to define the principal databases needed by the system in order to complete its calculations.

Relations between the manufactured product and its components (the notion of a bill of materials), is defined by a tree structure (father-son relations) and by the technical coefficients attached to each component.

Manufacturing times require knowledge, for each component, of its routes (or assembly), the resources used by such instructions, the necessary times for each manufacturing processes, as well as the waiting or transit periods.

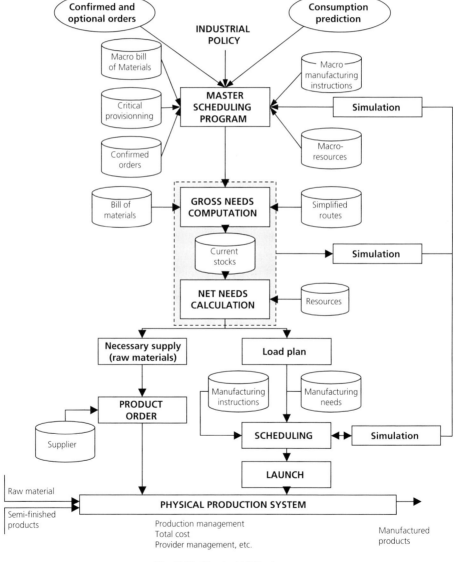

Fig. 9.10 Classical MRP scheme.

Times of provisioning require knowledge of the list of providers as well as the provisioning delays for each raw material and for each provider.

Intermediate stocks may have been generated by previous decisions (economic quantities started before and superior to the needs of previous times for example). They will be deducted from needs of current and future times.

As soon as one of these elements is modified, the system computes again, when requested, a new production plan, signaling delays or incoherencies that could appear. It will deduce, among others, resulting work loads for each resource, over the considered time period, thus detecting overloads or bottlenecks that have to be resolved in order to assure compatibility with the Master Scheduling Program (MSP).

MRP systems manage the automation of a complex chain of operations, previously extremely long and time consuming to study. Thus, they offer the possibility to imagine various production scenarios, which can later be sanctioned by simulations, according to selected criteria (cost, coherency, effective use of production means…).

For a lot of companies engaged in an often spectacular diversification of products, MRP appears to be inevitable, as its functioning logic and its goals, seem coherent with the needs and constraints of the company. The classical scheme of an MRP system appears as an articulation of computer modules (Figure 9.10).

This scheme is simple to interpret: it is based on the MSP (Master Scheduling Program) defined by certain information (commercial orders, predictions, industrial policies aimed for example at translating the commercial orders in a production plan, accounting for seasonality, for vacations…).

The calculation of raw needs is done through the Master Scheduling Program (MSP) defined by the introduction of data on bills of materials, production routes and resources. Net requirements are obtained by accounting for existing stocks. Depending on whether the products are bought or manufactured, the provisioning plan is defined by the purchase orders and by the work orders. A load plan (or load diagram) per machine or group of workstations can be calculated and then be subject to a load-capacity simulation, machine by machine and period by period. If no incompatibility is detected, manufacturing orders are emitted by period, which will permit to undertake the sequencing of (either manually or via the use of a sequencing software interfaced to compute net needs), and then the start of production. Purchase orders are delivered to providers in the same way.

This scheme enables one to understand the two essential contributions of MRP: computation of a production plan and coherent provisioning with all of the system data, analysis of this plan feasibility compared to the company's resources. While these are the two main functionalities of an MRP system, it enables many other types of computation that we'll present after bringing forward the principle of "later planning".

Principle of "later planning"

If the entire data in the database is correct (reliability and exhaustiveness), the system allows one to establish a production plan period by period and a provisioning program coherent with the production decisions grouped in the Master Scheduling Program.

Knowing the components required to manufacture a product over a given time period, the production instructions and the manufacturing times, the system then computes the later dates of raw material orders and of the manufacturing start.

The previous computation corresponds to "gross" needs. The following step, computation of "net" needs, will take into account stocks of existing components or planned entries by a previous computation.

9.2.2 Some additional functionalities

A   Analysis of MSP feasibility

All elements are available to test MSP feasibility. As a matter of fact, after the computation of net component needs, the quantities and starting dates of the different components are known. From this information, it is possible, thanks to the knowledge of manufacturing instructions and times according to the different available means, to "translate" these needs (with some sorting) into a predicted load per means of production and per period. The comparison with the capacities of these resources enables the validation of MSP feasibility and, in the event of an incompatibility, to test modifications: growth of the capacity of a resource, subcontracting, modification of MSP (Figure 9.11).

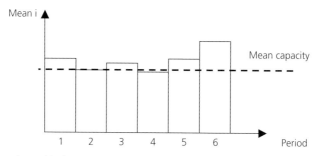

Fig. 9.11 Comparison with the capacities of these resources enables the validation of MSP feasibility.

This computation of feasibility can be made as soon as the production master plan is defined. The reasoning is then applied to macro-data (for example, we'll define macro routes or macro-resources) to globally test the validity of the MSP. This will avoid computing material requirements if the plan proves to be unrealistic as a result of the first test. Remember that it is naturally a test of mean values and hence approximate.

This brief presentation of MRP logic is very simplified. A lot of software offers more extensive features as described by the following examples.

B   Conflict management between load and capacity

During the load-capacity test, most software packages limit themselves to showing conflicts without managing them: it is considered that the system is of unlimited capacity and that the decisions required to solve these conflicts are up to the different decision makers.

Other systems (finite or limited capacity) offer to solve these conflicts using transfer of loads scenarios, in alternative periods and to incompatible production means having sufficient capacity. These scenarios based on heuristics cannot pretend to be optimal.

In general, in the case of a conflict between the load and capacity, it is easier to increase capacity through an increase in overtime or by outsourcing certain operations.

C   Planning and sequencing

We have seen that the MRP systems calculate by period (a parameter that must be defined for each company depending on the targeted precision goal and the production type). The result of net needs calculation thus gives a workload period by period, which is supposed to be coherent after the load-capacity test. At this level, most systems leave the sequencing decision to the planning manager who has to establish an accurate program enabling execution of the planned load for the period.

Some systems offer different sequencing scenarios (execution sooner, later, or according to other sequencing rules already mentioned…). However, despite the development of software packages, optimal situations are not automatically generated, notwithstanding the results that good sequencing theory could well predict.

D   Compatibility with other resource simulation

These systems enable feasibility simulations to be undertaken for other company resources (finance for example). This feature doesn't present particular difficulties providing the information is available. Knowledge of cost structures related to machine loads and payment procedures to providers for raw material, is information that, associated to net needs computation, enables the definition of a treasury load period by period. This load can then be compared to the company's treasury capacity and hence highlight incompatibilities.

Such simulations are possible if one is able to define a relation between the use of a resource and the quantities of a component to be manufactured (i.e the load defined by calculation of needs) as well as the capacity of this resource.

E   Total cost calculation

This point is linked to the precedent. Supposing that one can define total cost structures by machine and by product, nothing prevents a predicting calculation of costs generated by the manufacturing of any component or of the final product. The cost of a component = cost of materials + costs associated with the manufacture of this component. The problem is less in the calculation mechanism than in the accuracy of the economic data that can only be conventional (machine hourly cost or labour force hourly cost for example).

9.2.3 Processing and piloting precautions

It has to be noted that despite the power and logic of this planning system, the efficiency of these tools is often far from the result anticipated from its inherent performance.

Let's get back to the base scheme of MRP. The output that permits management depends on three factors:

- data processing logic;
- system internal data;
- input data.

Concerning data processing logic (latter planning), although it results in reducing stocks and delays, it is difficult to carry out in the case of non standardized product production such as, for example, the production of prototypes (always urgent) or of critical orders for privileged customers, which disturbs the later logic of the entire production.

The system internal data (bills of materials, routes or supplier delays for example) require constant updating procedures. The common modifications of products or of production processes are usually complicating factors in this need for accurate information.

Input data are essentially formed of commercial predictions feeding the MSP, although the market uncertainty, product diversity and, sometimes, the lack of knowledge with regard to future supplier delays are equally obstacles for the accuracy and stability of an MSP. The more approximated the input data, the further the results in terms of purchase order or production order detail are from reality. The internal logic of MRP software will process approximate input data with the same efficiency and hence, to ensure meaningful results, care is needed in input data formulation.

Failing to respect the precedent conditions allows only partial benefit from MRP systems, which are consequently often subject (unjustly), to criticism.

9.3 Interdependence of methods and representations

9.3.1 Synergy research

We have just presented two approaches (JIT and MRP) based on very different concepts. For more than 20 years, many other methods have been invented, developed or for some cases re-introduced. Of these, let us cite for example all those that focus on value analysis (VA); the goal is, with a representation similar to project management, to study at depth, the triptych: functions (of equipment or of a product), technical scenarios to satisfy these functions, and associated cost.

Of the most recent methods, let us cite those concerning Benchmarking. Based on the fact that extrapolating past results is insufficient for progress, the basic idea of Benchmarking is to systematically extract, the best management methods from other companies or industries, to understand and integrate them. The main interest of this approach is that on one hand it gives quantitative goals to potential improvements, and that on the other hand it results concretely in a structured methodology, separable into different steps.

The toolbox available for productivity improvement is thus wide and heterogeneous.

What method should be used, what policy should be followed? These questions, as is easily understandable, are particularly important for an industrial director, and especially in small businesses. The answers have evolved a lot.

In the eighties, MRP and JIT methodologies were usually opposed. This debate seems outdated now: it is evident that an MRP system provides incomparable assistance in data processing and the necessary planning calculations, which no manual system can solve. On the other side, the JIT approach only applies to punctual improvements linked to the management of dysfunctions whose consequences are visible in terms of industrial system data reliability. Thus, improvement actions arising out of JIT, aimed at quality, installation reliability, cycle delays, etc. provide many positive factors improving data, and thus improving computer-aided processing. Furthermore, as we've seen, the MRP approach doesn't focus directly on sequencing in the planning period. The Kanban procedure offers the possibility, as soon as efficiency conditions are met, to certify this efficient sequencing.

Another classic debate at the beginning of the nineties concerned the initialisation steps of progress actions. Was one expected, after the audit stage of an industrial situation, to lead successive and continuous improvements (Kaizen) or on the contrary, criticize systematically the existing by a re-engineering approach, which advocated for a radical redefinition of the processes?

The opposition, often publicized, between these two methods is in fact only superficial. Both aim at improvement goals (customer oriented) and only differ by the time period concerned. It is evident that technological, computational, or even strategic or organizational progresses can create or heal fractures but, in parallel, between two fractures, the permanent progress allows one to stabilize new situations leading to progress. The mechanization, automation, MRP and the constitution of autonomous teams have created fractures, but these innovations, once established, have joined a constant movement to assist with the irreversible research for productivity.

The current orientation tends to place the motivation and involvement of the personnel at the center of all progress actions. The heart of the problem is to identify incentives and their associated structures that create and sustain a sense of involvement and the systematic desire to improve all industrial situations in which the personnel is involved.

9.3.2 Current evolution and associated tools

For about ten years, companies have entirely focused on a new thematic: SCM (Supply Chain Management). SCM concerns the integrated and global logistic chain from order acknowledgement (or even the conception) of products to their delivery (or even after-sales) together with the logistic support.

It is also referred as a Value Net when the provider management is integrated within a wider group, managed with the help of the new information technologies.

Why such a trend? One can highlight two reasons: historical and technological.

The move towards integration is an evolution that began more than 20 years ago and that consists more in managing the notion of "process" than that of "local operations". Shingo, Toyota's Engineering Department Director, was already applying this distinction in 1980 and was advocating this vision "process" in flow management. Little by little, this point of view spread upstream and downstream in flow management. Everything that has been presented on quality management, of maintenance and especially on project management, are only integration steps between various functions, integration that was slowly building up SCM.

Little by little this concept of global physical and information flow management has become a key element in every industrial and service sectors. This trend has grown stronger and has been concretised by the phenomenal development of ERP software (Enterprise Resources Planning). These are aimed at processing all data included in the Supply Chain together with other enterprise data. As a matter of fact, the Supply Chain is made of a very important number of databases. The ERP will integrate those databases (that were often separated in the past) and give coherence to the set.

The progressive integration trend thus finds in ERP, the computer support needed, improved by the great potential offered by new information technologies and especially networks.

From a conceptual point of view, ERP is not necessarily an innovation, however, it is the achievement of a vision of integration seen through the computer tool. Companies and mainly large companies have massively turned to this tool, which nevertheless requires significant reorganization, often under-estimated. It is too early to make a final diagnosis of its efficiency, because the systems are new, are still evolving and we still don't have enough data to measure the full impact. The complexity and width of these systems give a new key role to service companies and computer scientists, which, through participative and organizational representations, had been partly attenuated in the nineties.

But the biggest challenge is the following: the steps of progress taken over the last 20 years have mainly highlighted the implication of the actors by easing autonomy and consensus research between functions.

Will the ERP tool ease this autonomy or, on the contrary, will it threaten it through the hardening of procedures imposed by the standardization of the collection and computer aided processing of data? The answer is not evident but, maybe more than in the past (knowing the importance of the investments concerned), companies face requirements for imagination and flexibility that will condition their future productivity.

In conclusion, it could be said that the major conceptual evolution concerning the methods and approaches of industrial management began in the 1980's with the Just-in-Time concept and with the first computer programs designed for needs calculation (MRP). The field of application of industrial management and logistics has grown; we approach the issue by process approaches, and by a more transversal vision: ERPs integrate all database exchanges, APSs (Advanced Planning Systems) analyse load-capacity coherence over the full length of the logistics chain, etc., but the concepts are not new. The major remaining questions deal with models of performance evaluation, as well as with the coherent and efficient industrial organization that combine these management innovations with the involvement of all the personnel concerned.

9.4 Bibliography

Industrial history and organisation
G. HATRY, *Louis Renault, patron absolu*, Ed. La Fourcade, Paris, 1981.
F.W. TAYLOR, *Rev. Métallurgie*, "Principes d'organisation scientifique des usines".
A. RIBOUD, *Modernisation mode d'emploi*, Ed. 10/18, 1987.
J. WOODWARD, *Industrial Organization. Theory and Practice*, Oxford U. Press, 1965.
H. FORD, *Propos d'hier pour aujourd'hui*, Ed. Masson, 1926.

Generalities about production management
GIARD, *Gestion de production*, Economica, 1994.
P. BERANGER, *Les nouvelles règles de la production*, Dunod, 1987.
Y. LASFARGUE, *Technologies, technofolie*, Ed. Organisation, 1988.
T. PETERS et R. WATERMAN, *Le Prix de l'Excellence*, Inter Editions, 1984.
J. WOMACK, D. JONE, D. ROOS, *The Machine that Changed the World*, Harper Collins Ed., 1991.
G. BAGLIN *et al.*, *Management industriel et logistique*, Economica, 1993.

Kanban and just in time approaches
S. SHINGO, *La production sans stock*, Ed. Organisation, 1990.
MONDEN, *Toyota Production System*, Industrial engineer & Management Press, 1983.
K. SEKINE, *Kanban*, Ed. Groupes et Techniques, 1983.
S. SHINGO, *SMED, une révolution en gestion de production*, Ed. Organisation, 1987.
S. SHINGO, *Le système POKA-YOKE*, Ed. Organisation, 1987.
T. OHNO, *L'esprit Toyota*, Ed. Masson, 1990.
M. IMAI, *Kaizen, la clé de la compétitivité japonaise*, Ed. Eyrolles, 1994.
M. BELLIVIER, *Le Juste à temps*, Ed. l'Harmattan, 1996.

Computer assisted production management
G. DOUMEINGTS, *GPAO*, Hermes, 1985.
ORLICKY, *Material Requirements Planning*, Mc Graw Hill Books Cy, 1975.
FOGARTY *et al.*, *Production and Inventory Management*, Ed. Southwestern, 1991.

Industrial quality
PERIGORD, *Réussir la qualité totale*, Ed. Organisation, 1990.
LYONNET, *Les outils de la qualité totale*, Technique et documentation, 1987.
E. DEMING, *Quality, Productivity and Competitive Position*, MIT. caes, 1982.
A. EALEY, *Les méthodes Taguchi dans l'industrie occidentale*, Ed. Organisation.
B. TODOROV, *ISO 9000*, Gaëtan Morin Editeur, 1994.
C. TAPIERO, *The Management of Quality and its Control*, Ed. Chapman-Hall, 1996.
B.G. DALE and J.J. PLUNKETT, *Quality Costing*, Ed. Chapman et Hall, 1995.
J. PIKE et R. BARNES, *TQM in action*, Ed. Chapman et Hall, 1996.
H. MATHE, *Le Service global*, Maxima, 1997.

J.J. DAHLGAARD et al., *Fundamentals of Total Quality Management*, Ed. Chapman, 1998.
F. MEYER, *Certifier la qualité*, P.U.S., 1998.

Industrial maintenance
S. NAKAJIMA, *La maintenance productive totale*, Ed. Afnor Gestion, 1989.
Y. PIMOR, *T P M Maintenance productive*, Masson, 1990.
SOURIS, *La maintenance source de profit*, Ed. Organisation, 1990.
C. BARBIER et al., *Le zéro panne par la topo-maintenance*, Ed. Maxima, 1993.
Y. LAVINA, D. CHAROUPIS, *Réussir l'automaintenance*, Ed. Organisation, 1996.

OPT and constraints theory
E. GOLDRATT, J. COX, *Le but. L'excellence en production*, Afnor ou North River Press, Inc, 1984.
E. GOLDRATT, *Theory of Constraints*, Ed. North River Press, Inc, 1990.
P. MARRIS, *Le management par les contraintes*, Ed. Organisation, 1994.

Industrial logistics
A. MARTIN, *D R P*, Ed. O. Wight, 1990 ou Ed. Aslog, 1996.
D. TIXIER, H. MATHE, J. COLINI, *La logistique d'entreprise*, Ed. Dunod, 1996.
P. EYMERY, *La logistique de l'entreprise*, Ed. Hermes, 1997.
J. MARTIN, *Distribution Ressource Planning*, Ed. Aslog, 1996.
P. P. DORNIER et al., *Global Operations and Logistics*, Ed. John Wiley, 1998.
A. J. MARTIN, *E. C. R. démarches et composantes*, Ed. Aslog, 1997.

Value analysis
S. BELLUT, *Compétitivité par la maîtrise des coûts*, Afnor Gestion, 1992.
C. JOUINEAU, *Analyse de la valeur*, Entreprises Moderne Edition, 1985.

Economic industrial approaches
R. C. CAMP, *Benchmarking*, Ed. Organisation, 1993.
P. L. BESCOS et al., *Contrôle de gestion et management*, Ed. Eja, 1993.
De la pierre à la cathédrale: les indicateurs de performances, Londez Conseil, 1997.
M. ZAIRI, *Measuring Performance for Business Results*, Ed. Chapman et Hall, 1994.
J. H. JACOT, J. P. MICAELLI, *La performance économique en entreprise*, Hermes, 1996.
L. RAVIGNON et al., *La méthode ABC/ABM*, Ed. Organisation, 1998.
P. LORINO, *Méthodes pratiques de la performance*, Ed. Organisation, 1997.

Project management
P. JAGOU, *Concurrent Engineering*, Hermes, 1993.
W. BRINER et al., *Le Manager de projet: un leader*, Afnor Gestion, 1992.
C. MIDLER, *L'auto qui n'existait pas*, Interéditions, 1993.
J. MEREDITH, *Project Management*, 1989 (seconde édition).
K. CLARK et T. FUJIMOTO, *Product Development Performance*, H. B. S. Press, 1991.
B. WANG, *Integrated Product, Process and Entreprise Design*, Ed. Chapman et Hall, 1997.

Tomorrow's enterprises
D. ROSENBERG, *Le Lean Management*, Ed. Organisation, 1994.
D. GERTZ, J. BAPTISTA, *Croître: un impératif pour l'entreprise*, Ed. Village Mondial, 1996.
J. RUFFIER, *L'efficience productive*, CNRS Editions, 1996.
P. LORINO, *Comptes et récits de la performance*, Ed. Organisation, 1995.

New industrial approaches

H. HAMMER, J. CHAMPY, *Le re-engineering*, Ed. Dunod, 1993.
J. JACOB, *Le re-engineering de l'entreprise*, Ed Hermes 1994.
S. SHIBA, *Le management par percée. Méthode Hoshin*, Insep Editions, 1995.
D. ROSS, *Competing through Supply Chain Management*, Ed. Chapman et Hall, 1997.

9.5 The author

Hugues Molet, civil engineer with a PhD of engineering and management, is a professor at the School of the Mines of Paris and in charge of the production and logistics Program (teaching and research).

He also belongs to the Center of Robotics of the School of the Mines, where, for more than twenty years, he has undertaken research on industrial problems about production and logistics. He is also President of the Association of the *Revue Française de Gestion Industrielle* and trainer-consultant for many industrialists. Some years ago, he was also the manager of a SME.

Chapter 10

Operations research in logistics

Alain Hertz

10.1 What is operations research?

There is no official definition of **operations research**. The International Federation of Operational Research Societies (IFORS) defines operations research as a scientific approach to the solution of problems in the management of complex systems. In a rapidly changing environment an understanding is sought which will facilitate the choice and the implementation of effective solutions which, typically, may involve complex interactions among people, materials and money.

In the introduction of their book on operations research, F.S. Hillier and G.J. Lieberman [Hil90] define operations research as a scientific approach to **decision making** that involves the operations of organizational systems. Thus, operations research is applied to problems that concern how to conduct and coordinate the operations or activities within an organization. The nature of the organization is essentially immaterial, and, in fact, operations research has been applied extensively in business, industry, civil government, hospitals, and so forth.

Given a real life problem to be solved, the approach of operations research can be summarized as follows; the process starts by formulating the problem and constructing a mathematical model that attempts to abstract the essence of the real world. It is then hypothesized that this model is a sufficiently precise representation of the essential features of the situation, so that the conclusions obtained from the model are also valid for the real problem. This hypothesis is then modified and verified by suitable experimentation.

Operations research is particularly concerned with the practical management of the organization. To be successful, it must provide understandable conclusions to the decision maker when they are needed. It must be pointed out that operations research is not only concerned with the **modeling** of systems that originate from real life. Indeed, one additional characteristic is that operations research attempts to find the best or **optimal solution** to the problem under consideration. Operations research is therefore concerned with **optimal decision making**.

In order to illustrate the above definitions and concepts, we describe in the next sections how operations research may help in the solution of constrained real life vehicle routing problems.

10.2 Vehicle routing problems

Operations research techniques are nowadays applied to a broad spectrum of problems. Vehicle routing is one of the most popular application areas. We aim to illustrate how the techniques of operations research may help to solve vehicle routing problems.

Roughly speaking, vehicle routing is the problem of determining for a fleet of vehicles, which customers should be served by which vehicles, and in what order each vehicle should visit its customers. Constraints generally include capacities of the vehicles as well as time windows for the customers. We consider the simplified problem where all vehicles are based at a unique depot. Figure 10.1 illustrates the problem to be solved.

As explained above, the operations research process starts by formulating the problem and constructing a mathematical model that attempts to abstract the essence of the real world. This can be done as follows.

Let $V = \{v_1, \ldots, v_n\}$ denote the set of customers and let v_0 denote a depot at which m identical vehicles are based. The vehicles are numbered from 1 to m. With each pair (v_i, v_j) of customers is associated a non-negative travel cost c_{ij}. Each customer has a demand of q_i units of some product, and must be visited during a time window $[a_i, b_i]$, a_i being the earliest arrival time at customer v_i while b_i is the latest arrival time. The depot is considered as a customer with zero demand and no time windows constraint. The capacity of vehicle k is equal to Q_k units of the product to be delivered. The vehicle routing problem consists of designing a set of least cost vehicle routes in such a way that:

- Every route starts and ends at the depot.
- Every customer is visited exactly once by exactly one vehicle at a time that lies within the given time window.
- The total demand of any vehicle route does not exceed the vehicle capacity.

Additional constraints and extensions are often found in real-world problems. For example:
- Each vehicle can operate more than one route, provided the total time spent on these routes does not exceed a given time T.

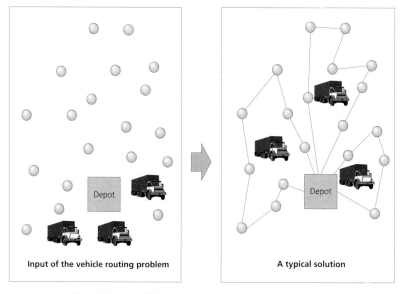

Fig. 10.1 The vehicle routing problem with a unique depot.

- The problem may involve both deliveries to and collections from customers. It may be required for each vehicle to first perform all deliveries before performing the collections. This is often referred to as **backhauling**.
- The drivers may also have working time windows. The vehicle can then only operate during these specified time windows.
- Time consuming activities other than the travel times must also be considered. For example, unloading times at the customer premises, loading times at the depot, etc.
- In companies with more than one depot, it is often the case that each depot is autonomous, with its own fleet of vehicles and its own geographical customer area to serve. In such a case, the company simply faces a number of independent single-depot vehicle routing problems. In other cases, however, depot operations are interdependent and vehicles leaving one depot may, after delivering to customers, end up at another depot, perhaps to load again and continue on a subsequent trip. In these cases, depots cannot be considered in isolation.

Notice also that instead of minimizing the total distance traveled, one can be interested in determining the minimum number of vehicles needed to visit all customers. For a given number of vehicles, one can also try to maximize the number of customers visited.

The information needed to describe a solution to the vehicle routing problem is twofold:

- We must specify which vehicles serve which customers;
- We must specify in what order each vehicle should visit its customers.

Such information can be represented by means of the following Boolean variables that are defined for each pair (v_i, v_j) of customers, and for each vehicle k:

$$x_{ij}^k = \begin{cases} 1 & \text{if vehicle } k \text{ visits customer } v_j \text{ immediately after customer } v_i, \\ 0 & \text{otherwise} \end{cases}$$

$$y_i^k = \begin{cases} 1 & \text{if customer } v_i \text{ is visited by vehicle } k, \\ 0 & \text{otherwise} \end{cases}$$

The problem is to minimize

$$\sum_{0 \le i,j \le n} c_{ij} \sum_{1 \le k \le m} x_{ij}^k$$

Subject to

$$\sum_{1 \le k \le m} y_i^k = \begin{cases} 1 & i = 1,...,n \\ m & i = 0 \end{cases} \qquad (1)$$

$$\sum_{i=1}^n q_i y_i^k \le Q_k \qquad k = 1,...,m \qquad (2)$$

$$\sum_{j=0}^n x_{ij}^k = \sum_{j=0}^n x_{ji}^k = y_i^k \qquad i = 0,...,n \quad k = 1,...,m \qquad (3)$$

$$\sum_{i,j \in S} x_{ij}^k \le |S| - 1 \quad \text{for all } S \subseteq \{1,...,n\} \tag{4}$$

$$y_i^k, x_{ij}^k = 0 \ \text{or} \ 1 \quad i = 0,...,n; \ j = 0,...,n; \ k = 1,...,m \tag{5}$$

The basic vehicle routing problem, without time window requirements, can now be formulated in mathematical terms as follows (see for example the Figure 10.1).

Constraints (1) ensure that every customer is visited by some vehicle, except for the depot, which is visited by all vehicles. Constraints (2) are the vehicle capacity constraints. Constraints (3) ensure that a vehicle visiting a customer also leaves this customer. Finally, constraints (4) are the "usual sub-tour elimination constraints" which ensure that each route starts and ends at the depot.

In operations research terminology, the vehicle routing problem is said to be **NP-hard**, which means that no polynomial algorithm is known allowing determination of an optimal solution to the problem. The best known algorithms need exponential time, and become therefore rapidly useless in practice when large instances have to be solved. Enumerative techniques (e.g., branch and bound, branch and cut algorithms) are examples of exponential time algorithms. They can be used for small instances but require too much computational effort for problems with several hundreds of customers.

However, difficult problems still have to be solved. That is the reason why instead of looking for an optimal solution, one may insist on a **fast solution method**, and accept the possibility of a **sub-optimal solution**. **Heuristic methods** are such kind of algorithms that deliver solutions of reasonably good quality for reasonable CPU-time.

10.3 The traveling salesman problem

When facing a difficult problem, it is often interesting to study special easy cases that can provide some insight into the structure of the problem, and can help in developing efficient solutions methods. In the case of vehicle routing, a natural simplification consists of removing the capacity constraints on the vehicles. This can easily be done by assuming that the capacity Q_k of each vehicle k is larger than the total demand of the customers. The problem to be solved then reduces to finding a unique vehicle route that visits all customers. It is therefore no longer necessary to determine which vehicle should serve which customer. Similarly, time window requirements can be relaxed by assuming that the drivers and customers are available at any time.

The simplified problem with no capacity constraints and no time windows requirements is known as the **traveling salesman problem**, or TSP for short. The TSP is seductively easy to state.

> **The traveling salesman problem**
> A salesman, starting from his home (which corresponds to the depot), has to visit each customer on a given list exactly once, and then return home; the order in which he visits the customers should be such that the total distance he travels is as small as possible.

It takes no mathematical background to understand the problem. Moreover, no great talent is needed to find good heuristic methods. It should however be mentioned that the traveling salesman problem is also NP-hard, which means that no polynomial time algorithm is known for finding an optimal solution. Nowadays, exact enumerative techniques can however provide near optimal solutions to the problem in cases where up to several thousands of customers exist.

Very few real-life vehicle routing problems can be stated as a TSP. The reason is that additional constraints must usually also be taken into account. It is nevertheless interesting to develop heuristic methods for the TSP. Indeed, solution tools for the TSP can often be easily extended or adapted to deal with the additional constraints of the vehicle routing problem. Also, the vehicle routing problem can naturally be decomposed into two sub-problems:

- Decide which customer should be served by which vehicle.
- Determine the order in which each vehicle should visit its customers.

The second sub-problem is a TSP, which means that TSP heuristics can be useful for ordering the customers visited by each vehicle.

It is also important to mention that many problems seemingly unrelated to the TSP can be formulated as a TSP. Hence, TSP tools can be applied to a wide range of problems from various contexts. This is illustrated in the next two sub-sections where two production planning problems are modeled as a TSP.

10.3.1   Job sequencing

Let $J = \{1,\ldots,n\}$ be a set of jobs to be sequenced on a single machine. The jobs can be processed in any order and the objective is to complete all of them in the shortest possible time. In order to process job i, the machine must be in a certain state S_i, and the initial and final state of the machine is S_0. The setup time for transforming the machine from state S_i to state S_j is denoted c_{ij}. The time needed to perform job i (once the machine is in state S_j) is denoted p_i.

To each permutation π of the jobs, we associate the job sequence in which job $\pi(i)$ is in position i. Let $\pi(0) = \pi(n + 1) = 0$. The total time required to complete all jobs according to a permutation π is equal to

$$\sum_{i=0}^{n} c_{\pi(i)\pi(i+1)} + \sum_{i=1}^{n} p_{\pi(i)}$$

Since the total processing time (second term of the above function) is sequence independent, it follows that the **job sequencing problem** is a TSP in which the customers correspond to the jobs, the depot corresponds to the initial and final state S_0 of the machine, and the distance between two customers i and j is equal to the setup time c_{ij} for transforming the machine from state S_i to state S_j.

10.3.2   Tool loading

In this section, we consider the **tool loading problem** encountered in flexible manufacturing systems. A series of n parts of different types, each requiring a particular set of tools of different sizes are to be produced on a single flexible machine. The tools are to be loaded in a magazine containing Q slots. Each part type requires at most Q tools, but the total number of tools required for all part types typically exceeds Q so that tool switches between part types are usually necessary. Each tool can be placed in any slot of the magazine. Before processing a part, all tools required by that part must be installed. Since the time required for tool switches can be significant relative to processing time, it is desirable to limit the amount of time associated with tool switches.

The tool loading problem consists of determining a sequence of parts and the corresponding sets of tools loaded in the magazine at any time, in order to minimize the completion time of all parts.

Since the total processing time of the parts is sequence independent, we are only concerned with the time associated with tool switches. Given any sequence of parts, the optimal loading of the tools in the magazine can easily be determined by applying the "Keep Tool Needed Soonest" (KTNS) policy [Tan88]. This policy states that when tool changes are necessary, those tools that are required the soonest for an upcoming part should be the first to be kept in the magazine.

If each part requires exactly Q tools, the tool loading problem reduces to a traveling salesman problem with distances

$$c_{ij} = Q - \left| T_i \cap T_j \right|$$

where T_i is the set of tools required by part i. In words, the distance c_{ij} is equal to the number of tool switches needed when producing part j immediately after part i.

In general, not all parts require Q tools, and the above distance over-estimates the number of tool switches. TSP heuristics can however still be applied to provide a heuristic solution to the tool loading problem.

10.4   Solution methods for the TSP

Many heuristic methods have been proposed for solving the traveling salesman problem. These solution methods can be divided in two categories, according to whether they **construct** a feasible good solution to the TSP, or whether they systematically try to **improve** a given initial feasible solution.

The most famous constructive heuristic methods are probably the **nearest neighbor** and the **cheapest insertion** algorithms. In the category of improvement heuristic methods, one finds the famous **edge-exchange procedures** proposed by Lin [Lin65] and Lin & Kernighan [Lin73], as well as various adaptations of **local search techniques** [Aar97] such as simulated annealing and tabu search. We give below more details on some of these heuristic methods.

10.4.1   The nearest neigbhor algorithm

The nearest neighbor algorithm is probably one of the first heuristic methods that have been proposed for solving the traveling salesman problem. One possible reason for its success is that it can easily be implemented. The algorithm can be described as follows.

Nearest Neighbor Algorithm
1. Start with a partial tour consisting of a single arbitrarily chosen customer v.
2. Determine the customer w not currently on the partial tour, which is closest to the last customer v of the partial tour.
3. Add w at the end of the partial tour.
   If the new partial tour visits all customers then STOP, else go to step 2.

This algorithm is illustrated in Figure 10.2. While it usually provides solutions of good quality, it can also sometimes give very poor results. Indeed, for a particular instance I of the TSP, let $L_H(I)$ denote the length of the tour constructed by the nearest neighbor heuristic, and let L*(I) be the length of an optimal tour. The ratio $L_H(I)$ / L*(I) is not bounded above, which means that for every value r, one may construct a TSP instance I for which $L_H(I)$ / L*(I) > r.

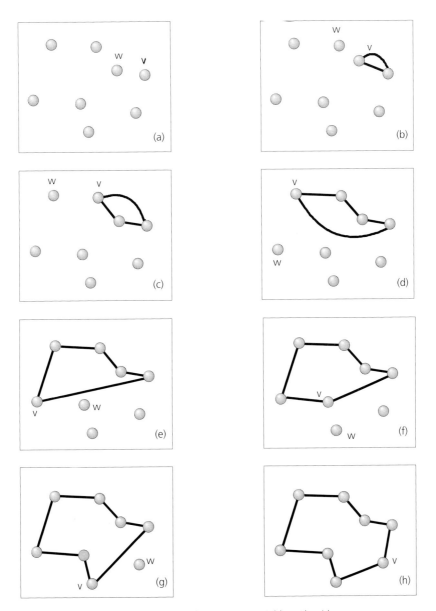

Fig. 10.2 Illustration of the Nearest Neighbor Algorithm.

10.4.2   The cheapest insertion algorithm

The cheapest insertion algorithm is also very intuitive and can easily be described as follows.

Cheapest Insertion Algorithm
1. Start with a partial tour T consisting of three arbitrarily chosen customers.
2. For each customer v not currently on the tour, compute the length $\lambda(v)$ of the shortest detour induced by the insertion of v between two consecutive customers in T.
3. Choose the customer v not currently on T that minimizes $\lambda(v)$ and insert v on T. If the new partial tour visits all customers then STOP, else go to step 2.

This algorithm is illustrated in Figure 10.3. Once again, this algorithm generally generates good solutions. However, it may happen that it produces very bad results. Indeed, as for the previous algorithm, let $L_H(I)$ be the length of the tour constructed by the cheapest insertion algorithm for an instance I of the TSP, and let $L^*(I)$ be the length of the optimal tour on I. The ratio $L_H(I) / L^*(I)$ can once again be arbitrarily large.

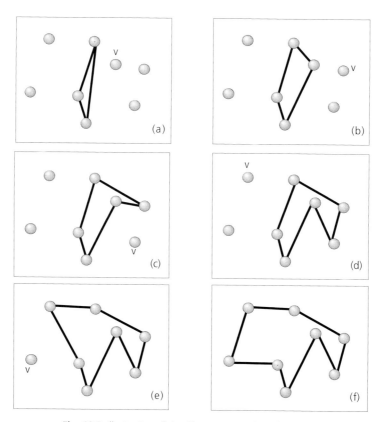

Fig. 10.3 Illustration of the Cheapest Insertion Algorithm.

10.4.3   Christofides' algorithm

We describe in this section an algorithm that can guarantee a tour length no more then 3/2 times longer than the optimal tour length. In other words, this algorithm proposed by Christofides [Chr76] has a ratio $L_H(I)$ / $L^*(I)$ which is smaller or equal to 3/2 for any instance I. In order to describe this algorithm, we first need to define several concepts.

Definition

A **graph** is a set of **nodes** joined by a set of lines called **edges**.
A **weight** ω_{vw} is associated with each edge (v, w) in the graph.

Notice now that the traveling salesman problem can be formulated in terms of graphs: the customers are the nodes of the graphs, and the direct links between the customers are the edges of the graph. The distance between two customers is the weight of the corresponding edge.

Definition

A **spanning tree** in a graph with n vertices is a collection of $n-1$ edges that join all the vertices into a single connected component.
The **cost of a spanning** tree is the total weight of its edges.

It is important to mention here that finding a spanning tree of minimum cost in a graph is an easy problem [Kru56]. Notice also that given a traveling salesman tour, deleting any edge from this tour yields a spanning tree consisting of a path through all customers. Thus, the optimal length of a traveling salesman tour is strictly larger than the minimum cost of a spanning tree on the customers.

We now define the last concept, which will help us to describe the algorithm proposed by Christofides.

Definition

Given an even number of nodes in a graph, a **matching** is a collection M of edges such that each node is the endpoint of exactly one edge in M.
The **cost of a matching** is the total weight of its edges.

We also mention here that finding a matching of minimum cost in a graph is an easy problem [Law76]. The algorithm of Christofides can now be described as follows.

Christofides' Algorithm

1. Construct a minimum cost spanning tree T on the set of customers.
2. Let D be the set of customers which are the endpoint of an odd number of edges in T. Construct a minimum cost matching M on D.
3. The union of T and D induces a tour that can possibly be shortened using shortcuts.

This algorithm is illustrated in Figure 10.4. As in the previous sections, let $L_H(I)$ denote the length of the tour constructed by this algorithm for an instance I of the TSP, and let $L^*(I)$ be the length of the optimal tour on I. It can be proved that the ratio $L_H(I) / L^*(I)$ is always smaller or equal to 3/2. Hence, the error is guaranteed to be smaller or equal to 50% of the optimal tour length. In practice, this error is usually smaller than 10%.

For comparison, the nearest neighbor algorithm and the cheapest insertion algorithm have no performance guarantee. However, on real-life problems they typically produce solutions with only 10 to 20% error.

10.4.4   Local search algorithms

The algorithms described in the previous sections are old ones. They all have been proposed in the sixties and seventies. More powerful heuristic solution methods have been developed in the eighties. They are all based on **local search techniques** that are briefly described in this section.

Let S be a set of solutions to a particular problem, and let F be a real-valued cost function defined on S. Local search techniques are general purpose solution methods which aim to find a solution in S with minimum value. Formally, local search techniques try to determine a solution s^* in S such that

$F(s^*) \leq F(s)$ for all s in S

The Simulated Annealing algorithm and the Tabu Search method [Aar97] are the most popular examples of local search techniques.

The general step of a local search algorithm consists of constructing from a current solution s, a next solution s', and checking whether one should stop there or perform another step. The solution s' is usually defined as the best solution in a so-called **neighborhood** $N(s)$ of s. The simplest local search technique that can be used for minimizing F on S is the **descent method**, which can be described as follows.

The Descent Method
1. Consider any solution s in S.
2. Find a solution s' in $N(s)$ such that $F(s') \leq F(s'')$ for all s" in $N(s)$
3. If $F(s) \leq F(s')$ then STOP. Else set s: = s' and go to Step 2.

Such a method clearly stops at a local, but not necessarily global optimum of F. In order to improve the efficiency of this simple descent method, one needs to keep track not only of local information (like the current value of the objective function F), but also of some information related to the exploration process. Tabu search [Aar97] for example is a local search technique that keeps information on the itinerary through the last solutions visited. Such information can be used to guide the move from one solution s to a neighboring solution, s' in $N(s)$.

In the TSP context, a solution is any traveling salesman tour. A neighbor of a tour T is defined as a tour T' which is closely related to T. The definition of "closely related" may vary from one researcher to the other. For example, one can generate a neighbor of a tour by doing an interchange of tour edges with non-tour edges. Examples of such interchanges are given in Figure 10.5.

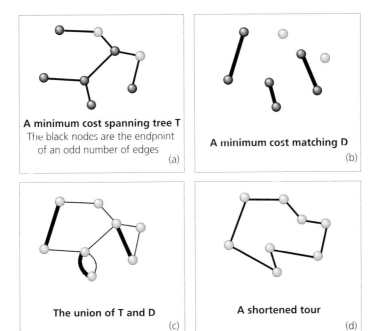

Fig. 10.4 Illustration of Christofides' algorithm.

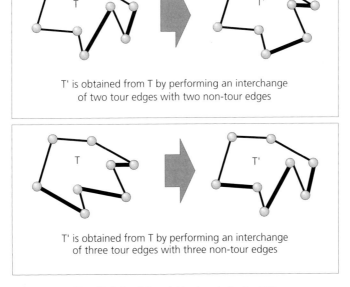

Fig. 10.5 Possible neighborhoods for the TSP.

Many other neighborhood structures have been proposed for the traveling salesman problem, and even for the more general vehicle routing problem. A summary of these numerous adaptations of local techniques to the TSP can be found in [Aar97].

Notice that on benchmark problems, local search techniques typically produce solutions with less than 1% error. This is much less than the 10 to 20% error of the simple constructive algorithms described in the previous sections.

10.5 Solution methods for the vehicle routing problem

Real-life vehicle routing problems (VRP for short) have capacity constraints on the vehicles, and are therefore more difficult to solve than the basic traveling salesman problem. We show however in this section that many solution methods for the TSP can easily be extended to the VRP. The purpose of this section is not to list all existing solution methods for the VRP, but simply to provide an outline of some of the best known. The heuristic solution methods can be classified in the following categories:

- Constructive methods;
- Two phase methods;
- Local search methods.

10.5.1 Constructive methods for the VRP

The nearest neighbor and cheapest insertion algorithms described in Sections 10.4.1 and 10.4.2 are constructive techniques for the TSP. They can easily be adapted in order to take into account capacity constraints. As an example, we show below how to adapt the nearest neighbor algorithm to the VRP. For simplification purpose, we will assume in this section that all vehicles have the same capacity Q.

A Constructive Algorithm for the VRP
1. Consider any not yet visited customer v.
   Define a new route R that starts at the depot, visits customer v, and turns back to the depot.
2. Let C be the set of not yet visited customers, which can be added to R without exceeding the vehicle capacity.
   If C is empty then go to Step 4.
3. Let w be the customer in C that is closest to the last customer v on R.
   Add w at the end of R and go to step 2.
4. If all customers are visited then STOP. Else go to step 1.

This algorithm builds the routes sequentially, one after the other. It uses **a *closest neighbor criterion*** to expand a route. Other criteria (e.g. ***cheapest insertion***) can of course be used, and the routes can also be constructed in parallel instead of sequentially.

Clarke & Wright have proposed in 1964 a constructive method which follows the same lines as above, and which is based on the concept of ***saving***. Their algorithm is without doubt the most widely known heuristic for the VRP.

Definition

Given any two customers v_i and v_j, the saving s_{ij} is defined as the cost that would result if instead of supplying customers v_i and v_j with two routes (v_0, v_i, v_0) and (v_0, v_j, v_0), one uses the link between customers v_i and v_j to get a single route (v_0, v_i, v_j, v_0). Formally, $s_{ij} = c_{i0} + c_{0j} - c_{ij}$.

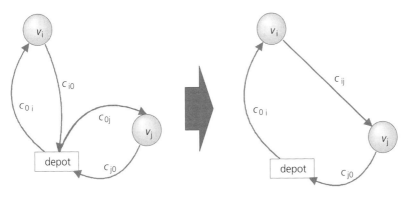

Fig. 10.6 Illustration of a saving.

This concept is illustrated in Figure 10.6. It is used in Clarke & Wright's algorithm as follows.

Clarke and Wright's Algorithm

1. Calculate the savings s_{ij} for all pairs of customers v_i and v_j, and order them in descending order.
2. Choose the first saving s_{ij} in the list that induces a feasible route (i.e., the total demand of customers v_i and v_j does not exceed the vehicle capacity Q) and such that both v_i and v_j are not yet visited customers.
   Define a new route R that starts at the depot, visits customers v_i and v_j, and turns back to the depot.
3. Find the first saving s_{ij} in the list such that v_i is the first of the last customer on R, v_j is a not yet visited customer, and v_j can be added to R without exceeding the vehicle capacity. Expand R by adding customer v_j at one of its two ends.
4. If all customers are visited then STOP.
   If the route R cannot be expanded further, then terminate the route and go to step 2. Else go to step 3.

The above algorithm produces circumferential routes that are often objected to by schedulers. This is probably the main reason why modified definitions of savings have been proposed to achieve different results [Gas67, Yel70, Mol76]. For example, Mole and Jameson [Mol76] have proposed to define savings in such a way that one can easily change from giving preference to circumferential routes, to giving emphasis to radial shaped routes. Their definition contains parameters that are user controlled.

10.5.2 Two-phase algorithms for the VRP

Two-phase heuristic methods for the vehicle routing problem belong to two different categories.

- **The route first – cluster second strategy** first constructs a giant tour visiting all customers. Then, in a second phase, the tour is partitioned into feasible vehicle routes satisfying the capacity constraints.
- **The cluster first – route second strategy** first determines a partition of the customers into clusters, each having a total demand not exceeding the vehicle capacity. A TSP is then solved on each cluster.

The heuristic described below is an example of the route first – cluster second strategy. It is illustrated in Figure 10.7.

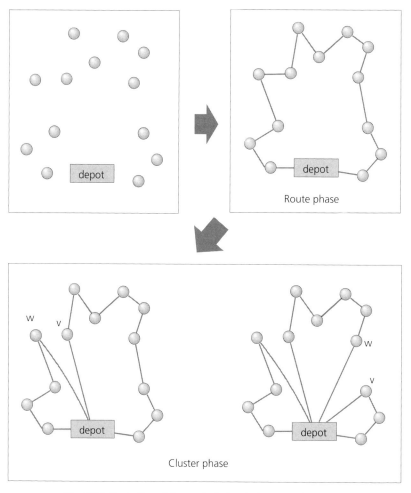

Route phase

Cluster phase

Fig. 10.7 Illustration of the route first – cluster second strategy.

The route first – cluster second strategy
Route Phase
    1. Apply any TSP heuristic for determining a tour T that visits the depot and each customer exactly once.

Cluster Phase
    2. If the total demand on T does not exceed the vehicle capacity then STOP, else go to Step 3.
    3. Starting from the depot, identify the first customer v on T that is responsible for an excess in vehicle capacity. Let w be the predecessor of v on T. In words, this means that the total demand on T from the depot to w is smaller or equal to the capacity Q of the vehicle, while the total demand from the depot to v is larger then Q.
    4. Create a new vehicle route that follows T from the depot to w, and then directly turns back to the depot.
       Update T by replacing the path from the depot to v by a direct link from the depot to v and go to Step 2.

The cluster first – route second strategy is illustrated in Figure 10.8. The most classical such heuristic is due to Gillet & Miller [Gil74] that we now describe.

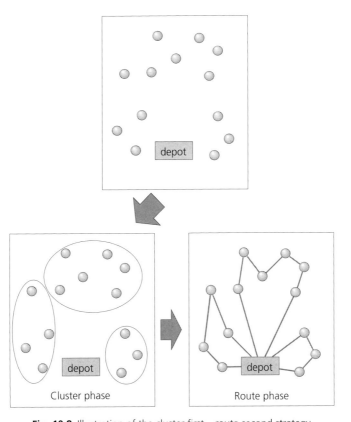

Fig. 10.8 Illustration of the cluster first – route second strategy.

The cluster first – route second strategy
1. Locate all customers by their polar coordinates (r_i, θ_i) with the depot at $r_0 = 0$ and customer v_1 at $\theta_1 = 0$. Reorder the customers such that $\theta_1 \leq \leq ... \leq\leq \theta_n$.

Cluster Phase
2. Let v_i be the customer with smallest angle θ_i that has not yet been assigned to any group. Create a new group containing only customer v_i.
3. Sequentially consider all customers that have not yet been assigned to any group, and include them in the current group as long as they do not violate the capacity constraint.
4. If all customers are assigned to a vehicle then go to Step 5, else go to Step 2.

Route Phase
5. Solve a TSP for every group of customers plus the depot to form the final routes.

10.5.3 Local search methods for the VRP

Nowadays, the most efficient heuristic solution methods for the vehicle routing problem are adaptations of local search techniques. As explained in Section 10.4.4, such methods are based on the definition of neighbor solutions.

The neighborhoods described for the TSP can also be used in the VRP context. These neighborhoods allow rearrangements of the customers on the vehicle routes, but they cannot modify the grouping of the customers.

A change in the grouping can be obtained through additional neighborhoods that either move a customer from one route to another, or permute customers from different routes. When a customer is removed from a route, its predecessor is linked to its successor. For adding a new customer in a route, a shortest detour criterion can be used. This is illustrated in Figure 10.9.

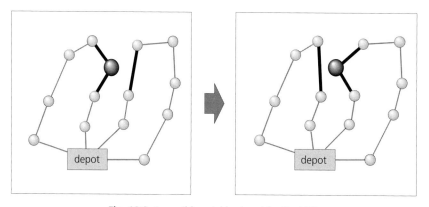

Fig. 10.9 A possible neighborhood for the VRP.

The capacity constraints may forbid the move of a customer to another route, or the permutation of two customers from two different routes. Consider for example a first route R_1 with four customers having each one a demand of one unit, and a second route R_2 with two customers having each one a demand of two units. Assume that the vehicle capacities are all equal to 4 units. In such a case, no customer can be moved from one route to the other without violating the capacity constraint. Indeed, moving a single customer from R_1 to R_2 would lead to a total demand of 5 units on R_2, while a move of a customer from R_2 to R_1 would lead to a total demand of 6 units on R_1. Also, any permutation of a customer in R_1 with a customer in R_2 leads to a total demand of 5 units on R_1. In such a situation, the local search technique is reduced to only apply the neighborhoods defined in Section 10.4.4. The grouping can therefore not be changed while the optimal solution possibly consists of two customers with one unit demand and one customer with two units demand in each route.

A possible way to overcome this situation is to accept solutions that violate the capacity constraints. One may then define the quality of the solution as the sum of the total traveled distance with a penalty term that is proportional to the excess demand with respect to vehicle capacity. Formally, the value $F(s)$ of a solution s is defined as follows:

$$F(s) = \text{total traveled distance} + \alpha(\text{total excess demand})$$

where α is a parameter of the local search method that gives more or less importance to the penalty component in F.

In the above example, if a customer moved from R_2 to R_1, then one gets a solution with an excess demand of two units on R_1 and no capacity violation on R_2. The value of this neighbor solution is therefore equal to the total traveled distance plus 2α.

10.6   Real – life constraints

In the previous section, we have seen how to extend simple TSP heuristics for dealing with vehicle routing problems having capacity constraints. We show in this section how solution methods for the TSP or the basic VRP can be further extended or adapted in order to take into account additional real-life constraints such as backhauling and time window requirements.

10.6.1   Backhauling

Suppose that the customers are divided into **linehaul** and **backhaul** customers, and that one must design a minimum cost vehicle route in which all linehaul customers are visited contiguously before all backhaul customers. This is the way several delivery and collect operations are organized. Using tools already developed for the TSP, it is not difficult to get heuristics for this more constrained problem known as the **traveling salesman problem with backhaul**. The same problem with capacity constraints is naturally called the **vehicle routing problem with backhaul.**

We give in this section some possible solution methods for the TSP with backhaul. Let L be the set of linehaul customers, and let B be the set of backhaul customers. In a feasible solution, the vehicle must start at the depot, visit all customers in L, then those in B, and finally turn back to the depot.

Various solution methods have been proposed for solving this problem. The three following heuristic algorithms are examples of adaptations or extensions of known TSP solution methods. The first algorithm is an adaptation of the cheapest insertion method described in section 10.4.2. The next two heuristic methods are illustrated in Figure 10.10, where the white points are linehaul customers, while the black ones are the backhaul customers.

Heuristic Backhaul_1 (adaptation of the cheapest insertion algorithm)
1. Let v be a linehaul customer and w a backhaul one. Consider the tour T that starts at the depot, visits v, then w, and finally turns back to the depot.
2. Choose a not yet visited customer x on T and update T as follows.
   If x is a linehaul customer then determine the cheapest insertion of x between the depot and the first backhaul customer.
   Otherwise (x is a backhaul customer), determine the cheapest insertion of x between the last linehaul customer on T and the depot.
3. If all customers are visited then STOP, else go to Step 2.

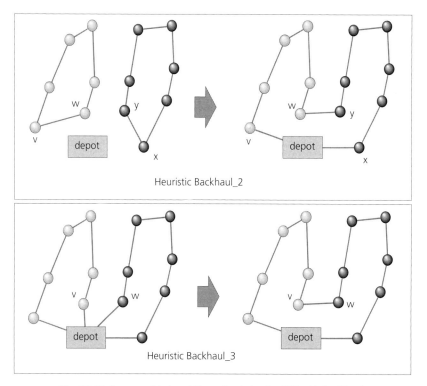

Heuristic Backhaul_2

Heuristic Backhaul_3

Fig. 10.10 Two possible heuristic methods for the TSP with backhaul.

Heuristic Backhaul_2
1. Determine a tour T_L visiting each customer in L exactly once.
   Determine a tour T_B visiting each customer in B exactly once.
2. For each pair (v,w) of consecutive customers on T_L, and for each pair (x,y) of consecutive customers on T_B, compute the cost of the following operation: remove (v,w) and (x,y), and add a link between the depot and v, a link between the depot and x, and a link between w and y.
3. Select the least cost operation, and do it in order to obtain a feasible tour T.

Heuristic Backhaul_3
1. Determine a tour T_L that starts at the depot, visits each customer in L, and turns back to the depot.
   Determine a tour T_B that starts at the depot, visits each customer in B, and turns back to the depot.
2. Let v be the first of last customer on T_L and let w be the first or last customer on T_B. Remove the link between the depot and v as well as the link between the depot and w, and add a link between v and w.

10.6.2 Time-window requirements

It often happens in practice that each customer v_i must be visited during a given time window $[a_i, b_i]$. The driver should then reach customer v_i before time b_i, and he cannot start the delivery at customer v_i before time a_i. If the vehicle arrives too early at v_i, then the driver may wait at the customer location until the opening of the time window.

The objective in a TSP with time windows is to minimize the total time needed to visit all customers. This total time is the sum of travel times and waiting times. Another possible objective is to simply minimize the travel times, without taking waiting times into account.

In some real life problems, the drivers have desires such as having their lunch at a specific place at their favorite restaurant. Such kind of constraint can easily be taken into account by defining a customer "restaurant" with a given time window corresponding to lunchtime.

Notice that the traveling salesman problem with time windows can model machine scheduling problems where a set of n jobs with release times a_i, deadlines b_i and sequence dependent processing times c_{ij} must be processed on a single machine. Determining a feasible job sequence that minimizes the makespan (i.e., the completion time of all jobs) is a TSP with time windows: each job i ($1 \le i \le n$) corresponds to a customer v_i with time window $[a_i, b_i]$, and the travel cost from customer v_i to customer v_j is equal to c_{ij}.

One possible way for extending known TSP heuristics to this more constrained problem is to modify the distance function as follows. Observe first that two customers close to each other may have time windows that are far apart which means that they should probably not be visited consecutively in an optimal tour. In order to take this into account, one may define a "proximity" measure p_{ij} for two time windows $[a_i, b_i]$ and $[a_j, b_j]$ of two customers v_i and v_j as follows (see Figure 10.11):

$$p_{ij} = \min\{b_j, b_i + c_{ij}\} - \max\{a_j, a_i + c_{ij}\}$$

This measure is positive if and only if the driver can visit v_i and v_j consecutively, without any waiting time.

By combining this proximity measure of the time windows with the distance function c_{ij}, one can get a pseudo-distance function d_{ij} that can be used in all TSP heuristics, in replacement of the distance function c_{ij}. One simple way of defining d_{ij} is to use a convex combination:

$$d_{ij} = \alpha c_{ij} + (1-\alpha)p_{ij}$$

where α is any real number in the interval [0,1].

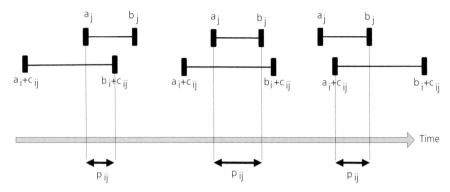

Fig. 10.11 Illustration of the proximity measure for two time windows.

When handling more than one vehicle because of capacity constraints, one may solve the VRP with time windows by means of a cluster first – route second strategy (see Section 10.5.2) in which the cluster phase aims to group in the same cluster, customers with similar time window requirements.

10.7 Arc routing problems

In this section we study problems in which the demands are on the roads instead of on the nodes of the network.

Formally, consider a graph with node set $V = \{v_1,...,v_n\}$ and edge set E. Assume that a subset E' of edges in E require some service. One wants to determine a least cost route that starts and ends at a given node in the graph, and that goes at least once through each edge of E'. Such a problem arises in contexts where a single vehicle must service streets for the purpose of garbage collection, snow removal, gritting, mail delivery, meter reading, etc.

The above problem is an **arc routing problem** in contrast to the traveling salesman and vehicle routing problems that are **node routing problems**.

When all edges requiring a service are directed edges, which must be visited in a given direction, then the arc routing problem can easily be transformed into a traveling salesman problem as follows.

Transformation of a directed arc routing problem into a node routing problem

Consider each required edge in E' as a customer and define the distance between two customers $a \rightarrow b$ and $c \rightarrow d$ as the shortest distance between b and c.

Any traveling salesman tour T on the set of customers can then be transformed into a solution S of the original arc routing problem, the cost difference between T and S being simply the total cost of the edges in E'.

This transformation is illustrated in Figure 10.12. When each required edge in E' can be visited in any direction, the transformation of the arc routing problem into a TSP is not so easy.

Moreover, Simple operations that are common in node routing such as removing a customer, inserting a new one, permuting two customers on a tour, become considerably more intricate and difficult to visualize in an arc routing context. This is probably the main reason why many heuristic procedures have been developed specifically for solving arc routing problems. Surveys on such heuristics can be found in [Dro00].

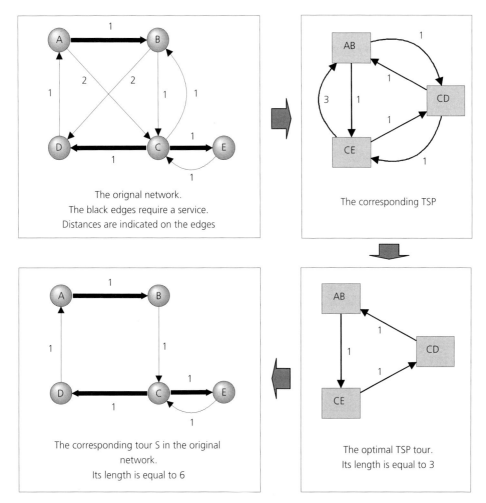

Fig. 10.12 Transformation of a directed arc routing problem into a node routing problem.

Many heuristics for the traveling salesman problem can be translated to the arc routing context. The most famous algorithm is due to Frederickson [Fre79] who has proposed a heuristic method that goes along the lines of Christofides' algorithm (see Section 10.4.3).

Frederickson's algorithm has an interesting performance guarantee. Consider first the case where the subset of edges requiring a service induces a connected graph G_R (which means that $r = 1$ at Step 1 of the algorithm described below). It can then be proved that Frederickson's algorithm produces an optimal solution. In other words, if all edges of E' can be visited without going through edges that do not require a service, then this algorithm produces the shortest possible tour.

It may however happen that the edges requiring a service do not induce a connected graph G_R (which means that $r > 1$ at Step 1 of the algorithm described below). In such a case, it can be proved that Frederickson's algorithm always produces a solution with at most 50% error (as Christofides' algorithm).

Frederickson's algorithm is illustrated in Figure 10.13, and can be technically described as follows.

Frederickson's algorithm

1. Let G be the original graph on which the arc routing problem is defined. Consider the sub-graph G_R of G, containing only the edges requiring a service. Let $C_1,...,C_r$ denote the connected components of G_R. If $r = 1$ then go to Step 4.

2. Construct a graph H_S with node set $\{1,...,r\}$, and link each pair of nodes in H_S. Define the cost of an edge (p,q) in H_S as the length of the shortest chain in G between a node in C_p and a node in C_q.

3. Determine a minimum cost spanning tree in H_S.
   For each edge (p,q) in the optimal spanning tree, add to G_R all edges that lie on the shortest chain between a node of C_p and a node of C_q.

4. Let D be the set of nodes in G_R that are adjacent to an odd number of edges. Construct a graph H_M with node set D, and link each pair of nodes in H_M. Define the cost of an edge (v_i,v_j) in H_M as the length of the shortest chain between v_i and v_j in G.
   Find a minimum cost matching in H_M.
   For each edge (v_i,v_j) in the optimal matching, add to G_R all edges that lie on the corresponding shortest chain between v_i and v_j in G.

5. The edges in G_R induce a feasible solution to the arc routing problem.

More specialized algorithms have also be designed for more constrained arc routing problems. For example, Dror et al. [Dro87] have solved problems with precedence constraints among the edges requiring a service. Multiple depot locations have been investigated in [Egl94], while time windows and time limits on the routes have been studied in [Roy89, Egl96]. More details can be found in the book [Dro00] devoted to arc routing problems.

10.8 Conclusion

As mentioned in the introduction, operations research is mainly concerned with optimal decision making. A main objective of operations research is to coordinate the activities within an organization. Nowadays, operations research tools have been successfully applied to problems in business, industry, civil government, and so forth.

Vehicle routing is an important component of logistical systems. It is also a very popular area to which operations research techniques have been successfully adapted. This is the reason why we have chosen vehicle routing in order to illustrate how operations research techniques may help to solve constrained real life problems.

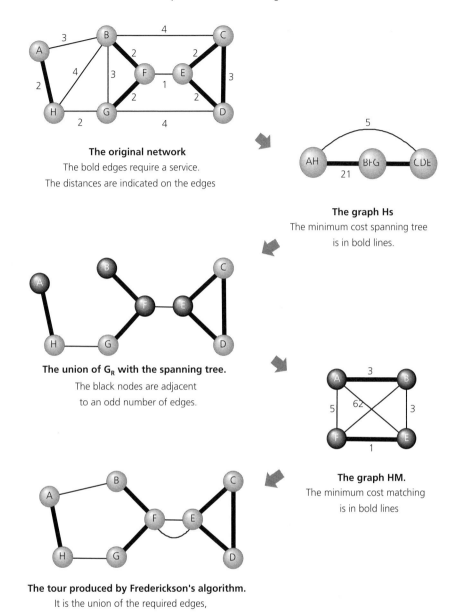

The original network
The bold edges require a service.
The distances are indicated on the edges

The graph Hs
The minimum cost spanning tree
is in bold lines.

The union of G_R with the spanning tree.
The black nodes are adjacent
to an odd number of edges.

The graph HM.
The minimum cost matching
is in bold lines

The tour produced by Frederickson's algorithm.
It is the union of the required edges,
the spanning tree and the matching.

Fig. 10.13 Illustration of Frederickson's algorithm.

Vehicle routing problems occur in a wide variety of practical problems with different constraints and objectives. We have first described a mathematical model as well as simple algorithms that can be used to solve basic vehicle routing problems. When additional constraints must be taken into account, these simple algorithms must be adapted or extended. We have given examples of such adaptations in the case of capacity constraints, backhauling, and time window requirements.

Real life problems have in fact a variety of additional constraints, such as multiple depot location, time limits on the routes, precedence constraints on the customers, and so on. The algorithms described in this chapter should therefore all be considered as skeletons of more specialized algorithms to be designed for each particular real life problem.

The last phase of an operations research study is the implementation of the solution method within the organization. The success of the implementation depends a great deal upon the support of both top management and operating management. The active participation of management in formulating the problem and evaluating the solution is therefore very important.

As final remark, we mention that operations research requires ingenuity and innovation. It is impossible to write down any standard procedure that should always be followed by operations research teams. We have tried, in this chapter, to give some guidelines that may help to conduct successful operations research studies.

10.9 Bibliography

[Aar97] AARTS E. and LENSTRA J.K. 1997. *Local Search in Combinatorial Optimization*. Wiley, West Sussex.

[Chr76] CHRISTOFIDES N. 1973. Worst-Case Analysis of a New Heuristic for the Traveling Salesman Problem. Report no. 388. Graduate School of Industrial Administration, Carnegie Mellon University, Pittsburgh.

[Dro00] DROR M. (editor). 2000. *ARC Routing: Theory, Solutions and Applications*. Kluwer Academic Publishers.

[Dro87] DROR M., STERN H., and TRUDEAU P. 1987. Postman Tour on a Graph with Precedence Relation on Arcs. *Networks* **17**, 283-294.

[Egl94] EGLESE R.W. 1994. Routing Winter Gritting Vehicles. *Discrete Applied Mathematics.* **48**, 231-244.

[Egl96] EGLESE R.W. and LI L.Y.O. 1996. A Tabu Search based Heuristic for Arc Routing with a Capacity Constraint and Time Deadline. *Meta-heuristics: Theory and Applications.* 633-649.

[Fis81] FISHER M.L. and JAIKUMAR R. 1981. A Generalized Assignment Heuristic for Vehicle Routing. *Networks* **11**, 109-124.

[Fre79] FREDERICKSON G.N. 1979. Approximation Algorithms for some Postman Problems. *Journal of the ACM.* **26**, 538-554.

[Gas67] GASKELL T.J. 1976. Bases for vehicle fleet scheduling. *Operations Research Quarterly.* **18**, 281-295.

[Gil74] GILLETT B.E. and MILLER L.R. 1974. A heuristic algorithm for the vehicle dispatch problem. *Operations Research.* **22**, 340-349.

[Hil90] HILLIER F.S and LIEBERMAN G. 1990. *Introduction to Operations Research*. McGraw-Hill Publishing Company.

[IFORS] *International Federation of Operational Research Societies,*
         URL: http://www.ifors.org/

[Kru56] KRUSKAL J.B. JR. 1956. On the shortest spanning sub-tree of a graph and the traveling salesman problem. *Proc. Amer. Math. Soc.* **7**, 48-50.

[Law76] LAWLER E.L. 1976. *Combinatorial Optimization: Networks and Matroids*. Holt, Rinehart and Winston, New York.

[Lin65] LIN S. 1965. Computer solutions of the traveling salesman problem. *Bell System Tech. J.* **44**, 2245-2269.

[Lin73] LIN S. and KERNIGHAN B.W. 1973. An effective heuristic algorithm for the traveling salesman problem. *Operations Research* **21**, 498-516.

[Mol76] MOLE R.H. and JAMESON S.R. 1976. A sequential route-building algorithm employing a generalized savings-criterion. *Operations Research Quarterly.* **27**, 503-511.

[Roy89] Roy S. and Rousseau J.M. 1989. The Capacitated Canadian Postman Problem. *INFOR.* **27**, 58-73.

[Tan88] Tang C.S. and Denardo V. 1988. Models arising from a flexible manufacturing machine: Part I: Minimization of the number of tool switches. *Operations Research* **36**, 767-784.

[Yel70] Yellow P. 1970. A computational modification to the savings method of vehicle scheduling. *Operations Research Quarterly.* **21**, 281-283.

10.10 The author

In 1984, Alain Hertz obtained his diploma in mathematical engineering at EPFL. After a stay in the department of business administration at the Hebraic University of Jerusalem, he came back to EPFL where he got up a Ph.D in sciences in 1989.

In close collaboration with the computing and operations research department at the University of Montréal, he was there named visiting professor from 1989 to 1991. Back to EPFL, he was named assistant professor at the department of mathematics in 1993. Since 1998, he is associate professor at the University of Montréal. In 2001, he was named full professor at the department of mathematics and industial engineering at the Ecole polytechnique in Montréal. His main research domains are combinatorial optimization, graphs theory, algorithmics in life sciences, and the development of decision aid systems for distribution and production problems.

In parallel to his research activities, and as president of the Swiss Society of Operations Research, he promotes this discipline by organizing several international conferences about graphs theory and combinatorial optimization, and by contributing to the edition of the "Journal of Heuristics", "Computers & Operations Research" and "Management Science". He also belongs to European working group committees specialized in combinatorial optimization and in automatic timetabling.

Chapter 11

Modeling and simulation in logistics

Thomas M. Liebling
Michel Bierlaire
Frank Crittin
Jean-François Hêche
E. Thiémard
A. Stagno
F. Righetti

11.1 Introduction

Modeling and simulation have been used extensively for many years to help understand, describe, and analyze the behavior of complex systems in many different fields. Moreover, the considerable advances in hardware and software over last years is now transforming simulation into an indispensable tool for the logistician who has to design and operate such systems.

Mathematical modeling and computer simulation are very powerful techniques, but they have their pitfalls and should be used cautiously. The subject is wide and multifaceted and certainly cannot be covered in detail here. Rather, this chapter is an overview presenting some important principles and a few applications. In the first part, we give an introduction to discrete-event simulation, an outline of the phases of a typical simulation project, and a brief discussion of implementation issues. In the second part, a mathematical toolbox including some notions of probability, statistics, Monte Carlo simulation, queuing theory, and inventory control is presented. Finally, in the third part, three applications are given: a hybrid production management system, a flow manufacturing study, and a dynamic traffic management system.

11.2 Discrete-event simulation

The two main concepts underlying simulation are the notions of system and model. A *system* is a set of interdependent components that together perform a specific function and a ***model*** is an abstraction of that system. Most models can be easily classified using three different characteristics:

- ***static*** or ***dynamic***: a static model represents a system at a particular time or one in which time plays no role, whereas a dynamic model represents a system evolving over time.
- ***deterministic*** or ***stochastic***: a deterministic model represents a system that does not contain any probabilistic rule, whereas a stochastic model contains at least one probabilistic component.
- ***continuous*** or ***discrete state (resp. time)***: continuous state models have a continuum of states whereas discrete state models have a discrete number of states. A

continuous time model can change its state in a continuous way, whereas a discrete model can change its state only at discrete time points.

Discrete-event simulation concerns models that are dynamic, discrete, and stochastic. From the above definitions, we see that discrete-event simulation concerns the modeling of systems which evolve over time and in which the state variables changes (possibly in a probabilistic way) instantaneously at discrete points in time. Since most manufacturing and logistics systems belong to this category, discrete-event simulation can be used to measure the performances or to design alternatives to such systems.

Discrete-event simulation allows to study the dynamics of a system by means of a computer model. Compared to the direct experimentation in the real-world system (the do and test approach), simulation has some clear advantages:

- the real-world system does not have to be disrupted (if it already exists);
- systems that do not exist can be studied;
- exploiting the power of modern computers, many different scenarios can be evaluated very quickly;
- the developed strategies can be calibrated prior to their implementation in the real-world system.

11.2.1   Steps in a simulation project

Simulation projects are usually carried out by an analyst at the request of a customer/user. A simulation project can conveniently be subdivided into the following eight steps. These steps are usually not carried out in a one-pass sequence; rather they are integrated into one or several iteration loops that can be traversed several times, if necessary.

1. Problem definition: every simulation project should begin with a statement of the problem. This step can be carried out by the customer/user or by the analyst herself (ideally however, in close interaction between both parties). Starting from this statement it is necessary to
   - define the current needs;
   - concentrate on the relevant parts of the system;
   - find a consensus between often conflicting participants.

   It is essential that the customer and the analyst agree on the formulation of the problem.

2. Objectives and planning: the objectives of the simulation study must also be clearly formulated. Moreover, a project plan has to be established. This plan must include
   - time requirements;
   - personnel requirements;
   - hardware and software requirements;
   - cost of the project.

3. Data collection: the analyst prepares a list of data requirements. Once the data are delivered, she must check their quantity (missing data) and their quality (errors or unreliable data).

4. Model building: a conceptual model is defined using mathematical and logical relationships. This model is then coded into an operational model.

5. Model verification: this step concerns the operational model and the analyst has to answer the following question: does the model work as intended? The analyst can be helped by:
   - use of animation;
   - use of variables and counters;

   – use of trace or debugging functions;

   – review by other analysts.

6. Model validation: this step concerns the conceptual model and the analyst has to answer the following question: does the model reflect the real system? This is a hard question where often only common sense can help. Sometimes it is possible to compare the model output with measurements from the underlying system (if it exists) and then apply statistical techniques to help validate (or invalidate) the model.

7. Experimentation: the analyst has to decide the scenarios to simulate. For each scenario, she must fix:

   – the length of simulation runs;

   – the number of runs;

   – the way to initialize simulation.

8. Results analysis and presentation: each simulated scenario has to be analyzed to quantify the impact of the proposed alternatives. The results have to be documented and presented in a clear form, using graphics to emphasize them.

As said above, the iterative loop may be closed at any step.

11.2.2 Simulation software

The choice of a tool to build the simulation model and to perform the simulation runs is a crucial step in a simulation project. It is important that the selected software be well adapted to the system to be modeled. The choice of an inadequate tool can involve delays in the realization of the project and therefore an increase of the global cost. Even if the analyst does not always have the possibility to choose the preferred software for building the model, knowledge of the features of the tool used is still useful. This can help to correctly tune project planning with its requirements (time, personnel, and costs).

Existing software can be classified into three categories. The first is represented by *general purpose languages* and is not specific to the simulation world. The two other categories, specially designed for the purpose of simulation, are represented by the *simulation languages* and by the *simulators*. The major characteristics of these categories are presented in the following paragraphs.

A General purpose languages

General purpose languages (C, C++…) can be used to build a model even if they do not include any special feature for the simulation. To simplify the work of the modeler, they can also be used in conjunction with *simulation libraries* (CSIM18…) that include some adapted simulation routines. Using a general purpose language to develop a simulation model has some clear advantages:

• **software knowledge:** most modelers already know a general purpose language;

• **software portability:** most general purpose languages are virtually available on every computer;

• **software flexibility:** general purpose languages may allow greater programming flexibility;

• **software cost:** software cost may be lower;

• **execution time:** an efficiently written program may require less execution time.

To counterbalance the above advantages, general purpose languages have also some serious drawbacks:

• **simulation features:** they do not provide most of the features needed in programming a simulation model;

- **simulation framework:** they do not provide a natural framework for modeling and simulation;
- **model re-use:** models are generally difficult to change and to adapt to new models;
- **error detection:** they do not provide an easy error detection. Many potential types of errors specific to simulation cannot be identified and checked automatically within a general purpose language.

For these reasons, it is difficult to systematically recommend the use of a general purpose language to develop a simulation model.

B   Simulation languages

Simulation languages are computer packages general in nature, but possibly with special features for certain types of applications. Simulation languages (GPSS, SIMAN, QNAP2, MODSIM…) are based on a true language and the model is designed by writing a program using the building blocks provided by the language. Even if those languages are less general than general purpose languages, they have a great flexibility and allow modeling of almost any kind of system. These languages still require significant programming expertise as well as long coding and debugging times when modeling complex systems.

C   Simulators

Simulators are computer packages for simulation of a specific class of systems with little or no programming. Simulators (QUEST, TAYLOR, PROMODEL…) allow to build a model using a mainly graphical user interface. For this reason, they have the major advantage of a short program development time. At the same time, they have the major limitation of only modeling system configurations permitted by standard program features. Furthermore their capability for modeling complex, large size systems is often limited.

Table 11.1 Main simulation packages available on the market.

Simulation Software	Classification	Graphical Model Building	Model Building via Programming	Animation	Real-time Animation	Input Distribution Fitting	Output Analysis	Design of Experiment	Unlimited model size	Interactive Debugging
Arena	Simulator	yes	not adequate	yes	yes	yes	yes	yes	yes	yes
Automod	Simulator	yes	yes	yes	yes	no	yes	yes	yes	yes
ModSim	Simulation Language	no	yes	yes	yes	yes	yes	yes	yes	yes
ProModel	Simulator	yes	not adequate	yes	yes	yes	yes	no	yes	yes
QOBJ	Simulation Language	no	yes	yes	yes	no	yes	yes	yes	no
QNAP2	Simulation Language	no	yes	no	no	no	yes	no	yes	no
Quest	Simulator	yes	not adequate	yes	yes	yes	yes	yes	yes	yes
Simple++	Simulation Language	no	yes	yes	yes	yes	yes	yes	yes	yes
Taylor II	Simulator	yes	not adequate	yes	yes	yes	yes	yes	yes	yes
Witness	Simulator	yes	no	yes	no	yes	yes	yes	yes	yes

Listed in Table 11.1 are the main simulation packages available on the market with a few important points of comparison (Swain 1999)(IIE Solutions 1999).

The reader will note an abundance of yes answers to the criteria in this table. That did not use to be the case not so long ago. This table is nonetheless given in detail, to display the main features that are desirable.

11.3 Mathematical toolbox

Model building is probably the most important step in a simulation study. It usually relies on serious mathematics that cannot be presented here in detail. Hence we give an introduction that contains some important, popular, and useful tools (Liebling 1998). First, we recall a few notions from probability and statistics that are required to build a stochastic model and to analyze both data and results of a simulation study. Second, we present an idea that is used in many simulation studies, namely the Monte Carlo principle (examples in vehicle routing and reliability theory are also given). Third, we give an introduction to queuing theory, a discipline concerned with the mathematical modeling and analysis of systems providing service to customers and fourth, the basics of inventory theory are introduced.

11.3.1 Modeling randomness

Whether randomness is in the nature of reality or is the result of imperfect knowledge is a philosophical question. Here we want to give a brief survey of how to deal with randomness (Ross 1988), how to quantify it and take it into account so as to introduce it into our models of reality and to be able to use some statistical tools (Ross 1997).

A   Elements of probability
Sample points, events and probability
Any action, or sequence of actions, which may have more than one possible outcome during repeated observations under the same conditions, can be considered as a **random experiment**. Any possible outcome of such an experiment is an **elementary event**. The set of all possible outcomes is denoted Ω and is called the **sample space**. For simplicity sake, we will concentrate our explanations here to the case where the sample space is a finite set. For cases where Ω is infinite, we refer to Ross 1988.

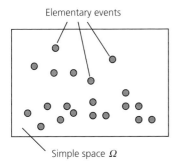
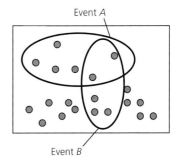

Fig. 11.1 Events and spaces.

Having defined Ω, one may associate to each elementary event $\omega \in \Omega$ a probability, $P(\omega)$, with $0 \le P(\omega) \le 1$ and

$$\sum_{\omega \in \Omega} P(\omega) = 1$$

These probabilities can either be interpreted as relative frequencies of occurrence of the elementary event or as subjective probabilities, i.e. the intensity of one's belief in a particular outcome prior to the experiment.

A subset A of Ω is called an *event* and its probability may be computed as

$$P(A) = \sum_{\omega \in A} P(\omega)$$

A collection of events associated to Ω forms a Boolean algebra F, if whenever A and B are in F, so are the complement $\bar{A} = \Omega - A$, the union $A \cup B$ and the intersection $A \cap B$, also Ω must be in F.

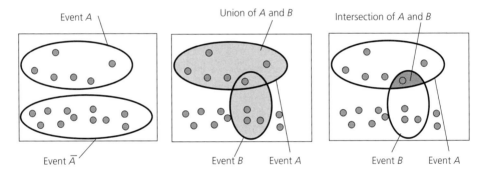

Fig. 11.2 Complement, union and intersection.

Two events such that $A \cap B = \varnothing$ are said to be *disjoint*. The basic laws of probability are

1. For disjoint events $A, B \in F$, we have

$$P(A \cup B) = P(A) + P(B)$$

2. For any event $A \in F$, we have

$$P(\bar{A}) = 1 - P(A)$$

In particular, the set Ω itself, the "sure event" and the empty set, the "impossible event" are in F and we have

$$P(\Omega) = 1 - P(\varnothing) = 1$$

3. Let B be an event such that $P(B) \neq 0$. Then the *conditional probability* of event A given event B is defined as

$$P(A \mid B) = \frac{P(A \cap B)}{P(B)}$$

This probability reflects the gain of information from the knowledge of event B on the probability of A.

4. Two events are said to be *independent* if

$$P(A|B) = P(A) \text{, i.e. } P(A \cap B) = P(A)P(B)$$

5. A triple (Ω, F, P) is called a *probability space*. Thereon one can define *random variables* as functions $X: \Omega \to \mathbb{R}$.

We illustrate these concepts on the example where the experiment consists in rolling a dice. We have

$$\Omega = \{1,2,3,4,5,6\}$$

$$P(\omega = i) = \frac{1}{6}, \forall i = 1,...,6$$

Events could be:
- the result is an even number $A = \{2,4,6\}$
- the result is smaller than three $B = \{1,2\}$

We have

$$P(A) = \frac{1}{6} + \frac{1}{6} + \frac{1}{6} = \frac{1}{2}$$

$$P(B) = \frac{1}{6} + \frac{1}{6} = \frac{1}{3}$$

$$P(A \cap B) = P(\omega = 2) = \frac{1}{6}$$

$$P(A \cup B) = P(\omega \in \{1,2,4,6\}) = \frac{4}{6}$$

$$P(A|B) = \frac{1/6}{1/3} = \frac{1}{2}$$

Finally, A and B are independent since

$$\frac{1}{6} = P(A \cap B) = P(A)P(B) = \frac{1}{2} \cdot \frac{1}{3}$$

Random variables and distribution functions

Every random variable arises as defined above, although the underlying sample space need not be finite. Very often random variables are just introduced as random numeral outcomes of experiments and the associated probabilities are given by their distribution function.

Thus a **random variable** is a variable, which as result of an experiment takes a certain value unknown prior to the experiment. After that, there is an outcome and hence a known value. The latter is called a **realization** of the random variable. Some examples are: time to failure of a machine, number of pieces in an order, execution time of consecutive jobs submitted to a machine, voltage in an electric circuit and gas pressure in a pipeline.

A random variable, which can take on either a finite or at most a countable number of possible values, is said to be **discrete**. The function p that assigns to each of these values its probability is called the **probability mass function** of the variable:

$$p(x) = P\{X = x\}$$

Fig. 11.3 Probability mass function.

The **distribution function** F of a real random variable X is defined for any $x \in \mathbb{R}$ by

$$F(x) = P\{X \leq x\}$$

A random variable is called **continuous** if its distribution function is continuous. For such a variable X, we can define a **probability density function** f such that, for any interval C of real numbers, we have

$$P\{X \in C\} = \int_C f(x)dx$$

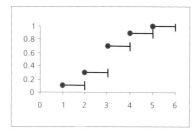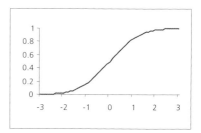

Fig. 11.4 Distribution function of a discrete random variable (left) and distribution function of a continuous random variable (right).

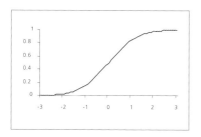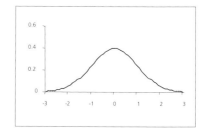

Fig. 11.5 Distribution function F of a continuous random variable (left) and the corresponding probability density function f (right).

The relationship between the distribution F and the probability density f is given by

$$F(a) = P\{X \in (-\infty, a]\} = \int_{-\infty}^{a} f(x)dx$$

Mean and variance

A random variable is completely characterized by its probability distribution, but it is not always necessary to know this function (sometimes, describing a random variable with a few parameters gives enough information). One of the most important characteristics of a random variable X is its **mean** or **expectation**, which we denote by $E(X)$:

$$E(X) = \begin{cases} \sum_{x:p(x)>0} x\,p(x) & \text{in the discrete case,} \\ \int_{-\infty}^{\infty} x f(x)dx & \text{in the continuous case} \end{cases}$$

The **variance** $Var(X)$ of X is another very important characteristic. The variance is a measure of the dispersion of a random variable around its mean. More precisely, the variance is defined as the average squared distance between X and its mean:

$$Var(X) = E\left((X - \mu)^2\right) = \begin{cases} \sum_{x,p(x)>0} (x-\mu)^2 p(x) & \text{in the discrete case,} \\ \int_{-\infty}^{\infty} (x-\mu)^2 f(x)dx & \text{in the continuous case,} \end{cases} \quad \text{where } \mu = E(X)$$

The square root of the variance, $\sigma = \sqrt{Var(X)}$, is called the **standard deviation**. The **covariance** $Cov(X, Y)$ between a pair of random variables X and Y is defined by:

$$Cov(X,Y) = E\left[(X - E(X))(Y - E(Y))\right] = E(XY) - E(X)E(Y)$$

The covariance is often normalized to produce a value between -1 and 1. This quantity, denoted by $\rho(X, Y)$, is called the *correlation coefficient* of X and Y:

$$\rho(X,Y) = \frac{Cov(X,Y)}{\sqrt{Var(X)Var(Y)}}$$

This coefficient is a measure of how the random variables X and Y are linearly related.

B   Fitting real data to known distributions

Some discrete random variables

The simplest random variable one can think of is that resulting from a (biased) coin flipping. We identify heads with the value *zero* and tails with **one**. Such a random variable is called a **Bernoulli random variable** X and we have $P(X = 1) = 1 - P(X = 0) = p$ The expected value of X is $E(X) = p$ and its variance $Var(X) = p(1-p)$.

Let us suppose that an experiment consists of n independent trials and that, in each of these trials, a success occurs with probability $p \in [0,1]$. Let X represent the number of successes occurring in the experiment. Then, we have

$$P(X = i) = \binom{n}{i} p^i (1-p)^{n-i} \text{ , for each } i = 0,\ldots,n$$

and X is called a **binomial random variable** with parameters (n, p) (we have $E(X) = np$ and $Var(X) = np(1-p)$). A Bernoulli random variable is just a binomial $(1, p)$ and a binomial (n, p) can be thought of the sum of n independent and identically distributed (i.i.d.) Bernoulli variables.

For some $\lambda > 0$, a discrete random variable having probability mass function

$$P(X = i) = e^{-\lambda} \frac{\lambda^i}{i!} , \quad \forall i \in \mathbb{N} ,$$

is called a **Poisson random variable** of parameter λ (we have $E(X) = \lambda$ and $Var(X) = \lambda$). Poisson random variables are often used to approximate the distribution of the number of successes in a large number of trials when each trial has a very small probability of being a success.

Table 11.2 Binomial random variable and Poisson random variable.

Probability distribution	Probability mass function $P(x = i)$	Mean	Variance	Example
Binomial with parameters *n,p*	$\binom{n}{i} p^i \cdot (1-p)^{n-i}$	np	$np(1-p)$	
Poisson with parameter λ	$e^{-\lambda} \frac{\lambda^i}{i!}$	λ	λ	

Some continuous random variables

A random variable X has a **uniform** distribution on the interval $[a,b]$ if its density over this interval is constant:

$$f(x) = \begin{cases} \dfrac{1}{b-a} & \text{for } x \in [a,b] \\ 0 & \text{otherwise} \end{cases} \quad \text{(we have } E(X) = \frac{a+b}{2} \text{ and } Var(X) = \frac{1}{12}(b-a)^2)$$

For some $\lambda > 0$, a continuous random variable having probability density function

$$f(x) = \begin{cases} \lambda \cdot e^{-\lambda x} & \text{if } x \geq 0 \\ 0 & \text{if } x < 0 \end{cases}$$

is an **exponential random variable** of parameter λ (we have $E(X) = \lambda^{-1}$ and $Var(X) = \lambda^{-2}$). This distribution is usually used to model a waiting time before a given event (for example, the waiting time before the next breakdown of a machine). A remarkable property of the exponential random variable is its so called *lack of memory* $P(X \geq s+t \,|\, X \geq s) = P(X \geq t)$; indeed we have

$$P\left(X\ge s+t\,\middle|\,X\ge s\right)=\frac{P\left(X\ge s+t,X\ge s\right)}{P\left(X\ge s\right)}=\frac{P\left(X\ge s+t\right)}{P\left(X\ge s\right)}=\frac{e^{-\lambda(s+t)}}{e^{-\lambda s}}=e^{-\lambda t}=P\left(X\ge t\right)$$

For some mean $\mu\in\mathbb{R}$ and standard deviation $\sigma>0$, a continuous random variable with probability density function

$$f(x)=\frac{1}{\sqrt{2\pi}\cdot\sigma}\,e^{\frac{-(x-\mu)^2}{2\sigma^2}}$$

is called a **normal (or gaussian) random variable** $N(\mu,\ \sigma^2)$.

Table 11.3 Uniform, exponential and normal (gaussian) random variable.

Probability distribution	Probability density function f(x)	Mean	Variance	Example
Uniform over [a,b]	$\begin{cases}\dfrac{1}{b-a} & \text{for } x\in[a,b]\\[4pt] 0 & \text{otherwise}\end{cases}$	$\dfrac{a+b}{2}$	$\dfrac{1}{12}(b-a)^2$	
Exponential with parameter λ	$\begin{cases}\lambda\cdot e^{-\lambda x} & \text{for } x\ge 0\\ 0 & \text{for } x<0\end{cases}$	$\dfrac{1}{\lambda}$	$\dfrac{1}{\lambda^2}$	
Normal with parameter $(\mu,\ \sigma^2)$	$\dfrac{1}{\sqrt{2\pi}\cdot\sigma}\,e^{\frac{-(x-\mu)^2}{2\sigma^2}}$	μ	σ^2	

The central limit theorem
  If $X_1, X_2,\dots,X_n$ is a sequence of independent and identically distributed random variables with finite mean μ and finite variance σ^2, then we have

$$P\left(\frac{X_1+\dots+X_n-n\mu}{\sigma\sqrt{n}}\le x\right)\ \xrightarrow{n\to\infty}\ \frac{1}{\sqrt{2\pi}}\int_{-\infty}^{x}e^{\frac{-x^2}{2}}\,dx$$

In other words, the sum of a large number of random variables converges to the normal distribution. For example, the sum of errors associated with repeated measurements of a given length. This theorem explains why the normal distribution is so pervasive in practice.

Point estimation
  In practice, it is useful to fit random variables to real data. Here we only consider to the case were the distribution has already been chosen and suitable values of its parameters have to be determined. This problem, which is called *point estimation problem*, can be formulated

as follows: let $X_1, \ldots, X_n$ be i.i.d. random variables issued from the same distribution $F(x|\theta)$ and θ the parameter to be estimated. There are many methods available to solve this problem: bayesian methods, bootstrap methods, the method of moments, and the minimum variance unbiased estimates. However, the most widely used and simplest method is maximum likelihood estimation. In this method, one tries to find the value θ which gives to the sample the largest probability to be obtained. Let f_θ be the density of F. The function $L(\theta) = f_\theta(x_1)...f_\theta(x_n)$ is called the *likelihood*. The *maximum likelihood estimator* $\underline{\theta}$ gives the maximum of $L(\theta)$. In practice, it is often simpler to maximize the logarithm:

$$\log(L(\theta)) = \sum_{i=1}^{n} \log\big(f(x_i)\big)$$

C   Generating random variables

Generating random numbers

To generate random variables, we first need a source of randomness. For this purpose, we usually use **pseudo-random numbers**, a sequence of values that have the appearance of i.i.d. uniform (0,1) random variables. A classical approach to generate such numbers is the following: start with a seed x_0 and use the recursion

$$x_n = (ax_{n-1} + c)\bmod m$$

where a, b, and m are positive integers with very special theoretical properties that have to be chosen with great care. Dividing these numbers by m, we obtain a sequence of values between 0 and 1. When properly constructed, the sequences thus obtained pass many of the tests that one would expect a true sequence of random numbers to pass.

Generating discrete random variables

Suppose that we want to generate realizations of a discrete random variable X with mass distribution function $P\{X = x_j\} = p_j$. The *inverse transform method* can be used to generate such values:

- generate a uniform (0,1) random number U,
- if $U < p_0$, then set $X = x_0$ and stop,
- if $U < p_0 + p_1$, then set $X = x_1$ and stop,
- if $U < p_0 + p_1 + p_2$, then set $X = x_2$ and stop,
- etc.

There exist other methods to generate such variables (e.g. the acceptance-rejection method or the composition method). Note that one of the most efficient methods for generating discrete random variables is the **alias method** (Bratley and Fox, 1987).

Generating continuous random variables

There are many methods for generating continuous random variables. The selection of a particular algorithm depends on the distribution to be simulated. For example for normal random variables, the Box-Muller method (Bratley and Fox 1987) is very popular. Here, as in the discrete case, we only state the inverse transform method, which is based on the following property: if U is a uniform (0,1) random variable, then for any continuous distribution function F, the random variable X defined by $X = F^{-1}(U)$ has distribution function F.

11.3.2 Monte Carlo simulation

Monte Carlo simulation is a very general tool (Bratley and Fox, 1987)(Fishman, 1996), with applications in various fields including statistics, finance, and engineering. In brief, a Monte Carlo study uses random sampling to approximate a mathematical expression. In logistics, it is mainly used to analyze stochastic simulation models using computers. To be more specific, let us narrow the scope of this presentation to the problem of evaluating the expectation $E(X)$ of a real random variable X in a stochastic model. If X takes its values in a given domain $D_x \subset \mathbb{R}$, we have

$$E(X) = \begin{cases} \displaystyle\sum_{x \in D_x} x p_x(x) & \text{in case of a discrete domain } D_x \text{ with an associated probability distribution } p_x \\ \displaystyle\int_{D_x} x f_x(x)dx & \text{in case of a continuous domain } D_x \text{ with an associated density function } f_x \end{cases}$$

For example, such an expectation could denote the average time required to manufacture an object on a production line, the probability for a firm to run out of stock of a given product, or the average number of deliveries a haulage company performs every day. Unfortunately, in most applications, we cannot compute the above expression because the domain is too large or complicated (in the discrete case) or because integration is analytically intractable (in the continuous case). Moreover, for most problems, distribution p_x or density f_x is not explicitly available. Usually, variable X is implicitly given as a result of the interaction of numerous stochastic sub-processes of the model. Furthermore, the rules modeling these interactions usually include resolution of an optimization sub-problem or application of a heuristic strategy we intend to test or calibrate.

Let $\{x_1, ..., x_n\} \in D_x$ be a set of independent realizations of variable X obtained by random sampling according to the corresponding distribution. In case this distribution is not explicitly known, these realizations are obtained by applying interaction rules of the model to the usually easier to generate random variables associated with the underlying stochastic sub-processes. For both discrete and continuous variables X, such a sample yields a basic Monte Carlo estimator A_n of $E(X)$:

$$A_n = \frac{1}{n}\sum_{i=n}^{n} x_i$$

This random variable A_n is an unbiased estimator of $E(X)$, since

$$E(A_n) = E(X)$$

Realizations $\{x_1, ..., x_n\}$ of X being independent, the variance of our Monte Carlo estimator A_n follows

$$\text{Var}(A_n) = \text{Var}\left(\frac{1}{n}\sum_{i=n}^{n} x_i\right) = \frac{1}{n}\text{Var}(X)$$

We see that A_n is a random variable with mean $E(X)$ and variance var$(X)/n$. In case var(X) is finite, the central limit theorem can be used to derive a confidence interval for $E(X)$ with coverage probability $\alpha \in \,]0,1[$ around A_n:

$$P\left\{A_n - \phi_{\alpha/2}\sqrt{\text{Var}(A_n)} \leq E(X) \leq A_n + \phi_{\alpha/2}\sqrt{\text{Var}(A_n)}\right\} = 1 - \alpha$$

It is a key feature of Monte Carlo simulation that the probabilistic error (say the width of the above interval) decreases like $n^{-1/2}$ multiplied by the standard deviation of X. In practice, the standard deviation of X is usually unknown and empirical estimators have to be used instead:

$$\hat{\sigma}_X = \left(\frac{1}{n-1} \sum_{i=1}^{n} \left(x_i - A_n \right)^2 \right)^{1/2}$$

We thus obtain the confidence interval

$$\left[A_n - \phi_{\alpha/2} \frac{\hat{\sigma}_X}{\sqrt{n}}, A_n + \phi_{\alpha/2} \frac{\hat{\sigma}_X}{\sqrt{n}} \right]$$

with width $2\phi_{\alpha/2} \dfrac{\hat{\sigma}_X}{\sqrt{n}}$.

That kind of Monte Carlo study is usually performed to compute a rough approximation of the result, to detect promising search directions (when developing or calibrating a strategy for example), or to spot occurrence of numerical difficulties. Then, in a second approach, more sophisticated methods including factorial designs, replications, batch means, and regenerative methods can be used (Bratley and Fox, 1987)(Fishman, 1996). For now, we will focus on the initial study. The following basic simulation scheme can be used most of the time:

1. $n := 0$
2. $n := n+1$
3. Generate x_n
4. $A_n = \dfrac{1}{n} \sum_{i=1}^{n} x_i$
5. If stopping criterion is not satisfied, then goto 2.

Standard stopping criteria include:
- stop after a number of iterations fixed beforehand,
- stop once the width of the confidence interval is smaller than a given value.

Most of the time, the crucial part of a simulation study is model building. An illustration of this difficult point is given in the following simplified logistics application:

A   Example in vehicle routing

Each day, a company constructs a tour for its truck to deliver goods to a subset of its k customers. Every morning, each customer announces whether he requires a visit or not. The company is small enough to disregard capacity constraints (the truck is supposed to be large enough) and time constraints (a tour never exceeds the length of one driver working day). Each tour has to start and end at the depot and the company wants to minimize its daily transportation costs, which are supposed to be proportional to the length of the tour.

Let us define a graph $G = (V, E)$ with $V = \{ v_0, ..., v_k \}$, where vertex v_0 represents the depot and vertices $v_1, ..., v_k$ represent the customers. The set of edges E is given by the road network (an edge $e_{ij} = \{ v_i, v_j \}$ exists if and only if there is a road linking up the corresponding places). The graph is supposed to be connected and the weight c_e of an edge $e \in E$ is defined as the length of the corresponding road link.

Let us suppose that a prior statistical analysis of past sales history revealed that a given customer $i \in \{ 1, ..., k \}$ launches an order according to a Bernoulli random variable Y_i of parameter $p_i \in [0,1]$:

$$Y_i = \begin{cases} 1 & \text{if customer } i \text{ requires a visit} \\ 0 & \text{otherwise} \end{cases}$$

with

$$P(Y_i = 1) = p_i$$

Let us denote by $L(Y_1,...,Y_k)$ the optimal length in graph G of a tour on the subset of nodes $V' \subset V$ requiring a visit, that is

$$v \in V' \Leftrightarrow (v = v_0) \text{ or } (Y_v = 1)$$

Assuming the decisions of the customers to be independent, the expectation of the length X of an optimal tour can be written

$$E(X) = \sum_{y_1,...,y_k \in \{0,1\}^k} L(y_1,...,y_k) \prod_{i=1}^{k} p_i^{y_i} (1-p_i)^{1-y_i}$$

A first difficulty occurring in the evaluation of the above expression is that the computation of optimal length $L(Y_1,...,Y_k)$ of a tour is equivalent to the resolution of a traveling salesman problem. Such problems being very difficult to solve (except for small graphs), heuristics are used to compute an approximation $L_{heur}(y_1,...,y_k)$ of this length. Such heuristics proved to be very efficient in practice.

A second difficulty is due to the sum in the above expectation consisting of 2^k terms, a number that grows very fast with the number of customers k. In this situation, except for small values of k, we cannot afford to enumerate all these cases. Hopefully, Monte Carlo simulation can be used to compute an approximation of $E(X)$ based on a random subset of these 2^k subsets of V. It is easily performed using the following algorithm:

1. $n := 0$
2. $n := n + 1$
3. For $i = 1$ to k do
   Generate $U \sim$ Uniform $(0,1)$
   If $U \leq P_i$ then $y_i := 1$ else $y_i := 0$
4. $x_n := L_{heur}(y_1,...,y_k)$
5. $A_n = \frac{1}{n} \sum_{i=1}^{n} x_i$
6. If stopping criterion is not satisfied, then goto 2

B   Example in reliability theory

A major concern in reliability theory (Shaked and Shanthikumar, 1990) is to calculate the probability that a given system functions under given conditions. In this introduction, we will focus on the simple case of binary reliability systems. We will suppose the system is composed of n components that can be either functioning or failed at a given epoch. For each $i = 1,...,n$ let us denote by x_i the state of component i such that

$$x_i = \begin{cases} 1 & \text{if component } i \text{ is functioning,} \\ 0 & \text{if component } i \text{ is failed} \end{cases}$$

We will assume that the state z of the system is fully characterized by the states of its n components $x = (x_1,...,x_n) \in \{0,1\}^n$. In other words, we suppose there is a structure function $\phi : \{0,1\}^n \rightarrow \{0,1\}$ such that

$$z = \phi(x_1, ..., x_n) = \begin{cases} 1 & \text{if system is functioning,} \\ 0 & \text{if system is failed} \end{cases}$$

Such a reliability system can be represented as a graph $G = (V, E)$ where
- each edge $e \in E$ represents a component of the system,
- the vertex set V contains two special nodes s and t,
- the system is functioning if and only if there is at least one path from s to t that is made up of edges that correspond to components that are functioning.

Let us point out that a component of the system can be represented by more than one edge of the graph. In this case, these sibling edges always fail and function simultaneously. Reliability graphs are usually made up of sub-graphs that express a logical relation between subsets of components of the system:
- Edges in series: the AND relation, to be used for a system that functions if and only if each of its components functions. For example, edges are put in series in the graph representing a three-engined airplane that flies if and only if each of its engines functions:

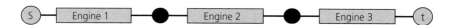

- Edges in parallel: the OR relation, to be used for a system that functions if and only if at least one of its components functions. For example, edges are put in parallel in the graph representing a three-engined airplane that only requires a single engine to fly:

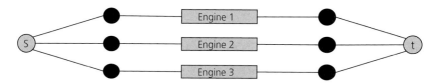

Of course, graphs representing practical systems are more complicated. However, they can always be constructed by fitting series and parallel sub-graphs into each other. For example, the graph representing a three-engined airplane that flies if and only if at least two of its three engines functions is obtained by putting in parallel the three series sub-graphs representing the three possible subsets of two engines among three:

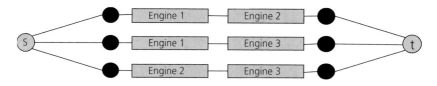

Let us suppose that the components of the system fail randomly and independently. Let us also denote by p_i the probability that component i functions. Then, $x = (x_1, ..., x_n)$ is a vector of n independent Bernoulli random variables and $z = \phi(x)$ is a Bernoulli random variable of parameter h. The parameter h, the reliability, is the probability that the system functions:

$$h = P\{z = 1\} = P\{\phi(x) = 1\} = E(\phi(x)) = \sum_{y \in \{0,1\}^n} \phi(y) \prod_{i=1}^{n} y_i^{p_i} (1 - y_i)^{(1-p_i)}$$

Unfortunately, the sum in this expression consists of 2^n terms, a number that grows very fast with the number of components. Then, except for very small systems, we cannot afford enumerating all these cases and compute the reliability in this way. Hopefully, Monte Carlo simulation can be used to compute approximations and confidence intervals for h. In the following sketch of an algorithm, we suppose the reliability graph $G = (V, E)$ is known:

1. $k := 0$
2. $k := k + 1$
3. For $i = 1$ to n do
    Generate $U \approx$ Uniform$(0,1)$
    If $U \leq p_i$ then $y_i := 1$ else $y_i := 0$
4. Let $E' \subseteq E$ be the subset of edges corresponding to components with $y_i := 1$
5. If $G' = (V, E')$ contains a path from s to t then $z_k := 1$, otherwise $z_k := 0$
6. $A_k := \dfrac{1}{k} \sum_{i=1}^{k} z_k$
7. If stopping criterion is not satisfied, then goto 2

C   Variance reduction

We already know that the Monte Carlo method has an $O(n^{-1/2})$ probabilistic convergence rate, where n denotes the size of the random sample. This rate is quite slow and cannot be improved without resorting to sophisticated techniques (Owen, 1997) that are beyond the scope of this introduction. However, it is usually possible to speed up Monte Carlo simulations by reducing the variance of our estimators. These variance reduction techniques include antithetic variates, control variates, stratification, and importance sampling (Bratley and Fox, 1987) (Fishman, 1996).

Let us introduce the basic principle behind these techniques with the control variate method. We still consider the problem of estimating the expectation of a real random variable X. Let us suppose that we can observe another random variable Y, a control variate, strongly correlated with X for which $\mu = E(Y)$ is known. Then, we can define the following random variable

$$Z = X + c(Y - \mu)$$

We observe that for any constant $c \in \mathbb{R}$, we have

$$E(Z) = E(X) + c(E(Y) - \mu) = E(X)$$

It means that $E(Z)$ can be estimated instead of $E(X)$. Let $\{(x_1, y_1), ..., (x_n, y_n)\}$ be a set of independent realizations of the bi-dimensional random variable (X, Y). For any constant $c \in \mathbb{R}$, we obtain the following unbiased Monte Carlo estimator of $E(X)$:

$$B_n = \frac{1}{n} \sum_{i=1}^{n} \left(x_i + c \left(y_i - \mu \right) \right)$$

But the most interesting point concerns the variance of Z

$$Var(Z) = Var(X) + c^2 Var(Y) + 2c \, cov(X, Y)$$

The constant c minimizing this expression is

$$c_{opt} = -\frac{\text{cov}(X,Y)}{\text{Var}(Y)}$$

For this choice of the constant, we obtain

$$\text{Var}(Z) = \text{Var}(X) - \frac{(\text{cov}(X,Y))^2}{\text{Var}(Y)} = \text{Var}(X)\left(1 - (\text{corr}(X,Y))^2\right)$$

which is always smaller than the original variance of X. However, we see that variance reduction is more important for a control variate Y that is strongly correlated with X. In practice, it is often possible to find such a control variate for which $E(Y)$ is known. Unfortunately, covariance $\text{cov}(X,Y)$ and variance $\text{Var}(Y)$, from which the optimal constant c_{opt} is calculated, are usually unknown and have to be estimated empirically. In practice, this additional estimation step usually implies a more moderate variance reduction.

As an illustration of this technique, let us go back to our vehicle routing problem. In this application, a natural control variate Y could be the number of customers requiring a visit. Clearly, this variate is positively correlated with the length X of an optimal tour (the more customers to visit, the longer the tour) and its expectation is

$$\mu = E(Y) = E\left(\sum_{i=1}^{k} Y_i\right) = \sum_{i=1}^{k} p_i$$

11.3.3 Queuing theory

Waiting, in a more or less orderly fashion, has been and still is a leading pastime of humanity. What may have changed over the times are the things we wait for, or more precisely the outer shapes that they assume. Waiting and congestion phenomena are also ubiquitous in production lines, in computer, and in telecom systems. Indeed it was precisely to get a grip on such phenomena in the context of telephones that Danish engineer Erlang invented waiting line or queuing theory nearly a century ago. For a detailed treatment of the subject, see for example Kleinrock (1975), Jain (1990), Heyman and Sobel (1990), and Winston (1994).

Almost systematically, **logistics chain management** involves designing and controlling queuing systems. Thus it comes as no surprise that, queuing theory has attracted many researchers, moreover recent advances in telecom and computers have really caused the field to develop. Indeed nowadays, queuing theory is recognized as one of the most powerful analytic tools for modeling the behavior of logistics and telecommunication systems. The processes studied by queuing theory involve scarce resources utilization. Such resources are necessary for **activities** carried out by *servers* on entities often called **clients**. When only a single resource is involved with an activity, it is identified with a server. Conflicts arising from concurrent demand of the same resource by several clients cause delays in activity completion, hence result in waiting phenomena. Schematically a queue can be viewed shown in Figure 11.6.

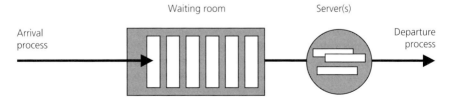

Waiting room   Server(s)

Arrival   Departure
process   process

Fig. 11.6 Schema of a queue.

A   Definition

A **waiting line** or *queue* is a stochastic system composed of the following two ingredients:

1.   The arrival process

Arrivals form a process described by the time intervals between two successive arrivals. The latter may involve individual entities or batches. In case of individual arrivals, the following notation is often used to describe the arrival process:

M :   Markovian, exponentially distributed inter-arrival times,

D :   Deterministic, constant inter-arrival times,

E_k :   Order k Erlang distribution, each inter-arrival time is the sum of k independent and identically distributed exponential random variables,

G :   General distribution. Also termed *GI* (*General independent inter-arrival times distribution*).

2.   The queuing discipline

This is the access rule to the (single) resource modeled by the server. Some typical disciplines are:

- *FIFO/FCFS* **(first in first out**, also called **first come first served).** Clients are served in order of arrival. This is the usual default policy.
- *LIFO/LCFS* **(last in first out,** also called **last come first served).** Clients are served in inverse arrival order.
- *SIRO* **(service in random order).** At the end of one service, server chooses the next client to be served at random among those who are waiting.
- *PS* **(processor sharing).** Clients share the server. If there are n clients being served, each receives $1/n$th of the server's capacity.
- *RR* **(round robin).** The server treats clients one after another during a fixed time *quantum* δ. Once he received his quantum, a client either leaves the system if his service is completed, or returns to the queue to let the next get his quantum or less if so. Priority rule *PS* can be seen as the limiting case of *RR* for $\delta \to 0$.

Client classes and preemption

Sometimes it is necessary or useful to create **client classes**, each being treated with some urgency or priority. Clients with a higher priority class are thus served before those with a lower priority. The system may finally allow **preempting** i.e. interrupt service of a given client in order to serve another one (perhaps of higher priority). The interrupted service may be taken up later, and work resumed from where it was interrupted, the time depending on the client's priority. This is called **preemptive resume**. Another possible situation that one may want to model is when, after preemption, already in progress work is lost and the whole task has to be repeated. This is called **preemptive repeat**.

Service description

Service times required for clients are modeled as realizations of **i.i.d. random variables** obeying given probability laws. A similar notation to that indicated for the inter-arrival times will be used for service times. The **number of clients** that can be served simultaneously is equal to the number of servers of the queue. It will be assumed that the servers at each queue are identical and operate independently of each other. These hypotheses simplify matters a lot.

Kendall Notation

We have the following shorthand notation by D. G. Kendall to describe queues. In its simplest form, it consists of the symbols

$A|S|m$

where:

A   indicates type of inter-arrival time distribution,
S   indicates type of service time distribution,
m   number of servers.

A and S take on the values M, D, G, or E_k as described above. Implicit in this notation are the following hypotheses:
- there is an infinite population of potential clients available,
- the queue has an infinite storage capacity,
- queuing discipline is FIFO.

Performance measures and interesting questions related to queues

Queuing system analysis aims at describing qualitatively the performance of such systems. Hence adequate **criteria** and **measures** must be introduced. With them, one should be able to describe in advance the performance of a given system and gauge the consequences of modification of the main parameters.

Some such performance measures are:
- number of clients in the system;
- number of clients waiting in line;
- waiting time of a customer;
- time spent in the system by a customer;
- work load of a server.

These are random quantities! We will be mainly interested in estimating their expectation and occasionally, in their higher moments or distribution (for the stationary case only).

Note that: As a rule, these random variables, as well as their expected values and distributions depend on time t. One should hence be talking about the number of clients present at time t... We will make a *stationarity hypothesis,* whereby all these quantities do not depend on time. This will make their characterization computationally tractable.

The queue M|M|1

Clients arrive following a Poisson process, i.e. the inter-arrival intervals are exponentially distributed independent random variables T_k.

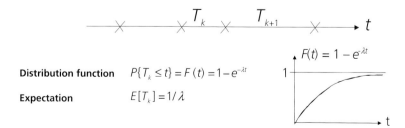

Distribution function $P\{T_k \le t\} = F(t) = 1 - e^{-\lambda t}$

Expectation $E[T_k] = 1/\lambda$

Fig. 11.7 The queue M|M|1.

A **single server** treats these clients with the *FIFO* priority rule. Time needed to complete service of each client is an exponentially distributed random variable with parameter μ, i.e. its expected value is $1/\mu$. The number $a(t)$ of clients arrived during $[0,t)$ is a Poisson random variable of expected value λt. We have

$$P\{a(t) = k\} = \frac{(\lambda t)^k}{k!} e^{-\lambda t} : k = 0, 1, 2, \ldots$$

If the system is in equilibrium, the same holds true for the number of clients, $b(t)$, having left the system during a time interval of equal length t. We shall derive the stationary distribution of the number of clients present in the system at time t, for $t \to \infty$. From the above hypotheses on the inter-arrival and service times, it follows that the number of clients in the system is a special continuous time Markov chain. In fact it is a birth and death process: The probability of more than one arrival and/or departure within a very short time is negligible. The following transition graph describes the process.

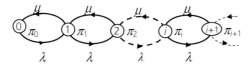

The associated intensity matrix reads

$$Q = \begin{bmatrix} -\lambda & \lambda & 0 & 0 & 0 & \ldots \\ \mu & -\lambda-\mu & \lambda & 0 & 0 & \ldots \\ 0 & \mu & -\lambda-\mu & \lambda & 0 & \ldots \\ \vdots & \vdots & \vdots & \vdots & & \ddots \end{bmatrix}$$

The stationary distribution of the number of customers is denoted by

$$\pi^T = [\pi_0, \pi_1, \pi_2 \ldots]$$

where

$$\pi_i = P\{N_\infty = i\} = \lim_{t \to \infty} P\{N(t) = i\}$$

It is obtained by solving the system of equations

$$\pi^T Q = 0^T$$
$$\pi^T 1 = 1$$

Let us write out these equations explicitly

$$\lambda \pi_0 - \mu \pi_1 = 0$$
$$\lambda \pi_{i-1} - (\lambda + \mu)\pi_i + \mu \pi_{i+1} = 0 : (i = 1, 2, \ldots)$$

On successively substituting the ith equation in the $i+1$st we get

$$\pi_i = \rho \pi_{i-1} : (i = 1, 2, \ldots)$$

where

$$\rho = \frac{\lambda}{\mu}$$

This quantity is particularly important. It describes the workload of the queue. We shall see that having

$$\rho < 1$$

is necessary and sufficient for the queue to be asymptotically stable, i.e. to converge to a stationary behavior. Indeed, we can solve the above equations and obtain

$$\pi_i = \rho^i \pi_0 : (i = 1, 2, \ldots)$$

Using the normalization equation

$$\sum_{i=0}^{\infty} \pi_i = \sum_{i=0}^{\infty} \rho^i \pi_0 = 1$$

we get

$$\pi_0 = \frac{1}{\sum_{i=0}^{\infty} \rho^i}$$

The sum in the denominator converges to a finite value, namely $1/(1-\rho)$, if and only if $\rho < 1$. We thus get

$$P\{N_\infty = k\} = \pi_k = (1-\rho)\rho^k : k = 0, 1, \ldots$$

This is the geometric distribution. The expected number of customers in the queue (without counting the client who might be in charge of the server) is

$$E[N_\infty] - P[N_\infty > 0] = \frac{\rho}{1-\rho} - \rho = \frac{\rho^2}{1-\rho}$$

The quantity ρ is the ratio between the mean number of arriving customers and the mean number of customers that can be served per unit of time. It is thus intuitively clear that $\rho < 1$ should be necessary for stability of the system.

Little's formula

This formula is a particularly simple but nonetheless important and useful relation. For these reasons one might refer to it as "queuing theory's Ohm's or Hooke's law". The formula

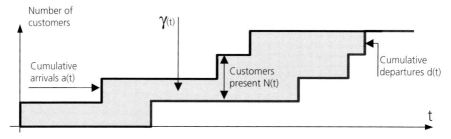

Fig. 11.8 Representation of a single server system.

is valid for *any* stable queuing system for which one can properly define the mean arrival rate of customers λ, the mean customer sojourn time W and the mean number of customers $\bar{N}$. Then Little's formula is

$$\bar{N} = \lambda W$$

Note that: If a single server system is being considered, the "system" may just be the queue alone, or the server alone, or both taken together. To establish Little's formula, all that is needed is the equilibrium condition, some book keeping plus a limiting process.

Let us define:

$a(t)$ = number of arrivals during $[0,t)$,
$d(t)$ = number departures during $[0,t)$,
$N(t)$ = number clients in the system at time t,
γ_t = client seconds spent in the system during $[0,t)$,
λ_t = average arrival rate during $[0,t)$,
W_t = average sojourn time of a client during $[0,t)$,
$\bar{N}_t$ = average number of clients present during $[0,1)$.

Simple book keeping and the definitions yield the following relations:

$$N(t) = a(t) - d(t), \quad \lambda_t = \frac{a(t)}{t}$$

$$W_t = \frac{\gamma(t)}{a(t)}, \qquad \bar{N}_t = \frac{\gamma(t)}{t}$$

We immediately deduce $\bar{N}_t = \lambda_t W_t$. It now suffices to invoke the limiting equilibrium conditions holding at stationarity: $\lambda = \lim_{t \to \infty} \lambda_t$; $W = \lim_{t \to \infty} W_t$, yielding Little's formula $\bar{N} = \lambda W$.

The queue M/M/s

This queue can be analyzed just as simply as the M/M/1 queue. The resulting formulas are somewhat more complicated, but that should not worry anybody, since the computer does all the work. Again the stochastic process underlying the number of clients in the system (including the ones being served) is a birth and death process with the following transition graph:

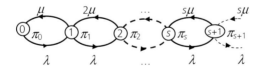

From this graph one deduces an analogous system to the preceding one that allows one to deduce equilibrium conditions and, when they are fulfilled, the associated equilibrium probabilities. A very elegant method to deduce the equations is to invoke the detailed balance relations:

If for each $i = 0,1,...$ we associate probability π_i to node i of the transition graph, the detailed balance conditions stipulate for any subset A of states

$$\sum_{\substack{i \in A \\ j \in A}} \pi_i q_{ij} = \sum_{\substack{i \in A \\ j \in A}} \pi_j q_{ji}$$

where q_{ij} are the elements of the intensity matrix that can be deduced from the above graph.

If one applies them successively to the sets

$$A_i = \{0,1,...,i\}, \; i = 0,1...$$

one gets the system

$$\pi_0\lambda = \pi_1\mu$$
$$\pi_1\lambda = \pi_2(2\mu)$$
...
$$\pi_{s-1}\lambda = \pi_s(s\mu)$$
...
$$\pi_i\lambda = \pi_{i+1}(s\mu)$$
...

The server occupancy for the MIMIs queue is

$$\rho = \frac{\lambda}{s\mu}$$

as one would have guessed. Using this notation, the above system of balance equations has the solution

$$\pi_i = \begin{cases} \dfrac{(s\rho)\rho^i}{i!}\pi_0 & i = 1,2,...,s-1 \\ \dfrac{s^s\rho^i}{s!}\pi_0 & i = s,s+1,... \end{cases}$$

The normalization condition for the distribution now yields

$$\pi_0 = \left[1 + \frac{(s\rho)^s}{s!(1-\rho)} + \sum_{i=1}^{s-1}\frac{(s\rho)^i}{i!}\right]^{-1}$$

Again, we see that the condition $\rho < 1$ is necessary and sufficient for the existence of a solution and hence for convergence of the system to stable behavior. Let us now compute the probability that an arriving customer must wait in the line, i.e. he finds all servers busy

$$\zeta = \Pr\left[\#(\text{clients in the system}) \geq s\right] = \sum_{i=s}^{\infty}\pi_i$$

$$\zeta = \pi_0\frac{(s\rho)^s}{s!}\sum_{i=s}^{\infty}\rho^{i-s} = \pi_0\frac{(s\rho)^s}{s!(1-\rho)}$$

The average number of customers in the system is

$$E[N_\infty] = \sum_{i=1}^{\infty}i\pi_i = s\rho + \frac{\rho\zeta}{1-\rho}$$

whereas the average number in the queue is

$$E\left[N_{queue}\right]=\sum_{i=m+1}^{\infty}(i-m)\pi_{i}=\frac{\rho\zeta}{1-\rho}$$

Waiting time distribution

For *M|M|s* queuing systems it is actually possible to give an analytic expression for the waiting time distribution as follows: Let W_q be the waiting time for a free server of an arriving customer in the steady state. We have

$$P\{W_q>t\}=\zeta e^{-s\mu(1-\rho)t}$$

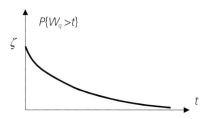

Finally, one can also compute the distribution of the time W spent in the system by a customer in steady state as

$$P\{W>t\}=e^{-\mu t}\left\{1+\zeta\frac{1-e^{-(s-1-s\rho)\mu t}}{s-1-s\rho}\right\}$$

11.3.4   Inventory theory

Inventory theory deals with the management of the stock of materials used to satisfy customer demand or support the production of goods or services. Effective inventory management is a key factor for successful supply-chain management and most inventory control systems in use today are built upon mathematical models. Before discussing some of these models, let us briefly recall some important issues, either calling for high or low inventories.

Motivation for not holding inventories

The main reason for keeping inventories as low as possible is that holding stock is expensive. The cost of having one unit in inventory for a given period of time is usually modeled by a **holding cost** that accounts for both **physical holding** cost (such as storage, handling, and insurance) and **financial holding cost** (such as opportunity or interest cost). If relevant, the consequences of **shrinkage** (such as obsolescence, deterioration or pilferage) can also be accounted for by the holding cost.

Motivation for holding inventories

Although maintaining stock of goods is expensive, there are pressures for holding high inventories. A first reason for having large inventories are **economies of scale** that occur whenever a **fixed cost** is incurred for each order independently of the order quantity (**lot size**). Such costs can represent **ordering cost** (preparation, negotiation…) or **setup cost** (changeover, fixtures…). These costs being independent of the order size, their sum for a given period decreases if the lot sizes increase. Obviously this induces higher inventory levels and higher holding costs. Economies of scale may also arise from **better labor and equipment utilization** or from **quantity discount**.

Uncertainty and **variability** are two further reasons for holding inventories. Maintaining stocks can improve delivery lead time and reduce the risk of shortage. The most common uncertainties arise in customer demand, supplier lead times and processing times. Customer demand is rarely known in advance and most inventory control systems rely on **safety stocks** to reduce the potential of **stockouts** and **backorders**. Shortages occur whenever customer requests cannot be satisfied on time with the available quantity in stock. Such cases may result in cancellation of a customer order, resulting in a loss of the sale, or waiting period for a backorder. Shortages are usually modeled introducing a **penalty** or **shortage cost** for every stockout or backorder. This cost includes the opportunity loss of present and future sales (customers may decide to do business elsewhere next time) as well as other extra expenses due to the backorders (special handling and delivery, discount…). Penalty costs are hard to estimate precisely and it is sometimes easier to ask for an order policy satisfying a given **service level**, which is typically defined as the percentage of demand fulfilled on time.

Uncertainty in the production process can arise from reliability or quality problems (breakdown, rework…) or from variability in the processing or delivery times. In order to smooth production and distribution processes, it may be profitable to create **buffer stocks** at various points in the supply-chain. These stocks increase the in-work inventory but can avoid disruptions in the production process and decrease production lead times.

Variability may also be predictable as in the case of planned promotion periods or seasonal demand. Increasing inventory levels in advance of predictable peak demand periods incurs higher holding costs but reduces shortage costs or those associated with special orders or productions needed to face peak demand.

Finally, let us mention that many other reasons, such as competition, marketing or even speculation, can lead managers to maintain higher inventory levels (Graves, Rinnooy Kan, and Zipkin, 1993; Heyman and Sobel, 1990; Krajewski and Ritzman, 1999).

A   Types of inventory models

The objective of inventory control models is to provide rules that indicate when to place an order and what quantity to order. Virtually every model tries to achieve this objective by way of minimizing costs (which in most cases follows the same policy as maximizing profits). Apart from this, inventory control models come in various shapes and sizes. Nonetheless, even if a full taxonomy is not possible, most models dealing with a single product can be categorized by three different sets of criteria: assumptions on the demand, cost structures, and system dynamics (Graves, Rinnooy Kan, and Zipkin, 1993; Heyman and Sobel, 1990).

The simplest models assume **deterministic demand**, which can be **constant** or **vary with time**. More involved models can deal with **stochastic demand** modeled by random variables with given probability distribution functions. Stochastic demand may in turn be **stationary** or **non-stationary** depending on the fact that its distribution function varies over time or not. The assumptions concerning demand are the most important ones with regard to the complexity and tractability of the mathematical model.

The cost function, which is to be minimized, is composed of ordering or setup costs, **variable costs** (production or purchase costs dependent on the lot size), holding costs, and shortage costs. As said earlier, shortage costs are sometimes replaced by constraints on service level. In the simplest cases, holding, variable, and shortage costs are all proportional to the quantity involved (**linear costs**), but can also be expressed as more complicated functions, typically **convex** or **concave** ones. As for demand, costs can be stationary or variable. Finally, the optimal control policy can be defined as the one minimizing the sum of **time discounted costs** or the **average costs** per unit time.

By **system dynamics**, we mean assumptions on lead times, treatment of shortages, review process as well as other characteristics, which affect the evolution of the inventory levels (such as defects, product life time or deterioration) or limit the ordering decisions (such as limited storage capacity or budget constraints). The **lead time** corresponds to the amount of time that elapses between the placement of an order and its reception (including any handling time necessary to place goods in the stock). The simplest option is to assume zero lead time but more realistic models deal with constant or even stochastic lead times. When **shortages** occur, excess demand is generally assumed to be backordered but can also result in lost sales. More general models use a mixed strategy where shortages are only partially backordered. Finally the **review process** specifies the monitoring of inventory levels. **Continuous review** arises when inventory levels are known at all times, as is the case for transaction systems where each demand transaction is recorded as it occurs. For continuous review models, one usually assumes that supply orders can be placed at any time. The opposite of continuous review is **periodic review**, where stock levels are known only at specific dates. The amount of time between two such consecutive dates defines a **review period** and orders can generally only take place at the beginning of these periods.

B   Deterministic models: the economic order quantity (EOQ) or lot size model

First introduced by F. Harris (1913) and then popularized by R. H. Wilson (1934), the EOQ model deals with the management of a single product whose demand is known with certainty and occurs at a fixed rate of μ units per unit of time. Replenishments can take place at any time and are assumed as a rule, to be available instantly (no lead time nor variability in received quantity). Shortages are not allowed and the product does not deteriorate in stock in any way. Moreover, there are no constraints on any used resources.

Costs are stationary and consist of a fixed (ordering or setup) cost K, plus a variable cost proportional to the order quantity, and of a unit holding cost h per unit time. Costs are not time discounted and the objective is to minimize the average costs per unit time over an infinite horizon.

Under the above assumptions, it is not difficult to see that the optimal control policy consists in ordering a fixed quantity Q, every T units of time, where $T = \mu Q$. The sum of fixed costs and holding costs per unit of time is given by

$$\frac{\mu K}{Q} + \frac{Qh}{2}$$

which is a convex function of Q over $[0,\infty)$. The optimal lot size is thus

$$Q^* = \sqrt{\frac{2\mu K}{h}}$$

When the product comes in discrete parts, a simple rounding procedure allows one to compute an integer optimal lot size. The total costs per unit of time and the evolution of the inventory position are illustrated in Figure 11.9. Let us note that the economic order quantity Q^* does not depend on the per unit purchase (or production) cost, since any policy must, in the long run, order μ units per unit time.

Although it is almost too simplistic for any real use, the EOQ model provides nonetheless, useful initial insight into the tradeoffs needed to balance costs arguing for either high or low inventories. Moreover extensions and variations of the model are numerous (Johnson and Montgomery, 1974; Graves, Rinnooy Kan, and Zipkin, 1993). For instance, it is possible to

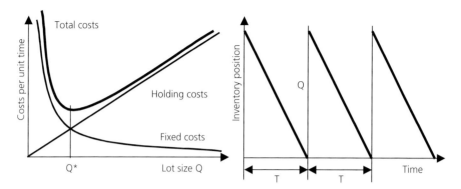

Fig. 11.9 Total costs per unit time as a function of the lot size Q and time evolution of the inventory position for the EOQ model.

account for shortage costs, constant lead-time, continuous replenishment rate or discounted purchase prices. If many products compete for a limited resource (such as production or storage capacity), lagrangian techniques can be applied and explicit optimal lot sizes determined.

Finally, periodic review variations of the EOQ model can account for time varying demand. These dynamic lot sizing problems are of special interest for MRP (Material Requirement Planning) based production planning and can be solved by dynamic programming or heuristic techniques based on properties of the EOQ model (Wagner, 1969; Winston, 1994).

C   Stochastic models

In real cases, demand and lead times are rarely known with certainty and are not always predictable with great accuracy. Stochastic inventory control models integrating uncertainty on demand and lead times, allow more realistic modeling, but generally require more involved analysis and resolution techniques.

Continuous review models

For continuous review systems, an important difference between deterministic and stochastic models resides in the computation of the **reorder point** (the inventory position where supply orders must be filed). The reorder point has to be at a high enough level to account for demand occurring during lead-time. For deterministic models, this quantity can be computed exactly but for stochastic demand, or lead times, one has to resort to mean values. In order to reduce the risk of a shortage, a safety stock is then added to the expected demand during lead-time. This addition increases holding costs but provides better service level and lower stockout or backorder costs.

The computation of the safety stock may take two courses. If shortage costs are available, minimization of total cost per unit time yields both the optimal lot size Q and the reorder point R. The alternative, especially useful when shortage costs are difficult to estimate, consists in deciding on a target service level. The safety stock is then derived using the cumulative distribution function of the demand during lead-time (most often approximated by a gaussian distribution) (Johnson and Montgomery, 1974; Peterson and Silver, 1979; Winston, 1994). A typical evolution of the on hand inventory is illustrated in Figure 11.10.

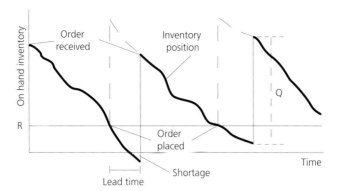

Fig. 11.10 Time evolution of the on hand inventory for a stochastic continuous review model.

Periodic review models

Analysis of periodic review models usually starts with single period problems. While not very interesting in themselves, these problems form the basic building blocks for computing ordering policy for multi-period problems.

The classic single period model, also known as the newspaper boy model, is as follows. At the beginning of the period, a replenishment takes place whose costs include a fixed cost K and a per unit purchase cost c. Then a non-negative demand D occurs, which is modeled by a random variable with distribution function F and mean μ. Any unit left at the end of the period induces a per unit holding cost h and any demand in excess of available quantity induces a per unit penalty cost p. If y denotes the stock level after replenishment, the expected holding and penalty costs are given by

$$L(y) = \int_0^y h(y-D)dF(D) + \int_y^\infty p(D-y)dF(D)$$

$L(y)$ is called the *loss function*. The expected total costs $G(y)$ are the sum of the purchase costs and the preceding costs $L(y)$ (the fixed cost is not included at this stage):

$$G(y) = cy + L(y) = cy + \int_0^y h(y-D)dF(D) + \int_y^\infty p(D-y)dF(D)$$

One can show that this function is convex and minimized for $y = S$, where S is the smallest solution of

$$F(S) = \frac{p-c}{p+h}$$

The quantity $(p-c)/(p+h)$ is called the *critical fractile* and is the optimal probability of not running out of stock. The value S is the *optimal stock level* and, for problems without fixed cost ($K = 0$), the ordering policy is quite simple:

If the initial stock level x is smaller than S then purchase (S–x) units in order to bring the inventory level up to the optimal stock level; otherwise do nothing.

If a positive fixed cost has to be paid when an order takes place, the optimal order policy is a two values policy, called the (s, S) **order rule**. Letting s be the smallest value verifying

$$G(s) = K + G(S)$$

the optimal control policy can be stated as follows:

> *If the initial stock level x is smaller than s then purchase (S-x) units in order to bring the inventory level up to the optimal stock level S; otherwise do nothing.*

Note that, for an initial stock level x between s and S, one could reduce the expected total costs by ordering the quantity needed to bring the inventory level up to S. However, such a decision would induce an expected saving of $G(S) - G(x)$, but would also add a fixed ordering cost K, making the global balance negative (see Figure 11.11).

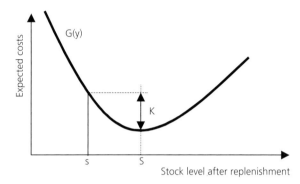

Fig. 11.11 Expected total costs for the simple period model as a function of the inventory level after replenishment.

The structure of these optimal control policies remains the same when the purchase, holding, and penalty costs are replaced by more general convex functions. Moreover they can be generalized to multi-period problems (Graves, Rinnooy Kan, and Zipkin, 1993; Heyman and Sobel, 1990):

- For multi-period problems without fixed cost, the optimal order policies are usually one value S policies at each period (the optimal stock levels S being generally different form period to period).
- For multi-period problems with fixed cost, the optimal order policies are usually two value (s, S) policies at each period (the values s and S being generally different form period to period).

11.4 Applications

Three applications of modeling and simulation are given in this final section. First, we propose a simulation study and a sensitivity analysis of a production management system. Second, flow manufacturing with an application to the determination of optimized polyvalence degree of workers is presented. Finally, we show how simulation can be used to build tools for intelligent transportation systems.

11.4.1 DSSPL system

DSSPL (Double Speed Single Production Line) is a hybrid production management system that combines JIT (Just In Time) and MRP (Material Requirement Planning) on a single production line. In the DSSPL system, JIT, which is a pull production system, and MRP, which is a push production system, interact along all the production line, from suppliers to customers.

The DSSPL system has been developed for the logistics performances of manufacturing industries that produce a large variety of slightly different products. One of the main advantages of the DSSPL system lies in the low financial investments required for its implementation. This is due to the use of the existing production and logistics system.

A   DSSPL features

Industries that build a large variety of products often have to deal with highly variable demand and have to cope with long and unreliable supplier lead times. Moreover, in order to manage the complexity of their systems (high number of articles, products, resources, etc.), these enterprises usually manage their production using an MRP (Material Requirements Planning) manufacturing and control system (Orlicky, 1975). Because of this framework, these companies can only guarantee mediocre lead times for all their products, which is insufficient to maintain their competitiveness. The improvement of their logistics performances with the DSSPL system consists in the reduction of manufacturing lead times through the decrease of the waiting times affecting valuable products.

Indeed, compared to other production management systems, the main feature of the DSSPL system is to assign the limited production resources in a selective way depending on the items to be produced. This implies a preliminary separation of the products into two categories: the A-products, which are generally limited in number and sold in relative large quantities, and the B-products, necessary to guarantee a broader product range and sold in smaller quantities according to a less regular demand. Based on this dichotomy, the DSSPL system focuses the resources of the company primarily on the valuable products by producing the A-items using a fast pull system and the B-items using a push system. The objective of this strategy is to significantly and economically shorten the lead times and the inventory levels of the A-items, while not affecting too much the B-item performance, which must result in a global improvement of the production system.

The DSSPL solution can be best applied when the number of A-items is relatively small and the demand sufficiently stable. These conditions are necessary for the implementation of kanban systems. A simple ABC analysis of the turnover of the industries addressed by the DSSPL framework shows that these requirements are often satisfied.

As in other hybrid JIT/MRP systems (SYNCHRO MRP (Hall, 1981), Deleersnyder (Deleersnyder et al., 1992), etc.), in the DSSPL approach A- and B-items share the same physical production line. But, contrarily to the former systems, a distinction is introduced between products: A-items are produced using a standard single card kanban (pull) arrangement, whereas B-item production is managed using a traditional MRP (push) system. This type of production organization can be compared to a single railroad on which two categories of trains circulate with different priorities (Figure 11.12). On this line, A-trains, with higher priority, can overtake B-trains with lower priority.

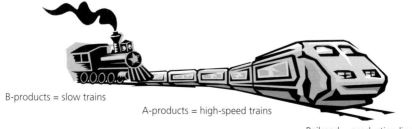

B-products = slow trains

A-products = high-speed trains

Railroad = production line

Fig. 11.12 DSSPL system comparison with a railroad.

One of the main issues of the DSSL approach is to describe how A- and B-trains must be managed inside the stations in order to serve primarily A-trains while ensuring that B-trains are never prevented from reaching their destination. The translation of this issue onto the production line corresponds to the development of appropriate scheduling rules to be used inside work centers for pull and push activity management. An important consequence of this issue is related to inventory management. Indeed, as A- and B-products are made from two sets of not completely distinct components, it is important to avoid A-components (components for A-items) being used for B-products. The scheduling rule that manages A- and B-production orders in work-centers is called QOMP (Queue of Order Management Policy). QOMP are locally configured in each work-center, the aim being to globally optimize the production line.

B   Application of simulation

Simulation can be used at least at two different stages during study of the DSSPL system. Simulation has been used at a conceptual level to compare the performances of DSSPL against other production management systems (pure JIT, pure MRP, etc.). At this stage, an idealistic production system has been implemented in a simulation model and a sensitivity analysis has been carried out. The effects of several factors like production load (A/B-products ratio, demand variability, etc.) on the logistics performances (inventory level, lead-times, delays, etc.) have been measured. As an example, Figure 11.13 shows how the system workload (horizontal axis) influences the product lead-times (vertical axis) in a DSSPL versus a pure JIT system. These results show that the DSSPL system becomes more and more interesting above a workload of 70%. For these conditions, the lead-time of A-products is decreased by more than 20%, but the lead-time of B-products is increased by about 40%. These values correspond to a QOMP policy that gives the highest priority to A-items in all the work-centers. Tuning these values can be realized through the selection of less rigid QOMP policies. More details on experimental conditions and results are given in Stagno *et al.* (Stagno, Glardon and Pouly, 1997).

Obviously, a new simulation model, containing the features of the specific enterprise, must be realized for dimensioning and optimizing each particular DSSPL implementation. Figure 11.14 shows a typical implementation of DSSPL between an internal production unit, called Unit 1, and the final assembly line of a company. In this particular case, the role of DSSPL is to manage the supply of sub-assemblies produced in Unit 1 to the final assembly line.

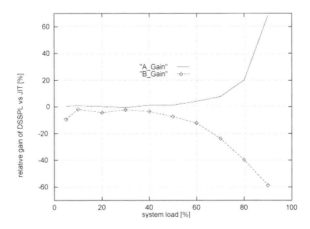

Fig. 11.13 Impact of the workload on lead-time.

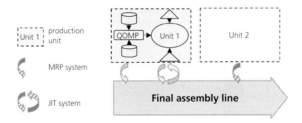

Fig. 11.14 DSSPL implementation.

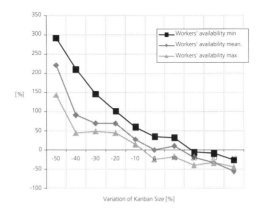

Fig. 11.15 Sensitivity analysis of an industrial DSSPL implementation

Figure 11.15 shows a sensitivity analysis of this implementation using a simulation model. Results (Hachen, Stagno and Glardon, 2000) are given relatively to reference values used to calibrate the DSSPL implementation.

In Figure 11.15, the relative variation of the number of production orders not served in the final assembly line, due to the lack of sub-assemblies produced in Unit 1, are represented on the vertical axis. The relative variation of the kanban size is represented on the horizontal axis. Three scenarios have been tested. Each scenario corresponds to the mean duration necessary to acquire a worker for the operation of a semi-automatic machine in Unit 1.

Results show how the number of production orders not served in the final assembly line increases when the kanban size decreases and when workers are not available. They also show that for a given kanban size, the number of production orders not served diminishes rapidly with the increase of the availability level of workers. These results are useful for real time dimensioning of the DSSPL.

11.4.2 Flow manufacturing systems

Another operation management system that requires simulation for dimensioning and optimization is flow manufacturing. Flow manufacturing is an efficient approach for improving the logistics performance of production systems.

A Flow manufacturing features

Two types of improvements are generally obtained with the flow manufacturing approach: (a) reduced inventories and (b) decreased lead-times. In assembly lines, inventory reduction is obtained through just-in-time production of the required sub-assemblies. Lead-time reduction is mainly achieved by decreasing the transfer lot size and through the suppression of centralized time-consuming transactions required in MRP-like systems (Orlicky, 1975).

The size of the transfer lot determines the number of parts, that a work-center has to process, before moving the lot to down-stream work-centers. The term *part* stands for "product currently processed". A part is a non-finished product.

Ideally, in flow manufacturing systems the size of the transfer should be one lot and the production process should be split into elementary operations. Splitting the production process into elementary operations requires that several employees can perform each operation. The number of operations that an employee is able to realize is called the *polyvalence level* of the employee.

Like many other production systems, flow manufacturing assembly lines can be very complex and when their complexity increases, it becomes difficult to understand and to optimize their operation. Complexity increases when the degree of interaction between the elements of the system (employees, work places, etc.) becomes more intensive and/or when the system is subject to important stochastic perturbations (failures, lack of components, variable quality of sub-assemblies, etc.). The most relevant parameters that affect the operation efficiency of flow manufacturing systems are represented in Table 11.4. This table contains also the most common performance estimators used for the efficiency measurement of these systems. The selection of optimized values for flow manufacturing parameters is particularly difficult because of their strong non-linear interactions and therefore often requires a simulation study.

Table 11.4 Operation parameters and performance estimators

Operation parameters	Performance estimators
Number of workers	Worker occupation
Worker polyvalence	Work-center occupation
Line balancing	Line balance
Production order schedule	Production order delay and lead-time

B Application of simulation

One of the most important applications for simulation of the dimensioning of flow manufacturing systems is related to determination of the optimized degree of worker polyvalence. This measure gives the number of different operations that a worker is able to perform, and therefore the training level that is necessary to provide to the worker.

A simulation model has been implemented to test the impact of the polyvalence degree on product lead-time in a particular industrial line. This model has been implemented using the FlowMan framework (Stagno, Glardon, 1999). FlowMan has been designed with the aim to shorten significantly the development time of flow manufacturing simulation models. It provides a limited number of configurable building blocks that can be interconnected in order to represent a broad variety of flow manufacturing systems.

Different degrees of polyvalence have been tested in this particular application (Figure 11.16) and for each value, the mean production order lead-time has been measured. In Figure 11.16, the relative lead-time reduction related to the lead-time obtained with a polyvalence degree of three, has been represented on the vertical axis.

This experiment has shown that improving the degree of polyvalence from three to four allows a lead-time reduction of more than 60%. It has also shown that increasing this degree from four to five results in an additional lead-time reduction of only 10%. These results have been used to help to select of the optimized training level for workers on the assembly line.

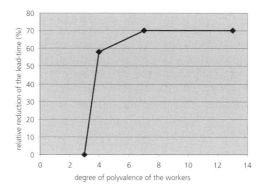

Fig. 11.16 Impact of the polyvalence degree of the workers on lead-time.

11.4.3   Simulation tools for intelligent transportation applications

Here we present a specific field of applications where simulation tools play a preeminent role: Dynamic Traffic Management Systems. In the context of Intelligent Transportation Systems, the main role of Dynamic Traffic Management Systems (DTMS) is to improve general traffic conditions using advanced technologies, managed by real-time intelligent software systems. There are two important functions of such systems. In the context of the economic interpretation of transportation, one of them affects transportation supply (that is the network characteristics), while the other influences transportation demand (that is users' behavior).

Control systems, often called Advanced Traffic Management Systems (ATMS), impose restrictions and constraints on traffic flows. These systems include traffic lights (based on fixed timing or on pro-active rules), ramp metering, speed limit signs (fixed or variable) and lane-use signs. In general, driving laws enforce drivers to comply with these systems. By modifying the capacity of the network, ATMS affect transportation supply.

Information systems, or Advanced Traveler Information Systems (ATIS), provide traffic information, travel recommendations and guidance to drivers, aimed at helping them make better decisions. These include radio forecasts, web-based or on-board navigation systems and variable message signs. Such systems differ from ATMS in that drivers are not obliged to follow the recommendations of the system. ATIS, by influencing drivers travel decisions, are designed to influence transportation demand.

An effective application of these systems must therefore be based on an implicit or explicit simulation of the interaction between demand and supply. Before presenting two significant roles of simulation in DTMS, we emphasize the importance of human behavior in such a context.

A   Importance of behavior

The role of human beings is central in a transportation system. Indeed, the system state at each point in time depends on the combination of many separate trip decisions. Individuals within the transportation system perform different activities in several locations, depart during various periods of the day, use diverse transportation modes, select distinct itineraries, and so on. Also, driving behavior influences (sometimes significantly) the performance of the system: acceleration and deceleration, lane changing, emergency brake, compliance with traffic signals, etc.

Therefore, impacting upon human behavior is a key instrument for the improvement of transportation systems performance. Clearly, DTMS have a great potential to influence and regulate drivers' behavior. Consequently, they have to be capable of correctly capturing it.

The analysis of travel behavior is typically disaggregated, meaning that the models represent the choice behavior of individual travelers. Discrete choice analysis is the established methodology to analyze and predict travel decisions (Ben-Akiva and Bierlaire, 1999). Driving behavior is captured by car following (Herman et al., 1959), lane changing (Gipps, 1986), and event response models (Yang and Koutsopoulos, 1997).

We strongly believe that the importance of human behavior is not restricted to the specific field of Intelligent Transportation Systems. Understanding and predicting the behavior of all human actors within general logistics systems will become more and more critical, as their structure and organization become increasingly complex. The experience gained in the design, development and implementation of DTMS will then be beneficial to a much wider range of applications.

B   Simulation for evaluation and decision aid

Designing Dynamic Traffic Management Systems is a very complex task. It is necessary to anticipate the actual impacts of a given design on the traffic performance before its actual implementation. Traffic simulation plays a key role in this process. Yang (1997) developed MITSIM Laboratory, an extensive simulated environment for that purpose.

The evaluation process is based on traffic management objectives (reducing congestion, improving safety, limiting emissions, etc). To achieve these objectives, a Traffic Management System is designed, with specific control and information strategies. The role of MITSIM Laboratory is to explicitly simulate the operation of the traffic management system and its impacts on the traffic through the network equipment, under several scenarios. The scenarios define, among others, the level of demand in the network and the possible occurrence of accidents or incidents. The microscopic nature of the traffic simulator allows simulating each individual driver's response to the implemented strategies and collecting detailed measures of effectiveness of the network (travel time and speed of each vehicle, flow and density at each network location, etc). Based on these measures, the design and strategies can be improved until satisfactory. Also, the measures of effectiveness suggest additional scenarios that will challenge the traffic management system even more. Indeed, a complete enumeration of all possible scenarios is unfeasible, and this process guides the generation of meaningful scenarios.

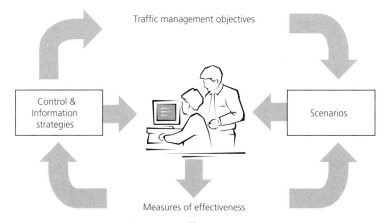

Fig. 11.17 Traffic management.

C   Simulation for real-time operations

For DTMS to be effective, the generated strategies should be proactive (i.e. based on predicted traffic conditions) as opposed to reactive, in order to avoid many undesirable effects such as overreaction, which reflects the situation where many drivers react to a known current traffic condition in a similar fashion resulting in simply transferring the congestion to another location. DynaMIT (Dynamic Network Assignment for the Management of Information to Travelers) is a real time dynamic traffic assignment system that provides traffic predictions and travel guidance.

DynaMIT (Ben-Akiva, Bierlaire, Koutsopoulos and Mishalani, 1998) generates prediction-based guidance with respect to departure time, pre-trip path, and mode choice decisions and en-route path choice decisions. It supports both prescriptive and descriptive information. In order to guarantee the credibility of the information system, the guidance provided by DynaMIT is consistent, meaning that it corresponds to traffic conditions that are most likely to be experienced by drivers. Hence, DynaMIT provides user-optimal guidance, which implies that users cannot find a path that they would prefer compared to the one they chose based on the provided information (at least within the limits of the underlying models).

DynaMIT is organized around two main functions: state estimation, and prediction-based guidance generation. The overall structure with interactions among the various elements of DynaMIT is illustrated in the next figure.

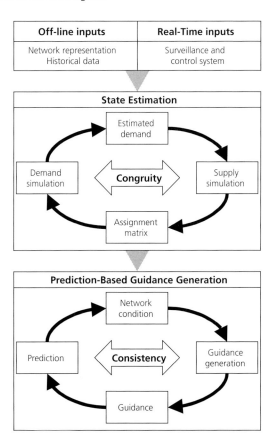

Fig. 11.18 Organization of DynaMIT.

DynaMIT utilizes both off-line and real-time information. The most important off-line information, in addition to the detailed description of the network, is a database containing historical network conditions. This is the system's memory. The real-time information is provided by the surveillance system and the control system. DynaMIT is designed to operate with a wide range of surveillance and control systems.

The state estimation component determines the current state of the network and the current demand levels given historical and surveillance data. Two simulation tools are being used iteratively in this context: the Supply Simulator (see Ben-Akiva et al., 2000) and the Demand Simulator (see Antoniou et. al., 1997 and Bierlaire et. al., 2000). The Demand Simulator estimates and predicts Origin-Destination (OD) flows and drivers' decisions in term of departure time, mode and route choices. An initial estimate of the demand is directly derived from the data. The Supply Simulator explicitly simulates the interaction between that demand and the network. It also produces assignment Matrices, mapping OD flows into link flows. The Assignment Matrices and real-time observations are then used by the Demand Simulator to obtain a better estimate of the demand. This loop is executed until congruence between demand and supply is obtained, that is when the simulation reproduces sufficiently well the observed data.

The prediction-based guidance generation module provides anticipatory guidance using the state estimate as input. Traffic prediction is performed for a given horizon (e.g. one hour). The Demand Simulator and Supply Simulator are also used for prediction. The guidance generation is based on an iterative process between traffic prediction and candidate guidance strategies. The system enforces consistency between the travel times on which the guidance is based and the travel times which result from travelers' reactions to the guidance.

The quality of the prediction depends on the quality of the current state description, and on the horizon. Therefore, the state of the network is regularly estimated so that all available information is incorporated in a timely fashion, and a new prediction is computed.

The design of the simulation tools within DynaMIT is based on three main requirements. First, each tool must be used both for estimation of current state and prediction of future network condition. Second, the tools must be able to simulate at different levels of aggregation. In reality, capturing a drivers' response to information requires a disaggregated representation, as almost every driver is inseparably packaged with his/her behavior. Also, OD estimation and prediction takes place at an aggregate level, and the models must be consistent with the input data from the surveillance system, available at an aggregate level. For these reasons, the simulation tools within DynaMIT combine microscopic and macroscopic models and, therefore, are called "mesoscopic simulators".

D   Classification of traffic simulation

MITSIM Laboratory and DynaMIT (developed at the Massachusetts Institute of Technology's Intelligent Transportation Systems Program) are examples of state-of-the-art simulation-based tools for DTMS. An important research effort has been made for more than 10 years in the field of traffic simulation, and several traffic simulators have been developed. They can be classified into three categories. The first category, characterized as **macroscopic**, is based on a fluid representation of flow. Analytical models from traffic flow theory capture traffic dynamics. METANET (Messmer and Papageorgiou, 1990) and the cell-transmission model (Daganzo, 1994) are macroscopic traffic simulators. **Mesoscopic** traffic simulators are also based on traffic flow theory, but represent explicitly (groups of) individual vehicles. This category includes namely DynaMIT's traffic simulator (Ben-Akiva, Bierlaire, Koutsopoulos and Mishalani, 1998), DYNASMART (Mahmassani, Hu, Peeta and Ziliaskopoulos, 1993) and INTEGRATION (van Aerde and Yagar, 1988). Finally, **microscopic** traffic simulators capture traffic dynamics through an explicit simulation of vehicles interactions and movements. MITSIM (Yang and Koutsopoulos, 1997) and AIMSUN2 (Barcelo and Ferrer, 1997) are such simulators.

11.5 Bibliography

ANTONIOU C., BEN-AKIVA M., BIERLAIRE M. and MISHALANI R., Demand simulation for dynamic traffic assignment, *Proceedings of the 8th IFAC Symposium on Transportation Systems*, Chania, Greece, 1997, http://its.mit.edu/publications/pretrip.ps.

BARCELO J. and FERRER J.L., *AIMSUN2: Advanced Interactive Microscopic Simulator for Urban Network*, Departement d'Estadistica i Investigacio Operativa, Universitat Politecnica de Catalunya,User's Manual, 1997.

BIERLAIRE M., MISHALANI R. and BEN-AKIVA M., General framework for dynamic demand simulation, Technical Report RO-000223, ROSO-DMA-EPFL, Lausanne, 2000, http://rosowww.epfl.ch/mbi/demand-report.pdf.

BEN-AKIVA M. and BIERLAIRE M., Discrete choice methods and their applications to short-term travel decisions, *in* R. Hall (ed.), *Handbook of Transportation Science*, Kluwer, pp. 5-34, 1999.

BEN-AKIVA M., CASCETTA E., GUNN H., SMULDERS S. and WHITTAKER J., DYNA: A real-time monitoring and prediction system for inter-urban motorways, *Proceedings of the First World Congress on Applications of Transport Telematics and Intelligent Vehicle-Highway Systems*, Paris, France, 1994.

BEN-AKIVA M., BIERLAIRE M., KOUTSOPOULOS H. and MISHALANI R., Real time simulation of traffic demand-supply interactions within DynaMIT, Technical Report RO-000301, ROSO-DMA-EPFL Swiss Institute of Technology, CH-1015 Lausanne, 2000, http://rosowww.epfl.ch/mbi/dynamit-supply.pdf.

BEN-AKIVA M.E., BIERLAIRE M., KOUTSOPOULOS H.N. and MISHALANI R.G., DynaMIT: a simulation-based system for traffic prediction, *Proceedings of the DACCORD Short-Term forecasting workshop* 1998.

BRATLEY P., FOX B.L. and SCHRAGE L.E., *A Guide to Simulation*, Springer-Verlag, 1987.

DAGANZO C., The cell-transmission model. Part II: Network traffic, *PATH Working paper UCB-ITS-PWP-94-12*, University of California, Berkeley, Short version in *Transp. Res.*, 29B(**2**), 79-94, 1994.

DELEERSNYDER J.-L., HODGSON T.J., KING R.E., O'GRADY P.J., SAVVA A., Integrating Kanban Type Pull Systems and MRP Type Push Systems: Insights from a Markovian Model, *IEE Transactions*, 24(3), 1992.

FISHMAN G.S., *Monte Carlo: Concepts, Algorithms, and Applications*, Springer, 1996.

GRAVES S.C., RINNOOY KAN A.H.G. and ZIPKIN P.H., *Handbooks in Operations Research and Management Science, Vol. 4, Logistics of Production and Inventory*, Elsevier Science Publishers B.V., Amsterdam, 1993.

GIPPS P.G., A model for the structure of lane changing decisions, *Transportation Research*, Vol. 20B (5), 1986.

HACHEN C., STAGNO A., GLARDON R., Implementation of DSSPL in a feeder shop of a final assembly line, *Proceedings of the Workshop on Production Planning and Control*, Mons, 2000.

HALL R.W., Driving the Productivity Machine: Production Planning and Control in Japan, APICS, 1981.

HERMAN R., MONTROLL E.W., POTTS R. and ROTHERY. R.W., Traffic dynamics: Analysis of stability in car-following, *Operation Research*, Vol. 1(7), 1959.

HEYMAN D.P. and Sobel M.J., *Handbooks in Operations Research and Management Science*, Vol. 2, *Stochastic Models*, Elsevier Science Publishers B.V., Amsterdam, 1990.

IIE Solutions, Buyer's Guide to Simulation Software, May 1999.

JAIN R., *The Art of Computer Systems Performance Analysis*, Wiley professional computing, 1990.

JOHNSON L.A. and MONTGOMERY D.C., *Operations Research in Production Planning, Scheduling, and Inventory Control*, John Wiley & Sons, NY.

KLEINROCK L., *Queuing Systems*, vols. 1 and 2, John Wiley & Sons, NY, 1975.

KRAJEWSKI L.J. and RITZMAN L.P., *Operations Management: Strategy and Analysis*, 5th ed., Addison-Wesley, 1999.

LIEBLING T.M., Modèles de décision, cours polycopié, EPFL, 1998.

MAHMASSANI H., HU T., PEETA S. and ZILIASKOPOULOS A., Development and testing of dynamic traffic assignment and simulation procedures for ATIS/ATMS applications, *Technical Report DTFH61-90-R-00074-FG*, Center for Transportation Research, University of Texas at Austin, 1993.

MESSMER A. and PAPAGEORGIOU M., METANET: a macroscopic simulation program for motorway networks, *Traffic Engineering + Control* **31**: pp. 466-470, 1990.

ORLICKY J., *Material Requirements Planning, the New Way of Life in Production and Inventory Management*, McGraw Hill, 1975.

OWEN A.B., Scrambled Net Variance for Integrals of Smooth Functions, *Annals of Statistics*, 25, pp. 1541-1562, 1997.

PETERSON R and SILVER E.A., *Decision Systems for Inventory Management and Production Planning*, John Wiley & Sons, NY, 1979.

ROSS S.M., *A first Course in Probability*, Macmillan Publishing Company, 1988.

ROSS S.M., *Simulation*, 2nd ed., Academic Press, 1997.

SHAKED M. and SHANTHIKUMAR J.G., Reliability and maintainability, In *Stochastic models, Handbooks In Operations Research and Mangement Science*, volume 2, D.P. Heyman and M.J. Sobel eds., North-Holland, 1990.

SWAIN J., Simulation Software Survey, *OR/MS Today*, February 1999.

STAGNO A., GLARDON R., POULY M., Double Speed Single Production Line (DSSPL), *Journal of Intelligent Manufacturing* (JIM), special issue, 1997.

STAGNO A., GLARDON R., Flow Manufacturing Simulation Framework (FlowMan), *Proceedings of the Simulation in Industry Conference*, 11th European Simulation Systems, ESS99 Conference, SCS, Erlangen, 1999.

STAGNO A., GLARDON R., An aggregate framework for flow manufacturing simulation (A-Flowman), *Proceedings of the Third World Conference on Intelligent Manufacturing Processes & Systems*, Boston, 2000.

VAN AERDE M. and YAGAR S., Dynamic integrated freeway/traffic signal networks: A routing-based modeling approach, *Transportation Research A 22*(6) , 1988.

WAGNER H.M., *Principles of Operations Research: with Applications to Managerial Decisions*, Prentice-Hall, 1969.

WINSTON W.L., *Operations research: applications and algorithms*, 3rd ed., Duxbury Press, 1994.

YANG Q., A Simulation Laboratory for Evaluation of Dynamic Traffic Management Systems, Phd Thesis, Dpt of Civil and Environmental Engineering, Massachusetts Institute of Technology, 1997.

YANG Q. and KOUTSOPOULOS H., A microscopic traffic simulator for evaluation of dynamic traffic management systems, *Transportation Research C* **4**(3): pp. 113-129, 1997.

11.6 The authors

Th. M. Liebling, M. Bierlaire, F. Crittin, J.-F. Hêche, and E. Thiémard: Departement of Mathematics, Ecole polytechnique fédérale de Lausanne, Switzerland,

A. Stagno: Departement of Mecanical Engineering, Génie Mécanique, Ecole polytechnique fédérale de Lausanne, Switzerland,

F. Righetti: Computer Sciences Corporation, Geneva, Switzerland.

Chapter 12

Information Systems

Stefano Riboni

12.1 Introduction

Companies are challenged daily to find new ways of reducing costs and increasing sales. Optimizing supply chains is one of the ways in which large savings have been observed. As the economy changes, as competition becomes more global, it's no longer company vs. company, but supply chain vs. supply chain. This has brought a continuous evolution of the commercial relationships between the actors in the supply chain, ranging from original buyer-seller transactions with simple (anonymous) purchases to a wide range of relationships, vertical integration, partnership, strategic alliances, sub-contracting or outsourcing.

Information is one of the key elements of efficient and effective supply chain management. Information is needed to master, manage, control, measure, forecast, optimize, and follow-up any kind of industrial and commercial activity. Information needs to be captured, stored, analysed, used, shared and transmitted in order to become the base for efficient decision-making, at every level of an organization (strategical, tactical, and operational), and at every stage of a supply chain (supplier, manufacturer, distributor, ...).

Supply chain integration therefore means first of all information-flow integration between the various supply chain players. But before talking about inter-company integration, it is essential to ensure a proper integration and sharing of all enterprise information. Each function/department of a company has a lot of information and data to manage in order to properly execute its tasks. Most of this information then needs to be shared amongst

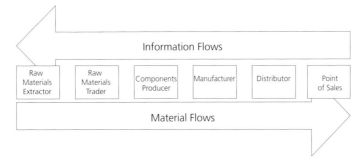

Fig. 12.1 Supply Chain & Information Flows.

various functions to improve the global performance of the company. And only once internal information storage, sharing and flows are integrated it is possible to look for further integration and communication across the boundaries of the firm, to external commercial partners (suppliers, distributors, customers, …).

The evolution of Business Information Softwares (hereafter called Information Systems), since late 1960's – early 1970's, has followed this process, from local/functional optimization to external connectivity and collaboration:

- 1970's: first Business Softwares, dedicated to a single function (Accounting, Sales, Inventory, …);
- 1980's: first 'Integrated' Business Softwares, covering logistics' related areas/functions of the company: sales, manufacturing, purchasing, inventory, materials' planning (MRP Systems);
- 1990's: extension of Integrated Information Systems to the whole company, including finance, human resources,… (ERP Systems);
- End of 1990's: first open Information Systems, ensuring connectivity and information sharing with external partners (CRM, e-Commerce);
- 2000's: extended focus on inter-companies integration and collaboration (APS, SRM, e-Procurement, e-Business).

We will in this chapter give an overview of all these different types of Information Systems, starting from the ones focusing on internal, enterprise-specific information (also called back-office systems), to the ones more intended to facilitate information transmission and sharing with external partners.

12.2   Information Systems (IS) vs Information Technology (IT)

Many definitions can be given for IS (Information Systems), and IT (Information Technology). We will distinguish here IS from IT considering as Information Systems only end-user software or applications, used by actors at every level of a company, to input, store, search, use, analyse and treat information. IT is considered as all the underlying technologies supporting these Information Systems, but remaining invisible to the standard end-user.

ERPs, CRMs, APS, just like Microsoft Office (Word, Excel, …), Outlook, Internet Explorer, Adobe Acrobat, … are Information Systems. CPUs, PCs, Internet, WiFi, EDI, RFID, Database Management Systems, … are Information Technologies.

We will in this chapter 12 give an overview of the main types of Information Systems supporting logistics and supply chains activities.

12.3   Information Systems

We distinguish Information Systems types or families based on the nature of the information treated, the types of functionalities offered, and especially the business processes they are aimed at supporting.

- Internal, administrative (back-office) business processes > ERP;
- Internal, operational logistics business processes > SCE (WMS, MES, TMS);

- Externally related, sell-side business processes (sales & marketing) > CRM;
- Externally related, source-side business processes (procurement) > SRM;
- Collaborative horizontal and vertical integration business processes > APS.

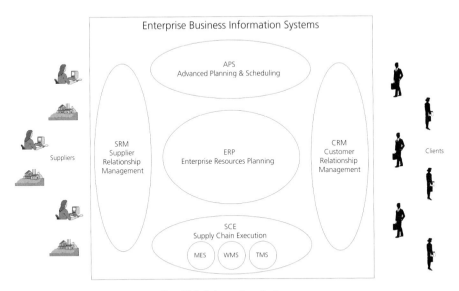

Fig. 12.2 Information Systems.

12.3.1   ERP - Enterprise Resource Planning

Early business software systems were limited to a single department or function within an organization. Paper information flows were frequent between departments, and multiple input was the rule. In the 1980's, MRP systems first offered a single and integrated application providing support to several functions in the company. Their name (MRP) came from the use of a newly developed planning tool: Materials Requirements Planning, central point of these information systems covering all the main logistics-related functions: sales, inventory, manufacturing, purchasing.

MRP systems were focusing on industrial operations, and, by integration and coverage of the more administrative functions (accounting, HR, reporting), ERP (Enterprise Resource Planning) systems became the 'all-in-one' solution for managing most (or all) of internal and administrative information.

We can define an ERP system as ***Modular, Transactional, Integrated*** systems:

- **Modular systems**: structured in modules, each of them covering a particular activity in a company, and offering the related functionalities. The modules and their quality can vary from one ERP to another, and it is key for a company to select the system that will best cover the functional needs of users, according to the organisation and business of the company. The larger the ERP, the more modules will be available. Modules found in ERP systems can include:
    - *Financials*: General Ledger, Accounts Payable/Receivable, Cost Accounting, Budgeting, Fixed Assets, Cash Management, Financial Reporting, Project Accounting.
    - *Manufacturing Management*: Product Data Management (PDM), Product Configurator, Shop Floor Control, Product Costing, Field Service and Repairs, Project Management.

ERP Modules

Fig. 12.3 ERP – Modular systems.

- *Inventory Management:* warehouses and locations, products/items file, lot and serial numbers control, reservations and allocations, inventory adjustments, permanent and periodical counting, inventory valuation.
- *Purchasing Management:* suppliers profiles, prices and discounts, requisitions and quotations, purchase orders management, delivery receipts, contracts and agreements, procurement reporting, suppliers rating, interfacing and telecommunications (EDI).
- *Sales Management:* customers profiles, sales forecasting, pricing and discounting, customer service, quotations, offers, sales orders management, returned goods management, available-to-promise (ATP), sales reporting and analysis.
- *Planning:* master production schedule (MPS), material requirements planning (MRP), capacity resources planning (CRP), production and supply planning and scheduling.
- *Human Resources:* payroll, personnel management, benefits, training, selection, health and safety.

• **Transactional systems**: principally designed to manage all information flows related to business processes, ERP modules manage documents (quotes, sales orders, invoices, purchase orders, work orders, …), through transactions (input, confirmation, edition, …). The lifecycle of these documents reproduce the various steps of the business processes ERP modules are designed to support. The underlying idea is to reduce the volume of data input (only once, at the beginning of the process), and to perform transactions over existing documents: generate a shipment order from an open sales order, confirming shipment's readiness (pick & packing achieved), generate an invoice from a confirmed shipment,... All actors involved in a particular process (Customer Service, Warehouse/Logistics, Accounting,...) have access to and work on the same data, the same documents, at different steps of their lifecycle, enriching them with appropriate information (prices confirmation, shipment date, quantities and lots shipped,...). Every business process can therefore be easily managed, monitored, and controlled, and its performance measured: % on-time deliveries, % of returns, lead-times,...

• **Integrated systems**: ERP systems main added value consists in their integration capabilities, breaking barriers between departments and functions within the organization, and fluidifing information flows across the company. ERP provide two types of integration tools: Data Integration (static) and Transactional Integration (dynamic). Data Integration is

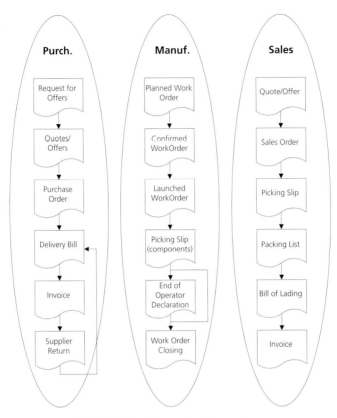

Fig. 12.4 ERP – Documents & Transactions.

achieved by storing all data on a single database. All enterprise information is stored in a single place, and therefore easily accessible through any module and function of the ERP system (customers information, products definition, suppliers' catalogs, planning parameters, prices and conditions, manufacturing resources capabilities, …). Transactional Integration gives direct support to key business processes, facilitating and automating when possible the handling of operational and administrative tasks, like automatically printing out shipments that need to be prepared for a certain date, or facilitating invoice issue based on shipments made. Transactions reproduce the sequence of tasks occurring in each business process, allowing a perfect control of operations and improving their speed of execution.

The ERP market offering is extremely rich and variate, and we can easily find hundreds of ERP systems proposed by hundreds of vendors, local and international, generalistic (cross-industries) or focusing on particular businesses (manufacturing, services, utilities,…), adapted for large corporations or small to mid-size companies.

We can mainly distinguish ERP systems according to:
- The size of the company:
  - Large corporations, multinationals;
  - Large to mid-size, international companies;
  - Small to mid-size, national companies;
  - Small, local companies, artisans, independents.

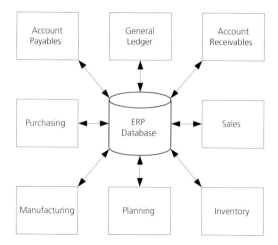

Fig. 12.5 ERP – Data Integration.

Fig. 12.6 ERP – Transactional Integration.

- The functional/industry focus:
  - Extended ERP (cross-industries – extended coverage);
  - Discrete Manufacturing (Discrete Production Management);
  - Process Manufacturing (Process Production Management);
  - Administration, Education (Financials, HR, Project Management);
  - Professional Services (Project Management, HR);
  - Wholesale and Distribution (Inventory, Planning & Forecasting).

ERP systems, according to vendors' announcements, are supposed to easily cover all of business information management needs in any kind of companies. But reality is not so bright. The fit between a company, with its business activities, its history and culture, its organisation and personnel, and an ERP system is not so easy to reach. Each ERP has in fact its strengths and weaknesses, and is rarely offering same-level functionalities in all of its modules. Some are excellent in financials, but weak in manufacturing or inventory management, when other ones may be rich in inventory management functionalities, but not adapted for international usage...

ERP systems have become great information and data repositories, allowing easy information input, storage, and sharing amongst all internal actors implied in managing key business processes.

But ERP systems are still principally focusing on supporting internally-facing processes, and are therefore qualified of 'back-office' systems. Their openness and information-sharing capabilities (over the company's boundaries) are still limited, or very heavy to implement. These inter-companies data exchange capabilities are today mostly found in CRM, SRM, or APS systems (e-commerce, e-procurement, collaborative forecasting and planning,...).

Another weak point of ERP systems is their rigidity, and lack of adaptability to a company's particularities. Even if configurable, adaptable, this flexibility is always limited to the variants of use imagined by the vendor. But each company is unique, differing from its competitors, often in some details, in its way to handle operations, in its equipement, in its production process, in the nature of the products handled, and in all the constraints and issues it has to face in its particular business situation. Some of these particularities can be covered thanks to specific information systems, focusing on specific problematics in production and logistics: Supply Chain Execution systems (SCE).

In conclusion, we can say that ERP system are nowadays a necessary central element of a company's global information system, but often need to be completed by the use of additional systems, to manage business partners relationships (customers, suppliers, sub-contractors, partners,...), and to support particular operational activities (manufacturing, warehousing, transports).

12.3.2   SCE: Supply Chain Execution

As mentioned, it is often in the details of operations that companies differ from one another:

• Warehousing faces different challenges and constraints, depending on the nature of the goods stored and handled: alimentary goods need particular conservation conditions (temperature, hidrometry,...) and particular packings; chemical products impose certain constraints to both storage and packing too,...

• Manufacturing operations may also differ a lot not only from one industry to another, but also from one company to another, even if producing the same kind of goods. The volumes produced, the production infrastructure (machines, personnel,...), and the production process itself are often facing particular constraints, and therefore need particular information to be published, collected or used.

• Transport is a special activity, with its own problematics, quite different for traditional industrial or services sectors. Delivery routes optimization, trucks loading constraints are unique tasks requiring particular Information Systems to support them.

Supply Chain Execution systems (SCE) bring effective support to all types of operations, whatever the industry and the particular constraints and needs, in these three fields. A large variety of vendors provide industry-specific solutions bringing all the needed functionalities for specific business fields.

A   WMS: Warehouse Management Systems

Warehouse Management Systems provide additional functionalities to ERP inventory management modules, in order to answer to particular constraints and/or information management needs. Functionalities may include:

• freely definable constraints regarding storage locations (weight, volume, temperature,...);
• pick & packing instructions (routing inside the warehouse, packaging, labels,...) depending on goods to pack and destination;
• interfacing with bar-code or RFID readers, to automatize data capture and products identification.

B   MES: Manufacturing Execution Systems

Manufacturing operations differ from one company to another for various reasons:
- the volume of manufactured products: from unique pieces to small series, to mass customized items;
- the production infrastructure: from flexible shop floors to structured production lines, to continuous, heavily automated process;
- the product structure: from assembling ('n' components used to produce 1 finished product), to transformation (1 component > 1 finished product), to diverging/disassembling (1 component > n co-products);
- the origin of the demand: from make-to-stock (demand directly satisfied from stocked finished products), to make-to-order (production launched on demand), to engineered-to-order (product co-designed with customer on demand).

It is therefore easy to imagine the large variety of needs depending on the reality of a particular production site. Manufacturing Execution Systems (MES) answer to these particular needs, offering tailored functionalities, including:
- tools for complex work orders management: complex routings, bills of materials, or processes;
- detailed scheduling of production, with capacities' planning and control;
- real-time production management, allowing detailed follow-up of production, and instant work-in-progress identification;
- direct interfacing with machinery, to both give orders to machines, and collect information (volume produced, operating time,...).

C   TMS: Transport Management Systems

Managing transport operations is a very specific activity, nowadays most of the time outsourced. Transport companies, or industries having their own transport fleet need particular tools to optimize delivery (or collecting) itineraries, trucks' loading, including grouping issues, time constraints, and costs control. Transport Management Systems cover a wide range of functionalities of this type, and can be specialized for a particular transport mode (truck, plane, train, ship): from managing shipment orders (grouping, dispatching, …), to managing truck-loads and itineraries, or managing the choice of the transposrter according to various constraints and variables (cost, delivery time, …), or allowing tracking and tracing of goods along the transport network, we find on the TMS market plenty of specific software solutions to cope with these issues.

12.3.3   CRM: Customer Relationship Management

The 1990's have seen an increased focus of companies on their relation with customers, as a result of increased competition, and the development of a new communication and sales channel: internet. ERP systems were well adapted for traditional distribution of standardized products, but were showing their limits in various aspects of the sales and marketing activities, especially concerning the pre-sales operations, and also in after-sales service.

Therefore, the goal of Customer Relationship Management systems is to provide support to all the commercial cycle of a company, from marketing and communication activities to the sales' act, to after-sales service operations.

The end of 20th century has been caracterized by a multiplication of the channels of interaction between sellers and buyers, in both Business-to-Consumer and Business-to-Business fields: from face-to-face (in shops, or through itinerant sales-persons), to phone, to internet.

Pre-Sales Activities	Sales Automation	After-Sales / Support
- Prospects file management - Marketing initiatives and materials management - Mailings, e-mailings - Phone contacts (tele-marketing) - 1-to-1 marketing - Marketing costs controll - Return on marketing measurement	- Point-of-sale data capture - Offers, proposals, negociation - Commercial activity management and follow-up - Catalogue management - Products presentation - Sales-forces management - Sales act automation	- Clients demands management - Commercial information - Incidents, interventions management and follow-up - Issues and cals resolution - Knowledge base management - Efficient Customer Response
> Targetting	**> Selling**	**> Serving**

Fig. 12.7 CRM – Commercial Cycle.

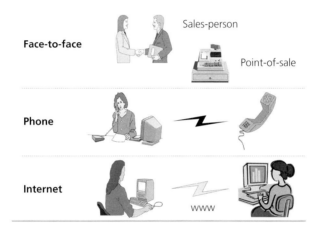

Face-to-face   Sales-person   Point-of-sale

Phone

Internet   www

Fig. 12.8 CRM – Commercial Channels.

Commercial Cycle

	Pre-Sales	Sales	After-Sales
Face-to-Face	Marketing	SFA - Sale-Forces Automation & POS - Point-of-Sales	After-Sales Service
Call Center	Tele-Marketing	Tele-Sales	Support
Internet	e-Marketing	e-Commerce	Web Call Center

Commercial Channel

Fig. 12.9 CRM Softwares and Modules.

Customer Relationship Management systems provide a wide range of softwares, modules and functionalities to cover all the combinations of sales cycle steps and commercial channels.

A   Pre-Sales CRM softwares and modules functionalities

- *Marketing:* prospects' database, marketing campaigns management, marketing material management,...
- *Tele-Marketing:* prospects' phone number(s) database, outbound call center for marketing initiatives (via phone), scripts (pre-defined sequence of questions and answers, database update with informations collected from the conversation with prospects,...),...
- *e-Marketing:* prospects' e-mail database, targets identification, focused e-mailings with personalized messages (1-to-1 marketing),...

B   Sales CRM softwares & modules functionalities

- *Sales Forces Automation (SFA):* sales agents management (agendas, pipeline,...), commercial configurators, commercial and products informations, eased orders input (through PDAs, mobile phones,...),...
- *Point-of-Sales (POS):* interfacing with cash-register, fidelity cards management, customers' behaviour analysis, promotions management,...
- *Tele-Sales:* conversation scripts, commercial configurators (questions & answers), facilitated order entry, customer contacts history base, …
- *e-Commerce/e-shop:* catalog management, search functions, products information, commercial configurators, shopping cart, orders follow-up and history, cross-selling, up-selling, payments (credit cards), …

C   After-Sales CRM softwares and modules functionalities

- *After-Sales Service:* incidents/intervention requests management, resources management (technicians agendas, tools, …), spare parts inventory management, warranties and maintenance contracts management, …
- *Support/Call Center:* incoming calls management and routing, incident identification, resolutions history knowledge base, customers history, 1st and 2nd level support, escalation criterias and routing, …
- *Web Call Center:* incoming mails management and routing, automated response, incident identification, resolutions history knowledge base, customers history, co-browsing, …

The CRM family of software systems is wide, with both very specific solutions (SFA, After-Sales, Call Center, …) and much larger solutions, covering various aspects of the Customer Relationship Management activity. The multiplication of the sales channels has brought to an increase of the complexity of the commercial activity, therefore needing adapted software tools to support it. But every product and market requires specific commercial policies and actions, and CRM tools should carefully be choosen to support the defined commercial strategy to bring effective return on investment.

12.3.4   SRM: Supplier Relationship Management

Thanks to the development of outsourcing trends, and to the focus given by most industrial companies to their core business activities, the volume and variety of purchasing expenses has been in continuous increase in the last decades. From raw material and direct production components purchasing, to parts of production sub-contracting, investment spendings (buildings, machineries, infrastructure,...), utilities and commodities, services,... firms have to face a large number of suppliers, establishing with them different levels of collaboration. Each type of purchasing expense requires a particular type of relationship with the supplier: some imply durable and strong collaboration, when other may be limited to very basic commercial transactions (buy/sell). The sourcing and procurement process may therefore differ, from simple ordering to complex negociations, from Request-for-Proposals' processes to heavily automated reordering techniques (like Kanban or Vendor-Managed Inventory).

Traditional ERP systems, designed originally to handle production components' purchasing, did not offer sufficient flexibility to cope with this increased variety of sourcing methods. And the development of Internet has also opened a new channel and a new way to manage suppliers' relationships and communication.

Supplier Relationship Management systems (originally named e-Procurement systems) provide nowadays various types of functionalities to help companies in managing this ever-increasing complexity, mainly in 4 domains:

• **Catalogs Management:** Every purchasing department is facing the problem of managing larger and larger catalogs from an increased number of suppliers, for very different types of products and services. Managing manually the collection and maintainance of all these catalogs has become almost impossible. SRM systems provide different ways to facilitate catalogs management by accessing directly digital catalogs held and maintained on-line, either by the vendors themselves, on their web site, or by intermediaries like e-marketplaces.

• **Negociation Process:** In case of RfP, or bidding negociation processes, SRM systems offer workflow management capabilities in order to ensure the good process execution. Proposals/Offers are automatically collected and routed to the good destination, multi-criteria analysis and comparative reports help the decision-making.

• **Transaction Automation:** Once the decision of buying is taken, SRM systems help automating the ordering process, through automated order generation and transmission to the vendor, may it be by e-mail, fax, EDI, or even by generating an order on the supplier's commercial web site order input screens.

• **Analytics & Spending Control:** SRM analytics go from expenses statistics (/department,/supplier,/type of expense, …) to suppliers' evaluation (quality, price, delivery times, …). This increased visibility on spendings provide great help on both having an increased control on purchase expenses (who, when, for what,...), and having better information for future sourcing negociations (suppliers' selection, commercial conditions' discussion,...).

In conclusion, we can say that SRM softwares are becoming a key element in managing the complex portfolio of relationships a company has to handle with its suppliers. In a Supply Chain Management perspective, SRM allows purchasing departments to focus on the most added-value activities (sourcing, negociation, collaboration, suppliers'selection,...), thanks to the time and efforts economised on low-added-value activities (managing catalogs, ordering transactions,...).

12.3.5   APS: Advanced Planning and Scheduling

The planning capacities of traditional ERPs are limited to Materials Planning (MRP), and some basic Capacities Planning and Scheduling (MRP II), but none of these is really capable to provide effective assistance to optimize the always more complex logistical and productive infrastructures. From local optimization of single units, the Supply Chain Management philosophy has been applied to extended multi-sites enterprises, and has led to an increased extended, multi-sites, enterprises, and an increased need for inter-company collaboration. The need is to integrate in every planning process an increased number of constraints, both logistical (transport capacities and durations, storage constraints (weights, volumes, conditions), multi-stocks situations,...) and productive (work centers capacities, times of change, lot sizes,...).

The SCM philosophy brings a switch from planning (trying to organize the best way, according to an hypothetic future (forecasts)) to optimization (trying to react the best way to an ever-changing reality). Flexibility and reactivity are the key-words of this new reality, and new software tools are needed to face it.

Advanced Planning and Scheduling (APS) softwares, also called Supply Chain Planning (SCP) tools, are designed and developped since the end of 1990's to provide the needed functionalities to face the new needs for increased flexibility and reactivity, in a more and more complex environment, where more and more actors have to play coordinately in the

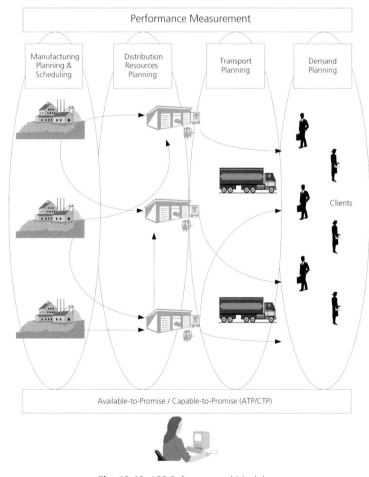

Fig. 12.10 APS Softwares and Modules.

most efficient way possible, taking into consideration a variety of constraints and variables (multi-stocks, capacities, transports,...).

APS systems provide a variety of functionalities, aimed at optimizing productive and logistical activities: forecasting, planning, manufacturing, scheduling, distribution,...

A   Planning and Forecasting

• **Demand Planning:** The market demand constitutes the essential informational input of the whole industrial planning process. Every industrial company has for its main goal to satisfy its customers' demand, and sales forecasts are the formal way companies try to anticipate their customers' needs. There are mainly 2 ways of establishing forecasts: the first is to extrapolate from historical data the possible future demand, thanks to statistical and probabilistics techniques, the second is to get information from our clients, in which case we talk then of Collaborative Forecasting. APS Demand Planning modules provide either advanced calculation capabilities (for historical forecasting), either web-based collaborative functionalities (for collaborative forecasting).

• **Distribution Resources Planning (DRP):** MRP is designed for single-site inventory optimisation. But in reality most companies have to manage more complex situations, with multi-sites warehouses, with the possibility to replenish one stock from another, instead of producing or buying the missing goods. DRP functionalities help managing these multisite situations, consolidating local needs and suggesting the best actions according to this increased visibility.

• **Manufacturing Planning and Scheduling:** For any realistic production plan or schedule, managing production planning and scheduling quickly becomes very complex, because of the number and variety of constraints that may affect a particular manufacturing infrastructure. These constraints can include materials availability, people and machines capacities and costs, space, volume, and environmental constraints,... and will be different from one company to another, depending on the industry, the products' nature, the factory infrastructure and organization,... The objectives of the planning process can also differ from one situation to another: we may want to minimize average lead-times, or minimize work-in-progress, or saturate a particular resource (a machine that should be running 24h/24h), or manage work orders priorities. APS are very flexible in the definition of both objectives to reach, and constraints to be respected, providing therefore realistic under-constraints optimization of the production plans and schedules.

• **Transport Planning:** After warehouses and production sites, the third element of every supply chain is the transport network. Being it outsourced (to carriers or logistics providers) or managed internally (with a proprietary transport fleet), the decisions on how to transport goods from one site to another may have to take into consideration a wide range of possible constraints: time, transport mode, volume, weight, lead-time, costs, ... APS Transport Planning modules provide functionalities to support shipping decision-making, according to the defined constraints and objectives (minimize lead-times, minimize costs, ...).

B   Visibility & Data Accuracy

• **Performance Measurement:** As developed through the Supply Chain Management concept and philosophy, every company and supply chain activities should be objectively and precisely measured and controlled, via significative and accurate Key Performance Indicators (KPI). Performance should be measured at every level of the supply chain (sourcing, production, distribution, ...), and over different axes of analysis (costs, efficiency, customer service, reactivity, ...). From forecasts' accuracy to production performance, from inventory levels or rotation to suppliers' performance, from manufacturing flexibility to after-sales service reactivity, APS Performance Measurement modules provide a wide range of pre-defined KPIs, combining local and global, financial and operational measures, giving management a clear and objective evaluation of the company performance.

• **_ATP, CTP:_** The previously described functionalities provide an increased visibility and reliability of planning information. Companies can therefore give more reliable and realistic answers to their customers' requests, in terms of quantities and dates of deliveries. The main output of APS systems is to give a clear view on what and when can be promised to customers, thanks to two different indicators updated on real time according to planning changes and actual field information:

  – Available to Promise (ATP): actual quantity of products available for immediate delivery.
  – Capable to Promise (CTP): planned quantity of products available for delivery at a particular date in the future.

Thanks to more reliable information about present and future demand (Demand Planning), inventory levels (Distribution Resources Planning), production schedules (Manufacturing Planning & Scheduling), and transportation plans (Transport Planning), APS system provide, through their ATP/CTP functionalities, easy to interpret, real-time updated, and realistic information on what can be promised to clients.

In conclusion, APS systems give all the needed features for optimisation across multi-warehouse, multi-plant, multi-country environments. Most of the software products in this category are based on Theory of Constraints/Synchronous Manufacturing principles. The software would normally focus on decision support and be interfaced or integrated to one or more ERP software products. The ERP software provides business transaction processing and acts as a host for the master files (bills of materials, products data, …) and key data (inventory on hand, open orders, …) required by the APS system.

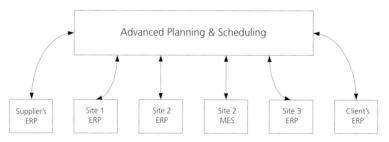

Fig. 12.11 APS Integration.

12.4 Conclusion & Perspectives

Corporations needs and expectations in terms of Information Systems have fastly evolved in the last years, from internal and administrative information control, to more and more sophisticated functionalities to provide decision support in all areas of business. Modern Business

Information Systems are asked to cover an extended range of tasks and activities from pre-sales to advanced planning, from operations execution to after-sales service and support. The managed information is no longer used only internally, but needs to be shared amongst the enterprise boundaries (with clients, suppliers or partners). Therefore, Information Systems are requested to provide not only internal optimisation, but also collaborative capabilities, to optimise always larger 'slices' of the supply chain.

ERP systems vendors are adapting in consequence their offering, proposing always larger range of modules, including CRM, APS; SCE and/or SRM types of functionalities. We start then to talk, at the end of this first decade of the 21st century, of ERPII, ERP of second generation.

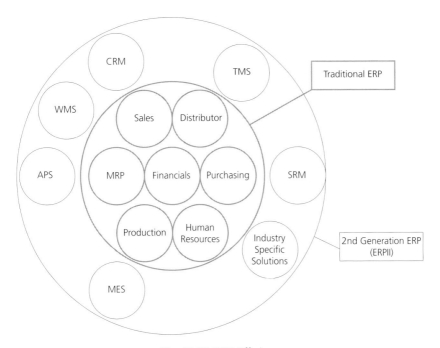

Fig. 12.12 ERPII Offering.

Only very few vendors are as of today capable of delivering this extended range of features. In most cases, companies have to deal with a variety of applications (ERP, CRM, APS, SRM, SCE, …), that need to be integrated to share essential information: items file, bills of material, inventory levels, open orders, on-going production, customers and suppliers information, … Even if the evolution of technologies have made this integration easier than some years ago, integration/interfacing expenses still represent a source of huge spending for most companies (up to 30% of total IT/IS expenses).

Nowadays specialized software solutions appear, under two different namings, aimed at facilitating inter-application integration: Enterprise Applications Integration (EAI) and Business Process Management (BPM). Both concepts are to provide a single point of entry and integration for all the various systems a company may use, reducing the need for interfacing, and therefore providing savings in integration expenses, and facilitating the evolutivity of the global enterprise Information System.

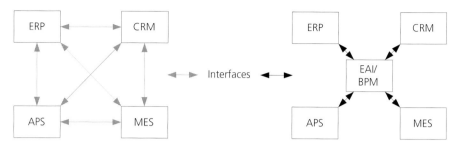

Fig. 12.13 EAI/BPM Integration Concept.

Two different visions are today offered by software vendors:
- the "all-in-one" solution provided by ERPII systems,
- the "best-of-bread" approach supported by EAI/BPM systems.

It is difficult to say which one of the two brings more added-value to companies business, each of them providing advantages and limitations. The only advice that can be given is to always consider business first. Information Systems are only tools, that have to be selected, implemented and used according to real business needs and objectives. IS strategy and decisions should always be defined and taken for the benefits the choosen systems could bring to the business.

12.5 Glossary

APS	Advanced Planning & Scheduling (also called Supply Chain Planning – SCP)
ATP	Available To Promise
BL	Bill of Lading
BOM	Bill Of Materials
BPR	Business Process Re-engineering
CRM	Customer Relationship Management
CRP	Capacity Resources Planning (also called Manufacturing Resources Planning – MRPII)
CTP	Capable To Promise
DBMS	Database Management System
DRP	Distribution Resources Planning
EAI	Enterprise Applications Integration
EDI	Electronic Data Interchange
EIS	Executive Information System
EMA	Electronic Marketing Automation or Electronic Marketing Assistant
EOQ	Economic Order Quantity
ERP	Enterprise Resources Planning
FCS	Finite Capacity Scheduling
HRMS	Human Resources Management System
IS	Information System
KPI	Key Performance Indicator
MES	Manufacturing Execution System
MIS	Management Information System or Marketing Information System

MPS   Master Production Schedule
MRP   Material Requirements Planning
MRPII Manufacturing Resources Planning (also called Capacity Resources Planning – CRP)
PDM   Product Data Management
POS   Point Of Sale
PSA   Professional Services Automation
QOS   Quality Of Service
RFI   Request For Information
RFO   Request For Offer
RFP   Request For Proposal
RFQ   Request For Quotation
ROI   Return On Investment
SCE   Supply Chain Execution
SCM   Supply Chain Management
SFA   Sales Forces Automation
SMI   Supplier Managed Inventory (also called Vendor Managed Inventory - VMI)
TCO   Total Cost of Ownership
TMS   Transport Management System
VMI   Vendor Managed Inventory (also called Supplier Managed Inventory – SMI)
WMS   Warehouse Management System
WO   Work Order

12.6 References/Useful Links (as of March 2007)

12.6.1 Information Web Sites

www.aberdeen.com
www.bitpipe.com
www.cxp.fr (French)
www.dpu.se
www.findwhitepapers.com
www.forrester.com
www.gartner.com
www.gigaweb.com
www.ittoolbox.com
www.technologyevaluation.com
www.techweb.com

12.6.2 Software Vendors (some examples, in alphabetical order)

A ERP Systems

Adonix   www.adonix.com
Compiere   www.compiere.com (Open Source)
Epicor   www.epicor.com
Geac   www.geac.com
IBS   www.ibs.se
IFS   www.ifsworld.com

Infor	www.infor.com
Jeeves	www.jeeves.se
Lawson	www.lawson.com
Microsoft	www.microsoft.com/dynamics/
OpenMFG	www.openmfg.com (Open Source)
Oracle	www.oracle.com
ProAlpha	www.proalpha.com
QAD	www.qad.com
Qualiac	www.qualiac.com
Sage	www.sage.com
SAP	www.sap.com
SysPro	www.syspro.com

B CRM SYSTEMS

BizAutomation	www.bizautomation.com
Deltek	www.deltek.com
Epicor	www.epicor.com
Infor	www.infor.com
Lawson	www.lawson.com
Microsoft	www.microsoft.com/dynamics/
NetSuite	www.netsuite.com
Oracle/Siebel	www.oracle.com/siebel
Pivotal	www.pivotal.com
Sage	www.sage.com
Salesforce	www.salseforce.com
SAP	www.sap.com

C APS/SCP SYSTEMS

I2	www.i2technologies.com
Logility	www.logility.com
JDA	www.jda.com
Oracle I	www.oracle.com
Prescient	www.prescientsystems.com
SAP	www.sap.com

12.7 The author

Stefano Riboni is Director of SR Conseil & Formation, a consulting company specialized in Information Systems and Supply Chain Management. He also teaches regularly at IML (Lausanne & Paris), at HEIG-VD (Yverdon), and organizes specific training sessions (both academical and professional) on demand for various companies and educational institutions.

Chapter 13

Information technology for logistics

Hubert d'Hondt

13.1 Introduction

"IT for Logistics" includes three key components: Enterprise Resources Planning (ERP), Supply Chain Collaboration (SCC) and Digital Market Places (DM).

ERP is the key enabler of integration within the enterprise, which was the mantra during the last decade. SCC is about optimizing all resources of the enterprise. Today's mantra is about building the Business-to-Business (B TO B) IT platform. There is a major difference

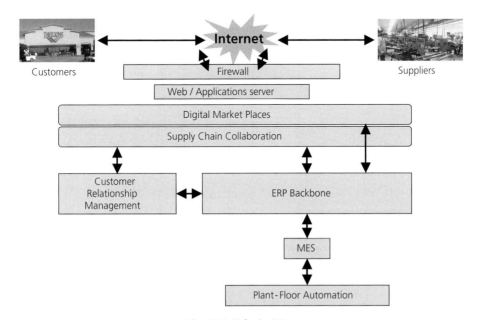

Fig. 13.1 IT for logistics.

between ERP and SCC versus B TO B. ERP and SCC are related to decisions you might want to make now or later. B TO B involves the whole business community; not deciding now possibly implies that someone else will decide for you.

This paper highlights the key components of ERP, SCC and DM. It regroups the lessons learnt from the many projects that Arthur Andersen has performed.

13.2   Enterprise Resources Planning (ERP)

An ERP is an integrated packaged software supporting accounting, commercial, purchasing and production.

There has recently been a lot of bashing around ERP. To clarify the issue, Arthur Andersen performed a study in 1999 to understand why companies would engage in ERP projects. What were the primary goal and expectations? What were the actual tangible and intangible benefits? The study covers more than 40 companies. These companies belong to various industrial sectors, from metals processing to consumer goods, and use many modules from the key ERP vendors. The persons surveyed are those involved in the project and having the capability of assessing the financial and organizational impacts. These are the CFOs, CIOs and project sponsors or managers. In addition, software vendors and implementation consultants were interviewed.

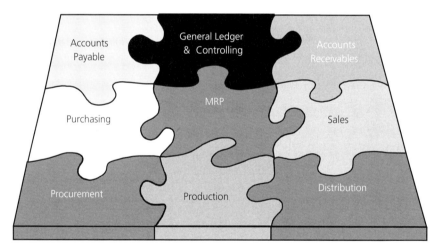

Fig. 13.2 Definition of an ERP.

13.2.1   Expectations

The three main expectations are a better integration of the business processes; the management's will to standardize IT systems and business processes; and, last but not least, a better access to information. What are the main reasons why a company would engage in an ERP project considering the huge resource drains and the organizational impacts that such a project generates? We see two types of reasons, related to IT and business. Surprisingly enough, IT is the most often quoted reason. Heterogeneous and poorly integrated systems are the main reasons to initiate an ERP project. Some business reasons have sometimes been quoted, such as the management's will to support a new commercial strategy or a better access to client-centric data.

13.2.2 Expected Benefits

The main expected benefits stated regard the global supply chain management, inventories reductions, increased productivity, order cycle time reduction, and procurements savings. IT budget reduction and downsizing come in second. Regarding profitability, our experience shows that it results in an increase in profitability, but the outcome appears to be always less than expected. All the more that the project business case developed to initiate the project (when such a business case does exist) is never used later on, that is, during the implementation and go live. The bottom line is that ERP results in an increased profitability, but one that is often intangible.

13.2.3 Implementation Issues

Companies face many issues when implementing an ERP. At the top are people issues, software issues clearly come second. People issues include the difficulty in mobilizing the appropriate project team (difficulty in releasing the required business resources and quality of the consultants), the change management, the business process re-engineering and training.

That said, software issues are not negligible; 25% of those surveyed raise the issue of poor functionality or of a functionality expectation gap. Never forget to check how your ERP supports your key functionalities. Indeed never forget that ERP cannot be everything for every company.

13.2.4 Savings

25% of the respondents do not answer the questions about savings. The main reason: no adequate metrics are available. That said, most respondents believe that effectiveness and efficiency have been increased. The impact on reactivity and flexibility are controversial. Most of the benefits stem from a better integration of processes and functions.

Reactivity stems from the better access to information and the automation of clerical tasks. But the gain in reactivity is somewhat lost in flexibility. This is even more material for companies with sales less that 200 million dollars. This comes from the users who need extensive training to be able to master the ERP.

The main savings include inventory reductions, procurement savings and some employee downsizing. Transportation costs and logistics are not improved. Indeed, ERP does not really offer management features to enable supply chain optimization.

Unsurprisingly, respondents do not see significant IT cost reduction. Indeed IT cost reduction was almost never a rationale for initiating an ERP project. The reason to initiate an ERP project was to set up an evolving platform able to adapt to the company's changes.

The bottom line is, ERP projects do generate profit, but less than expected. To benefit from an ERP project, you need to get rid of the myths surrounding ERP and take a "show me the money" attitude to drive your project.

13.2.5 Myth 1: ERP is the enterprise information system

An old belief saw ERP as the enterprise information system. One CEO said that he didn't need an Information System Planning since he had just made the decision to implement an

ERP. This is simply not true. Experience does reveal what we already knew: the ERP cannot be everything for every company.

ERP does a good job for accounting, MRP, procurement, sales, and production planning. It might be appropriate for human resources. It is not adequate for datawarehousing, customer relationship management and supply chain management, though the software vendors are announcing new features in those areas.

Regarding supply chain management, ERP lacks the adequate solver logic and assumes that distribution and manufacturing capacities are infinite. Activities that compete for shared resources are planned independently. The planning process is sequential in nature. Plans cannot be executed and become increasingly meaningless as capacities become tighter. In addition, costs are not factored in the plans. Thus planners do most of the work. Here, the bottom line is that the real challenge lies in solving the imbalances, not simply in reporting them!

At the end of the day then, what is the role of ERP? ERP is the backbone of the enterprise IT system. It manages the master data. It is the enterprise's repository and captures the transactional data that will feed the decision support systems.

13.2.6   Myth 2: ERP means no interface

Another old belief is that ERP means no interface. However, very few groups have implemented the full ERP suite. Most groups have sought standardization more than integration when implementing ERP. Most group IT systems are a patchwork (Figure 13.3). There are as many software vendors as companies, sites and functions. This results in a costly patchwork to manage. It is felt that reducing diversity is a best practice. Hence two potential approaches arise: standardization or integration. We might want to play standardization and integration but this is rarely workable except for a medium size group with one main business.

Most international groups took the standardization approaches specifically in finance. ERP vendors are the main vendors having the capability of offering adequate finance modules

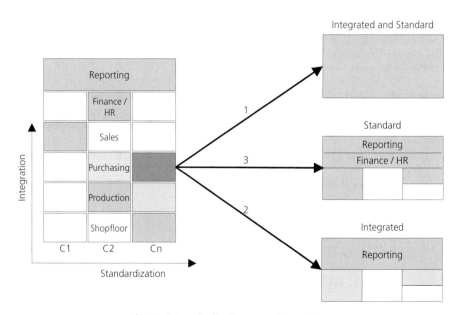

Fig. 13.3 Standardization versus integration.

in most countries. The bottom line is that many international companies have implemented an "ERP" that is only a common financial system. Hence, there will be many interfaces to develop before integrating this "ERP" in the enterprise's information system.

13.2.7   Myth 3: ERP is a project

Another old belief is that ERP is a project with a starting date and an ending date. This was true with the software from previous generation. There was but one way to implement them. Any customization would require coding extensions. Very few people were able to perform those extensions. The bottom line is that every modification of the ways of working was supported by manual or office automation processes.

ERP supports many different ways of working. They encapsulate a so-called library of "best practices". So ERP can accommodate the evolution of practices and procedures. Hence the "project" is never completed. All the more so that very often, because of resource constraints, not all the expected functions are installed in the first version. In addition, new releases of the software offer new features. The bottom-line here is that ERP is not a "project" but rather a "program" – it is an infrastructure in progress.

13.2.8   Myth 4: ERP is flexible

Another old belief is that ERP is easily customizable and that it is easy to evolve from one way of working to another. The catch is that we confuse versatility (the ability to pick among a very rich best practices library) and flexibility (the ability to evolve from one way of working to another).

In the real life, any significant evolution of the way of working is very close to a brand new implementation. Maybe later, with the development of object oriented methodology, this process will be easier, but we are not yet there.

13.2.9   "Show me the money!"

Designing and conducting benefits-oriented project to is a real challenge. Indeed most project managers have been hammered the mantra, "deliver on time and on budget", but never "according to expected benefits". In addition, the system integration standards are about "fixed fees" and "penalties for being late". The way projects are sized makes the delivery of benefits a challenge. Most often, the project budget is derived from the number of modules to implement, the number of sites, the number of users... None of these indicators are benefits metrics.

A project resulting in benefits is a project that steers a group of people from one way of working to another. The best practice for evaluating a project, should be to assess the ability of the group of people to undergo the journey. Unsurprisingly, no project is evaluated in this way. The mantra is that "people will follow".

This makes it very difficult to define a successful project. For the project manager, the benefits will be reached quicker if no modifications are made to the software. But this will possibly generate turbulence and the users might reject the new system. For the users, the perception of success increases when the software is customized to their usual ways of working. But this might result in not implementing best practices and will increase the project cost and timeframe.

It is of the utmost importance to define upfront what constitutes a successful project. Expected benefits, key performance indicators, roles and responsibilities, need to be defined upfront and adhered during the design and implementation stages. A project should not be considered complete before the expected benefits are delivered. The go live date and the commissioning date are important milestones but they are not the end date of the project.

13.3 Supply Chain Collaboration (SCC)

13.3.1 Supply chain collaboration overview

SCC includes the different actors involved in each domain from the product development through the final distribution, including all the manufacturing processes. SCC includes supply and logistics network planning, advanced planning and scheduling (APS) and supplier collaboration management. Each aspect corresponds to various objectives and thus, to various approaches, according to the deadline and functions as described below.

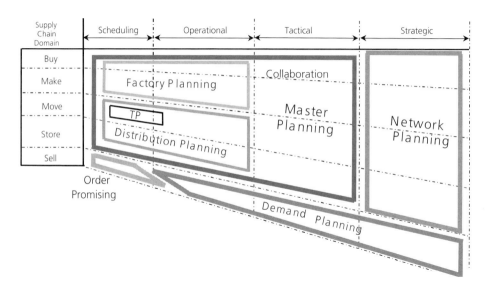

Fig. 13.4 Supply chain collaboration overview.

13.3.2 Supply and logistics network planning

Supply and logistics network planning optimizes, if needed, the use of resources across the current network of suppliers, customers, manufacturing locations and distribution centers. It is helpful for locating new facilities within an existing supply and logistics network and for determining the optimal way to fulfill customer demands and deliveries on time.

To be efficient, supply and logistics network planning has to be applied at the appropriate level. If too detailed, the model becomes impossible to manage or parameterize. If too general, the bottlenecks and constraints are not taken into account. Supply and logistics network management also enables to undertake what-if analysis by performing simulations before decision. What network size should be adopted, with respect to activity evolutions, such as sales increases or changes in the product mix? What would be the impact of a potential large order on the overall supply and logistics performance?

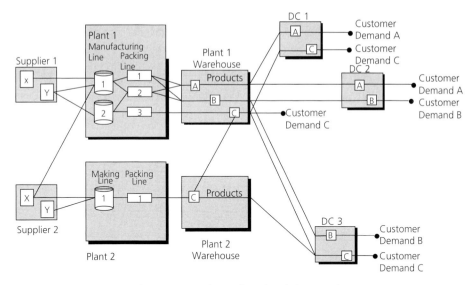

Fig. 13.5 Example supply and sogistic network.

13.3.3 Advanced Planning and Scheduling (APS)

Additional planning procedures are needed to handle the decision making process at the tactical and operating levels. APS techniques consider a wide range of constraints to produce an optimized plan: material and component availability, plant and supplier, machine and labor capacity, customer service level requirements, inventory safety stock levels, cost, distribution requirements, sequencing for set-up efficiency, operating schedules. APS weights the constraints and other business rules to find the optimal use of the available material, components and plant capacity. This enables the business to meet objectives, such as minimizing total cost while maximizing the overall plant operations in order to complete most of the customer orders in time. The main plans developed are demand planning, supply chain planning, production planning and transportation planning.

   • **Demand planning** designates the process of converting the demand forecast into a set of operation plans for sales and manufacturing. This process may include the use of master scheduling or of a supply and logistics network optimizer, to determine whether the forecasted demand can be met. The time horizon has a range of between 6 and 18 months.

Fig. 13.6 APS plans.

- **Supply chain planning** works with aggregate-level resources and critical materials to develop a constrained production plan. Supply chain planning generally spans multiple manufacturing and distribution sites and may provide some level of supply chain synchronization.

- **Production planning** creates an optimized plan, which considers material availability, plant capacity and other business objectives. This generally focuses on a single plant. Production planning may include a complete MRP explosion of work with only critical material. The depth of material planning often depends on the complexity of the bill of materials and the desired re-forecasting period. The time horizon for optimization and planning lies between two weeks and three months.

- **Transportation planning** is used to minimize transportation cost and/or maximize the utilization of truck fleets to support outbound and inbound material flows. When possible, planning routes (between plants) and sequencing delivery locations are considered. Transportation planning often uses current carrier freight rates in order to support lowest cost shipping calculations. Transportation planning has usually a time horizon of one week to three months.

13.3.4   Supplier collaboration management

Suppliers are very often on the critical path and contribute to a long total cycle time. Therefore, specific attention must be paid to supplier constraints in order to control their performance with respect to delivery on time and cycle time and find out how the supplier's performance can be improved.

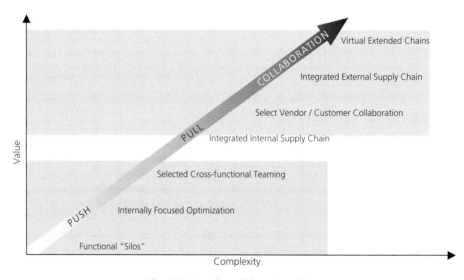

Fig. 13.7 Supplier collaboration vision.

A   Collaborative planning and forecasting

Supplier collaboration management best practices include: collaborative planning and forecasting, vendor managed inventory.

Collaborative planning and forecasting is characterized in the following ways:
- Supply and logistics network partners agree to jointly own the process and share performance measures.

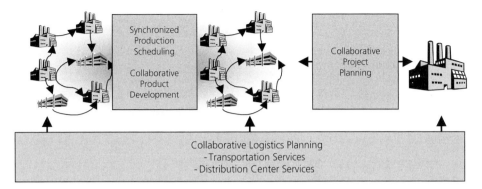

Fig. 13.8 Collaborative planning & forecasting.

- Either network partner can adjust the plan within established parameters. Changes outside the parameters require approval from the other party, which may require negotiations.
- With collaborative planning and forecasting, a forecast can be agreed in advance, and then converted automatically into a plan, thus avoiding any customary order processing, as has been the case until now.

Collaborative planning and forecasting systems capture critical information such as supply constraints, that can eliminate days of inventory from the entire supply and logistics processes, and hence avoid unnecessary exceptional processing.

B   Vendor managed inventory

Vendor managed inventory consists of giving the supplier the responsibility for managing the inventory. If well managed, this interface results in a win – win situation. The client has no longer to replenish the parts and may focus on its core competency. The supplier commits to keep available at client premises an inventory within a predefined envelope, but may adapt the shipments to his own production capacity.

13.4   Digital Market (DM)

13.4.1   Introduction

The exponential development of DMs directly stems from the explosion of the volume of B to B transactions. Gartner forecasts that B to B transaction volume will increase at more than 100% per year between 1999 and 2004. Gartner anticipates that by 2004, in the US, around 50% of the B to B commerce will be conducted over DMs. Goldman Sachs anticipates that 10 000 DMs will be created by 2003.

13.4.2   Definition and description

A DM is an Internet intermediary that brings buyers and sellers together. A market is a place where buyers and sellers congregate to exchange values, and the standardized measure of value there is price. Therefore, one of the fundamental activities of a market is the

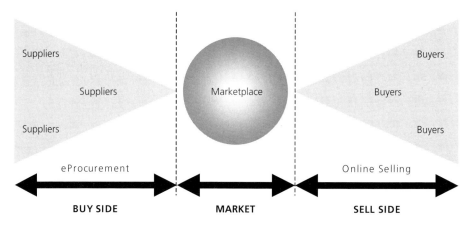

Fig. 13.9 The market place concept.

establishment of prices through the operation of various price-setting mechanisms. One primary mechanism is negotiation.

A market is composed of four basic participants: buyers, sellers, traders and intermediaries. In a DM, all participants, and their interactions, are represented by digital processes. Therefore, the marketplace of physical markets is replaced by the marketspace of DMs. The primary characteristic of a DM, as of all markets, is a many-to-many configuration. This means that there is more than one seller serving more than one buyer. One-to-one, one-to-many, and many-to-one configurations do not constitute true markets, but are often incorrectly called so.

13.4.3   Digital market taxonomy

There are three common varieties of DMs: consumer-to-consumer (C to C), business-to-consumer (B to C), business-to-business (B to B).

- **C to C DMs** allow consumers to trade values among themselves. These DMs are usually organized as virtual auction houses or virtual flea markets. The paradigmatic example is Ebay.
- **B to C DMs** are virtual malls. The paradigmatic example is Amazon, which is morphing from a bookseller into a true **B to C DM**.
- The newest category is the **B to B DM**. There are as yet no dominant paradigmatic examples, so it is still a wide-open emerging field of business.
  Within these varieties are two basic types of DM: horizontal and vertical.
- **Horizontal DMs** organize sellers of business process, or function-specific, values that are generic across all industries: for example, pens and pencils. These are values that are used by every type of industry and appear, usually, as general operating expenses.
- **Vertical DMs** are industry-specific. They usually organize sellers of industry-specific inputs to the value-generation, or production, process: for example, auto parts suppliers to the big three automobile giants in the United States.

13.4.4   Digital market functionality

There are three basic functionalities characteristic of a DM: content management, community services and transactions processing.

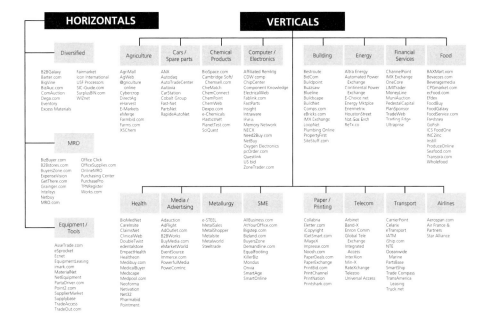

Fig. 13.10 Market place taxonomy.

- **Content management** refers to the aggregation and integration of content. Usually this content is organized as a metacatalog. This means that the product catalogs of the many sellers in the market need to be aggregated, then integrated into one metastructure for the convenience of the buyers. In addition, all sorts of other information is required. For example, product reviews, transaction records, buyer information for sellers, etc. The content management architecture of the market is very important, and is usually fraught with complication and expense.

- **Community services** form the personality of the market. This will be a key differentiator between competing markets serving the same industry or business function. The basic community services are search facilitation and matchmaking processes. They are key to the operation and value of the market. There is a very important, in fact determinative, reason why community services are so central. DMs form around communities of interest. This is an extremely important insight. It is the community that defines and determines the market, and without appropriate community building and bonding efforts, a DM will not succeed. The community forms the market.

- **Transaction processing** is where most attention has been focused. In fact, most conventional DM typologies distinguish DMs on the basis of their transaction processing mechanisms. The merit in this approach is that the most visible activity in a market is the process of price discovery or price setting.

There are two basic price setting models: static and dynamic.

- **Static price models** are the norm in business today. However, it has been discovered that static, or fixed, prices are economically sub-optimal. They are efficient only in the sense of "relative efficiency" in that they compensate for the tremendous friction of information flow in an economy. Fixed prices are efficient when the cost of negotiation is expensive relative to the cost of the value in question. Any rational negotiation would require a lot of information about comparative values, etc. And this can be very expensive without automated electronic intermediation. Therefore, one of the extreme powers of DMs is to make dynamic pricing normal and pervasive in such a way that prices accurately reflect true value at the time and place of trade, given the priorities and preferences of the specific participants in the trade. Fixed prices, on the other hand, are generic and weighted toward "average" generic participants at "average" generic times and places. Fixed prices are abstract and lack the "realness" of concrete specificity. Thus, in many ways, dynamic prices are what DMs are all about.

- **Dynamic price models** are a complicated area of economic theory that has been simplified by the advent of DMs. There are three basic forms of dynamic price models that are realizable by DMs: dynamically ascending, dynamically descending, and dynamically floating.

    1. **Dynamically ascending price models** are sometimes called forward auctions, and are what we normally think of auctions to be. This is logically a many-to-one price setting mechanism that occurs when there are relatively many buyers bidding for the wares of relatively few sellers: one seller in the typical case. We call this a seller's market. In this scenario, the price rises as buyers compete for sellers and the seller sells to the highest bidder. There is a profusion of auction-types built on this scenario. And its logic is common in economies, especially when there are shortages. It is also behind the economics of demand-generated price inflation: too many buyers chasing too few sellers.

    2. **Dynamically descending price models** are often called reverse auctions. The dutch auction is one common form of this type. This is logically a one-to-many price setting mechanism that occurs when there are relatively few buyers, one in the typical case, bidding for the wares of relatively many sellers. We call this a buyer's market. In this scenario, the price falls as sellers compete for buyers and the buyer buys from the lowest offer. There are several auction-types based on this scenario. And its logic is also common in economies, especially in times of surplus. This type of price model is characteristic of highly competitive deflationary markets: too many sellers chasing too few buyers. Logically speaking, request for proposals (RFP's) and request for quotations (RFQ's) generally fall under this model. RFP's are issued for complex products requiring much customization and RFQ's are usually issued for simple, well-known, or standard goods. RFQ's are common in horizontal markets, and RFP's are more common in vertical markets for industrial capital goods of a highly specialized nature.

    3. **Dynamically floating price models** are usually called "exchanges." In this model, the price floats, or rises and falls, in accord with supply and demand factors. This is a many-to-many scenario in which you have many buyers and many sellers of the same, or similar, values. The stock market is of this group, as are the commodity exchanges. Logically, this model is a simultaneous combination of the forward and reverse auction-types. It is also, in many ways, the most complex price setting mechanism. The most sophisticated DMs are organized as exchanges.

In general, a comprehensive DM should have mechanisms to support all the three basic price-setting models.

13.4.5   Digital market objectives

The primary goal of any DM is liquidity. Liquidity occurs when buyers can buy and sellers can sell at will. The primary attribute leading to liquidity is scale. Usually, a market is liquid when there are very many buyers and very many sellers. We call this state "critical mass". Every

DM strives to achieve critical mass as rapidly as possible because this is when the value of the market is greatest. Achieving critical mass is usually an expensive and arduous process. And the drive to critical mass is often the riskiest period in the life cycle of a market. But once critical mass is achieved, the market becomes self-sustainable and grows organically by itself via a positive feedback effect. The more buyers and sellers there are in a market, the more buyers and sellers are attracted to the market. Critical mass, and hence liquidity, is the holy grail of DMs.

It is in the achievement of critical mass, in the service of liquidity for a community of interest, that the strategic objective of first mover advantage is of such fundamental importance to the survivability and sustainability of a DM. Without first mover advantages, the achievement of critical mass can entail insurmountable business and marketing costs that create significant barriers to entry for latecomers and second players. As we well know, it is extremely expensive and uncertain to try to "buy" a market from an entrenched market maker.

13.4.6   Digital market evolution

Large-scale DMs will tend to evolve in the following sequence for economic reasons: buyer-based super-extranets, neutral markets, buyer-biased markets.

 • **Buyer-based super-extranets** will in general tend to be the first large-scale market-like B to B digital structures implemented because it is the large buyers who have the capital, technical infrastructure, and economic incentives to form the first very large-scale structures of this type. Usually, these "markets" will start out as eProcurement cost-saving extranets that will evolve into true markets because of their scale and the irresistible opportunities involved as the sellers in those structures organize themselves and gain leverage.

 • **Neutral DMs** will then tend to evolve out of these buyer-based super-extranets because as they proliferate and expand, power will transfer inevitably to sellers as they organize themselves as the super-extranet reaches critical mass. As the sellers gain power, they will increasingly demand neutrality as a condition of their participation. This is because equilibrium of power between buyers and sellers will be necessary to sustain the long-term value and viability of the market.

 • **Buyer-biased markets** will slowly evolve out of neutral markets in the long run. This is because intelligent agent and customization/personalization technologies will drive markets toward a buyer-bias.

In the very long run, though, the equilibrium will be re-established in a dynamic balance of power between buyers and sellers. Economic cycles will tip the balance of power first this way then that way, but the underlying pattern in the gyrations will be one of dynamic equilibrium.

Simultaneously with this evolution of large-scale digital markets there will occur a parallel evolution of small-scale DMs with the potential for large growth. These markets will tend to evolve rapidly toward neutrality because they will be organizing fragmented, but highly specialized, constituencies on both sides of the buy/sell equation.

13.4.7   Digital markets versus enterprises

The rise of DMs will tend to reduce the importance and power of enterprises. This will be a significant and unanticipated side effect of the proliferation and increasing economic influence of DMs. The power shift from Enterprises to DMs will be analogous to the power shift

from producers to consumers wrought by the transactional efficiencies and information trans-
parencies of e-commerce in B to C trade.

Generally, inefficient markets make large enterprises; efficient markets generate small
and agile enterprises with clear, well-honed strategic and tactical focus. Some of these DM
enabled enterprises may even be ephemeral in life span, though highly profitable during the
course of their existence. DMs change the focus of e-business from enterprise-centricity to
value network-centricity.

13.4.8   Key success factors and myths for digital markets

Several key success factors can be identified for DMs:
- first mover advantage;
- critical mass leading to marketspace liquidity;
- aggregation and integration of fragmented communities of interest;
- market process embedding in participant systems;
- application integration across participant systems;
- the generation of high switching costs to participants;
- ability to master design of e-commerce web sites.

Before companies start relying on online exchanges, they should be aware of popular misconceptions. For companies seeking to establish a competitive advantage in the new
economy, effective use of digital marketplaces is essential. Before taking this leap, the first
imperative is to get the facts straight. Herewith, we bust five myths of DMs:

A   Myth 1: lower prices will drive marketplaces
Initially, a marketplace can be successful simply by providing a lower cost offering. However,
if efficiency is the only value offered, a marketplace will find itself struggling as soon as nine
months into its operation. To build long-term success, a marketplace must offer participants
other types of value, such as the ability to approach customers directly with complex products
and to offer bundles of products, services and expertise – like business planning or product
support. Such value-based products are essential to create sustainable marketplace revenue
models.

B   Myth 2: technology is the issue
CDTechnology will rarely be a long-term advantage for a digital marketplace. In fact, it can be
a disadvantage. As with most Internet business models, any technological development can
be easily and quickly replicated. Marketplaces require a great deal of collaboration, sometimes
among fierce competitors. Rather than concentrating purely on technology issues, companies
should focus on developing true collaboration as they create or join digital marketplaces.
Community development attracts and keeps customers within the marketplace and is maintained only with true collaboration.

C   Myth 3: rapid consolidation will take place in the next 12 months
This oft-quoted statement is not accurate. It is true that rapid consolidation of marketplaces
will occur after a substantial buildup. However, it will not take place nearly as rapidly as some
predict. The likelier scenario is that at least 10,000 digital marketplaces will be developed
by 2003, a number that will be reduced to 3000 during the following two to three years. It
will eventually become clear that each industry can support only two to four marketplaces.

Today, many of the marketplaces being created are based on weak or unsustainable business models.

D   Myth 4: marketplaces are bad for suppliers

A marketplace can be a great business opportunity for suppliers, but only if they know how to interact effectively with a digital marketplace. Suppliers that have efficient operations and that proactively manage their products and services can reap enormous benefits from being associated with a marketplace. For example, suppliers will have much wider access to potential customers than they could have on their own. And if the marketplace is intelligently structured, it can allow suppliers to receive and process transactions more efficiently. For smaller suppliers, furthermore, a marketplace provides easy access to many new customers.

E   Myth 5: joining a marketplace is risk-free

Joining a digital marketplace calls for a substantial amount of energy and resources and diverts attention away from other business initiatives. Also, it requires a well-thought-out business plan and a thorough and rapid evaluation of issues such as how much staying power the exchange will have and whether it provides a strategic fit with the company's business model. And there could be long-term financial setbacks if a company joins a marketplace that is not ultimately successful or has differing goals.

13.4.9   Revenue models for digital markets

DMs will generate impressive revenue traffic, but how can they extract profit from that traffic without adding a cost burden that diminishes their cost efficiency advantage over physical markets? This, of course, is an important question for DM architects to consider. Current revenue models seem to be based on advertising, sponsorships, subscriptions, lead generation fees, listing fees, membership fees and transaction fees. It is to be expected that particular DMs will not rely on any one of these recurring revenue streams but on a mix of some or all of the above. Ultimately, the largest future source of revenue for DMs may well rest on the application of artificial intelligence for the generation of sellable business intelligence through sophisticated data mining operations. DM databases and datawarehouses will store tremendous amounts of invaluable unconnected market data that will be used, additionally, for user profiling and personalization. The privacy issues raised are significant and disturbing, but this author does not expect them to overcome the lure of large-scale profit opportunities.

13.4.10 Current technical architecture of digital markets

The typical DM technical architecture today is a 4-tier client/server architecture based on a web application server approach. The core of this architecture is a market application with transaction processing capabilities that is usually centered on an auction or exchange engine of some sort.

This general architecture is limited in scalability, agility, and inter-operability despite the claims of the various vendors. Surprisingly, DM technical architects do not yet seem to realize the centrality of the integration problem. They seem rather to have focused their efforts on transaction functionality. But there is a good reason for this. Transaction functionality is the hard technical problem at the core of the DM process, and generating robust and scalable algorithms for auction and exchange models is an extremely impressive technical achievement. With these hard problems solved, or almost solved, technical architects may soon be freed to address the equally thorny integration problem.

The current technical architecture for DMs is created between HTML and Java Applets on the front-end and Java servlets, XML, and SQL on the back-end. In between usually sits a sophisticated industry standard application server to handle such technical issues as:

- state and session management;
- scalability through load balancing;
- availability through dynamic redundancy;
- transaction processing for atomicity, consistency, isolation, and durability.

There is usually an API-to-API connector for integration into ERP and other back-end systems of participants. Specific marketspace transaction and other service functionalities, such as auction and exchange engines and other marketspace protocols, are built on top of the application server. Trading applications are offered such as: market configuration tools, bid/ask processors, market clearing processes, and event notification services. Generally, these architectures offer templates for catalogs, auctions, exchanges and workflow. The administrator is expected to configure the particular type of auction or exchange model from a wide variety of built-in models. The more sophisticated of these systems offers configurable processes for membership, search, matchmaking, price discovery, payment transactions, delivery connections, settlement and support. These architectures are built to support a good measure of scalability, stability, availability and flexibility via configurability. There are usually mechanisms to support the import and export of heterogeneous data types. The basic market processes supported are: content integration, catalog aggregation, forward auction models, reverse auction models, and dynamic exchange models. Several of these architectures encapsulate the application server in a so-called market server, which offers the following additional features: configuration database, directory service, user information repository, product information repository, market information repository, market transactions engine, rules engine and process engine. Any architecture should support a flow model for DMs of at least: information, process, product and money. Such an architecture should allow, as most allow, the basic market functions of content aggregation, process integration, and transactions enablement.

13.4.11 Market Place Components

Marketplaces include different components.

- The transaction engine is a transaction framework that describes the basic commercial process from buyer requisitioning through supplier invoicing and payment reconciliation. It supports both buyer and supplier business processes.
- Dynamic pricing allows buyers and sellers to trade goods and services at prices determined by market forces instead of by a predetermined price list or catalog.
- Customer support includes e-mail campaigns, web-based interactive chat capabilities between the customer and the service representative, and discussion groups for customers with similar questions and issues.
- Catalog management provides capabilities for aggregating, cleansing, synchronizing, and standardizing, and searching for multi-supplier catalog content.
- Credit processing enables secure, reliable, real-time multi-currency credit card processing in local currencies. E-retailers can choose between payment processing software or outsourcing it to provide a real-time bridge between their e-commerce sites and credit card processors.
- Ad (advertisement) management servers provide target advertising, inventory management, reporting, and ad. personalization tools, all of which are critical in delivering effective ad campaigns.

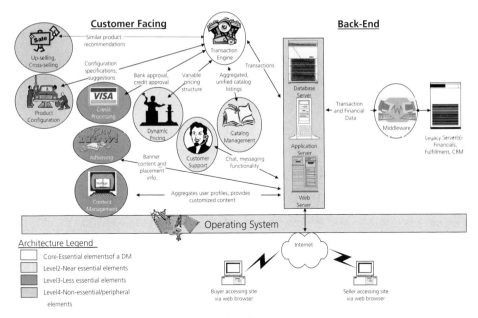

Fig. 13.11 Market place components.

• Content management software provides customized content delivery and relationship development tools for DMs.

• Up-selling and cross-selling is the process by which technology learns about each customer's preferences through observing real-time behavior, recalling past behavior, and profiling customer demographics. This information is then used to effectively advertise to each customer, targeting individual tastes from their recorded behavior. Sales effectiveness is maximized with deeper customer profiles and more intimate buyer/supplier relationships.

• Product configuration. Customizable goods allow customers to select optional parts, accessories, or functionality. The complexity of a configurable product can be overwhelming to customers. Product configuration software eliminates this complexity by capturing information about product options and configurations and applying that directly to the customer's purchase.

13.4.12 Next generation technical architecture of digital markets

Considering the speed of technology change, one can legitimately say that the next generation is today, and the current generation is yesterday. A key success factor for next generation DMs will be inter-enterprise application integration between the intermediary and buyer, seller and trader enterprise systems. This should include workflow enablement to embed intermediary processes in the business processes of buyers, sellers and traders thereby increasing the switching costs to market participants and thus increasing the defensibility of the intermediary's business design. Intermediary process embedding, in planning and procurement processes of buyers, and the planning, sales and other customer facing processes of sellers, including their logistics and fulfillment processes, should generate potential sources of automatically recurring revenue streams.

Push technologies will be important for next generation DMs. The current client model of the web is a one way "pull system." But next generation DMs will require market-focused intelligence on the client side; therefore, real-time, active client-side processing amenable to push technologies will be essential. For example, a marketspace "event" should be able to automatically trigger other events and transactions in buyer and seller systems in real-time. For this reason, also, a mechanism for real-time process tracking will be necessary. Right now, Java-based XML seems to be the best technology available for implementing this model. Major problems here will have to do with proxy server and firewall access. Another major problem will have to do with dynamic content retrieval. How will content be loaded on the marketsite from participant sites? Will it be pre-loaded? Even that is not good enough. There will have to be processes in place for real-time dynamic import and export of rich content and other data. Content needs to be "sucked" up to the market from participants, rapidly, in real-time, and then pushed down to participants from the market, also rapidly, and also in real-time. Additionally, this content will need to be integrated and aggregated at the market-site from different sources in real-time, and then dynamically disaggregated as necessary for routing and distribution to participants on demand.

Next generation DMs should be accessible from anywhere at anytime on any device. This will necessitate a client-less, service-oriented architecture. Multi-lingual capabilities will be necessary for global markets, and the market should be able to support dynamically different views on its data for different purposes and for different participant roles. There will need to be "protection" and access control for these different views on market data and content. The quality of participant experience is crucial. Therefore, good experiential design of the user interface is of paramount importance. The user experience is the glue that binds the marketspace together. For all of these reasons, and more, a modular design rather than a monolithic architecture will be essential: loosely coupled, modular and component based. A next generation DM should employ an open, reusable component architecture designed with third-party integration always in mind.

The key to next generation DM agility, performance and technical success will be the market integration engine. Next in importance will be the transaction engine which should be application server based. But the market integration engine should be independent of the application server. Next generation DMs will be the e-business infrastructure interface to enterprises for most commercial purposes and application integration will be the key technological substratum enabling next generation DMs.

13.4.13 Five building blocks to implement a digital market

Implementing a DM is a business journey. There are five building blocks: processes and rules definition; change management and user adoption; business partners adoption and catalog creation; technology implementation; and technology integration with the enterprise information system.

- We need to define processes and rules that make DM the "easiest, fastest and only way to commerce", and ensure end-to-end, seamless integration with the ERP and other key systems. The main challenges include:
  1. How to define the processes? Indeed, the DM software does not provide "out of the box best practice" processes.
  2. How to keep the rules simple, hence maintainable?
  3. How to ensure consistent data and rules?
  4. How to define controls?

- We need all users to fully adopt the DM. In the procurement department, this is a large change for a small group, from administration to supplier management. For the rest of the organization, this is a small change for a large group because a large proportion of the staff will now order goods and services for themselves. Line management may not relay what it sees as a loss of control and potential increase in workload. In our experience, sustainable change is only achieved if three key components are in place. There must be a clearly defined operational and change vision. There must be clarity regarding the direction in which, in the spectrum between compliance and commitment, each stakeholder group needs to be managed. There must be appropriate, working "change levers" within the organization that will encourage individuals to focus on achieving and maintaining the operational vision.

- We need the business partners to agree to provide and maintain electronic feeds to a master catalog. Initially, it is necessary to educate business partners so they can understand what is required from them and what they may gain. As DM approaches grows, but before standards are stabilized, the main challenge will be to persuade the business partners to provide the catalog in the format needed. This will be easier to achieve when the volume and value of purchased goods is high. There is a chicken-and-egg relationship between catalog content and usage. A solution has to be found that gets rid of the low volume (low leverage) products while still satisfying enough users so they keep using the catalog. Our approach, called "contract catalog plus third party", is based on the following principle; "it is better to allow some leakage than to forfeit adoption because users are not able to find what they need". It provides users' access to contract items and, through the use of approved third party catalogs, other products. In this model, user spend is periodically analyzed and, depending on the reason for selecting non-contract items, users are either steered towards contract items or the non-contract items are sourced into the buyer's catalog. It has been our experience that most suppliers are anxious about supporting their larger customers and that there are substantial early savings that can be made in renegotiating deals.

- We need to configure the selected technologies, that is to "translate" the processes, rules and catalogs previously defined into permissions, roles, screens, workflows, reports, and electronic catalogs.

- We need to integrate the selected technologies with the ERP and other key systems. This is the most technical part of the journey. No "point to point interfaces" should be developed. Instead we will rely on a middleware. In short, a middleware is a "message broker" sitting between different systems and mediating all discussions simultaneously. Based on the processes and rules defined previously, the integration will be a mix of real-time and periodic updates.

13.5 The author

Hubert d'Hondt is a founding partner of the French Andersen Strategic and Operational Consulting Practice. He has 20+ years experience in IT and Management Consulting in Supply Chain for various industries. He is the EMEIA managing partner for eProcurement and Digital Marketplaces.

He wrote many books including *Places de Marché sur Internet. Nouvelles règles pour le commerce du XXI* ^{e} *siècle* (http://placesdemarche.net/), *Les systèmes d'information des groupes* (Economica).

He co-founded the European Association of Marketplaces (aepdm.org) and the weekly newsletter lettrehebdo@placesdemarche.net.

Chapter 14

Forecast analysis and forecasting models

14.1 Introduction

In relation to its direct and indirect environment (market, customers, suppliers...), the forecast is today a key element of logistics information systems and has a major impact on the performance of a company. The current techniques of industrial production and logistics

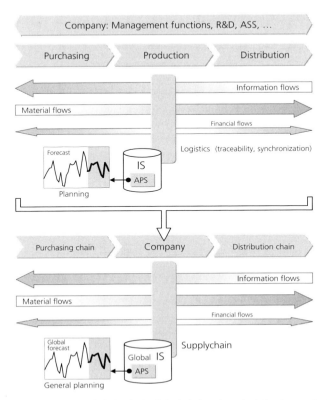

Fig. 14.1 Forecasting analysis in the logistical chain – from logistics to supply chain.

control (JIT, pull systems flows, VMI, etc.), and the associated integrated data-processing modules (SCM package, ERP, CRM, APS, DP, DRP, etc.) are based, to a large extent (Figure 14.1), on results provided by short (1 to 3 months: production planning) and midrange forecasting analysis (12 to 24 months: general planning, sourcing strategy, global tender, etc.).

Forecasting is a major synchronization element for information and material flows, with a direct impact on a company's level of service and its success. Linked to an extrapolation function and applied to chronological data series, the forecasting models retrace the life of a product or a group of products and evaluate the logistical, marketing, financial or technical performances of a company (and by extension, of the supply chain, Figure 14.1). It is then possible to judge the impact of internal and external influences such as marketing actions, market evolutions, competition and regulations.

The results of a forecast influence every function of the firm, directly and indirectly, and especially its entire logistics chain (supply chain, added value chain): from sourcing to delivery, from suppliers to customers, and – with today's sustainable approach – from raw material to recycling. A forecasting error or a misinterpretation of results can lead the company into serious difficulty.

The goal of this general approach is to illustrate how a forecasting approach is set up, and how to exploit the model's results in terms of reliability (choice of a model, risk analysis), organization, efficiency (probabilistic interpretation of the forecasted values), follow up and control.

14.2 Model application

The forecasting models used in the industrial logistics field usually use observed values of a chronological series of data in order to model its behavior (endogenous approach, in opposition to the econometrical models for which the effect of external factors is determinant).

The goal of mathematical forecasting models is to eliminate, or at least diminish, the subjective interpretation of the evolution of a series of historical data. Indeed, the experience shows that the same forecast established empirically by people belonging to different departments or services of the company can lead to contradictory results. In order to give decision makers a tool that they can use to define, in an objective manner, the company's strategy on a short and medium range term, it is then essential to hold a common basis for discussion established by a mathematical forecasting model.

Note: the necessary condition for the effective application of a forecasting model is to be able to have a no redundant, reliable, homogeneous and coherent Database (see Section 14.9).

14.3 Characteristics of a chronological series and forecasting basics

A chronological series of data is characterized by 3 components:
- the **trend** factor;
- the **periodical** characteristics, including **cycles** (medium and long term periodical factors of greater than one year) and **seasonality** (short term particular cycle of less than one year);
- the **randomness** factor.

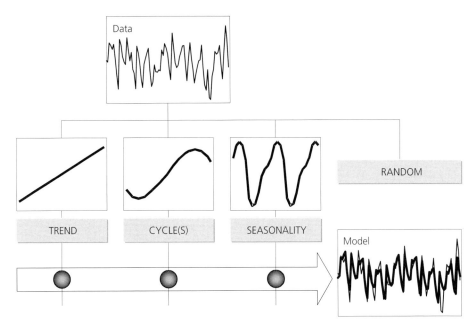

Fig. 14.2 Characteristics of a chronological data series.

The objective of every forecasting model is to get rid of the randomness component of the data series and to explain, in a qualitative or quantitative manner the tendency, seasonality and cyclic factors. Throughout the years, many models have been developed, from the simplest (e.g., moving average, exponential smoothing) to the most complex (e.g., Box-Jenkins, decomposition models, Fourier's model).

Each model has its own particularities allowing, on a specific forecasting horizon and according to its parameterization, the determination of the characteristics of a series that can be modeled (trend, seasonality, and cycles). The output of the model can be given in terms of a signal (qualitative approach) or an equation (quantitative approach).

Forecasting models can be classified in two distinct groups:

- *integrated models* are generally applicable to short-term forecasting. They take into account, in a qualitative manner, all or part of the characteristics of the series of data (smoothing methods: moving average, exponential smoothing…).
- *decomposition models* are applicable to short and mid-term forecasting. They explicitly quantify (equations) each characteristic (trend, cycles and seasonality) of the chronological series.

14.4 Examples of forecasting models

The objective of this section is to succinctly present the general application of two forecasting methods. For additional and more detailed information about forecasting models, the reader can refer to [1] & [2] of the bibliography list.

Figure 14.3 shows, on the basis of a chronological series of monthly data, the results from a smoothing model using a mobile average method (sliding computations of averages of

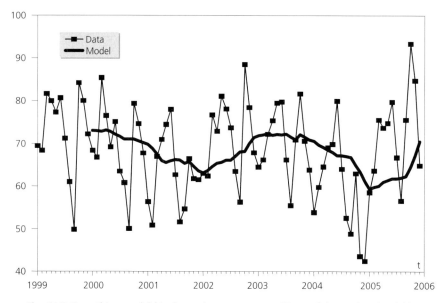

Fig. 14.3 Smoothing model (single moving average over 12 months), trend and cycle(s).

n time elements). It is interesting to notice that the application of this simple method, according to its parameterization (smoothing over 12 time periods), allows the user to separate the trend and the cycles of the data series. Indeed, a smoothing over 12 periods eliminates, or strongly decreases, the randomness component and, by definition, the seasonality factor (particular cycle contained within a year). The seasonality factor, the most important logistical factor to take into consideration during short-term and mid-term forecasting, can be added to the signal shown in Figure 14.3, according to the procedure presented in Section 14.6 (cf. seasonality indexes, Figure 14.4(b)).

Figures 14.4(a) to 14.4(e) present an example of an application of decomposition models identifying the characteristics of a data series (data by month) that can be modeled, such as: trend, cycles and seasonality.

Note: forecasting results were calculated by SCALP (forecasting software, see [6] of the bibliography list).

14.5 Forecasting model: application

The historic knowledge of a series of data taken into account in the industry ranges usually from 3 to 5 years. This length corresponds to the range of stability of characteristics such as trend and especially seasonality, which are key components to consider while doing short and mid-term forecast.

The cycles, endogenous (for example product life cycle) or exogenous (for example economical cycles), are the most difficult characteristics to model (Figure 14.4(d)) and directly influence the mid-range forecast. In order to be identified, they require the use of an important series of data (function of the period of the cycles that needs to be considered).

The forecasting method and models associated to the actual SCM package, ERP or APS systems, designed to compute short and mid-term forecast, always take into account the trend, seasonality characteristics and special actions effects. Only specific applications add the cyclic components to their forecast.

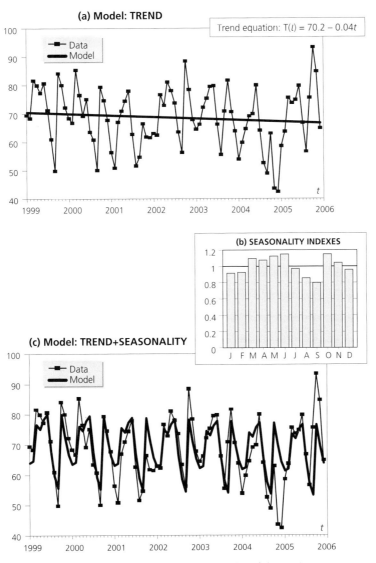

Fig. 14.4 (a), (b), (c): Trend and seasonality of data series.

Note: *seasonality indexes can be calculated with the application of a single centered smoothing method.*

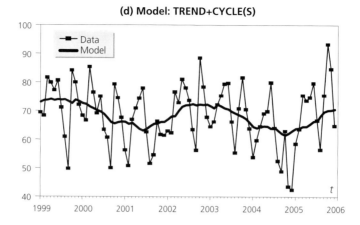

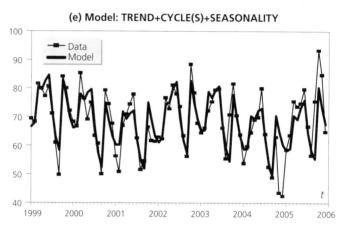

Fig. 14.4 (d), (e): Trend, cycle(s) and seasonality of data series.

Note: Equations of the cycles can be identified by a Fourier decomposition [1].

The choice (function of the forecasting range) and the parameterization (function of the temporal basis) of forecasting models associated with the different chronological data series are essential. They condition, in fact, the quality and the reliability of the forecasting results and thus, through SCM package, ERP or APS systems, the efficiency of the company's entire Information System.

The importance of the choice and parameterization of a forecasting model within an SCM package or ERP system is often underestimated. According to the software, and because adequate information for the user is often poorly explicit (black box effect), these operations are often difficult and neglected. In order to understand and to evaluate the response of a model to considerable variation of characteristics, it is useful to test it with different basic input signals. The more often used signals are of the type: jump (variation of the mean value), ramp (variation of the trend) or impulse (local dysfunction of the series).

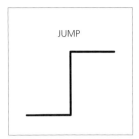 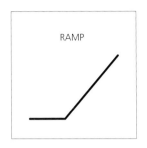 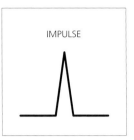

Fig. 14.5 Characteristic signals.

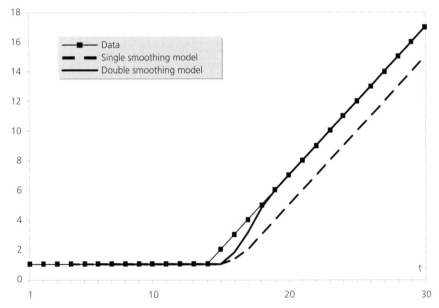

Fig. 14.6 Answer of a single and double smoothing model to a signal of "ramp" type lagging effect.

It is then possible to evaluate the behavior of each forecasting model and to identify, according to specific parameters, secondary effects such as: lag, inertia, and instability. Figure 14.6 shows the response of a single and double smoothing model (moving average or exponential smoothing [1]) to a "ramp type" input signal.

14.6 Models and forecast results

A chronological series of data D(t) is defined, at most, by the characteristics: **trend** (T), **seasonality** (S), **cycles** (C) and **randomness** (R).

$$D(t) = f(\text{T, C, S, R})$$

A forecasting model F(t) applied to such a series has to explain the characteristics: trend (T), seasonality (S) and cycles (C).

$$F(t) = f(T, C, S)$$

Thus, the general steps when applying a forecasting model to a chronological series of data can be synthesized as follows:

$$D(t) \Rightarrow \boxed{\text{MODEL}} \Rightarrow F(t)$$
$$D = f(T, C, S, R) \qquad\qquad F = f(T, C, S)$$

Getting rid of the seasonality component in the initial data D(t) (Figure 14.7), it is possible to work with a sub-series of data $D_s(t)$:

$$D_s(t) = D(t)/SI(t)$$

where SI(t) represents the seasonality indexes (Figure 14.4(b)).

It is then possible to calibrate a forecasting model on the basis of this sub-series $D_s(t)$ that no longer contains a seasonality component. This is a way to help the model that yet only takes the trend and cycle(s) characteristics into account.

$$D_s(t) \Rightarrow \boxed{\text{MODEL}} \Rightarrow F_s(t)$$
$$D_s = f(T, C, R) \qquad\qquad F_s = f(T, C)$$

It is then necessary to re-enter the seasonality component into the results of the forecast $F_s(t)$, established on the basis of the sub-series $D_s(t)$ in order to obtain the complete model F(t):

$$F(t) = F_s(t) \cdot SI(t)$$

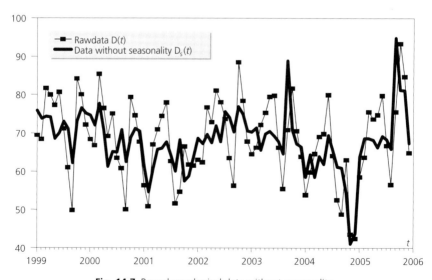

Fig. 14.7 Raw chronological data without seasonality.

The complete process, which can be generalized to any forecasting model (Figure 14.4(c)), is then:

Deterministic results of forecasting

Figure 14.8 presents, on the basis of the model from Figure 14.4.e, a 12 months mid-term forecast, taking into account the 3 fundamental characteristics of the chronological data series of (trend, cycles and seasonality).

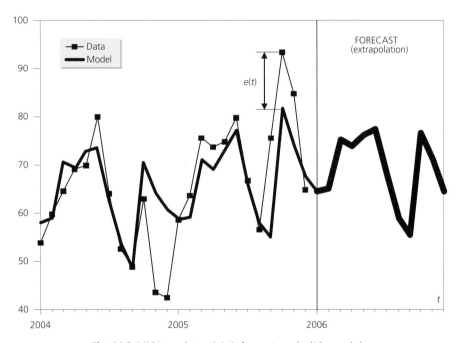

Fig. 14.8 Mid-term deterministic forecast results (12 months).

14.7 Quality of a forecast

The measure of the quality of a forecast is mainly done by studying (Figure 14.8) the residues or errors $e(t)$ being the difference between the data and the model, for every value of t:

$$e(t) = D(t) - F(t)$$

On the basis of these deviations, several methods using statistical criteria and ratios (standard deviation, correlation coefficient [1] & [2]) are applied. They allow the measurement of model quality and especially (necessary condition) to check that the residues $e(t)$ are composed only with random characteristic:

$$e(t) = f(R)$$

Necessary conditions (quality test of a forecast):
- $\bar{e} \approx 0$ (average $e(t) \approx 0$) *Note: it is possible to apply a smoothing method to the e(t) series, if e(t)= f (R), the result of the smoothing method is a constant $\approx$ 0;*
- auto-correlation of the residues $e(t)$ (random response);
- monitoring of the evolution of the standard deviation $\sigma = \sigma(t)$;
- tracking signal, etc.

Finally: computation of σ (standard deviation), RMS (root mean square), r (correlation coefficient between $D(t)$ and $F(t)$), etc, representing the random part of the data series (see Section 14.8).

Indeed, if trend, seasonality or cycle characteristics appear in the residues, the model must be improved either by using other methods or by modifying its parameters. As an example, Figures 14.9 and 14.10 show what the residues look like for the methods presented in Figure 14.4(c) (with trend and seasonality) and 14.4(e) (complete model: trend, cycles and seasonality), respectively. In Figure 14.9, it is clearly seen that the cycle residues have not been taken into account by the forecasting model (see also Figure 14.4(c)).

The analysis of the residues generally allows the user to notice local irregularities (or special actions) of the chronological series (Figure 14.10). These local phenomenon, planned

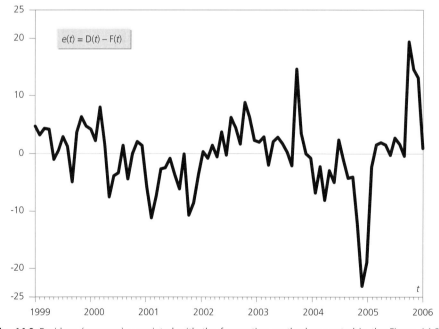

Fig. 14.9 Residues (or errors) associated with the forecasting method presented in the Figure 14.3(c) (decomposition model: trend and seasonality).

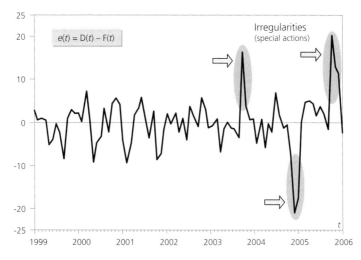

Fig. 14.10 Residues associated to the forecasting method presented in the in the Figure 14.3(e) (decomposition model: trend, seasonality and cycles).

(promotional action) or accidental (stockouts, shortages, promotional action of a competitor, etc.) by the company, are essential to identify. They reflect a part of the company's history and knowledge.

In the case of a particular sales promotion it is essential to quantify the effect of this action on the evolution of the series (before and after the promotion). An increase of the trend or average value will indicate a gain of market share (Figure 14.11). Some forecasting modules associated to SCM package, ERP or APS tools can help identify, explain and reproduce these special actions and their effects.

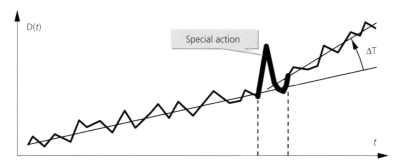

Fig. 14.11 Special action, identification of the effect on a chronological series.

Note: *it is interesting that the forecasting models designed primarily to extrapolate a chronological series of data can also, in a functional environment, explain the history of the firm.*

Processes of model control (examples)

The application of a model depends on a certain number of criteria (Chapter 14.5), especially on the horizon of forecast consideration or the number of points to extrapolate. Thus, a one-year forecast corresponds to:

- 12 values on a monthly basis;
- 4 values on a quarterly basis;
- 1 value on a yearly basis.

Through a successive aggregation on a monthly basis $D_m(t)$:
- $D_q(t)$ quarterly aggregation of $D_m(t)$;
- $D_y(t)$ yearly aggregation of $D_m(t)$.

It is then possible to consider, for the same forecasting period (1 year), models built upon different methodological approaches. The comparison of results through successive aggregation of these different models (applied to the same data series, but considered over a different temporal basis), as an average **probabilistic** value (Section 14.8), will allow the control and the consolidation of the final forecast. In addition, if a series of data (for example: group of articles) is the result of the aggregation of n partial series (articles, SKU), the deterministic and probabilistic comparison of the forecasted aggregated series with the aggregation of the forecast of the n disaggregated series can become a useful means of control.

14.8   Interpretation of forecast results

In industrial practice, the results of forecasts are generally expressed in a **deterministic** form, either by a value chart, or by graphical representation (Figure 14.12).
Since a real chronological series always posses a random component, the probability, for a forecasted value, to be on this deterministic forecasted curve is quasi-equal to zero. In addition, this mode of representation is very reductive regarding the richness of the information

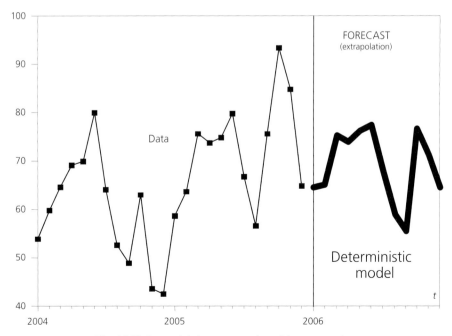

Fig. 14.12 Deterministic representation of forecast results.

enclosed in a data series (*company's history*). It is then useful to take advantage of the randomness component, which characterizes the residues e(t), in order to build, not a forecasted curve, but a **probable area of forecast**.

On the basis of residues e(t), it is then possible to calculate a statistical indicator that express the uncertainty or the risk associated to a forecasting model: the standard deviation σ.

Standard deviation of the residues (errors) e(t):

Figure 14.13 express the graph of residues from Figure 14.10 enhanced with the limits computed by ± nσ.

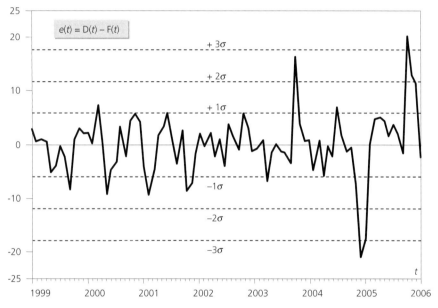

Fig. 14.13 Residues expressed in relation with the area limits of ± 1σ, ± 2σ, ± 3σ.

Assuming a centered normal distribution of the residues, it is then possible to define the following probabilities:
- 68.3% of the values are enclosed in a ± 1σ area;
- 95.5% of the values are enclosed in a ± 2σ area;
- 99.7% of the values are enclosed in a ± 3σ area.

These properties then allow definition of a probable area of forecast, and thus the quantification of the risk associated with the model, as applied to a chronological series of data.

Note: practically all the forecasting modules associated to SCM or ERP give, for each model, a certain number of statistical indicators, including the standard deviation. The experience shows that these indicators are usually not used or are poorly used!

By applying the standard deviation to the forecasting model, it is then possible to define a probable area of forecast, for which the width is function of the risk that one wishes to express (± 1σ, ± 2σ, ± 3σ).

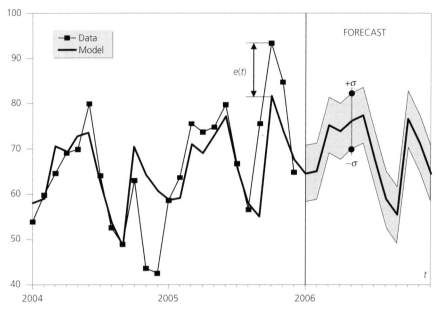

Fig. 14.14 Probabilistic representation of the results of a forecast (zoom on the last year of the chronological data series).

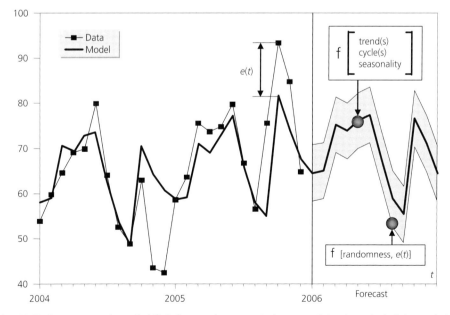

Fig. 14.15 Components of a probabilistic forecast (zoom on the last year of the chronological data series).

Figure 14.14 takes the model of Figure 14.8 and expresses it with a probable area of forecast calculated with a standard deviation of ±1σ (probability ≈ 70%). It is a **probabilistic** representation of the forecast, expressing the risk value associated to a forecasting model (applied to a chronological series of data). Then, in the example of Figure 14.14, the probable area of forecast represents about 70% (68.3% at ±1σ for a distribution supposed normal and centered) of chances, for a forecasted value, to be enclosed in this area.

It is essential to keep in mind that when using a deterministic approach for forecasting (Figure 14.8), the probability of effectively having a future value on the forecasted curve is close to zero. In addition, a probabilistic representation of the forecast allows the company to exploit the entire richness of the information enclosed in the chronological series of data (Figure 14.15). Indeed, if the mean curve of a forecast is composed of trend(s), cycle(s) and seasonality characteristics of the chronological series, the area of forecast is conditioned by the randomness characteristic. Thus, the area of forecast is a quantification of the company's trading history.

The following is an industrial example: linked to an integrated information system, and applied, for a specific time period, to the evaluation of the demand, the probabilistic forecasting analysis allows a calibration of safety stocks (±nσ) and reordering points. This approach integrates, in a quantitative manner, the notion of risk (stock out) and directly influences the level and quality of service (customer service).

Interest of a probabilistic approach

The attitude of a decision maker dealing with a probable area of forecast is objective and efficient. This area is rich in information and is an essential driver for partners and managers in order to communicate and negotiate (Figure 14.16). It allows managers and executives to take strategic decisions (neutral, optimistic or pessimistic) in relation, for example, to a particular product in its specific market environment. In addition, whatever decision is taken (e.g. neutral), the logistics executive or the manager, by knowing the potential variation in the

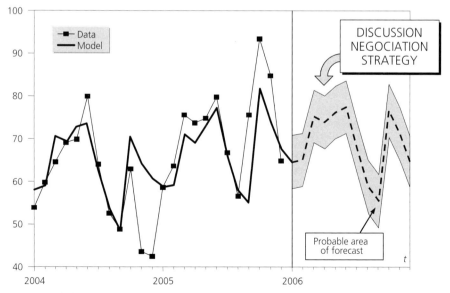

Fig. 14.16 Probabilistic representation of forecast results, area of negotiation (zoom on the last year of the chronological data series).

forecast of demand, for example (minimum and maximum values, $\pm n\sigma$, probabilistic forecast area, Figure 14.16), will be able to anticipate all the measures that would be necessary in the event of an extreme variation within the probable area: which helps the company to react.

14.9   Forecasting approach, application

The objective of this example is to show how the creation of a forecasting analysis team, within a company, contributed to the consolidation of the information system and allowed the dialog between managers, in order to plan and manage the processes in an integrated way.

The company's downstream logistics (distribution chain) are organized as shown in Figure 14.17, i.e. a comprehensive international chain comprising a distributor, a wholesaler and a point of sale. Because of this organization and the internal structure of the company, the initial situation showed communication problems (information flow) which led to unplanned duplication of local stocks and almost non-existent checking of physical movements. Stocks of finished products were very high, badly managed, badly allocated and badly matched which, despite the large quantities available, resulted in a level of customer service that was totally unacceptable. The articles produced and distributed by this company face very strong international competition. It was essential to guarantee a very high level of overall service to avoid losing customers.

Initially, the logistics of the distribution chain were unreliable within the level of uncertainty, and the logistics concerning the clients' requirements as they increased from partner to partner (information flow) right up to the company were badly evaluated (the Bullwhip effect or the Forester Effect demonstrated in the Beer Game, Figure 14.17).

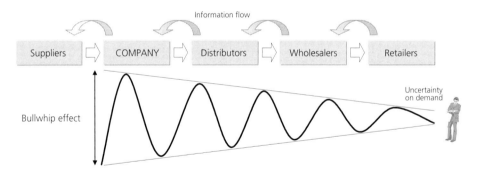

Fig. 14.17 Supply chain and bullwhip effect.

This phenomenon led to over-stock or out-of-stock situations, company-supplier relations that were virtually out of control, and, in the end, very high costs and very low quality of service. Two actions had to be undertaken, one within the company, the other in the supply chain, particularly in the logistics of distribution.

Action (1) inside the company

Within the company, several different information systems were being used (Excel, Access, etc.) in different departments. These redundant systems were neither uniform nor logical (Figure 14.18). It was even common to find several different reference numbers for the same article (SKU). Strong determination by management phased out these local information systems and developed a comprehensive system (unique information system) that every function in the company was obliged to use.

The increase in sales, the large number of articles involved, and the growth in competition meant it was necessary to develop and organize an approach that could anticipate customers' needs. A forecasting unit was set up with the task of updating the forecast quantity of each article (SKU) or group (family) of articles every month (Figure 14.18). Its members came from different areas of the company (sales, production, after-sales service...). They complemented each other in their knowledge of the products created and distributed by the company (familiarity with the regulations concerning purchasing, production, distribution, and maintenance.) Based on the results from this unit, every month the Managing Director and other Directors (sales, production. distribution, purchasing, ASS, ...) reviewed the forecast quantities of products and families of products critical to the company (phase-in, phase-out, launch etc).

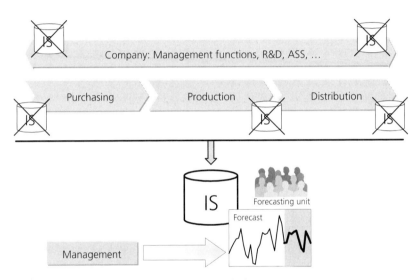

Fig. 14.18 Action 1, inside the company.

The results were expressed as probabilities, which enabled them to give an indication of likely changes in demand, taking into account potential events (those already observed in the past and expressed by the probable forecast area that represents the uncertain part of demand.) This strategy not only made it possible to formalize the forecasts made for each article or family of articles, it also allowed for dialog, exchange of information, and negotiation between those responsible for different departments of the company.

At this stage, the company possessed a useful forecasting concept, enabling information exchange and dialog within the organization. But the performance of this kind of tool depends on the quality of the historical data. The progressive build-up of information from the point of sales (POS) to the company was leading to errors, adaptations or increases in the data at all levels, and sometimes produced numbers were that were a long way from reflecting the real behavior of the customers.

Action (2) within the supply chain

So a second initiative was undertaken. It consisted of searching for data at some source (POS, retailer) and transmitting it directly to the company without any intermediate stages. This has been made a lot easier by the development of web-oriented technologies (Figure 14.19). The forecasting models (cf. Action 1) are then applied to this data and the results are expressed as probabilities, i.e., displaying the probable forecast area which showed the uncertain part of demand. These results are submitted to the partners in the distribution chain, in particular the distributors and wholesalers, who give their views on the possible scenarios taking into account the probability of certain events taking place (e.g. promotions by the company or its competitors, market trends, etc.). It is a participative exercise in collaborative forecasting.

This development makes use of the knowledge and local information of the partners in the distribution chain. The results, taking into account the input of the distributors and wholesalers are sent back (via a Web-oriented application) to the company which then defines its strategy and its supply and production planning (Figure 14.19). In parallel, the information system has been extended to integrate all the supply chain data, especially the overall management of stocks and purchasing orders.

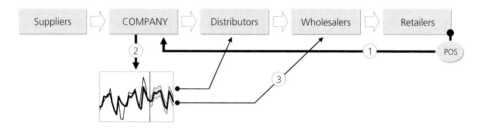

Fig. 14.19 Action 2, within the supply chain.

Lastly, this participative approach making use of the local market knowledge has allowed the company to drastically reduce its stocks of semi-finished and finished products, to improve the performance of its upstream logistics (relations with suppliers) and to reach a level of customer service that is close to excellent. Regular comparison of the forecast with the real data improves the process and makes it possible to anticipate all the corrective measures necessary for optimal management of the company.

14.10 Conclusion

The goal of this paper has been to present the interest, for a company, to be able to rely on a forecasting approach that is both efficient and integrated with its information system. It is essential to notice the importance of the choice and parameterization of the forecasting models. Indeed, an inadequate model will induce absurd forecasting results and have a direct or indirect impact on the effectiveness of the entire information system of the company. This can induce major operational, strategic and financial consequences. Furthermore, it is necessary to mention that the result of a forecasting analysis currently constitutes a necessary tool for all decision-making processes as far as the production system, planning and industrial strategy are concerned. The probabilistic approach to forecasting, which constitutes an objective ground for negotiation or for the decision making process – **collaborative forecast**, has to be imperatively integrated in this analysis.

14.11 Glossary

ASS	After Sales Service
APS	Advanced Planning and Scheduling
CRM	Customer Relationship Management
DP	Demand Planning
DRP	Demand Requirements Planning
ERP	Enterprise Resources Planning
IS	Information System
JIT	Just In Time
POS	Point Of Sale
SCM	Supply Chain Management
SKU	Stock Keeping Unit
VMI	Vendor Managed Inventory

14.12 General bibliography

[1] "**Méthodes de Prévision – Analyse Prévisionnelle**"
cours EPFL-IML
Dr Ph. Wieser, Lausanne (Switzerland), 2007

[2] "**Forecasting: Methods and Applications (3rd edition)**" *(many references)*
S. Makridakis, S. Wheelwright and R. J. Hyndman
John Wiley & Sons, USA, 1998

[3] "**Forecasting integration in logistics process**"
Ph. Wieser, D. Jacquenoud (2000)
Eurolog 2000, Athènes (mai)

[4] "**Logistique et analyse prévisionnelle**"
Ph. Wieser, F.-L. Perret (2000),
Revue de la SEPP (octobre)

[5] "**La prévision à court terme**"
R. Lewandowski
Dunod, 1985

[6] "**SCALP**"
Forecasting analysis software, EPFL-IML
Dr Ph. Wieser, Lausanne (Switzerland), 1998

14.13 The author

Philippe Wieser obtained his diploma in mechanical engineering at the EPFL in 1977 and received his PhD in 1981. After a few years working in an engineering consulting company, he joined the EPFL as lecturer. His fields of research and teaching deal with logistics and information systems, integrated logistics, supply chain optimization and health logistics. Since May 2000, Mr. Wieser is the executive director of IML: International Institute for the Management of Logistics (EPFL – Lausanne and ENPC – Paris). Mr. Wieser teaches in EPFL-Lausanne (Minor, Master and Executive Master) and ENPC-Paris (Master and Executive Master). He is author or co-author of more than seventy publications and international conference papers.

Chapter 15

Financial elements

Corynne Jaffeux

15.1 Introduction

Corporate governance is a technique widely used in the United States and one that is starting to acquire a certain reputation among companies in France. The quest to attain greater efficiency within each individual company department has been pursued for many years. Faced with the growing multiplicity and complexity of these structures, improvements in productivity are also sought after at the inter-departmental level.

Technically speaking, the role of the logistician is to guarantee the maximum degree of shared interests between the parties involved and to avoid any breakdown in this relationship that may lead to losses. At a strategic level, it is incumbent on management to divide the power of responsibility as it is described in the strategic and performance plan of the company. It is the concept of corporate governance that relates back to that of value management.

In reality, corporate governance goes beyond the government of the company. Although it describes the direction of the company, it also describes the objectives of value management. The role assigned to the government of the company is therefore, with the help of incentives, to align the behavior of management to the criterion of maximizing the wealth of shareholders (Caby, Hirigoyen, 1999). This definition goes back to the agency concept theory. Adam Smith in "The Wealth of Nations" posed the problem that organizations can come up against in their way of operating. More recently in 1973, Ross described the agency relationship as one that comes about as soon as an agent has the interests of a principal conferred on him. Jensen and Meckling (1976) have put forward the following definition:

"It is a contract in which one or more people engage another person, either as an agent or representative, to carry out services in the name of the former. These services imply delegation of the decision-making power".

The notion of wealth creation that is so popular in the United States was recently introduced into France. This concept enjoys increasing success in companies and, although there is undoubtedly a degree of popularism involved in this, its success goes beyond a simple transitory phenomenon, given that it seeks to answer questions posed by all those who are involved in the economic sphere. At the same time it employs the logic of globalization.

The neo-classical theory teaches that the aim of a company is to make profit. On this point it seems that the notion of added economic value is an old idea that has been rediscovered.

In reality the main question asked is not only about wealth creation, which is the very essence of a company's *raison d'être*, but more about how this wealth is used. In order to answer this question, it is useful.to refer to the Anglo-Saxon term, shareholder value, much more explicit than the approximate translation that is often given.

Under this definition, the creation of wealth is not an end in itself; shareholders are to serve as a benchmark to measure the level of satisfaction that the company is supposed to have delivered. This idea is very rich, as it no longer focuses on achieving profit, but rather on how created wealth is subsequently used. If the shareholders believe that the created wealth is not sufficient compared to the risks taken, they will sell their shares and, with sufficient impact, trigger a fall in the share value.

At this level we are able to see the boundary and the relationship between finance and logistics; whereas the role of the logistician is to ensure the maximum internal efficiency from a technical stance (in other words within each individual department), the financier is the controller – in the Anglo-Saxon meaning of the term in that he ensures management functions and internal control of the effectiveness of decisions taken by the management team – and he is also the treasurer in his role as the go-between between management and shareholders.

Because shareholders are the providers of funds through finance, they will be particularly attentive to the methods used to finance growth. The creation of wealth can also be analyzed over a much shorter scale as it is a question of maintaining financial balance and delivering sufficient profitability; this idea goes back to the study of how strategic decisions impact on the creation of wealth, in other words, back to the competitive advantage held by the company over its competitors.

In a general way, the company must optimize financial decisions concerning the following points:
- the maintenance of financial balance with respect to the structure of its assessment, in such a way as to reduce its working capital turnover;
- the insurance of cash availability when resorting to operations of securitization, referring to the transfer of illiquid assets of securities concerning the whole or part of its activity;
- the recourse to suitable criteria of choice in financing decisions;
- the search for the most advantageous finance costs possible, in particular while exploiting leverage action;
- the evaluation of the value of the company through estimation of future cash flows.

15.2 Optimization of internal flows by traditional structures of financing

The logisticians contributed a significant share to the research of the optimization of flows, in particular with the support of data-processing tools facilitating the management of the total chain of flows of production. In terms of financial flows, internal management plans focused on the flows related to suppliers, customers, and terms of payment; and on the inventory control.

Rigorous management of the terms of payment may seem rather simple. It grows out of those processes which control precisely financial flows initiated with third parties; for quite some time, companies, and French companies in particular, sought to reduce the terms of payment of their own customers, all the while maintaining the longest possible terms of payment with their own suppliers. Inventory control calls generally upon constraints inherent in the stored products, coupled to the strategic constraints related to provisioning. These three aspects of company assessment weigh heavily on its treasury and in fact must be analyzed with care.

15.2.1   The stakes of optimization of current-asset items

Stocks and customer credits represent current assets whose control is a necessary, but insufficient, condition to guarantee the independence of the company.

Stocks are goods that are considered at two points in the production cycle:

* they are consumed in the production process (raw material stocks and goods);
* they are sold in their current state (stocks of finished products) or at the end of a transformation in progress.

Stocks are expensive for the company but:

* they freeze the treasury, related to the existing differential between the cost of purchase of the supplies and the resale to the customer;
* they require significant management, including that of storage costs, general maintenance, and maintenance of the goods concerned.

The average time between the date of payment to the suppliers and the date of payment by the customers also affects the turnover and final cost of inventory, in particular with respect to the calculation of the requirement in working-capital turnover.

Two cases arise:

* *The sum of stocks and customer credits exceeds current liabilities*: The company pays its suppliers more quickly than they receive payment from customers. It has a requirement for positive working-capital turnover, which needs to be financed.
* *The sum of stocks and customer credits is less than current liabilities*: The company cashes in its credits more quickly than it settles its debts. It thus establishes the favourable situation of negative working-capital turnover.

Thus, to deal with this situation, the company can try to manage its stocks more efficiently by reducing and optimizing their level and lifetime, but also by setting up appropriate financing.

15.2.2   Traditional methods of financing

The objective is to offer modes of financing adapted specifically to the stocks that need to be financed, with characteristics that will depend on the branch of industry. The credits given by lenders make it possible to take the following elements into account:

* existence of seasonal needs;
* market fluctuations;
* volume of stocks concerned.

The financing most frequently takes the form of specific guaranties on inventories, which then can be used for long-term financing. In this case, the inventories are used as collateral and belong to the working-capital turnover.

15.2.3 Securities related to stocks

In this context, stocks represent current assets, either guaranteed or pledged.

The pledge is the first type of security used when lending to a firm is guaranteed by stocks. The pledge is a form of "collateral," i.e., an agreement for which a debtor offers a value to his creditor for the security of the debt. The pledge requires the transfer of the assets offered in the guarantee, to be delivered to the creditor.

The problem is that the credits thus guaranteed are not longer available to the creditor, and these may be essential for the activity of the firm. In addition, the lender has to maintain and service the pledge, a value that may have nothing to do with its own activities. For example, dispossession can prove problematic for banks not having the vocation to maintain the pledged goods. It then becomes necessary to secure the services of some third party to enter an "escrow agreement" to which the responsibility of custody is transferred.

Recently, a new method has emerged to reduce the weight of assets in a balance sheet: the securitization.

15.3 Securitization and structured financing

Securitization, born in the United States at the beginning of the 1980s, involves the transformation of credit into titles. The credit, consisting of permanent or current assets, leaves the firm's assessment and is transformed into a financial title sold on the capital market. The operation is initiated by a trust or special purpose vehicle, which acquires the credits and then finances this acquisition by the simultaneous issue of titles. These titles are proposed to subscribers through specialized establishments (investment banks). In France, the introduction of securitization dates to 1988, but it was only ten years later, in 1998, that the companies could legally use this technique.

15.3.1 The technique of securitization

The operation proceeds in two steps.
- As a first step, the firm or originator creates a special purpose vehicle (SPV), a legal entity of ad hoc structure. This entity is created solely to receive and buy the assets from the originator.
- In the second step, the SPV issues securities on the financial market. This issue indicates the value of the interest in the pool of receivables.

The process of securitization thus involves the conversion of an asset into a security (asset securitization), and this security becomes what is referred to as an asset backed security (ABS). These ABSs are marketable just as any other capital-market security.

Thus, a credit included in the firm's assessment is deconstructed into securities, with this action holding the additional advantage of generating financing through sale of these on the financial market. Securitization results in the transfer of assets – for example working capital such as receivables or inventory – into marketable securities on the financial market; this transformation is connected with a *swap* of credits against securities. It implies the existence of two financial flows:
- initially, a cash flow related to the purchase of a portfolio of credits by the special purpose vehicle;
- subsequently, a cash flow related to the acquisition by the financial markets of the assets backed securities.

In time, the investors will receive interest and the payback of the securities. Investors are exposed only to the risk related to the assets and not to the firm's business risk. The asset-backed security is thus not a claim on the assets of the firm.

This transformation of illiquid credit into securities is accompanied by rather heavy legal preparation, requiring the intervention of financial authorities and the establishment of guarantees. Whenever financial securities are issued, the financial authorities of the markets must provide their stamp of approval. This certificate is required and depends to a large extent on the rating obtained with respect to the various guarantees in the process. The rating is based on the risk assessment of the indebtedness of the pooled assets, and not of the firm itself. The rating is driven by the amount of credit support, which in turn is driven by the expected losses from the pool. An analysis is made by a rating agency, which emits a rating: the higher the risk of indebtedness, the greater the guarantees required.

Figure 15.2 illustrates the situation where the Special Purpose Vehicle cannot or will not directly issue securities because the market price (i.e., the interest rate) will be too high. It therefore decides to use a conduit, or financial intermediary, to do this.

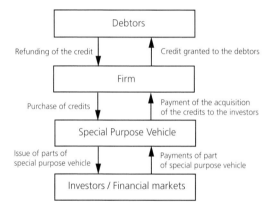

Fig. 15.1 Technique of securitization.

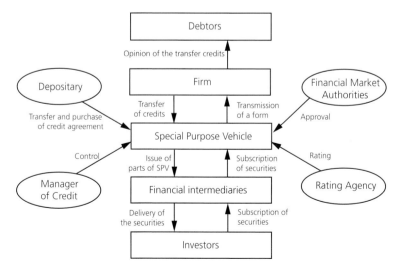

Fig. 15.2 Use of a conduit by a special purpose vehicle (Source: Granier, Jaffeux, 2004).

For a firm, the complexity of the process is counterbalanced by the fact that it is possible for the Special Purpose Vehicle to acquire new receivables after the first issuance of securities, backed by the first receivables. This arrangement is referred to as an open Special Purpose Vehicle. The acquisition of new receivables will generate new financial resources for the firm through securitization. The Special Purpose Vehicle can even borrow money to aquire new receivables. In addition, the range of securitizable assets is exceedingly broad, including – in addition to current assets such as receivables, future receivables, and inventory – such items as aeronautical leases, cultural and harbour dues, and the risk of natural disasters.

Lastly, it should be kept in mind that the process of securitization can take place before the receivables even exist. Because, by definition, future flows refer to yet inexistent cash flows, it is possible to carry out a securitization on future assets; this type of action was initiated by the company EDF in 2000.

Finally, we note that there are two types of securities issued on the financial market:

- *assets backed commercial paper* (ABCP) for the securitization backed on short term receivables; and
- *assets backed securities* (ABS), which is securitization backed on long term assets.

15.3.2 The whole business securitization

The whole-business securitization is the most elaborate form of securitization. It does not refer to any specific receivable, fixed asset, or current asset, but rather to the total activity of the firm. In this mechanism, as before, assets are transferred to the special purpose vehicle which then acquires, for example, an industrial process or/and a commercial activity. From this point on, the special purpose vehicle, theoretically, would conduct all operations and current activities, as the firm had done. However, it is clear that the Special Purpose Vehicle does not know the firm's business, and in this type of arrangement, the firm always appears as a service provider. The firm thus participates in the activity as a subcontractor and is remunerated by the Special Purpose Vehicle. In order to finance the costs inherent in the acquisition of the assets, the special purpose vehicle issues bonds on the financial market.

In conclusion, the process of securitization is a form of asset management that offers the advantages of a financial technique. Initially reserved to the large companies, securitization is now evolving and becoming available to a broader range of firms. As highlighted, securitization represents a very effective means for managing inventories, because in the process inventories leave the company, and the firm improves its cash flow. Many firms find this solution attractive because it is cost effective relative to the internal management of inventories.

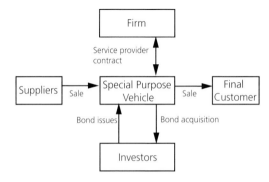

Fig. 15.3 Diagram of a *whole business securitization.*

15.4 Optimization of investment decisions

The origins of increasing capital lie in the need to obtain funds in order to finance growth. In order for shareholders to subscribe to such an operation, it necessary that the return on their investment is sufficiently attractive; and from the company's viewpoint, that the expected return of their investment must be higher than the cost of capital. Once capital is increased, the company has gained a stable and certain monetary value and is no longer exposed to series of uncertain monetary flows. In order to evaluate such an investment, financial tools are required for good decision making. Among these, two of the most popular are the net present value and the interest rate of return.

15.4.1 The Net-Present-Value Criterion

The net present value represents one of the methods most appreciated by companies in order to assist them in the decision making of investment. If a project costs I, then it must generate a unique monetary flow that is equal to C in a year. C is the project's working-cash surplus.

The project's profit is given by $B = C - I$. To finance projects with the same category of risk, investors make a loan at the rate of r. Here, i = the rate of the project, and r = the rate of return (r is a market rate, i.e., it is the same for all who invest in forms with the same class of risk). The value of i is then given by:

$$i = \frac{B}{I} = \frac{(C-I)}{I}$$

If the investors ask for a rate of return of r, the company will have to pay rI at the end of the agreed period; rI therefore represents the return on capital. The company will uphold its commitments with regard to the investors if, at the end of the project, the profit is at least equal to the return on capital promised to the investors. The following must therefore be true:

$B \geq kI$ or,

$rI \geq kI$ or,

$r \geq k$.

The project is thus acceptable if the return that is hoped for r is higher than the rate of return required by investors (k). In other words, a project under consideration is accepted if the economic value is higher than the capital invested: indicating the creation of wealth. This inequality leads to the criterion of net present value.

$$r \geq k \Leftrightarrow \frac{B}{I} = \frac{(C-I)}{I} \geq k$$

$$C \geq I(1 + k)$$

$$C(1 + k)^{-1} - I \geq 0$$

$$-I + \frac{C}{(1+r)} \geq 0$$

For value to be created, an investment's profitability must be higher than the cost of its financing. Let us assume that an industrial project generates cash flows of C_1, C_2, and C_t. The NPV rule is as follows:

$$NPV = \frac{C_1}{(1+r)} + \frac{C_2}{(1+r)^2} + \dots \frac{C_t}{(1+r)^n} - I$$

If we now consider n periods, the NPV is written as:

$$NPV = -I + \sum_{t=1}^{t=n} C_t\,(1+k)^{-t}$$

The key to the NPV method is to compare an investment in a company project with one made in the open market. If the NPV > 0, the investment creates more economic value than it requires to be carried out and is therefore accepted. If NPV = 0, carrying out the project offers no advantage over investing in an alternative opportunity offered by the financial market. If NPV < 0, the project is rejected.

The rate r is the rate of return required by the market, a discount rate or cost of capital. It is the opportunity cost of the capital tied up in the project. If the investor is being placed in a situation of uncertainty, this rate is made up of two elements:

• the risk-free rate related to the time cost;
• the risk premium corresponding to the level of risk.

As mentioned, if the NPV is positive, the net cash inflow resulting from project implementation is greater than the cost of investing in the project. For the company, the benchmark is that which leads to satisfaction with the productivity of the funds it holds.

Going back to the preoccupations of shareholders, this group arbitrates the decision of either investing in the financial markets or in the firm's projects. Return on personal investment becomes an inescapable benchmark; if the net present value is positive, indeed the investor is going to receive a part of this wealth when created in the future (as long as the interest rate and predicted cash flows are good).

As we saw, we always compare the cost of capital and the expected return. It means that from the balance sheet point of view, liabilities are costly, while assets can produce cash flows from operational, financial or exceptional activities. If capital is underemployed, then the company is paying to hold it unused. This becomes a concern related to rationalization.

If the increase in capital dilutes the wealth of shareholders in the short term, the same is not true for the reduction of capital. It is significant to note that operations that brought about a reduction in capital were, until recently, considered to be a sign of the poor corporate financial health, as part of its losses are mopped up through a reduction in the number of its shares. Recently, this type of operation has become a technique for the rationalization of capital.

Indeed, this solution has existed in France since 1998. The law dating from 34/7/66 only authorized companies to purchase its own stocks under specific circumstances: allocation to employees, stock market adjustment, or a cancellation as a result of a decrease in capital that is not caused by losses. This possibility to buy its own shares for strategic reasons, other than propping up the stock market price, benefits companies. It is interesting to note that small companies, who are often criticized for insufficient liquidity, paradoxically also carry out these operations.

In this way, productivity efforts which have until now focused on elements that constitute working capital (stocks, client debts and supplier debts) are at the top of the balance sheet and lead to a study of the opportunity for capital in relation to the company's activities: any under-use of capital should give rise to the purchase of shares.

Finally, the idea that reducing fixed assets is a factor that works towards creating wealth should be carefully considered. It is less obvious whether decisions about disinvestments create wealth; this reasoning if taken to the extreme, would lead to the rejection of industrial investment in favor of financial investment. Even if not all companies have reached such extremes in their thinking, it is nevertheless necessary to ask questions about disinvesting and downsizing.

15.4.2 The choice of the actualization rate

Capital remuneration represents the return required by investors. It also represents the cost of the company's shareholder equity. In order to attract investors, companies must offer a level of remuneration that is at least equal to that obtained from a risk-free investment (treasury bonds) increased by a risk premium that reflects the uncertainty engendered by an investment risk. Risks lie at the heart of decisions made by investors, and they look for a level of remuneration that is commensurate with the risks being taken. The determination of capital remuneration is based on the modern portfolio theory and on the capital asset pricing model (CAPM) that calculates risk.

A   The foundations of risk analysis

The cost of capital that is tied up in an investment project carries a risk premium that is separate from a real-time risk-free investment rate. Investors require a rate of return that is in line with the features of the investment being undertaken. The higher the risk associated with the project, the higher the level of return the investor expects. From a financial point of view, an investment is attractive if it satisfies the following points:

- it returns more wealth than it costs; and
- it does not overwhelm the company with risk.

In order to understand investment risks, it is useful to apply the financial markets theory.

Rate of return on at-risks assets

In the financial markets it is possible to observe a positive relationship between the rate of return on at-risk assets and the level of assumed risk. An investor will normally, notwithstanding his taste for risk, demand a higher market return to reflect the level of risk being assumed. While this correlation may seem obvious, its features in particular, the conditions that bring it about, are less.

Market theory breaks down total risk into market risk and non-variable risk, in other words it tracks the relationship that exists between individual share movements and market movements.

The market model is represented by the following linear equation:

$$R_i = \alpha_i + \beta_i \cdot R_m + \varepsilon_i$$

Where:

R_i	=	rate of return on share i
R_m	=	market rate of return
α_i	=	return on share i with a nil market return
β_i	=	volatility coefficient for share i that indicates the inter-dependence between share i and the market
ε_i	=	unpredictability factor that is specific to share i

The beta coefficient represents share risk in the face of market reaction. Traditionally, in statistics, this is estimated by standard deviation or by its variance.

$$\beta_i = \frac{\text{cov}(R_i, R_m)}{\text{var}(R_m)}$$

where:

cov(R_i, R_m) = covariance between the share and the market m in a year;
var(R_m)   = variance of market m.

The beta parameter indicates the dependence of the share on the market. It therefore measures the systematic risk that is common to all shares and that cannot be avoided. Belonging to a specific market sector influences the beta coefficient. Three categories of shares can be identified:

- Volatile shares where the beta is higher than 1. Share variance is greater than market variance;
- Shares whose volatility is average. The variation to share price follows that of the market;
- Shares of low volatility. Share variation is lower than that observed in the market.

Share i is also subject to specific risks that are not dependent on market fluctuations but that are share specific. The distinction drawn between systematic risk and specific risk can be formalized through the following equation:

$$\text{var}(R_i) = \beta_i^2 \, \text{var}(R_m) + \text{var}(\varepsilon_i)$$

$$\sigma_{Ri} = \beta_i \, \sigma_{Rm} + \sigma_{\varepsilon i}$$

In other words:

Total risk = systematic risk + specific risk

Security market line and the Capital Asset Pricing Model (CAPM)

Investors who are risk averse exhibit the following behavior:

- for a level of given risk, they will choose the investment with the greatest return;
- for a given return, they prefer the investment that carries the least risk.

The equilibrium model on financial assets stresses the concept of the security market line, whose equation shows that premiums shares considered to be at risk are set by the market: it is a increasing linear function of the volatility coefficient of the share.

$$E(R_i) - R_f = \left[E(R_m) - R_f \right] \frac{\text{cov}(R_i, R_m)}{\text{var}(R_m)}$$

or:

$$E(R_i) - R_f = [E(R_m) - R_f] \, \beta_i$$

so $E(R_i) = R_f + \beta_i [E(R_m) - R_f]$

With:

$E(R_i)$ =   expected rate of return on share i anticipated by investors
R_f =   risk free rate corresponding to treasury bonds remuneration
$E(R_m)$ =   expected rate of return from the financial markets

The differential $[E(R_m) - R_f]$ represents the market portfolio return surplus in relation to the risk-free rate. it is called the market portfolio risk premium. So the risk premium of share i, $[E(R_i) - R_f]$, is given by its beta β_i multiplied by the market risk premium $[E(R_m) - R_f]$.

Therefore:

Risk premium of share i = market risk premium × beta of share i

The security market line equation can be re-written by including the return rate consistent with its systematic risk:

$$E(R_i) = R_i + \left[\frac{E(R_m) - R_f}{\sigma_{Rm}}\right]\beta_i \sigma_{Rm}$$

In this way, the return rate of an risky asset is an increasing linear function of its market risk, the latter being measured by $\beta_i \sigma_{Rm}$. The $[E(R_m) - R_f]/\sigma_{Rm}$ is the market risk price.

Thus:

Return rate of an asset at risk = risk-free rate + (market risk price × share market risk)

This model borrowed from the financial markets shows the importance of being adaptable in the choice of productive investments.

B   Choosing productive investments

Cash flows expected from an industrial investment are not, by their nature, the same as those expected from a financial investment. The return of a financial investment is analyzed by the profit that can eventually be made:

$$\text{Profit} = \frac{PV + \text{dividend} - PA}{PA}$$

Where:

    PA = purchase price
    PV = sale price

And the yield of a financial share:

$$\text{Yield} = \frac{\text{dividend}}{\text{price}}$$

An industrial investment will be carried out if the NPV is positive.

Example

Let us consider two projects and call them A and B. The capital invested in both projects is the same (400) and they have a life span of one period. Project A has a forecasted flow expectation of 455 whilst that of project B is 450.

The beta for project A is estimated to 0.3 whereas that for project B is 3.

Let us suppose that the treasury bond rate of remuneration is 5% and that the rate of market return is 8%.

The rate of return required by investors for project A is: [5% + (0.,3 × 3%)] = 5.9% and that of project B is [5% + (3 × 3%)] = 14%.

The forecasted return on project A is: (445/400) =11% and that of project B is: (450/400) = 13%.

> In conclusion, project A can be retained as its return is higher than the requirements of investors, on the other hand, project B must be abandoned as it shows an insufficient level of return.
>
> By reasoning in terms of NPV, the following conclusions are obtained:
>
> NPV (A) = – 400 + (445/1.059) = 20.21
>
> NPV (B) = – 400 + (450/1.14) = – 1.77.

This example demonstrates the value of showing the relationship between the return demanded by shareholders, in other words, the wealth that they wish to achieve from a level of risk that they are prepared to assume.

In reality, for unquoted companies, the choice of an interest rate is particularly difficult. Even if the cost of financial debt is clearly identifiable, the same is not true for shareholder equity. In firms, usually a single rate of remuneration is used without taking into account the risks associated with each one of the activities. Finally, methods exist for detecting investment opportunity; the control of previous choices that have been made is often delicate and requires an analytic accounting procedure that does not always exist.

In conclusion, an increase in capital (a logical consequence of the desire to grow) works against the immediate interests of shareholders. This conclusion presumes that shareholders think with market logic, which is effectively the case. The current craze to create wealth is illustrated by the lengths to which some companies are prepared to go to amplify this desire to increase capital. It is often regrettable that company logic does not prevail, because the consequences of the decisions affect the company on the long-term.

Does this mean that companies should not invest too much just in increasing capital, given that this can be viewed as a risky operation for shareholders? In reality, a second option exists; increasing the debt.

15.4.3   The criterium of the internal rate of return

The internal rate of return (IRR) is that rate of return for a given pattern of cash flows which makes the net present value equal to zero. The IRR can be calculated for the cash flow to the firm and for the total investment in the project; it is then compared to the cost of capital.

It is typically calculated by use of a computer programas it is more complex than the calculation of net present value. But the advantage of this parameter is that the cost of capital is not considered.

Example
Suppose that the cash flows for a project are the following:

Year	0	1	2	3	4	5
Project cash flow	–5000	1500	1700	2000	2300	2200

The calculation of the internal rate of return gives 24.8%. If the cost of capital is 20%, the project would be accepted as its IRR is above the required rate of return. A problem arises when the results in term of net present value and internal rate of return are contradictory.

Year	0	1	2	3	4	5	NPV at 10%	IRR
A	−5000	1100	1300	1500	1700	2000	604	14,17%
B	−2500	500	650	750	850	1300	443	15,7%

For example, suppose we have to choose between 2 projects:

Using the IRR method, project B would be picked, but the NPV rule favours A. How can a decision be made? If the value used for the cost of capital (10% in this example) is not certain, then it is better to rely on the IRR.

In general, it is better to use the IRR over the NPV for several reasons. The IRR is intuitively easier to understand, and managers prefer to talk in interest rates rather than in dollar figures, because with the rates comparisons can be made with bond or stock-market investments. Also, by using the IRR we avoid having to choose a discount rate of interest.

15.5 Financial choice

15.5.1 The increase in financial debt

The increase in financial debt (as opposed to operating debt that is not intended for the financing of the durable assets of the company) reinforces the top half of the balance sheet and results in two financial flows; the reimbursement of interest, i.e., expenses that can be deducted from corporation tax; and the reimbursement of debt.

Generally, we oppose financial and operating debts. Operating debts must conform with commercial practices that are in force within the firms (in other words, inter-company credit); they are not intended to finance durable assets.

Financing in the form of bank credit constitutes the oldest means of financing companies. The intermediary, the credit institution, collects savings, most often on the short-term, and converts this into long-term loans.

This system offers several advantages:
- It fights against information asymmetry as savings are centralized in credit institutions that specialize in the treatment of capital.
- The risk taken by credit institutions is mutualized by reason of the diverse sources of savings; by transforming and lending capital that is given to them, credit institutions assume the risk of untimely withdrawals by savers; this risk is remunerated in the form of an intermediation margin.

For companies, the advantages and limits of having recourse to intermediate finance must be considered in the light of the stock market situation at the time that the decision is taken. During a period of stock market euphoria (1996, for example), they are inclined to diversify the sources of finances and have recourse to the financial markets; on the other hand during times of tension in the financial markets, they take refuge in the more traditional forms of finance, the credit establishment having to therefore offer finance that is not available from the markets.

This alternative between financial markets and bank intermediation is, of course, only of benefit to companies who have been floated on the stock market and are quoted. The increase in financial debts, as a means of raising capital is an operation that appears at the top of the balance sheet. The similarity between these two financing methods stops there.

Today it is difficult to find any factors that distinguish between these two types of operation, such has been the transformation through financial engineering of these techniques that has served to bring them closer together and, at the same time, render them more complex.

The increase in capital in turn increases the number of shares as well as the number of dividends to be distributed. These latter, are in theory, unpredictable as they are calculated on the net profit. In reality, this assertion is not always true; indeed, a dividend reduction in any given year will always be seen by the markets as a negative signal, even if the company justifies this choice by its willingness to self-finance its own growth. In effect, the distribution of dividends serves to distract the company from the possibility of internal financing.

Similarly, the increase in the number of shares is accompanied by a new capital geography, with voting rights being changed (unless it involves an increase in priority dividend shares without voting rights). The increase in financial debt is an operation that does not affect shareholders.

The undeniable advantage of having recourse to debt is to be able to benefit from the level effect.

A   The policy of indebtedness and the level effect

Debt places an obligation to pay back financial costs over pre-determined periods. Traditionally, the impact of debt on the company's value is evaluated by using the level effect. A comparison is made between the return on assets or capital and the cost of the debt.

If the return exceeds the cost of the debt, the surplus benefits shareholders. On the other hand, when the return on assets is insufficient to service the cost of borrowing, shareholders must accept a reduction in the return on their investment in order to service the interest payments.

As far as the cost of capital is concerned, this serves as a criterion for investors to look at when deciding whether or not to invest in the company. As discussed, investments will be made if the return on investment projects is higher than the cost of financing.

In order to highlight the lever effect on the financial returns of shareholder equity, it is first necessary to define the following variables:

AE =   economic assets (fixed assets, working capital and liquidity)
FP =   amount of shareholder equity
DF =   amount of financial debts
BN =   net profit after taxes
$BAII$ =   profit before tax and financial costs
FF =   amount of financial costs
Ka =   return on economic asset before tax
Kd =   cost of debt before tax
Ks =   financial return on shareholder equity before tax

$$Ka = \frac{BAII}{AE} \qquad\qquad Kd = \frac{FF}{DF} \qquad\qquad Ks = \frac{BN}{FP}$$

If T represents the rate of taxation on profit and λ the financial level:

$$\lambda = \frac{DF}{FP}$$

Thus,

$$BN = (BAII - FF) \cdot (1 - T)$$

If *BAll*, *FF* and *BN* are replaced by:

$$BAll = Ka \cdot AE \qquad\qquad FF = Kd \cdot DF \qquad\qquad BN = Ks \cdot FP$$

So:

$$Ks \cdot FP = (BAll - FF) \cdot (1 - T)$$

And with:

$$AE = FP + DF$$
(equilibrium of the balance sheet)

$$Ks \cdot FP = [Ka \cdot (FP + DF) - Kd \cdot DF] \cdot (1 - T)$$

$$Ks = \frac{\left[Ka \cdot FP + Ka \cdot DF - Kd \cdot DF \right] \cdot \left(1 - T \right)}{FP}$$

$$Ks = (Ka + Ka\,\lambda - Kd\,\lambda)\,(1 - T)$$

$$Ks = [Ka + \lambda\,(Ka - Kd)] \cdot (1 - T).$$

Financial return after tax is equal to the sum of the economic return after tax $Ka\,(1 - T)$, and a premium linked to the level effect $[(Ka - Kd)\lambda]\,(1 - T)$.

Therefore, debt can have a positive effect if its cost is lower than the economic profitability of the company. For quoted companies, investors will demand a risk premium on the indebted company as the advantage of the debt at risk is called into question.

B   Bank debt or loan issue?

If technically the increase in bank debt or the issue of loan stock both represent a means to the same end, strategically the two operations are not viewed in the same way.

Financial debts are contracts to credit institutions, whereas a loan issue leads to a public call. The bilateral, confidential relationship between the company and the credit institution seems, without doubt, less constraining on a manager who is seeking to justify a project to a single person. In the case of a loan issue, the requirements of creditors can disturb a company's plans.

Raising public finance means that future creditors are informed of the issue and this, in itself, represents a cost. Furthermore, during the duration of the loan, until quite recently, the loan issue was launched for particular investors who were seeking an investment that could be considered, by its very nature, stable.

The appearance of mutual funds did somewhat rock this situation; the taking up of positions (on sale or purchase) can weaken a company as it concerns big volumes; untimely withdrawals or the buying of large volumes are likely to disturb the evolution of the price.

In a similar way, credit institutions have been criticized for interfering during loans to companies, whereas a loan issue guarantees the company's independence.

This situation is totally called into question as a result of the emergence of large investors who demand to be consulted for all operations that may lead to any change in the size of their initial risk. Thus, the agency relationship between shareholders and stakeholders can generate sources of conflict.

The aim of stock options is to bring about compatibility between the interests of managers and shareholders; they represent a measure of financial inducement to company employees in the purchase of company shares.

Stock options represent a means of building employee loyalty by offering to make them shareholders; nevertheless, the virtue of this practice has become a little distorted given that it is achieving a profit on sales that represents the main interest of a good number of employees.

C   Cost of debt

It was specified in the introduction that the cost of debt, whether intermediate or not, is tax deductible. A particular feature of a loan issue for companies is that this is broken down into transferable shares. The value of a bond can be written thus:

$$O = \sum_{n}^{t=1} \frac{CT}{(1+i)^t} + \frac{VR}{(1+i)^n}$$

where:

O	=	price of bond
CT	=	coupons
VR	=	re-sale value
i	=	interest rate
t	=	time

Nominal return rate

On issue, the bond will have an interest that is calculated on the nominal share value. This interest will be paid in the form of an annual coupon and represents the remuneration that is paid to the borrower. If the company issues a loan made up of nominal bonds of €760 over 5 years and an interest rate of 5.35%,

$$C = \frac{VN \cdot i}{100}$$

Where:

C	=	amount of coupon
VN	=	nominal bond value
i	=	interest rate

$$C = \frac{760 \cdot 5.35}{100} = 40.66 \ \text{€}$$

Actuarial return

The actuarial return is the rate that expresses at any instant the return on the investment made. This can be done thanks to methods of compound interest.

On issue, the rate of nominal return is equal to the rate of actuarial return if the company issues its share at par, in other words, at its nominal value. However, it is frequently the case that the company has to adjust the interest rate to reflect market conditions. In this way, either the issue or repayment of the loan can be advantageous to investors.

The issue premium represents the difference between the share price and the price actually paid. In this case, the rate of actuarial return will be higher than the rate of nominal return as the company has consented to pay coupons on the basis of a calculation of their nominal value, whereas investors have paid a lower price.

In the secondary market, the calculation of the rate of actuarial return is absolutely vital in order to know the return that is to be expected from an investment.

Choice of interest rate

There are a wide variety of loan bonds that can be issued. The possibilities available to the company enable it to adapt to market conditions whilst at the same time enhancing the company's strategy.

The first choice revolves around either a fixed or floating rate. A fixed rate has the advantage of letting the bondholder know in advance the coupons that will be paid to him, and the company, in turn, knows the exact amount of its indebtedness. This does not mean that the risk is always zero. This point will be examined in the next Section. The floating rate, on the other hand, means that coupons are adapted to market conditions.

The issuer does not really have a choice between these two types of rate because investors condition the success of the operation; consequently, their requirements must be accepted. If expectations are for rates to fall, investors will look for fixed rates in order to remove this risk and similarly the company will issue against a favorable background in terms of cost. On the other hand, an expectation for rates to rise is beneficial to bond holders when a floating rate has been set.

Finally, there is the specific risk of non-repayment of the debt owing, for example, to the bankruptcy of the issuing company.

Systematic risk is ever present, not only in the primary market but also in the secondary market. According to the previous equation, it is possible to observe an inverse relationship between the interest rate and the price of the bond: if market rates fall, the price of the obligation automatically rise. Thus, the re-sale of the bond can be carried out in unfavorable conditions if the market is depressed; the drop in value will be evident as in the share market. But equally, earnings in the form of dividends can be invested in less favorable conditions to those prevalent at the time of the initial operation.

15.5.2   Increasing capital

An increase in capital that is decided in an extraordinary general meeting, leads to a growth in the number of shares and therefore, through a mechanical process, causes a dilution in net profit per share. Through a simple mechanical process, shareholders share in an identical net profit subsequent to this action given that their number is greater.

A   Issue price and issue premium

The issue price is the price paid to the issuing company for a share. It can be equal to the nominal price of the share, to its real value or to a price somewhere between these two values.

It is:

- as a minimum, equal to the nominal value because an issue below par is forbidden;
- as a maximum, equal to the real value of the old share taken at its mathematical or accounting value.

$$\text{Mathematical value} = \frac{\text{Capital} + \text{reserves}}{\text{Numbers of shares}}$$

Example:
    Nominal value   100
    Issue Price   180

The *issue premium* is equal to the difference between the issue price and the nominal share value. In the above example, the premium is 180 – 100 = 80.

The issue premium must be completely liberated through subscription. It is listed under liabilities on the balance sheet among the company's own capital in the account "issue premiums".

B   Profit dilution and the adjustment coefficient

The risk of dilution comes about as soon as the company alters the number of shares that are in circulation. This dilution impacts on the wealth of those shareholders that have already invested in this share.

Example:
A company has a total profit of € 100 millions with 5 millions shares, and a profit dilution per share of 28,6% subsequent to the creation of 2 million shares.

The earnings per share before the operation amounted to:

$$\frac{100'000'000}{5'000'000} = 20 €$$

After the operation this stands at:

$$\frac{100'000'000}{7'000'000} = 14.28 €$$

The consequence of this calculation is to render any year on year comparison ineffective if there has been a share issue. This is how the adjustment coefficient is calculated.

The raising of capital is one solution to the company's need to grow (internally or externally) in such a way as to create wealth, the aim of the exercise. Nevertheless, we can observe that in the short term, shareholders are penalized by such an operation. This is why certain companies are reticent to embark on operations that enable growth while bringing about a dilution in profit with resultant shareholder dissatisfaction.

15.6   Financial consequences of methods of finance

During the course of the previous sections, the choice of the means of financing and their strategic consequences have been highlighted. These choices must not negate short-term aspects, in particular the cash-flow balance. Any change here can jeopardize either the independence, or even the survival of the company.

15.6.1   Balance sheet

The analysis of the financial balance sheet can be conducted from looking at the stock situation or flows. An analysis in terms of stock makes reference to the structure of the balance sheet. A traditional reading of the balance sheet looks at the assets of the company through its resources (liabilities) and the use of these funds (assets). The balance sheet revolves around three cycles that describe the way that the company is functioning economically:

- the investment cycle that tracks the acquisition of durable assets that are to be used for replacing or increasing production capacity, the purchase of capital shares in other companies and the financing of part of the stock and operating debts;
- the production cycle that describes the operations involved in the acquisition of raw materials and their transformation into the sale of finished products;
- the financing cycle that covers the management of either short term or long term financing. This cycle represents the counterpart of the two previous cycles.

Thus, faced with the investment cycle and the production cycle, it is necessary to identify the corresponding resources that are certainly internal for the most part, but also external.

Net cash flow from operating activities after taxes and interest expenses	Cash flow from operating activities
Includes divestiture and acquisition of real assets (capital expenditure) and disposal and purchase of financial assets. Also includes acquisitions of others firms.	+ Cash flow from investing activities
Net cash flow from the issue and repurchase of equity from the issue and repayment of debt and after dividends payments.	– Cash flow from financing activities
	= Net change in cash balance

A   Working capital

Working capital is an increase in the liquidity of the company in order to control the profitability of its operations. If a financial adjustment is made, the company should be in a position at any given time to repay its debts and still have cash in hand.

The most widely used definition today is that working capital is the permanent capital surplus over capital assets. Permanent capital is equal to the sum of shareholders equity and long-term financial debts, excluding any current support from banks. Indeed, the later is not intended to finance the means of production.

In reality, this variance is reduced from the internal resources of the company and hardly represents wealth: these are depreciation and provisions. Thus, it is useful to establish a functional balance sheet on which the functional working capital is calculated; thus the top half of the balance sheet will include depreciation and provisions.

Does there exist an optimal amount of working capital? It is certainly better to look for an optimal rather than a maximum amount. Indeed, a warning must be sounded with regard to the significance of the necessary level of working capital. A reduction in the amount of working capital may signal an investment policy by the company that is totally natural. On the other hand, a positive working capital may raise questions about excessive sums that suggest management weaknesses. The adjustment will be made with the cash flow as explained below.

Finally, we must examine the efficiency of this parameter for companies who work in sectors were operating needs (client and supplier debts) are weak or non-existent. Thus for large distribution companies, a positive working capital does not represent a margin of security if inter-company credit is negative. In any event, the balance sheet equilibrium through working capital leads to a study of the status at the bottom of the balance sheet.

B   Working capital turnover

Working capitol turnover is a notion that responds more to the dynamic analysis of the company's ability to function because its calculation takes into account payments to clients and suppliers as well as the amount of stock. The need for working capital expresses the difference between jobs and operational resources.

Table 15.1 Differences between floating assets and floating liabilities.

Current assets	Current liabilities
Stocks	Advances and customer installments
Supplier installments	Suppliers and debts to pay
Bills receivable	Debts connecting with operations

Usually, current assets are greater than current liabilities

It is necessary to be mindful of the fact that any increase in the volume of activity brings about, quasi systematically, an increase in the need for working capital that the company must manage. This theoretical observation is unfortunately not always translated into practice. The production department of a company, whether handling stock or distribution, must inevitably be linked to the financial department in terms of their strategic choices; finance is unavoidable in the company because it translates quantitative objectives into financial terms.

C   Cash flow

If the working capital excess is insufficient to cover working capital needs, the company must call on cash flow to fill the deficit.

cash flow = working capital – working capital needs

This cash flow can be effective in the company: it is positioned on balance sheet assets in either the "cash" or "bank" accounts. More often than not, however, it will be insufficient, and consequently, the company must resort to external sources, currently banks. However, recourse to a bank overdraft, while a practical option, is nevertheless fraught with risk as it leads to a dependency on several credit institutions. The second necessary step acts upstream of cash flow, either at the level of working capital or the level of working capital needs.

Action on working capital

An increase in working capital can be achieved either by an increase in permanent capital or through a reduction in fixed assets. The resultant modifications can be understood through the study of structure ratios.

The capitalistic intensity can be understood through the following ratio:

$$\frac{\text{Net fixed assets}}{\text{Total assets}}$$

Or from a ratio that gives the degree of security in which the company is developing:

$$\frac{\text{Shareholder equity}}{\text{Total liabilities}}$$

The policy of company indebtedness can also be expressed through the following ratios:

$$\frac{\text{Financial debt}}{\text{Total liabilities}} \quad \text{and} \quad \frac{\text{Financial debt}}{\text{Shareholder equity}}$$

These indicators can be observed quite easily. While they may give information on the overall value of the company, they do not provide any information regarding the wealth created for the shareholder.

During the course of the previous section, the non-neutrality of the policy of indebtedness was described in relationship to that which advocates the increasing of capital. Any measures taken in respect of working capital involve the strategy of the company and are difficult to use as they involve the structural elements of the company.

Action on the need for working capital

Over recent years companies have focused their efforts essentially on inter-company credit and stock turnaround. The point of the first is to reduce any credit given to clients whilst at the same time extending supplier debts. This is a technique that relies on the commercial management of the company. Stock turn around is a much more ambitious measure that seeks to ensure the optimization of flux; in order words, the use of logistics to find out all pockets of inefficiency and ineffectiveness. This theme is, without doubt, the one that offers the best opportunity for co-operation between finance and logistics.

The optimization of the amount and turnaround of stock can be understood through management tools such as loading bay management (with regard to a transport company), specific information systems, etc. But action is also taken at a financial level with the calculation of indicators that will ring alarm bells when needed.

15.6.2   Operating cash surplus

A company has two needs for investment:
- tangible and intangible investment,
- increase in working capital needs, of which one part is structural.

In order to maintain its independence, it must covers these needs, at least. Operating resources are used to answer to these needs.

Operating resources can be understood through the operating surplus (EBIT, i.e., earning before interest and tax) or the net operating surplus (NOPAT, i.e., net operating profit after taxes). The operating surplus is the surplus that remains when all production bills and workers have been paid and is calculated separately from the financial and investment policies of the company and from the risks that it assumed (provisions). It represents resources that come as part of the direct consequence of activity.

Keeping in mind the cash inflows and outflows that are associated with the operation, a cash flow surplus is determined, in other words, the gross operating profit actually received.

	EBIT
−	stock variation
−	variations in operating credits
+	variation in operating debts
=	operating cash surplus

If we track the three cycles that were described previously, it is possible to find the corresponding financial operations.

Table 15.2 Cycle and corresponding financial operations.

Nature of cycle	Operations associated with cycle	
Operating Cycle		operational cash inflows (turnover)
	−	operation cash outflows (supplier debts, salaries…)
	=	operating cash surplus
Investment Cycle	−	investment expenses
	+	receipts on fixed asset transfers
	=	cash flow movements available after operating and investment operations
Financing Cycle Borrowing and Repayment Operations	+	borrowed resources
	−	financial costs
	−	repayment of borrowing
Operations on shareholder equity	+	issue of capital
	−	paiement of dividends
	−	exceptional outflows
	=	cash flow variation

The cash flow operating surplus is an excellent indicator that enables any deterioration of cash flow to be detected.

15.6.3   Evaluation of the creation of wealth

Cash flows expected by business are not the same as those expected by financiers, nevertheless, they translate into monetary flow.

Porter (1986) highlighted a value chain, from elements that were of an industrial nature. At the very heart of these activities, is the work that is undertaken by the logistician who, it has been seen, contributes to the creation of company value. The above diagram covers the different functions of the company. It is not concerned with interface management that falls within the competency of the company as stated in the introduction.

Wealth creation can be understood through calculation of the NPV. Unfortunately, the use of this indicator is limited, because an evaluation of the sequence of cash-flow movements requires the establishment of forecasts and choice of the actualization rate. In fact, while this tool is adapted for a new investment, it seems of little use for controlling actions that have been taken in the past. Companies are rare whose management control function is adapted to this type of tool. More recent methods have concentrated on the notion of cash flow; nevertheless, they share an identical base, that of NPV.

Two families of measures can be distinguished:
- those based on free cash flows,
- those which develop the concept of economic value added (EVA).

A   The value chain and free cash flows
Rappaport (1987) explained the link between the value chain and free cash flows.

COMPANY INFRASTRUCTURE HUMAN RESOUCES MANAGEMENT TECHNOLOGICAL DEVELOPMENT SUPPLIES				
Internal logistics	Production	External logistics	Sales and Marketing	Services

A certain number of sales groups are drawn from the above divisions.

Storage, Handling, Transport administration	Transformation, Assembly, Testing Packing	Storage, Handling, Transport administration	Sales Force Publicity, Promotion, Administration	Installation, Training, Maintenance and Returns

These second groupings generate operating expenses.

Stocks of materials, suppliers to pay	Outstanding supplier	Stocks of finished products	Client payments owned	Linked accounts

This third group of operations translates the need into working funds.

Warehouses, vehicle pool, equipment	Production, installations, equipment	Warehouses, vehicle pool, equipment	Installations, cars, computers, equipment	Installations, vehicle pool, equipment

This final group represents investment in fixed assets.

Free cash flows

Sales
-   operating expenses
- = operational margin
-   taxes
- + depreciation/other impersonal expenditure
-   increase of need for working capital
-   investment in fixed assets
- = operational cash flow

The value of the company is equal to the amount actualized from fund flows going to the shareholder and to creditors, in other words, the operating cash-flows are diminished by investments over the period (fixed assets and increase in the need for working capital).

$$V_o = \sum_{t=1}^{n} \frac{FCF_t}{(1+WACC)^t} + \frac{V_n}{(1+WACC)^n}$$

where:

V_0 = value of the firm
V_n = residual value of the firm
FCF = flows in operational cash-flows
$WACC$ = weighted average cost of capital, in other words the average weighted costs of the sources of finance.

$$WACC = \frac{1}{1+\lambda} Ks + \frac{\lambda}{1+\lambda} Kd(1-T)$$

where:

Ks	=	financial return from shareholder equity estimated by the CAPM
Kd	=	cost of debt before tax
λ	=	lever effect (financial debts/shareholder equity)
T	=	rate of tax

By looking at the different functions of the company, we are able to see that the company has at its disposal a number of levers in order to generate additional cash flow:

- sales,
- operating expenses,
- need for working capital,
- investment in fixed assets and,
- capital cost.

The nature of these elements differs. Operating expenses and the need for working capital are linked to the direct activity of the company. Productivity efforts over recent years have focused essentially on these factors. Investments in fixed assets can be rationalized by one of the approaches discussed above.

The cost of capital is rationalized by the CAPM method, presented in a previous Section. The expected return by shareholders $E(R_i)$ is equal to the risk-free rate R_f increased by a risk premium $[E(R_m) - R_f]$, that is itself proportional to the systematic risk $\beta\beta_i$ of the share.

$$E(R_i) - R_f = [E(R_m) - R_f] \, \beta_i$$

And now turning to sales, we note that currently an emphasis is placed on achieving savings in operating expenses and the need for working capital. However, at least as far as France is concerned, efforts in terms of sales are under estimated, because this is the area where improvement is most logical. Any savings achieved in the need for working capital or operating expenses will be of no benefit or, at least, of little use if the competition continues to achieve market penetration resulting in the loss of sales revenue.

The major criticism of the model relates to the difficulty in understanding residual value. In principle, this is taken over a period of five or seven years. This value is calculated by capitalizing the last free cash flow at the cost of the capital and reducing it by any rate of growth g.

$$V_n = \frac{FCF_{n+1}}{WACC - g}$$

Definition

$CAHT$	=	turn-over before tax
$EBIT$	=	earning before interest and taxes,
$NOPAT$	=	net operating profit after taxes
DA	=	charges to depreciation
BFR	=	working capital needs
AIN	=	fixed assets net of depreciation
CI	=	invested capital,
FCF	=	free cash flows, fund flows available for those providing capital (shareholders and creditors)
I	=	amount of investments (fixed assets and BFR)
R_e	=	economic return on return on capital invested

R_a =   return for shareholders or return on shareholder equity
R_d =   cost of financial debts
R_c =   weighted average cost of capital (WACC)

Similarly,
$NOPAT$ = $EBIT\,(1-T)$ with T = tax rate
CI = $AIN + BFR$
CI_t = $CI_{t-1} + I_t - A_t$
FCF_t =   operating cash flow + ΔCI
$R_{e,t}$ = $NOPAT/CI_{t-1}$

$$R_c = \frac{1}{1+\lambda} R_a + \frac{\lambda}{1+\lambda} R_d(1-T)$$

with λ =   financial debts/shareholder equity
RCI =   return on capital invested = $R_{c,t} \times CI_{t-1}$
EVA =   economic value added = $(R_{e,t} - R_{c,t}) \times CI_{t-1}$

Example

Table 15.3 Free cash flow over 5 years.

	N	N+1	N+2	N+3	N+4
Turnover	4000	4200	4350	4500	4750
EBIT	600	651	674	720	760
EBIT	15%	15.5%	15.5%	16%	16%
Tax on EBIT	198	215	222	238	251
NOPAT	402	436	452	482	509
Depreciation	90	100	110	130	130
Operating CF	492	536	562	612	639
ΔDWorking Capital Turnover	(40)	(10)	10	25	30
Investment	210	180	160	130	150
Free Cash Flow	322	366	392	457	459

In order to calculate the forward value of the company, the last cash flow is capitalized at the capital cost but reduced by any eventual growth.

If the weighted average capital cost is estimated to 18%, the growth rate to 3% and the cash flow in year N+4 estimated to 459, the forward value of the company in N+5 is:

$$V_{N+5} = \frac{459}{0.08 - 0.03} = 9180$$

the global value of the company in 1999 is therefore equal to the amount actualized from the free cash flows, increased by the residual value:

$$V_0 = \frac{322}{1.08} + \frac{366}{1.08^2} + \frac{392}{1.08^3} + \frac{457}{1.08^4} + \frac{459 + 9180}{1.08^5} = 7819.20$$

Shareholder capital value can be obtained by reducing the overall value of the company by the market value of any financial debts.

B　Economic value added

Economic value added (EVA) is equal to the operating profit of the company after tax, reduced from the remuneration of capital used for its activity. In this way, the wealth created by the company takes into account not only those costs incurred in production but also the opportunity cost relating to shareholder equity.

$$EVA = CI_{t-1} \times (ROIC - WACC)$$

where:

CI	=	invested capital
ROIC	=	return on invested capital
WACC	=	weighted average cost of capital

Invested capital can be defined as the sum of the net fixed assets and the needs of working capital. The return on invested capital, or the economic return, is the relationship between the operating profit less taxation (this idea is close to economic return with tax that was described previously), and capital invested in the operation.

$$ROIC = NOPAT_t/CI_{t-1}$$

The EVA can also be calculated by the difference between the operating profit less tax and the remuneration of the capital invested.

$$EVA_t = NOPAT_t - RCI_t$$

Example

Table 15.4 EVA over 5 years.

	N	N+1	N+2	N+3	N+4
Turnover	4000	4200	4350	4500	4750
EBIT	600	651	674	720	760
Tax on EBIT	198	215	222	238	251
$NOPAT_t$	402	436	452	482	509
AIN	1300	1380	1410	1450	1490
Working Capital Turnover	610	600	610	635	665
Capital invested: CIt	1910	1980	2020	2085	2155
$NOPAT/CI_{t-1} = ROIC$	22.33%	22.83%	22.83%	23.85%	24.41%
WACC	8%	8%	8%	8%	8%
ROIC – WACC	14.33%	14.83%	14.83%	15.86%	16.41%
$EVA_t = (ROIC - WACC) \times CI_{t-1}$	258	283.2	293.60	320.40	342.20

Note: it is assumed that the amount of capital invested in year N–1 was 1800. There is a second method of calculation (Table 15.6).

Table 15.5 Alternative method.

	N	N+1	N+2	N+3	N+4
$NOPAT_t$	402	436	452	482	509
Capital invested: CI_t	1910	1980	2020	2085	2155
$RCI_t = Rc_t \times CI_{t-1}$	144	153	158.40	161.60	166.80
$EVA_t = NOPAT_t - RCI_t$	258	283.20	293.60	320.40	342.20

Relationship between the two methods

In reality, the two approaches lead to the same valuation of the company. The value of the company is equal to the sum actualized from free cash flows ad infinitum:

$$V_0 = \sum_{t=1}^{\infty} \frac{FCF_t}{(1+Rc)^t}$$

Therefore,

$$FCF_t = EBIT_t(1-T) + DA - I_t$$

As:

$$I_t - DA = CI_t - CI_{t-1} \text{ and } NOPAT_t = EBIT_t(1-T)$$

It is deduced that:

$$FCF_t = NOPAT_t - (CI_t - CI_{t-1}) \qquad (1)$$

Therefore:

$$EVA = (R_{e,t} - R_{c,t}) \times CI_{t-1}$$

With:

$$R_{e,t} = \frac{NOPAT_t}{CI_{t-1}}$$

From which:

$$EVA_t = NOPAT_t - R_{c,t} \times CI_{t-1} \qquad (2)$$

Equations (1) and (2) are brought together:

$$EVA_t = FCF_t + (CI_t - CI_{t-1}) - R_{c,t} \times CI_{t-1} \qquad (3)$$

It can be seen that the EVA is equal to the free cash flow increased by the net variation in capital invested and reduced by their repayment.

In this way for the year $N+1$, we have: $EVA_{2001} = 366 + (1980 - 1910) - 0.08 \times 1910 = 283.20$. From (3), the following relationship can be drawn:

$$FCF_t = EVA_t + (1 + R_{c,t}) \times CI_{t-1} - CI_t \qquad (4)$$

Thus:

$$V_0 = \frac{EVA_1 + (1+R_c) \times CI_0 - CI_1}{(1+R_c)} + \frac{EVA_2 + (1+R_c) \times CI_1 - CI_2}{(1+R_c)}$$

and we obtain:

$$V_0 = CI_0 + \sum_{t=1}^{\infty} \frac{EVA_t}{(1+R_c)^t}$$

In conclusion, this can be determined from the actualization of free cash flows or from the initial amount of capital invested and the actualized EVA (Albouy, 1999).

15.6.4 Variables that influence wealth creation

Internally, the company will pay attention to changes in the operational new margin (*NOPAT/ CAHT*) and to the use of capital and their share between fixed assets and the need for working capital. It is therefore a question of reasoning throughout the year. But the company has no control over changes to interest rates, and therefore the cost of capital remains an exogenous variable that has a much longer time horizon.

15.7 Conclusion

Companies use logistics in order to reduce costs that are linked to production; whether elements upstream from this production, downstream supplies, distribution, or costs inherent in the creation of added value.

The financial departments in companies are concerned with the projection of the image of a healthy financial position: signals aimed at shareholders, creditors and employees. An effective logistics policy is necessary while not sufficient in itself.

The willingness to create wealth is quite contradictory in terms of the organization of a company. Internally, variables that create wealth are understood in accordance with the sector of activity or by function. However, it was already mentioned in the introduction that companies suffer from an inadequate overall cohesion. The striving for profitable business units gives rise to fears that this only serves to reinforce the current position that is the source of so much inefficiency. The aim of supply chain management is to reduce the effects of this fragmentation.

The methods for creating wealth that have been discussed are the responsibility of general management supported by the financial management team. Over and above the performance indicators that are put in place within different sectors, their adoption is accompanied by a re-engineering in order to be understood by the market. This is translated into a simplification of the organizational chart, of sales units that are outside the field of competence of the company, the outsourcing of certain activities, etc.

It is evident today, that if logistics is able to provide answers to the aims, so clearly stated by companies, of delivering a return, then it must relate to an inter-functional dynamic which coincides with the interests of shareholders. This realization constitutes the challenge for tomorrow; it is the market that places a sanction on the company.

15.8 Bibliography

ALBOUY M., Théorie, applications et limites de la mesure de la création de valeur, *Revue française de gestion*, February 1999.

AURIFEILLE J.M., COLIN J., FABBE-COSTES N., JAFFEUX C., PACHE G., *Management logistique, une approche transversale*, Litec, les essentiels de la gestion, 1997.

BAGLIN G., BRUEL O., GARREAU A., GREIF M., VAN DELF C., *Management industriel et logistique*, Economica, second edition, 1996.

BREALEY R., MYERS S., *Principles of Corporate Finance*, Mc Graw-Hill, fifth edition, 1996.

CABY J., HIRIGOYEN G., *La création de valeur de l'entreprise*, Economica, 1999.

DEMSETZ H., The structure of ownership and the theory, *Journal of law and economics*, vol. 26, 1983.

DUMAREST L., ISM: une démarche innovante de pilotage stratégique et opérationnel orientée vers la création de valeur, *Option finance*, n° 535, 15 February 1999.

HARRINGTON T., LAMBERT D., STERLING J., Simulating the financial impact of marketing and logistics decisions, *International journal of physical distribution and logistics management*, vol. 22, n° 7, 1992.

HIRIGOYEN G., *Stratégie et finance: une approche par la création de valeur*, Encyclopédie de gestion, Economica, second edition, 1997.

LORINO P., Valeur pour l'actionnaire: une mode à risque, *Alternatives économiques*, n° 162, September 1998.

15.9 The author

Dr. Corynne Jaffeux holds theses in currency risk (1985) and management sciences (1990). She has lectured at Paris I Panthéon-Sorbonne before being named professor at Orléans University (1991); since 1999 she holds a professorship at the Montesquieu Bordeaux IV University. Her research is on financial markets, corporate finance and securitization. In addition, since 1991 she has worked as an advisor for the AFT-IFTIM general direction on issues related to education. She is also president of the IML board committee.

Chapter 16

Logistics: processing & controlling

Jacques Roure

16.1 Logistics business processes

16.1.1 What is our understanding of the term "logistics"?

> **A definition among many others**
> Logistics is the management of the flow of goods, information and money needed to produce, deliver and maintain, in operating conditions, a "product" or a "service", in order to satisfy the particular needs of a specific customer.
> Logistics is not related to a specific function or division inside a company. However, it will have to be specific for a division that has coherent activities for particular types of products or services.

A   Logistics first level segmentation
- at the manufacturing level: inbound logistics, product logistics, production logistics;
- at the distribution level: complex military product logistics, complex civil product logistics, simple product logistics, consumer product logistics;
- transport logistics.

Major manufacturing and distribution drivers demand sophisticated Logistics
   Globalization and increased worldwide competition demand: cost reductions, faster time to market, reduced development time, and vertical and horizontal integration. Customers require increasing choice and variety that is difficult to reconcile with cost effective manufacturing. The only option is to reduce the production cycle.
   Efficient distribution acts as a driver, and demands: faster access to marketing, distribution databases, traceability of items "on the move" (which could be mandated for legal reasons), and the use of electronic commerce. Customers demand "a product plus a service" and not just "a product".
   The prevailing trends in logistics are:

   • for a production company the increased outsourcing of components systems, the reduction of the supplier base, a permanent request for increased logistics performances (service level), the globalization of the suppliers, the use of automatic identification systems with identifiers able to contain more information and intelligent scanners, …

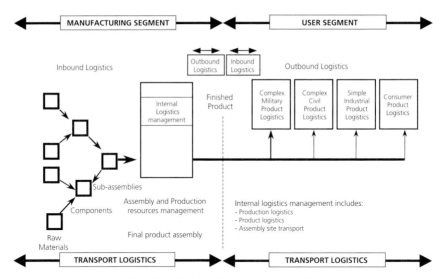

Fig. 16.1 High level logistics supply chain.

• for a service provider (transport & logistics for example) the supply of delivery/pick-up receipts, proof of collection, consolidation of all shipments to a single consignee, managing load devices where applicable, delivery of shipments, invoicing of consignee, barcode handling, proof of transfer to other logistics service providers, proof of delivery, performance reporting (service level in %), basic assembly of parts, central warehouse management, co-packing, re-packing, consulting, recycling, tank cleaning services, timed deliveries, consignment tracing, product tracking, order processing, Inter-modal operations, sample preparation.

Transport is an integral part of production and distribution for the logistics provider: it focuses on the improvement of logistical control, the reliability to fulfill the increased requirements from customers (product logistics) and the optimization of the use of their equipment and transport networks (transport logistics).

Advanced information systems have been used, by major companies, to improve their ordering of commodities and to optimize their production systems. Advanced information systems improve the basic transport functions like:

• the automatic identification of parcels, containers and vehicles;
• the communication and exchange of relevant transport documents between actors involved in providing transport services (EDI, E-Mail…);
• the freight management to increase flexibility, efficiency, and reduce empty journeys (GSM, satellite…);
• the integration of on-board communication facilities with those of terrestrial infrastructures;
• the freight tracking and tracing systems.

The use of inter-modal platforms and trucks shops includes special infrastructure for the storage and handling of goods, as well as technical facilities for combined road-rail, road-waterways and rail-sea transport (Rouen Cereal, Courtrai, Duisburg, Emmerich, Kehl, Dove…). Parking facilities with connections to public transport are also provided, as well as information about promotion of the different modes of transport together with their advantages, about timetables and connections. The truck shops provide the professional driver with catering accommodation and rest facilities, as well as services such as vehicle maintenance, administrative procedures, freight exchange services, telephone, fax and data processing facilities. They can be used as urban distribution centers, for pick up and delivery in urban areas.

Successful companies focus on customer satisfaction

They focus strategically on increasing the value the customer receives from doing business with them. They have: adopted a total customer satisfaction marketing strategy and a total quality management philosophy, have their senior management totally committed, believe that quality improvement must encompass both product and service quality, have product and service strategies driven by a deep understanding of customer requirements, actively involve suppliers and customers as partners, and use a structured approach toward improvement including business process analysis, statistical analysis and multi-discipline improvement teams.

Quite often, competitive advantages are perceived by companies as a function of the brand name, the company image, the advertising campaigns (for consumer goods), and, in some cases, the price. However, the New Technologies for Information and Communication (NTIC) re-invent the customer relationship concept: to acquire a new customer costs at least 5 times more than to develop the loyalty of an existing customer. This loyalty is the result of a strong interaction between relational marketing (one to one), good Customer Relationship Management (CRM) and efficient Supply Chain Management (SCM).

In the history of management priorities, the balance has been changing about every ten years: from production in the fifties, marketing in the sixties, strategy in the seventies, quality in the eighties, value creation for the customer and value creation for the shareholder in the nineties, towards e-business now.

B   Functions and business processes

At business unit level, the different functions carry out clear tasks: the sales department sells, the manufacturing department produces, the purchasing department purchases, the distribution department distributes. Individually, none creates value for the customers or shareholders. Only the processes create value: any business has dozens of processes that go on within it. Some are self-contained within, other span functions.

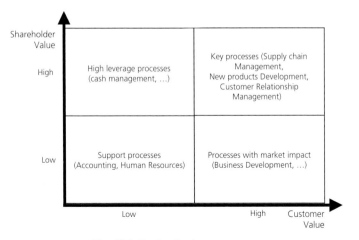

Fig. 16.2 The key business processes.

What is a business process? A business process is a set of logically related activities. These activities add value to an input. A business process usually crosses functional boundaries. Its output is used by an internal or an external consumer and is accountable. By tradition, the management of a company is geared toward controlling the functions. Competition leads the company to plan its activities in an uncertain environment. How to increase the company' flexibility and take into account market discontinuities is a huge challenge. It implies that changes in an organization are to be focused on the company' processes and not on the company structure.

The stakes related to the production and the distribution activities are now forcing many companies to focus on their "logistics".

Globalization and ever-increasing competition are leading companies to focus on cost reductions, decrease of their "order – delivery" cycle (time to produce), decrease the time to develop new products (time to market), and to become integrated in cooperation networks.

Their customers are asking for more product choices with more variations and options in those products. The concept of "One to One" marketing leads also to the customization of the products to the customer's needs. Apparently, this is in contradiction with mass production for cost reduction. It reinforces the need to reduce the production cycle. As said before, the customers no longer expect to purchase a product, but are looking for a combination between a product and its related services. They no longer purchase a car, but a combination of the car and it's after-sales service. In some cases in the industrial world, a company will no longer purchase expensive equipment as an asset, but will purchase the working time of this equipment (example: truck leasing).

An efficient distribution system is a must: it will use different channels (i.e. electronic commerce requesting at the same time a new marketing concept and a new logistics organization). Fast access to the marketing databases and traceability of articles on the move are increasingly seen as a pre-requisite for good distribution management. Lets now look at a few key business process activities in any company.

16.1.2 The main business processes in a company

Five main business processes can describe fully a company: three of them provide value to the customers, the two others are necessary to keep the company running, but do not provide value to the customers.

The added value processes are:
- the logistics process: from order taking to order delivery (the supply chain management);
- the new product development process: from the definition of the customers' needs for a new product to the launching of this new product;
- the customer relationship management process: from the data warehousing of the customer behavior to the one to one marketing to this customer.

The non value added processes are:
- the management, planning and control process;
- the support processes: accounting, treasury, information technology, human resources.

Business Processes can also be broken down in three types:
- business processes in relation with the customers;
- business processes in relation with logistics;
- business processes in relation with the development of new products.

A   Business processes in relation with the customers
- To win and keep customers: selecting a customer segment in the market, understanding customers' needs, gaining credibility, convincing them of the superiority of the company products, selling the products, and controlling the customers' satisfaction;
- To service the customers' needs: supplying the necessary tools for use of the product, helping plan how to use them, and offering the necessary consulting help;
- To maintain the product: providing after-sales services, offering preventive maintenance (ex: OTIS).

B   Business processes in relation with logistics
- Order management: order validation, order delivery, invoice collection;
- Production: component sub-assembly, product assembly, inventory management, interaction with the suppliers for components or sub-assembly deliveries;
- Procurement: supplier selection, purchase contracts, supplier reliability control, supplier management.

C   Business processes in relation with the development of new products
- Market intelligence: market research survey of competitors and their products, analysis of product sales data and customer behavior;
- Marketing: determination of customers needs, of new product specifications, of advertising and promotional budgets to invest in new products;
- Technological survey: reverse engineering of competitive products, new technologies and new tools to be used for development of new products;
- Product conception: conception of new products, development and industrialization of production processes.

16.1.3   The integrated logistics approach

Business processes are coordinated activities consuming staff, procedures and technologies. An economic analysis of business processes makes it clear that organizations operate on the basis of two cost types: coordination costs for all internal operations and transaction costs for purchased external operations. To "do" or to "buy" is a key decision for the management of a profit and loss account. The ever increasing use of information technology in a company drastically reduces coordination costs. It enables development of new internal processes that can translate into specific assets for the company. Furthermore, information technology does not only reduce the coordination costs, but increases the possibility to manage information more efficiently inside the company (EDI – Groupware – ATM…). Knowledge management is the result of this activity. As a company structure is directly related to the management of its coordination needs, the company has to manage changes related to the changes in its business processes.

16.1.4   The different categories of business processes

The business processes can be classified into five categories:
- **The "identity" process:** such a process will differentiate a company from its competitors. It is the core of the company's success in its market.
- **The "priority" processes:** these processes are the key to the company efficiency. They are normally transparent to the customer. However, if one of these processes is not functioning correctly, it is immediately noticed.
- **The "background" processes:** these processes support the day-to-day activities.

- **The "compulsory" processes:** these are generally liability processes. They have to be conducted for legal or regulatory reasons (Tracking – P & L…).
- **The "forgotten" processes:** these processes have been created in the past to support a real need for this company. The need has disappeared, however the process has been maintained. These processes are the most difficult to bring to light and to get rid of.

A   The process "swamp"

We have looked at the main Business Processes. These comprise more than 100 business functions:

> Customer services – channel management – product launching – promotion – advertising – communication – brands management – forecasting – sales support – price fixing – customers management – marketing – market research – inventory management – warehousing – shipping – suppliers management – production organization – production planning – downsizing planning – risks management – quality control – assembly – freight management – purchasing – change management – costs control – benchmarking – innovation – technology survey – engineering – product development – industrialization – virtual product modeling – technical data base management – R & D – projects management – investments planning – acquisitions – security – public relations – bonus and premiums – legal – hiring – firing – budgeting – payments – invoicing – money collection – Shareholders relations – Credit control – Performances evaluation – Tax planning – human resources management – management development – archiving – guarantees management – travel management – insurance management – office management – outsourcing – dis-investments – health and hazardous goods – IT planning – cash management – salaries policy – loans management – financial control – capital investments – pensions management – catering – environment management – IT management – training, …

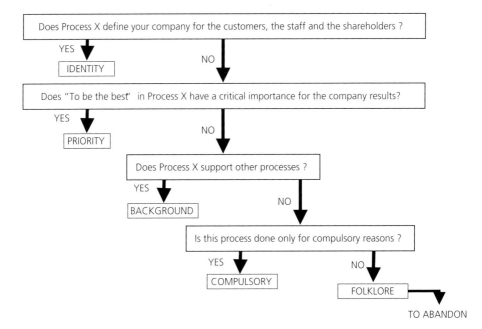

Fig. 16.3 The process portfolio evaluation.

B   The process portfolio evaluation

Top management's objectives are to maintain the coherence between company strategy and its activities, to make sure that all activity centers are supplying a positive added value and control the company's performance through performance indices (cf. Fig. 16.3).

To be able to reach these objectives, the management will use tools such as pro-active control based on Activity Based Costing (ABC), activity based budgeting, as well as external benchmarks to compare its own performance indicators with those of its direct competitors in each market segment.

16.1.5   The re-organisation of the business processes in the logistics chain

The majority of companies have been using information technology to automate their ways of doing business. The main rules inside a company are non-written rules and it takes time, for a newcomer, to get used to company "culture". To re-organize business processes is a very tough task with uncertain results. It is necessary to move outside the following "politically correct" ways of behaving:

- follow the implicit rules,
- accept the fundamental idea that cost control and growth are more important than the development of product quality, innovation and customer services,
- practice the conventional thinking "vertically", with a partial and fragmented vision (tunnel vision) of the process structure,
- forget that some of the task structures and processes have not followed the techno-logical, demographic, and goal changes of the company.

In 1988, Martin Hammer wrote in the Harvard Business Review: "Don't automate, sup-press, obliterate".

The management objectives are to:

- ensure the coherency between the company strategy and the business needs,
- ensure that all activity centers deliver enough added value,
- Control performance through performance indicators,

These are achieved using management tools such as:

- Control through Activity Based Costing and activity based budgeting.
- Use of External benchmarks to compare with the performance indicators.

A   Methodology

- Modelization of: activities, information flow, information treatment, data and data models,
- Financial analysis by Activity Based Costing and cash flow analysis,
- Organization analysis of the activity centers, the tasks by activity and the work loca-tions,
- Systems analysis: capacity and treatment time, statistical analysis.

B   Tools for business process analysis

- Basic tools: cause and effect diagrams, process flow charts, brainstorming,
- Advanced tools: Interrelationship diagrams, affinity diagrams, systematic diagrams, force field analysis, and quality function deployment.

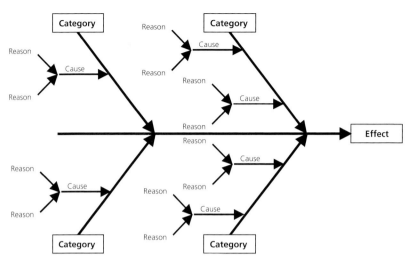

Fig. 16.4 The cause and effect diagram.

Three approaches can be used to categorize the causes:
- environment, machines, materials, measurement, methods and people;
- man, methods, machines, materials;
- equipment, policies, procedures, people.

Each company can create its own custom tailored categories.

16.1.6   Business process re-design methodology

To start the re-engineering process, it is necessary to:
- look at the company in terms of the broadly defined business processes;
- map and document current processes in a logical rather than an organizational way.

In each process, eliminate un-necessary operational steps:
- plan for a dynamic environment;
- provide for rapid changes in partners, technology, and ownership;
- procure expertise in hands-on implementation, as it is a critical factor in conceiving and setting the strategic vision for any business process or for the company as a whole;
- get the support of senior management in order to reap the benefits of a re-engineering process.

Major improvements come from process changes. Focusing on process improvements focuses on managing the processes that achieve results. Its benefits include:
- higher levels of customer service;
- more reliability;
- shorter cycle time;
- released resources and greater flexibility;
- streamlined and simplified processes;
- lower overall cost, less waste.

A   Principles of re-engineering

A few principles have to be applied in order to start re-engineering: organize around outcomes not tasks, have those who use the output of the process perform it, coordinate information production and information treatment, treat geographically dispersed resources as though they were centralized, link parallel activities instead of integrating their results, locate the decision points where the work is performed, and build control into the process.

The following levers are used to re-design logistics business process: consolidation, task elimination, decentralization, centralization, management process simplification, automation, reduction of management layers, outsourcing, parallelization of tasks, process differentiation, elimination of low added value tasks, simplification of customer interfaces, disintermediation and tracking.

Enablers are used to facilitate these processes:

- Product development enablers: CAD – CAM, concurrent engineering with suppliers, document management systems, data, process and product repository, simulation tools, implication/association with customers;
- Production enablers: manufacture to order (MTO): integration with the ordering system, assemble to order (ATO), manufacture to stock (MTS), computer assisted maintenance, automation, total quality control management (TQM);
- Logistics enablers: EDI., payment systems, fast freight and delivery services, automatic tracking and tracing, partnership with suppliers and customers, database sharing with partners, decision support systems;
- Sales processes enablers: multimedia interactive points of sale, portable ordering tools, decision support systems (DSS), statistical modeling of customer purchasing patterns, electronic customer response (ECR), EDI and electronic commerce.

B   The added value of a process

To compute the value of a process activity in a company, the managers must answer the two following questions:

- What is the approximate value of the company capital invested in this process?
- Does this process engender a positive cash flow for the company, after deducing the capital cost?

It is better to get a good approximate answer than an accurate wrong answer. To estimate the capital cost is complex. One can use an approximation: By adding 6% to a loan cost for a middle range company, or 3% for a super performer.

Activity Based Costing is, actually, the most useful tool to calculate the costs related to a process. There are always some hidden expenses: human resource management, I.T., coordination costs for processes (the visible costs of an investment in IT represent no more than 15% of the total costs committed to such an investment).

C   The effect of change on an activity process

Changes in activity processes add value in three ways:

- reducing the capital tied up in the process, either by eliminating it, by outsourcing it, or by decreasing it;
- increasing the value of an existing process by investing in it: to increase the service level, the product quality or the coordination. This can also transform the process toward a product or service which will engender value;
- through the total re-engineering of all basic activities, combining isolated process or creating new processes.

The following actions increase the added value: shortening the production cycle increases the sales turnover and profit per employee; increasing the quality will decrease the guarantee costs, the repair costs and the rejects; decreasing the company size increases the sales turnover and profit per employee; increasing the customer service generates an increase in customer loyalty.

16.1.7 Determination of a process value

A Increase a process value: abandon it or adapt it

As they do not have stakes and do not produce added value, folkloric processes have to be eliminated. Process reengineering, starting from scratch, gives the impression of wanting to re-engineer PSA or UBS by emptying all factories and offices and recommencing from clean slate. In reality the process is one of adaptation; one starts by re-engineering the systems in contact with the external world (branches for a bank, customers and suppliers relations for an industrial company). The central system remains as is. Telecom and computing capacities are used to convert the central systems data into communications able to be handled by decentralized workstations. All new developments of systems in contact with the outside are realized on workstations and servers. Any people or procedures between a customer and a computer, able to cover completely the customer' needs (auto-source), will after a certain time, be eliminated from the activity process. The support and the compulsory processes are outsourced to companies having these processes as identity and priority processes. For these companies, the processes will be assets and not liabilities.

B Increase a process value: improve it

To improve a process, it is necessary to understand in depth how the process works, by simplifying it and eliminating all value losses. Administrative, as well as production and assembly processes are good candidates for simplification. These improvements necessitate long term thinking: the experience with TQM clearly shows that it takes 10 to 15 years to simplify administrative, production or service processes. There are no short cuts:

- Give more power to the staff: it helps to create small changes, which, accumulated over time, will lead to major improvements.
- Reduce the time variability.
- Manage on facts.
- Systematically eliminate all rejects.
- Engender permanent improvements.
- "If it is not broken, don't fix it".
- Create a central activity at one point, to regroup dispersed activities through functions and divisions: It is the best solution for activity processes linked to customer service.
- Import: introduce activity processes used in other types of companies. To import a process is normally more efficient than to invent a new one from scratch.
- Collaborate: coordination of people, and not only of activities. The collaboration focuses on the improvement of the way people work together to execute activity processes, much more than on the processes themselves. The concentration must be on people, not on the task flow. If the processes cannot be reduced to clear procedures and need cooperation between people, it will be an error to do reengineering. Act on people. To collaborate means working together to reach more than by working isolated.

C   Increase a process value: modify it drastically

- Transform the activity process into a product: the company finds a new use for a well-mastered process. Look for processes, not seen actually by the customers, which could be useful for them, either as a product or as a new service. Sell to franchisees: license processes, infrastructures, and competencies.
- Radicalize: increase the organization stakes: define new priorities for the company and show clearly that the radicalized processes are key processes for the management and get their full support. Radicalize if the commitments and staff actions are more important to obtain positive changes than process re-engineering would be.
- Preempt: use your processes to capture another company's customers: analyze the added value of its customers and check if new activities can be captured, thanks to the infrastructure of the existing processes.
- Invent: build up a new process: don't try to reconstruct the existing process.

D   Build up the company strategy: manage the change

- Does the company know its identity and priority processes?
- Does the company know if they are assets or liabilities?
- Is the company forgetting processes, which do not correspond to the process concept where tasks are sequential?
- Is the company inadvertently investing to improve actual processes that are liabilities?
- Are the investments in its process' portfolio well balanced?
- Could some of its processes create new added values if they were developed?
- Has the company a clear idea of the capital committed to its most important processes? Is the true cost of capital known and taken into account?
- Is it possible to estimate the real cost of increasing the value of processes?
- Has the company the tools to measure the processes value (and not only their results)?

Two examples of re-engineering of Logistics activities
FORD:
   Ford operated under the old rule: we pay our suppliers after receipt of their invoice, and after matching it with the deliveries. The new rule says: we pay only based on the goods received and validated. Ford has reorganized its supplier's payments.
Old procedure: 14 data had to be matched
New procedure: 3 data have to be matched
Result: 75 % saving in personal costs

M.B.L., an insurance company:
Reengineering of the new customer process:
Old procedure: 5 to 25 days for handling (30 steps)
New procedure: one manager with full responsibility (2 to 3 days)
Results: elimination of 100 field office positions

16.2   Business Process Management

16.2.1   What is it?

BPM is the practice of improving the efficiency and effectiveness of any organization by automating the organization's business processes. BPM used to be also known as Business Process

Reengineering (BPR). The idea of BPM is to bring processes, people and information together. Dynamic infrastructure requires separation of flows, business rules and services.

BPM involves also real-time integration of the processes of the company with those of its suppliers, business partners and customers. Business activity monitoring is essential for measurement of BPM impact.

16.2.2   The current management of the processes

The collaboration between actors defining the processes is difficult: the methods teams define the recommendations for the modelling of the trade processes, The decision makers and trades analysts define the high level trades processes, the cases of use and the scenarios detailed while being based on the recommendations of the methods teams. The technical teams transpose these processes in terms of application, services and integration of what exists.

These actors handle different concepts. One finds a gap between the phases of specification and implementation, even in the technical part. The control of the processes is currently in the hands of the technical people, not of the people who define them.

16.2.3   The BPM stake is to unify in a single tool all these visions

The objective is to allow the decision makers, trades analysts, functional teams and technical teams to collaborate for the definition and the evolution of the trades processes via only one tool incorporating the various visions. A trade process is modelised, generally, on three levels:

- The trade level by the decision makers and the methods teams;
- The functional level by the functional teams;
- The technical level by the technical architects and teams.

A trade process is a whole set of activities including an interaction between the participants in the form of exchanges of information. A collaborative process is a trade process bringing into play companies partners. It is composed of an interface and "n" implementations. Example of Rosetta Net in electronics

- **The BPM includes all tools and methods which make possible to computerize and optimize the trades processes:** engineering of the trades process integrating systems and people using information technologies.
- **Six major functionalities:**
  - *Integrated Design Environment* for the modelling of the processes (tasks, information on entries and exits, stakeholders, rules of management): simulation and optimisation of the processes;
  - *Process Engine* for execution of the processes using a tool (interaction with the people and information systems useful for the execution of each task);
  - *User Directory;*
  - *Workflow* for the piloting of the processes: the communication infrastructure that forward tasks to the appropriate individual;
  - *Reporting/Process Monitoring*: the supervision with a dashboard to control their effectiveness and their performances (Business Activity Monitoring);
  - *Integration*: EAI or Web Services as business processes will require data from disparate systems through the organisation.
- **Improvements of the processes on five levels:**
  - On the level of the information system: adaptability;

- – On the level of the execution of the processes: change management;
- – On the level of the effectiveness of the operations: management by exception;
- – On the level of the traceability: indicators to follow-up;
- – On the level of the valorisation of the information system: urbanization of what exists.
- • **Conditions of success of a BPM project:**
  - – A high volumetry, and complex and dynamic processes (more than 5 stages);
  - – A standardized interface: Web Services and Enterprise Service;
  - – A joint work between users and data processing specialists with a clear definition of the actors in charge of each task, trades rules and management of exceptions.
- • **Integration in a company gate of the man/machine interface**
- • **The use of standards:**
  - – An engine for the modelling of the processes;
  - – An engine for the management of the trades rules;
  - – An execution engine to carry out the processes and the trades rules;
  - – Tools for supervision in real time.

16.2.4   The standards BPMN and BPEL and the collaboration standards in the business segment

The BPMN (Business Process Model Notation) is a graphic notation used to represent a trade process by separating trade information from technical information. A modelling based on BPMN can be translated into BPEL (Business Process Execution Language).

The graphic elements are divided into four categories:
- • Flow Objects (objects of flow): events, activities, gates;
- • Connecting Objects (objects of relation): flow sequences, flow objects, associations;
- • Swim lane (corridors): organization of the activities in various categories;
- • Artefacts (the symbolic system objects): information and precise details necessary in certain contexts.

From BPMN to BPEL (Business Process Execution Language), from modelling to execution:
BPEL is a programming language which makes it possible to define an activity by the combination of Web services

The steps to be followed
(1) How to structure a process project:
- • Definition of the objectives and the impact perimeter;
- • Selection of the pilot site and precautions to be taken;
- • Casting.

(2) Preliminary organisational analysis:
- • Tools and their limits;
- • Pitfalls to be avoided;
- • The formalization of the process.

(3) Selection of a notation and a modelling tool
(4) Selection of the methodological framework
(5) The need to formalize a modelling convention

16.2.5   Business Activity Monitoring

BAM is the automated monitoring of business process activity affecting an enterprise. It performs the follow-up of the trade processes: it control the performance of the latter according to their criticality. The environment of BAM is an over layer on the BPM tools. The BAM is a tool in the company' Business Intelligence. It requires the implementation of two types of bricks: an integration tool to aggregate all of the necessary technical data and a reporting solution to compile and present the results.

16.2.6   Glossary

A.B.C.(Activity Based Costing): measure costs of a reference frame process

A.D.(Activity Driver): Inductor of Activity

B.P.A.(Business Analysis Process): Analyze Activity Processes

B.P.E.L. (Business Process Language Execution): XML representation of an executable process which can be deployed on any kind of trade process engine

B.P.M. (Business Process Management): a set of methods and tools allowing to analyze, measure, optimize and control the processes implemented in an organization

B.P.M.L. (Business Process Language Management): meta language for trade processes modelling represented by a data flow, an events flow which one can influence by defining trade rules, safety requirements, transaction rules. One can then launch the execution of the model and check the theoretical working of the various processes.

B.P.M.S. (Business Process System Management): software unit intended to enable B. P.M.

B. R. M. (Business Rules Management): management of the trade rules

B.S.C. (Balanced Score Card): prospective scoring board

C.D. (Cost Driver): cost inductor

C.O. (Cost Object): object of cost in an A.B.C. analysis

D.M. (Data Mining): exploration and valorisation of the company data through a data warehouse *(D.W.)*

K.P.I. (Key Process Indicators): indicators of trade performance

Macro process: regrouping of trade processes

Procedure: specified way to carry out an activity or a process

Process: set of correlated or interactive activities which transform elements of entry into elements of exit

Company reference frame: a single data base generally integrating trades reference frames (process and organization views) and technical reference frames (information systems and data-processing tools)

Process reference frame: cartography of the trade processes, of the organization of the information system

Six Sigma: process improvement method based on the reduction of the statistical dispersion of a process to approach the zero defect

T.Q.M.(Total Quality Management): methods and tools aiming at increasing the customer satisfaction and reducing costs by removing all the weak points of the trades processes

U.M.L. (Unified Modelling Language): modelling language based on a meta-model and a rigorous formalism through the iterative development of models

Workflow: integration of computerized processes to improve their total performance

X.M.L.: description language of data, evolution of the SGML language

Zachman Framework: development tool for building up an information systems in the English-speaking world.

The B.P.M. Tools

- Offers of reference frames for associated processes with a environment of visual modelling;

- Offers of automation systems to manage execution and supervision of the processes. Some software publishers also approach the problems of modelling and simulation. In these fields, the tools for automation do not go far as the offers from reference frames, in particular in terms of organisational management [Antoine Crochet Damals, JDNet.

The B.P.M. Advantages
- It enables to automate those tasks that are currently performed manually;
- Handling exceptions is an area where BPM shines;
- It is excellent for processes that extend beyond the boundaries of an enterprise;
- It gives business the ability to stay competitive, reduces the time elapsed in a business process, reduces the number of steps in a business process;
- It improves coordination across departments and geographic location of a company.

16.3 Controlling[1]

16.3.1 Introduction

The concept of control is fundamental as a key tool for managing the supply chain or any kind of logistics project in a company. This presentation will start with an introduction to the fundamentals of the control concept.

A   The evolution of the term control
For many years, the term "control" had a past oriented view. It had no relation to determination of the relevant information for decision support. However, the management needs for decision support systems have lead to a fundamental change in the concept of control: from a reactive to a pro-active management tool. As an example, a few definitions of control:
- Planning for control, reporting, protection of assets and economic appraisal (financial executive institute);
- Adaptation of accounting to the decision maker's need for information (Chmielewicz);
- Procurement, editing and coordination of information (Reichmann & Heigl);
- Supporting management subsystem, coordinating planning, control and information supply (Horváth).

The design of a control concept requires:
- The determination of function-comprehensive decision areas;
- The objective-related connection of all parts of the system by an information system (i.e. ratio system).

B   The controlling objectives
The step-by-step design of a system based on main and sub-objectives is called an objective hierarchy. Three dimensions have always to be considered in formulating managerial objectives:
- their content;
- their perimeter of impact;
- their time-relationship.

---

[1]   Based on Professor Thomas Reichmann "Controlling".

We have seen in the analysis of a Business Process, the need to draw a cause and effect diagram. To be able to build up a ratios-based control, the control scheme can be represented as:

Objective	<=== cause 1	1st level
	Sub-objective <=== cause 2	2nd level
	Sub-objective <=== cause 3	3rd level

Sub-objectives are means for the fulfillment of main objectives. The cause and effect hypothesis enables the determination of sub-objectives, either by the deductive or by the inductive method. The determination stops when a sufficient control level can be reached. The ratio system or performance indices, both a control system and a decision support system, must not only give the possibility to consolidate information but also to identify problems.

C   The controlling system is strongly related to the company objectives

The use of models can be of help in building a control system related to objectives. Models can be defined as illustrations of originals, structured according to specific points. To interpret models and originals as classes of attributes is to describe an original by using selected attributes, which are then assigned to the model. A model must be able to depict quantitative structures. Attributes are characteristics of individuals, relations between individuals, characteristics of characteristics and of relations….Models can be differentiated into three families: *description*, *explanation* and *decision models*.

• A *description model* is a special form of determination model. A great number of ratios-systems, based on arithmetic relations, can be seen as deterministic models (investments, financing, liquidity, profits). Description models provide knowledge about facts concerning the company, after comparing their results with other figures: earlier figures (time comparison), comparison between companies (benchmarking), comparison between actual and budget figures, comparison with standards.

• An *explanation model* is a system of sentences by which facts can be explained. For example: Inventory holding as a function of the service level.

• A *decision model* is a system describing the elements and relations of a given situation in a formal language. The ratio systems do not record alternatives and do not come up

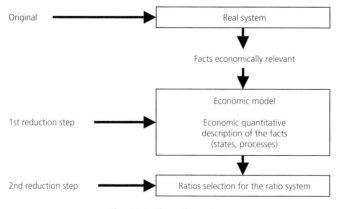

Fig. 16.5 The ratio system.

to the requirements of closed or open decision models. Ratio systems can provide information for decision models and do not have any structural analogies. However, the ratio systems have to be interpreted in different ways than with descriptive or explanatory models.

Ratio systems are either normative (objective hierarchy) or informative. The interpretation of ratios must be performed with great care. It can only lead to a useful result if the assumptions in the model are well known and correctly defined. For example: a ratio between the sales volume and an algorithm linking the advertising expenses and the relative price will be totally irrelevant if this specific market sector is experiencing a recession. If the same market sector is growing at a steady pace, the same ratio will be a good management tool.

16.3.2   The Reichmann/Lanit ratio system (R/L)

The RL control concept (R = Profitability & L = Liquidity) consists of the RL balance-sheet ratio system (RL-B) and the RL control ratio system (RL-C) at company level.

The RL system was designed not only as an analysis tool but as an information tool for the planning and control process. The most important ratios for management are related to profit and loss and to the liquidity of the company. The logistics ratios are a subset of the control tools as used by the logistics manager. The figures employed are based on effective data and projections. The system provides information for company decision-making through regular comparison of actual results with targeted figures.

A   The management ratios come in two parts

First, the profitability ratios, giving information on the productivity and the financial activities of the company:

- The profit-turnover ratio;
- The capital-turnover ratio;
- The material-turnover ratio;
- The debtor-turnover ratio.

Profitability management is based on five ratios:

- Return on equity;
- Return on total capital;
- Return on investment (ROI);
- Capital turnover;
- Profit turnover.

The balance-sheet ratio system is used for intra and inter-company comparison, and also for internal planning and control.

Secondly, there is the liquidity ratio, which maintains the existence of the company. As long as these indicators do not show important deviations from projections, the management knows that the company objectives can be reached.

B   The control ratios by function

The control ratio system represents the control areas according to the company structure: procurement planning, production planning (both for program and processes), sales planning (program and tools), logistics planning, turnover, cost and profit plans, cash-flow and finance planning. Strategic control enables long term company planning and control, and is used as an early warning system:

- Strategic marketing control is focused on the competition and the complexity of international marketing. It enables an efficiency control of the products and of the sales channels.
- Strategic production control focuses on the profitability of the fixed capital employed and on how idle equipment and labor capacities are charged as fixed costs.
- Strategic logistics control focuses on the efficiency of the company in managing its supply and delivery chains, the procurement policies and the market dependencies, the physical flow of goods from the suppliers to the customers, the profitability of the activity centers, the production cycles and the service levels, the recommendations for make or buy decisions.
- Strategic IT supported control has to generate management information by adequately designing IT systems and tools.
- Strategic New Product Development Control focuses on the development processes (product and activities), the development and industrialization cycle, the possession cost for the customer…
- Strategic customer relationship control focuses on the management of information coming back from the customers, the data warehousing and the data mining, the pro-active marketing and the customer loyalty programs…

C   Information technology supported control

To be able to use control as a pro-active tool, it needs to be supported by an **executive information system** (EIS), which enables:

- consolidation of company performances and liquidity: the base of the ratio system.
- evaluation of the company with time: by using time series analysis.
- preparation of the required information according to each user level: through a report hierarchy.
- generation up to date and focused reports: through a report generator.
- provision of on-line help for system design and information retrieval: by the use of standards
- the use of existing administrative and planning systems: through standard interfaces for data retrieval

An EIS must be user-friendly to ensure its day-to-day use in business, and use EDI and Intranet for data interchange. The multi-dimensional access of all relevant information is critical in the design of an EIS: the database has to be specifically conceived for the company needs in order to make it a useful tool.

D   Management of the basic data

The organizational structure of the company must be able to be described, in a tree like hierarchy, within the framework of basic data management. The database has to be designed to enable definition of new reports and the changing of company structures. Data can be introduced either manually, or by data transfer through interfaces with in-company or external computers. Information extraction can be done by individuals and in a differentiated form, for operational ratios. Strategic ratios must be developed from standard centralized reports. Specific thresholds can be defined for early warning and early diagnosis. If the source of deviations cannot be found, the EIS must enable top-down procedures enabling management to determine the reasons and find the company areas responsible. A deviation report will enable a time series analysis to detect time related effects, while a graphical presentation will enhance those effects.

E Further development of an EIS

Future aspects tend to use knowledge-based systems. Specific artificial intelligence methods employing the processing of natural speech could be a possible development as could: developments for portfolio analysis, branch and company related comparisons for benchmarking, integration of mathematical and statistical methods such as frequency distribution, correlation and regression analyses for simulation, efficient integration into the existing information architecture of the company.

F Presentation of information

Graphics:	Ratios for critical success factors
Tables:	Data presented in a detailed form
Text documents:	Qualitative information
Review period:	Function of the speed of change.

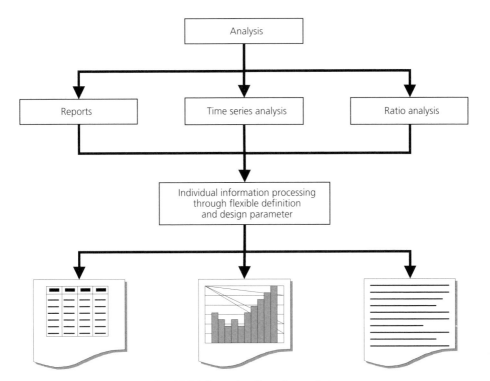

Fig. 16.6 Information dimension analysis.

Ratios for multinational companies

The main problem facing multinational companies in the use of a ratio system is related to semantic, tax and regulatory aspects. For example, provisions of 30% of the inventory value at year-end can be made in some countries, while this is not available in others. To compare the inventory rotation ratios at year end between two affiliate companies will be useless unless group uniform guidelines have been agreed for the transformation of the national balance sheet I (according to the respective national laws) into the managerial balance sheet II (according to consolidation needs) into a group database. This demonstrates the need to

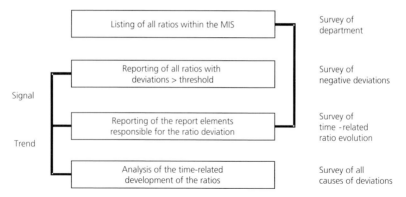

Fig. 16.7 Combined ratio analysis path, early diagnostic system.

build an electronic data exchange network to enable the transmission of relevant data to the company controller. External factors have to be aggregated for environmental control.

G   Tasks and objectives of strategic management

Strategic planning is a tool to reduce insecurities providing protectionist measures against, the instability of export markets, the difficulty of forecasting the allocation of expanded purchasing power in developed countries, exchange rate fluctuations used as export incentives, government actions for conservation & environment protection, technical progress leading to a rejection of rationalization plans, the decrease in flexibility due to a high degree of automation and specialization, raw materials price fluctuation coverage, the decrease of equity capital financing, and the increasing vulnerability of the company. The aim of management is the long-term adaptation of the company to changed external conditions, and here, strategic control will help.

H   The instruments of strategic control

A company using strategic control will focus on analyzing its future evolution with a set of methodologies such as: analysis of strategic information need (critical success factors, WOT, BCG...); Gap analysis; experience curves; product life cycle analysis and portfolio management.

These analyses have to be carried by well-seasoned operational managers who possess a deep knowledge of their market sectors and are able to recoup the deductive approach by their intuitive feelings.

16.3.3   Logistics controlling

A   Main tasks for logistics control

These cover all activities concerning planning and control of purchases, the inventories, the handling and transport of logistic objects and therefore, the entire flow of goods, of information and of money related to the flow of goods in the company as well as between the company and its environment. Logistics control will compare the effective logistic costs with targets that have been fixed at budget time as strategic goals. It will also check that the logistics performance is achieved at "minimum cost". To do these tasks, a system of logistic cost, cost determination factors and logistics performances has to be determined, as well as the logistics ratios (performance indicators).

B   Instruments of logistics control

These include material requirements planning (MRP), as well as determination of specific ordering policies based on past performances (consumption – controlled): order point system (s,q – policy), order cycling system (t,s – system), (s,S – policy), or on forecasted sales figures (t,S).

C   Logistics cost and performance costing

To be able to evaluate the efficiency of the logistics processes, it is necessary to assign the respective quantities of logistic activities and their respective costs to the logistic performances. This is why activity based costing is necessary to identify performance by activity center and correlate them with the center's resource consumption.

The main objective of company logistics is to provide its goods in the right quantity, at the right place and at the right time asked for by the customer.

By fixing the service level in advance to reach the most effective cost-performance relation, the amount of the respective inventory cost and minimum inventory can be fixed.

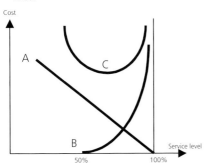

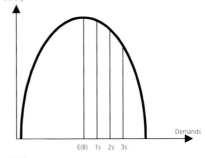

A: stock-out cost
B: inventory cost of the minimum stock
C: total cost

E(B) : arithmetic median of the needed quantities or the highest density
s: standard deviation of the needed quantity

Determination of the optimal service level   **Allocation of the needed quantities**

Fig. 16.8 Logistics control for efficiency control and decision support.

D   Recording performances and costs by logistic areas

The task of the logistics manager will be to:
- permanently check if the actual distribution structure is the right one by comparing alternative distribution structures;
- check if the cost of the capital employed in its own distribution structure is smaller than the added value produced by the distribution structure;
- check if the "clock speed" of the components and sub-assemblies purchased by the company are in line with the "clock speed" of the products produced by the company. If they are not in line, the manager will have to recommend procurement policies taking these differences into account;
- check the influence of the processing time on working capital tied-up in inventories.

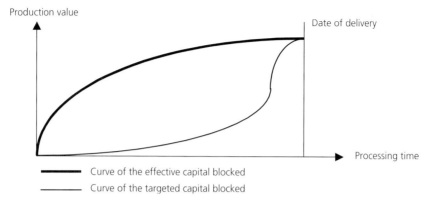

Fig. 16.9 Influence of the processing time on the capital blocked in inventories.

16.3.4   Logistics ratios: performance Indexes

A   Generalities

We have seen some of the key ratios in the preceding chapter. To be able to apply them to a company, it will be necessary to adapt them to the company's semantics and culture. Each company has developed its own set of indices over the years to measure the performance of its staff. Very often, one will find a great number of indices, the majority having been developed over many years. The people who have requested the development of such indices have generally left the company. Furthermore, the company is no longer in the same market segments. However, the old performance indicators have survived beyond their useful life. To introduce a new set of ratios is not as trivial as one might think. The new ratios will give more transparency to the management and can upset the balance of power between managers.

B   The determination of performance indicators

To prepare the design of the performance indicators, the following steps are compulsory:

Step 1   Definition, with the top management, of critical success factors like a shorter order – delivery cycle, increased service level, cost reductions…

Step 2   Establishment of workshops by main activities: in these workshops the future ratio users and IT specialists, in charge of extracting the correct data from the company IT systems, have to collaborate with trade consultants in the definition of the right ratios for all company functions such as: procurement, production, distribution.

Step 3   Conception of the steering database structure: to enable the computation of performance indices in a short time span, it is necessary to build up a structure for the steering database. This structure will define a hyper-cube with five to eight measurement axes. These axes will be, for example: the supplier axis, the customer axis, the time axis, the cost by activity center axis, the cost of products or services axis,…

Step 4   Selection of a data extractor.

Step 5   Establishment of a standard description sheet for the ratios with the following items: name of the index, code name of the designer, company' function, initial status, performance, measurement frequency (weekly, monthly, quarterly, yearly, pluri-annual), type (strategic, operational), level, contribution to "n" critical success factors, measurement unit (value, percentage), computation algorithm, sub-objective ratios, target value, target date, follow up, ratio priority, mode of computation with a description of the path to follow for data extraction, Identification of the data to be used in the computation algorithm and of the interfaces with the company systems, detailed explanations, formal definition, comments.

Examples of Procurement ratios

Commitments by supplier (%):
Ratio between the total ordered up to now and the supplier order ceiling. Data expressed in the supplier currency, monthly ratio.

Currency ceiling (%):
Monthly ratio between the commitment, in a given currency, and the total committed in all currencies and for all suppliers.

Dependency ratio (%):
Monthly ratio between the commitments toward one supplier and its total sales turnover.

Commitment by payment terms (%):
Ratio between the amount, by payment term, yearly and monthly and the total amount committed. It is computed globally for all suppliers by payment terms. It is also computed by supplier / payment term.

Global realization (value and %):
Ratio between invoices of purchases from a supplier and the ratio, monthly and yearly, between this amount and the supplier ceiling.

Realization by currency (value and %):
Ratio between the invoices purchased by currency and the ratio, monthly and yearly, between this amount and the total invoiced in all currencies.

Deadline reliability (%):
Yearly and monthly ratio between the number of completed deliveries realized at the due date (J - 2 to J) and the total number of forecasted supplier deliveries. This ratio is computed globally and by supplier, supplier /article and by article.

Quantity reliability (%):
Yearly and monthly ratio between the number of delivered parts (J -1 or J+1) and the total number of parts to be delivered. This ratio is computed by supplier, supplier/ article and by article.

16.4 Activity Based Costing

16.4.1 History

Challenges in today's manufacturing industry: all manufacturing or service companies are confronted with an ever increasing number of products, diversity of products, quality requirements, product complexity, technological requirements and capital needs. The main issues are the time to market, the product life cycle and the time to develop new products. Changes in the manufacturing cost structure have brought a strong increase in indirect costs in comparison with direct costs. Lets take a pen factory as an example:

• The first plant, plant A, is organized as a single product, focused factory: no variability – no set-up costs – low level of work in progress – few raw materials – easy to plan – easy to market – On-line quality control. The product costing is easy: Unit cost = total costs/number of units.

• The second plant, plant B, is organized as a multi product factory, a flexible factory with additional staff for: machine scheduling – set ups – inspection after set up – reception and inspection of inbound materials and parts – warehousing – order assembly and shipping – reworking defective items – engineering change orders – negotiations with vendors – scheduling materials and parts receipt – programming information systems – higher levels of idle time, overtime, inventory, rework and scrap.

• The product costing will have to trace the costs in production to the consumption of resources. The cost of differentiation is not recognized. The production costs are distorted in favor of low volume products, make or buy decisions will be generally in favor of make(as the complexity costs are forgotten). The allocation of factory support costs is realized in two stages: Collection of the costs by responsibility centers, allocation of these costs by simplistic rules: direct labor hours, machine hours, material related expenses... The cost/volume/profit analyses are distorted.

The limits of the traditional cost accounting systems

The traditional objective of accounting is to support financial accounting and is based on three pillars: the general allocation of overheads, the consideration that period costs are expended, and the inventory valuation. If we consider, as an example, the overheads allocation, it is generally based:

- on a sales turnover basis   (overload expensive products);
- on a unit volume basis   (overload volume products);
- on direct labor costs   (overload high added value products);
- on material costs   (overload low added value products).

One can see that overheads allocation is independent of the company complexity, of their cause of origin and of the final products.

16.4.2   The principles of Activity Based Costing

Business excellence is achieved by a combination of strategic management, operations management, distribution management, information systems management and cost management. Cost management is generally based on cost accounting (Inventory valuation and Product costing for Pricing analysis and support). However, the objective of cost management is to be able to control costs, to measure performances, and to be able to give incentives and/or bonuses to the most efficient staff members. Overheads have an intrinsic value, as overhead functions are the key to product differentiation inside the added value chain. Each element of the added value chain is a combination of business processes. Each business process consumes resources like capital, technology, labor, materials and overheads and produces business units. Lets take the example of entering and validating a customer order: the resources consumption can be directly allocable to the product ordered. It gives the opportunity to create a knowledge base for overheads allocation.

To be able to allocate the overheads, it will be necessary to go stepwise:

• In the first step, each function will be broken down in elementary tasks. These tasks are necessary to fulfill the various activities in a function. The coherent activities are regrouped in activity centers. These activities centers are linked together to execute the business processes. This enables the allocation of resource consumption to the business processes.

• In the second step, the resources consumed by a business process can be directly allocated, through the use of cost drivers, to the components, the products, the distribution channels or the customers.

To summarize, resources like capital, people and material are consumed through cost drivers by activities. Products, consumers and distribution channels consume activities through another category of cost drivers.

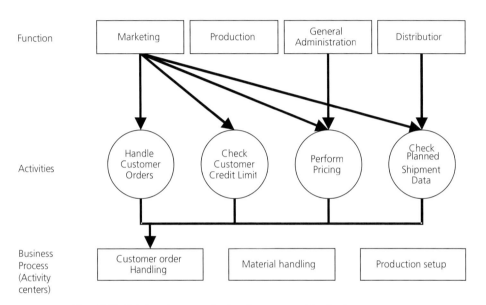

Fig. 16.10 Relations between the function costs and the business processes.

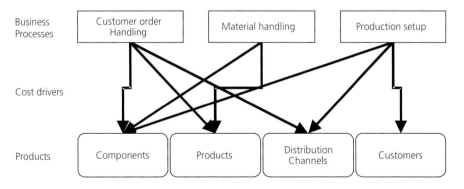

Through the introduction of cost drivers:
- best estimate
- complex
- to be checked

Fig. 16.11 From the activity centers to product costing.

16.4.3 Why Activity Based Costing?

Activity Based Costing is a management tool to be used for:
- Process value analysis;
- Product cost identification;
- Identification of cost drivers;
- Performance measurement.

The results of Activity Based Costing will be:
- improved pricing and product management;
- improved profit planning;
- improved credibility with operating managers;
- a broad consideration over the entire value chain;
- and will enable an accurate reply to the key question: What does a product or a service cost?

A   Why undertake a process value analysis?

Process value analysis enables:
- Identification of value added (VA) and non-value added (NVA) processes and activities;
- Identification of cost drivers of both value added and non-value added process activities;
- The basis for managers to focus on causes (drivers) of cost without sacrificing value;
- Develops basis for linking non-financial cost drivers to financial results.

B   Why does a product or a service cost?

In any business process value added activities and non value-added activities co-exist. Let's take for example the production lead-time:

Lead Time = Process Time + Inspection Time + Move Time + Queue Time + Storage
            = Value Added Activities + Non-value Added Activities

The following activities are value added activities:
- Machining;
- Assembly;
- Order Processing;
- Data Entry.

The following activities are non added-value activities:
- Incoming Inspection;
- Set-up;
- Rework;
- In-process queue;
- Material moves.

To measure the efficiency of a production cycle, we have to compare the time when the production process adds value to the product or the service, with the total time taken by the process:

$$\text{Cycle Efficiency} = \frac{\text{Value Added Time}}{\text{Value Added Time} + \text{Non Value Added Time}}$$

A few typical values for cycle efficiency:
- 10% for discrete manufacturing;
- 5% for service administration processes;
- 30% for process manufacturing.

The major part of the lead-time adds cost and no value to the customer. These non value added activities can be linked to non added value cost drivers in production, such as:
- Number: of labor transactions, of vendors, of material moves, of units scrapped, of changeovers, of process changes, of products, of units recycled, of average number of options, of machine reliability, of tooling changes, of orders released.

In administrative and service functions, a few examples of non value added activities are:
- Number: of processing steps, of input suppliers, of document movements, of input conditions, of operation locations, of in process changes, of products & services, of units reworked, of direct labor employees, of government regulations.

16.4.4 The main objectives of ABC

A Activity management
The objective is to know where and how to reduce costs. A business process is not so much a function, but a succession of activities. The costs and expenses by function have to be allocated, through the activities, to business processes. Business processes are needed to supply products to the customers: cost relationships can be established through the use of cost drivers. This enables the allocation of all company costs and expenses to the products or to the customers. Cost reduction analysis will only be possible afterwards by:

Step 1 Analysis of all functional areas through activity fact sheets – Regrouping all related activities in clearly defined activity centers and business processes.

Step 2 Checking that all activities have been allocated to one, and only one activity center.

Step 3 Allocating all functional costs and expenses of the company across all activity centers.

B Profitability management
Identification of activities by product, customer, distribution channel…

By analyzing, for a customer, the project cost, the production and logistics costs, the distribution costs and comparing them to the potential market price for the product, one can define what will be the profit or the loss on a customer order.

C Performance measurement
Determination of performance indicators relevant to business units, for example:

Performance per unit = Total US $ activities driven by customer management/number of customer orders.

Cost drivers have to be checked for their relevance, after cost optimization. Cost drivers are a powerful tool for change driven activities, such as setup-cost drivers.

The performance measurements are used to measure change in a company and are used as performance indices. They have to be tied to company issues, the critical success factors and the strategic objectives. The performance indices are usually defined at four levels:

- At company level: financial indices;
- At business unit level: indices related to market and competitors;
- At product line level: benchmarks against competitive products;
- At shop/group level: process related benchmarks.

Personnel incentives have to be linked to performances achievement to be successful.

Traditional examples of performance measurements
These performance measurements are useless, as they are not related to the critical success factors of the company and do not reflect the achievement of the strategic objectives.

- Direct labor efficiency – Direct labor utilization – Direct labor productivity – Machine utilization – Purchase price variance – Full absorption of costs – Period end – Inventory turnaround (in relation to past) – Cost variances.

They have to be replaced by performance indices related to strategic cost management such as:

- Total headcount productivity – Return on net assets – Total product cost – Days of inventory (based on future production) – Customer service level – Total lead time – Manufacturing cycle time – Manufacturing cycle efficiency – Number of customer complaints.

16.4.5   Advantages of Activity Based Costing

The main advantages of Activity Based Costing are its accuracy and its ability to highlight the causes of costs by business processes. This enables optimization, the identification of costs with no added value for the customers and cost visibility. Furthermore, it highlights the costs of diversification and is a particularly useful management tool.

Activity Based Costing provides both business process and product costing:

- Process costing enables: Responsibility accounting – Flexible budgeting related to activity volume – Performance measurement.
- Product costing provides: Target costing – Transparent product costs – Simulation of cost reduction programs.

16.4.6   From ABC to "value added" maximisation

ABC analysis enables on to identify and prioritize opportunities for cost reduction. Cost reduction will mainly be achieved by concentrating on driver cost reduction. Overhead costs are now higher than direct labor or material costs. A specific order cost reduction means a business process or an activity center cost reduction. Business process cost reduction is the result of a process value analysis, after elimination of "non added value" elements in the process.

Process value analysis focuses on identifying the "resource consuming activity" within a process, and the underlying root cause (driver) of the cost.

An Activity Based Costing system will deliver on one hand a control system for monitoring the company performances, and a knowledge base for decision support. It is, in fact, a management decision support system. All companies are undergo four steps in the development of their control support tools:

Step 1   Poor data quality; inadequate legal and financial reporting
Step 2   Monthly costing adequate for legal and financial reporting. Poor product costing, poor control
Step 3   Shared databases (interfaced) between the various departments of a company: good legal and financial reporting. Isolated ABC system – Better control
Step 4   Integrated databases and systems – Costing system supports financial reporting, product cost management and operational control

Activity Based Costing focuses on the critical success factors and on the analysis of linking process to strategy. It enables the use of only one system to supply product and process costing and coordinates the functional areas of a company.

16.5 The author

Jacques Roure holds diplomas from the Ecole Supérieure d' Electricité Paris), from the Institute of Enterprise Administration (Paris), and a Ph.D. in Physics (Docteur Ingénieur – Paris); in 1990, he took part in an advanced executive program at the Kellogg's Business school in Chicago. He specialized in the industrial, transport, logistics and EDI strategies, and logistics analysis methodology concerning the value chain and the definition of performance index. He worked in the SEMA Group Paris as the Group Business Development director for the industrial, transport and logistics sectors and is currently an independent consultant in logistics. He belongs to the French Cercle des Transports (transport circle), the strategic orientation Committee and the management Committee of the IML. He currently is associate lecturer at the EFREI – Paris, an IT engineering school, in logistic projects management and, within the framework of the European master of logistic systems management, at the EPFL – ENPC in Lausanne and at the Genoa University in Italy.

Chapter 17

World-class management

Willy A. Sussland

17.1 Introduction

The author focuses his work as an independent consultant, lecturer and author on assisting management to optimize the business value created in their organization. This chapter is based on concepts and methods presented by the author in "Connected, a global approach to managing complexity" ITP Business plus 2000.

17.1.1 Globalization

Globalization, the dominant factor of our economy, has changed many of the rules of the game. It is forcing management to revisit or to reinvent the way an organization operates. Obviously, the functions that interface with the external environment – such as business strategy, marketing and sales, and procurement and logistics – are particularly concerned with globalization. We must understand this relatively new and still evolving phenomenon in order to maximize the opportunities it generates and minimize the potential problems it engenders.

We can summarize the characteristics of globalization and the resulting implications for management as follows.

- The global environment is complex due to the interaction of many factors. A ***systemic or global approach*** is therefore necessary.
- The interactions and their occasional shifts are unpredictable and the environment can be considered as chaotic. ***Mental and operational adaptabilities*** are required.
- Intangible assets can move fast and freely in the increasingly virtual space of globalization. Thus, ***intangible assets*** have become critical to global competitiveness and to sustaining superior profitability, more so than tangible assets.
- The global market is extremely dynamic. The management of ***cycle times and timing*** has become a key success factor.
- The global market is huge but not necessarily worldwide. Be it as it may, ***critical mass*** is becoming increasingly important.

17.1.2 Connected

World-class enterprises have learned to adapt to a chaotic environment and even to draw competitive advantages from the new opportunities that globalization engenders. To do so they have reframed their business model to feature a corporate hub that directs fairly autonomous strategic business (SBU) within which self-managed units can network as required with other units inside or outside the organization. This loose type of construct places mental and operational competencies and capabilities where the action is. However, the danger is that all the live forces will then scatter and march in extended order. This problem is further aggravated by the fact that, in order to achieve critical mass, organizations swell through outsourcing, alliances and acquisitions. The crucial question then is how to ensure connectivity between the hub and the spokes, between the internal and external environment, between the present and the future.

To cope with this sort of challenge, the organization can be pre-programmed by corporate business policy that provides direction, and by guidelines that indicate the desired behavior. It also needs to be conditioned by **shared management practices** that, with the appropriate management support, help establish a common basis for mental, behavioral, and action processes. As markets and the organizations that serve them have become increasingly complex, it has become increasingly important to provide for a compatible way of working that facilitates communications, commitment, and cooperation, and collective creativity.

Unlike best management practices that usually focus on improving the effectiveness or efficiency of a particular activity, shared management practices aim to improve the effectiveness of self-managed business units aiming to achieve the strategic goals.

"Connected" a highly desirable state. It is how the whole organization should feel, how it should operate in the internal and external environments. Connected and focused on shared strategic ambitions in order to sustain purposefully superior performance. Connected and fluid as self-managed business units assemble and reassemble in networks while remaining connected. Connected and fast as the self-managed units take advantage of their extensive freedom to take timely the appropriate actions.

17.1.3 Those that do not apply new remedies must expect new evils

Heeding Francis Bacon's aforementioned advice, dynamic enterprises have launched a frantic search for new management methods and many have adopted a model of "quality management system". The second revision of the ISO 9001 and of the ISO 9004, and Total Quality Management (TQM) provide requirements to achieve superior performances. Both the ISO 9004/2000 and the quality management prizes also provide an assessment system. However, for some companies the results obtained with quality management programs have not been totally satisfactory. Among the reasons, we can mention the following.

Firstly, the traditional approach tends to preclude a global approach as it focuses on a given aspect and overlooks the interdependencies among the factors at play. This has also lead to a partial or spotty implementation of the management system thus draining their effectiveness.

Secondly, reinventing management and re-framing the organization take considerable time and efforts. Senior management may not want to be personally involved to the extent required, and, pressed for quick results, managers focus on what they are accountable for and have little concern for what else is going on. Under these conditions, a rehash of the present systems is all that can be expected.

Thirdly, the search for a better mousetrap has resulted in a revolving door of new management theories and consultants merely adding to a patchwork of tools and techniques.

The more sophisticated and comprehensive the management system, is the more difficult it becomes to ensure the connectivity and the synergism among its various components. This explains why only some of the world-class companies such as Hewlett-Packard, Xerox, Du Pont have been able to endow their organization with a frame of management that integrates the principles and processes influencing attitudes and behaviors.

To assist the management in revisiting their management system or to introduce the appropriate shared management practices, we have developed and outline hereafter *the process of management*. For more details on the advocated methodology, we refer to the aforementioned book by this author.

17.2 The process of management (POM)

The POM is a logical construct that integrates business principles and methods into a single, interactive management system. Such a framework emphasizes the connectivity of the business units, of the people, and of their tasks. The rational, relational, and emotional/creative elements of management are brought to the fore, thus ensuring transparency over the whole process. Individuals and groups at all levels and in all functions must be able to fill their need-to-know concerning "who is doing what" and "why are we doing what we are doing". This provides a basis for a level of understanding, acceptance and commitment to the overall objectives of the enterprise and of the business unit that is necessary to trigger cross-functional cooperation and collective creativity.

The POM comprises four interactive sub-processes. The first two sub-processes, namely the Policy Fundamentals and the Policy Dynamics concern respectively the fundamental and dynamic aspects of business policy. Globalization imposes such a rhythm of change that unless the enterprise is *doing the right thing*, it may not be able to alter course in time. Therefore, success and even survival are on the line.

The third sub-process of the POM assists management in *doing the thing right* by emphasizing the interdependencies among the 5 business enablers that management must leverage in order to optimize business performance. We will not address here in detail the management of these business enablers since they are discussed in other parts of this compendium as well as in the referenced book by this author.

The fourth of the four sub-processes of the POM, namely the Policy Assessment and Audit, feature an in depth review of whether the enterprise has been *doing the right thing right* and is well positioned to do so in the foreseeable future.

Both the Policy Dynamics and the Policy Assessment and Audit suggest a structure for the cooperation between operative and senior management thus ensuring implication and participation across managerial levels and across functions. Figure 17.1 displays the whole mind-map of the Process of Management.

17.3 The policy fundamentals

The Policy Fundamentals are the corporate charter that establishes the *strategic profile* of the enterprise. As a result, these fundamentals set a frame for competitive maneuverability. Thus they serve as a basis for the development of business policy and for the deployment of strategies and of the strategic resources.

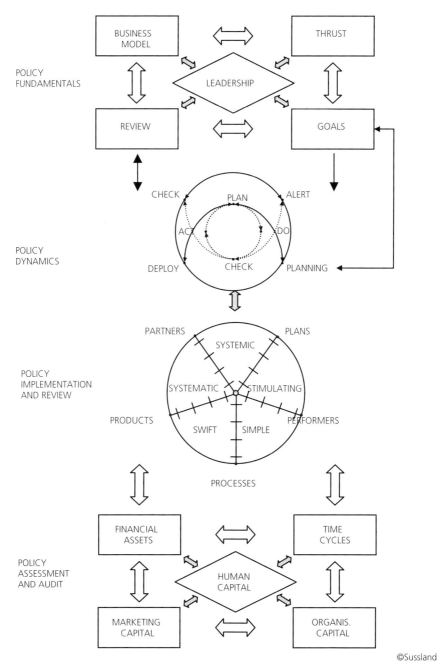

Fig. 17.1 The process of management.

The Policy Fundamentals should point all nodes of the organization in the same direction, all going at the same speed. To this effect, they act on a combination of rational, relational, and emotional drivers of thought and of behavior.

The Policy Fundamentals feature five interactive building blocks, namely the business model, the strategic thrust, the strategic ambitions and goals, the resource allocation and empowerment process and the review evaluation and reward system, and – last but not least – the leadership.

Peter Drucker was among the first authors who emphasized that senior management's first and foremost task is to set policy and to lead the organization in *doing the right thing*. Doing the thing right means that the organization is doing what it is best placed to do in order to optimize the satisfaction of its key stakeholders in the short as well as in the long term.

As a second priority, it should then enable operative management to ensure that the organization is *doing the thing right*. This could mean that it is supplying the right product, to the right customer, at the right time, in right place, at the right price, and – last but not least – with a satisfactory profit margin. However, doing the thing right will ultimately not translate in the right financial results unless it is the right thing to do.

We illustrate in Figure 17.2 Drucker's concept of *doing the right thing right* by plotting on a matrix doing the right thing vs. doing the thing right resulting in 4 scenarios that go from success to failure.

Doing the right thing right is easier said than done. Management's approach must be systemic to doing the right thing by taking into account all the relevant pieces of the puzzle and all the different stakeholders. It must be *stimulating* because, in order to do the right thing right, the organization needs the commitment, cooperation, and collective creativity of all those who can contribute to the success of the enterprise. Management's approach must also be *simple, swift, and systematic* in order to ensure competitive efficiencies. Of course, the development of the business policy is neither simple nor swift, yet it should be simple and swift in the way it is communicated.

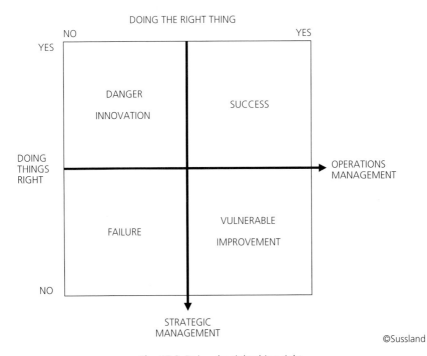

Fig. 17.2 Doing the right thing right.

Setting business policy is a complex intellectual and social process. It is an intellectual process that seeks to broaden perceptions and to reframe perspectives. It is a social process that should lead all energies to focus on corporate goals. Policy can be airy and all together pretty useless unless it is based on a deep understanding of the spirit and of the ambitions of the enterprise. The English statesman Benjamin Disraeli reportedly stated that "the secret of success is consistency of purpose". In order to provide clarity and consistency of purpose, in order to direct all the energies in the same direction, it is important that senior management communicates the Policy Fundamentals so that everybody can rally around and relate to the business concepts established therein.

Figure 17.3 provides a synopsis of these business concepts whereby the mission focuses on the "what", the strategic thrust on the "how", the strategic goals on "how much and when", and the RAE/RER on the "who". The leadership connects these concepts to establish the Policy Fundamentals as a cultural force field.

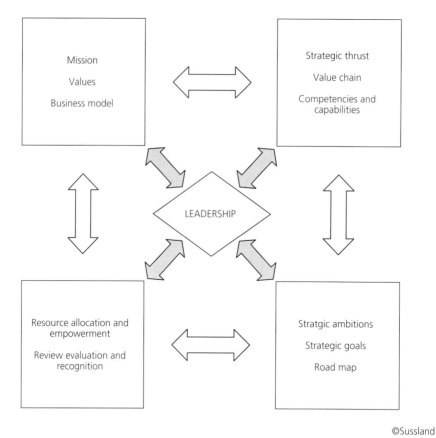

©Sussland

Fig. 17.3 The policy fundamentals.

17.3.1 The mission statement

In order to clarify and to communicate "what's my line", "what is my claim to fame", in order to define the mission of the enterprise, management should organize sessions of introspection. Various groups, at different levels of management and representing the different aspects of the business should answer questions such as the following ones:

- What is it that we really like to do, what should be our unique value proposition (UVP)?
- Who do we really like to do it for, how would we like them to perceive our UVP?
- How do we really like to do it; how should our UVP be measured?
- With whom do we really like to do it, what should be the profile of our personnel, of our suppliers, of our strategic allies?
- What and how much do we want to get out of it, how should the results be measured?

We use the word "like" to bring out the emotional content that underpins the commitment to the mission.

The shifts in the market place have thrown into relief the importance of the mission statement. Periodic reviews should duly take into account new opportunities as well as new threats. Companies have missed major opportunities; some dropped out of the competitive race by defining too narrowly the line of business or by not adapting it to shifts in the market place. Other companies have set a fuzzy mission statement that led them to swerve away from their core business.

17.3.2   The corporate values and the code of conduct

Corporate values state what senior management considers important and valuable for the organization. While the mission statement communicates the purpose and the positioning of the enterprise, the corporate value statement should elicit the desired behavior by implanting behavioral principles and paradigms. The link between the corporate values and the line of conduct comes out clearly in the following value statements: Honda's "First Man then Machines", and FedEx' "People, Service, Profits". Statements such as these can be put into guidelines and supported by setting the example. The combination of mission and value statements and their frequent reinforcement during formal and informal sessions, enable senior management to influence the internal culture of the enterprise.

17.3.3   The strategic thrust

The strategic thrust, which is the second building block of the Policy Fundamentals, focuses management's attention on a particular area where it wants to excel, where it wants to concentrate its resources in order to develop a sustainable competitive advantage.

As shown in Figure 17.4, we present strategic thrust in four groups, each encompassing two closely related factors.

The strategic thrust is sometimes reflected in company positioning statements. As examples, Corning Glass Works' "excellence through glass technology" clearly indicated that the company relied on its technology to sustain success, and Coca-Cola's statement "put a bottle of Coke in the reach of every consumer" showed that distribution, promotion, and regional expertise were its strategic thrust.

Each strategic thrust requires a synergetic combination of competencies and capabilities to be effective and efficient. No enterprise can afford to dilute its energies on a wide array of competencies or capabilities. This explains the clear trend towards focusing on the core business, and towards outsourcing all peripheral activities.

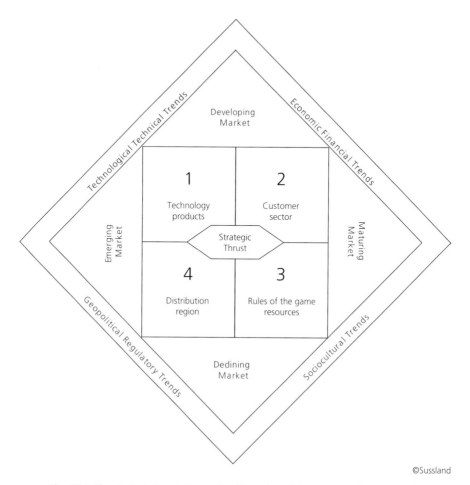

©Sussland

Fig. 17.4 The strategic thrust, the market life cycle and the macro and mega trends.

Often a combination of one dominant and of one complementary strategic thrust proves to be a practical way to achieve competitive superiority. Senior management must identify and communicate the combination of strategic thrusts that fuels its Policy Fundamentals so as to mobilize all relevant energies on doing the right thing.

Each strategic thrust entails a particular configuration of critical competencies and core capabilities, which cannot be changed on the fly. A change in strategic thrust may modify the accepted risk-reward-ratio.

The deeper the identification of an enterprise with a given strategic thrust, the more lengthy and laborious the changeover from a particular strategic thrust to another. A strategic thrust that has succeeded in the past will have permeated the internal culture of the organization. A departure from an established strategic thrust entails a change of competencies and capabilities that may meet with substantial resistance within the organization. Furthermore, the image the enterprise has projected on the market is strongly tainted by its former strategic thrust. Changing the strategic thrust involves a change of image that may confuse the customer.

17.3.4 The value-chain

Increasingly enterprises revert to Porter's model of the value-chain and focus on excelling on certain links of the value-chain rather than trying to cover it from end to end. The present and the potential value of the various links of the value-chain should be assessed and related to the strategic thrust of the enterprise. However, shifts in the market place can modify the value added by the various links of the value-chain. They can even modify the configuration of the value-chain. Furthermore, competitive forces may change the level of critical competencies and core capabilities required as well as their profitability.

The identification of the strategic thrust and of the related configuration of critical competencies and core capabilities helps determine which part of the value-chain the enterprise should concentrate on as well as the customer value delivery.

17.3.5 Critical competencies and capabilities

Critical competencies are the ability, and the readiness, to put to good use the available know-how and knowledge in order to maximize the medium to long term value of the enterprise's deliverables. A combination of complementary competencies is often necessary to provide a particularly strong position on the market place. Occasionally different critical competencies can pull in different directions and end up offsetting each other.

As critical competencies are essentially intangible assets, it can be difficult to identify them and to evaluate their value added, their durability, and their transferability.

Core capabilities are essentially tangible assets that enable the enterprise to deliver the quality and quantity of goods and services to the customers.

Competencies and capabilities are complementary. For example a critical competency is the know-how of how to operate a hub-and-spoke type of distribution. The related core capability provides the whole infrastructure to operate such a system. If an enterprise only disposes of one of the above mentioned components, it will have to find a complementary partner. Increasingly enterprises chose to concentrate on the higher end of the value-chain such as the critical competencies of designing products. They then have to work with partners that have the core capabilities, i.e. the facilities to produce them. Whenever a company outsources critical competencies such as IT or logistics, it will have to maintain a reasonable level of competencies in order to interface effectively with its outsource-partner.

Whether in-house or outsourced, critical competencies and core capabilities must be aligned. Their configuration and potential added value must align with the strategic thrust and the strategic ambitions.

17.3.6 The strategic ambitions and goals

Based on the mission and on the strategic thrust, senior management should state the *strategic ambitions* of the enterprise, in other words the desired position the enterprise should achieve at a defined time-horizon set 3 to 9 years out into the future. Of course, the time-horizon depends on the sector and on the enterprise. Some Japanese corporations used to span 25 year with their strategic plans, Internet start-ups may be happy if they can plan 2-3 years ahead. The strategic ambitions should take into account the optimal level of satisfaction that senior management wants to offer to the key stakeholders. It should be ambitious while retaining sufficient confidence in its being achievable.

The development of business policy is a long process that should provide a broad scope for strategic thinking. Its premature interruption can drain much of the value-added.

We therefore advocate the strategic ambitions be qualitative and descriptive of the performances to be achieved in terms of competitive ranking, profitability, size within the targeted sector(s).

The **SWOT** model or strengths-weaknesses-opportunities-threats is often used. It pegs the organization's strengths against envisioned opportunities. However, it may reduce the strategic sight to the existing strengths and to the well-known opportunities. We prefer that the formulation of the strategic ambitions start with a broad view, looking out in time at opportunities rather than constraints. The dilemma facing management is how to take a fresh and original look at the unknown.

Several techniques help take a broad and bold look at the strategic ambitions. They should prevent from looking at the future through the rear-view mirror and at least they should get all the members of the strategic decision making unit involved. For small organizations a structured brainstorming using the Affinity Diagram and Interrelation Graph can prove adequate. For larger organizations we advocate using the Delphi technique because of its advantages over conventional brainstorming. While emphasizing creativity and innovation, the Delphi technique gives the executives a format for a fact-based approach and the time for deep thinking. This technique also leaves a detailed documentation, which can be useful to gain a better understanding of the various positions taken and to review in detail the strategic decision-making process. Since planning mistakes only show up in a future, the documentation produced by the Delphi technique enables learning from hindsight.

Once senior management is comfortable with the strategic ambitions, it can translate them into more specific strategic goals and outline a timeline-roadmap to reach them. In the next sub-process of the POM, namely the Policy Dynamics, senior management will boil down the strategic goals to strategic objectives. Thus the advocated development process of the business policy features three layers going from broad to specifics, namely strategic ambitions, strategic goals and strategic objectives. However, if time is a problem, the organization may have to go from strategic ambitions to strategic objectives.

17.3.7   The resource allocation and empowerment (RAE) and the review-evaluation-recognition (RER) systems

The resource allocation and empowerment process (RAE) and the review, evaluation, and recognition system (RER) are among the most powerful signals senior management can give on its leadership style. Because they are so powerful, these managerial levers must be handled with great care. The Policy Fundamentals must ensure consistency between the RAE and RER and other directives and guidelines so as to avoid misunderstandings and conflicts. The RAE and RER should be applicable throughout all the business units of the enterprise. If different RAE and RER need to be applied to a new venture, it is preferable that it be set up as a separate entity until such a time as it can integrate the rest of the organization.

The Policy Fundamentals only set the framework of RAE and RER. Their implementation takes place in the next sub-process of the POM, and more specifically in the check and in the planning steps of the outer ring of the Policy Dynamics.

17.3.8   The leadership network

The leadership establishes and maintains the cultural force field that translates all the other building blocks of the Policy Fundamentals into corporate reality. However, the leadership must also take the internal culture or corporate memory into account in order to be credible and to be effective leveraging the rational, relational, and emotional drivers of people's behavior.

Of course the leadership influences and is influenced by the position of the enterprise. A healthy and prosperous organization can be lead with corporate guidelines, and encouragement. An organization that faces tough challenges will need a leadership that coaches and facilitates managerial thought and actions. An outfit that is embattled and drowning will need a directive leadership because the personnel become too shaky to take initiatives and need to be held by the hand.

It is most indicative that the models of the European Quality Award and of the Malcolm Baldridge National Quality Award start with "leadership". We prefer placing leadership in the center of Figure 17.3, to emphasize the fact that leadership enables and is enabled by the other Policy Fundamentals.

If there was one good formula for leadership style it would be known by now and people would stop buying book on this subject. We can venture to say that the effectiveness of leadership depends on several factors, including the following:

- the interaction of leadership with the other four building blocks of the Policy Fundamentals;
- the alignment of leadership with the competitive situation of the enterprise;
- the interaction of leadership with the internal culture of the organization;
- the interaction of leadership with the relevant culture of the sector;
- the interaction of leadership with the relevant regional culture(s);
- last but not least with the strength and cohesion of the leadership network.

17.4   The policy dynamics

The Policy Dynamics is a mind-map that we have developed based on a method known as Management by Policy, which in turn was an improvement on the still popular Management by Objectives. The three above-mentioned methods concern the development of business policy and the deployment of strategies and of strategic resources. In order to highlight the evolution of these important management practices, we will take them in a chronological order.

17.4.1   Management by objectives (MBO)

Introduced in the fifties, MBO has become a familiar frame for business planning. It has the undisputed merit of focusing management's attention on the objectives, of distributing accountabilities, of featuring performance reviews that are closely associated with budgeting.

In recent years MBO has become more participative as the boss may discuss the objectives and the results obtained with each subordinate. However, several shortcomings still mar this method.

- MBO focuses on managing individual performances;
- MBO focuses on hard results, mainly financial year-end results;
- MBO focuses on the results achieved but not on how they are obtained;
- Managing individual results emphasizes a bilateral relationship of boss to subordinate;
- MBO pure and simple does not feature a well-defined planning process or a disciplined methodology of implementation and review;
- MBO does not distinguish between business break-through, continuous business improvement, and business maintenance. The plans are left to the discretion of senior management. Priorities are not always clarified.

17.4.2   Management by policy (MBP)

Some of the Japanese corporations among the early adopters of Total Quality Management were looking to improve on MBO. Japanese academics developed in the late fifties/early sixties a method they called "Hoshin Kanri" and Bridgestone, Komatsu, Toyota were among the corporations that introduced this method in the mid sixties. This method was found so efficient that early adopters considered it a proprietary practice leading to a competitive advantage.

American corporations like Hewlett-Packard learned about this method thanks to their Japanese venture and introduced it worldwide in the mid-eighties. In a nutshell, while MBO focuses on who should achieve what, MBP emphasizes the priorities of achievements and how they should be obtained. MBP features the following steps.

- Fact based analysis of strengths – weaknesses – opportunities - threats to understand where the enterprise is going and where the main competitors are going.
- The business objectives are prioritized in business breakthrough (BBT), continuous business improvement (CBI) and business maintenance. The BBT are given priority over the other management projects. Owners are appointed for the BBT and the CBI.
- The objectives are cascaded top-down from one management level to the next. After moving through 2-3 levels, the process is then reversed and goes back up for approval, level after level until it reaches top management. Characteristically, the level that determines the objectives leaves it up to the next level to evolve the appropriate strategies to achieve the objectives. The level that determines the objectives and the level that is responsible for achieving them interact. This process, often referred to as "catchball", is very participative, as people at different levels are involved in all the phases of the plan-do-check-act of the activities entrusted to them.
- The deployment goes all the way down to action plans and the whole process uses the tools of TQM and displays graphically the progress made. This ensures transparency of the whole process and also facilitates the review of the leading as well as of the lagging indicators.

17.4.3   The policy dynamics

The Policy Dynamics pursues the same purpose as MBP. However, the Policy Dynamics introduces several original features, which are outlined hereafter.

- The Policy Dynamics is a sub-process of the "Process of Management" and is interactively connected with the other mind-maps of our framework for shared management practices.
- The Policy Dynamics import the framework set by the policy fundamentals. The mission and the review-evaluation-recognition system serve as a basis for senior management's check. The strategic thrust and the strategic goals serve as a basis for senior management's alert and planning. In turn, the Policy Dynamics feed back to the policy fundamentals information on their review and planning steps. The Policy Dynamics put great emphasis on alertness and innovation. Alertness is needed to guide innovation.
- The Policy Dynamics deploy the business policy into action plans that are managed in the next sub-process, namely the policy implementation and review.
- The policy assessment features the appraisal of the effectiveness and of the efficiencies of the Policy Dynamics.

While MBP focuses only on the deployment of the business breakthrough (BBT), we advocate using the same approach – albeit in a simplified version – also for continuous business improvement (CBI). This facilitates a linkage between these two management modes.

We have developed the model "the two rings" to structure the interactions between senior and operative management as they work together on the development and deployment of business policy.

17.4.4 The model of "the two rings"

Research reported by Wheelen Hunger as well as the one conducted by this author shows that one of the main reasons strategic plans are poorly implemented is due to the lack of interaction between the planners and the implementers. Addressing this issue, we have developed the model of "the two rings", which structures the cooperation of senior and operative management on the planning as well as the review cycles.

We reckon that senior and operative management has a different time-horizon, a different scope, and different priorities. Senior management should focus on the big picture and be issue oriented. It should be prepared to deal with concepts but also with ambiguity. Operative management has more in depth knowledge, and is people and problem oriented.

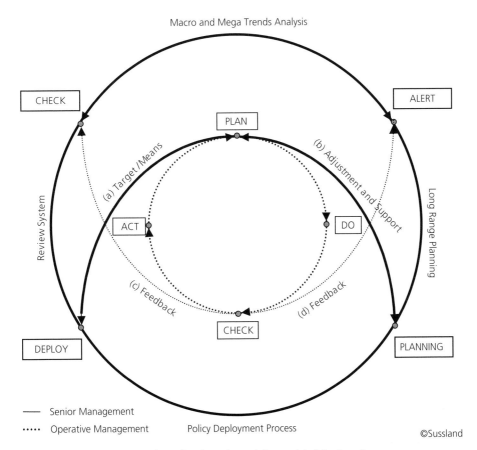

Fig. 17.5 The policy dynamics and the model of the two rings.

Taylor's principle aligning tasks and competencies – while no longer applicable in the operations because of the increased sophistication of the personnel – justifies separating the tasks of senior management from the ones of operative management. The model of "the two rings" takes that into account. It suggests that senior and operative management start by working on complementary tasks and then that they exchange information and ideas in order to reach a consensus.

As shown in Figure 17.5, the outer ring focuses on *doing the right thing* and features the 4 tasks that are owned and led by senior management, namely: *check, alert, planning, and deployment of policy*. The inner ring focuses on *doing the thing right* and features the 4 tasks that are empowered to and carried out by the operative management, namely to *plan, do, check, and act* as they manage the business enablers.

The two rings are connected. The last step of the outer ring, namely policy deployment feeds into the first step of the inner ring, namely the action plans. The action plans, which are the first step on the inner ring, connect to the planning or the third step on the outer ring. This way senior management can keep abreast of the implementation plans and operative management can get support from senior management as appropriate. The check step on the inner ring connects to the check step on the outer ring as the operative management provides feedback to senior management on the outcome of its periodic performance reviews. The check step on the inner ring also connects to the alert step on the outer ring enabling operative management to alert senior management to new developments.

This model presents the following benefits:

- it helps clarify the formal interactions between senior and operative management and prevents senior management from meddling on the tasks that operative management should be empowered to handle;
- it ensures that the interfaces and feedback loops are carried out in an orderly and systematic manner;
- it helps senior management focus on the high level tasks reserved to the top executive, and to free their time for informal interactions such as **management by walking around**.

17.4.5   Senior management's check

Senior management's check serves the double purpose of validating operative management's short term plans, and to prepare for medium term plans by conducting macrotrend analysis.

The short-term check is based on internal as well as external inputs. The internal inputs are mainly provided by the quarterly reviews (check step on the inner ring) lead by the operative management of every business unit. These reviews show the performance obtained with the business enablers. This data should be supplemented by external benchmarking and by competitive intelligence. In addition, senior management needs to get a feel for the data collected by practicing management-by-walk-around inside the organization and by interviewing key partners. This step should enable senior management to discuss the corrective and improvement plans of the operative management, and then to conduct a SWOT analysis.

The medium-term check is based on senior management's periodic assessment of the macrotrends. For his purpose, with the assistance of operative management and as appropriate of outside advice, senior management assesses the outlook of the organizational performance and competitive position of the enterprise by listening carefully to:

- the voice of the customers (buyers and end-users), the voice of the distribution channels that serve the customers, and the competitive level of satisfaction of customers' evolving needs and concerns;
- the voice of the market including the economical, financial, social, regulatory aspects;
- the voice of the personnel and the synergies between the organizational and the human capital;
- the voice of key suppliers and strategic allies;
- the voice of the shareholders, of the Board of Directors, of the financial markets;
- the voice of the enterprise, which is an autonomous entity and has its own goals.

The choices of these voices must then be aligned with the strategic goals as articulated in the Policy Fundamentals.

17.4.6   Senior management's alertness

Alertness has become crucial in our turbulent times. Senior management should be alert to early signs of changes that might affect the business. While the check step deals with the changes that become manifest in the short to medium term, the alert step focuses on the latent and longer range changes that may affect the business environment in the medium to long range.

Management should distinguish between passive changes, and **proactive changes**. Passive changes are those that cannot be influenced, they must be endured. The alert step can only evaluate their shape, extent and timing, and prepare as appropriate for eventualities.

Management's greatest opportunity is to initiate proactive changes. These are the ones that will enable the enterprise to get to the future first. They will enable the enterprise to set new standards, to dictate the "rules-of-the-game", and possibly to blanket the market.

Senior management can use various methods in the alert step. We can mention here scenario management. Other methods are mentioned in the referenced book by this author.

17.4.7   Senior management's planning

Setting the direction and the pace is an intellectual and social process called planning. General Dwight D. Eisenhower stated, "The plan is nothing, planning is everything". The plan tends to be a static, formal, top-down annual chore. Planning is a continuous and participative process designed to sort out priorities, to set targets and reviews, to empower the right people to do the right job. Once planning has been done at top management level, detailed action plans can be evolved by the operations.

The planning step features following activities.

- Senior management must take a view of the medium range opportunities and threats for the enterprise.
- The Policy Fundamentals describe the strategic goals that should be achieved by the end of the planning period in order to satisfy the key stakeholders. A review of Policy Fundamentals and in particular of the strategic goals ensures consistency of purpose.
- The check step of the outer ring provides intelligence on the recent organizational strengths and weaknesses and the near future opportunities and threats as reported by operative management.

- The alert step of the outer ring gives some clues on trends that may affect the business environment in the medium to long range future.
- Taking into account the strategic goals that have been articulated in the Policy Fundamentals, and the intelligence gathered in the check and in the alert steps of the outer ring, senior management must evolve the *strategic objectives* that the enterprise must achieve in the next 1-3 years.

The strategic objectives must be **SMART**, i.e. *specific, measurable, actionable, relevant, and timely*. Senior management must separate the strategic objectives for:

- **Business Breakthrough** (BBT) addressing a few high priority management projects that should enable the enterprise to make a quantum leap ahead and hopefully achieve a meaningful competitive advantage. Most likely senior management will find that, by managing business as usual, the enterprise will not achieve the strategic goals by the end of the planning period. As a result this gap analysis will show the need for stretched objectives. If necessity is the mother of invention, planning must deploy that necessity!

- **Continuous Business Improvement** (CBI) to ensure the organizational performance continues to improve at least as fast, as effectively and as efficiently as competition.

- **Business Maintenance** (BM) activities of minor importance that can maintained at the present level and managed with budgets.

- **Long Term Projects** – as customary when dealing with projects such as basic research, new plant construction – such projects are normally managed outside of the normal structures and have a different timeframe, a different resource allocation and empowerment, and a different review-evaluation-recognition system.

Some BBT may be achieved in one year while others may span over a period of up to 3 years. When a breakthrough has been achieved, it integrates the CBI. Breakthrough projects covering a wide front are impractical and uneconomical, and incremental improvements are insufficient to keep ahead in highly competitive markets. Typically CBI accounts for 70-80% of the organizational efforts, BBT for 5-10%, business maintenance for the balance. Long term projects are handled separately.

17.4.8 The policy deployment process (PDP)

Research has shown that senior management often spends a fair amount of time concocting strategies, but not enough on deploying them. As a result, the deployment of the strategies, the last step on the outer ring, has often fallen in the cracks between the levels of the hierarchy. Based on the practice of MBP, we emphasize the importance of the policy deployment process (PDP), the fourth and last step of the Policy Dynamics.

The PDP (a) ensures the connectivity between all the steps from planning to action (b) ensures visibility and manageability of all activities, and (c) stimulates the collective creativity and the interactions among the various participants.

The PDP can be pictured as a fountain with three dishes. The water gushes from the top and falls into a first dish. When that dish is filled, the water overflows onto a second and larger dish. Finally when the second dish is filled, the water overflows onto the third and last dish from where it is collected and pumped back up to the top through an internal pipe.

This image helps us visualize that the PDP works in two dimensions: *vertically* top-down and bottom up, and *horizontally* or cross-functionally as the water falling spreads across the dish before overflowing on to the next one. We will discuss first the vertical, and then the horizontal actions performed by the PDP.

The PDP works *first top-down and then bottom-up*. At the top a few senior managers address a wide scope of issues, at the lower echelons larger groups of operative managers focus on a narrower scope of issues. The PDP starts with senior management or SBU management "N" who, consistent with the strategic goals established in the Policy Fundamentals, sets the strategic objectives and passes them on to the next level, i.e. middle management or "N–1". As mentioned earlier, the strategy objectives state what, how much, when, where, who. They do not state how the objectives should be achieved. That is for "N–1" to come up with. In other words "N" sets the first level of strategic objectives but leaves it to "N–1" to develop the strategies to attain those objectives. This not only draws out the knowledge and creativity of the next level but also ensures implication and commitment.

In turn, and based on the strategies it has evolved, "N–1" will establish the strategic objectives of the second level and pass them down to the next level of the operative management or "N–2" who will have to come up with strategies as needed to achieve the strategic objectives of "N–1".

There are negotiations between the various levels, a kind of give-and-take that focuses on the choice of strategies, on the resource allocation and on the schedules. In some cases the objectives or the resources may have to be revised. In this case "N–2" negotiates with "N–1" who in turn may have to go back to "N".

Let us now revert to the horizontal axis of the PDP that concerns the **cross-functional activities**. In a majority of cases, the strategies proposed by "N–1" and "N–2" cannot be dealt with by one unit or by one group. Let us bear in mind that no unit or function can deliver alone value to the customer. A cross-functional cooperation is required under the leadership of the designated "owner" for each of the strategic objectives. Therefore, cross-functional groups will discuss the cross-functional strategies and agree on the distribution of the roles, the responsibilities, and of the resources among the units involved.

These negotiations across hierarchical levels, across functions and business units, often referred to as **"catchball"**, are very important and generally well worth the time invested. They make the whole process transparent and improve the understanding and trust between the different levels of management and the different units.

Whenever the corporation encompasses several strategic business units (SBU), the corporate management sets the strategic objectives and the senior management of the SBU has to develop the strategies to attain them. At the strategic business unit (SBU) it is sufficient to involve in the PDP the senior management and two levels of operative management. The strategies developed by the last level of management should be detailed enough to be expressed as action plans. At that time, the assigned owner proceeds to construct his/her implementation table.

The deployment process for CBI is quite similar to the one used for BBT, however, the latter, which is given top priority, is more detailed in the action deployment and review. It is advisable to keep the progress made on both CBI and BBT in front of the people making use of graphic tools. A decision tree helps visualize the policy deployment through the various levels of iteration of objectives vs. strategies. A matrix will display the allocation of empowerment and resources by project. Komatsu's flag system shows the progress made on each of the projects. More detailed tables can be used to show who is doing what, detail progress. Icons help call management's attention on the problem areas.

Personnel who are not involved in the BBT should not feel that their work is less important. BBT may be the butter but CBI is the bread. Ultimately the two go together.

17.5   Policy implementation and review

While the Policy Fundamentals and the Policy Dynamics focus senior management attention on *doing the right thing*, the Policy Implementation and Review is entrusted to the operative management who has to look after *doing the thing right*.

As shown on the inner ring of Figure 17.5, the operative management ensures the plan-do-check-act of the management of the business enablers. Our model features the five business enablers that have to be managed on a current basis, namely:

- the action plans;
- the strategic resources which we call the performers because they are the ones through which performances can be achieved;
- the processes that convert inputted resources into outputs;
- the products which are the outcome of the processes of the value-chain and are delivered to customers in a configuration of information, services, and goods.
- the partners that include the key customers and the critical suppliers as well as other stakeholders such as the community and the shareholders. N.B. the personnel is considered as a strategic resource and not as a partner.

17.5.1   The action plans

The *action plans* point to the actions that have to be taken. The daily management uses tables that detail what, who, when, how, how much. These tables serve also as a basis for reviews. Whenever progress has to be tracked, color-coding or icons can be used for a quick visual indication whether things are progressing on schedule or are slightly behind or cause grave concerns.

17.5.2   The strategic resources

The enterprise may use a variety of resources, but all enterprises must deploy a combination of several of the five *strategic resources*, namely:

- the *financial assets* that include both on and off balance sheet positions;
- the *time-cycles* whose management is as delicate as critical and concerns (a) the time-cycles of the processes of the value-chain (b) the life-cycle of the company vs. its competition as shown in the Boston Consulting Group matrix (c) the life-cycle of the company vs. the life-cycle of the major markets in which the company is active;
- the *organizational capital* which includes the synergism between the organization's strategies, style, structures and systems;
- the *human capital* which is the collective genius that people deposit with the company on the improvement, innovation, or invention concerning the various aspects of the Process of Management;
- the *marketing capital* which includes brand capital, customer capital, logistics capital (distribution network, distribution facilities, etc.).

17.5.3   The processes

The *processes* are like engines that convert inputs into outputs and that consume resources. For each of the critical processes, management should determine the objectives, the architecture, the empowerment, the indicators, and the performance measurement system. The hierarchy of processes should be aligned with the hierarchy of the process owners. The components of the process namely procedures, inputs, resources, activities, outputs can be visualized by displaying them graphically on flow-charts. Cross-functional flow-charts help manage the interfaces between the different units involved, timeline flow-charts help manage the value-added by the various steps of the process and to eliminate the non value-added ones.

17.5.4   The products

The **products** are the final outcome of the value-chain of processes. The products that are delivered to the external customer, or deliverables, are configurations of the following components:
- the primary product that drives the purchase;
- the augmented product such as packaging, software, instruction manuals that augment the value perceived by the customer but are not the primary reason for the purchase;
- the auxiliary product – such as invoicing – adds cost, it is not recognized as value-added by the customer but can cause customer dissatisfaction;
- the personal attention;
- the intangible product, which includes brand, design, imagery.

17.5.5   The partners

The **partners** include the key customers and the critical suppliers. Strategic allies are often both customers and suppliers. We refer to the chapter eight of this compendium concerning marketing for customer relations, and the following section of this chapter for supplier management.

17.6   Policy assessment and audit

Assessments and audits are learning trips that management should take periodically in order to better understand complex situations, and to validate, improve or innovate the Process of Management. These in depth reviews ensure the dynamic evolution of the shared management practices, and reinforce their application by demonstrating the importance management attaches to them.

There are many models concerning the evaluation of business performance. A majority of them focus on reporting past and forecasted financial results. Some, however, take a broader approach and consider the enablers as well as the results. We place in the latter group the models published by the organizers of quality prizes such as the European Quality Award (EQA) and the Malcolm Baldridge National Quality Award (Baldridge). Models developed by academics and consultants such as "The Balanced Scorecard" follow some of the principles of the quality prizes but tend to be somewhat more limited in scope.

In spite of all the models available, Peter Drucker wrote in the Wall Street Journal Europe "We need new measurements – call them business audit – to give us effective business control". Indeed, the subject deserves management's attention as well as some original thoughts.

Doing the right thing and doing it right must be aligned. However, as we have done in the Policy Dynamics, we start by separating operative management's assessment of doing the right thing from senior management's audit of whether the enterprise is doing the right thing.

Operative management conducts what we call the Policy Assessment and focuses on the short to medium term actions taken in the Policy Implementation and Review. Senior management, which is primarily concerned with medium to long term implications of doing the right thing, conducts what we call the Policy Audit of the strategic resources to come up with an estimation of the "business value".

Senior and operative management then compare notes and evolve a consensus on whether the enterprise is doing the right thing right and whether it is well positioned to doing so in a foreseeable future.

This consensus provides a basis for the review of the Process of Management as well as input to the new business planning cycle.

17.6.1   The policy assessment

The Policy Assessment should enable operative management to evaluate the performance achieved by managing the business enablers in the operations. It features the following steps:

- updating the knowledge base with the quarterly reviews and other inputs;
- deploying the chosen assessment model;
- reaching conclusions on the management of the business enablers and reporting them to senior management.

Our model of management assessment presents many similarities as well as some differences as compared to the well-known prizes for quality management.

The 5 business enablers featured by our mind-map are quite similar to the ones of the EQA as well as to the ones of ISO 9001:2000. However, we seem to put more emphasis that the aforementioned models on the effectiveness and efficiencies of the interdependencies of the business enablers.

As concerns the criteria for the assessment, we apply the "check-alert-planning-deploy" model we use in the Policy Dynamics rather than the "approach-deployment-scope-results" advocated by the EQA.

We start with a **check of the effectiveness** of the organization on the basis of past as well as forecasted results and pertinent benchmarks. It is important in our view to start with the results to put the assessment of the enablers in the proper perspective. Some of the more recent models of the quality prizes share our point of view. This step gathers internal intelligence and knowledge before obtaining intelligence on the external environment. We follow one of the principles of benchmarking whereby management has to understand the internal situation in order to be able to know what to look for when going outside.

Figure 17.6 can be formatted for use as a summary of the various inputs. A Likert scale of 4 to 1 can be used for the summary, whereby 4 indicates unexpectedly high performance, 3 as expected or just slightly ahead of expectations, 2 slightly below expectations, 1 unexpectedly low and unsatisfactory performance. Some companies use icons and color-coding to enhance visibility. In the explanations of performances, the effectiveness of the interactions between the 5 <P> should be addressed.

The **alert and knowledge** step starts with exploring the effectiveness and efficiency of the management processes involved with alertness, and with acquiring, storing, distributing, deploying, and developing knowledge and know-how in all the major aspects of the business. The effectiveness of the early warning system should also be assessed.

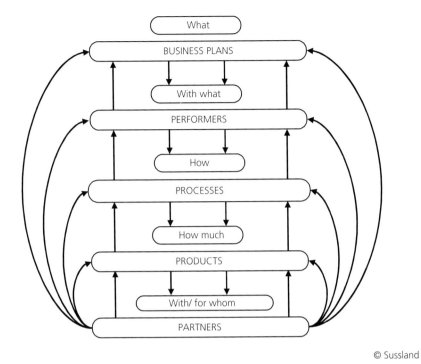

© Sussland

Fig. 17.6 The five business enablers connecting the 5 <P>.

The ***planning and innovation step*** focuses on the effectiveness and efficiency of the managerial activities concerning planning, action plans and reviews. Strategic coherence and consistency among the various units needs to be reviewed. The key issue here is to assess how the planned improvements, innovations, inventions contribute to staying ahead of the pack. We go beyond what is proposed in the models of the EQA and of the ISO 9004:2000 as we advocate that innovation be assessed for each of the business enablers or five <P>. A good balance of improvement and innovation among these five management levers is often more important than achieving a peak performance in one of them.

The ***deployment and efficiencies*** focus on the scope of the deployment and on the resource to reward ratio. The purpose of quality prizes is to assess the level of maturity that management has achieved and sustained over several years. In order to elect the winner, quality prizes must feature a list of standardized and fairly detailed questions. Our purpose is to show the way to attain maturity of management and to be able to sustain superior performance. We let the market decide who will be the winner, and we let the managers develop their own questionnaire. Management should decide what is important for their business, and they should put it in their own way, in their own words. Beyond avoiding the "not invented here syndrome", the profound knowledge gained from thinking through the assessment process can really be enriching and will facilitate the implementtation of improvements. "Sometimes the trip is more important than getting there". Best-in-class companies like Hewlett-Packard and Xerox have developed their own assessment model and train their own people to conduct the interviews.

In order to assist management to assess its performance, we propose in this chapter, relevant criteria, principles and processes. We do not impose them. The key is that

1. management can identify with the chosen criteria and principles;
2. their assessment system be consistent with other elements of the Process of Management;
3. there be a reasonable stability over time so as to facilitate comparison and;
4. last but not least the assessment system become a powerful driver of sustained superior performance.

The ISO 9001:2000 international standard can be helpful to document and to stabilize the various steps of progress achieved in the operations. Questionnaires such as the ones proposed by the EQA or the Baldridge or the ISO 9004:2000 Appendix A can be valuable for comparison after management has developed its own system but should not serve as an ersatz for this important thinking process. Once management maturity has been achieved following whatever route is the best suited for the enterprise, the pursuit of quality awards can crown the efforts made.

17.6.2   The policy audit

If the organization has been doing the thing right in the operations, if indeed it has been doing the right thing, then the enterprise should have become more valuable. Measuring the *"business value"* at the beginning and at the end of the annual business-cycle should show that the business has added value. Several methods are being used to measure the business value.

The ***market value*** of publicly traded companies is the result of minute-by-minute speculations on what the stock might be worth. However, the volatility of the market value is an indication of the psychological drivers at play rather than of the real value of the business. The ***book value*** is the appraisal of the present value of the tangible assets of the enterprise. Current models of ***shareholder-value*** are essentially based on tangible assets that can be expressed and extrapolated in financial terms. However, as we have pointed out earlier, the globalization of the business environment is emphasizing the intangible assets, which have become the determining factor of the value of the organization.

We feel that the above mentioned methods are (a) limited in their scope (b) do not focus sufficiently on the strategic resources which are the vehicle to the future prosperity of the enterprise (c) are not instrumental in launching a through review of the Process of Management.

This in turn led us to revisit the concept of the *"business-value"*; in other words what a business is worth.

Every business-cycle starts with an input of strategic resources, adds value through the management of the business enablers in the operations, and ends up with an output of strategic resources. Some of the strategic resources will have been consumed and should have been regenerated during the business-cycle. Other strategic resources are like a catalyst that takes part and enhances the process without being consumed by it. Finally, some strategic resources, like the muscles in the human body, are developed and strengthened by their use.

First of all, we can audit the potential of the strategic resources at the beginning and at the end of the business-cycle. This can lead us to estimate the value-added by the enterprise during the business-cycle.

Secondly, we can compare the value-added by the various strategic resources during the business-cycle and benchmark this performance. The value-added serves as a measure of the

extent to which the management has been *doing the right thing* following the Policy Fundamentals and Policy Dynamics and is complemented measure of *doing the thing right* in the
Policy Implementation and Review. If the rate of generation of the various strategic resources
is slower than relevant competition, past performance may only be marginally affected, but
the medium term outlook will be considerably impaired. The improvement actions thrown
into relief by senior management's Policy Audit most likely concern the strategic issues of
doing the right thing, while the improvement actions suggested by operative management's
Policy Assessment probably will focus on doing the thing right in the daily management of
the business enablers. Therefore, as mentioned earlier, Policy Assessment and Policy Audit
are complementary and both are required for an in depth review of the Process of Management.

Thirdly, the assessment of the value of the strategic resources at the end of the business-cycle provides means to estimate the "business value" in a broader, more future oriented
manner than the conventional methods mentioned earlier. It should provide senior management a complementary means to communicate to the shareholders, the Board of Directors,
and the financial analysts the performance and competitive situation of the enterprise. The
business cycle is shown in Figure 17.7 but for more detailed explanation we refer to the referenced book by this author.

Admittedly the valuation of the performers is difficult and as yet there are no generally
accepted standards of measure. The adopted system will have to be explained to the managers, to board members, and to financial analysts. Furthermore, their weighting of the performers depends on the sector and on the position of the enterprise and therefore it cannot
be standardized. Because the weight given to the mix of performers depends on the sector
as well as on the strategic profile of the enterprise as outlined in the Policy Fundamentals, the
business value is not as simple a yardstick for comparison as for example the return on equity.

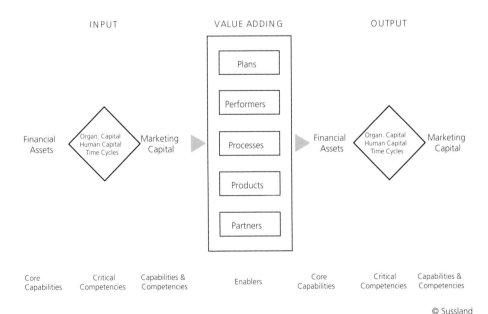

© Sussland

Fig. 17.7 The business cycle.

However, these hurdles should not deter management from trying to come up with measures albeit arbitrary. We pursue our work on systems to estimate the "business value".

17.7 Conclusion

Best management practices are methods that can increase the efficiency of a particular activity, but, to increase the effectiveness of the whole enterprise shared management practices are needed because they help establish a common basis for mental, behavioral, and action processes.

Shared management practices ensure that all the nodes of the organization are interdependently connected and that they are capable of interacting dynamically with a shifting business environment. As markets and the organizations that serve them have become increasingly complex, it has become increasingly important to provide a compatible way of working that facilitates communications, commitment, cooperation, and collective creativity.

Shared management practices require a comprehensive and integrative framework. The best-in-class have developed their own system of shared management practices, but even some of the most prestigious names struggle with a patchwork of methods and measures of performance.

In order to help management introduce and support the appropriate shared management practices, the author presents in "Connected, A Global Approach to Managing Complexity" the Process of Management, an interactive and integrative framework for management, which ensures transparency and understanding from mission statement to measures of performance. The Process of Management or POM features four interactive sub-processes:

The "Policy Fundamentals" set corporate guidelines for direction and behavior.

The "Policy Dynamics" harmonize the activities of senior and operative management as they evolve separate strategies for business breakthrough and for continuous business improvement, and then deploy them through empowered action plans.

The "Policy Implementation and Review" ensure effective daily management of the action plans, of the strategic resources, of the processes, of the products, and with the partners (customers and suppliers). The interdependencies among the five aforementioned business enablers are emphasized and provide a basis for cross-functional cooperation.

The "Policy Assessment and Audit" feature operative management's assessment of the effectiveness of daily management, and senior management's valuation of the strategic resources that constitute the "business value" of the enterprise. The strategic resources also include next to the tangible assets, intangible assets, namely human and organizational capital, time-cycles and marketing capital.

The POM is a framework that companies can adapt and adopt to measure the connectivity and thusly the effectiveness of their world-class management.

17.8 Bibliography

Akao Y., "Hoshin Kanri, Policy Deployment for Successful TQM", Productivity Press, 1991.
Akao Y., "QFD", Productivity Press, 1990.
AT&T, "Achieving Customer Satisfaction", Quality Steering Committee AT&T, 1990.
Brassard M., "The Memory Jogger Plus", 1989.
Brunetti W. H., "Achieving Total Quality", Quality Resources, 1993.
Burchill G., "Voices into Choices", Hepner Brodie C. Joiner, 1997.

Camp R. C., "Business Process Benchmarking", ASQC Press, 1995.
Chandler A., "Strategy and Structure",,MIT Press, 1962.
Coase R. H., "La nature de la firme", Revue Economique, 1987.
Combs R. E., Moorhead J. D., "The Competitive Intelligence Handbook", The Scarecrow Press, 1992.
Davis S. and Meyer C., "Blur", Addison Wesley, 1998.
De Bono E., "The Six Thinking Hats", Key Porter Books, 1985.
De Gaulle C., "Le fil de l'épée", Berger Levrault, 1944.
De Geus A., "The Living Company", HBP, 1997.
Deming Dr. W. E., "Out of Crisis", MIT Press, 1986.
Deming Dr. W. E., "The New Economics", MIT Press, 1993.
Drucker P., "Innovation and Entrepreneurship", Harper Business, 1985.
Drucker P., "Managing in Turbulent Times", Pinguin, 1980.
Drucker P., "The Age of Discontinuity", Harper & Row, 1968.
Drucker P., "The Practice of Management", Butterworth Heinemann, 1964.
Edvinsson L., "Intellectual Capital", Harper Business, 1997.
Emery M., Purser R. E., "The Search Conference", Jossey Bass, 1996.
Gale B. T., "Managing Customer Value", The Free Press, 1994.
Gilder G., "Wealth and Poverty", Basic Books, 1981.
Gleick J., "Chaos", Cardinal, 1987.
Hamel G., Prahalad C.K., "Competing for the Future", HBS Press, 1994.
Hammer M., Champy J., "Reengineering the Corporation", Harper, 1993.
Hughes J., Ralf M. Michels W., "Transform your Supply Chain", ITP, 1998.
Imai M., "Kaizen", Random House, 1986.
Jantsch E., "The Self-Organizing Universe", Pergamon Press, 1980.
Juran J.M., "Juran on Planning for Quality", The Free Press, 1988.
Juran J.M., "Juran on Quality by Design", The Juran Institute, 1992.
Juran J. M., "Juran's Quality Control Handbook", McGraw Hill, 1988.
Kaplan R. Norton D., "The Balanced Scorecard", Harvard Business School Press, 1996.
Kepner C. H., Tregoe B. B., "The New Rational Manager", Princeton Research Press, 1981.
Kotler P., "Marketing Management", Prentice Hall, 1984.
Lele M. M., "Creating Strategic Leverage", John Wiley & Sons, 1992.
Levitt T., "The Marketing Mode", McGraw Hill, 1969.
Lovelock C. H., "Service Marketing", Prentice Hall, 1991.
"Management Teams", Belbin Dr. M. Heinemann, 1990.
Marsh S., Moran J. W., Nakui S., Hoffherr G., "Quality Functional Deployment", Goal/QPC, 1991.
"Management Tools and Techniques - An Executive Guide", Strategic Leadership Forum, 1996.
Maslow A., "Personality and Motivation", Harper Row, 1954.
Merli G., "Managing by Priority", John Wiley & Son, 1996.
"Working Document on a European Quality Promotion Policy", European Commission DG III, 1995.
Peppers D., Rogers M., "Enterprise One-To-One", Piatkus, 1997.
Peters G., "Price Waterhouse Study for the World Bank", 1995.
Porter M.E., "Competitive Strategies", The Free Press, 1980.
"Quality Managers Handbook", AT&T, 1990.
Reichheld F., "The Loyalty Effect", HBS Press, 1996.
Ritter D., Brassard M., "The Creative Tools", Goal/QPC, 1998.
Robert M., "Product Innovation Strategy Pure and Simple", McGraw Hill, 1995.
Robert M., "Strategy Pure and Simple", McGraw-Hill, 1993.
Schwartz P., "The Art of the Long View", Doubleday Currency, 1991.
Scott-Morgan P., "The Unwritten Rules of the Game", McGraw Hill, 1994.
Senge P. M., "The Fifth Discipline", Doubleday, 1990.
Shiba S., Graham A., "A New American TQM", Walden D. Productivity, 1993.
Stevenson Gumpert, "Vision", HBR, 3/1985.
Stewart G. B., "The Quest for Value", Harper Collins, 1991.
Stewart T. A., "Intellectual Capital", Nicholas Brealey, 1997.
Sun Tzu, "The Art of War", Oxford University Press, 1963.

Sussland W. A.,"Enquête sur la qualité", Bulletin de l'Association Romande Qualité, 1992.
Sussland W. A., "Communication et confiance", paper presented at Association Romande Qualité, 1992.
Sussland W. A., "La qualité dans les ressources humaines", SGP, 5/1993.
Sussland W. A.,"Le manager, la qualité et les normes ISO", PPUR, 1996.
Sussland W. A., "Les 5 <P> de la performance totale", Schweizerische Gesellschaft für Personalmanagement, 3/1993.
Sussland W. A., "The Intrapreneur", Conference, 2/1990.
Sussland W. A., "Transforming the Organization", postgraduate seminar EPFL/ESST, 5/1996.
"The European Way to Excellence", Bangemann M. DG III EC, 1998.
Thomas P. R., "Getting Competitive", McGraw Hill, 1991.
"Total Quality Control Essentials", Soin Sarv Singh McGraw-Hill, 1992.
Tregoe B., Zimmerman J., "Top Management Strategy", Simon Schuster, 1980.
Wheelen T. L., Hunger D. J., "Strategic Management", Addison Wesley, 1996.
Wheatley M. J., "Leadership and the New Science", Berrett-Koehler, 1992.
Wiersema W.H., "Activity Based Management", Amacom, 1995.
Zeithaml V., Parasuraman A., "Delivering Quality Service", Berry L Free Press, 1990.

17.9 The author

Willy A. Sussland, Ph.D. is an independent consultant specializing on corporate revitalization. He is the author of *Le manager, la qualité et les normes ISO* (PPUR, 1996, Lausanne) and of numerous articles and essays.

He is a lecturer at the Institute Management Logistics of the Ecole polytechnique fédérale de Lausanne and at the Ecole Nationale des Ponts et Chaussées, Paris.

Chapter 18

World-class logistics

Georges Darrer

18.1 Structure & organization

The previous chapters have covered a large number of items that describe the constituent parts of logistics. In this chapter we will relate these elements together to understand how they can be put together in an organizational structure. We will also review how quality can best be served by focusing on the processes involved and how they are linked.

For the sake of recapitulation let us remember the key elements of "logistics". The term logistics covers many different tasks and activities. The broad categories under which a typical organizational structure are listed here:

Planning
Usually highly tied to the manufacturing process and the customer services organization.

Procurement and negotiation
In many organizations, the function of purchasing goods or services is completely detached form the physical distribution organization. There is however some good reasons to at least share the strategies and key management processes.

Scheduling
This can be done in a number of places, i.e. within the manufacturing organization, in customer service, in a specialized shipping department or simply outsourced.

Warehousing, packing, handling
Specialized work sometimes done in manufacturing but most often in separate organizations on site or outsourced.

Loading, securing, inspecting
At this point, the risks of loss and damage become real and the image of the company to the end customer can be formed. There are significant safety issues that arise as well.

Insuring
Often a financial aspect, but that needs to be integrated in the process to ensure that the risks are properly measured and managed.

Transporting

In most cases, transportation to the customer is done by third parties. The selection of these partners, the tracking and managing of the expectations and performances are vital to ensure that the value delivered to the customer is well perceived.

Customs clearing and VAT

Increased global commerce means that the customs clearance is a significant part of the process and can be managed to reduce overall transit time and to reduce costs. High data quality is a must to ensure the right level of confidence with the customs and fiscal authorities.

Verifying

Quality and conformance documents are often required in international trade. These are often provided by specialized agencies working for both or either party.

Receiving

Conformance to order is a vital part of the purchasing process and is often the role of the warehouse on site.

Documenting and Invoicing

All transactions require a number of key documents and of course need to be invoiced. This is usually the role of the customer service unit. Proper and prompt communications are required back from all the parties involved to ensure that timely and accurate invoicing can take place.

Handling complaints and dealing with differences

The best-laid plans can go wrong. It is vital that customer complaints are handled promptly and efficiently, as the negative impact of any such occurrence far outweighs the positive aspects or a long relationship.

18.2 Logistics organisation

18.2.1 Goals and strategies

Logistics is the end step in realizing the corporate strategies to serve and retain customers, any disconnect failure or other problem will threaten to annihilate all the work done. It is often the part of the enterprise that has to deal with the realities of the outside world and overcome substantial barriers in the market. Likewise, upstream strategies that do not correctly reflect the realities of logistics will equally lead to unsatisfactory results.

18.2.2 Corporate vision

A successful corporation will ensure that its logistics are integrally part of the vision that drives the strategies and tactics of the whole enterprise. Failure to do so will inevitably lead to issues of quality and/or performance and ultimately to loss of credibility with the market. Some of the aspects that need to be addressed by the vision or by its key strategies include
- competency focus;
- ease of doing business with the company;
- electronic commerce;
- regional/global perspective;
- partnering.

18.2.3   Globalization of supply and demand

Globalization is a term that is used very loosely. It can mean many different things to different people.

•   *Globalization of markets* is a direct development of the liberalization of trade across the world. This is generally beneficial for development of trade and commerce and provides a significant motor for economic growth. The degree of readiness of local economies will of course result in either quick short-term benefits or in longer-term prospects.

•   *Globalization of supply* follows as soon as trade barriers are removed. It then becomes possible for enterprises that have the proper access to local supply sources and have a keen strategic perspective to create significant competitive advantages in their home markets by bringing in lower priced materials or products and thus undermine their competitors. This in turn leads to restructuring of production in higher cost economies and potentially economic difficulties resulting from the lost production capacity. This is particularly serious in markets that have difficulties in re-orienting their activities to new sources of wealth. In this case the source of lower cost supplies or services are generally developing countries.

•   *Globalization of production* is another aspect. This develops from the same mechanisms of free trade and combines the opportunity of building world class, i.e. very large facilities close to sources of key raw materials or close to major markets, but with a capacity that is vastly greater than the local need. This allows for lower unit product costs as a result of better utilization of capital intensive equipment. Here, the location of these mega-plants tends to be in developed countries, where the technical expertise necessary to support them is readily available.

•   *Global logistics* derive from these developments since obtaining the value from these strategies requires a reliable, fast and cost-effective means of spreading the materials across the world. This leads to the growth of logistics operators who can span all continents, either by their own means or via partnering. This also requires a very high degree of sophistication of the information technology infrastructure.

18.2.4   Relationship between business units and functions

Even in a straightforward company with a single business unit, it is always the case that work is split into functions. This is driven by the need to have people with clear competencies work together as a team and thus increase their expertise in the area of responsibility. Business

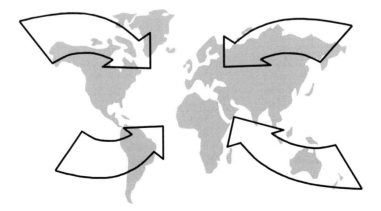

Fig. 18.1 Linking global resources to serve customers locally.

unit management will in turn focus on their goal, which is to derive the best market-focused strategies to enable the company to grow and prosper. While this focus on competence is necessary, it also harbors a challenge in that it can create stove piping or silo mentality. If this happens, the overall goal tends to be obscured by functional excellence and the overall result can be costly and poor.

18.2.5   Shared services

When a company has many business units, the temptation exists that each one wishes to have their own functional structure, motivated by the belief that specialized services will benefit the end customer. However, while this may be real, it is often far more expensive than the use of shared services. These have the obvious advantage of being able to apply critical mass and result in lower costs. They in turn exhibit potential risks, i.e. where the real needs of differentiation of individual businesses are not properly reflected and thus the services rendered to the end customer might become uncompetitive.

The solution lies in adopting a flexible mix of:
- standards for items or tasks which are generally internally focused or deal with external players who do not act differentially, such as government agencies;
- business specific design for tasks that are customer focused and which they value.

18.2.6   Evolving directions

The world markets are constantly changing, all the more so with greater ease of communications and reducing international trade barriers. It is therefore imperative to constantly scan the market for innovations, change in the structure of service organizations, to heed signals of restructuring and to canvas customers as to their evolving needs and requirements. Likewise it is important to stay abreast of evolving changes in the global scale of values and understand the potential impact of apparently unrelated issues and developments, such as environment, political changes etc.

18.2.7   Trends

Here are some of the trends that have been influential over the past 15 years and that will most probably continue to impact the logistics arena into the 21st century:

- Science and technology are the drivers of progress and growth. Focus is on understanding the impact of new developments on existing practices.

- Internationalization of markets will lead to new opportunities, but also to new challenges as we endeavor to move goods and services between geographical areas at different stages of development.

- Free flow of capital, technologies and information will undoubtedly promote new business opportunities, but will also drive more globalization and thus changes in the structure of the business.

- Generalization of market-driven economies will in time provide growth, but short term may result in serious disruptions of service levels and greater uncertainties as the new markets organize. For example, while real, the potential of central and eastern European markets will take a long time to develop. However, it is important to invest in the area so as to help the process and be ready to seize the opportunities.

- Uneven population and economic growth will result in rising tensions, both in developing and developed countries, as globalization of industries may lead to shifting work abroad. Potentially could have an impact on the rate of transformation of market economies.

- Globalization of prices is a major challenge for the whole enterprise, as it has to develop new ways of remaining competitive to retain market share. This can lead to innovation in the supply chains and will put pressure on cost and quality. In Europe, the introduction of the euro has provided another drive for greater transparency of pricing.

- New kinds of partnerships with customers and suppliers. As markets grow and the world economy becomes more complex and interdependent, enterprise will no longer be able to handle all aspects of their business themselves and will have to find suitable partners upstream and downstream.

- Increased outsourcing will result for corporations focusing more on their core competencies and by the growth of highly specialized and efficient service companies.

- Growth of trade, particularly in developing countries is bound to increase environmental issues, driven in part by the lack of infrastructure but also by the very competitive prices required to participate in the race.

- Globalization, world pricing, free-market rules will all lead to a constant need for restructuring in all industries.

- It is obvious that the growth of cost-effective communications is phenomenal and is a considerable enabler for global business. This will continue and put most of the logistics chain under considerable pressure to innovate and speed up processes.

- Likewise, the tremendous increase in computing power that is now available worldwide combined with the increased use of the world wide web, will also create opportunities and challenges for all members of the supply chain.

18.2.8 European company statute

One of the major benefits that economists saw in the creation of the European Union was the "European Company Statute", which is supposed to considerably simplify the administration of enterprises and thus make them more nimble and competitive. The project has as yet not been realized, mainly for the following reasons:

- The Union cannot agree on a single model that will apply to all member countries due largely to political perspectives of social and fiscal character.
- VAT and corporate taxes are the few remaining fiscal tools that the member states have to deal with their country's social and economic policies.

The benefits inherent to this statute are however too good to ignore. The concept can be partially implemented by rethinking supply chains and distribution channels and driving cross-country, multi-disciplinary processes to mimic as closely as possible the desired effects. To achieve this, one must focus on streamlining internal processes and ensuring that there is no unnecessary duplication of effort.

18.2.9 Regional infrastructure to support business needs

Developing further on the previous paragraph, the obvious outcome is the creation of pan-European structures that encompass and regroup the tasks performed in all the member states, and possibly beyond. Obviously this has to be done with care as the customers and suppliers remain fixed local partners and their needs have to be integrated in the conceptual design of the new organizations, which must be

- adapted to market & competitive environment, i.e. transparent in the quality of service provided to the end customer;
- tailored to the existing and evolving characteristics of the business unit so as to support their efforts;
- obviously the results must be cost effective but also be sufficiently flexible to deal with short-term fluctuations and longer-term changes in the needs.

18.2.10 Service centre

Examples of the structure that may result from focusing on the creation of a pan-European activity are service centers. These are being developed in several companies to serve the European market. Target activities are standard transactional types of work, that require subject knowledge but that are not heavily influenced by any business practice, for example:

- managing transportation;
- invoice printing and mailing;
- accounts receivable & payable;
- general and other accounting activities;
- statutory & government reporting.

Fig. 18.2 Defragmentation: evolution from a national perspective towards a leveraged, differentiated and pan-European support for all the SBU's.

18.2.11 Issues

The pitfalls of such an approach exist and need to be thoroughly analyzed in the context of the enterprise, as no two companies have identical characteristics nor do they exhibit the same culture. Here are some major issues that could apply to many companies:

- Introducing pan-European processes will increase the complexity of carrying out the tasks, challenging competencies that may have been focused on local aspects for too long, or maybe diluting the experience as people leave the work group or the company. This complexity may locally add costs, but this has to be balanced against cost reductions across the region. In any case there is a need for thorough analysis of the tasks involved ahead of any move.

- Another aspect of building centralized groups is that often flexibility and ability to deal with exceptions is lost and may lead to a mentality of "one size fits all". This can be dangerous for certain specialized business units and due regard to the competitively of these units needs to be taken.

- In rare cases, the issue may be how to increase leveraging to a global perspective vs. regional leveraging. This is particularly difficult where the tasks involve transactional work, but has been done successfully in the Information Technology arena. The key in this case is perfect communication and mutual understanding of the whole process.

- Much of this kind of change is driven by cost considerations. One particular aspect is making sure that the cost is variable, i.e. that it follows the ups and downs of the business cycle. This is generally very difficult to do with dedicated resources and leads to the consideration of outsourcing.

18.2.12 The future

What are the typical strategies that a corporation will be looking for in the next five to ten years and that might have an influence on the logistics community:

- **Healthy growth and development**. No company will be safe if is does not pursue aggressively goals of profitable and sustainable growth. This will lead to the need for frequent change, excellence in execution, focus on development and adding value to the customer community. To this must be added the need to remain in touch with the external environment at all levels, i.e. political, governmental, environmental, consumer, technical and infrastructure.

- **Focus on knowledge management.** The complexity and vastness of the challenges brought about by the need to focus sharply on profitable growth can only be supported by ensuring that the whole intellectual capital of the enlarged enterprise, i.e. encompassing its suppliers and customers, be brought to bear. Managing this knowledge takes a lot of discipline and effort and needs to be driven by the leadership in a consistent way.

- **Training & investment in people skills**. Likewise, to continually nurture the resident knowledge base in the company it is necessary to invest in building a strong level of competency focused on the core values of the corporation. These skills have to be driven by the internal values and strengths but also aimed at grasping new and competitive values that are external to the corporation.

- **Technology – Integration and innovation**. It goes without saying that Information Technology is a vital player in the future success on any enterprise – provided it is not managed as a transactional resource that must be managed for cost. The real value of IT today is to help capture, develop and nurture fundamental knowledge and access to others that is vital to the success of the business.

- **Standards & quality.** With the focus on outsourcing, streamlining and restructuring infrastructures, it is clear that their needs to be a set of firm and meaningful standards in place. This will lead to substantial reductions in defects, eliminate duplication of effort and drive leveraging of resources. Likewise, quality must be an integral part of the execution of any work, driving high customer satisfaction and fidelity and eliminating parasite sources of cost. Systematic approaches to quality such as ISO, TQM, Six Sigma are all tools to ensure that all members of an organization focus on the right things and deliver quality results at all times.

- **Environmental focus**. The focus on environmental issues is vital to the success of any corporation. Proper solutions will lead to increased competitiveness, as waste is eliminated or reduced, taxes avoided contributions to the environment recognized and rewarded. The distribution industry has a massive issue to deal with as traffic becomes more congested and yet movement of goods continues to grow. Creativity will be needed to alleviate the environmental load thus generated.

18.3 Concepts and Best Practices

18.3.1 Re-engineering the supply chain

Over most of this decade, the driving forces for significant changes in the structure of industries, corporations, business processes have been tremendously strong, influenced by the technology, access to new markets, international flow of capital etc. The pressure has essentially been directed at making existing corporations very competitive to sustain their position in their markets. In Europe, the implementation of the Single Market in 1992 has exposed a large number of corporations to pan-European competition and driven them to seek new alliances or to transform themselves radically. Typically, once started the degrees in the transformation of a business enterprise follow a pattern similar to the one below:

- **Re-engineering**. Fundamental changes, questioning long-established procedures and strongly focused on elimination of work and cost.
  - Constant adaptation.
  - Process Identification and Creation.
  - Setting up Networks.
  - Demand management.
  - Leveraged services.
  - Differentiation.
- **Liberation**. Discovery of new talent or competencies that may have been obscured by old procedures or systems and that are now nurtured by innovation and creativity. Leads to creation of new products, services and innovative alliances.
- **Values**. Building on the new capabilities but driving hard at accomplishing results with a higher degree of quality and helping to generate greater added value for the customers.
- **Long-range goals**. From a stronger and stable base, developing strategies to sustain the enterprise in the long haul, determining objectives that drive the enthusiasm and motivation of the work force and help drive sustainability of results.
- **Process of change**. Integration of the notion that change has become a constant and valuable part of the corporate business process, just like quality business processes and knowledge management techniques.

18.3.2 Workstreams

In the process of these various stages of change that corporations go through, there are also a number of aspects that are regularly analyzed and reviewed systematically. These include some of the following:

- **Serving customers**. It is vital to the success of any enterprise that it understands exactly what its customers want. Processes to canvas customers, capture their input, exchange with them ideas for development and generally be close to them are vital. Understanding whom in the organization has access to customers and managing the way this access is used is of great importance. Often ignored is the aspect of external contact through partners, which will have an impact if not managed properly.

- **Supply Chain processes**. In the whole chain from purchasing through manufacturing and finally to delivering, there are many opportunities for impacting cost and quality of the product or service being provided. It is therefore normal that during any stage of re-design or analysis of the enterprise that a significant part of the work is done on these processes.

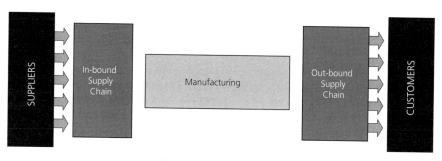

Fig. 18.3 Buy-make deliver.

- **Leveraging across businesses**. Most enterprises have several business units. For many reasons, it is common for these to try to perform logistics tasks independently. While there may be good reason for real differentiation, a large part of the tasks can readily be leveraged, thus yielding significant savings and efficiencies.
- **Lean structures**. The main target of corporate cost-driven re-engineering is and continues to be the elimination of as many fixed cost infrastructures as possible. These have traditionally been driven by the needs of local management and partly due to the physical need of producing documents and reports. With streamlined organizations resulting in reduced local management and more capable systems, it is now possible to drive for reduced infrastructure. Examples of the kinds of things that may be targeted are:
  - Streamlining similar activities carried out at different places, which may be duplications of effort. Questioning the necessity to continue to produce documents/reports in the form/frequency formerly required. Looking for innovative ways of getting the desired results.
  - Service center concept. Centralizing streamlined activities to achieve further savings from critical mass and concentration of knowledge.
  - European company concept. Develop structures that mimic the existence of a single European company.
  - Focus on sharing support burden across sites & countries. Where there is a need to maintain a physical location, e.g. a plant, explore the possibility of sharing management and support resources with other sites located in the region, utilizing new communication capabilities.
  - Consider outsourcing of non-core tasks. If a task is not a core competence of the corporation or if synergism can be achieved, outsourcing of an activity can be very beneficial.
- **Information/communication technology**. Manage cost of transactional systems rigorously but invest in knowledge management, communication and decision support systems to multiply the capabilities of the staff and link to the market. The development of internet networks, software and service providers, offers some real opportunities to use technology to achieve the changes detailed above under "team structures".
- **People processes**. People are any company's most valuable assets. Their competence needs to be maintained and nurtured; their access and participation to the management of the corporation must be encouraged and supported.

18.3.3 The challenges

The implementation of any change program will at first come across a number of serious challenges. It takes many changes and many years for a whole business community to become convertible with change. Likewise, external bodies do not always support all changes one is tempted to do and there is a need to adapt the project or to convince the authorities. Here are some typical barriers:

- **History & culture**. In making changes that span across borders, national or international, one can experience difficulties in sharing the values that change may bring about. These barriers are fundamental and no effort should be spared to ensure that they are eliminated. This will take specialized resources and sustained effort. Impatience can have very negative results.

- **Language**. While it is important that customers be serviced in the languages they are familiar with, this barrier is not totally insurmountable, but requires being addressed appropriately. It is important to understand where the sensitivities really lies in to ensure that a high quality solution is found

- **National regulations**. There can be significant problems in relation to particular industries, such as pharmaceutical and agricultural, but a good understanding of the needs and an infrastructure that provides the right answer with the right quality can generally be found.

- **Non-alignment of financial & tax structures**. This specific issue is manageable by putting in place the right mechanisms to ensure full compliance. The key to success in understanding the local needs exactly and providing the correct input. Some of the work can be delegated to specialized agencies if necessary.

18.3.4 Business processes

In analyzing and exploring business activities across multi-functional and multi-business unit structures it was discovered that there were a lot of disconnects and a lot of "blank spaces" on the path through the company for any number of activities.

Executing unlinked tasks is like playing a game of Pachinko – all steps are performed, but the path, time and result are totally unpredictable.

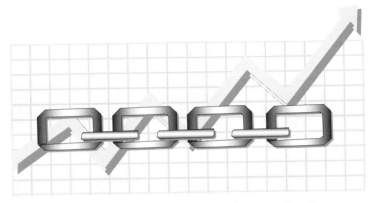

Fig. 18.4 SBU's are a chain of processes generating value for the corporation. Processes are a collection of competencies focused on delivering that value.

Functions

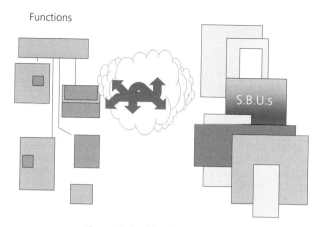

Fig. 18.5 Traditional organization.

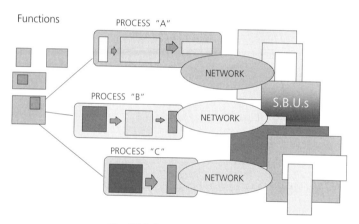

Fig. 18.6 Process organization.

There is no need for this state of things to exist, as the general outline of the paths is known. The main reason for the disconnection come for the stove piping effect of independent and unlinked organizational structures which are not normally encouraged to communicate along the logical path of the process.

18.3.5 Purpose of process

Setting up processes to overcome the organizational barriers has been mooted in the sixties, but its first great public success was part of the Chrysler rebirth, in which the creation of a process resulted in a reduction of one year in the cycle of creating a new model. Following this success, process management has become part of re-engineering toolkit.

One other success of this process was the significant reduction of fixed cost achieved by DuPont in Europe in 1994 (25%) as a result of adopting process-oriented management in the supply chain. The main drive was to link leveraged and SBU resources within the process in such a way as to drive out redundant activity and improve overall effectiveness of the process.

Thus the prime objective was cost reduction. Without losing sight of this goal, practice has shown the need to maintain and build strong competencies in the process and highlighted opportunities of improving customer satisfaction competitively through greater leverage and use of standards.

18.3.6 Roles and responsibilities

One of the key issues in a process is the dichotomy between the horizontal process linkage and the vertical structure of the functional or business hierarchy. One of the key tools to over-come this problem is to ensure that there be clarity of purpose and role. This is best achieved by defining very precisely the roles and responsibilities of all individuals and making sure that all the parties in the chain are fully cognizant of their respective roles. A good methodology to do this is the RACI process, which helps combine on a single support the roles of all parties.

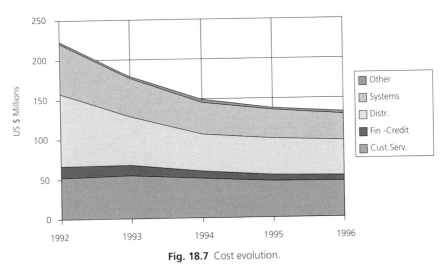

Fig. 18.7 Cost evolution.

The RACI process is simply a matrix that lists the steps in a process on one axis and the roles or names of all the parties involved on another. For each step and for each role, it is decided whether the role is
- *responsible* for executing that decision;
- *accountable* for the decision taken;
- needs to be *consulted* prior to the decision taking;
- needs to be *informed* about the decision later.

This tool is particularly useful to set up processes and define roles. It can also be useful for monitoring performance.

18.3.7 Networking

Once the process is defined and documented, an owner has to be assigned to it. He will be accountable for the performance and cohesion of the process and for ensuring that all mem-bers abide by their assigned roles and responsibilities. Each function for business impacted by the process is represented on the network and has the responsibility to ensure that their part of the process performs according to the overall plans.

18.3.8 Role of information technology on practices

Information Technology is a very powerful tool for all organizations because of its capacity to accelerate transactional work, support complex communications and provide rapid resolutions to complex mathematical problems. However, the value derived by an organization is not only dependent on the computing capabilities put in place, but requires this power to be applied to the right issues and at the right time. It is therefore of great importance that all the flows of data, documents, decisions and work be properly understood and evaluated as to the value they contribute to the overall objective. For this to happen, it is vital that the process owner and his team have a systemic picture of what the purpose of the process is, what its products are and what the customer's value is in that product. It is also important that the whole process is systematically mapped and analyzed to identify disconnects repetitions or decision loops so that the overall process becomes streamlined. Only then can one start to develop detailed IT solutions that will match the desired outcome as closely as possible.

With technology advancing at great paces, it may be advantageous to consider implementing packaged applications rather than develop specific homegrown solutions. These packages can generally be successfully implemented if the process analysis has been well done and that the process owner is willing to consider different solutions than are currently applied in the organization. Obviously, packages cannot handle very specific needs and some adaptation may be necessary. Using packages has another advantage, namely that they follow technological developments a lot faster than any internal organization can, thus providing a faster path to new ways of using IT.

18.3.9 Service differentiation

The main deficiency of large internal functions has traditionally been the thrust to standardize and create uniform policies and procedures. While this helps to keep control over the organization and provides a means of developing high expertise in some areas, it becomes a burden for the businesses served as they go through different stages of their life cycles. New initiatives need nimble organizations that can adapt easily to new needs and provide creative solutions to market demands. They also need access to some basic knowledge to help avoid sources of fundamental errors. More mature businesses will need low cost commodity based services and can depend on their own experience. For the corporation to be competitive it is important that functions provide the service level that is really needed, not the one which they are capable of. That does not mean that the level of quality should be uniformly reduced to fit the lowest common denominator, but rather that work should be tailored to the needs. This requires understanding of the activities performed in the functions, and a clear appreciation of the cost drivers, competencies needed, clear definition of boundaries and a management style that allows for rapid change and adaptation.

18.3.10 Development of new practices

In an environment of high commoditization and mutual interdependence, it might seem difficult to imagine that new logistics practices can be developed. This is partly true for the physical part of the work, but creativity is practically unlimited when it comes to the ways of mixing and matching tasks to provide new benefits. This can take the form of finding ways to use unusual modes of transport for a given industry, linking with suppliers and customers to help improve load factors, sharing of resources and systems and streamlining operations based on great access to knowledge and information. Here again, the ability to break down work into specific activities and be able to determine their cost and competence behavior is of great help, as it allows for the customizing of solutions with external partners.

18.4 Outsourcing

It has become fashionable to look for outsourcing solutions to cure problems such as lack of competitiveness, high costs, etc. However, outsourcing in the broad sense has always existed in business. It is very rare that some aspect of work is not contracted out in some form or other. Examples can include
- toll manufacturing;
- contract labor;
- repair work;
- specialized skills.

These forms of outsourcing generally appear as a need for something that cannot be done inside the organization. What have evolved in the last few years are the transfer of activities performed inside the corporation to outside partners.

This evolution has risen from the fact that cost and technological pressures on corporations have made it difficult for them to keep up. Typically the reasons for transferring out own activities are driven by some of the following considerations:
- Work can be done cheaper by others.
- Work requires special skills not available in- house.
- Need is temporary or highly variable.
- Activity is not core to the company.
- Lack of time to develop an in-house solution.
- Lack of capital to invest.
- To minimize risk.

18.4.1 Recognising the need

The decision to outsource can come about in a number of ways. Generally this is caused by the need for the corporation to look to alternative solutions for a new situation, e.g.:
- business expansion/new investment;
- need to reduce costs/rationalization of the organization;
- competence improvement/renewal of skills;
- speed of action.

18.4.2 Benefits

The benefits derived from outsourcing an existing internal activity are centered on the competitive improvement that is perceived from this transfer, i.e.:
- greater focus – more professional approach;
- freeing-up management from operational issues;
- reduced cost;
- improved variable margin – more resistance to business cycle fluctuations.

18.4.3 Issues

Outsourcing will not always provide the expected results, typical problems that arise are
- costs rise instead of decreasing;
- quality of service goes down;
- control over outsourced process is lost;
- in-house expertise disappears.

18.4.4 Barriers to outsourcing

Another aspect to consider is that transferring an internal activity to an external partner is not necessarily obvious or easy to perform. Some of the barriers that decision-makers will get confronted with are
- internal resistance to the transfer of the activity;
- sense of loss of control by users of the services;
- doubts about quality that can be achieved externally;
- fear of sharing competence and therefore losing a competitive advantage;
- legal constraints such as the T.U.P.E. (Transfer of Undertaking) rules.

18.4.5 Lessons learned

There are a few key elements that generally cause outsourcing to fail or at least achieve less than expected results. These include
- company culture differences, caused by differences in outlook, size, strategy, etc.;
- scope of the activity transferred is unclear or ill-defined;
- performance criteria missing or not correctly related to quality parameters;
- poor control is exercised over the outsourced activity;
- poor dialogue between the operational partners and their respective management;
- different perceptions of issues, opportunities, values, etc.

The bottom line is that outsourcing is a complex decision and the whole process must be we managed.

18.4.6 Outsourcing – best practices

To ensure that outsourced activities meet the needs of the business, a good management process is needed that covers all the aspects from making the decision to operating with the partner on an ongoing basis.

18.4.7 Identifying the options and potential partners

This starts by the realization that one has to treat outsourcing as an opportunity to create an alliance/partnership that will bring value to all the participants in the process.

It is important to prepare rigorously for the event by undertaking a number of key steps:
- Understand your own process completely; determine what the links are upstream, downstream and what are the impacts in parallel processes.
- Define your exact needs; what are the boundaries, how much effort is needed, how much is affordable, what do your own customers require, etc.

- Set quality criteria that allow you to monitor the output and drive continuous improvement.
- Define cost targets in line with the quality criteria chosen and that are realistic yet provide a challenge for both parties.
- Manage the relationship with a competent and empowered team. You need competent people to describe your needs and make sure that the criteria for success are well understood. They need to be empowered to negotiate changes and details and be able to react promptly in case of need.
- Get buy-in from your internal customers early in the process.
- Set up a rigorous process for selecting candidates. Be sure to have a wide selection process, as this will enable you to expose yourself to new ideas and concepts that might ultimately change the way you will deal with the outsourcing. Be sure to have solid criteria for choice. Here is where good homework, on defining the actual process and real needs, pays off.
- Do spend the appropriate amount of time checking the claims partners make, speak to their customers, and get help from consultants. It is important that the ultimate selection be made with the utmost clarity and mutual understanding.
- Keep management involved in the process and make sure they contribute to the success of the alliance

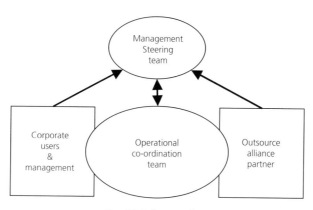

Fig. 18.8 Outsourcing.

18.4.8 Aligning objectives

The key to success is clearly one of ensuring that there exists a real partnership between the parties. Partnership has nothing to do with the financial aspects of a transaction, such as cross ownership or capital participation. We are talking here about the climate that needs to exist between parties so that they work together to reach common goals. The key parameters that drive this kind of behavior are the following:

- *Shared vision;* getting to understand each other's strategies and finding ways of helping each other see the value of collaborating.
- *Shared understanding of the process;* differences in this area can lead to major problems. Sometimes vocabulary gets in the way. It is important to continually work at that as activities evolve over time.

- *Criteria for success;* clarity of what each partner deems valuable and the reasons behind these values will lead to better result.
- *Trust in each other;* helps to deal with the inevitable strain situations when things go wrong.
- *Communications at all levels;* needed to maintain the climate of trust and understanding.
- *Management meetings;* regularly scheduled meetings will help maintain the focus on the activity and drive a discipline for sharing. They can be complemented by culture seminars if necessary to bridge gaps in understanding or behavior.

18.4.9 Internal expectations

It is vital for the success of the undertaking that internal perceptions (of the customers, employees and management) are properly dealt with. The climate of trust and understanding one expects from our partners cannot be successfully achieved if there are pockets of internal resistance. It is important that any issues and rumors are dealt with facts and clarity.

A communication process that reconciles needs and expectations of the clientele needs to be set up with some of the characteristics listed here:

- *Use facts and metrics:* people want to know why the activity is outsourced, who made the decisions, why the partner was chosen, how the employees were treated, etc.
- *Sharing the experience:* expose your internal customers to your partners, get them to communicate their concerns directly, organize meetings for sharing issues, opportunities.
- *Listening to the customer:* make sure that complaints, issues and concerns are heeded and proper action is taken to correct. Involve users in defining criteria and evaluating results.
- *Internal surveys:* proactively seek input to head off any build up of negative feelings.
- *Complaint procedure:* ensure that there is a good procedure in place between parties and that the responses are prompt and factual.

18.4.10 Creep in scope

Often internal perceptions of quality are driven by a change in the way work is requested or delivered. It is quite usual in an internal organization that work is done for users based on a simple conversation or informal request. When dealing with a partner, this quickly changes, as the impact of making such informal requests generally is increased charges resulting from an increase in the scope of the activity originally described.

To avoid issues over billings, both the partner and the contract administrators want a mechanism to control what is being requested and by whom. This necessary step if not properly understood can lead to some friction and wrong perceptions. The introduction of a disciplined process has the added benefit of documenting parts of the process that may have been ignored in the past and going away with casual low-value work.

Defining roles of the various parties is important to avoid confusion of who is really in control of the contract relationship. Contract managers must have the right level of empowerment and any parallel input must be stemmed.

Clarifying and publicizing the work scope of the outsourced activity is equally important to ensure that everybody understands what is normally provided and what is not.

Likewise, agreements on service levels should be known throughout the organization to avoid confusion and urgent requests for extra work.

Over time, any activity will change. It is therefore important to have a process of demand management in place to adapt the contracts and work processes to the new requirements of the customers and to weed out any unnecessary jobs.

Regular contract reviews are necessary, regardless of the terms of the contract, to ensure that the scope of work is kept up to date and that the conditions remain competitive.

Outsourcing should not result in a reduction of quality. On the contrary, the additional focus that the activity gets in the process of setting up the new organization should lead to opportunities of improving quality. Standards must be defined that reflect the real needs of the corporation and also reflect the state-of-the-art capabilities of the provider.

Quality does not come about by itself. Defining standards is not enough. There, needs to be proper tracking of results and adequate training and refresher courses need to be provided to the people doing the work. It is also important that the customers know what the standards and results are.

Problems and complaints should be seen as opportunities to drive quality. Here both parties can help each other and promote learning for both their organizations.

At regular intervals, quality-tracking mechanisms need to be supplemented by audits. Getting user participation in the audits can be a very helpful way of increasing mutual appreciation and driving the right objectives.

18.4.11 Tracking results

The ongoing activities of the partner are subject to a Service Level Agreement, which spells out the conditions and performance criteria. These should be published at frequent intervals and are the primary tool of the contract administrator on which to act if there is any slippage perceived.

Likewise, a good budget control process is needed to ensure that the goals and objectives of the project are met and maintained. This requires appropriate mechanisms to capture costs, evaluate and benchmark them. Rates need to be set up in a way that this is possible with a great amount of clarity.

Finally, any outsourced activity should be the object of a regular review. It should be based on a clear understanding of what the purpose of the outsourcing was, but also what the purpose of the activity is and remains.

18.5 Inbound supply chain – requisition to pay (RTP) process

18.5.1 Scoping the process

We have seen previously what the advantages of working along process lines can bring. Now let's look at how and why we would pull various activities together to form a process. In this section, we will be looking at the supply side of the integrated supply chain. The components of this process, which can be called the "Requisition to Pay" or "Procurement" process, deal with all the steps leading to the acquisition of some material or service and the internal controls associated with it, ultimately ending in the payment of the supplier. Typically, this process will involve people from such diverse competencies as engineers, business managers,

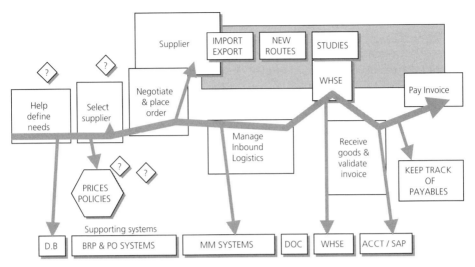

Fig. 18.9 Process flow supply.

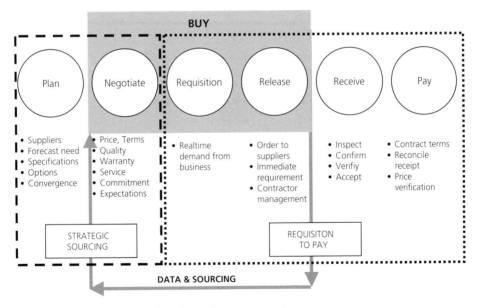

Fig. 18.10 The procurement process.

manufacturing personnel, buyers, operators and accountants. Clearly all of these people do not devote all of their time to the process work, but participate at some stage.

The next step therefore is to identify the roles and responsibilities of each of the positions involved in the process. This needs to be done not in the interest of structural considerations but rather with the full understanding of what the corporate strategies are and what the purpose of each contributor to the chain is. Figures 18.9 and 18.10 address the notion of the contributing steps in the process in a non-structural manner and can help to illustrate the concept.

18.5.2   Critical mass

Critical mass is one of the most powerful bargaining tools for any purchaser. The tool however is only as good as the commitment the purchaser can provide to the vendor in terms of delivering the promise, the transaction. In other words, to benefit from the purchasing power of any proposed leveraged purchase, the vendor will expect that the forecasted or committed quantities be actually realized. This can only be achieved through perfect agreement of specifications, requirements and plans ahead of time, and through a rigorous process of conformance. Conformance requires a strong organizational link to ensure that there should not be any deviation from agreed practices without due prior consultation and real cause.

18.5.3   Controlling the process

The process can involve a lot of people and might spread over a number of entities, business units and functions. It is therefore imperative that there be a management process in place to ensure proper collaboration, exchange of information and understanding of all parties. The main challenge is in timely and meaningful communications. This can be helped by agreed upon metrics, dashboards and other measuring tools, but also needs to encompass team building and networking.

18.5.4   Relationship with partners

Dealing with extended enterprise models means that parties external to the Core Company should be brought into the fold by the same methods as apply to the team members inside the company. Trust and communications need to be built as well as a high degree of mutual understanding of differences in the cultures of the companies to avoid serious disconnects.

18.5.5   Future outlook of function

It seems that the main thrust of change is focused on internal functions, with the emphasis being put on outsourcing those parts that are deemed not to be core strength of the company. While there are generally good reasons for this, (see discussion on outsourcing), it is imperative that those activities that have a vital impact on the company are well understood and that the company retains the competence of managing these activities from a strategic perspective. This implies that there is a need to have a hard core of specialized people who remain on top of the process and are linked to the developments of the profession at large.

18.5.6   Influence of information technology on functional evolution

The key contribution of Information Technology to the function of procurement has been the provision of a very powerful tool to enable real process management. Software that is able to integrate the various steps of the process in a continuous flow of inter-related data across departments, functions and geographic boundaries, as well as linking external partners make the whole endeavor of creating and managing a process considerably more effective. Where the complexity of the individual supply chains stretch the capabilities of the integrated systems, new add-ons have provided powerful tools to exploit the information in the systems much better and faster, particularly in the logistics and planning arenas.

The continuing development of very powerful computing capability associated with the growth of a global telecommunication network has spawned a new set of capabilities that can be offered to clients. The key factors are speed of sharing information, which in turn allows clients to increase the reach of their purchasing capabilities and drives more competitive pricing. It also carries with it a challenge of having to deal outside familiar environments. Working capital, planning and product life cycles add other challenges that have to be dealt with. A good balance of availing oneself of opportunities and building global partnerships will have a positive impact on business results.

18.5.7 E-commerce

The phenomenal expansion rate of the Internet is creating new opportunities for radically changing the whole procurement process. This results from the unfettered access of almost anybody to the facilities provided by new or existing companies to bring products to market.

The three illustrations that follow help to define the process flow differences that exist today in the market, ranging from the "plain vanilla" access that anybody with a PC can achieve, to sophisticated in-house control systems. These systems ally the ease of access of the Internet with internal controls that meet rigorous standards, via a new form of service which can be described a kind of cyber-distributor.

Figure 18.11 shows the easiest but uncontrolled way of purchasing.

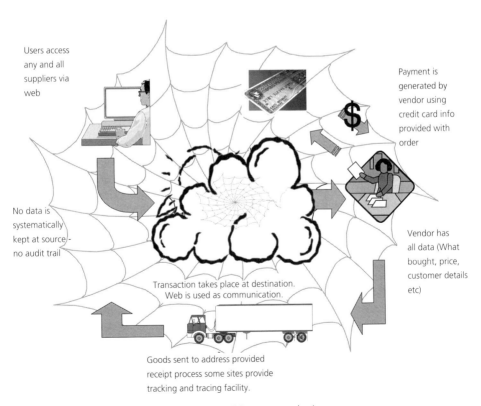

Users access any and all suppliers via web

Payment is generated by vendor using credit card info provided with order

No data is systematically kept at source - no audit trail

Vendor has all data (What bought, price, customer details etc)

Transaction takes place at destination. Web is used as communication.

Goods sent to address provided receipt process some sites provide tracking and tracing facility.

Fig. 18.11 "Pure" Internet purchasing.

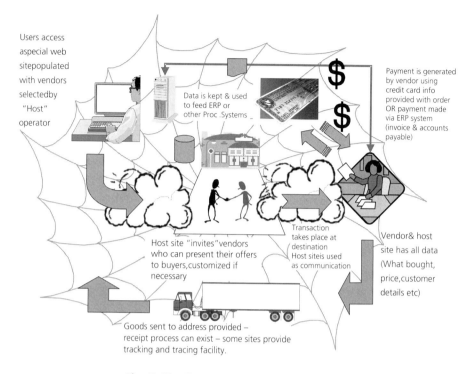

Users access aspecial web sitepopulated with vendors selectedby "Host" operator

Data is kept & used to feed ERP or other Proc .Systems

Payment is generated by vendor using credit card info provided with order OR payment made via ERP system (invoice & accounts payable)

Host site "invites"vendors who can present their offers to buyers,customized if necessary

Transaction takes place at destination Host siteis used as communication

Vendor& host site has all data (What bought, price,customer details etc)

Goods sent to address provided – receipt process can exist – some sites provide tracking and tracing facility.

Fig. 18.12 "Electronic marketplace" Purchasing.

Figure 18.12 shows how well market forces help shape new offerings. Most people recognized that the simple and easy access to suppliers via the Internet was good for consumers but did not meet the minimum standards of control and data management that most companies desire to have in place.

Thus a new form of business has been created which helps to bring together businesses. The name of "Business-to-Business" sites was coined to cover this form of transaction. Basically, an Internet provider will provide access through a "portal" for buyers to go to. The site will be populated by suppliers whom the portal owner will have invited to join his site, mainly by providing a simple service of generating catalogues for them. An added attraction of the site is that most providers engage themselves to give access to buyers of all the data accumulated during the transactions, thus allowing analysis for strategic purposes. The negative aspect of such sites is that by definition the choice is limited to the suppliers that the portal owner has been able or has chosen to attract.

Large corporations, who are able and are used to deal with a lot of suppliers and who do not wish to lose their bargaining powers are looking for different solutions. What they need is software that works just like Internet but internally on their own Intranet. The advantage of this is that a very large number of users or requisitioners can place their orders quickly and simply, but choosing from catalogues of products and services that have been negotiated by the procurement organization. The buyers therefore are freed of considerable administrative tasks and can concentrate on better deal making. Additionally, this type of software also enhances the controls as it includes a workflow process that tracks authorizations and consumption much more accurately than before (Figure 18.13).

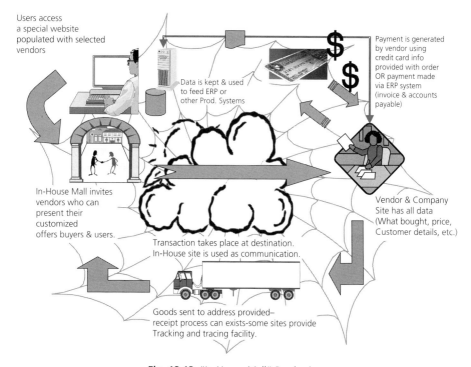

Users access
a special website
populated with selected
vendors

Data is kept & used
to feed ERP or
other Prod. Systems

Payment is generated
by vendor using
credit card info
provided with order
OR payment made
via ERP system
(invoice & accounts
payable)

In-House Mall invites
vendors who can
present their
customized
offers buyers & users.

Vendor & Company
Site has all data
(What bought, price,
Customer details, etc.)

Transaction takes place at destination.
In-House site is used as communication.

Goods sent to address provided–
receipt process can exists-some sites provide
Tracking and tracing facility.

Fig. 18.13 "In-House Mall" Purchasing.

18.6 Outbound supply chain – order to cash (OTC) process

18.6.1 Process drivers

In the previous section we have seen how the supply side of the integrated supply chain, or "Requisition to Pay" process was built up. Here we are going to discuss its outbound side, or "Order to Cash" process. The components of this process cover all the steps from the first quotations to a customer through the many steps that involve the sales group, the credit specialists, planning and scheduling, manufacturing, the distribution team and finally the accountants. In addition this process typically has considerable interaction with external partners, namely warehouse operators, carriers, inspectors, customs, forwarders etc. Typically, this process will involve people from such diverse competencies as engineers, business managers, manufacturing personnel, buyers, operators and accountants. Again, all of these people do not devote all of their time to the process work, or for that matter, exclusively to the service of a single company, but actively participate at some stage.

As previously, the roles and responsibilities of each of the positions involved in the process need to be identified, described and agreed upon. In the outbound supply chain, the real driver is the end customer. Therefore, clarity of purpose and alignment between the various activities is vital to achieve the ultimate goal of any business, i.e. achieve a high degree of customer satisfaction. Corporate strategies are a clear driver, but so are considerations of quality of the process and a systematic linkage of all the partners around a clear plan to achieve measurable results. Since there are many potential disconnects, each step in the chain must be

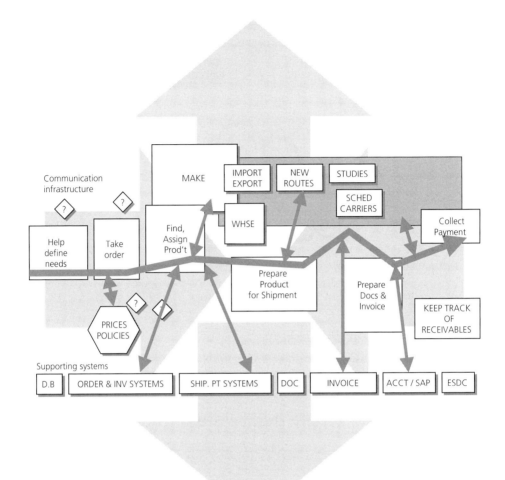

Fig. 18.14 Process flow deliver.

measurable and controllable to ensure timely and qualitative results, but also to enable proper tracking and tracing. The following diagram addresses the notion of the contributing steps in the process in a non-structural manner and can help to illustrate the concept.

18.6.2   Linking with the businesses

As mentioned above, this process is highly focused on the customer. The main purpose of any business is to ensure that customers are loyal and return often. This is best achieved through customer satisfaction, which is often driven by reliability of the process. Basically, all customers have demands that suppliers promise to fulfill. These demands can sometimes be very difficult to achieve, but once accepted, it is important to deliver and do so repeatedly. The role of the sales team is vital in relaying clearly the demands to the process. Likewise, the process owners and operators must work closely with the marketing and sales personnel to educate them about the limitations of the process on the one hand, so as not to create false expectations. But equally, the process owners have to understand that existing conditions cannot always be maintained and that creativity and innovation can go a long way to ensure that customers perceive the corporation as really adding value and continually increasing its desirability as a supplier.

18.6.3   Managing the process & controlling the process

The process is long, complicated and has many opportunities for failure to arise. The outbound supply chain is linked directly to the outside world with little or no buffer. Weather conditions, social unrest, congestion or even political issues can weigh heavily on the results of the process. It is therefore important that there is a highly detailed process of verification, communication and step-by-step control in place to monitor orders through the various stages of execution and to take corrective and/or preventive action as necessary. The use of communication and information system support is a critical asset. This helps with the speed of reaction and of passing instructions, but it also helps in continually driving down uncertainty in the chain by better planning and scheduling. There is no single or simple answer to the way this is best achieved. Getting the process to work essentially needs all the participants to willfully drive towards clear and measurable goals in a spirit of trust and mutual respect.

18.6.4   Integrating the partners

When dealing with partners, it is important to ensure that they are capable of dealing with the influx of messages handle them in their own systems with the same degree of quality and urgency that one expects inside the corporation. This can only be achieved by intimately understanding their organization and helping them achieve the results that are expected. Very often this involves substantial investments in time and capital.

18.6.5   Influence of Information Technology on functional evolution

The main benefit that the evolution of Information Technology has provided to the outbound supply chain has been access to faster and more dependable data transmission and retrieval. As in the inbound process, software that is able to integrate the various steps of the process in a continuous flow across departments, functions and to link external partners has greatly helped make the management of the process considerably more effective.

Logistics involve many partners and multiple messaging. Integrated software is challenged by these special requirements, but can contribute good, valid data to specialized and often custom-built systems to handle these requirements.

The deregulation of the communication industry has also contributed to the growth of the capabilities and speed of handling logistics information. In the retail business in particular, this has provided opportunities for logistics suppliers to build bridges into their customers own organizations, taking over substantial parts of their supply chains. In the industrial arena, some opportunities have surfaced, but they lack the incentives of volume and frequency that the retail business offers.

The key factors are speed of sharing information, which drives organizations to analyze and reassess their structures as they look for greater competitiveness. This encourages outsourcing, as the new structure requires sharper skills. New capabilities also drive critical review of old standards of what is normal or acceptable in terms of working capital, process time cycles and dealing with partners that are far-flung. Another aspect of the development of systems is that it is giving European distribution companies more reasons to look for cross-border restructuring and mergers in order to achieve the critical mass needed to finance and maintain the new infrastructure. Global partnerships are also growing to ensure access to overseas markets.

18.6.6   E-commerce

The previous section on e-commerce described the opportunities and challenges from the procurement angle. The model for purchasing is basically driven by a focus from one point (the buyers) to many suppliers. The issue is to ensure that proper controls are in place and that data is captured for analysis. In the case of the "Order-to-Cash" process, the perspective is reversed. We have to be able to get information and data from all of our customers. This entails providing them with capabilities that make it worthwhile for them to use Internet to place orders or browses our site. To achieve this, it is important that access to a site should be very simple and intuitive, which can be achieved fairly easily. The difficulty resides in making the site responsive to the solicitations it will receive. These include

- ability to provide pricing information across a public site to all customers;
- ability to commit to accept an order, i.e. on line product availability;
- ability to commit to a schedule for make-to-order products;
- ability to deal with credit checks and/or provide for alternative payment mechanisms;
- ability to relay shipping instructions to warehouse, carriers, forwarders, etc.;
- ability to provide access to customers on the progress of orders;
- document issue in the proper language and at the proper place;
- linkages to customs offices;
- dealing with value added and other taxes;
- ability to deal with customers both on-line and in the traditional way.

While the web-based tools exist and are widely used, the challenge is finding ways of setting up the infrastructure or linking it to what exists. Most of the successful companies dealing with e-commerce have started from scratch and therefore built the appropriate infrastructure with e-commerce in mind. Also may of these companies have partnerships with global delivery companies who already have most of the features needed.

Whatever the challenges, e-commerce cannot and must not be ignored. Each process owner must thoroughly understand the drivers for his business and explore the opportunities that are bound to surface.

18.7   Conclusion

The increasingly rapid pace of change and restructuring that we are witnessing in all industries is not going to slow down. In the area of the integrated supply chain, the challenge is growing under the combined pressures of business growth and the need to drive competitiveness. Understanding and managing the supply chain processes is one of the tools that one has to be able to drive change and to focus on the value-adding part of the tasks. Some of the key deliverables that process-oriented management can bring are

- increased exchange of solutions and opportunities within a network of focused people;
- fixed cost reduction in the structure and variable cost reduction by leveraging;
- move from Country-based structure to pan-European or global action;

- consolidation of back-office tasks;
- driving introduction of standards where it makes sense;
- develop and deploy Logistics Systems Strategy, with greater integration and leveraging;
- explore opportunities for outsourcing parts of the chain;
- enhanced customer interface role, greater motivation;
- activity based costing, greater transparency.

The new ways of working require an increased emphasis on training, which must also be adapted to provide greater focus on quality and empowerment. Process work requires that all members know what the others are doing and what impact each of their tasks has on the others. Speed of reaction requires that people act independently and fast to deal with problems. Clarity of responsibilities is important. As the chain gains speed and its size is reduced, there are more opportunities for more people to interface directly with customers and partners and thus they must be ready to do so.

For any initiative in this area to be successful, it is important that some key pointers are borne in mind. Here are some points that relate to the strategic aspects of managing the change:

- clear Support for Process management from Corporate Leadership;
- core group to develop, maintain and support competencies at region level to adapt to market needs;
- empowered Process owner networking with empowered process members, be they from other functions or from business unit, working in an atmosphere of mutual trust and respect;
- change management built into the process to keep moving ahead;
- sharing of process information, metrics and co-managing resources.

Some other factors need to be considered, but these address more the tactical and day-to-day aspects of running a process. If the strategic direction is soundly in place and supported, these will be facilitated, but focused effort will nonetheless be required:

- strong discipline to maintain standards and convergence especially for data and systems;
- continually focus on customer;
- data Quality improvement & management;
- further simplification and resource re-alignment;
- further Systems Integration;
- training & Proficiency of the staff as well as developing Process management skills;
- implementation of state-of-the-art tools;
- understanding of differentiated Service Levels needed by the different business units;
- management of outsourced activities.

18.8 The author

Georges Darrer is Director of Sourcing for DuPont Europe, Middle-East and Africa and is based in Geneva. He was born in Egypt and completed his studies in Italy, started working in the automotive industry and later joined DuPont in 1964. Georges worked in Customer Service, Information Technology and Finance and held management positions in several business units and in different countries. Since 1994 he has led several processes that operate across 20 SBUs on a pan-European basis.

Chapter 19

Managing human resources

Roland Sauter

19.1 Introduction

In every firm, human factors play a decisive role: they condition the reliability and the quality of the services provided – two particularly crucial elements in the field of logistics. If human factors certainly play a role in all the activities of the firm, there is a particularly important place where they are crystallized: in logistics projects. Indeed, projects always bring a change: the setting up of new procedures, of a new organization, of new software. And the changes nearly always lead at the beginning to a distrustful, skeptical attitude, often going as far as a frank rejection of the proposed change.

At the same time, logistics projects take on a crucial importance for the firm. Supposed to bring large competitive advantages, they have to be carried out as quickly as possible. We are therefore going to examine in the following pages, the problem of human factors in logistics projects.

Before dealing with the subject itself, one question has to be asked: how to define human factors in projects precisely? A first negative definition could be the following:

We will call human factors all those affecting the progress of the project, except factors of a technical, legal, or economic nature or those coming within the province of the firm's policy. Human factors also come from actors that are external to the person who has given the mandate and that person's representative.

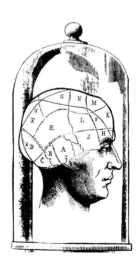

A positive definition of human factors could be: that "human factors" fall into two categories. The human factors linked to individuals and those linked to the relationships between individuals. The first category contains the attitudes, the frames of mind and the values of the actors in the project, which are translated by a behavior affecting the unfolding of the project. The second category contains the feelings, the exchanges and the interactions between the actors in the project which have an important effect upon the unfolding of the project or which are translated by behavior affecting the unfolding of the project.

This definition brings us immediately to the question: who are the actors in the project? The actors in the project are quite simply all the people whose behavior affects the unfolding of the project and who are part of the firm or of its suppliers. Particularly actors are:

- the project manager;
- the members of the project team and their superiors;
- other colleagues in the firm;
- the management (i.e. the project manager's superiors), who play here the role of he who has given the mandate;
- the client (the department or departments who will use the new logistics system. The client can obviously be an external firm;
- the suppliers and the subcontractors.

All the human factors do not have the same effect upon the success of the project. We will look at this point in more detail below. But before that, we are going to study the specificity of human factors in projects.

The project environment is often very different from the traditional environment in the departments of the firm, and questions well established ways of functioning. For Leclerc, project management and the co-operation between various departments leads one to minimize the explicit work division, causing a keystone of the management of human resources to disappear: the idea of the work post. "The disappearance of the posts blurs at the same time the representations of the wage-earners and the personal administrator's markers" (Leclerc 1992).

This project specificity leads to noteworthy specificity in the human factors. We are going to examine these differences in the following pages. We will analyze especially:

- management styles;
- teamwork.

Then, we will study in detail the following points:

- the context of the project;
- the actors in the project;
- motivation;
- conflicts;
- success factors;
- dos and don'ts.

19.1.1 A different management style

Project management implies another style of management, less authoritarian, in which motivation plays a predominant role. This is reinforced by the fact that the project manager can no longer control all the fields of knowledge that the project requires. He needs to be able to count on the knowledge of specialists, who, in their fields, often know a lot more than he does himself. Unilateral decisions and dogmatic attitudes are irreconcilable with the project environment. The authority of the project manager is therefore really that of an autocrat – it is much more based on his integrating role and his capacity to productively solve conflicts of interest.

In a study carried out amongst twenty-two project managers and sixty-six team members, Gemmill and Thamhain studied the way in which project team members see the style of management of the project manager. They particularly judged the various ways of influencing others (1: very important, 8: not important) (Gemmill 1974) (Figure 19.1).

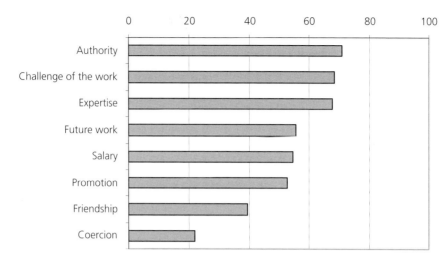

Fig. 19.1 The effectiveness of management styles.

Authority is the most important management style, the most efficient way of influencing others. The three elements quoted hereafter are in close correlation with the work content: the challenge that it represents, the expertise that it calls for, and the future work.

On the other hand, salary and promotion play a much less important role – we find again here what we found concerning satisfaction. The authoritarian style (coercion) is largely considered as the most inefficient.

19.1.2 Teamwork

For many project team members, teamwork is a new experience, which they had not practiced up to now. In functional departments, the work is less often done in a team. This leads to a learning process which is sometimes difficult and which generates conflict.

Even for people who already work in a team in their functional departments, the work in a project is very different, because the teams are heterogeneous, bringing together specialists from various disciplines and coming from different departments. The concept itself of "a team" changes signification: as Kezsbom says (Kezsbom, 1990), a project team is more than a group of people with a common aim. It is characterized by the following elements:

- a vision, a mission, a reason to work together which allows specialists to place their reciprocal contributions;
- a sense of interdependence, the recognition of the necessity of the various expertise represented in the team;
- the acceptation of the principles of problem resolving in a group, of group decision making and of consenting behavior;
- collective responsibility as a team.

Russell notes that integration in a project team is particularly arduous for those colleagues that do not work full time in the project, but still have an activity in their functional department. These people have to have two different systems of standards (Russell 1990). In logistics projects, it happens very often that project colleagues maintain their workplace in their departments. The variety of the colleagues within a team also leads frequently to communication problems within the team.

19.1.3   The speed of implementation of logistics projects

Logistics projects often have a common characteristic: they have to be carried out as quickly as possible. The savings that the implementation of a new logistics system or subsystem bring are such that the pressure on the project team is in general very strong. On the other hand, these projects must also swing quickly over to production, and the changeover to production must take place without deteriorating the services offered!

19.2   The context of a project

Projects are by definition temporary structures: a project is limited in time, and it has an end. At the end of the project, the organizational structure of the project is canceled – if we accept here the mode of organization called "management by project"[1].

    A project unfolds according to a life cycle that generally includes the following phases (Fig. 19.2):

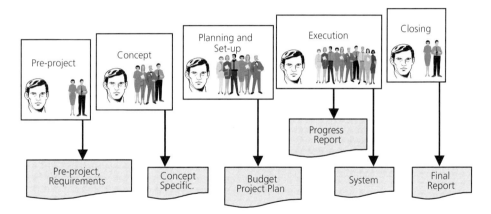

Fig. 19.2 The life cycle of a project.

The most serious errors – and the most expensive! – happen at the beginning, and concern the following points:
- bad communication with he who has given the mandate -> bad understanding of the objectives;
- bad communication with the client -> bad understanding of the problems to be resolved;
- lack of support from the management;
- not knowing the potential enemies of the project;
- not informing/consulting the final users of the project;
- bad choice of project team members.

---

[1]   In project management, the project teams form the basic structure of the firm. In this mode of functioning, the teams "survive" a project: they specialize in certain types of project, and can get larger or smaller according to the size of the current project.

At the end of the project, one of the most frequent errors consists in not preparing the disbanding of the team. Indeed, if certain colleagues of the firm have left their department to work full time for the project, they are very likely to have problems when they reintegrate into their old work environment. Their work has, in the meantime, been given to other people and they often find themselves without a precise mission. The percentage of resignations from colleagues at the end of a project can be particularly high, and we have often seen cases where more than half the project colleagues have left the firm at the end of the project because of an evident lack of perspective.

The projects can be organized in three different ways, according to the type of relationship between the project manager and his team: senior management organization, matrix organization, project organization (Fig. 19.3).

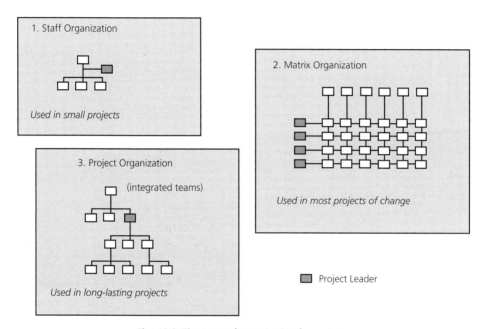

Fig. 19.3 The types of organization for projects.

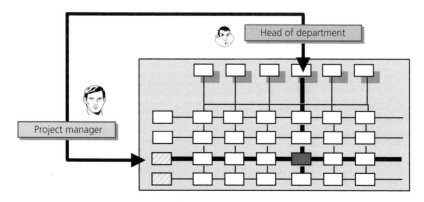

Fig. 19.4 Conflicts in a matrix organization.

In general, logistics projects – which are projects of change – unfold according to the matrix type of organization. This form of organization has numerous advantages: it offers especially an unequaled flexibility in resource allocation. It allows colleagues to work part time on the projects, without leaving for all that their normal place of work in the firm. The matrix organization presents however some major drawbacks on the human resources level:

1. Conflicts easily appear between the project manager and the immediate superior of the project colleagues. Indeed, the latter is often not very willing to give his staff the time necessary to work on the project. And where there is conflict, the "daily business" will often have priority over the project work (Fig. 19.4).

2. Conflicts can also arise between a project manager and the person in charge of line production about how to carry out part of the project. If, for example, a project manager wants to impose, for his project, the use of such and such computer hardware, he can easily enter into conflict with the person responsible for IT in the firm. To avoid this kind of conflict, it is necessary to define clearly the roles of each person. The project manager decides WHAT (what is the function to be carried out), whereas the heads of department (that we also call "those in charge of the job") decide HOW to carry out such and such a function technically (Fig. 19.5).

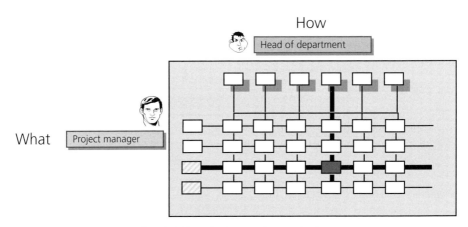

Fig. 19.5 The roles in a matrix organization.

3. Conflicts can also appear between two project managers using the same resources. If the management of the firm does not clearly fix the priorities of the different projects, conflicts between the project managers will be difficult to avoid.

4. In so much as the project colleagues are not subordinate to a project manager, the latter will sometimes find it difficult to impose choices: he will have to above all, negotiate and convince his team members.

In spite of these drawbacks, matrix organization remains dominant, and is the formal organization used the most frequently for projects of change and for logistics projects. A good knowledge of the pitfalls to be avoided allows the most to be made of the advantages of this structure without having to suffer from its disadvantages.

19.3 The actors in the project

The actors in the project are often called the "stakeholders", or in French "les parties pre-nantes", of the project. The most important stakeholders are represented on the Figure 19.6: the project manager finds himself at the center of a real spider's web, network of human relationships between the protagonists of the project.

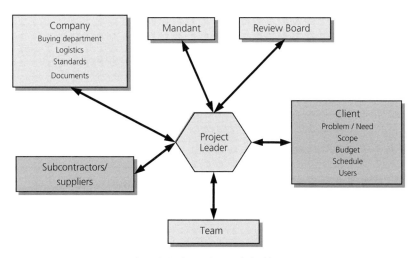

Fig. 19.6 The project stakeholders.

In the following paragraphs, we are going to examine in more detail the role of each protagonist, as well as the type of relationship that is established between him and the project manager.

19.3.1 He who has given the mandate

The role of he who has given the mandate is that of project "boss" – he is the one who finances the project, and who entrusts the carrying out of it to the project manager. In certain firms, he who has given the mandate is called the "sponsor". His role is important throughout the project – if he becomes disinterested in the project, or does not give the necessary support from the management of the firm, he puts the project in real danger.

The relationship between the sponsor and the project manager must be based on confidence – something which is not obvious, and which must be patiently constructed during the project. In the initial phase of the project, the project manager must try to fully understand the intentions of the sponsor, to reformulate them with him, to show him the possible solutions for his problem, to refine bit by bit the objectives that the sponsor has given himself.

The big mistake not to be committed here lies in believing that the sponsor knows exactly what he wants, and in taking his first wishes at their face value. The project manager here must be the intermediary between the existing problems and the possible solutions that the sponsor only partly knows.

In the planning phase of the project, it is important to create a basis for confidence relationships by making workload and cost estimations realistic, even if they are politically difficult to have accepted. A project based on rather optimistic estimations will be the source of numerous conflicts.

In the carrying out phase of the project, the relationship between the sponsor and the project manager is marked by regular meetings during which project reports are discussed. It is important, however, that the project manager consult immediately the sponsor if a serious problem crops up (overspending, delay, etc.).

Finally, in the closing phase of the project, the sponsor will have to see to it that the receipt operations (internal receipts, client receipts) are organized correctly, so that he can release the project manager.

19.3.2   The review board

Often, the sponsor cannot do himself the control work that should be his within the project. So he organizes the control structure, often called the "review board" or else the "steering committee". The role of the review board is to be the project manager's interlocutor for the presentation of intermediary reports and for important decision making during the project.

In its composition, the review board often brings together departmental managers concerned by the project as well as experts in the technological field concerned. As a general rule, the review board meets at the most every month.

19.3.3   The project manager

In the choice of a project manager, numerous firms privilege technical criteria: the project manager must master the technology used. Experience shows that it is of course important

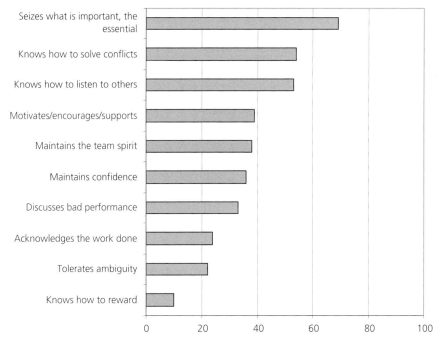

Fig. 19.7 The project manager's most important qualities.

for the project manager to know this field well. However, his human competencies, his friend-liness, his ability to manage and to resolve conflicts play a much more important role. What is the ideal profile for a project manager?

In a study carried out with 121 project managers, Couillard studies the connections between the project manager's approach and the success of projects. His results clearly show that "numerous success factors are centered on the human factors" (Couillard 1995). This study also showed some surprising results: project management techniques (project flow-chart, PERT-CPM) were definitely not connected to the success of the projects; it was the same with technical reports and progress reports.

Ploughman and Assenzo arrive at the same conclusion: the mastering of techniques is by far the least important factor of the project manager's qualities (Ploughman 1990). Their sur-vey, carried out on 120 project team members, 14 project managers and 23 managers, shows which qualities are judged to be the most important: the factor "seizes what is important, the essential" largely dominates – it shows the importance of the role of the project manager as judge, as decider. Also in this study, the ability to deal with conflicts, as well as communica-tion, are considered very important. These results also show the very small role that giving rewards plays in the projects (Fig. 19.7).

19.3.4   The mother company

The role of the mother company consists in furnishing the project with the resources that it needs, in terms of people or material. The project manager will here be in contact with the project colleagues' superiors, and he will have to see to it that he treats them with a good deal of tact, to avoid conflicts in the allocating of resources (see below).

In the relationship between the project and the mother company, the project manager will especially have to see to it that he identifies, and then neutralizes the project's potential enemies. To do this, he will have to try to find, by negotiating with the appropriate people, win-win solutions. He will especially have to take care that each project protagonist sees or finds personal advantage in the outcome of the project (Fisher 1977).

19.3.5   The client

In the kick-off phase of the project, the role of the client consists (or rather should consist) in defining the problem or the need of his firm precisely. Very often, the analysis of the real problem is evaded – people prefer to talk about solutions rather than analyze problems. This can be a major source of conflict here – if the project manager has not correctly identified the basic problem, the project is almost certainly bound to fail.

Once the problem has been defined, the client must collaborate with the project man-ager to elaborate the project scope, followed by the technical solution. In the client – project manager relationship, it is essential to well define what the criteria are with which the client will judge the success of the project.

19.3.6   The project team

The project team is the "crucible" in which new solutions are created which are going to ensure the success of the project. This team responds however to different rules from those that reign in the rest of the firm.

Because of the fact that the project has a time limit, that it brings together people coming from different departments, that it imposes stricter work rhythms (schedules!), the project team works according to special methods in which undertaking, and motivation play a much more important role.

The structure of the project itself is perceived as coming from a different culture. The non-conventional organizational framework (people from different hierarchical levels and/or from different departments working in the same team) has often been called adhoc-cracy, in opposition to the bureaucracy of the rest of the firm. In interviews with project managers, we asked them how the people in the firm saw the different culture. Their replies show that project culture is perceived as being very different, in major opposition to the predominant culture, which gives the project manager the possibility to introduce standards, a culture and project -specific habits.

The project environment allows the project manager to be reasonably autonomous in the choice of his managerial style: "while many technical project parameters are established by the project charter, the management of the required human resources offers the project manager some latitude and flexibility to fit the management style exercised to the nature of the project and pertinent environment" (Martin 1990).

Often, the project manager develops his own project culture. The project environment, particularly when the team members work full time on the project, is an organizational framework, which is favorable to the development of counter-cultures very different from the predominant firm culture. Elmes and Wilemon (Elmes 1986) have studied "constructive deviation" strategies that prevailed in certain General Motors' projects.

For Graham, it is very important to develop a team culture to harmonize the different cultures present within the team: "the development of a team culture, to be used while people are working in a project, should also be one of the prime management considerations during project planning stage" (Graham 1995).

Bauhaus, who has studied the functioning of multicultural teams in four multinational companies, underlines the fact that the effect of the firm culture is overestimated, and shows how a project manager can create a team culture that homogenizes people coming from different countries (Bauhaus 1995);

In his relationship with the team, the project manager must see to it that he does not brutally impose technical choices, but convinces his team. Sometimes, a less than optimum technical solution, but one having the support of the team will be preferable to a perfect technical solution that the team does not want anything to do with!

19.3.7 The responsibility chart

A simple way of assuring that the roles and competencies and responsibilities of each one have been clearly defined lies in creating a "responsibility chart".

The idea is simple: We put all the important project fields or decisions in a table. For each one of these fields or decisions, we define the role that each project stakeholder will play.

The possible roles are the following:
- **A** approve
- **R** responsible
- **C** consulted
- **I** informed
- **P** participate

Here is an example of a responsibility chart:

Table 19.1 Responsibility chart.

	Peter	Jane	Paul	Pat	John	Management
Definition of the goals		C	R	C	C	A
Specifications		R		I	C	
Descriptions of concept				R		A
Hardware	I	C				
Data base	R		A			
Network	I		I	I		
Data model	R				C	
QA plan	R	C	C			
Contract	R	I	I	I	I	A
Outsourcing	A	I			C	

The way to create this chart is very simple:

    a) The team defines together the list of important decisions which will have to be made during the project;

    b) Everyone fills in a "Responsibility Chart" form and defines the role of each person for each decision;

    c) On the basis of all these replies, the project manager creates a common "Responsibility Chart" (on a flip-chart);

    d) This common "Responsibility Chart" will then be examined under two aspects: the decisions and the actors.

This table allows us to verify that for every decision, there is a person in charge. It also allows us to define exactly who will be consulted, who will be informed. Experience shows that the establishing of such a chart helps greatly in making the team members feel secure, in creating confidence and in avoiding future conflicts.

19.4 Major problems

In the analysis of the principle project problems, which we have carried out with 100 project managers, the following problems have been held up as the most often encountered examples:

Table 19.2 The problems most frequently met.

Lack of motivation	16
Bad communication	13
Stress (to much work)	8
Lack of professional skills	7
Stress (fear of not meeting the deadlines)	7
Project delay	7
Bad communication with the client	7
Conflict within the team	6
Dissatisfaction with overtime	6
Absence of support for the project	6
Differences over technical choices	5
Bad relationships within the team	5
Lack of availability	5
Conflicts between the line manager and the project manager	5
Unclear aims	5
Ill-defined competencies	4
Frustration because of failure	4
A colleague resigns	4
Project's progress badly followed	4
Too many mistakes	4

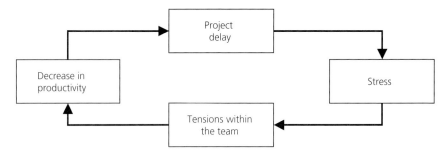

Fig. 19.8 The loop of negative retrospective effect.

It is remarkable to see how important the role played by communication is – a fact that we will find later on in the analysis of the projects' success factors. On the other hand, the technical elements are very much in the minority (lack of professional competencies, differences over technical choices).

In the analysis of these problems and their causes, we have noticed the presence of loops of retrospective effect, which are in a position to strongly amplify, in one sense or another, the problems or the human factors that could contribute to the success of the project. In the Figure 19.8, we see that delay in a project creates a situation of stress, which leads to tensions within the team, hence a decrease in productivity, which in its turn will amplify the delay of the project.

19.5   Team motivation

If we admit that most of the colleagues want to develop, and show of what they are capable of, the project environment is an appropriate setting: outside daily routine, they can prove their ability to accept challenges. The framework of the project allows them to bring contributions that are clearly much greater than in the traditional framework of the firm, and this is so for several reasons:

- A project always contains something new, a technological innovation;
- A project needs the integration of various components;
- A project requires a lot of problem solving activities.

As well as these possibilities of intrinsic motivation, linked to the work to be done, the project manager has at his disposal possibilities and different instruments to motivate his colleagues, because:

- A project must be carried out on schedule;
- A project is seen throughout the firm;
- A project finishes with a tangible, visible objective.

In a study on the management of human resources in project management, Murdick and Schuster (Murdick 1976) analyze the particularities of projects that allow a particular motivation. They especially note the following points:

- The people who participate in projects are colleagues who have a more positive attitude towards risk, attach less importance to security, and who particularly appreciate the challenges that a project represents. Indeed, we must underline that often, the participants in a project have not been chosen, but have volunteered.

- Throughout the project, the content of the work changes often, which offers development possibilities which are much greater than those when working on line production.
- The project environment is an ideal place for a MBO (Management By Objectives) approach.
- The innovation that a project requires offers much greater possibilities of recognition (for the work accomplished) than in line production work.
- Work in interdisciplinary teams is a factor of personal motivation.

Rosenfeld notes that in a project, certain people only work in a temporary manner and cannot consequently be motivated for the long term success of the project (Rosenfeld 1995).

19.5.1   Study of the motivating factors in projects

Yourzak has tried to empirically establish a list of the most important motivating factors in projects (Yourzak 1986). Taking as a starting point Herzberg's theories on motivation, Yourzak asked 128 project managers and 59 workers to class the motivating factors in projects by order of importance. It is interesting to note that the managers gave replies similar to those of the workers, as the following table shows, which indicates the ranking of each factor:

Table 19.3 The importance of the motivation factors according to Yourzak (1 = very important).

Motivating factor	Project managers	Workers
Recognition	1	1
Responsibility	2	3
Fulfillment	3	2
Promotion	4	9
Development	5	10
Salary	6	5
Project manager's training and supervision	7	7
Work	8	8
Relationship with the project manager	9	6
Relationship within the team	10	4
Working conditions	11	11
Team subordinate relationship	12	12
Organizational policy	13	15
Title/status	14	14
Security	15	13
Personal time	16	16

Recognition, responsibility, and self-accomplishment represent, for the two groups, the three most important factors.

19.5.2   Motivation and satisfaction

If motivation is linked to the work itself and constitutes a primordial factor in the work of the project, satisfaction depends principally on exogenous factors: salary and work conditions. Herzberg calls these elements hygiene factors. There exists an asymmetrical correlation between motivation and satisfaction: motivation can favor satisfaction, whereas dissatisfaction can diminish motivation. On the other hand, satisfaction will not increase motivation (Bergmann 1989).

It has not been possible to show a correlation between satisfaction and productivity (whereas this correlation is very high for motivation). On the other hand, satisfaction is in close negative correlation with the fluctuation of personnel as well as absenteeism (von Rosenstiel 1975) (Lawler 1970).

Taking Lawler's model, Owens has reversed the terms: for him, a good team performance will lead to team satisfaction (Owens 1990). This observation must be qualified, because Owens combines motivation, morale, and satisfaction: "a straightforward definition of job satisfaction is the feelings one has about his/her job. Then (…) a goal of most project managers is to create an atmosphere leading to high team morale. A term often used synonymously with job satisfaction" (ibid.) This confusion in the concepts is widespread in literature about human factors in project management.

The relationship between performance and motivation is very real: it is the effect of training that creates a project that proceeds well. We have shown, in the empirical analysis of projects, the existence of such positive loops of reaction – known for example under the name of "winning team spirit":

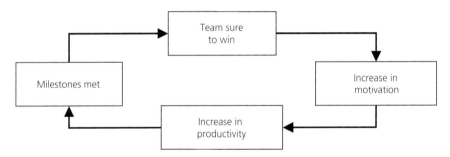

Fig. 19.9 Positive loops of retrospective effect.

Here, success brings success: the fact of meeting the milestones is motivation for the whole team, which gains confidence in itself, becomes sure "to get there" – and will finish the project with success.

19.5.3 Satisfaction and project work

Satisfaction is linked to the general conditions of the firm (salaries, timetables, etc.), on which the project manager has practically no influence. Satisfaction seems to be a factor that evolves slowly in time and of which we can reasonably admit that it is quasi-stationary during the duration of the project. All the models that try to explain satisfaction give a central place to reward, to the perception of the value of the reward, etc. In projects, bonuses, significant rewards are not very often given – or else, they are only given to the project manager. (In the United States, on the other hand, this practice is more frequent). Amongst project managers a revealing sally circulates: "to direct a project, is like playing pinball; if you win, your only reward will be the right to play once again".

Reward constitutes an extrinsic motivation, which can have the effect of destroying intrinsic motivation linked to work. As Deming shows: "(…) the present style of reward (…) squeezes out from an individual, over his lifetime, his innate intrinsic motivation, self-esteem, dignity. They build into him fear, self-defense, extrinsic motivation" (Deming 1993).

In the following paragraph we are going to examine in more detail the mode of project organization and functioning.

19.6 Conflicts in projects

The project is by definition a field of conflicts between contradictory desires of the various actors in the project. The users would like a system having numerous functions, the client would like a system delivered on time and as cheap as possible. Those in charge of maintenance would like a well-document system, the engineers would like technical challenges, but hate documentation, the project manager's superior would like ambitious aims, no going over the limits and no surprises (Boehm 1989).

The gathering of the colleagues coming from different jobs or hierarchical levels, stress and the particularities of matrix structure favor the appearance of new conflicts. According to Pinto, the traditional manager passes more than 20% of his time dealing with conflicts – and this percentage ought to be even higher for project managers (Pinto 1995). Several authors have tried to analyze the sources and particularities of these conflicts.

Wilemon, in his study on conflicts in projects, has tried to know the factors that determine the intensity of conflicts (Wilemon 1971). For him, conflict potential is increased by:
* the variety of the team members' expertise;
* the ambiguity of the roles in the project teams.

And the potential of conflicts diminishes with:
* the work challenge given by the project manager;
* the comprehension of the project objectives by the members of the project team;
* the ability of the project manager to reward and to punish;
* the congruence with superior aims (objectives of the general management);
* the authority that the project manager has over the participants in the project.

Thamhaim, in a study carried out in 1975, defines seven types of conflict during the development of the project, and then analyses the intensity of each of these types of conflict (Thamhaim 1975). Here are the seven types, in order of decreasing intensity:
* conflict over schedules;
* conflict over priorities;
* conflict over resources;
* conflict over technical points;
* conflict over administration;
* conflict between people;
* conflict over costs.

The categories used by Thamhaim seem a bit too superficial. On the other hand, D.S.Kezsbom has carried out in the USA a more qualified study with 275 people in charge of projects in big firms, in order to determine what were the sources of conflict (Kezsbom 1992). The questionnaires asked people to indicate, in the order from one to seven, the sources of conflict. Kezsbom then defines a rating, bearing in mind the position and the number of times something was mentioned. The results are given in Table 19.4:

Table 19.4 Sources of conflict.

Aims/definition of priorities	24%
Personality	16%
Communication	15%
Policy	8%
Administrative procedures	8%
Allocation of resources	7%
Schedules	7%
Leadership	6%
Roles/ambiguous structures	2%
Costs	2%
Salary structure	2%
Previous conflicts	1%

This study shows once again the determining role of aims and priorities. Let us note that the "policy" category in fact brings together human factors. Its exact description is: "disagreements which derive from the NIH (Not Invented Here) syndrome or from the project actors' personal aims". The human factors in this way add up to 48% of the sources of conflict.

Sommerville has shown the correlation between stress and conflicts in construction projects (Sommerville 1994). His results also show that the aspects of costs (2%) and schedules (7%) play a marginal role.

19.6.1   Conflicts and forms of organization

For Owens, conflicts are often the consequence of a not very clear definition of the organizational form of the project, as well as of the respective competencies of the actors. The project environment is often characterized by a not very clear definition of the respective role of each person. The role and the competencies of the project manager are left vague (because there is no description of the project manager's requirements), and the respective roles of the team members, as well as their competencies and their responsibilities are rarely defined with precision. The result is the possibility of a large conflict; role ambiguities lead to role conflict:

- Expectations are different amongst team members;
- Two people think/hope to play the same role.

The people who perceive their role to be badly defined will have more difficulty in taking part in the project (Owens 1982).

19.6.2   The project manager confronted with conflicts

Several authors underline the importance of the project manager in the early detection and resolution of conflicts. For Harison, the detection of conflict is one of the "essential factors" which lead to the formation of an effective team. The project manager must be attentive to the smallest signs: a team member who does not pay attention to what the others say, lack of respect, personal objectives or the existence of unfriendly attitudes (Harison 1987).

Heider remarks that if two sides in conflict have a positive relationship with a third person (the project manager), it is more difficult for them to maintain the conflict. So, an extrovert, open, sociable project manager will have less conflict in his team (Heider 1958).

Boehm goes further: in his "W theory", he sees the primordial role of the project manager as negotiator between the different actors in the project whose aim is to find winning solutions for all the parties concerned (Boehm 1989).

Hill has analyzed the behavior of excellent project managers in the oil industry and has compared them to a reference group of executives. First of all, when faced with a conflict, effective project managers have a much larger range of possible answers. Then, they fear less possible trouble and show a will to approach conflicts instead of avoiding them. In fact they like social interactions (in the FIRO, their need for interpersonal exchanges is worth an average of 27.2 compared with 22.9 for the reference group). They themselves practice the behavior they recommend, and determine in this way the "climate" of the group. They often talk about the positive effect of open-mindedness, of open discussion about problems. As for the reference group, it often talks about the negative nature of conflicts.

19.6.3   Modes of conflict resolution

Project managers prefer a Collaboration/Confrontation approach, as a study of Thamhaim shows, in which he asked 150 project managers which were the approaches they preferred to solve conflicts (Thamhaim 1975). Figure 19.10 shows the results of this study.

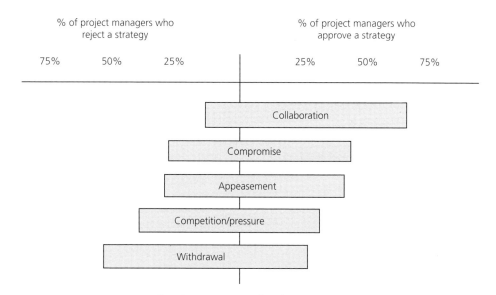

Fig. 19.10 Strategies of conflict resolution.

It is interesting to note that the modes of conflict resolution are alike whatever the interlocutor (team, superior, client), with however a notable exception: in conflicts with those in charge of line production, it is the compromise approach that is preferred.

19.6.4   A common objective

It has been shown that the most important factor to reduce conflicts consisted in having a common objective. In order to encourage this attitude, it is necessary
- to repeat that the only criterion of evaluation of individual and group performances is the total efficiency of the project;
- to clarify the responsibilities;
- to favor informal interactions (sport, eating together, parties, etc.), which allows for the passing of informal information. Without the opening of informal communication channels, communication between groups will be heavily hindered;
- that the project manager knows how to control his emotions. "If you cannot manage your own emotions in the workplace, you cannot manage other people" (Harison 1987).

Adams and Barndt have also studied types of conflict and their modes of resolution. In a survey carried out on several hundreds of project managers, they examined the evolution, during the phases of the project, of the intensity of conflicts and of the satisfaction of members of the team (Adams 1988).

The results show a constant decrease in the intensity of the conflicts during the life cycle: 0.70/0.67/0.62/0.44. They also show a decrease in satisfaction: 5.83/5.35/5.29 (calculated with the Job Diagnostic Survey short form – there is no value available for the closing phase, phase 4). This decrease in satisfaction during the project, that the project managers know well, is reflected in this sally: "a project is composed of four phases: enthusiasm – disillusionment – panic – looking for culprits".

19.7   The factors of project success

It is quite remarkable to note that the success or failure of projects in the field of logistics is rarely due to technical factors: in general, the technical aspects are relatively well mastered, the technologies used having already often proved themselves in other fields than those of logistics.

The success or failure of projects is, on the other hand, largely dependent on the human factors.

In the study carried out on 650 projects, Baker and Murphy analyzed the project success factors.

Using partial regression, they tried to determine the effect of each criterion upon the success of projects. What is interesting is that 77% of the variation in the analysis of the success of projects can be explained by the elements shown in Table 19.5.

All these elements, except for two (in italics) can be directly influenced by the project manager; the two others ("Work security for the team" and "Organization enthusiasm") depending more on the mother organization.

The first factor indicated ("A good relationship between the project manager and the person in charge of line production") plays, as we shall see later, a major role. Those in charge of line production must, indeed, let the project have resources, and their lack of collaboration or their opposition is a major handicap for the project.

Does a magic recipe exist which assures project success? Certainly not, but on the other hand we have been able to show a series of factors that are statistically tightly linked to project success. In the survey that we have carried out with more than 100 project managers, we have determined the following success factors (Figure 19.11).

Table 19.5 Project success factors.

- A good relationship between the project manager and the person in charge of line production
- Team spirit
- The team is conscious of the what is at stake
- The acceptation of the aims by the team
- The ability of the team
- A good relationship between the project manager and the official administration
- A good relationship between the project manager and the client
- A good relationship between the project manager and his superior
- The project manager's expertise on the human relationships level
- Realistic progress reports
- The project manager's expertise on the administrative level
- Informal relationships between team members
- The project manager's competencies
- Adequate procedure for modification
- *Work security for the team*
- Participation of the team in decision making
- Participation of the team in solving problems
- *Organization enthusiasm*

The most important factor is indeed motivation. We must however bare in mind the fact that for many project managers, especially for those who come from the technical side of the firm, "motivation" represents a glory-hole concept, which explains everything, which is also often the only concept they have at their disposal to apprehend social realities... For more details on motivation, see the chapter "team motivation".

As opposed to the analysis of Baker and Murphy, our analysis shows the importance of communication, which intervenes on four levels:
- communication between the team and the project manager;
- communication within the team;
- communication between the project manager and the client;
- communication with the management.

This notable difference in the success factors can be explained by cultural considerations: Baker carried out his study in the United States; ours has been done in Europe. It could be that the need to communicate is greater on the Old Continent.

What is also very important, in Figure 19.11, is that the five following factors (global project comprehension, well-explained aims, confidence of the users, support of the mother organization, confidence solidarity cohesion within the team) all deal with the theme:

Confidence – transparency – clear aims

Well-explained aims, a well-defined framework, mutual confidence between the sides involved – that can seem trivial.

Don't let's forget however that projects are "abnormal" structures in a firm, temporary structures, where power lines are badly defined, and so offer a weakly structured framework, where misunderstandings and suspicion appear very easily.

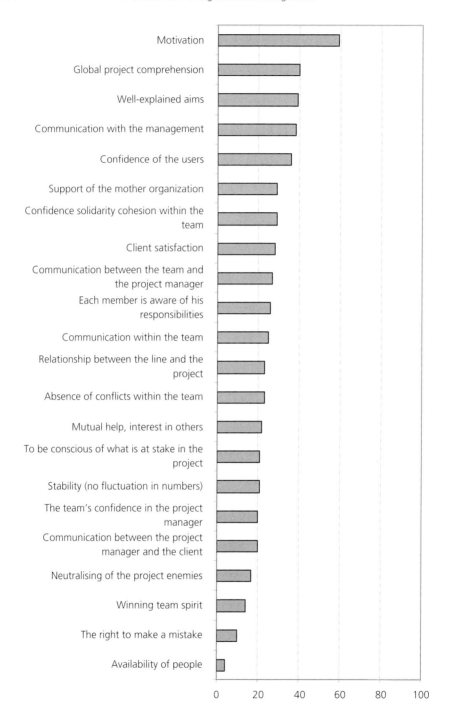

Fig. 19.11 Project success factors.

19.8   Check-list: do and don't

In order to offer an operational tool to improve the management of human factors in logistics project management, we propose a brief list of things to do, and not do, in the different phases of the project.

19.8.1   Starting up a project

To do	Not to do
• Understand thoroughly the needs of the client • Define which factors are critical for the success of the project • Consult all the people who will be affected by the project • Understand the needs of the final users • Assure yourself of the management support • Define the milestones with the person who has given the mandate	• Not know the potential enemies of the project

19.8.2   Definition of the review board

To do	Not to do
• Make sure that the members will be able to bring a large contribution • Define deliveries with the review board • Fix the sessions well ahead of time • Consider the review board as a resource for the project	• Treat the review board like an enemy • Consider the review board sessions as a chore • Consider the review board as an enemy, a control entity

19.8.3   The construction of the team

To do	Not to do
• Choose the team members according to their skills • Choose motivated colleagues • Define from the beginning, with precision, the roles and responsibilities of each person	• Take project enemies into the team • Let doubt reign • Give the impression of indecision, of being unsure

19.8.4   Managing and motivating the team

To do	Not to do
• Compel recognition through convincing • Give precise objectives, with deadlines • Regularly underline what is at stake in the project • Thank people for the work done • Show the importance of each task delegated • See one's colleagues very regularly • Spend time with one's colleagues • Celebrate achievements (deliveries, milestones)	• Impose one's point of view • Keep information to oneself • Give unrealistic deadlines

19.8.5   In case of conflicts between the group

To do	Not to do
• Deal with the conflict immediately • Listen to each side • Underline the fact that everyone has a common aim: the success of the project • Find a solution in which no one loses face	• Hope that things will get better by themselves

19.9   Bibliography

BAKER N. & MURPHY D. & FISHER, *Factors Affecting Project Success*, Editors Cleland, D. and King W., Van Nostrand Reinhold, New York, 1988, pp. 902-919.

BAUHAUS R., *Cultural Communication on Global Project Teams*, Project Management Institute, Seminar/Symposium, 1995, pp. 432-440.

BERGMANN A., ROJOT J., *Comportement et organisation*, Vuibert Gestion, Paris, 1989.

BRANCH K.J., *Motivation and Matrix Management*, Proc. 1982 Project Management Institute Sem./Symp. Toronto, 1982, pp. III-L.2.

BRINER W., GEDDES M., HASTINGS C., *Le manager de projet: un leader*, AFNOR Gestion, Paris,1993.

BRUNNER K., *Teamware: Supporting the Project-Driven, Enterprise of the Future*, Project Management Institute, Seminar/Symposium, Calgary Alberta, October 1990, pp. 756-768.

BYHAM R., *Empowered Teams*, Jossey Bass Inc. Publishers, San Francisco, 1991.

CULP G., SMITH A., *Managing People (Including Yourself) for Project Success*, Van Nostrand Reinhold, New York, 1992.

DESMARAIS R.A., *Human factors in the Project Productivity Formula*, Project Management Tools and Visions, Internet, 1982, pp. 295-308.

DINSMORE C.P., *Human Factors in Project Management*, American Management Association, revised edition, 1990.

ELMES M. and WILEMON, *Organizational Culture and Project Leader Effectiveness*, PMI Seminar/Symposium, 1986, pp. 369-379.

FISHER R., *Getting to yes, Negotiating an agreement without giving in*, Business Bools Limited, 1977.

GABRIEL E., *Teamwork – Fact and Fiction; Promoting and Managing Projects without failures*, Proceeding Internet Conference.

GAREIS R., Management by Projects: Spezifische Strategien, Strukturen und Kulturen projektorientierter Unternehmen, in: *Projektmanagement-Forum 1992*, GPM, Mannheim, 1992.

GEMMILL G. et THAMHAIN H.J., Influence Style of Project Managers: Some Project Performance Correlates, *Academy of Management Journal*, June 1974, pp. 216-224.

GRAHAM R.J., *Project Management as if People Mattered*, Primavera Press, 1989.

HILL R.E, & SOMERS T., *Project Teams and the Human Group; Handbook of Project Management*, Editors Cleland D. and King W., Van Nostrand Reinhold, New York, 1988, pp. 772-801.

HOUSE R.S., *The Human Side of Project Management*, Addison-Wesley, 1988.

IGALENS J., PENAN H., La structure des connaissances en gestion des ressources humaines, *Revue de gestion des ressources humaines*, N° 7, Mai 1993, pp. 13-31.

JOHNS T.G., Managing the Behavior of people working in teams, *International Journal of Project Management*, Vol. 13, N° 1, 1995, pp. 33-38.

KATZENBACH J., DOUGLAS K., *The Wisdom of Teams*, Harvard Business School Press, Boston, MA, 1993.

KLIEM L.K. and LUDIN S.I., *The People Side of Project Management*, Gower Publishing Company Limited, England, 1992.

LECLERC P., *Quel management des hommes pour les organisations par projets?*, Proceeding Convention 1992, AFITEP, pp. 260-276.

LEFEBRE C., *Concevoir et conduire un projet de changement*, Les Presses du Management, Paris, 1993.

LEWIS J.P., *How to Build and Manage a Winning Project Team*, American Management Association, New York, 1993.
MARCINIAK R., La Gestion des situations conflictuelles dans les projets, *La Cible*, N° 44, Septembre 1992, pp. 19-22.
MARTIN Dean M. & WYSOCKI Jay, *Selecting a Leadership Style for Project Team Success*; Project Management Institute, Seminar/Symposium, Calgary Alberta, October 1990, pp. 748-752.
MELANSON C., *The human Side of project management*, Project management Network, March 1993.
MUNNS A.K., Potential Influence Of Trust On The Successful Completion Of A Project, *International Journal of Project Management*, Vol. 13., N° 1, pp. 33-38, Muller, 1995.
MURDICK R., SCHUSTER F., Managing Human Resources in Project Management, *Project management Quarterly*, June 1976, pp. 21-25.
PINTO J.K., Project Management and Conflict Resolution, *Project Management Journal*, December 1995, pp. 45-54.
SAUTER R., *La modélisation des facteurs humains dans la gestion de projet*, thèse, Ecole Polytechnique Fédérale de Lausanne, 1996.
SHAPIRA A., Anatomy Of Decision Making In Project Planning Teams, *International Journal of Project Management*, 1994, Vol. 12, N° 3.
SMITH M.L., Want to Improve Morale? Pay Attention to Goals, Measurements and Feedback, *Project Management Journal*, June 1995, pp. 3-12.
SOMMERVILLE J. & LANGFORD V., Mutivariate Influences on the People Side of Projects: Stress and Conflict, *International Journal of Project Management*, volume 12, N° 2, 1994, pp. 234-243.
STUCKENBRUCK L.C., *The Matrix Organization; A Decade of Project Management*, John R. Adams and Nicki S. Kirchof, Eds. (Drexel Hill, Pa: Project Management Institute), 1989, pp. 157-169.
THAMHAIN H.J., Conflict Management in Project Life Cycle, *Sloan Management Review*, Spring, 1975, pp. 31-50.
THAMHAIN H.J., *Team Building in Project Management; Handbook of Project Management*, Editors Cleland D. and King W., Van Nostrand Reinhold, New York, 1988, pp. 823-845.
TUMAN J., *Success Modeling: a Technique for Building a Winning Project Team*, Project Management Institute Seminar/Symposium, 1986, pp. 94-108.
TURNER J. and COCHRANE R., Goals-and-Methods Matrix: Coping with Projects with Ill Defined Goals and/or Methods of Achieving Them; *International Journal of Project Management*, Vol. 11, N° 2, May 1993, pp. 93-101.
WHITAKER K., *Managing Software Maniacs: Finding, Managing and Rewarding a Winning Development Team*, John Wiley & Sons Inc., New York, 1994.
WILEMON D.L., *Project Management Conflict: A view from Apollo*, Proceedings of the Third Annual Symposium of the PMI, Houston, Texas, October 1971.
YOURZAK P.E., *Measuring Successful Motivators*, PMI Seminar/Symposium 1986, pp. 412-418.

19.10 The author

Dr. Roland Sauter has a master degree in electrical engineering and a Ph.D. from the Ecole polytechnique fédérale de Lausanne. He also has an MBA from the University of Lausanne. Dr. Sauter has been working in different European companies in charge of major IT projects.

He is now Managing Director of STS, a company specialized in the development of computer-based training tools in the field of soft skills and project management.

In addition, Dr. Sauter gives courses on project management at several universities. His current research interest is in the development of intelligent agents for Web-based assessment and training.